海德智库 | 纪法疏议丛书

城市防护空间安全治理法律疏议

CHENGSHI FANGHU KONGJIAN
ANQUAN ZHILI FALÜ SHUYI

薄燕娜◎著

中国政法大学出版社

2022·北京

图书在版编目（CIP）数据

城市防护空间安全治理法律疏议/薄燕娜著.—北京：中国政法大学出版社，2022.8
ISBN 978-7-5764-0582-8

Ⅰ.①城… Ⅱ.①薄… Ⅲ.①城市空间－防护工程－安全管理－城市规划法－研究－中国 Ⅳ.①D922.297.4

中国版本图书馆 CIP 数据核字(2022)第 121664 号

出 版 者	中国政法大学出版社
地 址	北京市海淀区西土城路 25 号
邮寄地址	北京 100088 信箱 8034 分箱　邮编 100088
网 址	http://www.cuplpress.com (网络实名：中国政法大学出版社)
电 话	010－58908586(编辑部) 58908334(邮购部)
编辑邮箱	zhengfadch@126.com
承 印	固安华明印业有限公司
开 本	787mm×1092mm　1/16
印 张	25.75
字 数	620 千字
版 次	2022 年 8 月第 1 版
印 次	2022 年 8 月第 1 次印刷
定 价	99.00 元

海德智库｜纪法疏议丛书

总策编：张　穹　田明海

《城市防护空间安全治理法律疏议》
编委会

主　任：刘宝杰

委　员：田明海　王　伟　贺　琳　李长龙　刘　凯　杜　斌
　　　　尚新月　王永刚　林楠楠　迟秀明　李萍萍　张绪峰

作　者：薄燕娜

疏以精法而顺势　议以诠律而善治

——《纪法疏议丛书》总序

　　进入中国特色社会主义新时代，中央将"全面依法治国"作为战略布局，深入推进科学立法、民主立法、依法立法，统筹立改废释纂，提高立法效率，增强立法系统性、整体性、协同性，法律体系日臻完备，国家治理体系和治理能力现代化愈趋而至。法谚曰："法律未经解释不得适用"，释法则为法律实施的津逮密钥。今海德智库丛集诸法，或疏而解之，或议而释之，乃仿《唐律疏议》之盛名，取盛唐制律之体例，或删繁刘冗，或阐幽明微，或钩玄提要，或纲举目张，赋法条以源头活水，予成法以判例成案，编缀成集，由此赋能"法律的生命在于实施"，实为良法之肇基，善治之辅枢，今胪列《纪法疏议丛书》之功如下：

　　疏议可通法。古文"法"与"律"同义，"疏"与"议"皆为释法注律之体例也。东汉应劭《风俗通义》引《尚书·皋陶谟》："虞造律。"律者，训铨，训法也。《尚书大传》曰："丕天之大律。"注云："奉天之大法，法亦律也，故谓之为律。"《尔雅·释诂》："律，常也，法也。"《汉书·律历志》："律，法也，莫不取法焉"，故"法""律"义同。昔者，圣人制作谓之为经，传师所说则谓之为传，此则丘明、子夏于《春秋》《礼经》作传是也。古时兼经注而明之，则谓之为"义疏"。"疏"之为字，本以疏阔、疏远立名。又，广雅云："疏者，识也。""疏"训为"识"，则书"疏""记""识"之道存焉。《史记》云："前主所是著为律，后主所是疏为令。"《汉书》云："削牍为疏"，故云"疏"也。清俞正燮云："此书（案：《唐律疏议》）名疏者，申明律及注意；云议者，申律之深义及律所不周不达，若董仲舒《春秋决狱》、应劭《决事比》及《集驳议》之类。"自明刘惟谦、焦竑、钱谦益，至清钱曾、卢文弨，"疏议""疏义"其名交错而出，然《唐律疏议》中律文之疏并称"疏议曰"，后人皆以"疏议"为是。今丛书取"疏议"之名，以"疏"通法义，以"议"明律文，乃袭《唐律疏议》之例也。

　　法释而适用。近十年，新制定法律68件，修改法律234件，通过有关法律问题和重大问题的决定99件，作出立法解释9件，现行有效法律292件，法律规范体系更加完备系统管用。然"天下之事，不难于立法，而难于法之必行"，"纸上的法律"变为"行动中的法律"，需以法律解释为津梁，且模糊性、不周延性、滞后性为成文法之痼疾，唯有法律解释可补此天然之不足，"法律未经解释不得适用"，盖因此弊。本丛书释法，正如傅斯年历史学研究之语："上穷碧落下黄泉，动手动脚找材料"，乃蒐集之功甚巨、材料宏富之谓也。其疏议盖有四途：一曰训诂释义。即重文法字义，明辨阐释法律名词术语，以除语义模糊之弊。二曰问答阐义。即重逻辑辨正，此或肇自秦代《睡虎地秦墓竹简·法律答问》之例，以问而指向甚明，以答而析法之义理，以议而达法之初意，可除法之难以周延之弊。三曰例举比义。即重历史现实相参，举今昔案例，证其是或非、真与伪，以除成法滞后之弊。四曰综合明义。即重体系比照，法谚云："最佳的解释，要前后对照"，以疏议促体系融会贯通，规范立法意旨，以除成法相诘之弊。凡此四途，犹如铸成法以魂魄，注律文以血肉，法律适用概可无虞矣。

法备以应时。放眼世界，中国正经历"百年未有之大变局""中华民族实现伟大复兴战略全局"，统筹推进"五位一体"总体布局，协调推进"四个全面"战略布局，"中国正前所未有地走近世界舞台中央，中国共产党也正前所未有地走近世界政党舞台中央"，然国内外形势错综复杂，风险交织叠加。习近平法治思想如海上灯塔，闪烁耀眼真理光芒，为发展中国家法治现代化提供了中国经验，为世界法治文明格局发展提出了中国主张，为人类政治文明进步贡献了中国智慧，为全球治理体系变革提供了中国方案，已成为闪烁在人类政治文明灿烂星辰中的东方之光。《纪法疏议丛书》应时而生，顺势而为，以海德智库"包容·力量·涵养·归一"为宗旨，"包容"法纪理论实践万象，铸就依法治国"力量"，"涵养"法治文明生态，"归一"党的领导统领，以疏议解释法律，以释法促进法律适用，以适用保障法律实施，以实施彰显公平正义。

良法必善治。古人云："立善法于天下，则天下治；立善法于一国，则一国治。"法律是治国之重器，良法是善治之前提。治国无其法则乱，守法而不变则衰。事随时移，事随势移，法律可以补社会治理之不足，疏议又可补法律解释之不足。《纪法疏议丛书》秉"为天地立心、为生民立命、为往圣继绝学、为万世开太平"之宏志，立足法治与政治之依存共生，把握法治与改革之动态平衡，促进依法治国和以德治国之相得益彰，推进依法治国与依规治党之有机统一，经国序民，正其制度，以期法安天下，德润人心，则丛集诸法、文疏条议之功可存矣。

《唐律疏议》成于大唐贞观之治，《纪法疏议丛书》袭名仿例而因之，盖合于盛唐阔大气象、律法至公至正之韵，乃我民族复兴之映照矣。

是为序。

张雪 田明海

2022 年 8 月

前　言

一、本书的内容说明

城市防护空间是城市一体化防空防灾的空间载体，是城市空间的组成部分。按照空间关系划分，城市防护空间包括城市地上防护空间、地下防护空间；按照空间功能划分，城市防护空间包括城市人防空间、防灾空间。城市防护空间将城市人民防空、城市防灾和地下空间开发利用有机结合，平时用于城市防灾的紧急避难，战时用于城市防空的人口疏散和掩蔽。

城市防护空间的安全治理是城市空间治理的重要内容，有序的城市防护空间安全治理应当通过运用规划、法律等手段，按照城市空间规划设计用途和法律法规规定的使用功能实现城市防护目标。在城市防护空间安全治理法律规范体系中，《中华人民共和国人民防空法》（以下简称《人民防空法》）居于核心的法律地位，既规范处于城市地下防护空间主体地位的人民防空工程的建设与开发利用，也调整城市地上防护空间中实现人口疏散、掩蔽以及通信、警报设施建设等所产生的法律关系。本书以建构城市防护空间安全治理法律规范体系的体系性思维为指引，以《人民防空法》为中心，以城市地下空间开发利用法律规范为重要补充，从党中央、国务院、中央军委发布的重要文件，法律、行政法规，国家人民防空办公室规章、规范性文件，省级地方性法规、政府规章，市级地方性法规、政府规章，省级、市级人民防空主管部门规范性文件，最高人民法院指导性或典型案例以及地方人民法院代表性案例要旨等多重维度引用相关条文全面诠释城市防护空间安全治理法律规范体系。

二、本书的撰写体例

本书按照《人民防空法》体例结构逐条编排，对相关规范文件进行统一排序，以与《人民防空法》条文内容的密切关联性为主线，在内容相关条文的引用上兼顾法律属性与效力位阶等常规的划分标准。在具体引用相关条文时，原则上将选择某一规范文件中最为相关的内容，但是，为了保全引用条文内容的完整性，引用内容在相关条款中存在部分必要的重复。同时，引用内容的选择上将适用就近原则归入《人民防空法》的相关条款。

在案例选择方面，本书搜集并摘录了最高人民法院颁布的相关指导性案例或典型案例的裁判要点，对于地方人民法院裁判文书中具有代表性的案例，本书亦进行了相关引用，并根据与《人民防空法》相关条文内容的密切关联性置入引用法律条文的文后。

为了方便读者全面了解《人民防空法》的条文体例与主旨，本书根据法条内容总结提炼了《人民防空法》条文要旨，以帮助读者全面深入地理解条文的含义。

为了增进读者对于《人民防空法》的理解与适用，本书结合《人民防空法》的法律依据与基本原理，通过【释义】对《人民防空法》的条文作出解释。在某些条文中以【著者按】的形式对引用相关条文的时效性等事项作出说明与补充，以飨读者。

为了便捷读者高效快速地了解所引用相关条文的信息，本书对与《人民防空法》具体条款相关的不同规范文件的内容进行了归纳与总结，并将各【引用内容提炼标题】作为辞条，读者可以通过索引检索的方式对所引用相关条文的内容进行查阅。

引用相关条文标注的基本体例为：【引用内容提炼标题】+《人民防空法》条文序号·引用相关条文在《人民防空法》本条文中排序序号+引用相关文件名称（施行日期）+引用相关条文内容。

读者可以通过以下检索方法使用本书：1. 目录检索法。通过目录查阅《人民防空法》相关条文。2. 页眉检索法。通过页眉提示查阅相关条文。本书以《人民防空法》的"章"为单位设置页眉。3. 辞条检索法。通过各【引用内容提炼标题】的辞条索引，查阅《人民防空法》及引用相关条文的内容。

本书附录Ⅰ为本书检索辞条，辞条后面的数字为辞条所在的页码。本书附录Ⅱ为本书引用规范文件目录（按国家与地方省市排序），附录Ⅲ为本书引用规范文件目录（按法律效力位阶排序），附录Ⅳ为本书引用案例及会议纪要目录。

需要说明的是，尽管本书录入并使用的是现行有效的法律规范文件，但是，依据全国人民代表大会常务委员会《关于深化国防动员体制改革期间暂时调整适用相关法律规定的决定》（2021年10月23日第十三届全国人民代表大会常务委员会第三十一次会议通过），对于《人民防空法》中人民防空领导管理体制、军地职能配置、工作机构设置等的规定，自2021年10月24日起，在深化国防动员体制改革期间暂时调整适用。具体办法按照党中央的有关决定、国务院和中央军委的有关规定执行。

三、本书的推广意义

本书强调《人民防空法》在城市防护空间安全治理法律规范体系中的核心地位，从体系化的角度全面梳理、整合相关法律法规、规章、规范性文件等法律规范以及政策文献资料，借助于法律汇编这一技术手段呈现出完备的城市防护空间安全治理法律规范体系。同时，跟踪最新立法动态并归纳立法经验，为未来《人民防空法》和各省市地方性法规以及城市地下空间开发利用管理等其他法律规范的修改提供借鉴。本书坚持《人民防空法》在人民防空法律规范体系中的中心地位，维护人民防空法治形式上的稳定性，克服《人民防空法》与其他相关法律文件在文本上孤立和分散的局面，充分考量人民防空工作实践的复杂性，客观检视人民防空法律规范体系中数量众多的规章、规范性文件相互之间可能存在的法律冲突，力求实现人民防空执法方式、执法标准的统一性、协调性、系统性，推进良法善治。本书搜集摘录与城市防护空间安全治理实践密切相关的指导性案例或典型案例的裁判要点，为司法实务工作提供具有价值的司法资料。本书以服务城市防护空间安全治理为目标，将全面指导人民防空立法、执法、司法实践，最大程度满足城市防护空间建设、管理工作的现实需要。

本书在法律规范的编排、编纂素材的选取中兼顾了城市防护空间安全治理法律规范体系的内在规律和城市防护空间建设、管理工作的实践需求。本书面向从事人民防空立法、执法、司法实践的一线工作人员，以及从事城市防护空间建设、管理的各界专业人士，力求为城市防护空间安全治理法律规范的快速检索、全面掌握、准确理解、综合运用、比较研究提供高效便捷的查询渠道和实用可靠的理论依据与实践参考。

本书在撰写的过程中，因城市防护空间安全治理法律体系规范内容的局限性、部分重要政策文件的涉密保护以及撰写中可能的疏漏谬误，不足之处在所难免，敬请各界人士批评指正，以便本书后续改进，在此表示衷心感谢！

中华人民共和国人民防空法

(1996 年 10 月 29 日第八届全国人民代表大会常务委员会第二十二次会议通过 1996 年 10 月 29 日中华人民共和国主席令第七十八号公布 自 1997 年 1 月 1 日起施行 根据 2009 年 8 月 27 日中华人民共和国主席令第十八号第十一届全国人民代表大会常务委员会第十次会议《关于修改部分法律的决定》修正)

第一章 总则

第一条 为了有效地组织人民防空，保护人民的生命和财产安全，保障社会主义现代化建设的顺利进行，制定本法。

第二条 人民防空是国防的组成部分。国家根据国防需要，动员和组织群众采取防护措施，防范和减轻空袭危害。

人民防空实行长期准备、重点建设、平战结合的方针，贯彻与经济建设协调发展、与城市建设相结合的原则。

第三条 县级以上人民政府应当将人民防空建设纳入国民经济和社会发展计划。

第四条 人民防空经费由国家和社会共同负担。

中央负担的人民防空经费，列入中央预算；县级以上地方各级人民政府负担的人民防空经费，列入地方各级预算。

有关单位应当按照国家规定负担人民防空费用。

第五条 国家对人民防空设施建设按照有关规定给予优惠。

国家鼓励、支持企业事业组织、社会团体和个人，通过多种途径，投资进行人民防空工程建设；人民防空工程平时由投资者使用管理，收益归投资者所有。

第六条 国务院、中央军事委员会领导全国的人民防空工作。

大军区根据国务院、中央军事委员会的授权领导本区域的人民防空工作。

县级以上地方各级人民政府和同级军事机关领导本行政区域的人民防空工作。

第七条 国家人民防空主管部门管理全国的人民防空工作。

大军区人民防空主管部门管理本区域的人民防空工作。

县级以上地方各级人民政府人民防空主管部门管理本行政区域的人民防空工作。

中央国家机关人民防空主管部门管理中央国家机关的人民防空工作。

人民防空主管部门的设置、职责和任务，由国务院、中央军事委员会规定。

县级以上人民政府的计划、规划、建设等有关部门在各自的职责范围内负责有关的人民防空工作。

第八条 一切组织和个人都有得到人民防空保护的权利，都必须依法履行人民防空的义务。

第九条 国家保护人民防空设施不受侵害。禁止任何组织或者个人破坏、侵占人民防空设施。

第十条 县级以上人民政府和军事机关对在人民防空工作中做出显著成绩的组织或者个人，给予奖励。

第二章 防护重点

第十一条 城市是人民防空的重点。国家对城市实行分类防护。

城市的防护类别、防护标准，由国务院、中央军事委员会规定。

第十二条 城市人民政府应当制定防空袭方案及实施计划，必要时可以组织演习。

第十三条 城市人民政府应当制定人民防空工程建设规划，并纳入城市总体规划。

第十四条 城市的地下交通干线以及其他地下工程的建设，应当兼顾人民防空需要。

第十五条 为战时储备粮食、医药、油料和其他必需物资的工程，应当建在地下或者其他隐蔽地点。

第十六条 对重要的经济目标，有关部门必须采取有效防护措施，并制定应急抢险抢修方案。

前款所称重要的经济目标，包括重要的工矿企业、科研基地、交通枢纽、通信枢纽、桥梁、水库、仓库、电站等。

第十七条 人民防空主管部门应当依照规定对城市和经济目标的人民防空建设进行监督检查。被检查单位应当如实提供情况和必要的资料。

第三章 人民防空工程

第十八条 人民防空工程包括为保障战时人员与物资掩蔽、人民防空指挥、医疗救护等而单独修建的地下防护建筑，以及结合地面建筑修建的战时可用于防空的地下室。

第十九条 国家对人民防空工程建设，按照不同的防护要求，实行分类指导。

国家根据国防建设的需要，结合城市建设和经济发展水平，制定人民防空工程建设规划。

第二十条 建设人民防空工程，应当在保证战时使用效能的前提下，有利于平时的经济建设、群众的生产生活和工程的开发利用。

第二十一条 人民防空指挥工程、公用的人员掩蔽工程和疏散干道工程由人民防空主管部门负责组织修建；医疗救护、物资储备等专用工程由其他有关部门负责组织修建。

有关单位负责修建本单位的人员与物资掩蔽工程。

第二十二条 城市新建民用建筑，按照国家有关规定修建战时可用于防空的地下室。

第二十三条 人民防空工程建设的设计、施工、质量必须符合国家规定的防护标准和质量标准。

人民防空工程专用设备的定型、生产必须符合国家规定的标准。

第二十四条 县级以上人民政府有关部门对人民防空工程所需的建设用地应当依法予以保障；对人民防空工程连接城市的道路、供电、供热、供水、排水、通信等系统的设施建设，应当提供必要的条件。

第二十五条 人民防空主管部门对人民防空工程的维护管理进行监督检查。

公用的人民防空工程的维护管理由人民防空主管部门负责。

有关单位应当按照国家规定对已经修建或者使用的人民防空工程进行维护管理，使其保持良好使用状态。

第二十六条 国家鼓励平时利用人民防空工程为经济建设和人民生活服务。平时利用人民防空工程，不得影响其防空效能。

第二十七条 任何组织或者个人不得进行影响人民防空工程使用或者降低人民防空工程防护能力的作业，不得向人民防空工程内排入废水、废气和倾倒废弃物，不得在人民防空工程内生产、储存爆炸、剧毒、易燃、放射性和腐蚀性物品。

第二十八条 任何组织或者个人不得擅自拆除本法第二十一条规定的人民防空工程；确需拆除的，必须报经人民防空主管部门批准，并由拆除单位负责补建或者补偿。

第四章 通信和警报

第二十九条 国家保障人民防空通信、警报的畅通，以迅速准确地传递、发放防空警报信号，有效地组织、指挥人民防空。

第三十条 国家人民防空主管部门负责制定全国的人民防空通信、警报建设规划，组织全国的人民防空通信、警报网的建设和管理。

县级以上地方各级人民政府人民防空主管部门负责制定本行政区域的人民防空通信、警报建设规划，组织本行政区域人民防空通信、警报网的建设和管理。

第三十一条 邮电部门、军队通信部门和人民防空主管部门应当按照国家规定的任务和人民防空通信、警报建设规划，对人民防空通信实施保障。

第三十二条 人民防空主管部门建设通信、警报网所需的电路、频率，邮电部门、军队通信部门、无线电管理机构应当予以保障；安装人民防空通信、警报设施，有关单位或者个人应当提供方便条件，不得阻挠。

国家用于人民防空通信的专用频率和防空警报音响信号，任何组织或者个人不得占用、混同。

第三十三条 通信、广播、电视系统，战时必须优先传递、发放防空警报信号。

第三十四条 军队有关部门应当向人民防空主管部门通报空中情报，协助训练有关专业人员。

第三十五条 人民防空通信、警报设施必须保持良好使用状态。

设置在有关单位的人民防空警报设施，由其所在单位维护管理，不得擅自拆除。

县级以上地方各级人民政府根据需要可以组织试鸣防空警报；并在试鸣的五日以前发布公告。

第三十六条 人民防空通信、警报设施平时应当为抢险救灾服务。

第五章 疏散

第三十七条 人民防空疏散由县级以上人民政府统一组织。

人民防空疏散必须根据国家发布的命令实施，任何组织不得擅自行动。

第三十八条 城市人民防空疏散计划，由县级以上人民政府根据需要组织有关部门制定。

预定的疏散地区，在本行政区域内的，由本级人民政府确定；跨越本行政区域的，由上一级人民政府确定。

第三十九条　县级以上人民政府应当组织有关部门和单位，做好城市疏散人口安置和物资储运、供应的准备工作。

第四十条　农村人口在有必要疏散时，由当地人民政府按照就近的原则组织实施。

第六章　群众防空组织

第四十一条　县级以上地方各级人民政府应当根据人民防空的需要，组织有关部门建立群众防空组织。

群众防空组织战时担负抢险抢修、医疗救护、防火灭火、防疫灭菌、消毒和消除沾染、保障通信联络、抢救人员和抢运物资、维护社会治安等任务，平时应当协助防汛、防震等部门担负抢险救灾任务。

第四十二条　群众防空组织由下列部门负责组建：

（一）城建、公用、电力等部门组建抢险抢修队；

（二）卫生、医药部门组建医疗救护队；

（三）公安部门组建消防队、治安队；

（四）卫生、化工、环保等部门组建防化防疫队；

（五）邮电部门组建通信队；

（六）交通运输部门组建运输队。

红十字会组织依法进行救护工作。

第四十三条　群众防空组织所需装备、器材和经费由人民防空主管部门和组建单位提供。

第四十四条　群众防空组织应当根据人民防空主管部门制定的训练大纲和训练计划进行专业训练。

第七章　人民防空教育

第四十五条　国家开展人民防空教育，使公民增强国防观念，掌握人民防空的基本知识和技能。

第四十六条　国家人民防空主管部门负责组织制定人民防空教育计划，规定教育内容。

在校学生的人民防空教育，由各级教育主管部门和人民防空主管部门组织实施。

国家机关、社会团体、企业事业组织人员的人民防空教育，由所在单位组织实施；其他人员的人民防空教育，由城乡基层人民政府组织实施。

第四十七条　新闻、出版、广播、电影、电视、文化等有关部门应当协助开展人民防空教育。

第八章　法律责任

第四十八条　城市新建民用建筑，违反国家有关规定不修建战时可用于防空的地下室的，由县级以上人民政府人民防空主管部门对当事人给予警告，并责令限期修建，可以并处十万元以下的罚款。

第四十九条 有下列行为之一的，由县级以上人民政府人民防空主管部门对当事人给予警告，并责令限期改正违法行为，可以对个人并处五千元以下的罚款、对单位并处一万元至五万元的罚款；造成损失的，应当依法赔偿损失：

（一）侵占人民防空工程的；

（二）不按照国家规定的防护标准和质量标准修建人民防空工程的；

（三）违反国家有关规定，改变人民防空工程主体结构、拆除人民防空工程设备设施或者采用其他方法危害人民防空工程的安全和使用效能的；

（四）拆除人民防空工程后拒不补建的；

（五）占用人民防空通信专用频率、使用与防空警报相同的音响信号或者擅自拆除人民防空通信、警报设备设施的；

（六）阻挠安装人民防空通信、警报设施，拒不改正的；

（七）向人民防空工程内排入废水、废气或者倾倒废弃物。

第五十条 违反本法规定，故意损坏人民防空设施或者在人民防空工程内生产、储存爆炸、剧毒、易燃、放射性等危险品，尚不构成犯罪的，依照治安管理处罚法的有关规定处罚；构成犯罪的，依法追究刑事责任。

第五十一条 人民防空主管部门的工作人员玩忽职守、滥用职权、徇私舞弊或者有其他违法、失职行为构成犯罪的，依法追究刑事责任；尚不构成犯罪的，依法给予行政处分。

第九章 附 则

第五十二条 省、自治区、直辖市人民代表大会常务委员会可以根据本法制定实施办法。

第五十三条 本法自1997年1月1日起施行。

目 录
CONTENTS

◇ 第一章　总　则

第一条【立法目的】

为了有效地组织人民防空，保护人民的生命和财产安全，保障社会主义现代化建设的顺利进行，制定本法。

〔1〕【释义】

本条是关于《人民防空法》立法目的的规定。立法目的是通过法律制定和法律实施所希望达到的特定的意图与旨意，一般会在法律条款中的第一条中予以规定。通常，在提出法律案、起草法律草案时，就应当设定立法目的条款。整个法案都围绕该特定的立法目的进行设计，并且随着立法进程的不断推进，立法目的也越来越明确，各种价值的整合也越来越合理。

立法目的条款开宗明义，立法者通常以"为了"或"为"为标识语，用规范化的语句专门表述整个法律文本之目的，立法目的条款与立法目的是形式与内容的关系。立法目的条款与规定适用范围、部门职责、实施时间等法律条款同属于整个法律文本的一般性条款。

"有效地组织人民防空""保护人民的生命和财产安全""保障社会主义现代化建设的顺利进行"是人民防空立法的根本目的和主要任务，深刻领会这一立法目的的基本思想，全面、正确地贯彻、执行《人民防空法》，才能做好新时代、新发展阶段的人民防空工作。本立法目的条款是本法所有法律条款的价值体现，本法其他条款都是为实现立法目的而拟定的，立法目的的准确设定可以促进整个法律文本各部分、各条文之间相互协调一致，消除其内部的冲突和矛盾。

〔2〕【相关法律立法目的条款】

1.1《中华人民共和国国防法》（2020年12月26日修订，2021年1月1日起施行）

第一条　为了建设和巩固国防，保障改革开放和社会主义现代化建设的顺利进行，实现中华民族伟大复兴，根据宪法，制定本法。

1.2《中华人民共和国国防动员法》（2010年7月1日起施行）

第一条　为了加强国防建设，完善国防动员制度，保障国防动员工作的顺利进行，维护国家的主权、统一、领土完整和安全，根据宪法，制定本法。

1.3《中华人民共和国国防交通法》（2017年7月1日起施行）

第一条　为了加强国防交通建设，促进交通领域军民融合发展，保障国防活动顺利进行，制定本法。

1.4《中华人民共和国国防教育法》（2018年4月27日修正并施行）

第一条　为了普及和加强国防教育，发扬爱国主义精神，促进国防建设和社会主义精神文明建设，根据国防法和教育法，制定本法。

1.5《中华人民共和国突发事件应对法》（2007年11月1日起施行）

第一条　为了预防和减少突发事件的发生，控制、减轻和消除突发事件引起的严重社会危害，规范突发事件应对活动，保护人民生命财产安全，维护国家安全、公共安全、环境安全和社会秩序，制定本法。

〔3〕【下位法的立法目的与立法依据】

【著者按】本法各下位法同样也规定了立法目的条款，各下位法的首要立法目的是具体贯彻实施本法，同时可以根据各地方、各领域、各行业不同的实际情况制定因地制宜的条款，但各下位法的总体立法目的不得与本法的立法目的相冲突。

1.6《人民防空国有资产管理规定》（〔1998〕国人防办字第21号，1998年3月19日起施行）

第一条　为加强人民防空（以下简称人防）国有资产的管理，维护人防国有资产的合法权益，提高人防国有资产使用效益，依据《中华人民共和国国防法》、《中华人民共和国人民防空法》和国家有关国有资产管理的法律、法规，制定本规定。

1.7《人民防空工程建设管理规定》（国人防办字〔2003〕第18号，2003年2月21起施行）

第一条　为加强人民防空工程建设管理，规范人民防空工程建设活动，确保人民防空工程的战备效益、社会效益和经济效益，根据《中华人民共和国人民防空法》、《中华人民共和国城市规划法》、《中华人民共和国建筑法》、《中华人民共和国招标投标法》等有关法律、法规，制定本规定。

1.8《北京市人民防空条例》（2002年5月1日起施行）

第一条　为了有效地组织人民防空，保护人民的生命和财产安全，根据《中华人民共和国人民防空法》，结合本市实际情况，制定本条例。

1.9《浙江省实施〈中华人民共和国人民防空法〉办法》（2020年11月27日第四次修正并施行）

第一条　为加强人民防空建设，保护人民的生命和财产安全，保障社会主义现代化建设顺利进行，根据《中华人民共和国人民防空法》和有关法律、行政法规，结合本省实际，制定本办法。

第二条　【人民防空的性质、任务与方针、原则】

人民防空是国防的组成部分。国家根据国防需要，动员和组织群众采取防护措施，防范和减轻空袭危害。

人民防空实行长期准备、重点建设、平战结合的方针，贯彻与经济建设协调发展、与城市建设相结合的原则。

〔1〕【释义】

人民防空是国防的重要组成部分。人民防空是组织和动员群众防备空中袭击、消除空袭后果所采取的措施和行动，是国家防空体系的组成部分；人民防空建设是国家战略防御、战场建设、城市防卫的重要内容之一，人民防空的各项准备是国家整体防御准备的组成部分；人民防空以保护人民生命和财产安全，保障社会主义现代化建设顺利进行为根本目的，充分体现了国防的目的。统筹安排人民防空建设，贯彻国家积极防御的战略方针，按照国防建设的规划和要求，做好人民防空的各项准备，是战时保护人民生命财产安全的基础和前提。遇有空袭征候和遭受空袭时，及时发放防空袭警报信号，有计划地组织人员疏散和掩蔽，避免遭受空袭危害；已经发生空袭危害时，通过群众自身采取防护措施自救互救以及政府动员和组织群众采取防护措施抢险抢救，消除空袭后果，最大限度减轻空袭造成的危害影响，有效地保护人民生命和财产的安全。

人民防空是国民经济和社会发展的重要方面。在服从经济建设大局的前提下，区分轻重缓急，有重点、分层次地实施人民防空建设。在确保战备效用的前提下，兼顾社会效益与经济效益。坚持人民防空建设与经济建设相协调，与城市建设相结合；坚持战时防空与平时防灾减灾相结合；坚持长远建设与应急建设相结合，构建战时能力强、平时作为大的现代人民防空体系。

〔2〕【构建现代人民防空体系】

2.1 《国务院、中央军委关于进一步推进人民防空事业发展的若干意见》（国发〔2008〕4 号，2008 年 1 月 8 日起施行）

（八）人民防空建设要促进城市发展。要积极开发利用人民防空工程，为城市防灾救灾、发展经济和方便群众生活服务。新建人民防空工程要与城市地下空间开发利用相结合，与地面设施建设相衔接，优先安排城市建设需要和社会效益好的项目。人民防空疏散干道和连接通道，要尽可能与城市地下交通干线及其他地下工程结合修建。

（十二）实现防空防灾相结合。要按照平战结合方针，进一步完善人民防空系统防灾功能，建立健全防空防灾相结合的工作机制。县级以上地方各级人民政府要把人民防空部门作为本级政府应对突发事件的重要力量，赋予相应的防灾救灾职责任务，切实发挥人民防空部门的作用。

（十四）开展城市防空防灾演练。城市人民政府要适时组织防空防灾演练，检验和完善城市防空防灾方案，提高群众防空防灾技能，增强城市综合防护和应急能力，要鼓励动员群众以志愿者身份参与防空防灾救援演练。

〔3〕【国防活动的基本原则】

2.2 《中华人民共和国国防法》（2020 年 12 月 26 日修订，2021 年 1 月 1 日起施行）

第四条 国防活动坚持以马克思列宁主义、毛泽东思想、邓小平理论、"三个代表"重要思想、科学发展观、习近平新时代中国特色社会主义思想为指导，贯彻习近平强军思想，坚持总体国家安全观，贯彻新时代军事战略方针，建设与我国国际地位相称、与国家安全和发展利益相适应的巩固国防和强大武装力量。

第五条 国家对国防活动实行统一的领导。

第六条 中华人民共和国奉行防御性国防政策，独立自主、自力更生地建设和巩固国防，实行积极防御，坚持全民国防。

国家坚持经济建设和国防建设协调、平衡、兼容发展，依法开展国防活动，加快国防和军队现代化，实现富国和强军相统一。

2.3《中华人民共和国国防动员法》(2010年7月1日起施行)

第三条 国家加强国防动员建设，建立健全与国防平安需要相适应、与经济社会发展相协调，与突发大使应急机制相连接的国防动员体系，增加国防动员力量。

第四条 国防动员坚持平战结合、军民结合、寓军于民的方针，遵循统一领导、全民参加、长期预备、重点建设、统筹兼顾、有序高效的原则。

2.4《中华人民共和国国防交通法》(2017年7月1日起施行)

第三条 国家坚持军民融合发展战略，推动军地资源优化配置、合理共享，提高国防交通平时服务、急时应急、战时应战的能力，促进经济建设和国防建设协调发展。

国防交通工作遵循统一领导、分级负责、统筹规划、平战结合的原则。

2.5《中华人民共和国国防教育法》(2018年4月27日修正并施行)

第四条 国防教育贯彻全民参与、长期坚持、讲求实效的方针，实行经常教育与集中教育相结合、普及教育与重点教育相结合、理论教育与行为教育相结合的原则，针对不同对象确定相应的教育内容分类组织实施。

〔4〕【人民防空建设的方针与原则】

2.6《城市居住区人民防空工程规划规范》(住房和城乡建设部公告第1599号，2013年5月1日起施行)

1.0.3城市居住区人防工程规划设计应遵循下列原则：1应贯彻"长期准备、重点建设、平战结合"的方针，坚持与经济建设协调发展、与城市建设相结合的原则；……

2.7《河北省实施〈中华人民共和国人民防空法〉办法》(2022年5月27日第五次修正并施行)

第二条 人民防空是国防的重要组成部分，是国民经济和社会发展的重要方面，是现代城市建设的重要内容，是利国利民的社会公益事业。

人民防空工作实行长期准备、重点建设、平战结合的方针，坚持人民防空建设与经济建设相协调，与城市建设相结合，与信息化发展水平相适应，坚持战时防空与平时防灾、减灾、救灾相结合，坚持国家建设与社会、集体、个体建设相结合的原则。

2.8《江苏省实施〈中华人民共和国人民防空法〉办法》(2021年5月27日第四次修正并施行)

第二条第一款 人民防空是国防的组成部分，是国民经济和社会发展的重要方面，是现代城市建设的重要内容，是利国利民的社会公益事业。人民防空实行长期准备、重点建设、平战结合的方针，贯彻与经济社会发展相协调，与城市建设相结合，与防灾、救灾和处置突发事件相兼容的原则，坚持防空防灾一体化。

2.9《安徽省实施〈中华人民共和国人民防空法〉办法》(2020年9月29日修订，2021年1月1日起施行)

第三条　人民防空是国防的组成部分，是全民性的防护工作和利国利民的公益事业。

人民防空应当贯彻总体国家安全观和军民融合发展战略，实行长期准备、重点建设、平战结合的方针；坚持与经济社会协调发展、与城市建设及提高城市整体功能相结合的原则，履行战时防空、平时服务、应急支援的使命任务。

2.10《河南省实施〈中华人民共和国人民防空法〉办法》（修改后 2020 年 6 月 4 日起施行）

第三条　人民防空是国防的组成部分，是社会公益事业的重要内容，实行长期准备、重点建设、平战结合的方针，贯彻与经济建设协调发展、与城市建设相结合的原则，实现战时防空、平时服务、应急支援。

2.11《广西壮族自治区实施〈中华人民共和国人民防空法〉办法》（2016 年 11 月 30 日第二次修正并施行）

第二条　人民防空实行长期准备、重点建设、平战结合的方针，贯彻与经济建设协调发展、与城市建设相结合、与防灾减灾救灾相结合的原则。

2.12《甘肃省实施〈中华人民共和国人民防空法〉办法》（2010 年 7 月 29 日修订，2010 年 9 月 1 日起施行）

第二条　人民防空实行长期准备、重点建设、平战结合的方针，坚持防空防灾一体化建设，贯彻与经济社会发展相协调、与城市建设相结合、与防灾和处置突发事件相兼容的原则。

2.13《无锡市人民防空规定》（2021 年 3 月 16 日修改，2021 年 6 月 1 日起施行）

第三条第一款　人民防空实行长期准备、重点建设、平战结合的方针，遵循与经济社会发展相协调、与城市建设相结合的原则，履行战时防空、平时服务、应急支援职能。

第三条　【人民防空建设纳入国民经济和社会发展计划】

县级以上人民政府应当将人民防空建设纳入国民经济和社会发展计划。

〔1〕【释义】

本条的立法意旨在于明确人民防空建设与国民经济和社会发展的关系。从体系上看，本条位于本法的总则部分，作为一般性规定起到统领作用。本条规定了人民防空建设的基本要求，即人民防空事业的发展与经济社会发展相适应。同时，本条也规范政府的行为，对政府提出了关于加强人民防空工作的一项重要要求。国民经济和社会发展计划，是国家指导国民经济和社会发展的依据。人民防空建设是国民经济和社会发展的重要方面。人民防空建设纳入国民经济建设和社会发展计划是人民防空建设的基本要求。一方面，国家制定、审批、下达国民经济和社会发展规划、计划，必须包括全国人民防空建设规划、计划的内容；另一方面，县级以上人民政府制定国民经济和社会发展计划，应当贯彻人民防空的要求。

〔2〕【人民防空建设融入经济社会发展】

2016 年召开的第七次全国人民防空会议明确提出，要转变人民防空建设发展方式，树立和落实新发展理念，深化改革，推进军民融合，努力实现更好质量、更高效益、更可持续的发展，把人民防空建设更好地融入经济社会发展之中，为今后人民防空建设与经济社会融合式发展指明了方向。人民防空作为国防建设的重要组成部分，是贯彻军民融合式发展战略的重要领域，坚持走融合式发展之路，把人民防空建设更好地融入经济社会发展之中，对于加速推进人民防空建设转型升级、加快转变人防战斗力生成模式，具有重要意义。

人民防空建设与经济社会融合式发展反映了人民防空建设与经济建设协调发展的基本规律。人民防空建设与经济建设、城市建设和社会发展协调同步，把人民防空能力的增长融入综合国力的提升中，反映了社会生产实践中追求资源使用效率最大化和发展道路可持续化的永恒主题。将人民防空建设融入经济社会发展体系，有利于人民防空建设从经济建设中获得更加丰厚的物质支撑和发展后劲，增强人民防空建设的整体实力。而有效地利用人防战备资源服务经济、服务社会、服务民生，则能实现人民防空建设战备效益、社会效益和经济效益相互促进、共同提高，更有利于推进人民防空建设转型升级，充分发挥人防在和平时期的服务保障作用，提高人防战时应战、急时应急与平时服务的能力。人民防空建设涉及社会、政治、经济各个领域和生产、生活各个方面，是一项与经济社会发展密不可分的系统工程。我国人民防空建设多年的实践已经证明，人民防空建设与经济社会融合式发展，对于实现人民防空建设与经济建设的协调发展具有重要的促进作用。人民防空建设融入经济社会发展能够有效提升人民防空的整体实战能力，为有效履行人民防空的历史使命提供强有力的战略支撑。

〔3〕【人民防空建设融入政府信息化建设】

3.1《江苏省实施〈中华人民共和国人民防空法〉办法》（2021年5月27日第四次修正并施行）

第十九条第一款 县级以上地方人民政府应当将人民防空信息化建设纳入政府信息化建设总体规划。人防主管部门负责制定人民防空信息化建设规划和实施计划，按照有关规定和技术标准，组织建设和管理。

3.2《广州市人民防空管理规定》（2021年9月29日第二次修正，2021年10月20日起施行）

第四十九条 市、区人民防空主管部门应当根据城市总体规划，会同科技和信息化等行政管理部门和电信等相关单位编制本级人民防空信息保障体系建设规划，报本级人民政府批准后实施。

前款所称人民防空信息保障体系包括通信保障系统、防空警报系统、指挥信息系统、空情报知系统等。

第五十条 人民防空主管部门及其委托的专门机构负责同级人民防空信息保障体系的建设和管理工作，建立人民防空信息保障体系安全防护制度，提高人民防空信息保障体系的安全防护能力和水平。

3.3《深圳市实施〈中华人民共和国人民防空法〉办法》（2021年10月31日第三次修正，2021年12月7日起施行）

第十一条 市、区政府应当制定人民防空信息化建设规划，并纳入市、区信息化建设总体规划，按照国家统一标准，建设人民防空信息系统和信息数据库。各相关部门的信息实行资源共享、互联互通。

金融、信息、通信、教育、科研等单位应当将重要信息库或者数据库纳入重点防护目标管理,并按照市人民防空主管部门的要求,进行灾害备份工作。

第十二条 政府信息化管理部门、广播电视和基础电信运营企业等单位,应当为人民防空信息化建设提供技术、网络、管线、信道、频谱、数据、空情信号等方面的支持和保障,实行资源共享。

3.4《深圳市地下空间开发利用管理办法》(2021年8月1日起施行)

第八条 市主管部门应当会同住房建设、人民防空、城市管理等主管部门建立地下空间数据中心,将地下空间基础调查、规划建设管理、不动产档案信息等纳入地下空间数据中心,并通过市大数据资源中心实现信息共享。

3.5《关于加快苏州市城市地下空间开发利用的实施意见》(苏府规字〔2013〕6号,2013年10月1日起施行)

七、加快构建地下空间开发利用公共信息管理平台

加强地下空间开发利用数据信息收集整理,加快建立地下空间开发利用档案信息平台。完善地下空间管理信息共享机制,规划、住建、国土、市容市政、民防、通信、电力等部门要对各自管理的地下建(构)筑物和各类管线、设施进行普查建档,对相关数据信息进行整理,并通过公共信息管理平台实现信息资源的整合、共享。

〔4〕【人民防空建设融入国土空间规划】

3.6《中共中央、国务院关于建立国土空间规划体系并监督实施的若干意见》(2019年5月23日起施行)

国土空间规划是国家空间发展的指南、可持续发展的空间蓝图,是各类开发保护建设活动的基本依据。建立国土空间规划体系并监督实施,将主体功能区规划、土地利用规划、城乡规划等空间规划融合为统一的国土空间规划,实现"多规合一",强化国土空间规划对各专项规划的指导约束作用,是党中央、国务院作出的重大部署。

3.7《中华人民共和国土地管理法》(2019年8月26日第三次修正,2020年1月1日起施行)

第十八条 国家建立国土空间规划体系。编制国土空间规划应当坚持生态优先,绿色、可持续发展,科学有序统筹安排生态、农业、城镇等功能空间,优化国土空间结构和布局,提升国土空间开发、保护的质量和效率。

经依法批准的国土空间规划是各类开发、保护、建设活动的基本依据。已经编制国土空间规划的,不再编制土地利用总体规划和城乡规划。

3.8《中华人民共和国土地管理法实施条例》(2021年7月2日第三次修订,2021年9月1日起施行)

第二条 国家建立国土空间规划体系。

土地开发、保护、建设活动应当坚持规划先行。经依法批准的国土空间规划是各类开发、保护、建设活动的基本依据。

已经编制国土空间规划的,不再编制土地利用总体规划和城乡规划。在编制国土空间规划前,经依法批准的土地利用总体规划和城乡规划继续执行。

第三条 国土空间规划应当细化落实国家发展规划提出的国土空间开发保护要求，统筹布局农业、生态、城镇等功能空间，划定落实永久基本农田、生态保护红线和城镇开发边界。

国土空间规划应当包括国土空间开发保护格局和规划用地布局、结构、用途管制要求等内容，明确耕地保有量、建设用地规模、禁止开垦的范围等要求，统筹基础设施和公共设施用地布局，综合利用地上地下空间，合理确定并严格控制新增建设用地规模，提高土地节约集约利用水平，保障土地的可持续利用。

3.9《浙江省实施〈中华人民共和国人民防空法〉办法》(2020年11月27日第四次修正并施行)

第十条 人民防空专项规划由城市人民政府组织人民防空主管部门以及发展改革、住房城乡建设、自然资源等有关部门共同编制，并纳入国土空间总体规划。

3.10《安徽省实施〈中华人民共和国人民防空法〉办法》(2020年9月29日修订，2021年1月1日起施行)

第十五条 城市人民政府人民防空主管部门应当会同有关部门按照国家规定的城市防护类别、防护标准，依据国土空间规划，编制本行政区域人民防空工程建设规划，报本级人民政府和军事机关批准。

市、县人民政府自然资源主管部门应当将人民防空工程建设的控制性内容纳入详细规划。

3.11《江苏省人民防空工程建设使用规定》(2020年1月1日起施行)

第六条第一款 人防工程建设规划应当符合国土空间总体规划，并与地下空间开发利用规划、医疗卫生规划等专项规划相衔接。

3.12《湖南省人民防空工程建设与维护管理规定》(2019年12月2日修改，2020年1月1日起施行)

第六条 县级以上人民政府应当将人防主管部门列为规划委员会成员单位，并将人防工程建设规划纳入国民经济和社会发展规划、国土空间规划。

自然资源主管部门应当将人防工程建设规划内容纳入城市控制性详细规划。建设单位编制修建性详细规划，应当依据控制性详细规划，明确人防工程建设的规模、功能、防护等级等内容。

3.13《湖北省人民防空工程管理规定》(2020年1月9日修订，2020年3月1日起施行)

第三条 县级以上人民政府应当加强对人防工程管理工作的领导，将人防工程建设纳入国民经济和社会发展规划、国土空间规划，将人防工程管理工作所需经费列入本级人民政府财政预算。

3.14《贵州省人民防空工程建设管理办法》(黔府办发〔2020〕38号，2020年12月30日起施行)

第六条 县级以上地方人民政府应当将人防部门列为国土空间规划委员会成员单位，参加有关规划的编审工作。人防工程规划应符合国土空间总体规划，人防工程规划明确的建设规模、功能、防护等级等内容纳入建设项目详细规划。

3.15《宿迁市人民防空工程建设规定》(2020年7月1日起施行)

第四条第一款 市、县人防主管部门应当会同自然资源和规划部门根据城市防护类别、人口集聚程度、片区开发强度、重点防护目标分布情况等因素，具体编制和修订人防工程建设规划，并纳入国土空间规划体系。人防工程建设规划范围为城市和依法确定的人民防空重点镇规划区。

第四条 【人民防空经费】

人民防空经费由国家和社会共同负担。

中央负担的人民防空经费，列入中央预算；县级以上地方各级人民政府负担的人民防空经费，列入地方各级预算。

有关单位应当按照国家规定负担人民防空费用。

〔1〕【释义】

人民防空经费是人民防空建设的专项费用，是保障人民防空建设与发展的物质基础。人民防空经费包括用于人民防空工程建设和维护管理的人民防空工程经费，用于人民防空组织指挥、通信警报、科学研究、宣传教育、干部培训等事项的人民防空业务经费。

国家负担的人民防空经费，是指县级以上各级人民政府根据有关规定，依据国民经济和社会发展计划，对人民防空建设安排的专项经费。社会负担的人民防空经费，是由单位和个人负担的人民防空费用，主要包括修建和维护本单位人民防空工程的费用，维护管理公用的人民防空工程的费用、社会化管理通信、警报设施的费用、组训群众防空组织的费用、开展人民防空教育的费用等。由有关单位负担的人民防空费用，主要包括机关、企业、事业单位修建和维护本单位人民防空工程的经费，以及参加公用的人民防空工程施工和维护人员的经费；群众防空组织训练及装备、宣传教育、通信、警报社会化管理等由原单位负责开支的人民防空业务经费等。

〔2〕【加强经费保障】

4.1《国务院、中央军委关于进一步推进人民防空事业发展的若干意见》（国发〔2008〕4号，2008年1月8日起施行）

（二十一）落实政府负担的人民防空经费。县级以上各级人民政府要在财政预算中列支人民防空经费，确保人民防空重点建设项目等资金需要。人民防空经费专款专用。

（二十二）依法征缴社会负担的人民防空经费。人民防空部门要严格按照规定的范围和标准征收民用建筑防空地下室易地建设费，资金全额纳入财政预算管理，专项用于易地建设人民防空工程，任何单位和个人不得挤占、截留和挪用。各级财政、审计、人民防空部门，要加强对易地建设费征缴、使用管理情况的审计、监督和检查。

〔3〕【人民防空预算收支管理】

4.2《中华人民共和国预算法》（2018年12月29日第二次修正并施行）

第四条 预算由预算收入和预算支出组成。

政府的全部收入和支出都应当纳入预算。

第五条 预算包括一般公共预算、政府性基金预算、国有资本经营预算、社会保险基金预算。

一般公共预算、政府性基金预算、国有资本经营预算、社会保险基金预算应当保持完整、独立。政府性基金预算、国有资本经营预算、社会保险基金预算应当与一般公共预算相衔接。

第六条 一般公共预算是对以税收为主体的财政收入，安排用于保障和改善民生、推动经济社会发展、维护国家安全、维持国家机构正常运转等方面的收支预算。

中央一般公共预算包括中央各部门（含直属单位，下同）的预算和中央对地方的税收返还、转移支付预算。

中央一般公共预算收入包括中央本级收入和地方向中央的上解收入。中央一般公共预算支出包括中央本级支出、中央对地方的税收返还和转移支付。

第七条 地方各级一般公共预算包括本级各部门（含直属单位，下同）的预算和税收返还、转移支付预算。

地方各级一般公共预算收入包括地方本级收入、上级政府对本级政府的税收返还和转移支付、下级政府的上解收入。地方各级一般公共预算支出包括地方本级支出、对上级政府的上解支出、对下级政府的税收返还和转移支付。

第八条 各部门预算由本部门及其所属各单位预算组成。

第九条 政府性基金预算是对依照法律、行政法规的规定在一定期限内向特定对象征收、收取或者以其他方式筹集的资金，专项用于特定公共事业发展的收支预算。

政府性基金预算应当根据基金项目收入情况和实际支出需要，按基金项目编制，做到以收定支。

第十条 国有资本经营预算是对国有资本收益作出支出安排的收支预算。

国有资本经营预算应当按照收支平衡的原则编制，不列赤字，并安排资金调入一般公共预算。

〔4〕【人民防空经费由国家和社会共同负担】

4.3《浙江省实施〈中华人民共和国人民防空法〉办法》（2020年11月27日第四次修正并施行）

第五条 人民防空经费由国家和社会共同负担。

县级以上人民政府负担的人民防空经费，列入同级财政预算，其增长水平应当与当地人民防空建设的需要和经济发展水平相适应。

社会负担的人民防空经费包括：

（一）结合民用建筑修建战时可用于防空的地下室（以下简称防空地下室）的经费；

（二）维护本单位人民防空工程的经费；

（三）国家和省人民政府规定应当由社会负担的其他人民防空经费。

第六条 社会负担的人民防空经费实行收支两条线管理。收取标准由省财政、省发展改革部门会同省人民防空主管部门提出，报省人民政府批准后执行。

任何单位和个人不得侵占、挪用或者截留人民防空经费，不得擅自减收、免收人民防空经费。

财政、市场监督管理、审计等部门应当加强对人民防空经费收取、使用和管理情况的监督检查。

4.4《江西省实施〈中华人民共和国人民防空法〉办法》（2021年7月28日第五次修正并施行）

第三十四条　人民防空经费由国家和社会共同负担。

县级以上人民政府负担的人民防空经费按照省人民政府规定的比例列入同级财政年度预算。

社会负担的人民防空费用，按照国家、大军区和省人民政府的有关规定及省财政、发展改革主管部门核定的标准执行。

防空地下室易地建设费应当专项用于人民防空建设。

人民防空指挥工程建设经费由同级人民政府安排专项经费解决，其建设用地由项目所在地人民政府依法无偿划拨；不能无偿划拨的，应当将其征地费用纳入工程建设预算。

第三十五条　人民防空经费是人民防空的专项费用，任何单位和个人不得截留或者挪用，上级人民防空主管部门和同级财政、审计部门应当予以审查、监督。

4.5《广州市人民防空管理规定》（2021年9月29日第二次修正，2021年10月20日起施行）

第六条　下列人民防空经费，由市、区人民政府负担，并列入同级财政预算：

（一）人民防空主管部门或者相关行政管理部门组织建设的人民防空指挥工程及其配套工程，公用的人员掩蔽工程和疏散干道以及医疗救护、物资储备等专用人民防空工程所需建设、维护、管理经费；

（二）人民防空通信、警报等信息化建设、维护、管理经费；

（三）市、区人民政府组织防空袭演习所需除消防、医疗等专业装备器材以外的经费；

（四）人民防空主管部门组织群众防空组织、人民防空自救互救群众组织、人民防空志愿者组织集中训练所需除消防、医疗等专业装备器材以外的经费；

（五）人民防空宣传教育经费；

（六）法律、法规规定应当由市、区人民政府负担的其他人民防空经费。

第七条　下列人民防空经费由有关单位或者个人负担：

（一）结合民用建筑修建防空地下室的经费或者易地建设费、地下空间开发项目按照人民防空要求进行设防的经费，由建设单位负担；

（二）人民防空工程维护、管理经费，由其所有权人负担；

（三）防空袭演习所需的消防、医疗等专业装备器材经费，由参与演习的单位负担；

（四）群众防空组织平时训练经费，参与集中训练所需的消防、医疗等专业装备器材经费，由组建单位负担；

（五）重要经济目标的防护经费，由其所属单位负担；

（六）法律、法规规定应当由有关单位或者个人负担的其他经费。

4.6《大连市人民防空管理规定》（2010年12月1日修正并施行）

第二十七条　人民防空经费由国家和社会共同负担。市及县（市）区、先导区应在同级财政预算中按照人民防空建设需要安排人民防空经费。

国家机关、社会团体、企事业单位及其他社会组织和个人，均应按照国家和省的有关规定负担人民防空费用。任何组织和个人不得随意减免、拒付和挪用。

第二十八条 人民防空主管部门依法征收的各项人民防空费用，须纳入财政专户实行收支两条线管理，按规定统一列入人防经费预算，专款专用，年度结余全额结转下年度继续用于人民防空建设。

第二十九条 人民防空经费的筹集和使用应接受财政部门的财务管理，同时接受审计、物价等部门和上级主管部门的监督。

第五条 【国家鼓励人民防空设施建设】

国家对人民防空设施建设按照有关规定给予优惠。

国家鼓励、支持企业事业组织、社会团体和个人，通过多种途径，投资进行人民防空工程建设；人民防空工程平时由投资者使用管理，收益归投资者所有。

〔1〕【释义】

人民防空设施建设，主要指人民防空工程及其配套孔口、口部伪装房和人民防空通信、警报等设施建设。修建人民防空设施是为了保护人民生命和财产安全，国家和社会不仅要从财力上予以保障，而且国家要给予一定的优惠政策，如人民防空工程及其配套设施建设免征土地税、免收土地出让金；人民防空主管部门收取的人民防空工程使用费免征营业税、所得税；人民防空工程内的通风、照明、排水等用电给予电价优惠；人民防空通信、警报租用电路和使用频率实行战备标准价格的优惠等。

为有效地组织人民防空，促进人民防空工程建设，国家鼓励、支持企事业单位、社会团体、个人，利用自有资金、集资、合资、引进外资等多种形式修建人民防空工程。人民防空工程建成后，平时由投资者使用、维护，使用收益归投资者所有；战时由人民防空主管部门统一调配使用。

【著者按】本条并未对人民防空工程的产权予以明确规定。目前，地方各省市为应对人民防空管理工作实践的需要，依据《中华人民共和国立法法》《中华人民共和国民法典》《中华人民共和国人民防空法》等相关规定，对人民防空工程产权作出了不同的规定，主要有：①未明确规定人民防空工程产权，即明确投资者享有人民防空工程的使用权、管理权、收益权；②依据人民防空工程投资来源和物理形态的不同分别确定人民防空工程产权归国家所有或者投资者所有；③依据地下空间建设用地使用权取得方式的不同分别确定人民防空工程产权归国家所有或者投资者所有；④明确人民防空工程为投资者所有。

在司法审判实践中，大多数情形下法院认定，约定人民防空工程所有权转让的合同无效，而约定人民防空工程使用权转让的合同有效，并认定投资者享有人民防空工程使用权、收益权，从而支持投资者的相关诉讼请求。同时，法院判决也认为，投资者虽然可以享有用益物权性质的人民防空工程使用权，但是并不当然地取得人民防空工程使用权，需依据有关法律规定办理相关手续。

〔2〕【鼓励社会力量参与人民防空建设】

5.1《国务院、中央军委关于进一步推进人民防空事业发展的若干意见》（国发

〔2008〕4 号，2008 年 1 月 8 日起施行）

（十）鼓励社会力量参与人民防空建设。培育和发展多元化投资主体，采用合资、合作、股份制、独资等多种投融资形式，加快人民防空建设步伐。除涉密项目外，其他人民防空建设项目要实行公开招标。人民防空工程建设项目（包括配套设施及附属工程）享受国防工程和社会公益性项目有关优惠政策。

5.2 《财政部、国家税务总局关于外商投资企业投资人民防空工程有关税收优惠的规定》（财税字〔1997〕121 号，1997 年 10 月 22 日起施行）

为了支持我国人民防空事业的发展，凡国家人民防空部门与外商共同投资举办，从事我国人民防空工程的建设、改造投资业务，根据《中华人民共和国外商投资企业和外国企业所得税法实施细则》第七十二条规定，可认定为生产性外商投资企业，对其取得的租金收入适用《中华人民共和国外商投资企业和外国企业所得税法》及其实施细则中有关税收优惠的规定。

5.3 《山西省实施〈中华人民共和国人民防空法〉办法》（1999 年 1 月 1 日起施行）

第十八条 鼓励公民、法人和其他组织投资建设和开发利用人民防空设施。投资建设和开发利用人民防空设施的，平时实行谁投资谁受益的原则。

建设、开发利用人民防空设施的，按国家有关规定享受税、费和水电价减免等优惠。有关部门对人民防空工程所需的建设用地，应依法予以保障。

5.4 《吉林省实施〈中华人民共和国人民防空法〉办法》（2018 年 11 月 30 日修改并施行）

第十条 投资人民防空工程建设，享受国家和省的有关优惠政策。

利用外资修建和改造人民防空工程，执行利用外资进行人民防空建设的有关规定。

5.5 《福建省人民防空条例》（2016 年 9 月 30 日修正并施行）

第二十二条 县级以上地方人民政府应当制定优惠政策，鼓励、支持企业事业组织、社会团体和个人，通过多种途径，投资建设和开发利用人民防空工程，为经济建设、国防建设和人民生活服务。建设和开发利用人民防空工程享受国家和本省规定的国防工程和社会公益性建设项目的优惠政策，免交城市基础设施配套费、城市园林绿化补偿费等地方规费。

5.6 《云南省实施〈中华人民共和国人民防空法〉办法》（2014 年 7 月 27 日修正并施行）

第十五条 人民防空工程的建设以及平时开发利用，享受下列优惠：

（一）按国家有关规定享受税收减免；

（二）人民防空公用工程免交城市基础设施配套建设费、商业网点配套费以及城市旧城改造增容费。

5.7 《福建省人民政府办公厅关于推进地下空间开发利用八条措施的通知》（闽政办〔2014〕134 号，2014 年 10 月 14 日起施行）

五、鼓励地下空间多层开发

（一）城市地下空间开发利用建筑面积单列，不计入建设用地的容积率指标。（责任单位：各市、县（区）人民政府，平潭综合实验区管委会，省住建厅）

（二）转变防空地下室单一使用功能，促进居住小区防空地下室连片开发、地下连通

和地面地下交通衔接。（责任单位：各市、县（区）人民政府，平潭综合实验区管委会，省人防办）

（三）国防、人防、防灾、文物保护、基础设施和公共服务设施等涉及国家安全、公共利益的地下空间项目，以及地下空间作为非经营性停车场（库）及配电间等配套用房使用的，可免收地下空间部分的土地出让金。地下空间用于商业、办公、娱乐、仓储等经营性用途的，其土地出让金由市、县（区）政府根据所属地块对应用途的基准地价的一定比例确定。地下空间建设用地使用者自签订土地出让合同之日起，一个月内缴纳土地使用权出让金，比例为全部土地出让价款的50%，剩余部分按土地出让合同约定的期限缴纳，最长不得超过一年。（责任单位：各市、县（区）人民政府，平潭综合实验区管委会，省国土厅）

（四）鼓励社会资金以BOT、TOT、PPP等方式投资建设地下商业街、平战结合人防综合体和城市地下基础设施等地下工程。（责任单位：各市、县（区）人民政府，平潭综合实验区管委会，省人防办、发改委、财政厅）

（五）鼓励银行业金融机构积极为地下空间开发项目提供信贷资金支持，合理确定贷款利率，降低企业融资成本。支持有资质的地下空间项目公司在银行间市场发行项目收益票据等债券，拓展融资渠道。（责任单位：各市、县（区）人民政府，平潭综合实验区管委会，省银监局、人民银行福州中心支行）

七、促进早期人防工程开发利用

早期人防工程按照封存报废、维持现状、改造利用等办法分类处理，对具备开发利用价值的，采用招投标方式引入投资人，将其改扩建为地下商业、停车、国防教育、物资存储等场所，实现综合利用效益最大化。对地处偏僻、交通不便、工事幅员小、改造投资大、难以吸引社会资本投入的早期人防工程，可在招投标条件中赋予合理的政府奖励政策，奖励资金可从人防易地建设费列支。参与早期人防工程开发利用租期年限可根据工程使用情况，对于租期3~5年的投资人，可免收半年的国有人防工程使用费；租期5年以上的，可免收1年的国有人防工程使用费。（责任单位：各市、县（区）人民政府，平潭综合实验区管委会，省人防办）

八、实施人防工程优惠政策

统筹人防易地建设费等资金，支持包括地下停车场等平战结合的人防综合体建设，促进城市地下空间的开发利用。人民防空工程建设项目（包括配套设施及附属工程）享受国防工程和社会公益性项目有关优惠政策，免收城市基础设施配套费、城市园林绿化补偿费和其它各项行政事业性收费等地方级收入部分。供电、供水部门要优先保障人民防空工程的用电、用水需要。利用人防工程作为城乡社区居民委员会服务等设施使用的，用电按居民生活类价格执行。（责任单位：各市、县（区）人民政府，平潭综合实验区管委会，省人防办、住建厅、物价局、电力公司等部门）

5.8《深圳市实施〈中华人民共和国人民防空法〉办法》（2021年10月30日第三次修正，2021年12月7日起施行）

第九条 人民防空建设项目属于国防工程和社会公益项目。鼓励、支持单位和个人投资建设人民防空工程及其附属工程和配套设施。建设、维护、管理及开发利用人民防空工程，有关部门应当依照有关规定，在税收、用地、用电、用水等方面给予优惠。

对超过应建面积标准修建防空地下室的建设单位，给予适当奖励。

人民防空建设的具体优惠政策和奖励措施，由市人民政府另行制定。

5.9《石家庄市人民防空工程维护使用管理办法》（1999 年 5 月 1 日起施行）

第十五条 除按规定不宜开发利用的以外，鼓励单位、个人和港、澳、台同胞及外商开发利用人防工程、兴办第三产业和生产经营项目。

5.10《哈尔滨市人民防空工程管理办法》（2010 年 10 月 27 日修订并施行）

第五条 鼓励和支持企事业单位、社会团体、个人建设和使用人防工程。

国家和社会投资的人防工程建设项目，免征土地出让金等一切以基本建设项目为征收对象的行政事业性收费及配套费。

5.11《广州市人民防空管理规定》（2021 年 9 月 29 日第二次修正，2021 年 10 月 20 日起施行）

第二十四条 依法由人民防空主管部门或者其他相关部门组织建设的人民防空工程，可以通过公开招标的方式由人民防空主管部门或者其他相关部门与企业事业单位、社会团体和个人以合作方式建设，涉及国家秘密的除外。

市人民政府应当加强对人民防空工程合作建设的监督管理，具体办法由市人民政府制定并向社会公布。

〔3〕【国防资产的定义】

5.12《中华人民共和国国防法》（2020 年 12 月 26 日修订，2021 年 1 月 1 日起施行）

第四十条 国家为武装力量建设、国防科研生产和其他国防建设直接投入的资金、划拨使用的土地等资源，以及由此形成的用于国防目的的武器装备和设备设施、物资器材、技术成果等属于国防资产。

国防资产属于国家所有。

〔4〕【人民防空国有资产的管理】

5.13《人民防空国有资产管理规定》（〔1998〕国人防办字第 21 号，1998 年 3 月 19 日起施行）

第二条 人防国有资产是国防资产组成部分，是指人防主管部门及所属单位占有、使用及管理的、在法律上确认为国家所有、能以货币计量的各种经济资源的总和。即指人防部门占有、使用的国有资产和管理的人防工程、指挥、通信、警报设备设施等两大部分资产。包括中央、县以上地方各级人民政府对人防建设投资形成的资产；按照中央、地方政府政策规定，筹集的人防建设资金形成的资产；以及接受捐赠和经法律确认专项用于人防建设的资产。人防国有资产的表现形式有：流动资产、固定资产、对外投资、无形资产和其他资产。

第三条 人防国有资产实行国家统一所有，政府分级监管，单位占有、使用的管理体制。

人防工程、指挥、通信、警报设备设施等资产，由人防主管部门实行行业管理；人防部门及所属单位占有、使用的国有资产按国有资产管理部门的有关规定进行管理。

县以上地方各级人民政府人防主管部门，应有专门管理机构或人员负责人防国有资产的管理，向上级人防主管部门报告工作，同时接受本级国有资产管理部门的业务指导和监督、检查。

第五条 人防国有资产管理的主要内容包括：负责组织产权登记、界定、变更、纠纷调处和资产的使用、处置、评估、统计报告和监督。

5.14 《济南军区、山东省人民政府、河南省人民政府关于加快人民防空改革发展若干问题的决定》（〔2006〕3 号，2006 年 9 月 1 日起施行）

五、加大财政对人民防空建设的投入力度，强化人民防空国有资产管理

19. 加强人民防空国有资产的管理。依照法律和政策有关规定，人民防空国有资产由人民防空主管部门实行系统管理，接受财政部门指导、监督。人民防空主管部门要按有关规定负责人民防空国有资产的配置、使用、处置、清产核资、产权登记、产权界定、资产评估、纠纷处调、资产报告和监督检查等事项，切实加强人民防空国有资产管理。

5.15 《青岛市人民政府、青岛警备区关于加快人民防空事业发展的实施意见》（青政发〔2009〕10 号，2009 年 3 月 25 日起施行）

四、加强城市地上、地下同步建设协调发展

（三）依法加强人防工程管理。人民防空工程属人防国有资产，由人民防空主管部门行使产权管理职责，规划、国土资源与房管部门应依法对人防工程用地进行产权登记提供支持，进一步明晰人防工程产权。

（四）大力推进人防工程投资体制和产权制度的改革，人民防空主管部门要会同财政等有关部门，推动城市地下空间资源的有偿利用，推行人防工程产权与使用权、经营权的分离，将使用权、经营权推向市场，深化人防平战结合。

〔5〕【业主对共用部位、共用设备设施享有商业利用收益权】

5.16 《物业管理条例》（2018 年 3 月 19 日第三次修订并施行）

第五十四条 利用物业共用部位、共用设施设备进行经营的，应当在征得相关业主、业主大会、物业服务企业的同意后，按照规定办理有关手续。业主所得收益应当主要用于补充专项维修资金，也可以按照业主大会的决定使用。

〔6〕【投资者享有人民防空工程的使用权、管理权、收益权】

5.17 《江西省实施〈中华人民共和国人民防空法〉办法》（2021 年 7 月 28 日第五次修正并施行）

第十六条 县级以上人民政府应当鼓励、支持企业、事业单位、社会团体和个人通过多种途径投资人民防空工程建设；投资者平时对人民防空工程享有使用权、管理权和收益权。

建设和开发利用人民防空工程，有关部门应当按照国家、大军区和省人民政府的有关规定给予优惠。

5.18 《大连市人民防空管理规定》（2010 年 12 月 1 日修正并施行）

第七条 鼓励、支持企事业单位、社会团体和个人，通过多种途径投资进行人民防空工程建设。人民防空工程平时由投资者使用管理，收益归投资者所有。

〔7〕【明确人民防空工程国家所有，但有例外情形】

5.19《沈阳市民防管理规定》（2004年2月1日起施行）

第二十七条　民防工程按照有关规定实行产权管理，其产权按下列规定界定：

（一）国家依法取得和认定的，或者国家以各种形式投资修建的民防工程，产权为国有；

（二）按照国家和省有关规定，结合城市民用建筑修建的民防工程，产权为国有；

（三）按照国家和省有关规定，用收取的民防工程易地建设费修建的民防工程，产权为国有；

（四）由国家以土地使用权作价出资方式与非国有经济组织或者个人共同投资修建的单建式民防工程，产权为国家和其他投资者共有。

第二十八条　民防工程竣工验收合格后，其产权单位或个人应当向民防工程主管部门申请办理人防工程产权登记，领取人防工程所有权证。

民防工程产权为国有或者部分国有的，其产权单位应当向同级财政部门申请办理国有资产产权登记。

第二十九条　民防工程产权界定和纠纷处理工作，由民防工程主管部门、财政部门按照各自的职责负责。

5.20《哈尔滨市人民防空工程管理办法》（2010年10月27日修订并施行）

第二十四条　人防工程的权属管理按照下列情形确定：

（一）人防部门单独修建的人防工程，由人防部门行使产权管理责任；

（二）集体或者个人利用非国有资产投资建设的单建式人防工程，产权归投资者所有，其中享受人防优惠政策部分的产权归国家所有，由人防部门实施产权管理，使用者有偿使用；

（三）结合民用建筑修建的防空地下室产权归国家所有，人防部门行使产权管理责任，开发建设单位可优先租赁使用，并按照规定缴纳使用费。

5.21《苏州市人民防空工程管理办法》（2008年9月1日起施行）

第二十四条　国家投资（包括中央、地方各级政府财政预算安排的人民防空经费和人防主管部门依法向社会筹集的资金）建设的人防工程，所有权属于国家。

建设单位及个人依法按照规定比例结合新建民用建筑修建的防空地下室，所有权属于国家。

除上述二款规定以外建设的各类人防工程所有权属于投资者。

产权明晰的人防工程，房产行政主管部门应当依法予以登记发证。

5.22《济南市城市地下空间开发利用管理办法》（2013年12月1日起施行）

第三十六条　单建人防工程的权属，按照下列规定确定：

（一）以划拨方式取得地下空间建设用地使用权的，所有权属于国家。其中，社会投资建设的，由人民防空主管部门与投资者协商确定使用方式和使用期限，并签订书面合同。

（二）以出让方式取得地下空间建设用地使用权的，所有权属于投资者。

第三十七条　经依法批准结建的人防工程，所有权属于国家。未经批准，任何单位和个人不得擅自转让、租赁。

第三十八条 国有人防工程由人民防空主管部门作为所有权人到市住房保障管理部门办理初始登记手续；其他人防工程的权属登记手续，由所有权人依法办理。

5.23《关于沈阳市人民防空工程权属登记的实施意见》（沈政办发〔2016〕155号，2016年11月28日起施行，已失效）

三、人民防空工程的权属确认

（一）以划拨方式取得地下空间建设用地使用权的人民防空工程，属于人民防空国有资产，所有权归国家所有，由人民防空部门负责权属管理，任何单位及个人不得擅自转让、出卖和抵押。

（二）以出让方式取得地下空间建设用地使用权的人民防空工程，所有权归开发单位所有，开发单位须向人民防空部门备案并接受其监督。

四、人民防空工程的权属登记办理

（一）所有权属于国家的人民防空工程，权属不可分割，由人民防空部门向不动产登记部门申请办理权属登记，权利人标记为人民防空部门，权利类型标记为人民防空工程，权利性质标记为划拨，面积标记为人民防空工程总建筑面积，使用期限不做标记。

（二）所有权属于开发单位的人民防空工程，权属可分割转让，由开发单位向不动产登记部门申请办理权属登记，权利人标记为开发单位或其他所有权人，权利类型标记为人民防空工程，权利性质标记为出让，面积标记为人民防空工程总建筑面积或分割单位建筑面积，使用期限标记为土地出让年限。

（三）新建或在建人民防空工程的权属登记办理。

1. 单建人民防空工程、所有权属于国家的，由人民防空部门办理工程立项、规划、用地手续，出具权属确认文书，办理权属登记。

2. 单建人民防空工程、所有权属于开发单位的，由开发单位办理工程立项、规划、用地手续，工程竣工验收后，由人民防空部门出具权属确认文书，开发单位持工程立项、规划、用地和权属确认文书办理权属登记。

3. 依法履行义务修建的结建防空地下室，所有权属于国家，由开发单位办理工程立项、规划手续，由人民防空部门核定应建结建防空地下室总建筑面积及位置并以划拨方式取得地下空间建设用地使用权；工程竣工验收后，由人民防空部门出具权属确认文书，在开发单位向人民防空部门移交工程后，人民防空部门持工程立项、规划、用地和权属确认文书办理权属登记。

4. 依法履行义务以外修建的结建防空地下室，所有权属于开发单位，开发单位须按有关规定确定地下出让建筑面积并缴纳土地出让金，可自主选择是否办理权属登记。

（四）已建人民防空工程的权属登记参照上述程序办理。早期开发建设（原则为1984年以前）、工程资料不全的，暂不办理权属登记。

（五）对已建人民防空工程手续不全的，区分下列情形办理权属登记：

1. 所有权属于国家的，由人民防空部门出具权属确认文书，补办规划、用地手续后，办理权属登记。

2. 所有权属于开发单位的，由人民防空部门出具权属确认文书，开发单位可按有关规定补办规划、用地手续，确定地下出让建筑面积并补缴土地出让金后，办理权属登记。

5.24《苏州市地下（地上）空间建设用地使用权利用和登记暂行办法》（苏府规字〔2021〕7 号，2021 年 9 月 1 日起施行）

第十四条 依法登记的地下、地上空间建设用地使用权和他项权利受法律保护。

设定地下、地上空间建设用地使用权登记类型及程序，按照国家、省、市相关规定实施，并注明"地下空间建设用地使用权""地上空间建设用地使用权"。

（一）地下、地上空间建设用地使用权实行分层单独登记。但地表建设用地使用权人结合地面建筑工程一并开发建设的地下工程土地使用权首次登记除外。

（二）地表建设用地使用权人结合地面建筑工程一并开发建设的地下工程，其地下空间建设用地使用权连同地表建设用地使用权一并取得的，地下空间建设用地使用权首次登记时与地表建设用地使用权共同登记，注明地下、地表建设用地使用权的空间范围；地表建设用地使用权已经办理首次登记的，在土地使用权利用状况复核前，可暂不办理地下空间建设用地使用权首次登记。

（三）首次登记权属证书应当根据批准文件或者出让合同明确的建设工程期限，注记建设期限，到期申请土地使用权利用状况复核。

（四）地下、地上空间建设用地使用权利用状况复核后符合原供地条件的，地下、地上空间建设用地使用权人可持原权属证书，申请换发新证。

（五）地下、地上空间建设用地使用权利用状况复核时，建筑面积按照规划工程竣工合格证面积为准。

（六）地下、地上空间建设用地使用权利用状况复核后需分割登记的，按照地下、地上宗地面积和地下、地上空间建筑面积分别分摊计算。

（七）地下空间建设用地使用权利用状况复核后换领权属证书时，按照人防工程管理法律、法规、规章的规定，需提供人防部门出具的人防工程和相关公共设施位置面积等资料。

产权明晰的人防工程，可以按照有关规定申请人防工程地下建设用地使用权登记。

5.25《常州市市政府关于深化人防工程产权制度改革的意见》（常政发〔2007〕136 号，2007 年 10 月 1 日起施行）

一、深化人防工程产权制度改革，要贯彻"创新思路、创新观念、创新机制"的要求，改革人防工程建设管理办法，广泛调动社会力量，引导社会资金投资建设人防工程，实现人防工程建设投资主体的多元化和投资来源的多渠道。对人民防空工程，在明晰产权、保持战备功能的前提下，积极开发利用，为经济建设服务。

二、在办理新建民用建筑建设项目土地出让和工程审批手续时，应当明晰或者约定新建民用建筑建设项目修建防空地下室的面积，并向社会公示。在履行人防法定义务以外建设的具有防空功能的地下民用建筑属营业性公建配套。

三、应当本着"谁投资、谁所有，谁使用、谁受益"的原则，积极开发和利用人防工程。国家投资（包括中央、地方各级人民政府财政预算安排的人防经费和人防主管部门依法向社会筹集的资金）建设的人防工程，以及新建民用建筑依法按规定比例修建的防空地下室（以下统称依法配建的人防工程）的所有权属于国家。履行人防法定义务以外建设的具有防空功能的地下民用建筑（达到人防工程战术技术要求的最低标准）的所有权属于投资者。

四、国家投资建设的人防工程和依法配建的人防工程，由人防主管部门负责申办房地产登记；履行人防法定义务以外由社会投资者出资建设的具有防空功能的地下民用建筑，无论是单建式还是结建式，由投资者负责房地产登记。房管部门负责进行产权登记，发放产权证；国土部门负责进行土地使用权登记，发放国有土地使用证。

五、所有权人依法对人防工程可以行使转让、拍卖、申请抵押等权利。由社会投资者出资建设的具有防空功能的地下民用建筑，应当在事前向人防部门备案后，方可依法进行转让、租赁或抵押融资。

六、建设单位依法配建的人防工程，在完成竣工验收备案手续后，可由建设单位提出申请，经人防主管部门同意，在一次性缴纳人防工程易地建设费后依法取得所有权，并可按以下标准，扣减人防工程与普通地下室的建设成本差额：

（一）6B级结建人防工程每平方米扣减50元；

（二）6级结建人防工程每平方米扣减300元。

七、加大对完成依法配套建设任务以外建设的具有防空功能的地下民用建筑的奖励力度。对完成依法配套建设任务以外建设的人防工程，在依据《关于进一步加快人防工程建设的意见》（常政发〔2006〕387号），享受减免各项政策性规费后，按以下标准再给予相应的奖励：

（一）6B级结建人防工程每平方米奖励50元；

（二）6级结建人防工程每平方米奖励300元。

八、国家投资建设的人防工程的产权转让收入、依法配建的人防工程使用权或经营权转让收入，属于政府非税收入，应当纳入政府非税收入管理范围，收取时统一使用财政部门监制的票据，专款专用。

九、人防工程产权制度改革后，人防工程的所有人或使用人，应当严格按照《人民防空法》的要求，加强工程的维护和使用管理，确保人防工程设备设施的完好，接受人防主管部门依法进行的监督检查和管理，不得违法改变具有防空功能的基本要素和属性。战时按照战时管理体制和机制的要求，服从国家的统一调度、安排和使用。

十、建立人防工程维护管理专项资金，专项用于人防工程的维护和管理。人防工程的建设和开发单位在依法转让人防工程的所有权、使用权或经营权时，必须落实人防工程维护和保养的责任，可以参照常房发〔2001〕17号和常财基〔2001〕1号关于住宅楼房屋本体共用部位设备专项维修基金的缴交标准与人防主管部门签订有关维修资金缴交和维护管理的协议，委托人防主管部门对人防工程进行维护和管理。

十一、深化人防工程产权制度改革，既是一项创新工作，又是一项系统工程，全社会和各部门要从做好未来防空袭斗争人防应急准备、维护人民群众的根本利益和改革创新的大局出发，全力支持这项工作。市规划、国土、建设、房管、财政、物价、法制、人防等相关部门，要进一步解放思想，认真贯彻"但求所在，不求所有"的理念，更新观念、通力协作、敢于创新，确保深化人防工程产权制度改革工作能够顺利开展，取得成效。

5.26《温州市人防工程产权制度综合改革实施方案》（温政办〔2021〕71号，2022年1月1日起施行）

为贯彻落实中央和省委关于全面深化改革有关精神，加快推进人防工程产权制度综合改革试点工作，根据《浙江省人民防空办公室关于深化人防工程产权制度改革试点工作的指导意见》，结合我市实际，制定本实施方案。

一、指导思想

以习近平新时代中国特色社会主义思想和第七次全国人民防空会议精神为指导，深入贯彻落实总体国家安全观，按照"长期准备、重点建设、平战结合"的战略方针，坚持战备优先，兼顾社会、经济效益，以人防工程产权制度综合改革为突破口，通过创新管理体制机制，明晰人防工程产权归属，扎实推动人防工程建设高质量发展。

二、基本原则

（一）统筹布局，规划引领。着眼全市域，以中心城区为重点，坚持布局合理、功能完善、指标控制的原则，优化人防工程结构比例，科学编制《人民防空专项规划（2020-2035）》，将人防专项规划约束性内容和指标体系纳入国土空间规划。编制人防控制性详细规划，明确控规单元内地块人防设施配置指标。设定项目规划设计条件，将人防工程建设具体指标要求落实到设计方案中，实现规划刚性约束。

（二）凝聚共识，规范程序。统一思想认识，以明晰人防工程产权归属为着力点，开拓创新，大胆探索，扎实推进。突出问题导向，找准问题症结，坚持问计于民，广泛征求意见，分层级、分领域形成共识，确保程序规范、内容合规。

（三）战备优先，兼顾平时。坚持人防工程战备属性，以人防专业化维护管理为切入点，确保人防工程防护效能和平时使用效率相结合。探索人防工程国有化管理创新服务机制，明确人防工程产权的登记、经营和收益主体，确保维护管理资金落实，全面提升人防工程平时服务经济社会、战时保护人民生命财产安全的双重效能。

三、改革目标

以依法结建的人防工程产权归国有为核心，大力推动管理体制改革，创建所有权分类明晰、使用权流转有序、经营权灵活自主的人防资产运营新模式。2021年，在全市域启动开展人防工程产权制度综合改革，力争通过三年努力，逐步建立规划科学、权属清晰、运营高效、维管到位、转换可靠、监督有力的人防工程全生命周期管理体系。

四、改革内容

（一）明确人防工程项目产权。在国有建设用地使用权供应时，供地方案正文中应明确依法落实结建义务的人防工程无偿归国家所有。集体所有土地建设的项目及村集体二产、三产留地的村自建项目，其依法结建的人防工程暂不移交及确权，战时由县级以上人民政府无偿调配使用。

（二）落实人防设施配置指标。在规划设计条件阶段，征求人防部门配置要求，防空地下室平时用途为停放机动车的，机动车车位净面积不低于防空地下室建筑面积的25%，各类公共泊位不得设置在人防区域。在方案或初步设计阶段，相关指标在总平指标中单列，由人防部门予以确定，有关标识按照省人防主管部门相关技术规定设置。在竣工测绘成果中，人防主管部门应核实人防独立区域及独享的口部建筑面积与位置，以及机动车车位净面积与防空地下室的配置要求。同项目中，地下室的人防区域与非人防区域应同品质设计、验收、交付。

（三）规范人防工程产权登记。在国有建设用地使用权供应时，供地方案已明确无偿归国家所有的结建人防工程，竣工验收合格后，办理不动产（国有建设用地使用权和房屋所有权）首次登记。各级党政机关、事业单位的建设项目，登记在其组织机构名下；市城发集团封闭区域内所有项目，及封闭区外城发集团自主建设项目，登记在其组织机构名下；其他建设项目，建设单位完成无偿移交后，登记在属地政府确定的国有全资企业名下。人防工程具体登记办法按照不动产登记有关规定执行。

（四）完善人防工程平时维管。产权登记主体（以下简称产权人）作为国有人防工程资产经营收益主体，承担国有人防工程的日常维护保养、专业维修、平战转换、应急演练等义务。产权人可自行成立专业队伍组织对人防专用设备设施进行维护和维修，也可通过购买第三方专业化市场服务开展维护、维修工作。人防工程日常维护管理，可根据工作需要，由产权人与相关物业服务企业签订物业服务合同，明确双方权利义务。人防国有资产实施租赁的，相应物业服务费由承租人承担。防空地下室平时用于停放机动车的，应当根据规定首先满足地下室所在小区业主的停车需要。

（五）加强人防资产经营管理。由产权人开展人防工程市场化经营运作，建立人防国有资产管理制度，实施独立运营、单独考核，采用使用权长短期租赁相结合等经营模式，盘活国有人防工程资产。人防国有资产经营收益统筹用于国有人防工程的维护保养、专业维修、平战转换、应急演练、人防专业化维护管理队伍和平战转换队伍建设。在产权人破产清算、转移登记情况下，人防资产接受方应承担人防工程日常维护和平战转换等费用，保持其战备功能，并接受人防主管部门的监督检查。

五、保障机制

（一）强化组织领导。成立温州市人防工程产权制度综合改革领导小组，由市政府分管领导担任组长，市政府联系工作副秘书长和市人防办主要负责人担任副组长，市委改革办、市发改委、市司法局、市财政局、市自然资源和规划局、市住建局、市国资委、市人防办、市综合行政执法局、市城发集团等有关单位负责人为成员，领导小组办公室设在市人防办，由市人防办主要负责人兼任办公室主任，负责改革工作的统筹协调和监督落实等工作。各县（市、区）、功能区相应成立领导小组，具体抓好工作实施。

（二）加强协调配合。各相关单位要密切配合，统筹资源，构建上下互通、横向联动的工作机制，及时协调会商、合力解决改革过程中出现的问题，提炼总结创新做法和改革经验，确保改革全面向纵深推进。各县（市、区）、各功能区，要结合当地实际，加快启动人防工程产权制度综合改革，在2021年12月底前，制定国有人民防空工程资产平时使用管理办法，建立健全人防工程规划建设、管理维护等机制，推进人防工程制度化、专业化、社会化管理，实现人防工程战备、社会和经济效益相统一，确保人防工程"平时好用、战时管用"。

（三）加大政策宣传。各地各部门要充分发挥主流媒体的宣传引导作用，为人防工程产权制度综合改革营造良好的舆论氛围。人防主管部门要主动做好改革政策解读，多渠道、多形式广泛开展宣传，营造良好的改革氛围。

5.27《沈阳市人防工程国有资产管理规定》（沈人防发〔2020〕10号，2020年7月2日起施行）

第七条 人防工程国有资产产权界定原则。

（一）国家依法取得和认定的，或者国家以各种形式投资修建的人防工程，产权为国有；

（二）按照国家和省有关规定，结合城市民用建筑修建的人防工程，产权为国有；

（三）按照国家和省有关规定，用收取的人防工程易地建设费修建的人防工程，产权为国有；

（四）由国家以土地使用权和人防工程优惠政策作价出资方式与非国有经济组织或者个人共同投资修建的单建式人防工程，产权为国家和其他投资者共有。

5.28《沈阳市人防工程标注办法》（沈人防发〔2018〕14号，2018年8月1日起施行）

第三条 人防工程标注包含实建面积区域标注和应建面积区域标注。实建人防工程面积是指依法经人防主管部门批准建设的人防工程面积。应建人防工程面积是指人防主管部门按照园区建筑各项面积指标依法核定的人防工程建筑面积。

第四条 依据实建和应建人防工程面积进行区域标注，须遵循以下原则：

一、应建人防工程原则上在人防工程区域内整体标注，所标注的人防工程原则上应自成防护系统，有掩蔽空间、必要的设备用房、独立的进出口和规则的平面形状。

二、应将地面建筑投影范围内的人防工程区域优先划为应建区域。如果所划应建区域与平时或战时使用功能有矛盾，应建区域范围可作适当调整。

三、战时为多种用途的人防工程，应优先将战时区域电站、医疗救护工程、专业队工程等专用工程区域确定为应建区域。

四、平时作为汽车库的人防工程，在划定人防应建区域时，应按人防应建面积与人防工程区域面积之比，将相应比例停车位划入应建人防区域。

五、平时作为商业、储藏、自行车库等使用的人防工程，在划定人防应建区域时，应按人防应建面积与人防工程区域面积之比，将相应功能面积的人防工程划入应建人防区域。

第五条 人防部门在办理人防建设许可时进行标注事宜审定，并加盖人防部门专用章。

第六条 建设单位在人防工程竣工验收前，必须对人防工程进行实地标注。

第七条 建设单位应依据人防主管部门核准的人防工程面积、区域在人防工程内用150mm蓝、橙色实线划出人防工程批建区域和人防工程应建区域，并用文字加以说明。

第八条 本办法实施前的未验人防工程，由建设单位负责人防工程标注事宜。已验人防工程按以上原则标注，建设单位应配合各级人防工程主管部门完成各自管理人防工程的标注工作。

5.29《哈尔滨市集体或个人利用非国有资金投资建设的单建式人防工程不动产登记管理办法》（2018年12月24日起施行）

第二条 本办法所称不动产登记，是指不动产登记机构依法将不动产权利归属和其他法定事项记载于不动产登记簿的行为。

第三条 本办法适用范围是集体或个人利用非国有资金（法律规定义务以外）投资，在本市行政区域内的公园、绿地、广场、道路等场地的地下单独修建的单建式人防工程（以下简称单建式人防工程）。

第四条 本办法实施前已建的单建式人防工程用地，应本着处理遗留问题的原则，以人民防空主管部门出具的产权证明、确定的人防工程平时用途和人防工程《建设工程规划许可证》的技术经济指标为依据补办土地出让手续后，依照本办法规定办理登记手续。

第五条　本办法实施后新建的集体或个人利用非国有资金投资建设的单建式人防工程，平时用途属于各类经营性用地的，以及其他土地供地计划公布后同一宗地有两个或者两个以上意向用地者，应采用招标、拍卖、挂牌出让方式确定土地使用权人；平时用途属于各类经营性用地以外用途的，其供地计划公布后同一宗地只有一个意向用地者的，可以采用协议出让方式确定土地使用权人。

第六条　市不动产登记机构依据相关规定及人民防空主管部门出具的产权证明办理单建式人防工程不动产登记，并颁发统一的《不动产权证书》。

《不动产权证书》附记栏内注明工程的人民防空工程属性，战时或遇有突发事件时，由人民防空主管部门无条件征用。

第七条　人民防空主管部门负责出具单建式人防工程产权证明。产权证明内容包括：

1. 确认单建式人防工程为集体或个人利用非国有资金（法律规定义务以外）投资；

2. 明确单建式人防工程具体投资主体；

3. 明确单建式人防工程平时功能；

4. 确定单建式人防工程已在人防主管部门完成人防工程竣工验收备案。

第八条　单建式人防工程办理不动产登记程序：

1. 单建式人防工程投资建设单位在项目竣工验收备案后，向人防主管部门申请办理产权证明；

2. 人防主管部门在正式受理申请后10个工作日内对符合条件的单建式人防工程出具产权证明；

3. 单建式人防工程投资建设单位携人防主管部门出具的产权证明及其他相关材料到不动产登记机构申请办理不动产登记。

4. 不动产登记机构按照申请（权籍调查）、受理、审核、登簿、发证程序为符合条件的单建式人防工程办理不动产登记。

第九条　申请人办理单建式人防工程产权证明需要提交的材料：

1. 单建式人防工程产权证明申请；

2. 申请人身份证明；（申请人、代理人身份证明材料，授权委托书，单位统一社会信用代码等。）

3. 项目建议书批复；

4. 可行性研究报告批复；

5. 建设工程规划许可证；

6. 开工报告；

7. 人防工程竣工验收备案表。

第十条　申请人办理单建式人防工程《不动产权证书》需要提交的材料：

1. 不动产登记申请书；

2. 申请人身份证明；

3. 不动产权属证书或者土地权属来源材料；

4. 建设工程符合规划的材料；

5. 房屋竣工验收的材料；

6. 不动产权籍调查成果资料；

7. 土地出让价款及相关税费缴纳凭证；

8. 人民防空主管部门出具的单建式人防工程产权证明及相关附件。

第十一条 已办理完不动产登记的单建式人防工程，因买卖、互换、赠与、继承、受遗赠、房屋分割、合并等导致不动产权发生转移的，法人或其他组织分立、合并导致不动产权发生转移的，当事人向人民防空主管部门备案，凭人民防空主管部门出具的备案证明，再向不动产登记机构申请转移登记。

第十二条 已办理完不动产登记的单建式人防工程，权利人名称、法人代表等登记事项发生变化的，由权利人向人民防空主管部门备案，凭人民防空主管部门出具的备案证明，再向不动产登记机构申请变更登记。

第十三条 已办理完不动产登记的单建式人防工程，经人防主管部门批准拆除（报废），并完成回填作业经验收符合要求的，由权利人向人民防空主管部门备案，凭人民防空主管部门出具的备案证明，再向不动产登记机构申请注销登记。

第十四条 从事单建式人防工程不动产登记的相关行政机关及其工作人员有下列情形之一的，对直接负责的主管人员和其他责任人员给予行政处分；构成犯罪的，依法追究刑事责任：

1. 违反规定办理单建式人防工程产权证明和《不动产权证书》的；

2. 利用职权谋取私利或者其他不正当利益的；

3. 对违反法律、法规和本办法的行为，监管不到位，不查处、不追究的；

4. 其他违法、违规、失职行为。

〔8〕【建设用地使用权取得与人民防空工程确权】

5.30《中华人民共和国民法典》（2021年1月1日起施行）

第三百四十四条 建设用地使用权人依法对国家所有的土地享有占有、使用和收益的权利，有权利用该土地建造建筑物、构筑物及其附属设施。

第三百五十二条 建设用地使用权人建造的建筑物、构筑物及其附属设施的所有权属于建设用地使用权人，但是有相反证据证明的除外。

5.31《河北省人民防空工程维护与使用管理条例》（2006年7月1日起施行）

第九条 人民防空工程的所属关系变更的，应当自变更之日起30日内，办理人民防空工程所属关系和档案移交手续。

除人民防空主管部门管理的人民防空工程外，其他人民防空工程的所属关系变更的，应当报当地人民防空主管部门备案。

5.32《河北省人民政府、河北省军区关于进一步深化人防工程建设和管理改革的意见》（冀政〔2009〕192号，2009年11月18日起施行）

三、加快推进人防工程产权改革

按照法律法规和国家政策等相关规定，鼓励、支持各地探索人防工程产权制度改革。除依法结合民用建筑修建的防空地下室外，各类投资主体修建人防工程用地，可以采取划拨方式提供，人防工程产权归国家所有，投资人享有工程使用权；也可采取土地出让方式依法取得土地权利和人防工程产权。人防工程产权发生变更时，有关权利人应当向国土资源、房产管理部门申请变更土地权利和工程产权登记，并向当地人民防空主管部门备案。

五、制定落实优惠政策措施

人防部门自建人防工程及其配套设施用地，采取划拨方式予以提供，免征土地使用税。人防部门要及时申请办理土地权利登记和工程产权登记，符合条件的，国土资源、房产管理部门要及时发放土地权利证和工程产权证。各类投资主体修建人防工程免缴城市基础设施配套费和城市旧城区改造费。人防工程内部通风、照明、排水等战备设施用电，按国家和省有关优惠政策执行。

5.33《福建省地下空间建设用地管理和土地登记暂行规定》(闽政〔2014〕8号，2014年2月16日起施行)

第二条 本规定适用于本省国有土地地下空间开发建设的用地管理，因地上建筑管线铺设、桩基工程等情形需利用地下空间的除外。

本规定所称地下空间开发建设，包括下列情形：

(一) 由同一主体结合地上建筑一并开发建设的地下工程 (以下简称"结建地下空间建设项目")；

(二) 独立开发建设的地下工程 (以下简称"单建地下空间建设项目")。

法律法规对国防、人防、防灾、文物保护、矿产资源勘探开采等情形开发利用地下空间另有规定的，从其规定。

第三条 地下空间开发利用应遵循统一规划、综合开发、合理利用、依法管理原则，基础设施和公共服务优先，兼顾防空防灾需要。

第四条 开发利用地下空间应取得建设用地使用权。地下空间建设用地使用权的取得，应遵守城乡规划，充分考虑相邻空间发展需要，不得损害已设定的土地权利。

第五条 申请地下空间建设用地，必须取得城乡规划主管部门出具的规划设计条件或建设用地规划许可证。

第六条 结建地下空间建设项目建设用地使用权，与地表建设用地使用权以相同程序和方式一并取得。

第七条 单建地下空间建设项目，根据不同供地方式办理相关审批手续：

(一) 以第八条 (一)、(三)、(四) 项方式申请地下空间建设项目建设用地使用权的，建设单位应按基本建设程序取得项目批准文件和建设用地规划许可证后，向国土资源部门申请办理建设用地批准手续，领取国有建设用地划拨决定书，或者签订国有建设用地使用权出让合同；

(二) 以第八条 (二) 项方式申请地下空间建设项目建设用地使用权的，按《招标拍卖挂牌出让国有建设用地使用权规定》(国土资源部令第39号) 和本省相关规定办理。

第八条 单建地下空间建设项目应根据项目性质确定土地用途和供地方式：

(一) 符合《划拨用地目录》(国土资源部令第9号) 的，可以行政划拨方式提供地下空间建设用地使用权；

(二) 属于商业、旅游、娱乐等经营性用途的，应以招标、拍卖或挂牌出让等方式提供地下空间建设用地使用权；

（三）不符合《划拨用地目录》，且不属于本条（二）项所列土地用途的，可以协议出让方式提供地下空间建设用地使用权；

（四）原地上建筑权利人申请开发利用本建筑地下空间作为经营性用途的，可以协议出让方式提供地下空间建设用地使用权。

第九条 地下空间建设用地批准后，国土资源部门应在建设用地批准书、划拨决定书或土地出让合同中明确其土地用途和空间范围。

第十条 以出让方式提供地下空间建设用地使用权的，按分层利用、区别用途原则，根据所属地块对应用途的基准地价的一定比例，确定土地出让金或出让底价。具体比例由各市、县（区）人民政府自行确定。

对开发利用地下空间的，应在收取土地出让价款方面给予优惠。

第十一条 结建和单建地下空间建设项目有下列情形之一的，可免收土地出让金：

（一）以行政划拨方式提供地下空间建设用地使用权的；

（二）地下空间作为非经营性的停车场（库）及配电间等配套用房的；

（三）国防、人防、防灾、文物保护、基础设施和公共服务设施等涉及国家安全、公共利益的项目开发利用地下空间的。

第十二条 地下空间建设用地使用权出让的最高年限，按《中华人民共和国城镇国有土地使用权出让和转让暂行条例》（国务院令第 55 号）等规定的用途类别分别确定。

结建的地下车位（库）建设用地使用权出让年限与地上建筑土地使用权出让年限一致。

第十三条 地下空间建设用地使用权转让、抵押的，应遵循地表建设用地使用权转让、抵押的相关法律法规规定。

对已批准划拨的地下空间建设用地使用权及其建筑，在转让或改变用途时，凡不符合《划拨用地目录》的，应按规定补办土地出让手续，补缴土地出让金。

建设用地批准书、划拨决定书或土地出让合同、租赁合同明确规（约）定地上建筑不得分割转让的，其地下空间建设用地使用权也不得分割转让。

第十四条 地下空间建设用地使用权登记依照有关法律法规规定办理。

结建地下空间建设项目建设用地使用权，初始登记时与地上建筑共同登记。

单建地下空间建设项目建设用地使用权，初始登记时独立登记。

第十五条 原地上建筑权利人对地下空间进行再次开发利用的，应办理规划许可手续。项目竣工验收合格后，国土资源部门在原已核发的土地使用权证备注栏中加注土地用途、面积和空间范围。

第十六条 地下空间建设用地使用权登记以宗地为基本单元，根据水平投影坐标、竖向高程确定其权利范围。土地权利记载时应注明"地下空间"，并附注具体用途；属于单建人防工程的，还应注明"地下空间—人防工程"，并记载平时用途。宗地代码按《宗地代码编制规则（试行）》（国土资厅发〔2011〕57 号）编制，其中宗地特征码以"X"表示。

第十七条 地铁工程按站（场）划分宗地。

通道、站台、售票亭等地铁工程中的公共服务设施按行政划拨方式供地；地铁工程配套开发的商业等经营性场所按出让方式供地，在办理有偿使用手续后，方可进行土地登记。

对连结站（场）之间的地下轨道交通线路用地，暂不办理登记发证。

第十八条 宗地确需分割、合并或调整边界的，应经国土资源部门同意；涉及规划调整的，应经城乡规划主管部门同意。

第十九条 集体土地地下空间开发建设参照本规定执行。

5.34《福建省人民政府印发关于加快城市地下空间开发利用的若干意见》（闽政文〔2014〕54号，2014年2月21日起施行）

五、健全完善土地房屋权属登记制度

城市地下空间建设用地使用权依法划拨或出让。人防工程等公益性的地下建设用地使用权，符合划拨用地规定的，通过划拨方式取得。结合地上建筑一并开发建设的地下空间建设用地使用权与地表建设用地使用权以相同方式一并取得，土地用途按照项目性质确定。单独开发的地下空间建设项目应根据项目性质确定土地用途和供地方式。各市、县（市、区）政府可以对集中开发的区域地下空间实施整体设计、统一建设，建成的地下空间可依法单独划拨或出让，也可依法与地上建设用地使用权一并划拨或出让。地下空间建设用地使用权登记依照有关法律法规规定办理。

房屋登记机构应当依法对建设单位（投资人）办理地下建（构）筑物权属登记。结合民用建筑修建的地下人防工程，在房屋登记簿和房屋权属证书中应注明"结合修建人防工程"。其中，属于平战结合的，应同时注明其平时用途和"战时应按照国家相关法令使用"属于人防专用设施范围的，所有权登记为全体业主所有，全体业主应依法负责人防工程平时维护管理工作，保证其战时功能的发挥，人民防空主管部门对人民防空工程的维护管理进行监督检查。单独修建的具有独立利用价值的地下建（构）筑物，在房屋登记簿和房屋权属证书中应注明"地下建（构）筑物"。

5.35《福建省人民政府办公厅关于推进地下空间开发利用八条措施的通知》（闽政办〔2014〕134号，2014年10月14日起施行）

四、规范地下空间使用权取得及权属

（一）基础设施、公共服务设施等公益性的地下空间开发和单建式人防工程用地使用权，符合划拨用地规定的，可以依法通过划拨方式取得。原地上建筑权利人申请开发利用本建筑地下空间作为经营性用途的，以及其他符合协议出让条件的，可以协议方式取得地下建设用地使用权。各类商业、旅游、娱乐等经营性项目地下建设用地使用权，应当通过招标、拍卖、挂牌等有偿使用方式（含租赁）取得。（责任单位：各市、县（区）人民政府，平潭综合实验区管委会，省国土厅）

（二）结合民用建筑修建的地下人防专用设施，即由人防专有防护设备和人防围护结构形成的具有一定防核生化武器和常规武器打击能力的地下封闭空间，所有权登记为全体业主，平时不得改变人防设施结构，影响防护功能。（责任单位：各市、县（区）人民政府，平潭综合实验区管委会，省住建厅、人防办等部门）

（三）个人对其投资建设的地下工程有权依法进行自营或租赁、转让、抵押。（责任单位：各市、县（区）人民政府）

（四）地下空间建设用地使用权登记按照《福建省地下空间建设用地管理和土地登记暂行规定》（闽政〔2014〕8号）办理。地下空间建筑物或人防工程权属单位依法向房产

管理部门申请办理房屋所有权证。（责任单位：各市、县（区）人民政府，平潭综合实验区管委会，省国土厅、住建厅）

5.36《青岛市地下空间开发利用管理条例》（2020年7月1日起施行）

第二十七条 地下建设用地使用权及地下建（构）筑物的权属登记，按照不动产登记的相关规定办理。

单建式地下建（构）筑物可以单独办理地下建设用地使用权和建（构）筑物所有权首次登记。结建式地下建（构）筑物应当与其地上部分一并办理建设用地使用权和建（构）筑物所有权首次登记。

地下公共停车场、公共连通通道等设施，不得进行分割登记。

第二十八条 地下建设用地使用权登记以宗地为单位，并通过水平投影坐标、竖向高程和水平投影最大面积确定其权属范围。分层设立的地下建设用地使用权，应当在宗地图上注明层次和标高范围。

地下空间不动产登记时应当在登记簿及权利证书中注明"地下空间"，并注明用途；属人民防空工程的，还应当注明"人民防空工程"。

5.37《广州市人民防空管理规定》（2021年9月29日第二次修正，2021年10月20日起施行）

第二十三条 建设人民防空工程应当依法取得建设用地使用权。人民防空工程建设用地使用权可以与地表建设用地使用权一并设立，也可以在地下单独设立。

国土等行政管理部门应当按照人民防空工程建设规划的要求，保障人民防空工程及其出入口、相应的地面配套工程所需用地。人民防空指挥工程、公用的人员掩蔽工程和疏散干道以及医疗救护、物资储备等专用工程及其配套的必要出入通道、出入口、孔口、口部伪装房等所需用地，经市人民政府批准后，相关部门可以通过划拨方式取得建设用地使用权；其他人民防空工程的建设用地使用权应当通过出让方式取得。

第二十五条 人民防空工程所有权归属的确定依据《中华人民共和国民法典》和有关法律、法规的规定，适用与建设用地使用权相一致的原则。人民防空工程可以依照有关规定办理产权登记。房地产登记部门应当根据建设工程规划报建和验收文件及其附图，在登记簿和附记栏注明人民防空工程。

权利人对人民防空工程行使权利应当遵守相关法律、法规的规定，不得损坏人民防空工程，不得妨碍平战转换。

5.38《济南市城市地下空间开发利用管理办法》（2013年12月1日起施行）

第三十六条 单建人防工程的权属，按照下列规定确定：

（一）以划拨方式取得地下空间建设用地使用权的，所有权属于国家。其中，社会投资建设的，由人民防空主管部门与投资者协商确定使用方式和使用期限，并签订书面合同。

（二）以出让方式取得地下空间建设用地使用权的，所有权属于投资者。

第三十七条 经依法批准结建的人防工程，所有权属于国家。未经批准，任何单位和个人不得擅自转让、租赁。

第三十八条 国有人防工程由人民防空主管部门作为所有权人到市住房保障管理部门办理初始登记手续；其他人防工程的权属登记手续，由所有权人依法办理。

5.39《济南市人民防空工程管理实施细则》（济政办发〔2014〕1号，2014年1月13日起施行）

【著者按】《济南市人民政府办公厅关于继续执行济南市人民防空工程管理实施细则的有关情况说明》

济南市人防办经过对2018年度政府文件梳理，落实情况如下：我市于2014年1月13日印发施行了《济南市人民防空工程管理实施细则》（济政办发〔2014〕1号）。该细则将于2019年1月12日到期，鉴于省政府机构改革工作已经实施，我市的政府工作部门整合调整工作即将展开，故此该细则到期前不宜修改。经市政府办公厅同意，决定延期此文件，《济南市人民防空工程管理实施细则》（济政办发〔2018〕35号）。

2020年3月13日发布的《市政府规范性文件清理目录》明确，《济南市人民政府办公厅关于继续执行济南市人民防空工程管理实施细则的通知》（济政办发〔2018〕35号）为继续实施的规范性文件，有效期至2022年1月12日。

第十五条 人防工程所有权人申请办理房屋初始登记手续时，单建人防工程应当提交国有土地使用权证、建设工程规划许可证、人防工程竣工验收备案表等资料；结建人防工程除提交上述资料外，还应当提交《国有人防工程移交书》。

5.40《厦门市商品房人防范围内地下车位销售和办理权属登记的实施意见》（厦府办〔2008〕211号，2008年10月11日起施行）

一、建设单位可凭地下人防车位建设成本未摊入商品房销售价承诺书、规划部门和人防部门核准的地下室平面布置图（由人防部门标示出人防专有部位和"平战两用"范围）、人防部门核定的可出售范围图等，向土地房屋权属登记机构申请办理商品房预售或销售手续。

二、购买商品房人防范围内地下车位的，应办理商品房买卖合同登记备案手续，商品房买卖合同中应载明："该车位在平战结合人防工程范围内。在人民防空演练或战争时期，必须无条件服从政府指令和无偿征用；使用和管理应遵循人民防空相关的法律法规，如违反相关法律法规，则按照相关法律法规进行处理和处罚；国家和福建省另有规定的，必须按照国家和福建省的规定执行"。

三、建设项目竣工验收备案后，当事人可申请办理土地房屋权属登记。

四、土地房屋权属登记机构在办理人防地下车位权属登记时，应在土地房屋登记簿和权属证书附注栏中注明："本车位在平战结合人防工程范围内，使用和管理应遵循人民防空相关法律法规。"

对专有人防部位，在土地房屋登记簿予以记载，不颁发土地房屋权属证书。

五、人防地下工程（专用专有部位和人防范围内的地下车位）的物业管理由本幢房屋物业管理单位统一负责。

六、申请人防范围内地下车位权属转移登记的，相关的权利义务一并转移。

七、市人防部门如有需要，土地房屋权属登记机构应及时提供人防工程权属登记情况。

八、非商品房建设项目的人防范围内地下车位办理土地房屋权属登记和销售，可以参照本意见执行。

5.41《福建省投资建设人民防空工程产权登记管理办法》（闽人防办〔2010〕97号，

2010年9月1日起施行）

  第二条 本办法适用于企业事业单位、社会团体和个人及各类组织、经济主体单位单独投资修建的人防工程的产权登记。

  根据人民防空法律法规要求应当结合民用建筑修建的人防工程产权登记不适用本办法。

  第三条 本规定所称人防工程产权，包含人防工程房屋所有权和土地使用权及相应抵押权等。人防工程投资者依法对人防工程享有占有、使用、收益和处分的权利。

  第四条 房地产、国土资源主管部门依据各自职责范围做好人防工程产权登记管理工作，人民防空主管部门依据职责配合做好人防工程产权登记管理工作。

  第五条 投资建设人防工程实行谁投资、谁受益、谁管理的原则。战时由人民防空主管部门统一安排使用。

  第六条 人防工程产权实行登记发证制度，应办理人防工程房屋所有权证和人防工程土地使用权证。

  第七条 人防工程房屋所有权的设立、变更、转让、消灭和抵押，应当依法登记。县级以上人民政府房地产主管部门（房屋登记机构）负责人防工程房屋所有权和相应抵押权登记工作。房地产主管部门（房屋登记机构）在办理有关登记后十五日内将相关登记信息书面告知同级人民防空主管部门。

  第八条 权利人申请人防工程房屋所有权初始登记时，应当提交国有土地使用权证书等建设用地使用权证明、建设工程规划许可证、具有相应资格房产测绘机构出具的测绘资料、人防工程竣工规划条件核实意见、县级以上人民防空主管部门出具的人防工程竣工验收备案文件等，由县级以上人民政府房地产主管部门（房屋登记机构）依法登记，核发人防工程房屋所有权证，载明人防工程坐落、面积、层数等，在"附记"栏中注明"单独修建人民防空工程"，并附人防工程平面图。

  第九条 人防工程土地使用权的设立、变更、转让、消灭和抵押，应当依法登记。

  县级以上人民政府国土资源主管部门负责人防工程的土地使用权登记工作。经权利人申请，地表、地上建筑物与人防工程联为一体属于同一权利人的，可将地下建筑物的建筑面积计入整体建筑总面积，并在土地证书"记事"栏中分别予以注明；属于不同权利人的，按照权利人拥有的地下建筑面积占整体面积的比例分摊地面上的土地面积，对没有与地表、地上建筑物连为一体的人防工程，其土地面积为地下建筑物垂直投影面积，土地登记时，应在土地证书"记事"栏中注明"土地使用权（地下）"。

  第十条 人防工程防护设施不得分割买卖或赠与。人防工程房屋所有权与相应土地使用权应一并转让、抵押。

  第十一条 人防工程房屋所有权登记和土地使用权登记的具体程序，分别按照房屋所有权登记和土地使用权登记的相关规定执行。

  第十二条 人防工程的投资者应当建立健全建设项目档案，并在工程竣工验收之日起六个月内，向人民防空主管部门移交建设项目档案。

  房地产、国土资源主管部门应当按照房屋、土地产权产籍管理的有关规定，将人防工程相关资料收集齐全，整理归档。

  第十三条 人防工程产权人和使用人应当按照国家规定对人防工程进行维护管理，

使之保持良好使用状态。

第十四条 人民防空主管部门负责对人防工程的维护管理进行监督检查，依法对危害人防工程安全和使用效能的违法行为进行查处。

第十五条 法律法规对人防工程产权登记另有规定时从其规定。

5.42《关于〈福建省投资建设人民防空工程产权登记管理办法〉的实施意见》（榕人防办〔2011〕128号，2012年2月1日起实施）

一、本意见适用于企业事业单位、社会团体和个人及各类组织、经济主体单位单独投资修建的人防工程的产权登记。

通过划拨方式取得建设用地单独投资修建的人防工程，所有权属于国家，其土地使用权及房屋所有权可登记在人防主管部门名下，该类土地使用权及房屋所有权的转让登记和抵押登记不适用本意见。

根据人民防空法律法规要求应当结合民用建筑修建的人防工程产权登记不适用本意见。

二、投资建设人防工程实行谁投资、谁受益、谁管理的原则。战时由人民防空主管部门统一安排使用。

三、人防工程投资者依法取得国有建设用地使用权后，应当依法申请土地使用权初始登记。初始登记应提供下列材料：

（一）土地登记申请书及委托书；

（二）企业法人营业执照（副本）复印件或事业单位法人证书复印件；

（三）单位组织机构代码证（副本）复印件；

（四）受委托人及法人代表身份证明材料复印件；

（五）政府用地批准文件及红线图；

（六）建设用地批准书复印件；

（七）规划总平图复印件；

（八）宗地图（5张）及宗地界址坐标成果；

（九）国有建设用地使用权出让合同（划拨用地的提供批准划拨用地的文件）；

（十）出让金全部缴纳完毕的凭证复印件（划拨用地的不需提供）；

（十一）有关税费缴纳凭证复印件；

（十二）交地确认书或交地证明复印件；

（十三）其他相关证明文件。

四、企业事业单位、社会团体和个人及各类组织、经济主体单位单独投资修建的人防工程，应当在办理人防工程竣工验收备案后向房屋登记机构申请办理房屋所有权初始登记。初始登记应提供下列材料：

（一）申请表；

（二）营业执照或法人代码证复印件；

（三）立项批文；

（四）国有土地使用证（竣工）复印件；

（五）建设工程规划许可证（正本及附件）和人防工程竣工规划核实情况意见书；

（六）建筑红线图；

（七）规划总平图；

（八）规划施工平面图；

（九）竣工平面图；

（十）人防工程竣工验收备案表（由县级以上人防主管部门出具）；

（十一）测绘成果资料或测绘备案通知书；

（十二）市地名办证明。

房屋登记机构受理后，应当在 10 个工作日内向申请人核发人防工程房屋所有权证，载明人防工程座落、面积、层数等，在"附记"栏中注明"单独修建人民防空工程"，并附人防工程平面图。

〔9〕【投资者享有人民防空工程的所有权】

5.43《重庆市人民防空条例》（2010 年 7 月 23 日第二次修正，2010 年 7 月 30 日起实施）

第七条　人民防空设施建设及开发利用，享受国家、市人民政府规定的优惠政策。

鼓励企业事业单位、社会团体和个人，以多种方式投资建设和利用人民防空设施，其所有权和收益归投资者。

5.44《上海市民防工程建设和使用管理办法》（2018 年 12 月 7 日第四次修正，2019 年 1 月 10 日起施行）

第二十条　（所有权）民防工程的投资者可以按照房地产管理的有关规定取得民防工程的所有权。

民防工程的所有权登记，按照本市房地产登记的有关规定执行。

5.45《上海市房屋土地资源管理局关于办理结建民防工程房地产登记有关问题的通知》（沪房地资权〔2005〕336 号，2005 年 6 月 17 日起施行）

一、结建民防工程是指建设单位结合城市新建民用建筑修建的战时可用于防空的地下室。

二、凡 2003 年 4 月 1 日以后竣工验收备案的结建民防工程可以办理房地产登记。申请结建民防工程登记的，申请人应当是房地产登记册记载的土地使用权人。房地产登记机构在房地产权证中注记"民防工程"。

1. 2005 年 7 月 1 日前已办理房地产初始登记，取得房地产权证的，房地产权利人可以持下列材料向房地产登记机构申请补办结建民防工程登记：

（1）《上海市房地产登记申请书》（原件）；

（2）身份证明（复印件）；

（3）建设工程规划许可证以及建筑工程项目表（原件）；

（4）民防建设工程竣工验收备案表或民防建设工程竣工验收备案证书（原件）；

（5）地籍图（原件二份）；

（6）房屋建筑面积测绘报告（原件）。

2. 2005 年 7 月 1 日后办理房地产初始登记的项目，建设单位可将结建民防工程和新建房屋所有权初始登记一并申请。

建设单位除了按新建房屋所有权初始登记提交文件外，还应提交民防建设工程竣工验收备案表或民防建设工程竣工验收备案证书。

三、商品房项目附属的结建民防工程为地下车库的，房地产开发企业可按《关于商品房项目附属地下车库（位）租售问题的暂行规定》（沪房地资市〔2003〕6号）规定出售或出租车库（位），办理房地产登记。

四、房地产开发企业按规定对商品房项目附属的结建民防工程进行租售的，必须在销售合同或租赁合同的补充条款中明示租售的部位为"民防工程"，并告知使用和维护义务。房地产登记机构在受理结建民防工程租售登记时，应当审核销售合同或租赁合同的补充条款明示内容，并在房地产权证中注记"民防工程"。

〔10〕【人民防空工程不得分割转让】

5.46 最高人民法院〔2013〕最高法民申字第 1997 号再审民事裁定书

属于人民防空工程的地下停车场的产权归国家所有，客观上不能分割，合作开发房地产合同当事人无权要求对该地下停车场面积进行分割，但可以就案涉项目权益进行分割。《最高人民法院关于审理涉及国有土地使用权合同纠纷案件适用法律问题的解释》（以下简称《土地使用权解释》）第二十二条规定："合作开发房地产合同约定仅以投资数额确定利润分配比例，当事人未足额出资的，按照当事人的实际投资比例分配利润。"该条适用的前提是合作开发房地产合同对双方当事人的投资数额有明确约定，而本案中的相关合同并没有对当事人的投资数额作出明确约定。因此，二审判决直接适用《土地使用权解释》第二十二条的规定确有不妥。但是，本案处理可以参照《土地使用权解释》第二十二条的立法精神。该条之所以规定对未足额出资一方的利润分配比例进行调整，是基于投资是当事人利润分配的基础、权利义务相一致以及公平原则等因素的考虑。本案相关合同虽未对双方的投资数额作出明确约定，但在确定分配比例时显然是以出资作为计算的依据，并没有约定以其他标准分配利润。二审判决以当事人实际投资额占其应完成投资额的比例为依据对合同约定的分配比例进行调整并无不妥。综上，当事人关于二审判决违反法律和当事人约定，对案涉项目权益进行分割，存在明显错误等申请理由不能成立。

〔11〕【人民防空工程所有权转让合同无效】

5.47 山东省济南市中级人民法院〔2017〕鲁 01 民终 8946 号民事判决书

人民防空是国防的组成部分。人民防空工程包括为保障战时人员与物资掩蔽、人民防空指挥、医疗救护等而单独修建的地下防护建筑，以及结合地面建筑修建的战时可用于防空的地下室。国防资产属于国家所有。禁止任何组织或者个人破坏、侵占人民防空设施。由于案涉车位为人防车位、人防设施，不得进行买卖，《人防车位买卖合同》违反了强制性规定和社会公益，《人防车位买卖合同》为无效合同。根据《中华人民共和国合同法》（当时有效）相关规定，合同无效或被撤销后，因该合同取得的财产，应当予以返还。

5.48 山东省青岛市城阳区人民法院〔2014〕城民初字第 3383 号民事判决书

本案的争议焦点之一是案涉《城市花园项目车位转让合同》所约定的是转让车位使用权还是车位所有权。本案中，被告主张转让的是车位使用权，但原、被告于 2014 年 1 月 11 日签订的《城市花园项目车位转让合同》并未约定转让的是车位使用权，仅约定车位使用年限按照国家相关法律法规执行，而现行法律法规并未规定车位使用年限，相反，该转让合同第五条第（一）项之二对案涉车位有关产权登记事宜作了明确约定，足以证实被告向原告转让的是车位所有权。

本案的争议焦点之二是被告将属于人防工程的地下车位转让给原告的合同效力问题。人防工程包括为保障战时人员与物资掩蔽、人民防空指挥、医疗救护等而单独修建的地下防护建筑，以及结合地面建筑修建的战时可用于防空的地下室，城市新建民用建筑按照国家有关规定修建战时可用于防空的地下室，但人民防空作为国防的组成部分，受国家法律保护，任何组织或者个人不得破坏、侵占，《中华人民共和国人民防空法》虽规定人民防空工程平时由投资者使用管理，收益归投资者所有，但受现行法律法规限制，人防工程地下车位无法办理所有权登记，对此青岛市人民防空办公室副主任赵承桥在做客青岛新闻网民生在线直播室答复网民时亦称"在不影响战时防空效能的前提下，人防工程平时租赁不违反现行的法律、法规和政策，但作为国防战备资产的组成部分，按照《中华人民共和国人民防空法》《中华人民共和国国防法》《中华人民共和国物权法》（当时有效，下同）等规定，禁止进行买卖"，故原告要求确认与被告2014年1月11日签订的《城市花园项目车位转让合同》无效，理由正当，于法有据，本院予以支持。

〔12〕【人民防空工程所有权转让合同有效】

5.49 江苏省盐城市中级人民法院〔2014〕盐民终字第01318号民事判决书

本案的争议焦点之一是：关于案涉合同的交易对象及合同效力的问题。第一，涉案合同中约定的"车位使用权"的实质。双方当事人所订立的《力拓·倾城花园2#地下室车位使用权转让合同》第一条以"使用权约定"为小标题对合同交易对象进行了说明："本合同所指地下人防停车位系转让方开发投资建设，其建筑成本未计入房屋销售成本及价格，其面积未作为公用面积分摊且未随地上部分的房屋产权一并转移，其使用权及收益权归转让方所有。"结合该条内容及前文关于人防地下车位（指整个地下车位及其构筑物）权利性质及其权利归属的认定，可见该条中所界定的交易对象名义上为"车位使用权"，实质上为"车位所有权"。此外，涉案合同中的其他条款也证明交易对象实质上为"车位所有权"：①第二条约定"车位使用年限等同于受让方所购房屋产权使用年限"；②第四·4条约定"在相关政策允许下，受让方除享有该停车位使用权外，同时享有该车位使用权的继承权。如将该停车位转让或出租，应将转让或出租范围限定在本小区范围内业主，并征得业主委员会及物业管理公司同意。转让或出租后，受让方承担一切连带责任"。该关于车位权属的再次转让、出租的限制性约定符合《中华人民共和国物权法》第七十四条第一款的规定，即"建筑区划内，规划用于停放汽车的车位、车库应当首先满足业主的需要"，表明了这是一个与《中华人民共和国物权法》第七十四条第一款规定相调适的限制，而不是对车位权属的权能的限制。③第四·5条约定"受让方知晓且只享有该停车位的使用权（不享有土地使用权），无法办理产权证、土地证等相关手续。若国家政策对地下停车位使用年限和性质作出具体规定或调整，该停车位使用年限和性质随国家法律政策规定处理"。从以上约定足以认定，涉案合同交易的车位"使用权"具有"所有权"的实质要义及其占有、使用、处分、收益等权能。

第二，关于案涉合同性质及其效力的问题。最高人民法院《关于审理建筑物区分所有权纠纷案件具体应用法律若干问题的解释》（法释〔2009〕7号）第二条第一款规定："建筑区划内符合下列条件的房屋，以及车位、摊位等特定空间，应当认定为物权法第六章所称的专有部分：（一）具有构造上的独立性，能够明确区分；（二）具有利用上的独立性，可以排他使用；（三）能够登记为特定业主所有权的客体。"本案中的车位专门划定了区域并编号，具备该条款规定的前两个特征。至于第三个特征即是否"能够登记"，原建设部《房屋登记办法》第九十六条规定："具有独立利用价值的特定空间以及码头、油库等其他建筑物、构筑物的登记，可以参照本办法执行。"江苏省原建设厅《江苏省实施〈房屋登记办法〉若干问题的指导意见》（苏建房〔2009〕196号）第十二·2条规定："……地下车位和按原规划建造的地面车位，符合房屋登记条件的可以申请登记。"可见，案涉车位所有权完全具备登记的法律条件，只是暂时不具备地方登记机构给予登记的操作条件。因此，案涉车位可以作为建筑物专有部分成就独立的所有权。

《中华人民共和国物权法》第七十四条第二款规定："建筑区划内，规划用于停放汽车的车位、车库的归属，由当事人通过出售、附赠或者出租等方式约定。"本案被上诉人对案涉整个地下车位建筑物享有所有权，有权依法通过约定的方式，出售、转让其全部或可区分为"专有部分"的部分车位。所以，将案涉合同认定为实质上的"地下车位所有权转让（出售）合同"，符合当前房地产产业发展的实际，符合房地产行政管理的需要，符合维护合法权益的民法价值追求和合同法鼓励交易的立法宗旨，不仅不违反法律、行政法规的强制性规定，不具有其他合同无效的事由，而且可以更好地确认、调整和维护各方的法律关系和财产关系。故认定为有效合同，对双方当事人均具有约束力，也更有利于权利保障。

第三，关于案涉车位所有权是否须经登记才能取得？《中华人民共和国物权法》第九条规定："不动产物权的设立、变更、转让和消灭，经依法登记，发生效力；未经登记，不发生效力，但法律另有规定的除外。"本案中被上诉人未经登记即享有案涉人防地下车位的所有权，如前所述，是基于《中华人民共和国物权法》第三十条这一"法律另有规定"所规定的情形。本院认为，上诉人未经登记，也已取得合同中约定的两个车位的所有权，相应的"法律另有规定"则是前述《中华人民共和国物权法》第七十四条第二款。结合前述《房屋登记办法》《江苏省实施〈房屋登记办法〉若干问题的指导意见》的有关规定可以看出，就我国目前关于不动产登记制度可以使用的法律资源而言，认定本案上诉人可以不经登记而取得地下车位所有权，符合我国的法律现状和保护当事人合法权益的需要。

5.50 浙江省玉环市人民法院〔2015〕台玉民初字第1337号民事判决书

本案的争议焦点是双方能否约定将属于人防工程部分的地下车位所有权归出卖人所有。首先，关于合同第四条第二款第一至第三项的约定。第一，合同第四条是原、被告双方针对建筑区划内相关物业归属的约定，而该条第一款实际上已对属业主共有的物业服务用房进行了明确约定。第二，《中华人民共和国物权法》第七十三条、第七十四条及最高人民法院《关于审理建筑物区分所有权纠纷案件具体应用法律若干问题的解释》第三条对属于业主共有的部分有明确的规定，原告诉请确认无效的条款并不包含在上述各条款项当中。第三，《商品房销售面积计算及公用建筑面积分摊规则》第九条规定："已作为独立使用空间销售或出租的地下室、车棚等，不应计入公用建筑面积部分。作为人防工程的地下室也不计入公用建筑面积。"双方订立的合同附件二对于属共有建筑的部分也有明确约定，具有独立使用属性的地下室、车位等均不在共有建筑面积范围之内。原告主张地下室属于公摊的建筑面积依据不足。第四，原告起诉主张争议条款无效，则其负有举证义务。但涉案商品房尚未竣工验收，争议部分属被告所有抑或是业主共有无从判断，则原告需承担举证不能的不利后果。

其次，关于人防工程。我国法律并未禁止人防工程在平时用作他用。《中华人民共和国人民防空法》第二十六条规定："国家鼓励平时利用人民防空工程为经济建设和人民生活服务。平时利用人民防空工程，不得影响其防空效能。"而结合《中华人民共和国人民防空法》第五条"人民防空工程平时由投资者使用管理，收益归投资者所有"的规定，双方约定将属人防工程部分的地下车位所有权归出卖人所有并无不当。

〔13〕【人民防空工程使用权转让合同有效】

5.51 最高人民法院〔2020〕最高法民申 4493 号民事裁定书

案涉地下车库兼具人防工程性质，其所有权属于国家，依法不得转让。开发商对地下车库（人防工程）依法享有使用权，其与购房人签订《商品房买卖合同》，将地下车库（人防工程）的使用权进行转让，并不违反法律强制性规定，地下车库（人防工程）的使用权可以转让流通。开发商将地下车库使用权对外转让，并未损害国家利益。法院认定《商品房买卖合同》合法有效，并无不当。

5.52 北京市第一中级人民法院〔2015〕一中民终字第 08450 号民事判决书

本案的争议焦点是被上诉人（原审原告）是否因构成重大误解而有权撤销《协议书》（误解的内容：认为是车位的买卖合同，且因人防车位导致使用该车位时有不确定性）。

一审法院认为，原告与被告签订的《协议书》虽然写明了地下附属设施由被告投资建设并依法享有使用权和收益权，但并未明确写明该地下附属设施属于人防设施的范围。而根据法院查明使用人防设施需要向相关主管部门进行审批，且需每年审批，由此可能导致在使用该地下附属设施时产生不确定性。对此被告在与原告签订协议时并未明确告知，从而导致原告产生重大误解，误认为该地下附属设施的使用权并不存在任何障碍，进而签订了协议。现原告以签订协议时存在重大误解为由要求撤销协议的请求，符合法律规定，法院予以支持。

二审法院认为，首先，重大误解应当是由于误解人自己的大意、缺乏经验或者信息不通而造成的，是受害方当事人自己的过失，而不是由于受到对方的欺诈、胁迫或者对方乘人之危而被迫订立的合同。本案中，被上诉人称其产生误解是由于上诉人（原审被告）未明确告知其地下车位系人防工程，上诉人在签订《协议书》时故意隐瞒重要事实，与重大误解所需具备的误解方之过失并不相符，被上诉人对地下车位性质产生的误解并非因其个人原因而产生，故其所称对地下车位性质的不知情并不构成其误解。其次，重大误解中的误解应当是对合同的内容构成重大误解。本案中，双方签订的《协议书》明确约定，地下附属设施由上诉人投资建设并依法享有使用权和收益权，被上诉人所支付的款项为使用费，且双方对使用期限进行了约定。因此，从合同内容可以看出，双方协议约定的是使用地下车位，并非转让买卖，对合同内容并不会产生重大的误解。被上诉人辩称《协议书》的性质是地下车位的买卖合同关系，与双方约定明显不符，没有法律依据。至于地下车位是否为人防工程，仅对被上诉人后续使用产生一定影响，并不必然导致对合同内容的误解。

5.53 辽宁省大连市中级人民法院〔2017〕辽 02 民终 9819 号民事判决书

根据《中华人民共和国人民防空法》第五条的规定，人民防空工程平时由投资者使用管理，收益归投资者所有。根据大连市人民防空办公室于 2017 年 1 月 25 日向上诉人出具的《大连市人民防空办公室政府信息公开告知书》（2017 年第 1 号）载明的内容，案涉车位所在的大连某小区地下人防工程属于人民防空国有资产，产权归国家所有，开发建设单位可优先租赁使用，且该公司已办理人防工程使用证，用途为地下停车场。可见，该公司作为开发建设单位有权就案涉车位与作为案涉小区业主的于某签订《地下车位有偿使用协议书》。

5.54 浙江省台州市中级人民法院〔2016〕浙 10 民终 430 号民事判决书

案涉楼盘的地下车位有人防车位和非人防车位。非人防车位的所有权由合同约定属于出卖人所有并无不妥。虽然人防车位属于国家所有，但根据相关法律规定，在非战时由投资者使用管理，收益归投资者所有，投资者对人防车位享有一定的物权权能。且案涉合同的第四条第三款明确约定，依照相关规定、合同约定需要移交政府相关单位管理的物业，不属于前款约定范围。

5.55 山东省威海市中级人民法院〔2016〕鲁 10 民终 2062 号民事判决书

本案的争议焦点是车位使用权买卖合同（非所有权买卖合同）是否有效。

一审法院认为，案涉停车位所在地下车库系人防工程，属双方均认可的事实，其产权归国家所有，根据《中华人民共和国人民防空法》的相关规定，人民防空工程平时由投资者使用管理，收益归投资者所有。结合原、被告所提供相关证据看，涉案停车位所在地下车库投资建设单位系被告，被告将涉案小区内商品房转让给原告等业主，原告等业主受让的为其各自合同项下的房屋产权，亦无证据证实转让价款中包含地下车库的投资建设费用，因此原告等业主受让商品房的行为并不能改变被告作为地下车位投资建设单位的性质，被告对该地下车库享有使用、管理、收益等权利，而相应民事法律、法规中亦无明确规定禁止转让使用权，双方就此签订车位使用权买卖合同，系双方当事人的真实意思表示，且并未违反法律、行政法规的强制性规定，上述合同应认定合法有效，原告主张解除合同，缺乏法律及事实依据。

二审法院认为，依照《中华人民共和国人民防空法》第二条"人民防空是国防的组成部分"及《中华人民共和国物权法》第五十二条"国防资产属于国家所有"等有关法律法规的规定，人防资产作为国防资产的组成部分，产权应归国家所有。尽管人防工程产权应归国家所有，但是不影响投资人使用收益权的行使。《中华人民共和国人民防空法》第五条规定，国家鼓励、支持企业事业组织、社会团体和个人，通过多种途径，投资进行人民防空工程建设；人民防空工程平时由投资者使用管理，收益归投资者所有。因此，经人防机关批准，人防工程投资者可以利用人防工程建成的地下车库进行经营管理并取得收益。案涉地下车位已经通过规划审批，并且山东省人民防空工程竣工验收备案表也已经载明该防空工程的平时用途即为地下车位。被上诉人（原审被告）作为该防空工程的投资者，未改变该防空工程的平时用途，对地下车位享有收益权。上诉人（原审原告）未提供证据证实地下车位建设成本被纳入住宅销售价格中，其主张被上诉人不享有地下车位的收益权依据不足。双方签订的是地下车位使用权买卖合同，并非是所有权买卖合同，并且该合同第二条载明，乙方对该车位享有使用权，乙方有权在该车位上停放车辆并对车辆采取合理保护措施，但不得在车位上添置任何设施设备。除此之外乙方对上述车位不具有其他权能。由此说明，被上诉人转让的车位使用权仅限定为特定用途的使用权权能。人民法院确认合同无效，应当以全国人大及其常委会制定的法律和国务院制定的行政法规为依据。《中华人民共和国国防法》及《中华人民共和国人民防空法》未明确规定人防工程的设施的使用权禁止转让。综上，本院认为法律和行政法规未禁止作为人民防空工程的车位使用权的转让，故双方签订的《望岛名郡车位使用权买卖合同》合法有效。上诉人主张车位使用权买卖合同无效继而要求解除涉案合同，法院不予支持。

5.56 陕西省西安市中级人民法院〔2017〕陕01民终4551号民事判决书

本案的争议焦点是开发商是否有权与业主通过签订协议的方式确定人防工程地下停车位的归属（合同中特别说明为非产权车位）。被上诉人（原审被告）在协议中强调"地下二层停车位为非产权车位"，且涉案车位为地下二层，所以不能因为未办理产权手续而认定合同无效。唯业主在购买商品房之后，根据《中华人民共和国物权法》的规定，建筑区域内，规划用于停放汽车的车位应首先满足业主需要，同时对于车位的归属亦应由当事人通过出售、附赠或者出租等方式约定。由此可见，有关停车位出让协议性质，并非完全归属于不动产买卖合同，具体应依据当事人的约定来确定合同性质。……且据此被上诉人在协议中还用黑体字着重强调"地下二层停车位为非产权车位"，上诉人（原审原告）在签订协议时已经知晓该停车位在产权手续未能成功办理时，其获取的停车位仅为使用权。因此，该协议的订立合法有效，对双方当事人均具有法律约束力。该协议约定的是对使用权转让，且上诉人作为建设用地使用权人对投资的建筑、附属设施有原始使用权，所以有权予以处分。且协议中明确写明"如乙方的停车位产权手续未能成功办理，则经双方一致同意并认可甲方所出让的仅为停车位的使用权"，所以不存在欺骗消费者权益。

本案中，上诉人作为融侨城小区开发商，被上诉人作为小区业主，依照前述规定，双方有权通过签订协议的方式确定融侨城小区地下停车位的归属，且双方签订的协议也不存在前述《中华人民共和国合同法》（当时有效，下同）第五十二条规定的无效情形，故应认定《融侨城地下停车位出让协议》有效。

5.57 浙江省宁波市鄞州区人民法院〔2008〕甬鄞民一初字第3959号民事判决书

《中华人民共和国人民防空法》第五条并没有对人防工程的所有权归属作出规定，各地的地方性法规、地方政府规章和规范性文件对此的规定也各不相同。《最高人民法院关于适用〈中华人民共和国合同法〉若干问题的解释（一）》第四条规定："合同法实施以后，人民法院确认合同无效，应当以全国人大及其常委会制定的法律和国务院制定的行政法规为依据，不得以地方性法规、行政规章为依据。"《中华人民共和国人民防空法》未明确规定人防工程设施的使用权禁止买卖。故双方当事人签订的属于人民防空工程的地下车位使用权的买卖合同依法有效。但作为人民防空工程的车位的使用权有一定的限制，如发生战争时必须作为人民防空工程使用。

〔14〕【投资者享有人防工程的使用权、收益权】

5.58 最高人民法院〔2018〕最高法民再 263 号民事判决书

人防工程战时作为一般城市居民掩蔽所，平时可作为停车场。根据《中华人民共和国人民防空法》第五条第二款的规定，案涉公司作为该工程的投资者享有相关的收益，即对案涉车位中位于地下二层的 100 个停车位享有收益。案涉公司与业主在签订房地产买卖合同中虽未对停车位进行约定，但案涉公司在房屋开发销售时与部分业主陆续签订了一百多份广场车位租赁合同，约定通过租赁 70 年的方式将部分车位转让给业主使用。因此，案涉公司作为广场地下停车场的建设者，在商品房初始销售时，通过另行签订车位租赁合同的方式对停车场的权益进行了明确约定，故不适用《深圳经济特区房地产转让条例》第十三条第二款的规定。

5.59 北京市第一中级人民法院〔2015〕一中行终字第 1948 号行政裁定书

根据建设单位提交的《房屋土地测绘技术报告书》等证据材料，案涉人防工程建筑面积并未计入业主公摊面积，业主委员会关于全体业主因在购买房屋时已经实际承担了防空地下室的建设费用而成为实际投资人的主张没有事实依据，现有证据亦不足以证明案涉人防工程由业主委员会投资。《中华人民共和国行政诉讼法》第二十五条第一款规定，行政行为的相对人以及其他与行政行为有利害关系的公民、法人或者其他组织，有权提起诉讼。业主委员会与被诉人防工程使用证不具有法律上的利害关系，不能作为本案适格原告，一审法院裁定驳回其起诉正确。

5.60 辽宁省沈阳市中级人民法院〔2016〕辽 01 民终 13567 号民事判决书

案涉公司对案涉地下车位享有除土地所有权之外的较为完整的物权性权利，法学理论和司法实务中对于地下人防车位所有权归属于国家还是归属于开发商或业主的认识分歧，并不能影响本案对于案涉地下车位使用收益权利人的认定，依据双方提供的证据可以认定，案涉公司作为"投资者"，有权出租案涉地下车位，并获取相应收益。付某与案涉公司签订的《租赁协议》系双方真实意思表示，付某主张因其对案涉地下车位的性质存在重大误解而要求撤销《租赁协议》，无事实与法律依据。付某对于该协议既不享有合同约定解除权，也不享有合同法定解除权，在案涉公司同意继续履行并具备继续履行《租赁协议》条件下，付某坚持解除协议的行为系单方毁约行为，应当承担对此不利的法律后果。

5.61 安徽省安庆市中级人民法院〔2015〕宜民二终字第 00203 号民事判决书

鉴于现行法律对地下人防工程的具体收益形式没有作出明确规定，且以车位的形态进行利用为常态，现案涉公司通过与被上诉人签订协议有偿转让诉争人防车位使用权的方式实现投资收益，不违反法律、行政法规的强制性规定，且《安徽省人民防空工程建设与维护管理规定》(2018 年修订中该条款已被删除) 第十六条第一款亦规定：投资建设人防工程有依法取得相应收益的权利。投资者可以将其建设的人防工程依法转让、拍卖、租赁、抵押。案涉公司与被上诉人签订的地下人防车位使用权转让协议已明确约定案涉公司转让的系地下人防车位使用权，且被上诉人同意在国家遭遇紧急状况时将其作为人防工程设施免费使用，故案涉公司与被上诉人签订的地下人防车位使用权转让协议并不具有法定的无效合同认定的情形。

5.62 福建省龙岩市中级人民法院〔2014〕岩民终字第1265号民事判决书

龙岩市人民政府《关于结合民用建筑修建人防工程地下车位使用管理办法的通知》（龙政办〔2011〕21号）第3条、第6条、第13条、第14条规定，人防工程由投资者使用管理，收益归投资者所有，而福建省龙岩市住房和城乡建设局不接受办理地下人防车位转让预告和备案登记申请，但可采用租赁地下人防车位方式，结合商品房住宅申请办理车位使用管理登记。该文件已明确地下人防车位不能转让给个人所有，只能租赁及办理车位使用管理登记，但在案涉《商品房认购协议书》中，上诉人（开发商）还与被上诉人（买受人）约定"买受人购买本合同第一条约定房号的同时，一并购买地下二层R057号车位"，致使被上诉人无法实现合同目的，上诉人也无法按约与被上诉人签订购买车位的买卖合同，显属违约，该过错在于上诉人，故上诉人应承担相应的违约责任及赔偿责任。

5.63 广东省珠海市中级人民法院〔2015〕珠中法民四终字第153号民事判决书

首先，根据《中华人民共和国人民防空法》第五条第二款的规定，地下二层的人防工程应遵循上述法律规定的"谁投资、谁使用管理、谁收益"的原则。案涉工程由开发商建成，开发商依法对案涉车位享有使用、管理和收益的权利。其次，《中华人民共和国物权法》第七十四条第二款规定："建筑区划内，规划用于停放汽车的车位、车库的归属，由当事人通过出售、附赠或者出租等方式约定。"案涉25个车位位于地下二层人防工程内，设计文件载明地下二层平时用途为车库，而开发商就上述车位的归属并未与小区业主或其他购房人进行过约定，车位产权亦已登记在开发商名下。至于《中华人民共和国人民防空法》第二条规定的"人民防空是国防的组成部分"，仅是从功能角度作出的规定，而非就人防工程产权权属作出的规定，故上诉人主张案涉车位的所有权归国家所有没有法律依据。最后，小区业主购房时支付的房价和相关税费，是其取得建筑物专有部分所有权和共有部分共有权支付的对价，而不能视为是小区业主为建设人防工程投入的投资款，故上诉人主张人防工程为全体业主投资建设没有事实和法律依据。综上，案涉25个车位应由开发商享有使用权、管理权和收益权。

5.64 广东省深圳市中级人民法院〔2020〕粤03民终11241号民事判决书

本案中，业委会主张涉案146个车位中有24个车位属于人防工程，收益权归全体业主，但其提交的竣工图尚不足以证明该24个车位系属人防工程。即使涉案部分车位属于人防工程，根据《中华人民共和国人民防空法》和《中华人民共和国物权法》的规定，属于人防工程的地下停车场的产权归属于国家，并非全体业主。人防工程平时由投资者使用管理，收益归投资者所有。由于涉案地下车库系开发商建设，使用和收益的权利属于开发商，亦非全体业主。因此，业委会据以否定开发商对于涉案地下车库的所有权，主张其享有收益权、所有权的理由不成立，一审法院不予采信。对于业委会的诉讼请求，一审法院不予支持。二审法院查明的事实与一审法院认定的事实一致。

5.65 重庆市第五中级人民法院〔2010〕渝五中法民终字第3417号民事判决书

上诉人（原审原告）在一审中提交的《市人防工程情况统计表》证明其为防空洞的投资者，一审法院向重庆市渝中区人民防空管理办公室调查取证的情况亦证实该防空洞自建好之日一直由上诉人行使经营使用权。因此，上诉人作为该防空洞的投资者，在其投资、收益的防空洞被拆除的情况下有权获得赔偿。被上诉人作为大黄路道路改造工程的建设方对该防空洞实施拆除，应赔偿对上诉人造成的损失，而施工方是受托对该防空洞进行拆除，故在本案中不承担责任。

【著者按】福建省福州市中级人民法院［2021］闽01民终9799号民事判决书、河南省开封市中级人民法院［2021］豫02民终4629号民事判决书、广东省中山市中级人民法院［2021］粤20民终8441号民事判决书、广西壮族自治区桂林市中级人民法院［2021］桂03民终2709号民事判决书、四川省成都市中级人民法院［2021］川01民终21616号民事判决书、辽宁省沈阳市中级人民法院［2018］辽01民终13005号民事判决书、安徽省宿州市中级人民法院［2018］皖13民终617号民事判决书、河南省郑州市中级人民法院［2018］豫01民终2624号民事判决书、江苏省苏州市中级人民法院［2017］苏05民终9213号民事判决书、福建省南平市中级人民法院［2017］闽07民终1010号民事判决书、广东省惠州市中级人民法院［2017］粤13民终3654号民事判决书、福建省莆田市中级人民法院［2016］闽03民终2980号民事判决书、广东省佛山市中级人民法院［2016］粤06行终215号行政判决书、江苏省苏州市中级人民法院［2015］苏中民终字第00690号民事判决书、广东省汕头市中级人民法院［2015］汕中法民一终字第480号民事判决书与上述判决立场一致。

［15］【投资者未履行相关手续不享有人民防空工程的使用权】

5.66《最高人民法院第二巡回法庭法官会议纪要》（2019年第15次会议纪要）

人防车位作为人防工程的一种现实存在形式，本质属性为国防战备设施，应当归国家所有。但为鼓励社会资金投资人防工程建设，减轻国家财政负担，人防工程经验收合格后，投资者可以取得用益物权性质的人防车位使用权。投资者应按人防主管部门的规定履行备案审批程序，才能取得人防车位使用权，由此才能作为执行标的。投资者未经人防主管部门批准，对人防车位不享有合法的使用权，申请执行人将其作为投资者的合法财产申请强制执行，人民法院不予支持。

5.67最高人民法院［2019］最高法民申2108号民事裁定书

该案中，开发商在未经人民防空主管部门审查合格的情况下，向房屋购买人发放自行制作的使用证，其对相关车位不享有合法的使用权和收益权，开发商的债权人无权申请执行法院查封相关车位。

5.68江苏省无锡市中级人民法院［2021］苏02民终3912号民事判决书

开发商作为投资者可以享有对案涉人防工程的使用权、管理权、收益权，但并不当然取得上述权利。因为根据国家人防办制定的《人民防空工程平时开发利用管理办法》第九条的规定，人民防空主管部门应当根据使用单位提交的备案资料，经审查合格后发给《人民防空工程平时使用证》。使用单位必须持有《人民防空工程平时使用证》，方可使用人民防空工程。第十条规定，禁止无证使用人民防空工程或者转让《人民防空工程平时使用证》。因此，根据上述规定及批复意见，对于未经人防部门验收和批准而取得《人民防空工程平时使用证》的人防工程车位，投资者不享有合法的使用权，因此也就不享有合法的管理权和收益权。本案中，开发商在案涉人防工程经过竣工验收备案后一直未申领过《人民防空工程平时使用证》，因此并无管理权和收益权。

〔16〕【人民防空工程认定为开发商所有】

5.69 江苏省盐城市中级人民法院〔2014〕盐民终字第01318号民事判决书

案涉开发商已同国土资源部门签订《建设用地使用权出让合同》，因而对本案所涉人防地下车位相对应的土地拥有合法的土地使用权，该人防地下车位由开发商投资建设，属于其建造的构筑物或者附属设施，开发商对此应当享有所有权。

5.70 浙江省温州市中级人民法院〔2015〕浙温民终字第1183号民事判决书

《中华人民共和国物权法》第七十四条规定："建筑区划内，规划用于停放汽车的车位、车库的归属，由当事人通过出售、附赠或者出租等方式约定。"《中华人民共和国人民防空法》第五条第二款规定："人民防空工程平时由投资者使用管理，收益归投资者所有。"因此，案涉《商品房买卖合同》第四条第二款关于人防车位属出卖人所有的约定，不违反法律规定。

5.71 安徽省铜陵市中级人民法院〔2018〕皖07民终349号民事判决书

上诉人与被上诉人签订的车位买卖合同有效。对于人防车位的买卖，虽然各地地方性法规、规章的规定各不相同，但是当时的法律、法规并未作出禁止性规定；被上诉人在房产管理部门对涉案车位办理了《新建商品房初始登记证》，证明被上诉人对涉案车位拥有处分权，且双方当事人签订车位买卖订购单、履行支付价款和交付车位是当事人真实意思表示，因此，双方成立的车位买卖合同不违反法律、法规强制性规定，应认定为合法有效，双方当事人应当按照约定履行自己的义务。

第六条 【人民防空领导体制】

国务院、中央军事委员会领导全国的人民防空工作。

大军区根据国务院、中央军事委员会的授权领导本区域的人民防空工作。

县级以上地方各级人民政府和同级军事机关领导本行政区域的人民防空工作。

〔1〕【释义】

在人民防空工作中实行人民防空军事机关、人民政府军政双重领导体制，发挥军队、政府有关部门的作用，有利于完成人民防空的各项准备和有效地组织人民群众开展防空袭斗争。

国务院、中央军事委员会领导全国的人民防空工作，大军区根据国务院、中央军事委员会的授权领导本区域的人民防空工作，这有利于人民防空建设与国家经济建设、国防建设、战场建设的统一规划与统一建设。

本条中的"县级以上地方各级人民政府"，是指县（自治县、不设区的市、市辖区、旗）、设区的市（自治州）、省、自治区、直辖市人民政府。"同级军事机关"，是指人民武装部、军分区、省军区（警备区、卫戍区）。

〔2〕【健全人民防空领导管理体制】

6.1《国务院、中央军委关于进一步推进人民防空事业发展的若干意见》（国发〔2008〕4号，2008年1月8日起施行）

一、健全人民防空领导管理体制

（一）坚持人民政府领导的主体地位。县级以上各级人民政府对本行政区域的人民防空工作负主要领导责任，要切实履行法律法规规定的职责，及时解决人民防空建设中的重点难点问题。要把人民防空事业纳入国民经济和社会发展规划，与经济发展相适应，与城市建设相协调；纳入政府任期工作目标，作为政绩考核的重要内容。

（二）发挥军事机关的领导作用。各级军事机关对本区域的人民防空工作负领导责任，要积极主动配合地方人民政府做好人民防空工作。要建立健全军政联席会议和军地联合办公制度，把人民防空工作作为军事机关的一项重要任务。

（三）加强人民防空组织建设。县级以上地方各级人民政府人民防空部门依法管理本行政区域的人民防空工作，中央国家机关人民防空部门依法管理中央国家机关的人民防空工作。要加强人民防空组织力量，规范县级以上地方各级人民政府人民防空机构设置。省军区系统要明确人民防空工作的管理部门和人员，实行军事干部兼任同级人民防空部门领导副职制度。

〔3〕【暂时调整适用本条的规定】

6.2《全国人民代表大会常务委员会关于深化国防动员体制改革期间暂时调整适用相关法律规定的决定》（2021年10月24日起施行）

为了深入贯彻党中央关于深化国防动员体制改革的决策部署，依据宪法和《中华人民共和国国防法》，第十三届全国人民代表大会常务委员会第三十一次会议决定：深化国防动员体制改革期间，暂时调整适用《中华人民共和国国防动员法》、《中华人民共和国人民防空法》、《中华人民共和国国防交通法》、《中华人民共和国国防教育法》中有关国防动员以及人民武装动员、经济动员、人民防空、交通战备、国防教育的领导管理体制、军地职能配置、工作机构设置和国防动员资源指挥运用的规定。具体办法按照党中央的有关决定、国务院和中央军事委员会的有关规定执行。改革措施成熟后，及时修改完善有关法律。本决定自2021年10月24日起施行。

〔4〕【国防事务建立军地联席会议制度】

6.3《中华人民共和国国防法》（2020年12月26日修订，2021年1月1日起施行）

第十七条 国务院和中央军事委员会建立协调机制，解决国防事务的重大问题。

中央国家机关与中央军事委员会机关有关部门可以根据情况召开会议，协调解决有关国防事务的问题。

第十九条 地方各级人民政府和驻地军事机关根据需要召开军地联席会议，协调解决本行政区域内有关国防事务的问题。

军地联席会议由地方人民政府的负责人和驻地军事机关的负责人共同召集。军地联席会议的参加人员由会议召集人确定。

军地联席会议议定的事项，由地方人民政府和驻地军事机关根据各自职责和任务分工办理，重大事项应当分别向上级报告。

〔5〕【人民防空军政共同领导管理体制】

6.4《福建省人民防空条例》（2016 年 9 月 30 日修正并施行）

第二条 县级以上地方人民政府和同级军事机关领导本行政区域的人民防空工作。县级以上地方人民政府应当会同同级军事机关建立健全联席会议制度，协调解决人民防空重大问题。

6.5《湖南省实施〈中华人民共和国人民防空法〉办法》（2020 年 7 月 30 日修正并施行）

第三条 县级以上人民政府和同级军事机关领导本行政区域的人民防空工作，人民政府负主要领导责任。

县级以上人民政府应当会同同级军事机关建立健全联席会议制度，协调解决防空和防灾救灾工作中的重大问题。

6.6《深圳市实施〈中华人民共和国人民防空法〉办法》（2021 年 10 月 30 日第三次修正，2021 年 12 月 7 日起施行）

第四条第一款 市、区人民政府和同级军事机关领导本行政区域人民防空工作。

第五条 市、区人民政府应当会同同级军事机关建立军政联席会议制度，协调解决人民防空和防灾工作中的重大问题。

第七条 【人民防空管理机构设置和职权范围】

国家人民防空主管部门管理全国的人民防空工作。

大军区人民防空主管部门管理本区域的人民防空工作。

县级以上地方各级人民政府人民防空主管部门管理本行政区域的人民防空工作。

中央国家机关人民防空主管部门管理中央国家机关的人民防空工作。

人民防空主管部门的设置、职责和任务，由国务院、中央军事委员会规定。

县级以上人民政府的计划、规划、建设等有关部门在各自的职责范围内负责有关的人民防空工作。

〔1〕【释义】

国家人民防空主管部门，是指国家人民防空办公室，负责管理全国的人民防空工作。大军区人民防空主管部门，是指各大军区人民防空办公室，设在军区司令部，负责管理本战区的人民防空工作。县级以上地方各级人民政府人民防空主管部门，是指县级以上地方各级人民政府人民防空办公室，设在地方各级人民政府，是本级人民政府的行政职能部门，负责统一管理本行政区域的人民防空工作。中央国家机关人民防空主管部门，是指中共中央直属机关人民防空办公室和中央国家机关人民防空办公室。中共中央直属机关人民防空办公室，设在中共中央直属机关事务管理局，负责统一管理中共中央直属机关及其在京直属单位的人民防空工作；中央国家机关人民防空办公室，设在国务院机关事务管理局，负责统一管理中央国家机关及其在京直属单位的人民防空工作。

县级以上政府有关部门在各自的职责范围内负责有关人民防空工作。

〔2〕【暂时调整适用本条的规定】

7.1《全国人民代表大会常务委员会关于深化国防动员体制改革期间暂时调整适用相关法律规定的决定》（2021年10月24日起施行）

为了深入贯彻党中央关于深化国防动员体制改革的决策部署，依据宪法和《中华人民共和国国防法》，第十三届全国人民代表大会常务委员会第三十一次会议决定：深化国防动员体制改革期间，暂时调整适用《中华人民共和国国防动员法》、《中华人民共和国人民防空法》、《中华人民共和国国防交通法》、《中华人民共和国国防教育法》中有关国防动员以及人民武装动员、经济动员、人民防空、交通战备、国防教育的领导管理体制、军地职能配置、工作机构设置和国防动员资源指挥运用的规定。具体办法按照党中央的有关决定、国务院和中央军事委员会的有关规定执行。改革措施成熟后，及时修改完善有关法律。本决定自2021年10月24日起施行。

〔3〕【人民防空管理机构及其职权】

7.2《中华人民共和国国防法》（2020年12月26日修订，2021年1月1日起施行）

第三十一条 中央军事委员会统一领导边防、海防、空防和其他重大安全领域的防卫工作。

中央国家机关、地方各级人民政府和有关军事机关，按照规定的职权范围，分工负责边防、海防、空防和其他重大安全领域的管理和防卫工作，共同维护国家的安全和利益。

7.3《中华人民共和国地方各级人民代表大会和地方各级人民政府组织法》（2022年3月11日第六次修正，2022年3月12日起施行）

第七十三条 县级以上的地方各级人民政府行使下列职权：

（一）执行本级人民代表大会及其常务委员会的决议，以及上级国家行政机关的决定和命令，规定行政措施，发布决定和命令；

（二）领导所属各工作部门和下级人民政府的工作；

（三）改变或者撤销所属各工作部门的不适当的命令、指示和下级人民政府的不适当的决定、命令；

（四）依照法律的规定任免、培训、考核和奖惩国家行政机关工作人员；

（五）编制和执行国民经济和社会发展规划纲要、计划和预算，管理本行政区域内的经济、教育、科学、文化、卫生、体育、城乡建设等事业和生态环境保护、自然资源、财政、民政、社会保障、公安、民族事务、司法行政、人口与计划生育等行政工作；

（六）保护社会主义的全民所有的财产和劳动群众集体所有的财产，保护公民私人所有的合法财产，维护社会秩序，保障公民的人身权利、民主权利和其他权利；

（七）履行国有资产管理职责；

（八）保护各种经济组织的合法权益；

（九）铸牢中华民族共同体意识，促进各民族广泛交往交流交融，保障少数民族的合法权利和利益，保障少数民族保持或者改革自己的风俗习惯的自由，帮助本行政区域内的民族自治地方依照宪法和法律实行区域自治，帮助各少数民族发展政治、经济和文化的建设事业；

（十）保障宪法和法律赋予妇女的男女平等、同工同酬和婚姻自由等各项权利；

（十一）办理上级国家行政机关交办的其他事项。

7.4《江苏省实施〈中华人民共和国人民防空法〉办法》（2021 年 5 月 27 日第四次修正并施行）

第五条 县级以上地方人民政府人民防空行政主管部门（以下简称人防主管部门），管理本行政区域的人民防空工作，受本级人民政府和同级军事机关领导。其职责和任务，按照国务院、中央军事委员会的规定，由本级人民政府和同级军事机关共同确定。

县级以上地方人民政府发展和改革、建设、规划等部门各司其职，做好相关的人民防空工作。

中央和省属企业事业单位人民防空工作，受上级主管部门和所在地设区的市或者县（市）人民政府领导，以所在地设区的市或者县（市）人民政府领导为主。

市区街道、镇应当指定机构或者人员按照有关规定做好人民防空工作。

7.5《浙江省实施〈中华人民共和国人民防空法〉办法》（2020 年 11 月 27 日第四次修正并施行）

第四条 县级以上人民政府人民防空主管部门管理本行政区域的人民防空工作。人民防空主管部门的设置、职责和任务，按照国务院、中央军事委员会的规定执行。

县级以上人民政府其他有关部门应当按照各自的职责，做好人民防空的相关工作。

国家部属和省属企业、事业单位的人民防空工作，受上级主管部门和所在地人民政府领导，以所在地人民政府领导为主。

乡镇人民政府、街道办事处和重要经济目标单位，应当按照有关规定做好人民防空工作。

〔4〕【人民防空基层治理】

7.6《北京市人民防空条例》（2002 年 5 月 1 日起施行）

第六条第三款 乡、民族乡、镇人民政府和街道办事处可以根据人民防空工作的需要，设置专（兼）职办事机构或者人员，负责本地区的人民防空工作。

7.7《北京市街道办事处条例》（2021 年 1 月 17 日起施行）

第十条 街道办事处应当依法履行下列职责：

（二）组织实施辖区环境保护、秩序治理、街区更新、物业管理监督、应急管理等城市管理工作，营造辖区良好发展环境；

（六）做好国防教育和兵役等工作；

（七）法律、法规、规章及市、区人民政府作出的决定、命令规定的其他职责。

本市建立街道办事处职责清单制度，依据法律、法规的规定确定街道办事处具体职责。街道办事处职责清单由市人民政府向社会公布。区人民政府可以结合本区实际细化职责清单。

未经市、区人民政府批准，街道办事处不承担市、区人民政府工作部门下达的其他职责。

第十一条 街道办事处行使下列职权：

（三）指挥调度区人民政府工作部门开展联合执法；

（五）对涉及多个部门协同解决的综合性事项进行统筹协调和考核督办；

街道办事处依法行使与居民生活密切相关且能够有效承接的行政执法权。具体行政执法事项清单由市人民政府制定并向社会公布。

第三十一条 街道办事处指导居民委员会通过社区议事厅等形式，组织社区单位和居民等对涉及切身利益、关系社区发展的公共事务进行沟通和协商，共同解决社区治理问题。

第三十三条 街道办事处应当推进辖区平安建设工作，配合公安机关、应急管理等部门，做好公共安全领域和重大活动城市安全风险管理，组织开展应急演练，监督辖区单位安全生产；及时处置居民委员会反映的突出风险、突出问题，维护辖区安全稳定。

街道办事处应当完善公共法律服务，指导和依靠居民委员会，了解、预防、排查、化解社区、家庭以及邻里之间等矛盾和纠纷，发挥人民调解作用，就地解决涉及居民切身利益的问题。

7.8《江苏省实施〈中华人民共和国人民防空法〉办法》（2021年5月27日第四次修正并施行）

第五条第四款 市区街道、镇应当指定机构或者人员按照有关规定做好人民防空工作。

7.9《浙江省实施〈中华人民共和国人民防空法〉办法》（2020年11月27日第四次修正并施行）

第四条第四款 乡镇人民政府、街道办事处和重要经济目标单位，应当按照有关规定做好人民防空工作。

7.10《福建省人民防空条例》（2016年9月30日修正并施行）

第三条 县级以上地方人民政府应当按照国家有关规定设置人民防空主管部门。县级以上地方人民政府人民防空主管部门是同级人民政府负责管理本行政区域人民防空工作的职能部门。县级以上地方人民政府的发展和改革、经信、教育、财政、国土资源、建设、城乡规划、税务、价格等部门在各自职责范围内负责有关的人民防空工作。街道办事处、人民防空重点设防镇和重要防护目标单位，应当依法做好人民防空工作。

7.11《江西省实施〈中华人民共和国人民防空法〉办法》（2021年7月28日第五次修正并施行）

第四条第四款 县级以上人民政府应当加强人民防空办事机构建设。城市的街道办事处（镇）、企业、事业单位和人民防空重要经济目标单位应当有专（兼）职人员负责本辖区、本单位的人民防空工作。

7.12《湖北省实施〈中华人民共和国人民防空法〉办法》（2016年12月1日修正并施行）

第三条第三款 大型企事业单位和人民防空重点城市的街道办事处根据人民防空工作的需要，可以指定相关机构或者人员，管理本单位、本辖区的人民防空工作。

7.13《广西壮族自治区实施〈中华人民共和国人民防空法〉办法》（2016年11月30日第二次修正并施行）

第三条第四款 乡镇人民政府、街道办事处和各企业事业单位应当根据人民防空工作的需要，指定机构或者人员负责人民防空工作。

7.14《浙江省人民防空办公室关于进一步推进基层人民防空（民防）规范化建设的意见》（浙人防办〔2013〕4号，2013年1月16日起施行）

一、统一思想，提高认识，深刻领会基层人民防空（民防）工作的重要性

（一）做好基层人民防空（民防）工作，是融合式发展的需要

基层人民防空（民防）工作是人民防空（民防）与经济社会融合式发展的基础和载体。目前，全省镇乡（街道）、社区承载着愈来愈多的政府社会管理与公共服务职能，随着基层人防（民防）工作的展开，初步实现了人民防空职能向镇乡（街道）、社区的延伸拓展，也为人民群众参与防灾减灾提供了有效途径，成为基层政府职能的有益补充，是新形势下防空防灾建设发展的新途径和新领域。

（二）做好基层人民防空（民防）工作，是转型升级的需要

推动人民防空转型升级，实现发展方式转变，需要进一步转变人民防空管理职能，将人民防空工作逐步向基层延伸拓展。随着工业化、城市化、军事现代化进程不断加快，城市、镇所面临的空袭灾难、自然灾害、事故灾难和突发社会安全事件的威胁日益严重，防空防灾一体化建设越来越迫切。应着眼长远、未雨绸缪，以高瞻远瞩的眼光，依法将人民防空（民防）工作向基层延伸，向社区拓展，奠定人民防空（民防）的组织基础，努力在防空防灾、应急救援工作中发挥作用、力求作为。

（三）做好基层人民防空（民防）工作，是服务民生的需要

开展基层人民防空（民防）工作是保护人民群众生命财产安全的出发点和落脚点。要通过人民防空（民防）工作进基层，向民众传播知识、传播技能、传播方法，让民众掌握、增强防空防灾意识和自救互救能力，通过服务民生，使人民群众受益人民防空（民防）工作，切实感受和提升生命财产的安全感。

二、健全组织，确立标准，不断夯实基层人民防空（民防）规范化建设基础

（一）建立健全基层人民防空（民防）组织，完善有效工作机制

1. 人民防空重点镇（乡）要落实机构设置、明确工作任务，建立健全各项制度。将信息化应用触角延伸，围绕健全完善以信息为主导的人民防空应急应战体系，继续推进镇级民防应急指挥中心建设，逐步形成省、市、县、镇乡（街道）四级互联互通的信息化指挥平台。

2. 社区成立由社区工作者、小区物业管理、社区民警和民防志愿者组成的社区人民防空（民防）组织并承担人民防空（民防）宣传教育、制订人民防空（民防）应急预案、组织防空防灾演练、人民防空标识标牌管理、紧急处置、安全监督和疏散引导等管理工作，以及上级赋予的其它工作事项。在此基础上，深化现有建设成果，建立和完善社区人民防空（民防）组织运行的各项规章制度，形成规范化、制度化的长效工作机制。

（二）建立应急避灾疏散场所，加大基层人民防空（民防）服务力度

要协助上级人民防空主管部门编制人民防空控制性详细规划，依法落实结合民用建筑修建防空地下室和地下空间开发利用工程兼顾人民防空需要工作，监督检查当地有关单位、个人对人民防空工程的维护管理和开发利用。要结合本区域实际，在确保战备效益的情况下，综合利用现有的人民防空资源、普通地下室和广场、公园、各类运动场所、休闲场所等开阔地域，逐步建立一定数量的具有基本功能的、战时灾时立即可用的应急

避灾疏散场所。要进一步推进各类人民防空标识标牌进基层、警报信息进基层、应急救援箱进基层、防护器材进基层、应急技能进基层，确保在空袭灾难、自然灾害、事故灾难和突发社会安全事件发生时，能够有效应对，最大程度地保护好民众的生命财产安全，使人民防空（民防）建设成果更多地惠泽民生，更好地服务民生。

（三）加大基层人民防空（民防）宣传教育力度，增强防空防灾意识

要创建人民防空（民防）宣传教育阵地，创新宣传教育载体和形式，扩大宣传教育的覆盖面，增强宣传教育的针对性和有效性。要制定年度宣传教育培训工作计划，有计划地开展人民防空宣传教育。要运用人民群众喜闻乐见、行之有效的多种宣传教育形式，多渠道开展人民防空（民防）宣传教育，做到宣传教育内容进阅览室、进宣传栏、进网站，宣传教育资料进小区、进家庭，逐步增强民众的防空防灾意识。

（四）编制基层人民防空（民防）应急预案，组织防空防灾演练

要针对信息化条件下应急应战特点和本地区可能发生的灾害事故，认真编制战时灾时人员疏散预案，民众应急防护等预案，结合每年防空防灾警报试鸣，适时组织民众进行演练，不断增强民众应急避险和自救互救技能。

（五）组建基层人民防空（民防）应急队伍，提高救援处置能力

要结合实际组建人民防空（民防）应急救援队伍，有计划、有步骤地组织培训和演练。社区要充分整合资源，组建由居民群众、小区物业和保安人员等组成，具有一定专业技能的民防志愿者队伍，主要任务是承担社区防空防灾知识宣传教育，协助参与社区抢险抢修演练，维护社区安全管理。有灾情时，协助社区先期处置和组织民众应急疏散、展开自救和互救。民防志愿者队伍应配备必需的应急救援器材，其成员要定期接受防空防灾知识和技能培训，形成应急救援能力。

〔5〕【政府有关部门在其职责范围内负责人民防空工作】

7.15《北京市人民防空条例》（2002年5月1日起施行）

第六条第四款 发展计划、规划、建设、市政管理、公安、民政、交通、国土房管、卫生、教育、工商行政、税务、通信管理、广播电视等部门按照各自的职责依法做好人民防空工作。

7.16《安徽省实施〈中华人民共和国人民防空法〉办法》（2020年9月29日修订，2021年1月1日起施行）

第五条第二款 县级以上人民政府发展改革、财政、公安、教育、自然资源、住房城乡建设、应急管理、交通运输、卫生健康、通信管理等部门，在各自的职责范围内，做好人民防空工作。

7.17《福建省人民防空条例》（2016年9月30日修正并施行）

第三条 县级以上地方人民政府应当按照国家有关规定设置人民防空主管部门。县级以上地方人民政府人民防空主管部门是同级人民政府负责管理本行政区域人民防空工作的职能部门。县级以上地方人民政府的发展和改革、经信、教育、财政、国土资源、建设、城乡规划、税务、价格等部门在各自职责范围内负责有关的人民防空工作。街道办事处、人民防空重点设防镇和重要防护目标单位，应当依法做好人民防空工作。

7.18《广西壮族自治区实施〈中华人民共和国人民防空法〉办法》（2016年11月30

日第二次修正并施行)

第三条第三款　县级以上人民政府的发展改革、教育、公安、民政、财政、国土资源、环境保护、住房城乡建设(规划)、交通运输、卫生以及供水、供电、供气、通信等部门和单位,应当在各自的职责范围内做好有关的人民防空工作。

7.19《广州市人民防空管理规定》(2021年9月29日第二次修正,2021年10月20日起施行)

第三条第四款　发展改革、经贸、科技和信息化、公安、财政、环保、国土房管、建设、交通、水务、文化广电新闻出版、卫生、国有资产、规划、城市管理、林业和园林等行政管理部门应当在各自职责范围内,负责有关的人民防空工作。

〔6〕【行政诉讼主体适格性认定】

7.20 最高人民法院〔2018〕最高法行申5109号行政裁定书

依照《北京市人民防空工程和普通地下室安全使用管理办法》第九条、第十条、第十一条的规定,对于普通地下室安全使用的管理,市和区县人民防空主管部门,建设(房屋)行政主管部门,市和区县安全生产监督管理部门,规划、公安、卫生、工商、文化等行政主管部门,区县人民政府,街道办事处,乡、镇人民政府等负有不同的行政管理职责。再审申请人若对该四单位(原被告)关于其履行法定职责申请的处理不服,应当分别单独提起行政诉讼,而非在同一诉讼中将该四单位列为共同被告。同时由于朝阳区房管局、朝阳区城管监察局与和平街街道办事处不属于《中华人民共和国行政诉讼法》第十五条第一项规定的县级以上地方人民政府,再审申请人以该三单位为被告向一审法院提起诉讼不符合该法第四十九条第四项关于属于受诉人民法院管辖的规定。就履责之诉而言,即使公民、法人或其他组织在行政程序中向被诉行政机关提出了履行职责申请,若被诉行政机关明显不具有其所请求履行的职责,也构成起诉没有事实根据。依照《北京市人民防空工程和普通地下室安全使用管理办法》第十条"区县人民政府按照属地管理的原则,负责本行政区域内地下空间安全使用的综合治理工作,建立地下空间安全使用巡查和考核制度"的规定,朝阳区政府履行的是综合管理职责,并不负有再审申请人所申请履行的具体行政管理职责。再审申请人对朝阳区政府提起本案诉讼不符合《中华人民共和国行政诉讼法》第四十九条第三项关于有事实根据的规定。

7.21 广东省高级人民法院〔2015〕粤高法行终字第140号行政裁定书

人民防空管理工作属于县级以上各级人民政府人民防空主管部门的行政职责范围。本案中,当事人因案涉房产人防工程建设问题向原审法院起诉,认为化州市人民政府未履行职责导致案涉房产没有建设人防地下室、事后又允许建设单位以补缴易地建设费代替人防地下室建设的行政行为损害其权益,要求确认化州市人民政府不作为和违法作为,但当事人未能提供证据证明化州市人民政府具有该项职能。根据上述规定及化州市人民政府提交的化机编〔2011〕28号《关于单独设置市人民防空办公室的通知》《中华人民共和国组织机构代码证》《协查告知书》等证据材料,可以确认化州市人民防空办公室是经茂名市机构编制委员会办公室批复同意单独设置的机关法人,负责化州市行政区域内的人民防空管理工作。当事人应以化州市人民防空办公室为被告提起本案诉讼,其将化州市人民政府列为被告没有法律依据。

第八条 【人民防空权利与义务】

一切组织和个人都有得到人民防空保护的权利，都必须依法履行人民防空的义务。

〔1〕【释义】

本条体现了人民防空权利和义务的一致性。

一切组织和个人应当得到人民防空保护的权利，包括防空袭疏散掩蔽，医疗救护救助，战时防护必需生活品供给，接受人民防空知识教育和技能训练等权利。一切组织和个人都要依法履行人民防空义务，包括参加人民防空建设、负担人民防空费用，执行人民防空勤务，保护人民防空设施，参加群众防空组织，接受人民防空教育、训练，开展相互救助等义务。

〔2〕【公民依法履行国防义务】

8.1《中华人民共和国国防法》（2020 年 12 月 26 日修订，2021 年 1 月 1 日起施行）

第七条 保卫祖国、抵抗侵略是中华人民共和国每一个公民的神圣职责。

中华人民共和国公民应当依法履行国防义务。

一切国家机关和武装力量、各政党和各人民团体、企业事业组织、社会组织和其他组织，都应当支持和依法参与国防建设，履行国防职责，完成国防任务。

第五十六条第一款 公民和组织应当支持国防建设，为武装力量的军事训练、战备勤务、防卫作战、非战争军事行动等活动提供便利条件或者其他协助。

〔3〕【人民防空权利与义务的内容】

8.2《福建省人民防空条例》（2016 年 9 月 30 日修正并施行）

第四条 任何组织和个人都有得到人民防空保护的权利，享有战时接受防空掩蔽、疏散、医疗救护以及在平时接受防空知识教育和技能训练等权利，应当履行参与人民防空建设、人民防空教育和训练等义务。

8.3《宁夏回族自治区实施〈中华人民共和国人民防空法〉办法》（2005 年 7 月 22 日修正并施行）

第五条 一切组织和个人都有得到人民防空保护的权利，都有参加人民防空建设、保护人民防空设施、参加群众防空组织、接受人民防空教育训练和开展自救、相互救助的义务。

8.4《重庆市人民防空条例》（2010 年 7 月 23 日第二次修正，2010 年 7 月 30 起施行）

第八条 本市一切组织和个人，有得到人民防空保护、接受人民防空教育与训练、检举控告违反人民防空行为的权利和参加人民防空建设、保护人民防空设施、执行人民防空勤务的义务。

8.5《大连市人民防空管理规定》（2010 年 12 月 1 日修正并施行）

第五条 一切组织和个人都有得到人民防空保护和对违反人民防空法律、法规的行为进行检举和控告的权利；都必须依法履行参加人民防空工程建设，保护人民防空设施设备，缴纳人民防空费用，接受人民防空教育，参加人民防空专业队伍并接受训练，执行人民防空勤务，开展相互救助等义务。

第九条　【国家保护人民防空设施不受侵害】

国家保护人民防空设施不受侵害。禁止任何组织或者个人破坏、侵占人民防空设施。

〔1〕【释义】

国家为战时防空组织修建的人民防空工程和通信、警报设施，是社会主义公共财产，是战时有效地组织人民防空的物质基础。本条中的"破坏"，是指损毁或者采用其他不法手段，造成改变人民防空设施的结构，使其防空功能失效或者降低防护效能，或者损坏人民防空设备设施的行为。本条中的"侵占"，是指用非法手段占用公共的、单位的或者个人的人民防空设施设备的行为。国家保护人民防空设施不受侵害，就是保护社会主义公共财产不受侵害，保护广大人民群众切身利益的体现。

〔2〕【国家保护国防资产不受侵害】

9.1《中华人民共和国宪法》（2018年3月11日第五次修正并施行）

第十二条　社会主义的公共财产神圣不可侵犯。

国家保护社会主义的公共财产。禁止任何组织或者个人用任何手段侵占或者破坏国家的和集体的财产。

9.2《中华人民共和国国防法》（2020年12月26日修订，2021年1月1日起施行）

第四十二条　国家保护国防资产不受侵害，保障国防资产的安全、完整和有效。

禁止任何组织或者个人破坏、损害和侵占国防资产。未经国务院、中央军事委员会或者国务院、中央军事委员会授权的机构批准，国防资产的占有、使用单位不得改变国防资产用于国防的目的。国防资产中的技术成果，在坚持国防优先、确保安全的前提下，可以根据国家有关规定用于其他用途。

国防资产的管理机构或者占有、使用单位对不再用于国防目的的国防资产，应当按照规定报批，依法改作其他用途或者进行处置。

9.3《中华人民共和国军事设施保护法》（2021年6月10日修订，2021年8月1日起施行）

第四条　中华人民共和国的所有组织和公民都有保护军事设施的义务。禁止任何组织或者个人破坏、危害军事设施。任何组织或者个人对破坏、危害军事设施的行为，都有权检举、控告。

〔3〕【破坏、侵占人民防空设施的禁止性规定】

9.4《人民防空工程维护管理办法》（国人防办字〔2001〕第210号，2001年11月1日起施行）

第十二条　国家保护人民防空工程不受侵害。禁止任何组织或者个人破坏、侵占人民防空工程设施。

对损害和破坏人民防空工程的行为，任何组织或者个人都有权制止和向人民防空主管部门检举。

第十四条 保护人民防空工程是一切组织和个人应尽的责任和义务，必须遵守下列规定：

（一）禁止向人民防空工程内部和孔口附近排泄废水、废气，倾倒废弃物，堆放杂物，堵塞孔口或者修建与人民防空无关的其他建筑；

（二）禁止以任何形式阻塞通往人民防空工程口部的道路；

（三）禁止在人民防空工程内生产或者存放易燃、易爆、剧毒、放射性和腐蚀性物品；

（四）禁止擅自占用、改造和损坏人民防空工程设施；

（五）禁止在危及人民防空工程安全范围内采石、伐木、取土、爆破、打桩、埋设管道和修建地面工程设施。

第十五条 因城市基础设施建设影响人民防空工程安全时，必须采取保障人民防空工程安全的技术措施，经人民防空主管部门批准后实施。

第十六条 人民防空工程进行改造时，不得降低防护能力和影响其防空效能，并按有关规定、规范进行设计，经人民防空主管部门批准后实施。

〔4〕【侵占人民防空工程的认定】

9.5 辽宁省大连市中级人民法院〔2021〕辽 02 民终 7988 号民事判决书

原、被告双方于 2015 年 9 月签订租赁协议，约定将房屋有偿出租给原告作为临时经营使用。然而，案涉房屋为被告在未取得人防主管部门批准的情况下，擅自非法侵占。这一行为被大连市人民防空办公室进行行政处罚，并责令恢复原样、立即整改。法院认为，原、被告的租赁合同明确约定将人防工程用于商业目的经营，必然阻碍人防工程正当效能，客观上损害了国防利益和公共安全，依法应认定为无效合同。

9.6 黑龙江省高级人民法院〔2019〕黑行申 258 号行政裁定书

《中华人民共和国人民防空法》第 9 条规定，国家保护人民防空设施不受侵害。禁止任何组织或者个人破坏、侵占人防设施。本案中，市政府决定对哈尔滨站前广场进行综合改造，案涉公司使用的人防工程在改造范围之内，市人防办已经履行了补偿义务，案涉公司仍继续占据站前地下商城部分区域，影响了哈尔滨火车站综合改造项目的顺利推进。案涉公司占据站前地下商城部分区域的行为构成了侵占人民防空工程。市人防办作为人防工程的主管部门对其侵占行为作出行政处罚并无不当。市政府作出的行政复议决定，程序合法，适用法律正确。一审法院判决驳回案涉公司的诉讼请求，二审法院予以维持，亦无不当。案涉公司的再审请求及理由不能成立。

第十条 【奖励】

县级以上人民政府和军事机关对在人民防空工作中做出显著成绩的组织或者个人，给予奖励。

〔1〕【释义】

县级以上人民政府和军事机关对于在人民防空工作中作出显著成绩和突出贡献的组织或者个人给予精神和物质上的奖励。

〔2〕【在人民防空工作中做出显著成绩的情形】

10.1《中华人民共和国国防法》(2020年12月26日修订,2021年1月1日起施行)

第十条 对在国防活动中作出贡献的组织和个人,依照有关法律、法规的规定给予表彰和奖励。

10.2《中华人民共和国军事设施保护法》(2021年6月10日修订,2021年8月1日起施行)

第八条 对在军事设施保护工作中做出突出贡献的组织和个人,依照有关法律、法规的规定给予表彰和奖励。

10.3《河北省实施〈中华人民共和国人民防空法〉办法》(2022年5月27日第五次修正并施行)

第七条 单位和个人有下列情况之一的,由县级以上人民政府、军事机关或者上级人民防空主管部门给予表彰和奖励:

(一)新建人民防空设施质量优良的;

(二)管理、维护、保护和利用人民防空设施成绩显著的;

(三)在人民防空通信建设、宣传教育、科学研究等工作中做出突出贡献的。

10.4《山西省实施〈中华人民共和国人民防空法〉办法》(1999年1月1日起施行)

第四十条 有下列情形之一的单位和个人,由县级以上人民政府和军事机关给予表彰、奖励:

(一)新建人民防空工程被评为优良工程的;

(二)在人民防空科研设计中有重大发明创造或革新成果的;

(三)维护管理人民防空设备设施成绩突出的;

(四)保护人民防空设施成绩显著的;

(五)开发利用人民防空设施成绩显著的;

(六)在群众防空组织训练、人民防空宣传教育和其他有关方面成绩显著的。

10.5《江西省实施〈中华人民共和国人民防空法〉办法》(2021年7月28日第五次修正并施行)

第三十六条 有下列情形之一的单位和个人,县级以上人民政府和军事机关应当给予表彰、奖励:

(一)在保护人民防空设施方面有重大成绩的;

(二)平时开发利用人民防空设施取得显著社会效益和经济效益的;

(三)在人民防空科研方面有重大发明创造的;

(四)在人民防空设施维护管理、群众防空组织训练、人民防空宣传教育等方面成绩显著的;

(五)战时采取有效措施保护国家财产和人民生命安全的。

10.6《湖南省实施〈中华人民共和国人民防空法〉办法》(2020年7月30日修正并施行)

第三十五条 单位和个人有下列情形之一的,由县级以上人民政府、军事机关给予奖励:

（一）利用人民防空设施有效保护人民生命和财产安全的；

（二）在建设、管理、维护、保护人民防空设施方面取得显著成绩的；

（三）在人民防空专业队训练、人民防空宣传教育、科学研究等工作中做出突出贡献的。

10.7《西藏自治区实施〈中华人民共和国人民防空法〉办法》（修改后 2010 年 7 月 30 日起施行）

第十二条　有下列情形之一的单位和个人，由县级以上人民政府和军事机关给予奖励：

（一）执行《人民防空法》和本办法成绩显著的；

（二）对人民防空工程建设、维护、管理作出突出贡献的；

（三）积极开发利用人民防空设施，取得显著社会效益和经济效益的；

（四）人民防空宣传、教育取得显著成效的；

（五）在人防建设中有其他重要贡献的。

10.8《深圳市实施〈中华人民共和国人民防空法〉办法》（2021 年 10 月 30 日第三次修正，2021 年 12 月 7 日起施行）

第九条第二款　对超过应建面积标准修建防空地下室的建设单位，给予适当奖励。

10.9《邯郸市人民防空警报建设和维护管理规定》（邯政小规〔2019〕5 号，2019 年 5 月 9 日起施行）

第二十五条　对人防警报设备维护管理工作成绩显著的单位或个人，人防部门有义务向有关单位建议给予表彰。

〔3〕【建立奖惩机制】

10.10《江苏省人民防空工程维护管理实施细则》（2018 年 5 月 6 日第三次修订并施行）

第二十八条　对人防工程维护管理成绩显著的单位和个人，应给予精神鼓励或物质奖励。对成绩显著的单位和个人，一般由单位、区（局）给予表彰、奖励，成绩特别显著的单位和个人，可报省、市给予表彰、奖励。区（局）以上的人防部门召开表彰大会，其奖励费用可在人防经费中开支，奖励的标准按有关规定执行。

第二十九条　对人防工程维护管理不善的单位和个人，要进行批评教育，并限期改正。对不负责任，造成损失的，要酌情给予经济赔偿或者行政处分。

10.11《天津市人民防空重要经济目标防护管理规定》（津政办发〔2017〕110 号，2018 年 1 月 1 日起施行）

第二十二条　在重要经济目标防护工作中成绩显著、贡献突出的单位和个人，按照有关规定，由区人民政府和市有关部门给予通报表扬；对重要经济目标防护工作落实不力的单位，给予通报批评，责令限期改正。

10.12《浙江省人民防空办公室、浙江省科学技术厅关于加强人民防空（民防）科学技术研究工作的意见》（浙人防办〔2010〕69 号，2010 年 9 月 8 日起施行）

四、加大投入、激励创新，建立健全人民防空（民防）科研保障机制

（十）建立科研激励机制。各级人民防空（民防）主管部门及承研单位应对通过鉴定

的科研项目及科研人员进行奖励。对获得省、部级与人民防空系统军队科学技术进步奖的科研项目及科研人员，按国家人民防空办公室与省政府相关奖励办法进行奖励，并作为技术或技术管理人员考核、评定、晋升专业技术职务的重要依据。

10.13《河南省人民防空工程建设质量管理暂行办法》（豫人防〔2017〕140号，2017年12月23日起施行）

第十二条 人民防空主管部门应当建立和完善人防工程质量管理奖惩机制。对在加强人防工程质量管理、提高工程质量效益等方面成绩显著的单位和个人，应当进行表彰奖励；对违反有关质量管理规定的单位和个人，依法给予处罚。

◇ 第二章 防护重点

第十一条 【重点防护对象】

城市是人民防空的重点。国家对城市实行分类防护。

城市的防护类别、防护标准，由国务院、中央军事委员会规定。

〔1〕【释义】

本条中的"城市"，是指国家按行政建制设立的直辖市、市和县级人民政府所在地的镇。城市，特别是大、中城市和新兴城市，是国家或地区的政治、经济中心，军事要地和交通、通信枢纽，人口密集，在国民经济中处于极为重要的地位，是战时空袭的主要目标。国家根据城市的政治、经济、军事地位和城市规模等不同情况，对城市人民防空的防护类别和防护标准提出不同的要求。

本条中的"防护类别"，是指国家对开展人民防空的城市划分为若干类别，其目的是有重点、有计划地实施人民防空建设。本条中的"防护标准"，是指人民防空重点城市应达到的防空袭能力的标准。城市的防护类别与防护标准事关国家和人民的安全，因此，由国务院、中央军事委员会规定。

〔2〕【建立分级防护制度】

11.1《中华人民共和国国防动员法》（2010年7月1日起施行）

第四十三条 国家建立军事、经济、社会目标和首脑机关分级防护制度。分级防护标准由国务院、中央军事委员会规定。

军事、经济、社会目标和首脑机关的防护工作，由县级以上人民政府会同有关军事机关共同组织实施。

〔3〕【人民防空重点与重要防护目标的确定】

11.2《北京市人民防空条例》（2002年5月1日起施行）

第九条 本市是人民防空重点城市。以下地区和目标是人民防空防护重点：

（一）市区和其他人口密集区；

（二）重要的工矿企业、科研基地、桥梁、交通枢纽、通信枢纽、仓库、储罐、发电厂、配电站、水库和供水、供热、供气设施等重要经济目标；

（三）重要文物保护单位；

（四）广播电视台站等重要目标。

具体防护重点由市人民政府和北京卫戍区确定。

11.3《上海市民防条例》（2018年12月20日第三次修正，2019年1月1日起施行）

第十二条第一款 本市民防重点防护目标由市和区的民防办、公安部门、水行政主管部门、负责管理地震工作的部门或者机构依照法律规定确定，报本级人民政府备案。其中防空袭重要经济目标的确定，由市民防办会同有关部门提出，报市人民政府和上海警备区批准。

11.4《福建省人民防空条例》（2016年9月30日修正并施行）

第十一条 城市是人民防空的重点。省人民政府和省军区应当按照国家规定的防护类别、防护标准共同确定人民防空重点县（市、区）和重要防护目标。各设区的市人民政府和当地军分区（警备区）应当根据国家和本省有关规定共同确定人民防空重点设防镇和本区域的重要防护目标。党政机关、广播电视系统以及重要的工矿企业、科研基地、交通枢纽、通信枢纽、仓库、水库、桥梁、隧道、电站、供水、供电、供气工程等重要防护目标的规划和建设，应当符合人民防空的要求，适合在地下建设的应当建在地下。城市地下交通干线、交通综合枢纽以及其他地下工程的关键部位和重点设施，必须符合人民防空防护标准。人民防空疏散干道和连接通道，有条件的应当与城市地下交通等设施连通。县级以上地方人民政府人民防空主管部门应当加强对重要防护目标规划和建设的指导、监督。

11.5《云南省实施〈中华人民共和国人民防空法〉办法》（2014年7月27日修正并施行）

第七条第一款 城市是人民防空的重点。省级人民防空重点城市和重要经济目标由省人民政府和省军区共同确定。

11.6《陕西省实施〈中华人民共和国人民防空法〉办法》（修改后2010年3月26日起施行）

第五条第一款 城市是人民防空的重点。城市人民政府根据国家规定的城市防护类别、防护标准，实施分类防护。

11.7《新疆维吾尔自治区实施〈中华人民共和国人民防空法〉办法》（2007年9月28日修订，2008年1月1日起施行）

第九条 城市是人民防空的重点。

城市人民防空建设，应当按照国家规定的城市防护类别和标准，有组织、有计划进行；加强重点城市人民防空建设，其他城市结合本地需要和经济发展水平，主要对重要经济目标实行防护。

11.8《珠海市人民防空办法》（2004年3月1日起施行）

第十三条 城市是人民防空的重点。本市属于一类重点防护城市，市人民政府和同级军事机关按照国家规定的防护类别、防护标准共同确定珠海市人民防空重点区域和重要防护目标。包括指挥机关、重要工矿企业、科研基地、交通通信枢纽、广播电视中心、桥梁、机场、港口、码头、水库、发电厂、油（气）站、仓库等。

第十二条 【制定防空袭方案及实施计划】

城市人民政府应当制定防空袭方案及实施计划，必要时可以组织演习。

〔1〕【释义】

制定防空袭方案及实施计划，组织演习是人民防空工作的重要内容。

本条中的"防空袭方案"，是平时实施人民防空准备、战时组织城市人民防空袭斗争的基本依据。城市防空袭方案包括基本方案、各种保障计划和图表三部分。必要时组织演习，是为了检验和熟悉防空袭方案及实施计划，提高防空袭的准备程度，增强广大人民群众的国防观念和防空意识。城市人民政府应当根据形势和任务的需要，组织不同规模、不同形式、不同人员的防空袭演习。

〔2〕【开展城市防空防灾演练】

12.1《国务院、中央军委关于进一步推进人民防空事业发展的若干意见》（国发〔2008〕4号，2008年1月8日起施行）

（十四）开展城市防空防灾演练。城市人民政府要适时组织防空防灾演练，检验和完善城市防空防灾方案，提高群众防空防灾技能，增强城市综合防护和应急能力。要鼓励动员群众以志愿者身份参与防空防灾救援演练。

〔3〕【防空袭方案及实施计划的编制】

12.2《山西省实施〈中华人民共和国人民防空法〉办法》（1999年1月1日起施行）

第七条 县级以上人民防空行政主管部门管理本行政区域的人民防空工作，其主要职责是：

（一）贯彻执行有关人员防空的法律、法规、规章和政策；

（二）编制人民防空建设规划和计划，会同有关部门拟定城市防空袭方案及人民防空建设与城市建设相结合规划；

（三）组织人民防空工程、通信、警报的建设和管理；

（四）组织群众防空组织的建设和训练，组织人民防空演习；

（五）组织人民防空宣传教育；

（六）管理人民防空经费和资产；

（七）战时负责发放空袭警报，组织疏散和掩蔽，组织消除空袭后果等；

（八）组织开发利用人民防空设备和设施；

（九）上级人民防空行政主管部门和本级人民政府、军事机关赋予的其他职责。

县级以上人民政府的计划、规划、建设、财政、教育等部门，应按照各自的职责，负责有关的人民防空工作。

12.3《辽宁省实施〈中华人民共和国人民防空法〉办法》（1999年1月1日起施行）

第五条 城市防空袭方案和实施计划，由县以上人民政府人民防空主管部门组织编制，经本级人民政府审定后，报上一级人民政府批准。

编制防空袭方案涉及的各种资料数据，有关单位和个人应当无偿提供。

12.4《江苏省实施〈中华人民共和国人民防空法〉办法》(2021年5月27日第四次修正并施行)

第八条　县级以上地方人民政府应当制定本级防空袭方案及实施计划,按照有关规定报上级批准,并组织演练。

编制防空袭方案及实施计划所涉及的部门和单位,应当提供真实情况和资料,指定专人完成有关编制任务。

12.5《浙江省实施〈中华人民共和国人民防空法〉办法》(2020年11月27日第四次修正并施行)

第九条　城市、镇防空袭方案及实施计划由县级以上人民政府组织人民防空主管部门和有关部门制定,并按照下列规定报请批准、备案:

(一)　国家确定的人民防空重点城市的防空袭方案及实施计划,按照国家规定办理;

(二)　省确定的人民防空重点城市(含县城)的防空袭方案及实施计划,报设区的市人民政府和同级军事机关批准,送省人民防空主管部门备案;

(三)　省确定的人民防空重点镇的防空袭方案及实施计划,报县(市)人民政府和同级军事机关批准,送设区的市人民政府和同级军事机关备案。

12.6《湖北省实施〈中华人民共和国人民防空法〉办法》(2016年12月1日修正并施行)

第五条第二款　城市防空袭方案及实施计划,由城市人民政府和同级军事机关组织制定;人民防空工程建设规划,由县级以上人民政府人民防空主管部门会同有关部门编制,并由本级人民政府纳入城市总体规划。

12.7《甘肃省实施〈中华人民共和国人民防空法〉办法》(2010年7月29日修订,2010年9月1日起施行)

第二十七条　城市人民政府和同级军事机关统一组织制定城市防空袭方案和实施计划。人民防空主管部门制定基本方案,有关部门制定保障计划。方案中涉及到的各种资料数据,有关部门应当无偿提供。

人民防空主管部门和有关单位,按照防空袭方案的要求,组织和实施人民防空建设,进行必要的防空演练。

12.8《海南省实施〈中华人民共和国人民防空法〉办法》(2004年8月6日修正,2004年9月1日起施行)

第五条　县级以上人民政府和军事机关应当制定本级防空袭方案及实施计划,并依照有关规定报请批准。编制防空袭方案需要的各种资料数据,有关单位和个人应当无偿提供。

县级以上人民政府和同级军事机关应当有计划地组织实施防空袭演练,普及防空知识,提高全民的防空意识。有关单位应当按照要求提供人员、物资、设备保障。

12.9《大连市人民防空管理规定》(2010年12月1日修正并施行)

第十条　城市防空袭方案和实施计划由市及县(市)区、先导区人民防空主管部门组织编制,经本级人民政府、管理委员会和军事机关审定后,报上一级人民政府批准。

编制防空袭方案和实施计划涉及的各种资料数据,有关单位和个人应当无偿提供。

12.10《南宁市人民防空管理办法》(2017年5月1日起施行)

第八条 市、县(区)人民政府和同级军事机关组织制定防空袭方案。

人民防空主管部门负责整体筹划和综合协调本行政区域防空袭方案编制工作,同时负责编制基本方案和平战转换、人口疏散、人员掩蔽、消除空袭后果等行动方案,以及空情预警、通信警报、人民防空工程等相关保障方案。

有关部门和企业事业单位应当按照要求编制相关的防空袭保障方案并报送同级人民防空主管部门,由人民防空主管部门按照规定程序纳入防空袭方案。

县(区)人民政府的防空袭方案和保障方案应当报市人民政府和同级军事机关备案。

〔4〕【防空袭方案及实施计划的修订】

12.11《北京市人民防空条例》(2002年5月1日起施行)

第十条 市和区、县人民政府会同同级军事机关制定本行政区域内的防空袭方案及实施计划,必要时经批准可以组织演习。

市防空袭方案及实施计划,按照规定报国家有关部门批准,并向国家人民防空主管部门备案。

区、县防空袭方案及实施计划,报市人民政府和北京卫戍区批准,并向市人民防空主管部门备案。

防空袭方案及实施计划的修订、补充和重大事项的调整,应当报经原批准机关同意。

12.12《河北省实施〈中华人民共和国人民防空法〉办法》(2022年5月27日第五次修正并施行)

第十条 城市人民政府应当制定防空袭方案和实施计划,并根据国民经济和社会发展情况适时加以修订。

12.13《山西省实施〈中华人民共和国人民防空法〉办法》(1999年1月1日起施行)

第十一条 城市人民政府和同级军事机关,负责组织制定本行政区域的防空袭方案及其实施计划,并根据形势和任务需要对方案和计划适时进行修订。

12.14《上海市民防条例》(2018年12月10日第三次修正,2019年1月1日起施行)

第十条 市民防办应当组织拟定本市防空袭方案及其实施计划,经市人民政府和上海警备区审核后,报上级军事机关批准。

区民防办应当根据本市防空袭方案及其实施计划,组织拟定本行政区域防空袭方案及其实施计划,经本级人民政府和同级军事机关审核后,报市人民政府和上海警备区批准。

防空袭方案及其实施计划至少每五年修订一次。

12.15《江西省实施〈中华人民共和国人民防空法〉办法》(2021年7月28日第五次修正并施行)

第五条第三、四款 城市人民政府和同级军事机关应当组织制定防空袭方案,并报上一级人民政府和军事机关批准。各有关部门应当根据防空袭方案制定保障计划。

防空袭方案应当根据城市面积、人口、战略地位及重点防护目标的变化,每五年修订一次,因战备需要等特殊情况经省人民政府、省军区批准,可以提前修订。

12.16《广西壮族自治区实施〈中华人民共和国人民防空法〉办法》(2016年11月30

日第二次修正并施行)

第九条　城市防空袭方案由城市人民政府和军事机关组织制定。

根据城市人口、战略地位以及重要经济目标的变化，城市防空袭方案每五年作一次修订，但特殊情况除外。

12.17《云南省实施〈中华人民共和国人民防空法〉办法》(2014 年 7 月 27 日修正并施行)

第七条第二款　防空袭方案由城市人民政府和同级军事机关共同组织制定，并报上一级人民政府和军事机关批准。防空袭方案根据战备情况需要，原则上每五年修定一次。

12.18《宁夏回族自治区实施〈中华人民共和国人民防空法〉办法》(2005 年 7 月 22 日修正并施行)

第十条　防空袭方案的修定应根据城市面积、人口、街道、行政区划、重点防护目标的变化以及城市的战略地位和作用，每五年进行一次，特殊情况可提前或推迟。

12.19《珠海市人民防空办法》(2004 年 3 月 1 日起施行)

第十四条　市、区人民防空主管部门应按照国家规定，结合本市、区实际制定防空袭方案。重要目标应制定防护方案。各种保障实施计划由各有关单位负责制定。

防空袭方案和实施计划，报请上级人民防空主管部门和军事机关批准并备案。防空袭方案应根据形势发展适时修订。防空袭方案及实施计划的修订、补充和重大事项的调整，应当报经原批准机关同意。

〔5〕【防空袭演习的组织实施】

12.20《黑龙江省实施〈中华人民共和国人民防空法〉条例》(2018 年 4 月 26 日第四次修正并施行)

第七条　县级以上人民政府和军事机关要有计划地组织实施综合性防空袭演习，人民防空主管部门应当组织实施综合性防空袭演习，人民防空主管部门应当组织实施专项防空袭演习，普及防空常识，提高全民的防空意识。有关单位应当提供人员、物资、设备保障。

12.21《福建省人民防空条例》(2016 年 9 月 30 日修正并施行)

第三十四条　城市人民政府应当制定防空袭方案及实施计划，每年在一定区域内组织市民进行疏散、掩蔽演习。

12.22《湖南省实施〈中华人民共和国人民防空法〉办法》(2020 年 7 月 30 日修正并施行)

第三十一条　县级以上人民政府应当根据行政区划、面积、人口、人民防空重点防护目标等情况，组织制定防空袭方案以及实施计划，由人民防空主管部门落实。

人民防空主管部门应当按照防空袭方案有计划地组织人员进行疏散、掩蔽、自救互救演练。

12.23《广州市人民防空管理规定》(2021 年 9 月 29 日第二次修正，2021 年 10 月 20 日起施行)

第十三条　市、区人民政府应当定期组织防空袭演习，根据实际需要也可以临时组织防空袭演习。

防空袭演习方案由人民防空主管部门负责编制，报送同级人民政府和军事机关批准后组织实施。

人民防空主管部门应结合防空警报试鸣和城市防空袭演习，组织必要的人口疏散和平战转换演练，检验完善城市人口疏散和平战转换行动方案。

12.24《厦门市人民防空管理办法》（2019年8月20日修正并施行）

第九条 市、区人民政府负责组织制定本级防空袭方案以及实施计划，必要时可以组织演习。演习方案由人民防空主管部门制定，报同级人民政府和军事机关批准后实施。

卫生、公安、建设、交通运输、商务、通信、电力等部门和单位应当按照各自职能，制定相应的防空袭保障计划。

12.25《南宁市人民防空管理办法》（2007年5月1日起施行）

第十七条 市、县（区）人民政府应当定期组织防空袭演习，根据实际需要可以临时组织防空袭演习。

防空袭演习方案由市、县（区）人民防空主管部门负责编制，报送本级人民政府批准，并按规定取得军事机关同意后组织实施。

人民防空主管部门应当结合防空警报试鸣和城市防空袭演习，组织人口疏散和平战转换演练，检验并完善城市人口疏散和平战转换行动方案。

第十三条 【人民防空工程建设规划】

城市人民政府应当制定人民防空工程建设规划，并纳入城市总体规划。

〔1〕【释义】

本条中的"人民防空工程建设规划"，是指在一个城市内，根据国家对不同城市实行分类防护的人民防空要求，确定城市人民防空工程建设的总体规模、布局、主要建设项目、与城市建设相结合的方案以及规划的实施步骤和措施的综合部署，是城市总体规划的组成部分，是进行人民防空工程建设的依据。制定人民防空工程建设规划，并纳入城市总体规划，是城市人民政府在规划和建设城市时贯彻人民防空要求的重要内容，也是保证人民防空工程建设与城市建设协调发展的重要措施。

〔2〕【人民防空工程建设规划纳入城市总体规划】

13.1《国务院、中央军委关于进一步推进人民防空事业发展的若干意见》（国发〔2008〕4号，2008年1月8日起施行）

（七）城市建设要兼顾人民防空要求。要把人民防空工程建设规划纳入城市总体规划，在城市建设中落实人民防空防护要求。城市地下空间开发利用规划，城市公共绿地、广场、地下交通干线以及其他重大基础设施的规划和建设，必须充分考虑人民防空需求，兼顾人民防空功能。高新区、开发区、保税区、工业园区和大学城等必须依法落实人民防空建设要求，经济发展较快的乡镇要同步规划和建设人民防空工程。在城市规划制订过程中，规划部门要会同人民防空部门，在城市详细规划中具体落实人民防空工程建设规划。

13.2《中华人民共和国城乡规划法》（2019年4月23日第二次修正并施行）

第二条　制定和实施城乡规划，在规划区内进行建设活动，必须遵守本法。

本法所称城乡规划，包括城镇体系规划、城市规划、镇规划、乡规划和村庄规划。城市规划、镇规划分为总体规划和详细规划。详细规划分为控制性详细规划和修建性详细规划。

本法所称规划区，是指城市、镇和村庄的建成区以及因城乡建设和发展需要，必须实行规划控制的区域。规划区的具体范围由有关人民政府在组织编制的城市总体规划、镇总体规划、乡规划和村庄规划中，根据城乡经济社会发展水平和统筹城乡发展的需要划定。

第四条　制定和实施城乡规划，应当遵循城乡统筹、合理布局、节约土地、集约发展和先规划后建设的原则，改善生态环境，促进资源、能源节约和综合利用，保护耕地等自然资源和历史文化遗产，保持地方特色、民族特色和传统风貌，防止污染和其他公害，并符合区域人口发展、国防建设、防灾减灾和公共卫生、公共安全的需要。

在规划区内进行建设活动，应当遵守土地管理、自然资源和环境保护等法律、法规的规定。

县级以上地方人民政府应当根据当地经济社会发展的实际，在城市总体规划、镇总体规划中合理确定城市、镇的发展规模、步骤和建设标准。

第十九条　城市人民政府城乡规划主管部门根据城市总体规划的要求，组织编制城市的控制性详细规划，经本级人民政府批准后，报本级人民代表大会常务委员会和上一级人民政府备案。

13.3《城市地下空间开发利用管理规定》（2011年1月26日第二次修正并施行）

第五条　城市地下空间规划是城市规划的重要组成部分。各级人民政府在组织编制城市总体规划时，应根据城市发展的需要，编制城市地下空间发展规划。

各级人民政府在编制城市详细规划时，应当依据城市地下空间开发利用规划对城市地下空间开发利用作出具体规定。

第六条　城市地下空间规划的主要内容包括：地下空间现状及发展预测，地下空间开发战略，开发层次、内容、期限，规模与布局，地下空间开发实施步骤等。

第七条　城市地下空间的规划编制应注意保护和改善城市的生态环境，科学预测城市发展的需要，坚持因地制宜，远近兼顾，全面规划，分步实施，使城市地下空间的开发利用同国家和地方的经济技术发展水平相适应。城市地下空间规划应实行竖向分层立体综合开发，横向相关空间互相连通，地面建筑与地下工程协调配合。

第八条　编制城市地下空间规划必备的城市勘察、测量、水文、地质等资料应当符合国家有关规定。承担编制任务的单位，应当符合国家规定的资质要求。

第九条　城市地下空间规划作为城市规划的组成部分，依据《城乡规划法》的规定进行审批和调整。

城市地下空间建设规划由城市人民政府城市规划行政主管部门负责审查后，报城市人民政府批准。

城市地下空间规划需要变更的，须经原批准机关审批。

13.4《北京市人民防空条例》（2002 年 5 月 1 日起施行）

第十二条第一款 市和区、县人民政府应当将人民防空工程建设规划纳入城市总体规划。城市规划和建设，应当符合人民防空要求。

13.5《天津市实施〈中华人民共和国人民防空法〉办法》（2018 年 12 月 14 日第二次修正并施行）

第十条 人民防空主管部门应当会同城市规划主管部门制定人民防空建设规划。人民防空建设规划应当纳入城市总体规划，城市规划主管部门应当在分区规划、详细规划和建设工程规划审查中具体落实。

13.6《河北省实施〈中华人民共和国人民防空法〉办法》（2022 年 5 月 27 日第五次修正并施行）

第八条 城市是人民防空的重点。城市人民政府应当根据国家人民防空工程建设的指导原则，结合城市建设和经济发展水平，制定人民防空工程建设规划，并纳入国土空间规划，按照国家规定的防护标准和质量标准，统一组织实施。

第九条 人民防空主管部门应当与自然资源和规划、住房城乡建设等部门共同做好城市地下空间的规划和开发利用工作。

城市的地下交通干线以及其他地下工程的建设应当兼顾人民防空需要并接受人民防空主管部门的管理和监督检查。

13.7《江苏省实施〈中华人民共和国人民防空法〉办法》（2021 年 5 月 27 日第四次修正并施行）

第九条 设区的市、县（市）人民政府应当组织规划、人防等部门制定人民防空工程建设规划，并纳入城乡总体规划。开发区（高新区）、保税区、工业园区和高教园区等应当依法落实人民防空建设要求。

规划行政主管部门编制控制性详细规划，应当征求人防主管部门的意见，落实人民防空工程建设规划；审查建设工程规划方案时，落实人民防空工程建设要求。

13.8《湖南省实施〈中华人民共和国人民防空法〉办法》（2020 年 7 月 30 日修正并施行）

第九条 县级以上人民政府应当根据人民防空防护要求编制人民防空工程建设规划，并纳入城市总体规划。自然资源主管部门在组织编制控制性详细规划时，应当征求人民防空主管部门的意见，落实人民防空工程建设规划。

开发区、保税区、工业园区和高校园区等各类园区应当依法开展人民防空工作，其人民防空工程建设应当和园区建设同时规划、同时施工。

经济发展较快的乡镇应当规划和建设人民防空工程。

13.9《广西壮族自治区实施〈中华人民共和国人民防空法〉办法》（2016 年 11 月 30 日第二次修正并施行）

第十一条第二款 城市人民政府应当组织人民防空主管部门和城乡规划主管部门根据国防建设、经济建设的需要，编制人民防空工程建设规划，并将其纳入城市总体规划和详细规划。

13.10《陕西省实施〈中华人民共和国人民防空法〉办法》（修改后 2010 年 3 月 26 日起施行）

第五条第二款　城市人民政府应当根据城市人口分布和战时防护要求，制定人民防空工程建设规划并纳入城市总体规划，统筹安排，结合城市建设实施。

13.11《宁波市人民政府办公厅关于推进人民防空规划建设融入城市规划建设的实施意见》（甬政办发〔2018〕101 号，2018 年 9 月 16 日起施行）

一、指导思想

贯彻党中央、国务院、中央军委和省委、省政府、省军区关于推进人民防空改革发展的决策部署，推进人民防空（以下简称人防）规划融入城市规划等工作要求，改进人防发展方式，加大市级统筹调控，解决防护工程布局不合理、规划全域管控不足、发展不平衡不充分的问题，促进人防规划建设与城市规划建设相融合、与地下空间开发利用共发展，提升城市品质和综合防护能力，为"名城名都"建设提供有力支撑。

二、工作目标

按照"六争攻坚、三年攀高"决策部署和城乡争优"一统三强五提升"要求，完善"多规合一"背景下人防规划编审及实施保障机制，强化规划引领，实施刚性控制；加大市级统筹，完善人防工程防护体系，助力城市有机更新和公共服务设施、基础设施建设；推进以"最多跑一次"为目标的人防行政审批改革，提升服务质量，形成"市级决策，区县（市）实施"的联动机制和"部门联合、随机抽查、一次到位"的监管机制，实现人防规划建设与城市规划建设的有机融合。

三、主要任务

（一）加快人防规划融入城市规划

1. 明确融入重点。人防规划纳入"多规合一"空间规划体系，城市总体规划、控制性详细规划等吸收整合人防相关专题研究成果，提出城市总体防护目标，明确区域、地块人防设施控制指标和具体设置要求。人防专项规划应与地下空间开发利用专项规划同步编审、同步实施。规划的修编或补充完善应地上、地下同步考虑，并相应调整有关人防规划内容。

2. 实施指标调控。坚持以人为本、重点建设的原则，以规划为引领，合理确定各防空区片人防工程配建指标，优化全市防护工程结构与布局。地块应建人防工程面积超出配建指标要求的，超出部分原则上以易地建设方式进行统筹调控。市辖各区人防工程配建指标为人均 2.0 平方米至 4.0 平方米（建筑面积，下同，具体详见附件）。县（市）人防工程配建指标由县级政府在人均 1.5 平方米至 2.2 平方米范围内确定。根据城市防护要求及规划、建设情况，市、县（市）人防部门会同规划部门可适时调整辖区人防工程配建指标。

3. 落实规划要求。规划部门应将控制性详细规划中明确的人防工程配建指标、防护等级、战时功能、互连互通、易地建设以及防空警报等人防设施设置要求和指标，纳入建设用地规划设计条件或选址意见书；国土资源部门应将其纳入用地出让方案。人防部门参与规划条件技术审查、建设工程设计方案审查或土地出让条件论证，并提出人防设施具体设置要求。

（二）推进人防建设融入城市建设

1. 坚持人防设施与地下空间开发建设相融合。实施军民融合发展战略，将人防设施建设与地下轨道交通、地下干道、地下停车场、综合管廊等城市基础设施和公共服务设施建设有机融合，与大型城市地下空间、交通设施互连互通或预留接口，发挥人防设施平时在交通治堵、商业仓储、应急避险等方面的重要作用，提高人防设施服务社会水平。

2. 推进重点工程项目建设。充分利用人防建设资金谋划建设指挥所工程、人防专业队工程等，进一步完善防护工程体系建设，提高城市防护能力。结合中心城区老旧小区（棚户区）改造、学校操场、公园、绿地、过街通道等项目建设，同步修建人防设施，缓解区域内人防设施和停车设施的不足。市级有关部门要积极筹划鼓励开发利用地下工程的优惠政策，引导社会力量参与地下空间（人防设施）的建设、经营和管理，集中打造有影响力的地下精品工程，提升城市建设品位。

3. 完善协同建管新模式。搭建以国有开发建设公司为主导的投资建设平台，完善人防设施建设、使用、管理的工作机制。人防设施与地下空间开发同步建设、同步使用、同步管理，运用政府资金、政府和社会资本合作等模式建成的人防设施，可交由地下空间专业经营管理企业或社会投资人使用和管理。将人防设施建设管理纳入地下空间体系一并谋划，探索人防设施权益界定模式，落实维护管理责任，管好用好人防设施。

（三）强化人防建设市级统筹

1. 调整规范审批权限。全面实施建设项目人防行政审批"最多跑一次"改革和市、区县（市）审批层级一体化。市及上级发改部门立项的市本级建设项目和跨区域建设项目涉及人防审批的，由市人防办负责；其他建设项目涉及人防审批的，由各区县（市）人防部门负责。人防工程平时使用和维护监管全部实行属地管理。

2. 强化易地建设统筹。城市新建民用建筑应按规定标准及规划要求修建人防工程，符合易地建设条件的，建设单位在缴纳人防工程易地建设费后可以不建或少建人防工程，由县级以上人防部门统一组织易地修建。人防工程易地建设费纳入各级财政管理，统筹用于人防建设。加大人防工程易地建设费市级统筹力度，海曙区、江北区、鄞州区按照当年收取的人防工程易地建设费的25%，镇海区、北仑区、奉化区和各开发园区（其中杭州湾新区比照慈溪市规定执行）按照当年收取的人防工程易地建设费的12%上缴市级财政。各地上缴省级比例不变。

3. 加强建设计划管理。市人防办根据城市防护要求编制人防设施近期建设计划及年度重点建设项目计划。与城市基础设施和公共服务设施相结合的人防建设项目，应同步纳入"城市维护和年度建设计划"。各区县（市）按下达的人防建设计划落实具体建设项目及资金，其中市级重点项目建设资金由市、区两级财政保障，具体资金分担金额在项目立项阶段予以明确。

13.12 《福建省人民政府关于加快城市地下空间开发利用的若干意见》（闽政文〔2014〕54号，2014年2月21日起施行）

二、加快规划的编制和研究

城市地下空间开发利用规划是城市规划的重要组成部分，应符合国民经济和社会发展规划、土地利用总体规划，并纳入城市总体规划，与公用设施、市政（含管网）、交通、防灾、排涝、人防、商业等专业规划相衔接，并符合环境保护和文物保护要求。城市地下空间规划编制应遵循竖向分层立体综合开发、横向相关空间连通、地面建筑与地下工程协调配合的原则，优先安排应急防灾、人民防空、地下交通、市政工程等地下空间设施和城市地下公共空间建设。各设区市政府、平潭综合实验区管委会应加快编制城市地下空间开发利用专项规划，其他有条件的县（市）可结合城市发展需要适时编制城市地下空间开发利用专项规划。城市地下空间开发利用专项规划应对地下公共服务、交通、市政（含管网）、已发现文物、仓储设施、人防工程和城市防灾作出规划，制订近期、中期和长期实施计划。在城市地下空间开发利用专项规划确定的控制区域内，应当编制地下空间开发利用详细规划，相关内容应纳入城市控制性详细规划实施管理。省住房和城乡建设厅要加快制订地下空间开发利用专项规划编制导则，明确专项规划编制内容。

各地在谋划地下空间开发利用前，要开展城市地质环境评价和地下空间资源及其开发利用现状普查，为城市地下空间开发利用专项规划编制提供科学依据。各地可结合新区建设、旧城改造、轨道交通和市政基础设施建设，因地制宜推进城市地下空间开发利用。引导和鼓励地下空间综合管廊建设，按照统一规划、集中建设、部门管理的指导原则，节约集约利用管线空间资源，提高城市生命线系统的安全可靠性，优化城市环境。

第十四条 【城市地下工程建设兼顾人民防空需要】

城市的地下交通干线以及其他地下工程的建设，应当兼顾人民防空需要。

〔1〕【释义】

本条中的"地下交通干线"，是指地铁、隧道、地下公路等。"其他地下工程"，是指地下管网、供水、供电、供气、供热、通信等公用基础设施。城市的地下交通干线以及其他地下工程，无论在平时还是战时，对于城市的稳定起着极其重要的作用，是保证城市的正常运转、人民群众生产、生活的生命线工程。

本条中的"兼顾人民防空的需要"，是指城市地下交通干线以及其他地下工程在规划和建设时，既要满足城市发展和人民生产、生活的需要，又要贯彻人民防空要求和有关防护标准，尽量与人民防空工程结合起来，统一规划、统一建设、综合利用；对关系城市地下交通干线以及其他地下工程安全使用的关键部位、重要措施，要按照人民防空的要求和防护标准，做好重点防护，增强防空防毁能力；制定应急抢险抢修方案并预先做好应急防护措施。

〔2〕【城市建设兼顾人民防空需要】

14.1《国务院、中央军委关于进一步推进人民防空事业发展的若干意见》（国发〔2008〕4号，2008年1月8日起施行）

（七）城市建设要兼顾人民防空要求。要把人民防空工程建设规划纳入城市总体规划，在城市建设中落实人民防空防护要求。城市地下空间开发利用规划，城市公共绿地、广场、地下交通干线以及其他重大基础设施的规划和建设，必须充分考虑人民防空需求，兼顾人民防空功能。高新区、开发区、保税区、工业园区和大学城等必须依法落实人民防空建设要求，经济发展较快的乡镇要同步规划和建设人民防空工程。在城市规划制订过程中，规划部门要会同人民防空部门，在城市详细规划中具体落实人民防空工程建设规划。

14.2《中华人民共和国城乡规划法》(2019年4月23日第二次修正并施行)

第三十三条 城市地下空间的开发和利用，应当与经济和技术发展水平相适应，遵循统筹安排、综合开发、合理利用的原则，充分考虑防灾减灾、人民防空和通信等需要，并符合城市规划，履行规划审批手续。

14.3《北京市人民防空条例》(2002年5月1日起施行)

第十二条第三款 城市地下交通干线、地下商业娱乐设施、地下停车场、地下过街道、共同沟等城市地下空间的开发建设，应当兼顾人民防空需要。

14.4《浙江省实施〈中华人民共和国人民防空法〉办法》(2020年11月27日第四次修正并施行)

第十一条 城市的地下交通干线以及其他地下工程的规划与建设，应当按照国家和省有关规定兼顾人民防空的需要，其口部等关键部位和重要设施的设计、施工和维护应当符合人民防空防护标准，增强防空抗毁能力。

14.5《江西省人民防空工程管理办法》(2021年6月9日第四次修正并施行)

第十九条 城市的地下交通干线、地下过街隧道、地下综合管廊等地下空间开发项目应当统筹兼顾人民防空防护要求，其他地下空间开发项目兼顾人民防空防护要求的面积不得低于地下总建筑面积的百分之四十。兼顾人民防空要求的地下空间，平时由建设单位或者使用者进行管理，战时应当提供有关部门和单位使用。

对城市广场、绿地、公园等公共场所，鼓励社会资金开发建设主要用于平时使用同时又符合人民防空要求的城市地下空间。

人民防空主管部门应当参与兼顾人民防空要求的城市地下工程和地下空间开发项目的审查。

14.6《山东省人民防空工程管理办法》(2020年3月1日起施行)

第十三条 城市地下空间开发利用应当兼顾人民防空需要。城市地铁、隧道等地下交通干线和交通综合枢纽建设，应当符合人民防空防护规范标准。

除单建人防工程、地下市政工程、综合管廊外，其他独立开发的地下空间项目应当按照不低于地下总建筑面积20%的标准修建人民防空工程。

14.7《河南省人民防空工程管理办法》(2020年12月31日修订，2021年2月1日起施行)

第十条 地铁、隧道等地下交通干线以及城市地下综合管廊等地下公共基础设施的建设，应当兼顾人民防空需要。

利用公园绿地、防护绿地、广场用地、城市道路用地、社会停车场用地以及其他交通设施用地等开发地下空间的建设项目（包括单独开发地下空间和以开发地下空间为主一并开发地面建筑的建设项目），应当按照不低于地下总建筑面积的百分之三十修建防护级别6级以上人防工程。

人民防空主管部门负责城市地下空间开发利用兼顾人民防空要求的监督和管理。

14.8《武汉市人民防空条例》(2022年5月26日第二次修正，2022年6月23日施行)

第七条 城市的地下交通干线以及其他地下工程的规划与建设，应当兼顾人民防空的需要，其口部等关键部位和重要设施应当符合人民防空防护标准；有条件的，还应当与邻近的人民防空工程相连通，逐步形成城市地下防护空间体系。

14.9《宁波市人民防空工程管理办法》(2020 年 2 月 27 日修正并施行)

第七条 城市地下交通干线和综合管廊建设应当兼顾人民防空需要；结合城市广场、绿地等单独修建地下空间的，兼顾人民防空需要的面积不得少于地下总面积的 30%。

第三十三条 本市行政区域内的兼顾人民防空需要的工程，其规划、建设、使用、维护及相关监督管理活动，参照适用本办法。

前款所称的兼顾人民防空需要的工程，是指通过增加战时功能设计和平战转换措施，达到既定防护要求的其他地下建筑。

14.10《厦门市结合民用建筑修建防空地下室审批管理暂行办法》(厦人防办〔2017〕35 号，2017 年 7 月 1 日起施行)

第二十五条 城市绿地、公园、运动场等地下空间开发需兼顾人民防空需要。防护区建筑面积不小于兼顾人防需要工程总建筑面积的 60%。

第二十六条 兼顾人防需要工程战时功能与平时功能相适应。平时作为地下商场的，战时可作为商业服务区；平时作为地下停车场的，战时可作为汽车库；平时作为办公、文化、娱乐、仓储及其他生产、生活等用途的地下空间，战时可作为人员临时掩蔽场所。

〔3〕【兼顾人民防空需要的城市地下工程建设管理】

14.11《江苏省实施〈中华人民共和国人民防空法〉办法》(2021 年 5 月 27 日第四次修正并施行)

第十条 城市地下空间的开发利用，应当兼顾人民防空需要。人防主管部门负责城市地下空间开发利用中人民防空防护等事项的管理和监督检查，并与发展和改革、建设、规划等部门按照各自职责做好城市地下空间的规划、开发利用和审批工作。

城市的地铁等地下交通干线、交通综合枢纽以及其他地下工程的关键部位和重点设施，必须符合人民防空防护标准，其防护设计的审查应当有人防主管部门参加。人民防空疏散干道和连接通道，应当尽可能与城市地下交通等设施相连通。

14.12《苏州市人民防空工程管理办法》(2008 年 9 月 1 日起施行)

第二十三条 对城市地下交通干线以及其他地下工程建设中与人民防空相关的工程设施，人防主管部门应当参加竣工验收。

验收不合格的人防工程，建设单位应当及时整改，整改后仍不符合人防工程要求的，应当按照应建面积补缴人防工程易地建设费。

建设单位应当将竣工资料报建设行政主管部门备案，备案时应当出具人防主管部门的竣工验收证明书。

14.13《北京市城市基础设施人民防空防护工程建设管理暂行办法》(京人防发〔2018〕22 号，2018 年 11 月 29 日起施行)

第二条 本办法所称基础设施防护工程是指结合服务于城市正常运行的城市地下市政公用设施（含城市给水、排水、供气、供电、供热、通信和信息化、污水处理等功能设施和综合管廊及相关场（厂）、站、源点、生产调度指挥中心等）、地下交通设施（含轨道交通工程、城市地下联系隧道、地下人行联络通道、城市地下综合交通枢纽等）以及地下综合设施（含交通、商业及其他公共服务设施等多种地下空间功能设施有机结合所形成的大型综合设施）等基础设施，修建的以平时使用功能为主，战时兼顾人民防空需要的地下工程。

第三条第一款　本行政区域内的城市地下市政公用设施、地下交通设施以及地下综合设施等地下工程的建设，依据《中华人民共和国人民防空法》以及《北京市人民防空条例》的有关规定，应当兼顾人民防空需要。

〔4〕【地下空间建设兼顾人民防空需要】

14.14《泰州市地下空间兼顾人民防空要求实施办法》（泰政规〔2013〕3 号，2013年 2 月 1 日起施行）

第二条　泰州市行政区域内，在城市绿地、广场、操场下单独修建的地下商场、地下停车场等地下工程，以及建设单位在结合城市新建民用建筑修建防空地下室之外，开发建设的地下、半地下工程，应按比例兼顾人民防空要求。

第三条　地下空间按以下比例兼顾人民防空要求：50 000（不含）m² 以上按总建筑面积 40%的比例兼顾人民防空要求；10 000（不含）～50 000 m² 之间按总建筑面积 50%的比例兼顾人民防空要求；5000（不含）～10 000 m² 之间按总建筑面积 70%的比例兼顾人民防空要求；2000（不含）～5000 m² 之间按总建筑面积 100%的比例兼顾人民防空要求。

地下空间 2000 m² 以下的，可不兼顾人民防空要求，但应作为基础埋深不超过 3 米的城市新建多层民用建筑，按比例配建人防工程或按要求缴纳易地建设费。

第四条　顶板底面不高于室外地面（按周边平均标高，下同）以及上部建筑为砌体结构或无建（构）筑物且顶板底面高出室外地面的高度不大于 1 米的地下空间开发利用，按核 6B 级甲类人防工程设计标准建设。

上部建筑为钢筋混凝土结构或钢结构且顶板底面高出室外地面的高度不大于 1 米，以及顶板底面高出室外地面的高度大于 1m，但不大于室内净高 1/2 的项目（指由室内地面至顶板结构板底面），按常 6 级乙类人防工程设计标准建设。

第五条　兼顾人民防空要求的工程，应编制平战转换预案并通过民防（人防）主管部门审查后方可交付使用。

第六条　建设单位已按规定比例兼顾人民防空要求，则剩余比例部分不再配建人防工程，也不缴纳易地建设费；未按比例兼顾人民防空要求，不足的部分应作为基础埋深不超过 3 米的城市新建多层民用建筑，按比例配建人防工程或按要求缴纳易地建设费。

已兼顾人民防空要求的工程，不再缴纳平战转换经费，但也不给予人民防空奖励费用。

第七条　市、市（区）民防（人防）主管部门，负责城市地下空间兼顾人民防空要求的管理和监督检查，并与发改、住建、规划等部门按照各自职责做好城市地下空间的规划、开发利用和审批工作。

对地下空间开发利用的建设单位，规划、建设部门在审批时，应当征询当地民防（人防）主管部门的意见，民防（人防）主管部门应当对兼顾工程的设计文件进行审查并出具审查意见。

第八条　建设单位应当自工程竣工验收合格之日起 15 日内，将竣工验收报告和接受委托的工程质量监督机构及有关部门出具的认可文件报当地民防（人防）主管部门。对不按规定的防护标准和质量标准兼顾人民防空要求的、未组织竣工验收或验收不合格擅自交付使用的，由民防（人防）部门根据《江苏省实施〈中华人民共和国人民防空法〉办法》的规定进行处罚。

第九条　地下空间兼顾人民防空要求的工程，产权归投资者所有，可依法进行出租、出售、使用，受益归投资者所有。使用单位不得改变兼顾工程的战备结构，并接受当地民防（人防）主管部门的监督检查。

第十条　国家工作人员擅自批准建设单位不按比例兼顾人民防空要求的、擅自减免人防易地建设费的，依法给予行政处分；涉嫌犯罪的，移送司法机关追究刑事责任。

〔5〕【城市地下综合管廊工程建设兼顾人民防空需要】

14.15《北京市民防局关于城市地下综合管廊兼顾人民防空需要的通知（暂行）》（京人防发〔2019〕152号修改，修改后2019年12月23日起施行）

【著者按】《北京市人民防空办公室关于修改20部规范性文件部分条款的通知》（京人防发〔2019〕152号，部分失效）对《北京市民防局关于城市地下综合管廊兼顾人民防空需要的通知（暂行）》（京民防发〔2017〕73号）的修改为：一是将"民防"修改为"人防"；二是将"局"修改为"办"。

一、本市行政区域内的新建城市地下综合管廊工程应兼顾人民防空需要，其主体结构承载力应满足不低于"甲类6级"要求。

二、城市地下综合管廊兼顾人民防空工程审批由市人防办统一办理，并纳入北京市固定资产投资项目结合修建人民防空工程审批流程。

三、按照《关于加快本市交通基础设施等公共服务类建设项目投资审批有关工作的意见》（京审改办函〔2016〕9号），城市地下综合管廊建设，在规划及设计方案编制阶段应征求人防部门意见，其办理流程按照"一会三函"建设项目流程执行。

〔6〕【地下轨道交通工程建设兼顾人民防空需求】

14.16《青岛市人民防空办公室关于地下轨道交通工程兼顾人民防空的意见》（青人防办字〔2018〕9号，2018年4月2日起施行）

一、轨道交通工程地下部分的建设应当兼顾人民防空的需要。统一规划，同步设计，纳入城市人防防护体系。

二、轨道交通工程兼顾人民防空的范围主要包括：地下车站、地下区间、隧道、地下停车场等轨道交通工程地下建筑。

三、轨道交通工程建设单位在向市发展改革部门申报《可行性研究报告》前，应当到市人防主管部门征求城市轨道交通工程兼顾人防防护意见，由市人防主管部门出具设防原则。

四、轨道交通工程兼顾人防防护设计必须由具有相应资质等级的设计单位，按照国家颁布的《轨道交通工程人民防空设计规范》等强制性标准进行设计。

五、轨道交通工程建设单位在向建设行政管理部门申请核发施工许可证之前，应当委托具有相应资质的单位按照人民防空工程设计的强制性要求审查施工图设计文件。施工图设计文件未经审查或者审查不合格的建设项目，建设行政管理部门不予核发建筑工程施工许可证。

六、轨道交通工程人防施工图设计文件审查合格后，方可办理人防工程质量监督登记。

办理人防质量监督登记应提供以下资料：

1. 人防主管部门设防原则批复；

2. 人防施工图设计文件审查合格文件及加盖审图专用章的人防施工图设计文件（人防施工图设计文件可根据施工进度分批次上报）；

3. 人防设计、人防监理、施工单位、防护设备设计施工单位资质等级证书；

4. 施工、人防监理、防护设备设计施工单位合同副本；

5. 建设、人防设计、施工、人防监理、防护设备设计施工单位等单位质量责任制度或质量保证体系报告表；

6. 建设、人防设计、施工、人防监理、人防工程施工图审查、质量检测、防护设备设计施工等单位项目负责人的法定代表人授权书、工程质量终身责任承诺书。

七、轨道交通工程兼顾人防工程的防护设备设计、施工、检测和设备生产厂家等单位应具备相应资质，设备应符合国家规定的防护标准和质量标准。

八、轨道交通工程兼顾人防工程专项竣工验收由建设单位组织。建设单位应在竣工验收7个工作日前，通知市人防主管部门和市人防质量监督机构。竣工验收应具备以下条件并提供相关资料：

1. 完成兼顾人防工程防护设计和合同约定的各项内容，达到竣工标准；

2. 施工单位在工程完工后对工程质量进行了检查，并提出工程竣工报告；

3. 监理单位对工程进行了质量评估并提出工程质量评估报告；

4. 勘察、设计单位确认工程质量达到设计要求，并提出质量检查报告；

5. 防护设备设计施工企业对防护设备产品质量和安装质量进行了检查，确认防护设备产品质量和安装质量检测评定合格，符合设计文件及合同要求，并提出兼顾人防工程防护设备质量检查报告；

6. 有完整的技术档案和施工管理材料；

7. 有工程使用的主要建筑材料、构配件和设备的进场试验报告、合格证，防护设备出厂检测报告和合格证，防护设备安装检测合格报告，以及工程质量检查和功能性试验资料；

8. 人防质量监督机构在监督检查中要求整改的问题全部整改完毕。

九、建设单位应当在轨道交通工程兼顾人防专项竣工验收合格后10个工作日内，将下列资料的复印件报送人民防空主管部门备案：

1. 施工许可证；

2. 兼顾人防工程施工图设计文件的审查意见；

3. 兼顾人防工程竣工图纸资料；

4. 兼顾人防工程质量控制资料核查记录；

5. 具备相应资质的第三方出具的防护设备出厂检测合格报告和安装检测合格报告；

6. 兼顾人防工程设计质量检查、面积测量报告；

7. 兼顾人防工程验收记录；

8. 兼顾人防工程竣工验收报告；

9. 兼顾人防工程平战转换预案。

人民防空主管部门应当自收到建设单位提交的上述资料和市人防质量监督机构出具的质量监督意见之日起 10 个工作日内，出具人民防空工程专项竣工验收备案证明。

十、建设单位向建设行政管理部门报送竣工验收备案时，应当提交人民防空工程专项竣工验收备案证明。

第十五条　【战时必需物资储备工程建设】

为战时储备粮食、医药、油料和其他必需物资的工程，应当建在地下或者其他隐蔽地点。

〔1〕【释义】

粮食、医药、油料和其他必需物资，是维持人类社会生产、生活正常运转必需的物质基础。国家必须储备粮食、医药、油料和其他必需物资以应对战争发生。为了所储备战时必需物资的安全，避免或减轻空袭造成的损失，保证战时供给，储备战时必需物资的工程，应当建在地下或者其他隐蔽地点。

〔2〕【物资储备工程的建设与管理】

15.1《珠海市人民防空办法》（2004 年 3 月 1 日起施行）

第十七条　为战时供水、供电，储备粮食、医药、油料和其它必需物资的工程，应当建在地下或者其他隐蔽地点。城市总体规划和人民防空工程建设规划应按平战结合的原则予以落实。

15.2《曲靖市人民政府贯彻人民防空法实施细则》（2004 年 12 月 1 日起施行）

第七条第三款　为战时储备粮食、医药、油料和其他重要必需物资的工程，须报经人民防空主管部门参与设计审查和竣工验收。城市地下交通干线以及其他地下工程的建设，应当兼顾人民防空的需要，由人民防空主管部门提出人民防空要求。

第十六条　【重要经济目标防护】

对重要的经济目标，有关部门必须采取有效防护措施，并制定应急抢险抢修方案。

前款所称重要的经济目标，包括重要的工矿企业、科研基地、交通枢纽、通信枢纽、桥梁、水库、仓库、电站等。

〔1〕【释义】

本条中的"重要的经济目标"是国家的经济命脉，直接关系国计民生和战争潜力。主要包括：工矿企业，科研、实验基地，机场、港口、火车站和列车编组站，通信枢纽和指挥通信中心，大型桥梁、水库、仓库和电站等。重要经济目标的上级主管部门和重要经济目标单位，在重要经济目标规划、建设和防护加固中应当采取有效防护措施，预先制定遭受空袭破坏后的抢险抢修措施和行动计划。

〔2〕【加强重要经济目标防护管理】

16.1《国务院、中央军委关于进一步推进人民防空事业发展的若干意见》(国发〔2008〕4号,2008年1月8日起施行)

六、开展重要经济目标防护工作

(十八) 建立重要经济目标防护管理体制。按照政府主导、部门监督、属地管理、单位落实的原则,建立由各级人民政府和同级军事机关领导,发展改革部门牵头,人民防空等部门和重要经济目标主管部门监督指导,重要经济目标单位具体落实的管理体制。国务院有关部门要研究制订重要经济目标防护要求,规定防护类别和等级。

(十九) 完善重要经济目标防护工作机制。县级以上地方各级人民政府和同级军事机关要研究确定本区域的重要经济目标。对重要经济目标,有关部门和单位要采取有效防护措施,制订应急抢险抢修方案,人民防空部门要会同有关部门加强指导和监督检查。凡涉及人民防空要求的重要工程布局和重大项目,投资主管部门在审批、核准或备案前,要征求人民防空部门意见。

(二十) 落实重要经济目标防护措施。新建重要经济目标要分散布局,符合人民防空要求。要加强重要经济目标隐蔽伪装、信息防护等手段建设,组建救援队伍,加强平时训练,推动重要经济目标防护工作的落实。

16.2《天津市人民防空重要经济目标防护管理规定》(津政办发〔2017〕110号,2018年1月1日起施行)

第五条 重要经济目标防护管理实行政府主导,部门监督,属地管理,单位落实。

市和区人民政府与同级军事机关领导本行政区域内的重要经济目标防护工作。

发展改革部门、人民防空主管部门和重要经济目标行业主管部门,要依法履行重要经济目标防护建设的管理职能,监督指导有关单位落实防护建设工作任务。

发展改革部门与人民防空主管部门共同负责建立重要经济目标防护工作协作机制,协调有关部门编制重要经济目标防护建设总体规划。

人民防空主管部门负责指导、监督、检查、协调本行政区域内重要经济目标防护工作。

行业主管部门在职责范围内做好重要经济目标防护的管理工作。

重要经济目标单位及其上级主管部门具体落实重要经济目标防护工作。

第九条 本市重要经济目标分为能源、通信信息、交通运输、民生保障、化工、军工潜力等六类。

重要经济目标依据其在战时的地位、作用和性质,以及对战争的支持能力、对人民群众社会生活的影响程度,可分为三级:

(一) 一级目标:对国家战略全局有重大影响,对全市或更大区域内战争潜力、经济运行和社会正常运转有重大影响的目标,以及由国家、战区指令组织重点防护的目标;

(二) 二级目标:对城市经济运行和社会正常运转有重要影响的目标,以及由市指令组织重点防护的目标;

(三) 三级目标:对城市经济运行和社会正常运转有较大影响的目标,以及由该区指令组织重点防护的目标。

第十一条 重要经济目标防护建设应当纳入市和区人民政府国民经济和社会发展计划,与经济建设相结合,与应对自然灾害、事故灾难等突发事件相结合。

根据国家有关要求开展重要经济目标防护规划编制工作,稳步推进,分步实施,做好与城乡规划、专项规划的统筹衔接。

第十二条 新建重要经济目标应当依据城市总体规划和有关专业规划,科学规划、合理布局,本着平战结合的原则,建设好地下防护工程。对于不能转入地下或者无法修建防护工程的,应当采取相应的防护措施。

第十三条 改建、扩建和维修重要经济目标应当按照人民防空的需要,落实和完善防护措施,提高抗毁能力。

第十四条 重要经济目标单位应成立防护指挥机构,领导重要经济目标平时防护准备工作和战时防护行动的组织实施。

第十五条 重要经济目标单位应结合安全生产、防灾应急、突发事件应对等完善指挥场所建设,配套指挥保障设施设备;战时应利用人防工程开设地下指挥场所,确保指挥需要。

第十六条 重要经济目标单位应当制定防护方案并适时进行修订,及时报送市和区人民防空主管部门。

防护方案应当包括重要经济目标的基本情况、工作机制、战时功能、毁伤评估、防护重点、防护措施、防护行动、人员防护教育训练、防护保障等相关内容。

第十七条 重要经济目标单位应当建立防护专业队伍,主要担负目标防护、疏散隐蔽、消除空袭后果等任务,开展人民防空知识教育和技能培训,结合平时应急加强防护救援训练、演练。

第十八条 重要经济目标单位应进行必要的防护物资、装备器材储备,专用物资、装备器材由重要经济目标单位负责,通用物资由各级政府相关部门负责。

第十九条 重要经济目标防护经费由所在单位承担,列入单位运营成本。企业应将本单位防护经费纳入企业运行成本,行政单位的防护经费列入本级财政预算。

重要经济目标单位要依法承担必要的人员训练和装备器材费用,确保人员、装备器材和训练落实到位。

第二十条 重要经济目标单位的防空袭临战准备工作,根据市人民防空指挥部下达的防空袭命令组织实施。

第二十一条 重要经济目标单位遭敌空袭时应尽快掌握遭袭情况并及时上报。根据重要经济目标毁伤程度,按照防护与抢险抢修方案,迅速组织力量消除空袭后果,抓紧恢复生产。

16.3《辽宁省重要经济目标防护规定》(2014年8月6日修正并施行)

第二条 本规定所称重要经济目标,是指对国防动员和国民经济有重要影响的工矿企业、科研基地、交通枢纽、通信枢纽、桥梁、水库、仓库、电站等。

本规定所称防护,是指采取布局安排、伪装、隐蔽和工程技术、信息技术以及抢险抢修等方式,使重要经济目标避免或者减少损害、毁伤的各项应对措施。

第四条 省、市人民政府和同级军事机关领导本行政区域的重要经济目标防护工作。

省、市、县(含县级市、区,下同)发展改革部门负责本行政区域重要经济目标防护工作的综合协调；人民防空部门负责本行政区域重要经济目标防护工作的指导和监督管理。

重要经济目标所在单位（以下简称目标单位）的主管部门在其职责范围内履行对目标单位的防护管理职责。

第五条 目标单位应当承担对重要经济目标实施防护的义务。

第六条 重要经济目标防护应当与经济建设相结合，与应对自然灾害和事故灾难等突发事件相结合。

第七条 重要经济目标防护建设应当列入县以上人民政府国民经济和社会发展规划。

第八条 重要经济目标实行目录管理。重要经济目标目录由省发展改革部门和人民防空部门会同有关部门，按类别组织编制。

第九条 根据重要经济目标在战时的地位、作用、对人民生命安全、生活以及国民经济的影响程度和规模、价值，将其分为一级、二级、三级。具体分级标准，由省发展改革部门和人民防空部门制定，报省人民政府和同级军事机关批准。国家另有规定的，从其规定。

第十条 确定一级重要经济目标，由省发展改革部门和人民防空部门拟定方案，报省人民政府和同级军事机关批准，并报上一级军事机关备案；确定二、三级重要经济目标，由市发展改革部门和人民防空部门拟定方案，报市人民政府和同级军事机关批准，并报省相应部门和同级军事机关备案。国家另有规定的，从其规定。

第十一条 目标单位应当制定防护预案。防护预案应当包括重要经济目标基本情况、组织指挥系统、防护措施、防护力量配置、通信保障、物资保障和抢险抢修方案等内容。

第十二条 一级重要经济目标的防护预案，由目标单位报省发展改革部门和人民防空部门批准，并报省人民政府应急管理机构备案；二、三级重要经济目标的防护预案，由目标单位报市发展改革部门和人民防空部门批准。国家另有规定的，从其规定。

修订重要经济目标防护预案，应当报经原批准机关同意。

第十三条 列入重要经济目标目录的新建项目，建设单位应当按照防护标准将防护设施的设计、论证工作与项目前期工作同步进行，新建项目与防护设施必须同时设计、同时施工。

投资管理部门在项目审批、核准过程中对未按要求落实防护措施的，不予批准或者核准。

重要经济目标的防护标准，由省发展改革部门和人民防空部门会同其他有关部门，根据重要经济目标的级别和类别制定。国家另有规定的，从其规定。

第十四条 已建成的重要经济目标不符合防护标准的，应当采取补救防护措施，或者通过实施改建、扩建、维修工程加以解决。

目标单位实施改建、扩建、维修工程的，应当报经发展改革部门和人民防空部门组织防护评估，并按照评估意见增加防护设施设备，落实和完善防护措施。

第十五条 新建重要经济目标的防护建设经费，由项目建设单位负担，列入项目建设投资预算；已建成的重要经济目标的防护经费，由目标单位负担并实行专账管理。

政府投资建设的重要经济目标，其防护经费由本级财政负担。

第十六条 政府规划的人民防空警报设施及报警范围，应当覆盖目标单位。目标单位也可以根据防护报警需要，按人防警报设施建设标准组织实施本单位的警报设施建设和管理。

第十七条　对在重要经济目标防护工作中成绩突出的单位和个人，县以上人民政府或者其有关部门可以给予表彰、奖励。

第十八条　未按规定对重要经济目标进行防护或者擅自拆改防护设施设备的，由县以上人民防空部门给予警告，责令限期改正；逾期拒不改正的，处1万元以上3万元以下罚款；因未按规定对重要经济目标进行防护或者擅自拆改防护设施设备，造成严重后果的，对有关责任人依法追究刑事责任。

第十九条　有关行政部门工作人员和目标单位有关人员有下列情形之一的，给予处分；构成犯罪的，依法追究刑事责任：

（一）未履行对重要经济目标的防护管理职责，造成严重后果的；

（二）对已经发现的重要经济目标防护隐患未及时采取措施消除，造成严重后果的；

（三）其他玩忽职守、徇私舞弊、滥用职权的。

16.4《江苏省重要经济目标防护暂行规定》（苏政办发〔2004〕125号，2004年12月30日起施行）

第二条　本省行政区域内重要经济目标的防护适用本规定。

本规定所称重要经济目标，是指直接关系国计民生和战争潜力的重要的工矿企业、科研基地、交通枢纽、通信枢纽、桥梁、水库、仓库、电站等。

第三条　重要经济目标的防护应当贯彻合理布局、突出重点、措施可靠、防护有效的要求，提高整体抗毁能力、快速反应能力、应急救援能力。

第四条　重要经济目标防护工作在人民政府和军事机关的领导下，实行属地、分级管理。

县级以上地方人民政府应当加强领导，统筹安排，组织、监督有关部门和单位做好重要经济目标防护工作。

重要经济目标单位应当采取有效防护措施，做好本单位的重要经济目标防护工作。

第五条　在重要经济目标防护工作中成绩显著、贡献突出的单位和个人，由县级以上地方人民政府和有关部门给予表彰和奖励。

第六条　重要经济目标分为七类，即新闻通信类、能源动力类、交通枢纽类、军工基地潜力类、生命线工程类、次生灾害源类、金融管理类。

第七条　依据重要经济目标在战时的地位、作用，对战争的支持能力，对人民生命、生产、生活的影响程度，以及生产规模和价值，按重要程度由高到低分为三级，即一级、二级、三级。

第八条　重要经济目标的具体分级标准根据国家有关规定确定，国家没有规定的，由省人民防空主管部门和省军区司令部制定。

第九条　一、二级重要经济目标由省人民政府和省军区批准，三级重要经济目标由设区的市人民政府和同级军事机关批准。国家另有规定的，从其规定。

第十条　人民防空主管部门负责管理本行政区域内重要经济目标防护工作，其主要职责是：

（一）按照人民防空的要求，指导、监督和协调重要经济目标防护工作；

（二）组织重要经济目标单位制定防护预案及防护工作规划、计划；

（三）指导重要经济目标单位防护专业队伍的组建和训练；

（四）对重要经济目标的防护建设进行监督检查；

（五）对重要经济目标单位开展人民防空教育情况进行监督检查；

（六）组织支援重要经济目标单位消除空袭后果的行动。

第十一条 重要经济目标单位负责本单位的防护工作，其主要职责是：

（一）制定本单位防空袭防护预案及实施计划；

（二）根据战时可能担负的任务和需要，按照专业对口、便于领导、便于指挥、便于抢险救灾的要求，组建防护专业队伍，组织专业训练和演习；

（三）配备必要的防护装备、物资和器材，保障防护经费，落实防护措施；

（四）组织开展人民防空知识教育，使所属人员掌握人民防空的基本知识和技能；

（五）组织指挥本单位力量进行临战准备及消除空袭的后果。

重要经济目标单位防护工作实行法人负责制，并建立防护工作领导小组，日常工作由本单位人防办或者指定的部门负责。

第十二条 县级以上地方人民政府有关部门以及重要经济目标的上级单位应当在职责范围内，做好相应的重要经济目标防护管理工作。

第十三条 一级重要经济目标的防护预案应当报省人民防空主管部门和同级军事机关批准，二、三级重要经济目标的防护预案应当报设区的市人民防空主管部门和同级军事机关批准。

第十四条 重要经济目标防护预案应当包括下列内容：（一）基本情况：重要经济目标概况，包括规模、价值、生产能力、年经营收入、战时的地位和作用等；

（二）情况设想：对重要经济目标在战时遭敌空袭和空袭后可能产生的毁伤程度做出预测；

（三）任务和决心：根据对各种情况所做出的判断结论，确定本重要经济目标需要确保的关键部位，明确抢救抢修的重点、任务区分和遂行任务的步骤、方法等；

（四）防护措施：包括疏散、隐蔽、伪装及其平时遭受自然灾害和意外事故的防护措施等；

（五）抢险抢修行动：包括任务、遂行任务单位、人数、行动路线和方式及抢险、抢救、抢修、抢运的任务区分；

（六）组织指挥：包括指挥机构组成，指挥所开设的位置、通信联络等规定；

（七）各种保障：包括通信警报、专业技术、物资、设备器材、安全保卫、政治工作等。

第十五条 重要经济目标防护预案应当根据实际情况的变化，并针对训练演习中发现的问题，及时进行修订和完善；涉及重大事项调整的，应当报经原批准机关同意。

第十六条 改建、扩建或者维修重要经济目标应当按照人民防空的需要，落实和完善防护措施，增加工程技术防护设施，以提高抗毁能力。

新建重要经济目标，在规划和建设时，应当充分考虑人民防空的需要，并征求有关军事机关和人民防空主管部门的意见。对适合地下工作环境的关键部位应当尽量建在地下，不能建在地下的应当采取相应的防护措施。

第十七条　城市防空警报应当覆盖重要经济目标单位。必要时重要经济目标单位可以单独安装防空警报器。

第十八条　重要经济目标防护经费由重要经济目标单位承担，列入企业运行成本。政府有关部门应当承担的重要经济目标防护经费列入本级财政预算，本级使用。

第十九条　重要经济目标的防空袭临战准备工作，根据人民防空指挥部下达的防空袭命令统一实施。其准备工作主要有：

（一）组织人员和物资疏散、隐蔽，将关键设备、物资转入地下或者转移至安全地域；

（二）采取制式和就便器材相结合的办法，综合运用多种手段，实施工程伪装；

（三）加强内部安全和警戒；

（四）完善防空袭方案，扩编专业队伍，落实临战训练，补充装备器材，开展防护技能培训。

第二十条　根据人民防空指挥部下达的防空袭命令，重要经济目标单位应当加强伪装防护，调整防护专业队伍的部署，按照规定鸣放警报，组织安全警戒，组织人员紧急疏散。

第二十一条　重要经济目标单位遭敌空袭时应当尽快掌握遭袭情况并及时上报，根据目标毁伤程度，按照防护方案，迅速组织力量消除空袭后果，尽快恢复生产。

16.5《山东省人民防空办公室关于加强重要经济目标防护管理的意见》（鲁防发〔2021〕1号，2021年2月1日起施行，有效期至2026年1月31日）

一、重要经济目标防护管理的原则

重要经济目标，是指直接关系国计民生和战争潜力的石油、化工、钢铁、医药等重要工矿企业、科研基地、交通枢纽、通信枢纽、机场、港口、桥梁、水库、仓库、电力设施及城市供水、供电、供热、供气等公共基础设施。重要经济目标的防护应当贯彻合理布局、突出重点、措施可靠、防护有效的要求，提高整体抗毁能力、快速反应能力和应急救援能力。重要经济目标防护工作在人民政府和军事机关的领导下，贯彻属地管理原则，实施分级、分类管理。

县级以上地方人民政府应加强领导，统筹安排，组织、监督有关部门和单位做好重要经济目标防护工作。

重要经济目标单位应采取有效防护措施，做好本单位的重要经济目标防护工作。

二、分类和防护等级

重要经济目标共分七类，即通信类、能源动力类、交通枢纽类、军工基地潜力类、城市生命线工程类、次生灾害源类、金融管理类。依据重要经济目标在战时的地位、作用，对战争的支持能力，对人民生命、生产、生活的影响程度，以及生产规模和价值，按重要程度由高到低分为一级、二级、三级。重要经济目标的具体分级标准按照国家有关规定执行，国家没有规定的，由省人民防空办公室制定分级标准，报省政府、省军区审定。

重要经济目标等级的确定，一级由省军区战备建设局和省人民防空办公室核定，二、三级由设区的市政府和同级军事机关核定。

三、防护职责

(一) 人民防空主管部门负责管理本行政区域内重要经济目标防护工作,其主要职责是:

1. 按照人民防空的要求,指导、监督和协调重要经济目标防护工作;

2. 组织重要经济目标单位制定防护预案及防护工作规划、计划;

3. 指导重要经济目标单位防护专业队伍的组建和训练;

4. 对重要经济目标的防护建设进行监督检查;

5. 对重要经济目标单位开展人民防空教育情况进行监督检查;

6. 组织支援重要经济目标单位消除空袭后果的行动,参与平时重要经济目标的抢险救援。

(二) 重要经济目标单位负责本单位的防护工作,其主要职责是:

1. 制定本单位防空袭防护预案及实施计划,拟制平时应急行动方案;

2. 根据战时可能担负的任务和平时安全生产的需要,按照专业对口、便于领导、便于指挥、便于抢险救灾的要求,组建防护专业队伍,组织专业训练和演习;

3. 配备必要的防护装备、物资和器材,保障防护经费,落实防护措施;

4. 组织开展防空、防灾、防事故知识教育,使所属人员掌握防护基本知识和技能;

5. 组织指挥本单位力量进行临战准备及消除空袭的后果,平时进行灾害、事故的应急救援。

重要经济目标单位防护工作实行法人负责制。国家和省确定的重要经济目标单位,应设立人民防空工作机构,负责建设和管理工作。其他重要经济目标单位应指定部门、明确专人负责建设。

(三) 县级以上地方人民政府有关部门以及重要经济目标的上级单位应当在职责范围内,做好相应的重要经济目标防护管理工作。

四、防护措施

(一) 一级重要经济目标的防护预案报省人民防空主管部门和同级军事机关批准,二、三级重要经济目标的防护预案报设区的市人民防空主管部门和同级军事机关批准。

(二) 重要经济目标防护预案包括下列内容:

1. 基本情况:重要经济目标概况,包括规模、价值、生产能力、年经营收入、平时和战时的地位及作用等;

2. 情况设想:对重要经济目标在战时遭敌空袭和灾害事故后可能产生的毁伤程度作出预测;

3. 明确任务:根据对各种情况所做出的判断结论,确定重要经济目标需要确保的关键部位,明确抢险抢修的重点、任务区分和遂行任务的步骤、方法等;

4. 防护措施:包括疏散、隐蔽、伪装及其平时遭受自然灾害和意外事故的防护措施等;

5. 抢险抢修行动:包括任务、遂行任务单位、人数、行动路线和方式及抢险、抢救、抢修、抢运的任务区分;

6. 组织指挥:包括指挥机构组成,指挥所开设的位置、通信联络等规定;

7. 各种保障:包括通信警报、专业技术、物资、设备器材、安全保卫、政治工作等。

（三）重要经济目标防护预案应当根据实际情况的变化，并针对训练演习中发现的问题，及时进行修订和完善；涉及重大事项需要调整的，应当报经原批准机关同意。

五、规划与建设

改建、扩建或者维修重要经济目标应当按照人民防空的需要，落实和完善防护措施，增加工程技术防护设施，以提高抗毁能力。新建重要经济目标，在规划和建设时，应当充分考虑人民防空的需要，并征求有关军事机关和人民防空主管部门的意见。对适合地下工作环境的关键部位及重要设施应尽量建在地下，不能建在地下的应采取可靠的相应防护措施。城市防空警报应覆盖重要经济目标单位。必要时重要经济目标单位可以单独安装防空警报器和监控设施。

重要经济目标防护经费由重要经济目标单位承担。

六、临战前的准备和训练

（一）重要经济目标的防空袭临战准备工作，根据人民防空指挥部下达的防空袭命令统一实施。其准备工作主要有：

1. 组织人员和物资疏散、隐蔽，将关键设备、物资转入地下或者转移至安全地域；

2. 采取制式和就便器材相结合的办法，综合运用多种手段，实施工程伪装；

3. 加强内部安全和警戒；

4. 完善防空袭方案，扩编专业队伍，落实临战训练，补充装备器材，开展防护技能培训。

（二）根据人民防空指挥部下达的防空袭命令，重要经济目标单位应当加强伪装防护，调整防护专业队伍的部署，按照规定鸣放警报，组织安全警戒，组织人员紧急疏散。

（三）重要经济目标单位遭敌空袭时应当尽快掌握遭袭情况并及时上报，并根据目标毁伤程度，按照防护方案，迅速组织力量消除空袭后果，尽快恢复生产和其功能。

〔3〕【重要经济目标防护管理体制】

16.6《宜昌市人民防空实施细则》（2016年3月3日修订，2016年4月1日起施行）

第六条 本市及各县市区应当按照政府主导、部门监督、属地管理、单位负责的原则，对重要经济目标实施防护。

本细则所称重要经济目标，是指直接关系国计民生和战争潜力的重要工矿企业、科研基地、交通枢纽、通信枢纽、桥梁、水库、仓库、电站等。

〔4〕【重要经济目标防护工作机制】

16.7《北京市人民防空条例》（2002年5月1日起施行）

第十一条 重要经济目标的单位应当制定防护方案和应急抢险抢修方案，并向所在地区、县人民防空主管部门备案。

16.8《河北省实施〈中华人民共和国人民防空法〉办法》（2022年5月27日第五次修正并施行）

第十一条 对重要的工矿企业、科研基地、交通枢纽、通信枢纽、广播电视、桥梁、水库、仓库、电站，城市重要的供水、供电、供气设施，以及其他空袭次生灾害源等重要经济目标，有关部门应当根据人民防空的要求，制定有效的防护措施和应急抢险、抢修方案，并接受人民防空主管部门的监督检查。

重要经济目标由县级以上人民防空主管部门会同有关部门提出，报本级人民政府和军事机关确定。

16.9《黑龙江省实施〈中华人民共和国人民防空法〉条例》(2018年4月26日第四次修正并施行)

第六条 各级人民政府和同级军事机关应当根据国家规定的城市防护类别和标准，实行分类防护，在本行政区域内确定防护重点和重要经济目标，制定战时防护隐蔽措施和应急抢修方案。

有关部门和单位应当按有关规定建设和完善重要经济目标的防护设施并负责维护管理。

16.10《辽宁省实施〈中华人民共和国人民防空法〉办法》(1999年1月1日起施行)

第七条 县以上人民政府和同级军事机关应当根据国家规定的城市防护类别和标准，实行分类防护。

重点防护的经济目标，由所在地县以上人民政府和同级军事机关报上一级人民政府和军事机关确定，实行分级管理。

县以上人民政府人民防空主管部门应当加强对重要经济目标人民防空建设的指导、监督和检查。新建、改建、扩建重要经济目标，必须符合国家规定的防空标准。

16.11《江苏省实施〈中华人民共和国人民防空法〉办法》(2021年5月27日第四次修正并施行)

第七条 县级以上地方人民政府应当根据国务院、中央军事委员会的要求，分类规定本级重点防护目标，并将防护措施列入规划。

前款所称重点防护目标，是指城市党政机关，广播电视系统，交通、通信枢纽，重要的工矿企业、科研基地、桥梁、江河湖泊堤坝、水库、仓库、电站和供水、供电、供气工程，以及其他空袭次生灾害源等目标。

重点防护目标单位应当建立防护组织，制定防护方案，建设防护设施，落实防护措施，组织防护演练。企业所需防护经费列入企业成本。电台、电视台等公益性组织的防护经费由政府承担。

人防主管部门应当对重点防护目标单位的防护工作进行指导和监督检查。

重要经济目标中涉及人民防空要求的重要工程布局和重大项目，投资主管部门在审批、核准前，应当征求人防主管部门的意见。

16.12《浙江省实施〈中华人民共和国人民防空法〉办法》(2020年11月27日第四次修正并施行)

第八条 重要经济目标由县级以上人民防空主管部门会同有关部门结合本地实际提出，报本级人民政府和同级军事机关确定。

重要经济目标的规划和建设，应当符合人民防空的要求，贯彻合理布局、分散配置、有效防护的原则。

前款所称重要经济目标，是指广播电视系统，交通、通信枢纽，重要的工矿企业、科研基地、桥梁、水库、仓库、电站和供水、供电、供气工程，以及其他空袭次生灾害源等目标。

16.13《江西省实施〈中华人民共和国人民防空法〉办法》(2021年7月28日第五次修正并施行)

第六条　重要的工矿企业、科研基地、交通枢纽、通信枢纽、桥梁、水库、仓库、发(变)电站等经济目标,由所在地县级以上人民政府和同级军事机关报上一级人民政府和军事机关确定,实行分级管理。有关部门和单位应当按规定建设和完善重要经济目标的防护设施,并负责维护管理。

16.14《湖南省实施〈中华人民共和国人民防空法〉办法》(2020年7月30日修正并施行)

第十二条　人民防空重点防护目标包括重要机关,广播电视系统,交通、通信枢纽,重要的工矿企业、科研基地、桥梁、江河湖泊堤坝、水库、仓库、电站和供水、供电、供气工程,以及空袭次生灾害源等目标。具体范围由县级以上人民政府和同级军事机关共同确定。

新建重点防护目标工程项目,应当贯彻人民防空防护要求。投资主管部门在审批、核准或者受理备案重点防护目标工程项目前,应当征求人民防空主管部门的意见。建设单位应当将防护设施纳入基本建设统一规划、统一建设。

重点防护目标的防护工作由其管理单位负责。人民防空主管部门应当加强对重点防护目标防护工作的指导和监督。

16.15《广西壮族自治区实施〈中华人民共和国人民防空法〉办法》(2016年11月30日第二次修正并施行)

第十条　重要经济目标由县级以上人民政府和同级军事机关确定。新建的重要经济目标,建设单位应当制定防护方案并将其防护设施列入基本建设计划,统一建设。重要经济目标单位应当建立防护组织,落实防护措施,组织防护演练。

新建的重要经济目标中涉及人民防空要求的重要工程布局和重大项目,投资主管部门在审批、核准或者备案前,应当征求人民防空主管部门的意见。

16.16《甘肃省实施〈中华人民共和国人民防空法〉办法》(2010年7月29日修订,2010年9月1日起施行)

第十条　人民防空重点城市的人民政府和同级军事机关应当根据国家规定的城市防护类别和标准,在本行政区域内确定防护重点和重要经济目标,实行分类防护,制定战时防护隐蔽措施和应急抢修方案。

确定为防护重点和重要经济目标的部门和单位应当按有关规定建设和改善防护设施并负责维护管理。

16.17《武汉市人民防空条例》(2022年5月26日第二次修正,2022年6月23日施行)

第八条第二款　重要经济目标单位在市、区人民防空主管部门指导下,按照国家有关规定制定防护方案和应急抢险抢修方案。

第四十条第一款　本条例所称重要经济目标,包括重要的工矿企业、科研基地、国家级开发区、交通枢纽、通信枢纽、桥梁、仓库、储罐、发电厂、电站、水库和供水、供电、供热、供气设施等。

16.18《广州市人民防空管理规定》（2021年9月29日第二次修正，2021年10月20日起施行）

第十一条 发展改革、人民防空等行政管理部门和重要经济目标主管部门负责组织和指导重要经济目标单位组建专门的防护指挥机构和群众防空组织，制订防护方案，明确职责任务，开展防护演练。

人民防空主管部门应当对重要经济目标单位开展防护工作、落实防护措施进行指导，会同有关部门进行检查、监督，确保重要经济目标按照标准落实人民防空要求。

新建的重要经济目标应当同步建设符合国家有关标准的防护设施；已建成的重要经济目标不符合防护标准的，应当及时采取补救措施。

重要经济目标的目录由人民防空主管部门会同有关部门根据国家有关规定拟定后，报市人民政府和同级军事机关批准确定。

16.19《大连市人民防空管理规定》（2010年12月1日修正并施行）

第十一条 规划和建设重要的工矿企业、科研基地、交通和通讯枢纽、桥梁、水库、仓库、电站等重要经济目标，要充分考虑人民防空的需要，并应征求人民防空主管部门和有关军事机关的意见。

重要经济目标所在单位要采取有效的防护措施，制定应急抢修方案，进行必要的训练和演练。

人民防空主管部门要会同政府有关部门，加强对重要经济目标防护的指导和监督工作。

〔5〕**【重要经济目标防护措施】**

16.20《中华人民共和国国防动员法》（2010年7月1日起施行）

第四十四条 承担军事、经济、社会目标和首脑机关防护任务的单位，应当制定防护计划和抢险抢修预案，组织防护演练，落实防护措施，提高综合防护效能。

第五十一条 交通运输、邮政、电信、医药卫生、食品和粮食供应、工程建筑、能源化工、大型水利设施、民用核设施、新闻媒体、国防科研生产和市政设施保障等单位，应当依法担负国防勤务。

前款规定的单位平时应当按照专业对口、人员精干、应急有效的原则组建专业保障队伍，组织训练、演练，提高完成国防勤务的能力。

16.21《安徽省实施〈中华人民共和国人民防空法〉办法》（2020年9月29日修订，2021年1月1日起施行）

第十三条 重要经济目标所在单位应当制定防护救援方案，完善防护指挥体系，落实防护措施，组建专业力量，开展防护救援训练。

第十七条 【城市和经济目标人民防空建设的监督检查】

人民防空主管部门应当依照规定对城市和经济目标的人民防空建设进行监督检查。被检查单位应当如实提供情况和必要的资料。

〔1〕**【释义】**

国家、大军区、县级以上地方各级人民政府人民防空办公室和中共中央直属机关、中央国家机关人民防空办公室，依照本法规定对其管辖范围内城市和重要经济目标的人民防空建设负有监督检查的责任。被检查的单位有义务接受检查，并应当如实提供情况和必要的资料，积极配合人民防空主管部门的工作。

〔2〕【有关部门依法履行管理监督检查职责】

17.1《天津市实施〈中华人民共和国人民防空法〉办法》（2018 年 12 月 14 日第二次修正并施行）

第十三条　重要经济目标的人民防空建设和防护工作，由所在单位及其上级主管部门负责，并接受人民防空主管部门的指导、监督和检查。被检查单位应当如实提供情况和必要的资料。

新建、改建、扩建的重要经济目标，必须符合人民防空的要求。

17.2《山西省实施〈中华人民共和国人民防空法〉办法》（1999 年 1 月 1 日起施行）

第十三条　新建、改建、扩建重要经济目标时，应将其防护设施列入基本建设计划，由人民防空行政主管部门对防护设施的建设进行监督检查。

重要经济目标的使用和管理单位，应按防空袭方案制定战时防护措施和应急措施抢修方案，并报当地人民防空行政主管部门备案。

17.3《安徽省实施〈中华人民共和国人民防空法〉办法》（2020 年 9 月 29 日修订，2021 年 1 月 1 日起施行）

第十二条　县级以上人民政府发展改革部门、人民防空主管部门和行业管理部门应当依法履行重要经济目标防护建设管理职能，监督指导重要经济目标所在单位开展防护建设等工作。

17.4《新疆维吾尔自治区实施〈中华人民共和国人民防空法〉办法》（2007 年 9 月 28 日修订，2008 年 1 月 1 日起施行）

第十条　县级以上人民政府和同级军事机关应当确定本行政区域内重点防护的重要经济目标。

重要经济目标的防护工作由其管理单位负责，接受人民防空主管部门的监督指导。

第十二条　人民防空主管部门对下列事项实施监督检查：

（一）城市建设中贯彻人民防空工程建设规划和执行人民防空防护要求的情况；

（二）重要经济目标落实人民防空防护要求和工程技术措施的情况；

（三）重要经济目标应急抢险抢修方案的制定和落实情况；

（四）国家和自治区规定实施监督检查的其他事项。

◇ 第三章　人民防空工程

第十八条　【人民防空工程的定义及范围】

人民防空工程包括为保障战时人员与物资掩蔽、人民防空指挥、医疗救护等而单独修建的地下防护建筑，以及结合地面建筑修建的战时可用于防空的地下室。

〔1〕【释义】

本条是有关人民防空工程的定义。人民防空工程的范围包括单独修建的地下防护建筑和结合地面建筑修建的战时可用于防空的地下室。本条中的"单独修建的地下防护建筑"，是指独立建造在地表以下，工程结构上部除必要的口部设施外，不附着地面其他建筑物的人民防空工程。"结合地面建筑修建的战时可用于防空的地下室"，是指附着于地面建筑，室内地面低于室外地面且高差超过房间一般净高的，有预定防护功能的人民防空工程。

〔2〕【人民防空国有资产的分类】

18.1《人民防空国有资产管理规定》（〔1998〕国人防办字第21号，1998年3月19日起施行）

第十条　人防国有资产按使用性质划分为经营性资产和非经营性资产。人防经营性资产是指人防企业、转为企业的事业单位在保证完成本单位正常战备工作任务的前提下，按照国家有关规定用于从事经营活动的资产，目的是减轻国家财政负担，弥补事业发展经费的不足。人防非经营性资产是指人防行政事业单位为完成国家赋予的人民防空战备工作任务和开展业务活动所占有使用的资产及未用于经营的人防工程等。

第十一条　人防国有资产按资金来源划分

（一）中央财政和地方财政拨款。

（二）根据国家和地方政府有关政策规定向社会筹集的人防建设资金。

（三）开发利用人防国有资产取得的人防平战结合收入。

（四）人防主管部门所属企事业单位，按照政策规定上交的收入。

（五）人防主管部门组织引进并掌握使用的人防建设资金。

（六）接受的捐赠资金。

（七）经法律确认属于人防的其他资金。

第十二条　人防国有资产按实物形态划分

（一）各类已建人防工程、在建人防工程（包括口部管理房和伪装房）；结合城市新建小区和危房改造修建，交由人防主管部门负责管理的防空地下室及其内部设备。

（二）指挥、通信、警报设施设备。

（三）施工机具、生产、运输设备及工器具等。

（四）科研、试验设备、仪器、仪表等。

（五）科研成果及其他无形资产。

（六）房屋及其附属建筑物。

（七）人防工程口部管理房用地及其他各类权属用地。

（八）办公业务设备、用具和宣传图书资料等。

（九）无偿划拨及接受捐赠的实物。

（十）经法律确认属于人防系统的其他物资、设施设备。

〔3〕【人民防空工程的内涵与外延】

18.2《内蒙古自治区实施〈中华人民共和国人民防空法〉办法》（1999 年 9 月 24 日起施行）

第十二条第一款　人民防空工程包括为保障战时人员与物资掩蔽、人民防空指挥、医疗救护等而单独修建的地下防护建筑，以及结合地面建筑修建的战时可用于防空的地下室和上述工程的设备设施及其附属建筑。

18.3《安徽省实施〈中华人民共和国人民防空法〉办法》（2020 年 9 月 29 日修订，2021 年 1 月 1 日起施行）

第十四条　人民防空工程属国防设施，包括为保障战时人员与物资掩蔽、人民防空指挥、医疗救护等单独修建的地下防护建筑，结合地面建筑修建的战时可用于防空的地下室（以下简称防空地下室），以及与其配套的出入通道、口部伪装房等附属设施。

18.4《广西壮族自治区实施〈中华人民共和国人民防空法〉办法》（2016 年 11 月 30 日第二次修正并施行）

第六条第二款　人民防空设施包括地面和地下的人民防空工程及其口部建筑和连接通道、疏散干道，通信、警报、消防、通风空调设备，供水排水、供电设备及其管线，防核武器、化学武器、生物武器设备以及其他国家战时直接用于防空袭的建筑和设备。

18.5《云南省实施〈中华人民共和国人民防空法〉办法》（2014 年 7 月 27 日修正并施行）

第六条第一款　人民防空设施是国防基础设施的重要组成部分，包括：人民防空工程及其口部建筑；人民防空指挥设施、通信设施、警报设施；人民防空专用的道路。

〔4〕【兼顾人民防空要求的地下工程纳入人民防空工程范围】

18.6《深圳市实施〈中华人民共和国人民防空法〉办法》（2021 年 10 月 30 日第三次修正，2021 年 12 月 7 日起施行）

第十五条　人民防空工程包括下列工程：

（一）公用人民防空工程、指挥工程、疏散干道以及人民防空工程的公共连通道等工程；

（二）工业和信息化、公安、民政、生态环境、住房建设、交通运输、卫生健康、医疗保障、城管和综合执法、通信、供电等部门和单位按照人民防空工程建设规划，结合地面建筑修建或者单独修建的医疗救护、专业队掩蔽、配套工程等专用人民防空工程；

（三）防空地下室、单位自行修建的本单位人员与物资掩蔽工程；

（四）按照人民防空要求进行设防的地下工程和地下空间开发项目。

18.7《贵阳市人民防空工程建设管理办法》（2021年6月7日第六次修正并施行）

第三条 本办法所称人防工程是指：在本市行政区域内，以多种形式投资建设的防空地道、坑道、地下室以及具有防护功能的其他地下建筑、经过改造的自然山洞及其设备、设施。

18.8《苏州市人民防空工程管理办法》（2008年9月1日起施行）

第二条第二款 本办法所称人民防空工程（以下简称人防工程），是指为保障战时人员与物资掩蔽、人民防空指挥、医疗救护等而单独修建的地下防护建筑，以及结合地面建筑修建的战时可用于防空的地下室和城市地下空间开发利用及其他地下工程建设兼顾人民防空的地下防护建筑。

第十九条 【国家对人民防空工程建设分类指导与制定建设规划】

国家对人民防空工程建设，按照不同的防护要求，实行分类指导。

国家根据国防建设的需要，结合城市建设和经济发展水平，制定人民防空工程建设规划。

〔1〕【释义】

人民防空工程要按照国家规定的防护要求和防护标准进行建设。本条中的"不同的防护要求"，是指国家对人民防空工程按照其不同的功能和用途确定不同的防护标准，如指挥、通信工程，人员与物资掩蔽工程，群众防空组织专用工程，民用建筑地下室，城市地下交通干线及其他地下工程的人民防空配套工程等各有不同的防护标准。不同类型的人民防空工程防护等级标准有《人民防空地下室设计规范》（GB50038-2005）、《城市居住区人民防空工程规划规范》（GB50808-2013）、《人民防空医疗救护工程设计标准》（RFJ005-2011）、《人民防空医疗救物资库工程设计标准》（RFJ2-2004）、《轨道交通工程人民防空设计规范》（RFJ2-2009）、《平战结合人民防空工程设计规范》（DB11/994-2021）等。各类型的人民防空工程，又按其防护能力，分为若干等级。本条中的"实行分类指导"，是指国家对不同类别的城市确定不同的人民防空工程建设要求，如人民防空工程规模、数量、掩蔽率、防护标准等，其目的是使人民防空工程建设更加突出重点，与城市经济发展相适应，有计划、有步骤地组织人民防空工程建设。

人民防空工程建设规模、数量、布局，主要是依据国防建设需要确定的，又受到城市建设的客观条件和国民经济、社会发展等方面的制约。因此，国家根据国防建设需要，结合城市和经济发展水平，制定人民防空工程建设规划，才能做到国防安全与经济发展统筹兼顾。

〔2〕【人民防空工程建设按照防护要求分类指导】

19.1《济南市城市地下空间开发利用管理办法》（2013年12月1日起施行）

第二十八条　结建人防工程的抗力级别和战时功能等技术指标由市人民防空主管部门按照国家和有关规定确定。

第三十条　单建地下空间的建设应当兼顾人民防空需要。兼顾人民防空需要的具体办法和抗力级别、战时功能等技术指标由市人民防空主管部门根据整体防护要求制定。

19.2《北京市人民防空办公室关于规范结合建设项目新修建人防工程抗力等级的通知》（京人防发〔2020〕93号，2021年1月1日起施行）

一、适用范围

本"通知"适用于本市行政辖区内结合建设项目新修建的人防工程，不含在土地储备开发阶段已明确人防工程设防标准的项目，不含对已取得的人防工程建设行政许可文件进行的调整、变更和延续，不含中央直属机关、中央国家机关人防主管部门审批权限内的人防工程项目。

二、适用原则

本"通知"与相关上位人防工程规划不一致时，按相关人防工程规划中明确规定的标准执行。

三、抗力等级

本市行政辖区内的人防工程按照甲类设防，本通知所指的抗力等级为甲5级和甲6级。

（一）专业队工程的抗力等级

专业队工程包括专业队队员掩蔽部和专业队装备（车辆）掩蔽部，抗力等级为甲5级。

（二）医疗救护工程的抗力等级

医疗救护工程包括中心医院、急救医院和救护站。中心医院、急救医院的抗力等级为甲5级；救护站的抗力等级按以下执行：当工程建设在首都功能核心区（东城区、西城区）、北京城市副中心、中心城区（朝阳区、海淀区、丰台区、石景山区）时，抗力等级为甲5级；当建设在除以上区域外的其他区域时，抗力等级不低于甲6级。

（三）人员掩蔽工程的抗力等级

人员掩蔽工程包括一等人员掩蔽所和二等人员掩蔽所。一等人员掩蔽所的抗力等级为甲5级；二等人员掩蔽所的抗力等级按以下执行：当工程建设在首都功能核心区（东城区、西城区）、中心城区（朝阳区、海淀区、丰台区、石景山区）时，抗力等级为甲5级；当工程建设在除以上区域外的其它区域时，抗力等级不低于甲6级。但当结合各级学校（含托幼）、城市综合医院、区级医院或专科医院项目建设时，不再按区域划分，抗力等级均为甲5级。

（四）配套工程的抗力等级

配套工程包括人防物资库、区域电站、区域供水站、食品站、生产车间、核生化监测中心等。

人防物资库工程的抗力等级不低于甲6级。

区域电站分为独立设置的电站和结合其他人防工程主体设置的电站。独立设置的电站抗力等级为甲5级；结合其他人防工程主体设置的电站抗力等级应与其人防工程主体抗力等级一致，且不低于其供电保障范围内工程的最高抗力等级。

区域供水站、食品站、生产车间、核生化监测中心等其他配套工程的抗力等级为甲5级。

〔3〕【人民防空工程建设规划的编制与批准】

19.3《人民防空工程建设管理规定》（国人防办字〔2003〕第18号，2003年2月21日起施行）

第九条 国家人民防空主管部门根据社会发展和国防需要，以及国家和地方可能提供的财力、物力，提出人民防空工程建设的目标、方针、政策、步骤和措施，组织编制全国人民防空工程建设中长期计划，报国家发展计划主管部门批准后实施。

军区人民防空主管部门应当按照国家人民防空工程建设中长期计划，提出工程建设目标、步骤和措施，组织编制本区人民防空工程建设中长期计划，报国家人民防空主管部门批准后实施。

省、自治区、直辖市人民政府人民防空主管部门根据国家和军区人民防空工程建设中长期计划，结合本地实际，组织编制本级人民防空工程建设中长期计划，经本级人民政府发展计划主管部门和军区人民防空主管部门审核，报国家人民防空主管部门批准后实施。

人民防空重点城市以下地方各级人民政府人民防空主管部门组织编制本级人民防空工程建设中长期计划，经本级人民政府发展计划主管部门审核，报上一级人民防空主管部门批准后实施。

县级以上地方人民政府人民防空主管部门编制的人民防空工程建设中期计划应当明确建设项目，为年度计划作好项目储备。

第十一条 全国人民防空工程建设年度计划，由国家发展计划主管部门统一下达。

省、自治区、直辖市人民政府人民防空主管部门必须根据国家下达的人民防空工程建设年度计划，编制年度实施计划，会同本级发展计划主管部门下达各人民防空重点城市执行，并由人民防空主管部门于当年三月底前报国家和军区人民防空主管部门备案。

第十二条 人民防空工程建设年度计划一经批准下达，任何单位或者个人不得擅自调整或者改变。严禁擅自变更建设项目或者无故不完成国家计划。

第十三条 人民防空工程建设年度计划确需调整的，省、自治区、直辖市人民政府人民防空主管部门应当于当年八月底前报国家人民防空主管部门，经批准后下达实施。

19.4《福建省人民防空条例》（2016年9月30日修正并施行）

第八条 县级以上地方人民政府应当制定人民防空工程建设规划，并将其纳入城市总体规划，同步建设。县级以上地方人民政府制定城市总体规划时，在城市建设布局、建筑密度、主要道路、广场、绿地和水面的分布以及城市地下空间的开发利用等方面，应当充分考虑人民防空的需要，提高城市整体防护能力。鼓励人民防空工程资产资源的开发利用，推进人防建设与经济社会融合发展，具体办法由省人民政府另行制定。

第九条　人民防空工程建设规划应当包括下列内容：

（一）城市总体防护方案，人民防空工程建设总体和分区结构方案，以及人民防空工程之间的连接方案；

（二）城市人民防空工程总体规模、防护标准、配套布局、建设计划；

（三）重要防护目标、公共场所的人民防空工程建设方案；

（四）城市新建居住小区、旧城改造区的人民防空工程建设方案和易地建设人员掩蔽工程方案；

（五）战时人口疏散基地建设方案；

（六）已建人民防空工程加固改造、平时利用方案以及周围地下空间开发利用方案；

（七）降低火灾、疫灾、化学事故等次生灾害程度的应急方案。

第十条　人民防空工程建设规划按照国家规定实行分类分级审批制度；建设管理程序按照国家有关规定执行。单建式人民防空工程的建设，由县级以上地方人民政府人民防空主管部门按照国家规定的权限负责管理。

19.5《重庆市人民防空条例》（2010年7月23日第三次修正，2010年7月30日起施行）

第十条　人民防空建设规划由全市人民防空建设总体规划、分区规划和控制性详细规划组成。按专业分为工程、通信、警报、人口疏散基地建设规划、重要经济目标防护规划。

第十一条　人民防空建设规划由各级人民防空主管部门组织编制，有关部门和单位配合，编制规划应依照国家和本市有关规定与城市建设相结合。

第十二条　人民防空建设规划方案实行分级审批，纳入城市规划管理。

全市人民防空建设总体规划和重点区域控制性详细规划由市人民防空主管部门组织编制，经市人民政府和大军区审查后，报国家人民防空主管部门审批。人民防空建设分区规划和控制性详细规划由所在区县（自治县）人民防空主管部门组织编制，经同级人民政府审查后，报市人民防空主管部门和市规划行政管理部门审批。

第十三条　经批准的各项人民防空建设规划，任何单位和个人不得擅自改变。确需改变的应按规定程序报批。

19.6《江西省人民防空工程管理办法》（2021年6月9日第四次修正并施行）

第七条　县级以上人民政府人民防空主管部门应当会同自然资源、发展改革等部门编制本行政区域人防工程建设规划，征求上一级人民政府人民防空主管部门意见后，报本级人民政府批准后实施。

编制人防工程建设规划应当统筹兼顾、保证重点，将学校、医院、车站等人口密集区域列为防护重点。

人防工程建设规划应当纳入城市总体规划和城市地下空间开发利用规划。自然资源主管部门应当会同人民防空主管部门，在编制城市控制性详细规划时具体落实人防工程建设规划的要求。

第八条　人防工程建设规划是人防工程建设的依据，任何单位和个人不得擅自修改，确需修改的，按原编制和批准程序办理。

19.7《厦门市人民防空管理办法》（2019年8月20日修正并施行）

第二十条 市人民防空主管部门会同市规划部门组织编制人民防空工程建设规划，经征求同级军事机关意见，报市人民政府批准后实施，并纳入城市总体规划。

人民防空工程建设规划的编制应当遵循下列规定：

（一）城市中心区、人口密集区、商业繁华区和重要目标毗连区实现互通连接、疏解交通；

（二）新建规划区实现成片开发、连片互通；

（三）重要防护目标实现安全防护、独立使用。

19.8《长春市人民政府关于实施〈中华人民共和国人民防空法〉若干规定》（2020年10月21日第二次修正并施行）

第六条 县（市）、区人民防空主管部门负责编制人民防空建设分区规划和一般控制性详细规划，经同级人民政府审查后，报市人民防空主管部门和市规划行政主管部门审批。

市人民防空主管部门负责编制市人民防空建设总体规划和重点区域控制性详细规划，经市人民政府审查后逐级上报，由国家人民防空主管部门审批。

19.9《宿迁市人民防空工程建设规定》（2020年7月1日起施行）

第四条第二、三款 人防工程建设规划应当经上级人防主管部门评审，报本级人民政府批准后实施。

人防工程建设规划经批准后，市、县人防主管部门应当依照国务院《政府信息公开条例》有关规定，对依法应当公开的内容，及时公开。

第五条 自然资源和规划主管部门组织编制详细规划时，应当会同人防主管部门落实人防工程建设规划内容，明确人防专业队、医疗救护、疏散干道、物资储备等专用工程的建设位置、规模等要求。

第六条 人防主管部门应当认真执行人防工程建设规划，科学合理布局人防物资库工程，严格控制人防物资库工程规模。

〔4〕【人民防空主管部门列入规划委员会成员单位】

19.10《山西省人民防空工程建设条例》（2018年9月30日第二次修正并施行）

第六条第三款 县级以上人民政府人民防空行政主管部门为本级城乡规划委员会成员单位。

19.11《广西壮族自治区实施〈中华人民共和国人民防空法〉办法》（2016年11月30日第二次修正并施行）

第十一条第一款 城市人民政府应当把人民防空主管部门列入城乡规划审查部门联席会议成员单位。

19.12《湖南省人民防空工程建设与维护管理规定》（2019年12月2日修改，2020年1月1日起施行）

第六条第一款 县级以上人民政府应当将人防主管部门列为规划委员会成员单位，并将人防工程建设规划纳入国民经济和社会发展规划、国土空间规划。

19.13《贵州省人民防空工程建设管理办法》（黔府办发〔2020〕38号，2020年12月

30 日起施行）

第六条　县级以上地方人民政府应当将人防部门列为国土空间规划委员会成员单位，参加有关规划的编审工作。人防工程规划应符合国土空间总体规划，人防工程规划明确的建设规模、功能、防护等级等内容纳入建设项目详细规划。

第二十条　【人民防空工程平战结合】

建设人民防空工程，应当在保证战时使用效能的前提下，有利于平时的经济建设、群众的生产生活和工程的开发利用。

〔1〕【释义】

建设人民防空工程的用途和根本目的，是为战时掩蔽人员、物资提供安全的场所，必须按照国家规定的防护标准和防护要求进行建设，保证战时的使用效能。同时，在和平时期应当充分开发利用人民防空工程，为经济建设和群众的生产、生活服务。

人民防空工程平时的开发利用必须以保证战时使用效能为前提，不得改变人民防空工程的结构和降低人民防空工程的战时使用效能。

〔2〕【人民防空建设融入式发展】

20.1《国务院、中央军委关于进一步推进人民防空事业发展的若干意见》（国发〔2008〕4 号，2008 年 1 月 8 日起施行）

（八）人民防空建设要促进城市发展。要积极开发利用人民防空工程，为城市防灾救灾、发展经济和方便群众生活服务。新建人民防空工程要与城市地下空间开发利用相结合，与地面设施建设相衔接，优先安排城市建设需要和社会效益好的项目。人民防空疏散干道和连接通道，要尽可能与城市地下交通干线及其他地下工程结合修建。

20.2《江苏省实施〈中华人民共和国人民防空法〉办法》（2021 年 5 月 27 日第四次修正并施行）

第十六条　县级以上地方人民政府应当充分利用指挥、通信工程、掩蔽工程等人民防空资源，发挥人民防空资源在平时防灾、救灾和处置突发事件中的作用。人防主管部门应当建立健全防空防灾相结合的工作机制。

现有人民防空资源可以满足防灾救灾的，县级以上地方人民政府不得投资新建功能相同、相近的其他工程。

20.3《安徽省实施〈中华人民共和国人民防空法〉办法》（2020 年 9 月 29 日修订，2021 年 1 月 1 日起施行）

第二十五条第一款　县级以上人民政府人民防空主管部门应当制定人民防空工程开发利用计划，并负责组织实施。新建人民防空工程时，优先安排人民防空需要、城市建设急需、开发利用效益明显的项目；已建成的人民防空工程应当充分开发利用，为经济建设、应急救援和人民生活服务。

20.4《湖北省实施〈中华人民共和国人民防空法〉办法》（2016 年 12 月 1 日修正并施行）

第六条　县级以上人民政府应当坚持战时防空与平时开发利用相结合，在确保做好防空袭准备的前提下，充分发挥人民防空设备设施和群众防空组织在平时经济建设和抢险救灾应急救援等项工作中的作用。

20.5 《深圳市实施〈中华人民共和国人民防空法〉办法》（2021年10月30日第三次修正，2021年12月7日起施行）

第三十五条 人民防空工程和设施，在不影响防空效能的条件下，应当合理开发利用。

市、区人民政府应当发挥人民防空工程和设施在防灾救灾防恐和处置突发事件中的作用。现有人民防空资源可以满足防灾救灾需要的，市、区人民政府不得投资新建功能相同或者相类似的其他工程。

人民防空主管部门、住房建设部门、水务部门、城市管理和综合执法部门应当依照职责加强对已建人民防空工程的监督管理，确保已建人民防空工程的平战效能，不符合规定的，应当组织改造完善。

〔3〕【平战结合人民防空工程的建设管理】

20.6 《结合建设项目配建人防工程战时功能设置规则（试行）》（京人防发〔2020〕107号，2021年2月1日起施行）

一、本市行政辖区内的新建建设项目配建的人防工程面积指标，按本《规则》要求设置各类人防工程战时功能（具体内容详见附件）。

二、建设项目已编制人防规划并获批准的，战时功能设置按规划执行。

三、涉及重要经济目标防护的项目，战时功能应按有关要求设置。

四、地下空间开发项目，各类人防工程战时功能按本《规则》中B类用地性质设置。

五、按照《人民防空地下室设计规范》（GB50038-2005）防护单元建筑面积设置要求，结合实际工程结构布局和地面建筑功能，遇有下列情况，各类人防工程战时功能可遵循本《规则》明确的设置原则，统筹调剂，且面积指标应统筹调剂至医疗救护工程、防空专业队工程及人员掩蔽工程中。

1. 防空专业队工程不足一个防护单元建筑面积且小于800平方米的；

2. 医疗救护工程不足一个防护单元建筑面积且小于1200平方米的；

3. 居住用地需设置的防空专业队工程面积指标大于5000平方米时，专业队工程中应设置专业队队员掩蔽部及专业队装备掩蔽部，专业队装备掩蔽部至少设置一处。

六、各类人防工程战时功能设置在满足本《规则》要求的基础上，根据《北京人民防空建设规划》（2018年-2035年）的相关要求，可适当提高设置标准。

20.7 《湖南省单建式人民防空工程建设管理办法》（湘防办发〔2020〕7号，2020年6月1日起施行，有效期5年）

第二条 本办法所称单建式人防工程，是指为保障战时人员与物资掩蔽、人民防空指挥、医疗救护等而单独修建的地下防护建筑。

第五条 单建式人防工程项目选址和战时功能应当符合城市人防工程专项规划、国土空间规划及城市地下空间开发要求。

第六条 平时作为地下商场、地下停车库，战时作为人员和物资掩蔽的单建式人防工程其防护区建筑面积应不少于工程总建筑面积的70%，其中人员掩蔽工程面积不少于工程总建筑面积的 40%。

第七条 单建式人防工程防护类别应为甲类,防护等级不得低于核6级常6级。工程应与周边人防工程相互连通,暂时无法连通的,应当预留连通口。

人防指挥所工程按照相应的战术技术要求确定工程的防护类别、防护等级等有关要求。

第八条 单建式人防工程平战转换方案应当符合有关规范和所在城市人防工程平战转换总体方案要求。

人防指挥所工程不得预留防护功能平战转换项目。

第二十一条 单建式人防工程使用单位不得改变工程主体结构,不得擅自拆除工程设备设施,不得危害工程的安全和使用效能。

第二十四条 单建式人防工程战时由人民政府统一调用,并由工程建设单位实施平战转换。

第二十五条 建于上部建筑之下的人防指挥所工程,称为附建式人防指挥所工程,其建设管理参照本办法执行。

第二十一条 【人民防空工程建设任务分工】

人民防空指挥工程、公用的人员掩蔽工程和疏散干道工程由人民防空主管部门负责组织修建;医疗救护、物资储备等专用工程由其他有关部门负责组织修建。

有关单位负责修建本单位的人员与物资掩蔽工程。

〔1〕【释义】

本条中的"人民防空指挥工程",是各级人民政府和同级军事机关保障战时组织指挥人民防空的重要设施,根据国家规定其经费由本级人民政府预算安排。"公用的人员掩蔽工程和疏散干道工程",是解决城市公共场所和人口密集地区人员掩蔽疏散的公共防护设施,其经费主要由地方各级预算安排、中央预算补助和人民防空主管部门多渠道筹措解决。

本条中的"医疗救护、物资储备等专用工程",是指地下医院、救护站(所),各类为战时储备物资的仓库、车库,人民防空专业队伍集结掩蔽部等,由县级以上人民政府所属的公安、城市建设、电力、化工、交通运输、邮电通信、经贸、卫生健康、医疗、生态环境等部门按照人民防空工程建设规划组织建设,其建设经费按照国家有关规定,由有关部门列入基本建设计划统一安排建设。

本条中的"本单位的人员与物资掩蔽工程",是指主要用于国家机关、军事机关、社会团体、企事业组织、各种经济实体等本单位人员与物资就地就近掩蔽,必须建造的人民防空工程,其投资由本单位自筹或结合本单位基本建设计划,按照人民防空工程建设规划和要求,由本单位负责修建。

〔2〕【人民防空主管部门及其他有关部门、单位组织人民防空工程建设】

21.1《人民防空工程建设管理规定》(国人防办字〔2003〕第18号,2003年2月21日起施行)

第十五条 人民防空工程建设责任的划分：

（一）人民政府人民防空指挥工程、公用的人员掩蔽工程和疏散干道工程，由人民防空主管部门负责组织建设。人民政府人民防空指挥工程建设经费由本级政府财政预算安排；公用的人员掩蔽工程和疏散干道工程的建设经费，主要由地方各级政府财政预算安排、中央财政预算安排和人民防空主管部门依法筹措的经费解决。

（二）防空专业队、医疗救护、物资储备等专用工程，由群众防空组织组建部门和战时医疗救护、物资储备等部门分别负责组织建设。有关单位负责修建本单位的人员与物资掩蔽工程。其建设经费由各有关部门和单位解决。

（三）防空地下室工程，由有关单位或者个人负责组织建设。其建设经费由建设单位或者个人筹措，列入建设项目总投资。

21.2《江苏省实施〈中华人民共和国人民防空法〉办法》（2021 年 5 月 27 日第四次修正并施行）

第十一条 人民防空指挥和通信工程、公用的人员掩蔽和疏散干道工程，由人防主管部门负责组织建设和管理。

人民防空专业队工程由人防专业队组建单位负责建设。医疗机构应当按照人民防空工程建设规划，在新建医用建设工程时，结合修建医疗救护工程。鼓励其他组织建设人民防空专业队工程和医疗救护工程。

重要通信企业应当加强地下通信设施建设，增强抗毁和保障能力。

21.3《重庆市人民防空条例》（2010 年 7 月 23 日第二次修正，2010 年 7 月 30 日起施行）

第十七条 人民防空指挥工程、公用的人员掩蔽和疏散干道工程，由本级人民政府人民防空主管部门负责组织修建；地下医疗救护、物资储备、生产车间和经济防护等专用工程，由其他有关部门负责修建；有关单位负责修建本单位的人员与物资掩蔽工程。

21.4《南京市人民防空工程建设管理办法》（南京市人民政府令第 327 号第二次修改，修改后 2018 年 11 月 6 日起施行）

第七条 人防工程按照下列规定确定建设主体：

（一）人民防空指挥工程由人民防空行政主管部门负责组织建设，建设经费由本级人民政府财政预算安排；

（二）公用的人员掩蔽工程和疏散干道工程由人民防空行政主管部门负责组织建设，建设经费由本级人民政府财政预算安排、中央财政预算安排和人民防空行政主管部门依法筹措的经费解决；

（三）人民防空专业队工程由组建单位负责建设，医疗救护工程由医用建设工程建设单位负责建设，单位的人员和物资掩蔽工程由本单位负责建设，建设经费由建设单位解决；

（四）防空地下室以及结合城市地下空间开发兼顾人民防空需要的地下工程，由建设单位负责组织建设并落实经费。

本市鼓励建设人民防空专业队工程和医疗救护工程。具体政策由市人民防空行政主管部门会同市财政、价格行政主管部门制定。

〔3〕【人民政府组织人民防空工程建设】

21.5《北京市人民防空条例》(2002 年 5 月 1 日起施行)

第十四条　市和区、县人民政府负责组织为保障战时人员与物资掩蔽、人民防空指挥、医疗救护等单独修建的地下防护建筑的建设。根据形势发展需要，采取有效措施组织人民防空工程应急建设。

第二十二条　【城市新建民用建筑修建防空地下室】

城市新建民用建筑，按照国家有关规定修建战时可用于防空的地下室。

〔1〕【释义】

本条中的"民用建筑"，是指住宅、旅馆、招待所、商店、大专院校教学楼和办公、科研、医疗用房等。

城市新建民用建筑，按照国家规定修建战时可用于防空的地下室，是人民防空工程建设的组成部分，必须按国家有关规定修建，不能漏建或者不建。但是，由于地质和施工条件等客观因素，确实不能与地面建筑结合建设的，经市以上人民防空主管部门审批核准后，由建设单位按照应建防空地下室的面积，缴纳修建防空地下室的建设经费，由人民防空主管部门就近组织修建人员掩蔽工程。

【编者按】本条中"城市"的概念并没有明确的界定。《中华人民共和国宪法》第 10 条、第 111 条分别从土地财产利益、基层群众自治权利行使的角度将城市作为与农村相对的概念提出。《中华人民共和国土地管理法》第 9 条从土地所有权归属的角度，区分了城市市区与城市郊区。《中华人民共和国城乡规划法》第 2 条明确"规划区"，是指"城市、镇和村庄的建成区以及因城市建设和发展需要必须施行规划控制的区域"，镇并不属于城市的范畴。各地方省市在人民防空管理工作中对"城市"的理解有所不同，城市的外延可以包括城市、镇和乡的建成区以及因城市建设和发展需要纳入施行规划控制的区域。

〔2〕【修建防空地下室的法定义务】

22.1《人民防空工程建设管理规定》(国人防办字〔2003〕第 18 号，2003 年 2 月 21 日起实施)

第四十五条　城市新建民用建筑，按照国家有关规定修建防空地下室。

前款所称民用建筑包括除工业生产厂房及其配套设施以外的所有非生产性建筑。

第四十六条　县级以上人民政府人民防空主管部门参与城市应建防空地下室的民用建筑计划和项目报建联审，按照国家有关规定负责防空地下室防护方面的设计审查和质量监督。

第四十七条　新建民用建筑应当按照下列标准修建防空地下室：

(一) 新建 10 层 (含) 以上或者基础埋深 3 米 (含) 以上的民用建筑，按照地面首层建筑面积修建 6 级 (含) 以上防空地下室；

(二) 新建除一款规定和居民住宅以外的其他民用建筑，按照地面建筑面积的 2%～5%修建 6 级 (含) 以上防空地下室；

（三）开发区、工业园区、保税区和重要经济目标区除一款规定和居民住宅以外的新建民用建筑，按照一次性规划地面总建筑面积的2%～5%集中修建6级（含）以上防空地下室；按二、三款规定的幅度具体划分：一类人民防空重点城市按照4%～5%修建；二类人民防空重点城市按照3%～4%修建；三类人民防空重点城市和其他城市（含县城）按照2%～3%修建。

（四）新建除一款规定以外的人民防空重点城市的居民住宅楼，按照地面首层建筑面积修建6B级防空地下室；

（五）人民防空重点城市危房翻新住宅项目，按照翻新住宅地面首层建筑面积修建6B级防空地下室。

新建防空地下室的抗力等级和战时用途由城市（含县城）人民政府人民防空主管部门确定。

第四十八条 按照规定应修建防空地下室的民用建筑，因地质、地形等原因不宜修建的，或者规定应建面积小于民用建筑地面首层建筑面积的，经人民防空主管部门批准，可以不修建，但必须按照应修建防空地下室面积所需造价缴纳易地建设费，由人民防空主管部门统一就近易地修建。

防空地下室易地建设费的收取标准，由省、自治区、直辖市人民政府价格主管部门会同财政、人民防空主管部门按照当地防空地下室的造价制定。

第四十九条 防空地下室易地建设费，按照国家防动员委员会、财政部和省、自治区、直辖市人民政府财政主管部门的规定，全额上缴同级财政预算外专户，实行收支两条线管理，专项用于人民防空建设，任何单位和个人不得平调、截留和挪用。

第五十条 任何部门和个人无权批准减免应建防空地下室建筑面积和易地建设费，或者降低防空地下室防护标准。

第五十一条 按照规定应修建防空地下室的，防空地下室建筑面积单列。所需资金由建设单位筹措，列入建设项目总投资，并纳入各级基本建设投资计划。

防空地下室的概算、预算、结算，应当参照人民防空工程概（预）算定额。

第五十二条 防空地下室的设计必须由具有相应资质等级的设计单位，按照国家颁布的强制性标准进行设计。

第五十三条 在对应建防空地下室的民用建筑设计文件组织审核时，应当由人民防空主管部门参加，负责防空地下室的防护设计审核。未经审核批准或者审核不合格的，规划部门不得发给建设工程规划许可证，建设行政主管部门不得发给施工许可证，建设单位不得组织开工。

第五十四条 经人民防空主管部门批准需缴纳防空地下室易地建设费的，建设单位在办理建设工程规划许可证前，应当先缴纳防空地下室易地建设费。

建设单位缴纳易地建设费后，人民防空主管部门应当向建设单位出具由财政部或者省、自治区、直辖市人民政府财政主管部门统一印制的行政事业性收费票据。

第五十五条 防空地下室的施工，应当与地上建筑一起实行招标，确定具有相应资质等级的施工单位承担。

建筑单位和施工单位必须按照审核批准的防空地下室施工图设计文件和国家强制性标准的要求施工。因故确需变更设计的，必须经原设计文件部门批准。

第五十六条 修建防空地下室选用的防护设备，必须符合国家规定的标准。

第五十七条 防空地下室竣工验收实行备案制度，建设单位在向建设行政主管部门备案时，应当出具人民防空主管部门的认可文件。

第五十八条 人民防空主管部门应当将审批、验收防空地下室过程中形成的文字、图纸、技术资料依法归档保存，并将防空地下室纳入人民防空工程进行统计。

第五十九条 由单位、个人投资建设或者连同地面建筑整体购置的防空地下室，平时由投资者或使用者按照有关规定进行维护、管理和使用，战时由人民防空主管部门统一安排使用。

22.2《山西省人民防空工程建设条例》(2018 年 9 月 30 日第二次修正并施行)

第十一条 在城市、县人民政府所在地的镇以及开发区、工业园区、教育园区等各类园区和重要经济目标区新建民用建筑的，建设单位应当按照下列规定同步修建防空地下室：

(一) 新建 10 层以上或者基础埋深 3 米以上的民用建筑，按照不少于地面首层建筑面积修建 防护级别为 6 级以上的防空地下室；

(二) 新建除第一项规定和居民住宅以外的其他民用建筑，地面总建筑面积在 2000 平方米以上的，按照地面建筑面积的 2%至 5%修建防护级别为 6 级以上的防空地下室；

(三) 在开发区、工业园区、教育园区和重要经济目标区新建除第一项规定和居民住宅以外的民用建筑，按照一次性规划地面总建筑面积的 2%至 5%集中修建防护级别为 6 级以上的防空地下室；

(四) 新建除第一项规定以外的人民防空重点城市的居民住宅楼，按照不少于地面首层建筑面积修建防护级别为 6B 级的防空地下室；

(五) 人民防空重点城市危房拆除重建住宅项目，按照不少于重建住宅地面首层建筑面积修建防护级别为 6B 级的防空地下室。

第二、三项规定的幅度具体划分：一类人民防空重点城市按照 5%修建；二类人民防空重点城市按照 4%修建；三类人民防空重点城市按照 3%修建；其他城市和县人民政府所在地的镇按照 2%修建。

除城市、县人民政府所在地的镇外，其他乡(镇)应当根据当地经济发展的情况，逐步规划和建设人民防空工程。

第十二条 依法应当修建防空地下室的工程项目，建设单位应当持项目可行性研究报告或者项目申请报告到建设项目所在地设区的市或者县(市)人民政府人民防空行政主管部门领取建设项目人民防空工程设计条件表，并对下列事项作出书面承诺：

(一) 委托有资质的机构，根据人民防空工程建设设计条件，编制防空地下室施工图设计文件；

(二) 开工前，委托有资质的机构对防空地下室施工图设计文件进行技术审查，审查合格后，将防空地下室施工图设计文件和审查报告报人民防空行政主管部门备案；

(三) 按照备案的防空地下室施工图设计文件、施工规范和标准施工，不擅自变更防空地下室施工图设计文件；

(四) 开工后十五日内，到人民防空工程质量监督机构或者有资质的建设工程质量监督机构办理人民防空工程质量监督手续；

（五）施工过程中出现质量问题的，及时进行整改，整改不到位的，不进入下一道工序施工；

（六）工程竣工后九十日内，申请专项验收，未经专项验收的，不投入使用；

（七）验收不合格的，自愿足额缴纳易地建设费。

22.3《江苏省实施〈中华人民共和国人民防空法〉办法》（2021年5月27日第四次修正并施行）

第十二条第一款　城市新建民用建筑，必须按照国家有关规定修建战时可用于防空的地下室（以下简称防空地下室），并与地面建筑同步规划、设计、建设、竣工验收，其建设经费纳入建设项目投资计划。

第十二条第二款　防空地下室的战时功能、防护级别、建设规模、布局由人防主管部门根据国家有关规定确定。

第十三条第三款　人防主管部门负责人民防空工程建设质量的监督管理，可以委托人民防空工程质量监督站或者有关建设工程质量监督机构实施监督。接受委托的工程质量监督机构应当按照国家有关法律、法规，强制性标准及设计文件，对工程质量进行监督，对建设单位申报竣工的工程，出具人民防空工程质量监督报告。

第十五条第四款　依法按照国家和省规定的比例结合城市新建民用建筑修建的防空地下室，应当按设计文件在实地标注，任何单位和个人不得出售。

22.4《浙江省实施〈中华人民共和国人民防空法〉办法》（2020年11月27日第四次修正并施行）

第十二条　国家和省确定的人民防空重点城市、镇国土空间总体规划确定的城镇建设用地范围内，以及依法设立的开发区、工业园区、保税区（港区）和重要经济目标等区域内新建（含改建、扩建）地面民用建筑，应当按照其一次性规划新建或者新增地面总建筑面积的下列比例修建防空地下室：

（一）新建居民住宅的，国家确定的一、二、三类人民防空重点城市修建比例依次为百分之十一、百分之十、百分之九，省确定的人民防空重点城市（含县城）、重点镇修建比例分别为百分之八、百分之七；

（二）新建其他民用建筑总建筑面积在二千平方米以上的，国家确定的一、二、三类人民防空重点城市修建比例依次为百分之八、百分之七、百分之六，省确定的人民防空重点城市（含县城）、重点镇修建比例分别为百分之五、百分之四；

（三）依法设立的开发区、工业园区、保税区（港区）和重要经济目标等区域范围内的修建比例，按照所属国家或者省确定的人民防空重点城市的比例执行。

战时功能和防护等级由县级以上人民防空主管部门按照国家有关规定和人民防空工程规划确定。

任何单位和个人无权批准减免应建防空地下室建筑面积，或者降低防空地下室防护标准。

22.5《福建省人民防空条例》（2016年9月30日修正并施行）

第十三条　城市规划区和人民防空重点设防镇规划区新建民用建筑，应当按照计容总建筑面积的百分之四至百分之七修建防空地下室。

前款规定中，一类人民防空重点城市按照百分之六至百分之七修建；二类人民防重点城市按照百分之五至百分之六修建；三类人民防空重点城市按照百分之四至百分之五修建。其中设区的市所辖的市、区按照上限要求修建，所辖的县按照下限要求修建。根据人民防空工程建设需要修建抗力等级五级以上防空地下室工程，应建面积按上述标准乘以 0.8 系数计算。国家对前两款另有规定的，从其规定。省人民政府人民防空主管部门负责制定人民防空工程防护标准的管理规定。新建防空地下室的防护类别、抗力等级和战时用途由县级以上地方人民政府人民防空主管部门确定。

第十七条　结合民用建筑修建的防空地下室必须与地面建筑同步规划、同步设计、同步建设。设计、施工、监理单位应当依照有关法律、法规规定，严格履行职责，执行国家强制性标准和设计规范，保证防空地下室的设计、施工、监理质量。

第十八条　县级以上地方人民政府人民防空主管部门负责结合民用建筑修建的防空地下室的防护设计审核，对防空地下室工程质量实施监督管理。建设单位在报送人民防空主管部门防护设计审核时，应当提供具有施工图审查资格的单位出具的人民防空工程施工图设计文件审查报告。人民防空主管部门不得指定人民防空工程施工图设计文件审查单位。承担施工图设计文件审查的单位不得与所审查项目的建设单位、设计单位有隶属关系或者其他利害关系。

第十九条　建设单位未执行本条例第十三条第一款、第二款，第十四条第二款、第三款规定的，规划行政主管部门不得发放建设工程规划许可证。防空地下室竣工验收实行备案制度，建设单位在向建设行政主管部门备案时，应当出具人民防空主管部门认可的文件。人民防空主管部门应当加强防空地下室建设过程中的日常监督检查，对符合防空地下室竣工验收标准的，及时出具认可文件，对不符合标准的，及时出具整改意见。

22.6《江西省实施〈中华人民共和国人民防空法〉办法》（2021 年 7 月 28 日第五次修正并施行）

第十条　城市规划区内，规划区外的开发区、工业园区、保税区和重要经济目标区内，新建民用建筑应当按照其一次性规划新建或者新增地面总建筑面积的下列比例修建防空地下室：

（一）国家一、二、三类人民防空重点城市修建比例依次为百分之八、百分之七、百分之六；

（二）省级人民防空重点城市、经济发达镇修建比例分别为百分之五、百分之四。

前款所称民用建筑，是指除工业生产厂房及其配套设施以外的所有非生产性建筑。

新建防空地下室的抗力等级和战时用途，由所在城市人民防空主管部门按照国家有关规定确定。

任何单位或者个人无权批准减免应建防空地下室建筑面积或者降低防空地下室防护标准。

第十三条　防空地下室工程，由有关单位或者个人负责组织建设。其建设经费由建设单位或者个人筹措，列入建设项目总投资。发展改革主管部门在审批基本建设项目时，应当明确防空地下室的建设规模和投资概算。

防空地下室工程必须与地面建筑同时规划、同时设计、同时建设、同时竣工验收。人民防空主管部门参与应建防空地下室的民用建筑计划和项目报建联审。防空地下室的设计，必须由具有相应资质等级的单位承担，同级人民政府人民防空主管部门参与初步设计审查。未经报建联审或者初步设计文件审查不合格的，自然资源主管部门不得发给建设用地规划许可证、建设工程规划许可证，建设单位不得组织开工。住房和城乡建设主管部门颁发施工许可证之前应当告知人民防空主管部门。

第十四条 人民防空主管部门负责防空地下室工程质量监督和定额管理，可以委托具备人民防空工程质量监督和定额管理能力的相关机构承担具体技术保障工作。接受委托的相关机构应当按照国家有关规定及设计文件，对防空地下室防护部分的工程质量出具书面报告。对质量合格的人防工程，由人民防空主管部门出具竣工验收认可文件。建设单位未取得认可文件的，住房和城乡建设主管部门不得办理工程竣工验收备案，不动产登记机构不得办理登记。

人民防空主管部门发现建设单位在竣工验收过程中有违反国家有关人民防空工程质量管理规定行为的，责令限期整改。

22.7《湖南省实施〈中华人民共和国人民防空法〉办法》（2020 年 7 月 30 日修正并施行）

第十四条 城市新建民用建筑应当根据国家和省人民政府的有关规定，按照地面建筑面积的一定比例修建战时可用于防空的地下室（以下简称防空地下室），并与地面建筑同步设计、施工，同时投入使用。

第十八条 人民防空主管部门参与应建防空地下室的民用建筑项目的报建联审，负责防空地下室人民防空部分除施工图设计文件以外的设计审查；未经审查或者审查不合格的，自然资源、住房和城乡建设主管部门不得核发建设工程许可证、施工许可证。

第十九条 人民防空主管部门负责防空地下室人民防空防护部分的工程质量监督管理。

防空地下室竣工验收后，建设单位应当取得人民防空主管部门的认可文件；未取得认可文件的，住房和城乡建设主管部门不得办理工程竣工验收备案手续，房产管理部门不得办理房屋权属登记、发放房屋所有权证书。

22.8《广西壮族自治区实施〈中华人民共和国人民防空法〉办法》（2016 年 11 月 30 日第二次修正并施行）

第十六条 城市规划区内新建民用建筑，各类开发区、工业园区、保税区、重要经济目标区和高校新校区新建民用建筑，应当按照国家有关要求和标准修建战时可用于防空的地下室（以下简称防空地下室）。

第十七条 依法应当结合民用建筑修建的防空地下室，建设单位应当将其与主体工程同步修建，其建设规模和投资规模纳入基本建设计划。

第二十二条 人民防空主管部门参与对应建防空地下室的新建民用建筑项目的报建联审，负责防空地下室的防护设计审查；未经审查或者审查不合格的，住房城乡建设（规划）主管部门不得核发建设工程规划许可证、施工许可证。

22.9《甘肃省实施〈中华人民共和国人民防空法〉办法》（2010 年 7 月 29 日修订，2010 年 9 月 1 日起施行）

第十三条 城市及城市规划区内的新建民用建筑应当按照下列标准修建防空地下室：

（一）新建十层以上或者基础埋置深度三米以上的民用建筑，按地面首层建筑面积修建防空地下室；

（二）除本条第（一）项外的民用建筑，按地面建筑总面积的一定比例修建防空地下室，具体比例为：国家一类重点城市百分之五，国家二类重点城市百分之四，国家三类重点城市百分之三，其他城市（县市区）百分之二，人民防空重点城市所辖的建制镇参照其他城市标准执行。

人民防空重点城市规划确定的经济技术开发区、保税区、工业园区、高校园区、新建住宅小区、旧城改造区和统建住宅等其他民用建筑项目，应当依法修建防空地下室。

防空地下室的修建应当与地面建筑同步规划、设计、建设、竣工验收。

22.10《江苏省人民防空工程建设使用规定》（2020年1月1日起施行）

第十条 城市和依法确定的人民防空重点镇规划区内新建民用建筑，应当按照不含应建防空地下室的总建筑面积5%至9%的比例建设防空地下室。负责组建群众防空组织的部门和战时医疗救护、物资储备等单位应当按照要求组织建设人民防空专业队、医疗救护、物资储备等专用工程。

防空地下室的战时功能、防护级别、建设规模、布局方案由人防主管部门根据国家有关规定确定。

第十四条 防空地下室应当与地面建筑同步规划、设计、施工、验收。

分期建设项目不能同步建设防空地下室的，建设单位应当书面承诺防空地下室与整个建设项目同步竣工；无正当理由不履行承诺的，记入相关单位及其负责人的失信记录。

第十九条 防空地下室施工图设计文件应当包含平战转换专篇，并入工程施工图设计文件，实行联合审查。

防空地下室的竣工验收实行联合验收，并将防空地下室的空间位置、面积指标和地理信息等纳入建筑工程测绘内容。

22.11《浙江省人民防空工程管理办法》（2022年3月1日起施行）

第十二条 国家和省确定的人民防空重点城市、镇国土空间总体规划确定的城镇开发边界内以及重要经济目标等区域内新建（含改建、扩建，下同）地面民用建筑，应当按照法律、法规的规定修建防空地下室，其建设经费由建设单位承担。

防空地下室的战时功能为人员掩蔽的，其掩蔽面积不得低于防空地下室建筑面积的60%；防空地下室平时用于停放机动车的，机动车车位净面积不得低于防空地下室建筑面积的25%。

依法应当修建防空地下室的建设单位，根据有关要求改为修建防空专业队工程以及其他抗力等级为5级的人民防空工程的，其修建的面积可以按照应当修建的防空地下室面积的70%核定；修建医疗救护工程的，其修建的面积可以按照应当修建的防空地下室面积的60%核定。

22.12《广州市人民防空管理规定》（2021年9月29日第二次修正，2021年10月20日起施行）

第二十七条 民用建筑的新建、扩建以及涉及人民防空工程的改建，应当按照以下规定同步配套修建防空地下室：

（一）十层以上或者基础埋置深度三米以上的民用建筑，应当按照不低于地面首层建筑面积修建防空地下室；

（二）除第（一）项规定以外的其他民用建筑，地面建筑总面积在两千平方米以上的，应当按照地面总建筑面积的百分之五修建防空地下室。

开发区、工业园区、保税区等各类经济功能区和重要经济目标区内除前款第（一）项规定以外的民用建筑，且属于相同建设单位的，可以按照一次性规划地面总建筑面积的百分之五集中修建防空地下室。

民用建筑防空地下室应当按照国家、省、市规定的标准同步修建。

第二十九条 对一次规划、分期建设的民用建筑项目，应当在各期同步建设相应面积的防空地下室，但是前期多建的防空地下室面积可以在同一项目的后期建设中抵扣。

22.13《深圳市实施〈中华人民共和国人民防空法〉办法》（2021年10月30日第三次修正，2021年12月7日起施行）

第十七条 人民防空工程建设规划确定的设防区域内建设项目，应当执行规划确定的人民防空工程建设标准。其他建设项目应当按照下列标准，修建符合人民防空规范要求的防空地下室或者防空工程：

（一）新建十层以上或者基础埋深超过三米的九层以下民用建筑，不低于地面首层建筑面积；

（二）新建基础埋深小于三米的九层以下民用建筑，不低于地面以上总建筑面积的百分之五；

（三）建筑面积大于八百平方米的地下空间开发项目，不低于地下总建筑面积的百分之五十。

地铁、隧道等地下交通干线，供水、排水、供电、供气、通信等地下管道的共同沟应当按照人民防空规范全线设防。

具备条件的人民防空工程，应当与附近人民防空通道相连接。

22.14《南京市人民防空工程建设管理办法》（南京市人民政府令第327号第二次修改，修改后2018年11月6日起施行）

第八条 本市城市规划区内新建民用建筑，包括除工业生产厂房及其生产性配套设施以外的所有非生产性建筑，应当按照相关规定建设防空地下室。市人民防空行政主管部门可以根据相关规定，结合本市实际，制定实施细则。

第十四条 人民防空行政主管部门应当在规划核准图上标注必建防空地下室区域，核定其面积。建设单位在办理房屋销售许可或者房屋产权初始登记时，应当出具人民防空行政主管部门核定的必建防空地下室面积和区域示意图。建设项目竣工验收前，建设单位应当实地标注必建防空地下室区域。

22.15《结合建设项目配建人防工程面积指标计算规则（试行）》（京人防发〔2020〕106号，2021年2月1日起施行）

一、本市行政辖区内的新建建设项目，人防工程配建标准按本《规则》计算（具体内容详见附件）。

二、本《规则》中利用公园绿地、防护绿地、广场用地、生态景观绿地、园林生产绿地、城市道路用地、社会停车场用地、其他城市交通设施用地开发地下空间的建设项目（包括单独开发地下空间和以开发地下空间为主一并开发地面建筑的建设项目），其人防工程配建标准按照不小于地下总建筑面积的 30% 建设。

三、建设项目已编制人防规划并获批准，配建标准按规划执行。

四、涉及重要经济目标防护的项目，配建标准按有关规定执行。

五、本《规则》实施之日前，建设单位已经办理人防工程建设审核审批手续的项目（包括人防工程建设规划设计条件意见书、人防工程建设方案咨询意见书、人防工程设计审核批准意见书、建设项目修建人民防空防护工程标准审查意见书及"一会三函"建设项目人防工程建设审查意见的函），人防工程配建标准按已经批准的人防工程面积指标计算规则计算。

六、本《规则》实施之日前，建设单位已申报并受理，但未办理完成人防工程建设审核审批手续的，人防工程配建标准按原试行规则计算。

七、建设单位申请对人防工程设计审核批准意见书、建设项目修建人民防空防护工程标准审查意见书进行调整，如项目调整部分重新取得规划和自然资源部门出具的审查意见（《规划意见书》《规划设计方案审查意见复函》或规划和自然资源部门通过多规合一平台推送调整后的方案等），人防工程配建标准按本《规则》计算。如未重新取得规划和自然资源部门审查意见的，人防工程配建标准按已经批准的人防工程面积指标计算规则计算。

22.16《北京市民防局关于进一步优化〈北京市固定资产投资项目结合修建人民防空工程审批流程〉的通知》（京人防发〔2019〕152 号修改，修改后 2019 年 12 月 23 日起施行）

【著者按】为进一步压缩审批时限，提高行政服务质量，对审批流程进行优化，《北京市民防局关于进一步优化〈北京市固定资产投资项目结合修建人民防空工程审批流程〉》的通知》（京民防发〔2017〕120 号，2018 年 1 月 1 日起施行）取消《北京市民防局关于印发〈北京市固定资产投资项目结合修建人民防空工程审批流程（试行）〉的通知》（京民防发〔2015〕11 号，2015 年 3 月 1 日起施行，试行 1 年）中的"人防工程建设方案咨询"行政服务事项。该事项取消后，各相关单位直接办理"建设项目修建人民防空工程标准审查"行政许可手续。

《北京市人民防空办公室关于修改 20 部规范性文件部分条款的通知》（京人防发〔2019〕152 号，部分失效），对《北京市民防局关于进一步优化〈北京市固定资产投资项目结合修建人民防空工程审批流程〉的通知》（京民防发〔2017〕120 号）规范性文件的修改内容为，一是将"民防"修改为"人防"；二是将"局"修改为"办"。

一、审批实施范围

在北京市行政区域内的下列地区新建（含改建、扩建）民用建筑须按照国家和本市的规定履行结合修建人民防空工程（简称人防工程）建设审批手续：

（一）东城、西城、朝阳、海淀、丰台、石景山 6 个城区全区；

（二）门头沟、房山、通州、顺义、大兴、昌平、平谷、怀柔、密云、延庆、亦庄 11 个新城规划区；

（三）门头沟、房山、通州、顺义、大兴、昌平、平谷、怀柔、密云、延庆 10 个远郊区（县）及北京经济技术开发区，辖区内位于新城规划区之外的街道、乡、镇规划区；

（四）统一规划、集中建设的新农村项目。

22.17《江苏省防空地下室建设实施细则》(苏防规〔2020〕1号,2021年1月1日起施行)

第二条 本省行政区域内防空地下室的建设及相关监督管理,适用本细则。

本细则所称防空地下室,是指结合民用建筑修建的战时可用于防空的地下室。

第三条 县级以上人民政府人民防空行政主管部门(以下简称"人防主管部门")和行政审批部门按照各自职责做好防空地下室的建设、审批和监督管理工作。

第四条 城市和依法确定的人民防空重点镇规划区内新建民用建筑,应当按照不含应建防空地下室的总建筑面积5%至9%的比例建设防空地下室,具体修建比例见附件1。计算公式如下:应建面积=(地上建筑面积+地下建筑面积)*建设比例/(1+建设比例)。

前款所称民用建筑包括除工业生产厂房、生产性配套设施等以外的所有非生产性建筑。具体范围见附件2。

第五条 地铁、隧道、地下公路等地下交通干线以及综合管廊等地下公用基础设施,应当兼顾人民防空需要。其建筑面积不计入防空地下室的统计面积,单独作为兼顾设防面积予以统计。地铁项目按照《轨道交通工程人民防空设计规范》(RFJ02-2009)执行。

第六条 积极鼓励相关单位开展地下连通工程建设,连通工程可不考虑防护要求,且不需要履行防空地下室建设义务。

第七条 防空地下室配置应符合城市人防工程专项规划以及相关规划设计规范要求,做到规模适当、布局合理、功能配套。人防工程建设专项规划或详细规划中明确战时功能、布局配置要求的,按照规划执行;未明确的,按照《城市居住区人民防空工程规划规范》(GB 50808-2013)、《城市公共建筑人防工程规划设计规范》(DB32/T 3377-2018)相关要求确定战时功能、布局,具体规则由各设区市确定。

前款所称详细规划是指单独编制的人防工程控制性详细规划,或是城市控制性详细规划中明确人防工程控制指标的。

第八条 各市应根据城市区位属性、防护类别等合理布局、协调配置防空专业队工程和人防医疗救护工程。防空专业队工程由人防专业队组建单位负责建设。医疗机构应当在新建和改扩建医用建设工程时,结合修建人防医疗救护工程。建筑面积超过一定规模的,鼓励配置防空专业队工程或人防医疗救护工程。

第九条 鼓励相关单位建设防空专业队工程、人防医疗救护工程以及一等人员掩蔽工程。经审批通过而建设的防空专业队装备掩蔽工程可按1:1.2的比例折算应建防空地下室面积;食品库、药品库等可按1:1.4的比例折算应建防空地下室面积;一等人员掩蔽工程、防空专业队队员掩蔽工程、救护站可按1:2.0的比例折算应建防空地下室面积;核生化监测中心、中心医院、急救医院可按1:2.5的比例折算应建防空地下室面积。

第十五条 建设项目应当在审批阶段明确整个项目防空地下室的配置要求,包括战时功能、防护级别、建设规模和布局,并满足服务半径等相关战术技术规范要求。

分期建设时,防空地下室应当与地面建筑同步规划、设计、施工、验收。分期建设项目的建设单位应当书面承诺防空地下室与整个建设项目同步竣工;无正当理由不履行承诺的,记入相关单位及其负责人的失信记录。

第十六条 各级人防主管部门(或负责防空地下室审批的部门)在开展防空地下室

审批（含建设、易地建设审批）以及易地建设费减免时，应当在政务服务网或人防官网上予以公示，公示期不少于5个工作日。公示期间有异议的，负责该项目审批的部门应核实并提出明确意见，及时告知当事人。同时，防空地下室审批及易地建设费减免情况应按照相关规定同步推送到江苏省人防工程信息公开平台"阳光人防"，主动接受公众的监督。

第十七条 人防工程质量监督机构对防空地下室工程以及兼顾人民防空需要地下工程的防护开展质量监督，并对防空地下室竣工验收的组织、程序、内容进行监督，具体按照《江苏省人民防空工程质量监督管理办法》执行。

第十八条 各设区市、县（市、区）人防主管部门应当在竣工验收备案阶段开展防空地下室建设及易地建设费征收核查，确保防空地下室应建必建，易地建设费应收尽收。

22.18《江苏省人民防空办公室关于做好人民防空重点镇工作的通知》（苏防〔2020〕67号，2020年12月2日起施行）

一、人防工程建设

1. 坚持应建必建。镇区内新建民用建筑按照不含应建防空地下室的总建筑面积5%至9%的比例建设防空地下室。特别是有重要目标的镇，要重点落实好目标区域及毗连区人防工程等疏散掩蔽设施建设。

2. 严格易地建设。镇区内应当修建防空地下室的新建民用建筑符合易地建设条件的，建设单位可以申请易地建设，经人防主管部门或负责防空地下室易地建设审批的部门批准后按照当地标准缴纳易地建设费。

22.19《南京市结合民用建筑必须修建防空地下室标注的规定》（宁防办〔2008〕95号，2008年11月18日起施行）

第二条 依法按照国家和省规定的比例结合城市新建民用建筑修建并经人防主管部门许可的防空地下室称为必须修建的防空地下室（以下简称为必建防空地下室），其面积称为必建防空地下室面积。

第三条 本市行政区域内的必建防空地下室标注适用本规定。

第五条 必建防空地下室应在防空地下室区域内整体标注，所标注的防空地下室必须是自成防护系统，有掩蔽空间、必要的设备用房、独立的进出口和规则的平面形状。

第六条 前条所称防空地下室区域是指：

（一）若地下室除出入通道外，全部按照防空地下室规范和标准进行设计、施工，该地下室围护结构所围成的区域。

（二）若地下室除出入通道、为地面建筑服务的设备用房外，其它全部按照防空地下室规范和标准进行设计、施工，该地下室围护结构所围成的、扣除为地面建筑服务的设备用房所形成的区域。

（三）若地下室局部区域按照防空地下室规范和标准进行设计、施工，该地下室人防围护结构所围成的区域。

第七条 必建防空地下室标注包括图纸标注和实地标注。

第八条 建设单位向人防部门申请必建防空地下室图纸标注时，应提供建筑工程规划许可证核准信息一览表和核准图样、结合民用建筑修建防空地下室行政许可决定、人防施工图审查意见、人防部门核准的防空地下室平时平面图。

人防部门核准的防空地下室平时平面图必须与规划的核准图样一致。

第九条 人防部门根据建设单位提供的资料，计算该项目必建防空地下室面积；在防空地下室平时平面图上，将必建防空地下室区域用红线进行标注，并加盖人防部门专用章。

第十条 建设单位在防空地下室竣工验收前，必须对必建防空地下室进行实地标注。

第十一条 建设单位应依据人防主管部门核准的必建防空地下室面积、区域在防空地下室内用 150mm 红色实线划出必建防空地下室区域，并用文字加以说明。

第十二条 必建防空地下室未经实地标注的防空地下室，建设单位不能办理竣工验收手续，必建防空地下室未经人防部门标注的防空地下室，不能投入使用。

22.20 《关于〈南京市结合民用建筑必须修建防空地下室标注的规定〉的补充规定》（宁防办〔2009〕25号，2009年4月1日起施行）

一、必建防空地下室按照结合民用建筑修建防空地下室的方式分为，结合本栋建筑物修建的"满堂红"防空地下室（以下简称"满堂红"防空地下室）、易地集中修建的防空地下室（以下简称"易地防空地下室"）、以及"满堂红"和易地集中修建的混合型防空地下室（以下简称"混合型防空地下室"）等三种情况。

二、必建防空地下室的面积（以下简称"必建面积"）是经人防工程建设主管部门许可的，按照实建的地面建筑各项面积指标核定的防空地下室面积。

三、必建防空地下室区域（以下简称"必建区域"）应在防空地下室区域内整体划定。所划定的比建区域原则上应自成防护系统。

七、已交区人防办管理的按实际标注统一为"公共人防工程"。人防工程的比建区域按照区人防办和建设单位的协议划定。

[3]【防空地下室易地建设的条件】

22.21 《山西省人民防空工程建设条例》（2018年9月30日第二次修正并施行）

第十四条 符合下列条件之一的工程项目，建设单位可以向项目所在地的县（市）人民政府人民防空行政主管部门提出不修建防空地下室的申请，建设项目所在地为市辖区，向设区的市人民政府人民防空行政主管部门提出申请，并供立项批准文件、地质勘察报告和工程设计文件：

（一）建在流砂、暗河、基岩埋深很浅等地段的项目，园地质条件不适于修建的；

（二）因建设地段房屋或者地下管道设施密集，防空地下室不能施工或者难以采取措施保证施工安全的；

（三）按照规定指标应建防空地下室的面积小于新建民用建筑地面首层建筑面积，结构和基础处理困难，且经济很不合理的。人民防空行政主管部门应当在收到申请之离起15日内作出批准或者不批准的决定。

经批准的，建设单位可以不修建，但应当按照应修建防空地下室面积所需造价一次足额缴纳易地建设费，由人民防空行政主管部门按照人民防空工程建设规划统一就近易地建设，并定期向社会公布。

22.22 《江苏省实施〈中华人民共和国人民防空法〉办法》（2021年5月27日第四次修正并施行）

第十二条第三款　因地质、地形、结构或者其他条件限制，不能结合地面建筑就地修建防空地下室的，经人防主管部门批准，建设单位按照国家规定缴纳易地建设费，由人防主管部门进行易地修建和管理。

22.23《浙江省实施〈中华人民共和国人民防空法〉办法》（2020年11月27日第四次修正并施行）

第十三条　应当修建防空地下室的民用建筑，有下列情形之一的，建设单位按照国家和省有关规定缴纳人民防空工程易地建设费后，可以不建或者少建防空地下室，由人民防空主管部门统一组织易地修建：

（一）因地质、地形、施工等客观条件限制，不能修建防空地下室的；

（二）所在控制性详细规划确定的地块内已建人民防空工程已达到国家和省有关人民防空专项规划要求的；

（三）建设项目应建防空地下室建筑面积小于一千平方米的。

人民防空工程易地建设费纳入财政预算，专项用于人民防空工程建设。

22.24《福建省人民防空条例》（2016年9月30日修正并施行）

第十四条　修建防空地下室，应当坚持就地自建为主的原则。属于下列情形的，经所在地人民政府人民防空主管部门批准可以不就地修建防空地下室：

（一）确因建在流砂、暗河等地段受地质、地形条件限制且结构和基础处理困难不能就地修建的；

（二）除高层建筑外，应建防空地下室建筑面积小于四百平方米的。属于本条第二款第一项情形的，建设单位必须持勘察单位出具的地质勘察报告和设计单位出具的资料，报经所在地人民政府人民防空主管部门审批。所在地人民政府人民防空主管部门应当对建设单位的申请进行核查，组织专家论证，必要时举行听证会，听取各方面意见，并在批准前向社会公示。

22.25《江西省实施〈中华人民共和国人民防空法〉办法》（2021年7月28日第五次修正并施行）

第十一条　有下列情形之一，不能按照规定修建防空地下室的，必须经人民防空主管部门批准；建设单位应当缴纳防空地下室易地建设费，由人民防空主管部门统一修建人民防空工程：

（一）采用桩基且桩基承台顶面埋置深度小于三米或者不足规定的地下室空间净高的；

（二）因建设地段房屋或者地下管道设施密集，防空地下室不能施工或者难以采取措施保证施工安全的；

（三）按照本办法第十条规定应建防空地下室的面积只占地面建筑底层的局部，结构和基础处理困难，且经济上不合理的；

（四）建在暗河、流砂、基岩埋深很浅等地段的项目，因地质条件不适合修建的。

22.26《湖南省实施〈中华人民共和国人民防空法〉办法》（2020年7月30日修正并施行）

第十五条　新建民用建筑因下列条件限制不宜修建防空地下室的，建设单位应当向人民防空主管部门提出易地建设申请：

（一）采用桩基且桩基承台顶面埋置深度小于三米或者不足规定的地下室空间净高的；

（二）按照规定标准应建防空地下室的面积小于地面建筑主楼首层的面积，且基础和结构处理困难的；

（三）因流沙、暗河等地质条件限制不宜修建的；

（四）因建设场址所在区域的房屋或者地下管道设施密集，防空地下室不能施工或者难以采取措施保证施工安全的；

（五）不符合人民防空工程建设规划的。

人民防空主管部门应当在收到易地建设书面申请后十五个工作日内，作出决定。不符合前款规定情形的，不得批准易地建设。

22.27《广西壮族自治区实施〈中华人民共和国人民防空法〉办法》（2016 年 11 月 30 日第二次修正起施行）

第十八条 修建防空地下室，应当坚持就地自建为主的原则。

有下列情形之一的，建设单位可以提出易地建设防空地下室的申请：

（一）采用桩基且桩基承台顶面埋置深度小于三米或者低于规定的地下室空间净高的；

（二）按规定指标应建防空地下室的面积只占地面建筑首层的局部，结构和基础处理困难的；

（三）建在流沙、暗河、基岩埋深很浅等地段的项目，因地质条件不适于修建的；

（四）因建设地段房屋或者地下管道设施密集，防空地下室不能施工或者难以采取措施保证施工安全的；

（五）应建防空地下室面积少于一百五十平方米的。

22.28《江苏省人民防空工程建设使用规定》（2020 年 1 月 1 日起施行）

第十一条 应当修建防空地下室的新建民用建筑有下列情形之一的，经人防主管部门批准，建设单位按照国家规定缴纳防空地下室易地建设费，由人防主管部门进行易地修建和管理：

（一）所在地块被禁止、限制开发利用地下空间；

（二）因暗河、流砂、基岩埋深较浅等地质、地形或者建筑结构条件限制不适宜修建防空地下室；

（三）因建设场地周边建筑物或者地下管道设施等密集，人防工程不能施工或者难以采取措施保证施工安全；

（四）按照规定标准应建人防工程面积小于 1000 平方米；

（五）满足详细规划要求或者国家和省其他人防规划控制指标。

22.29《广州市人民防空管理规定》（2021 年 9 月 29 日第二次修正，2021 年 10 月 20 日起施行）

第三十条第一款 民用建筑的新建、扩建以及涉及人民防空工程的改建，符合下列情形之一的，建设单位可以向市人民防空主管部门申请易地建设防空地下室：

（一）除第二十七条第一款第（一）项以外的民用建筑，地面总建筑面积在两千平方米以下的；

（二）按规定标准应建防空地下室面积只占地面首层建筑面积的局部，结构和基础处理困难，且建设成本过高的；

（三）在流砂、暗河、基岩埋藏深度很浅等地段的建设项目，因地质条件不适于修建防空地下室的；

（四）因建设地段地下管道设施密集，防空地下室不能施工或者难以采取措施保证施工安全的。

22.30《深圳市实施〈中华人民共和国人民防空法〉办法》（2021年10月30日第三次修正，2021年12月7日起施行）

第十八条 按照本办法第十七条第一款第一项、第二项规定应当修建防空地下室的，因下列情形之一不能与地面建筑或者地下建筑同时修建的，建设单位应当向人民防空主管部门申请易地建设：

（一）桩基承台顶面埋深小于三米或者低于地下室空间净高规定的；

（二）应建防空工程的面积小于地面建筑首层建筑面积且结构和基础难以处理的；

（三）建在流砂、暗河或者基岩埋深小于三米等地段的项目，因地质条件不适宜修建的；

（四）因建设地段房屋或者地下管道设施密集，防空地下室不能施工或者难以保证施工安全的。

第十九条 人民防空主管部门应当在收到易地建设书面申请后十个工作日内，作出是否批准的决定。

不符合本办法第十八条规定情形的，不得批准易地建设。

22.31《北京市防空地下室易地建设管理办法》（京人防发〔2019〕79号，2019年8月1日起施行）

第二条 本办法适用于本市不能同步修建防空地下室的新建（含改建、扩建）建设项目。

第三条 按照国家和本市有关规定应修建防空地下室的建设项目，确因下列条件限制不能建设的，建设单位可以申请易地建设。

（一）建设项目应建防空地下室的建筑面积小于1000平方米的。

（二）建设项目采用桩基且桩基承台顶面埋置深度小于3米（或不足规定的地下室空间净高）的。

（三）建设项目位于流砂、暗河、基岩、垃圾回填等地段且基础埋置深度小于3米，地质条件不适于修建的。

（四）建设项目的基础工程，因地质地形影响不能全部建于地下，地质地形条件不适于修建的。

（五）建设项目遇有需保留或已建成的地下建筑物、构筑物，结构和基础处理困难的。

（六）建设项目用地范围内既有房屋或地下管道设施密集，建设项目不能建设地下室的。

（七）建设项目地下室距离生产、储存易燃易爆物品厂房、库房小于50米，距有害液体、重毒气体的储罐小于100米的。

第四条 建设项目应建防空地下室的建筑面积按照国家和本市规定进行核算。

第六条 建设单位申请防空地下室易地建设的，应提供相关技术说明文件，对技术复杂的，人民防空主管部门可以委托第三方技术论证。

第十一条 市、区两级人民防空主管部门应加强事中事后监管，建立全过程监管机制，落实易地建设管理监督检查责任，建设项目易地建设费缴费情况纳入建设项目联合验收核查内容。

22.32《江苏省防空地下室建设实施细则》（苏防规〔2020〕1号，2021年1月1日起施行）

第十条 城市新建民用建筑确因下列条件限制不能建设的，建设单位可以申请易地建设：

（一）所在地块被禁止、限制开发利用地下空间的；

（二）因暗河、流砂、基岩埋深较浅等地质、地形或者建筑结构条件限制不适宜修建防空地下室的；

（三）因建设场地周边建筑物或者地下管道设施等密集，人防工程不能施工或者难以采取措施保证施工安全的；

（四）按照规定标准应建人防工程面积小于1000平方米的；

（五）满足详细规划要求或者国家和省其他人防规划控制指标的。

〔4〕【防空地下室易地建设费的缴纳与减免】

22.33《国务院、中央军委关于进一步推进人民防空事业发展的若干意见》（国发〔2008〕4号，2008年1月8日起施行）

（九）依法修建民用建筑防空地下室。城市新建民用建筑要依法修建防空地下室，确因地质等原因难以修建的要按规定缴纳易地建设费。对未按规定修建防空地下室、未按规定缴纳易地建设费的，人民防空部门要严格依法处理。规划部门要严格按照城市控制性详细规划和规划条件核发民用建筑项目建设工程规划许可证，不符合人民防空防护要求的不得发放。任何地方和部门不得将少建、不建防空地下室或减免易地建设费作为招商引资的优惠条件。

22.34《关于规范防空地下室易地建设收费的规定》（计价格〔2000〕474号，2000年4月27日起施行）

一、结合地面民用建筑修建防空地下室是依法建设人防工程的重要组成部分，是战时保障城市居民就地就近掩蔽，减少人员伤亡的重要途径。在人防重点城市的市区（直辖市含近郊区）新建民用建筑，要按照原国家人民防空委员会、国家计委、城乡建设环境保护部《关于改变结合民用建筑修建防空地下室规定的通知》（人防委字〔1984〕9号）的规定修建防空地下室。防空地下室建设所需资金纳入建设项目投资计划。建设费用据实列入建设开发成本。

二、对按规定需要配套建设防空地下室的，防空地下室建设要随民用建筑项目计划一同下达，坚持同步配套建设，不得收费。对按规定需要同步配套建设，但确因下列条件限制不能同步配套建设的，建设单位可以申请易地建设：

（一）采用桩基且桩基承台顶面埋置深度小于三米（或者不足规定的地下室空间净

高）的；

（二）按规定指标应建防空地下室的面积只占地面建筑首层的局部，结构和基础处理困难，且经济很不合理的；

（三）建在流砂、暗河、基岩埋深很浅等地段的项目，因地质条件不适于修建的；

（四）因建设地段房屋或地下管道设施密集。防空地下室不能施工或者难以采取措施保证施工安全。

三、建设单位依前条规定提出易地建设申请，经有批准权限的人防主管部门批准后，应按照应建防空地下室的建筑面积和规定的易地建设费标准交纳建设费用，由人防主管部门统一就地就近安排易地建设人防工程。

四、防空地下室易地建设费的收费标准，由省、自治区、直辖市价格主管部门会同同级财政、人防主管部门按照当地防空地下室的造价制定，报国家计委、财政部、国家人防办备案，对以下新建民用建筑项目应适当减免防空地下室易地建设费：

（一）享受政府优惠政策建设的廉租房、经济适用房等居民住房，减半收取；

（二）新建幼儿园、学校教育楼、养老院及为残疾人修建的生活服务设施等民用建筑，减半收取；

（三）临时民用建筑和不增强面积的危房翻新改造商品住宅项目，予以免收；

（四）因遭受水灾、火灾或其他不可抗拒的灾害造成损坏后按原面积修复的民用建筑，予以免收。

五、防空地下室易地建设费由各级人防主管部门严格按照国家规定组织收取。收取的收入属于预算外资金，应全额缴入预算外资金财政专户，实行"收支两条线"管理。防空地下室易地建设费纳入人防经费预算，统筹安排并专项用于安排易地建设人防工程，各级人民政府和有关部门不得统筹调剂，不得用于平衡本级预算，不得挪作他用。

六、各级政府价格、财政主管部门要加强对防空地下室易地建设费的监督检查，对擅自扩大收费范围、提高费用标准、改变收费资金用途等违反国家有关收费管理规定的，要依法查处。

七、各省、自治区、直辖市政府价格主管部门可会同财政、人防主管部门结合当地实际情况制定具体实施办法，并报国家计委、财政部、国家人防办备案。

22.35《人民防空预算外资金管理规定》（国动字〔1998〕2 号，1998 年 1 月 14 日起施行）

一、人防预算外资金的范围

人防预算外资金是各级人防主管部门除中央和地方预算拨款以外的，依据法律、法规、规定，经中央、地方人民政府批准收取的用于人防建设的各项资金。主要包括：新建民用建筑应建未建战时用于防空地下室的易地人防工程建设经费；开发利用人防工程、设备、设施收取的经费；其他未纳入人防预算管理的资金。

人防事业单位开发利用人防设备、设施，通过市场取得的不体现政府职能的平战结合收入，不作为人防预算外资金管理，但必须依法纳税，并纳入单位财务收支计划，实行收支统一核算。

二、人防预算外资金的收取

人防预算外资金由各级人防主管部门组织收取。

执收要严格执行中央、地方政府制定的法规所规定的项目、范围、标准和程序。并使用财政部门统一印制或监制的专用收费票据。

三、人防预算外资金实行收支两条线管理

人防预算外资金实行收支两条线管理。各级人防主管部门收入的人防预算外资金，必须缴入同级财政部门在银行开设的专户；使用人防预算外资金时，依据同级财政部门批准的年度人防预算外资金收支计划，提出申请，各级财政部门要及时核拨，确保使用。

人防预算外资金是中央、地方预算安排人防建设资金的补充，专项用于人防战略建设。各级人民政府和其他部门不准将人防预算外资金挪作他用、平衡本级财政预算或统筹调剂使用。年度结余要全额结转下年度继续用于人防建设。

22.36 《北京市人民防空条例》（2002 年 5 月 1 日起施行）

第十六条 城市新建民用建筑必须按照国家和本市的规定修建防空地下室。

按照规定必须建设防空地下室的建设项目，由于地质条件限制不能修建防空地下室的，按照规定交纳易地建设费，由人民防空主管部门统筹安排组织易地建设。

易地建设费的收费标准由市价格主管部门会同市财政主管部门制定。除国家规定的减免项目外，任何部门不得批准减免易地建设费。

22.37 《山西省人民防空工程建设条例》（2018 年 9 月 30 日第二次修正并施行）

第十五条 防空地下室易地建设费纳入同级财政预算管理，专项用于易地建设人民防空工程和易地建设的人民防空工程的维护和管理；易地建设费的收缴和管理办法由省人民政府制定。各级财政、审计、人民防空行政主管部门应当加强对易地建设费收缴、使用的审计和监督。

第十六条 对下列符合本条例第十四条规定，不能同步修建防空地下室的新建民用建筑工程项目，应当减免防空地下室易地建设费。

（一）新建幼儿园、学校教学楼、营利性养老和医疗机构以及为残疾人修建的生活服务设施等，减半收取。

（二）享受国家和省优惠政策的廉租住房和经济适用住房建设、棚户区改造、旧住宅区整治、扶贫和采煤沉陷区易地搬迁等居民住房，以及非营利性养老和医疗机构建设，予以免收。

（三）临时民用建筑和不增加面积的危房翻新改造住宅项目，予以免收；

（四）因遭受水灾、火灾或者其他不可抗拒的自然灾害造成损坏后按原建筑面积修复的民用建筑，予以免收。

除前款和国家另有规定的减免项目外，各级政府、任何部门和个人不得批准少建、不建防空地下室，不得批准减免易地建设费。

22.38 《江苏省实施〈中华人民共和国人民防空法〉办法》（2021 年 5 月 27 日第四次修正并施行）

第十二条第四、五款 任何地方和部门不得制定少建、不建防空地下室或者减免易地建设费的优惠措施。

城市新建民用建筑项目未按规定列入修建防空地下室内容的或者未缴纳易地建设费的，规划行政主管部门不予核发建设工程规划许可证，建设行政主管部门不予核发施工许可证。

22.39《福建省人民防空条例》（2016 年 9 月 30 日修正并施行）

第十五条　经县级以上地方人民政府人民防空主管部门批准可以不就地修建防空地下室的，建设单位应当按照规定向所在地人民政府人民防空主管部门缴纳防空地下室易地建设费。防空地下室易地建设费收费标准，由省人民政府价格主管部门会同财政主管部门制定，并向社会公布。

第十六条　县级以上地方人民政府人民防空主管部门收缴的防空地下室易地建设费，应当纳入非税收入管理系统收缴，资金缴入国库，纳入年度预算管理，专项用于就近易地建设人员掩蔽工程，不得挪作他用。除国家规定的减免项目外，任何组织和个人不得批准免建、少建、缓建防空地下室或者降低防空地下室防护等级，不得批准免交、减交或者缓交防空地下室易地建设费。县级以上地方人民政府人民防空主管部门每年应当根据本年度易地建设费收缴情况，科学编制下一年度易地建设费预算，严格易地建设费项目支出管理，并定期通过政府门户网站向社会公布防空地下室易地建设费收缴、使用和易地建设人员掩蔽工程情况。

22.40《江西省实施〈中华人民共和国人民防空法〉办法》（2021 年 7 月 28 日第五次修正并施行）

第十二条　新建以下民用建筑项目，符合本办法第十一条规定的防空地下室易地建设条件的，按照下列标准减免防空地下室易地建设费：

（一）享受政府优惠政策建设的各类保障性住房、非营利性养老和医疗机构、中小学校舍安全工程予以免收；

（二）幼儿园、学校教学楼、营利性养老和医疗机构，以及为残疾人修建的生活服务设施等民用建筑减半收取；

（三）临时民用建筑予以免收；

（四）因遭受水灾、火灾或者其他不可抗拒的灾害造成损坏的民用建筑，按照原面积修复的部分予以免收。

除前款规定外，任何单位或者个人不得扩大减免范围或者降低缴费标准。

22.41《湖南省实施〈中华人民共和国人民防空法〉办法》（2020 年 7 月 30 日修正并施行）

第十六条　易地建设申请经人民防空主管部门批准后，建设单位应当按照国家和省人民政府的有关规定缴纳防空地下室易地建设费。

防空地下室易地建设费按照《湖南省非税收入管理条例》的规定管理，由人民防空主管部门专项用于就近建设人民防空工程及其设施，不得挪作他用。

第十七条　任何单位或者个人不得批准免建、少建、缓建防空地下室或者降低防空地下室防护等级，不得批准免交、减交或者缓交防空地下室易地建设费，但国家另有规定的除外。

违反前款规定作出的批准决定无效，由上一级人民防空主管部门责令建设单位补建防空地下室或者补缴防空地下室易地建设费。

22.42《广西壮族自治区实施〈中华人民共和国人民防空法〉办法》（2016 年 11 月 30 日第二次修正并施行）

第十九条　易地建设申请符合本办法第十八条规定的，经工程建设所在地县级以上人民政府人民防空主管部门审核批准后，由建设单位在工程报建时根据自治区人民政府规定的缴费标准，一次性足额缴纳防空地下室易地建设费，由人民防空主管部门负责统一组织易地修建。

不符合本办法第十八条规定的，人民防空主管部门不得批准建设单位以缴纳易地建设费代替防空地下室的建设。

第二十条 经人民防空主管部门批准易地建设防空地下室的新建民用建筑项目，符合下列情形之一的，应当减免防空地下室易地建设费：

（一）享受政府优惠政策建设的廉租房、经济适用房等居民住房，减半收取；

（二）新建幼儿园、学校教学楼、养老院以及为残疾人修建的生活服务设施等民用建筑，减半收取；

（三）临时民用建筑和不增加面积的危房翻新改造商品住宅项目，予以免收；

（四）因遭受水灾、火灾或者其他不可抗拒的灾害造成损坏后按原面积修建的民用建筑，予以免收。

除国家另有规定的减免项目外，任何单位或者个人不得批准免建、少建、缓建防空地下室或者降低防空地下室防护等级，不得批准减免、缓缴防空地下室易地建设费。

县级以上人民政府人民防空主管部门应当定期向社会公布防空地下室易地建设费征缴、使用和易地建设情况。

第二十一条 申请减免防空地下室易地建设费，符合本办法第二十条规定的减免条件之一的，建设单位可以向人民防空主管部门提出书面申请，经财政部门审核后，由人民防空主管部门按照法定批准权限办理，并报上一级主管部门备案。

22.43《江苏省人民防空工程建设使用规定》（2020年1月1日起施行）

第十二条 防空地下室易地建设费纳入财政预算统一管理。用于易地建设人防工程的专项经费不得用于其他用途。

防空地下室易地建设费收费标准的调整由省人防主管部门提出申请，报省发展改革和财政部门批准。

22.44《广州市人民防空管理规定》（2021年9月29日第二次修正，2021年10月20日起施行）

第三十条第二、三、四款 市人民防空主管部门应当在收到易地建设书面申请后十个工作日内作出是否批准的决定。易地建设申请经市人民防空主管部门批准的，建设单位应当在批准之日起七个工作日内，按照有关部门核定的标准缴纳防空地下室易地建设费。

防空地下室易地建设费应当全额上缴财政，实行收支两条线管理，专项用于人民防空建设。

审计部门应当加强对防空地下室易地建设费收支和使用情况的审计监督。

第三十一条 市人民防空主管部门对符合本规定第三十条规定情形的民用建筑，按照以下规定减免防空地下室易地建设费：

（一）幼儿园、学校教学楼、养老院以及为残疾人修建的生活服务设施等民用建筑，减半收取；

（二）中、小学的校舍安全工程，予以免收；

（三）廉租住房和经济适用住房建设、棚户区改造、旧住宅区整治，予以免收；

（四）临时民用建筑和不增加面积的危房翻新改造商品住宅项目，予以免收；

（五）因遭受水灾、火灾或者其他不可抗拒的灾害造成损坏后按原面积修复的民用建筑，予以免收；

（六）国家、省关于防空地下室易地建设费减免的其他情形。

除前款规定外，市人民防空主管部门不得减免任何单位和个人应缴纳的防空地下室易地建设费。

22.45《深圳市实施〈中华人民共和国人民防空法〉办法》（2021年10月30日第三次修正，2021年12月7日起施行）

第二十条　易地建设申请经人民防空主管部门批准后，建设单位应当在取得建设工程规划许可证之前，按照规定标准缴纳易地建设费，并全额缴入财政部门指定的账户。

易地建设费的具体标准，由市人民防空主管部门按照国家和广东省的有关规定提出方案，经财政、价格主管部门审核，报市人民政府批准后实施。

第二十一条　易地建设费应当用于统一就近修建公用人民防空工程，不得挪作其他用途。

市财政、人民防空主管部门应当将易地建设费的收取、使用及易地建设等情况定期向社会公布。

易地建设费收取、使用和管理具体办法由市人民政府另行制定。

第二十二条　符合易地建设条件，经人民防空主管部门批准的下列项目，可以减免易地建设费：

（一）新建幼儿园、学校教学楼、养老院及为残疾人修建的生活服务设施等民用建筑，减半收取；

（二）临时民用建筑和不增加面积的危房翻新改造商品住宅项目，予以免收；

（三）因遭受水灾、火灾或者其他不可抗拒的灾害造成损坏后按原面积修复的民用建筑，予以免收。

第二十三条　实行易地建设的人民防空工程，由人民防空主管部门统一按照全市人民防空工程建设专项规划或者计划以及有关政府投资基本建设项目管理程序易地修建。

22.46《北京市防空地下室易地建设管理办法》（京人防发〔2019〕79号，2019年8月1日起施行）

第五条　建设单位申请防空地下室易地建设的，经人民防空主管部门批准，必须按照应建防空地下室建筑面积和本市易地建设费标准缴纳易地建设费。

第七条　除国家规定的减免项目外，任何部门和个人不得批准减免易地建设费。

下列建设项目符合第三条规定，申请防空地下室易地建设并经批准的，按以下规定减免防空地下室易地建设费。

（一）临时民用建筑和不增加面积的危房翻新改造商品住宅项目，予以免收。

（二）因遭受水灾、火灾或其他不可抗拒的灾害造成损坏后按原面积修复的民用建筑，予以免收。

（三）为残疾人修建的生活服务设施，减半收取。

（四）享受政府优惠政策建设的经济适用房、公共租赁住房、纳入城市和国有工矿棚户区改造的建设项目，予以免收。

（五）城镇和农村、公立和民办、教育系统和非教育系统的全部中小学校（含幼儿园和中等职业学校）建设项目，予以免收。

（六）非营利性养老和医疗机构建设项目，予以免收；营利性养老和医疗机构建设项目，减半收取。

第八条 新建社会投资简易低风险工程建设项目按照《北京市人民政府办公厅印发〈关于优化新建社会投资简易低风险工程建设项目审批服务的若干规定〉的通知》（京政办发〔2019〕10号），免于修建防空地下室和缴纳易地建设费。

第九条 建设单位应在办理《建筑工程施工许可证》前缴纳防空地下室易地建设费，不得缓缴、欠缴、少缴。

第十条 市、区两级人民防空主管部门应按照行政许可审批权限，依法依规依据易地建设条件和减免政策实施审批，按相关规定进行易地建设费征收。

22.47《吉林省人民防空办公室关于人防易地建设担保管理的通知》（吉防办发〔2016〕107号，2016年8月23日起施行）

一、按《通告》要求，全省人防易地建设管理，要积极转变担保方式，慎用缴纳资金直接担保的方式，除房产抵押方式外，应积极推进履约保函和银行保函制度，鼓励建设单位采取担保机构履约保函和银行保函方式担保，各级人防主管部门不得拒绝接收。

二、各单位要在吉防办发〔2013〕58号文件中确定的担保机构（吉林省建设担保有限公司、吉林省信用担保投资集团有限公司、国有银行成立的信用担保机构等）中优先选择担保单位。

各单位要加强人防易地建设担保管理，建立担保管理台账，落实专人负责，在为建设单位提供规范优质服务的同时，避免易地建设费流失。

22.48《江苏省防空地下室建设实施细则》（苏防规〔2020〕1号，2021年1月1日起施行）

第十三条 符合防空地下室易地建设条件规定的，经审核批准后，按规定缴纳易地建设费，除符合国家确定的易地建设费减免缓项目以外，任何地方政府及部门不得批准减免缓易地建设费。

建设项目在国家规定的易地建设费减免政策内，但不符合易地建设条件的，应当按照规定开展防空地下室建设。

第十四条 涉及防空地下室易地建设费减免的项目主要有保障性住房、学校、医院、养老机构、为残疾人修建的生活服务设施、临时民用建筑、不增加面积的危房翻新改造商品住宅项目以及因遭受水灾、火灾或其他不可抗拒的灾害造成损失后按原面积修复的民用建筑等，按照国家规定享受以下易地建设费减免政策优惠：

（一）经有权部门认定的保障性住房，包括廉租住房、公共租赁住房、经济适用住房、易地扶贫搬迁、棚户区改造安置住房以及旧住宅区整治建设项目，免收防空地下室易地建设费；

（二）经有权部门认定的中、小学（含幼儿园）校安工程，免收防空地下室易地建设费。新建学校（幼儿园、小学、初中、高中和大学）教学楼（包含但不限于教室、教师办公场所、电脑教学、教学实验室等教学活动，且以教学活动为主的单体多层教学综合楼项目，具体清单见附件4），减半收取防空地下室易地建设费；

（三）经有权部门批准（备案）的养老和医疗机构建设项目，非营利性的全额免收防空地下室易地建设费，营利性的减半收取防空地下室易地建设费。经有权部门认定用于提供社区养老、托育、家政服务的建设项目，免收防空地下室易地建设费；

（四）为残疾人修建的生活服务设施（具体清单见附件5），减半收取防空地下室易地建设费；

（五）临时民用建筑、不增加面积的危房翻建改造商品住宅项目以及因遭受水灾、火灾或其他不可抗拒的灾害造成损坏后按原面积修复的民用建筑，免收防空地下室易地建设费；

（六）其他按照国家规定减免的情形。

第十九条　各级负责防空地下室审批及易地建设费减免的部门要加强监管，省人防办每年组织随机抽查，设区市人防主管部门按照每年不低于10%的比例对所辖区县行政区域内的项目进行抽查，发现问题及时督促整改，并将抽查和整改情况及时上报省人防办。

〔5〕【修建防空地下室法定义务的履行】

22.49 山东省高级人民法院〔2016〕鲁行终636号行政判决书

上诉人主张其修建的某小区工程地下室为附建式人防工程，但该地下室的建设并未完全遵循上述法律规定的审核程序，所建地下室的施工图设计文件和设计方案均未经人防部门审查审批或者审查未能通过，故不能认定其所建地下室属于法律规定的人民防空地下室。尽管上诉人的施工设计图纸经聊城市建审建设工程施工图审查中心审查，并报聊城市住房和城乡建设委员会备案，聊城市规划局也为其颁发了建设工程规划许可证，但只能认定其获得了普通地下室建设审批手续，并不能据此推定该地下室就是防空地下室。上诉人以其已依法获得了规划许可证、施工图设计文件审查合格证书，认为其所建地下室为防空地下室，没有法律依据。

22.50 浙江省温州市中级人民法院〔2010〕浙温商终字第449号民事判决书

人防设施的修建是城市新建民用建筑依法必须实施的，而案涉《人防会所建设补充协议》第二、三条的约定实质是对会所未建、少建时的"结余"款项的分配，因此该约定内容违反国家的强制性建设义务，也违反了房地产开发公司应当履行的义务。将建设人防会所作为一种选择性的内容任意由个人进行处分，实际上是一种损害社会公共利益的行为，这种约定本身就是违法的，依照《中华人民共和国合同法》第五十二条第（四）项的规定，该两条条款的约定应属无效。

22.51 洛阳铁路运输法院〔2016〕豫7102行初210号行政判决书

2016年5月18日，洛阳市人防办作出《补缴通知书》并送达原告，指出其工程违反规定未修建防空地下室，未办理人防基建审批签证，根据《河南省实施〈中华人民共和国人民防空法〉办法》第二十八条、豫防办〔2009〕100号文件第二条第二款的规定，责令补缴防空地下室易地建设费。因经洛阳市城乡一体化示范区管理委员会三次会议决议，议定由洛龙区政府对涉案建设项目进行回购。因此，原告认为应由洛龙区政府作为易地建设费缴纳主体，对洛阳市人防办作出的《补缴通知书》不服，向洛阳市政府提出复议申请，后者维持了洛阳市人防办作出的《补缴通知书》。

洛阳铁路运输法院和郑州铁路运输中级法院均认为根据《河南省实施〈中华人民共和国人民防空法〉办法》第十三条、《人民防空工程建设管理规定》第四十八条的规定，民用建设项目的防空地下室应以建为主，由建设单位在地面建设的同时，同步规划、同步设计、同步建设。只有在法律法规规定不宜修建防空地下室的情况下，经人防主管部门批准，建设项目才可以不修建防空地下室，并适用缴纳易地建设费的有关规定。本案中，原告系案涉项目的建设单位，其在规划、设计、建设案涉项目时，未按相关法律法规规定修建防空地下室，未办理人防基建审批签证，亦未就项目不宜建防空地下室等事项向洛阳市人防办提出过审批，其不建防空地下室的行为属于违法建设行为。原告以该建设项目已被洛龙区政府回购，应由洛龙区政府作为缴纳主体为由予以抗辩，缺乏法律依据。另外，由于开发商未提供证据证实案涉项目不宜修建防空地下室或经过洛阳市人民防空办公室批准减免，因此不适用减免易地建设费的相关规定。

〔6〕【防空地下室易地建设与易地建设费缴纳义务的履行】

22.52 最高人民法院〔2016〕最高法民终 377 号民事判决书

案涉发包人向人防办申请案涉项目报批人防工程，人防办审核后同意人防设计要求为：应建防空地下室面积 6600 平米。后发包人经合法程序招标后，承包人与其签订工程施工合同。后当事人再次约定，承包人停止施工，其施工至一层后即撤离工地现场。之后，人防办向发包人出具《补建函》，要求发包人按照《关于印发〈青海省结合民用建筑修建防空地下室报建审批暂行办法〉的通知》（以下简称《暂行办法》）要求，补建人防工程，不足部分缴纳人防工程易地建设费。

青海省高级人民法院认为，根据《暂行办法》第十二条、第二十五条的规定，当事人不修建或建设的人防工程不符合设计要求的，人民政府人民防空主管部门可责令补建或罚款，并非效力性强制性的规定。发包人收到《补建函》后，即报送了《申报表》，申请办理缴纳防空地下室易地建设费，主要原因为"按照规定应当修建民防工程的面积只占地面建筑底层的局部，且结构和基础处理困难"，发包人的申请符合《暂行办法》第四条的规定。发包人未按《补建函》要求在案涉工程中申请报建补建人防工程，自行选择了缴纳易地建设费，经人防办审核，同意发包人缴纳易地建设费后，发包人无须再对人防工程进行补建，可按一般民用设施使用，不存在易地补建的事实。综上，对于发包人主张承包人赔偿易地补建人防工程损失的诉讼请求，青海省高级人民法院不予支持。

二审中，争议焦点为承包人未按案涉人防工程设计标准施工是否违反了《施工合同》约定、承包人是否应赔偿发包人易地补建价款。最高人民法院认为，由于发包人提供的各项证据均不能证明合同约定的施工范围包括人防工程的，承包人不构成违约，也无需承担相应的易地建设费用。而且，《补建鉴定书》的工程量计算依据是建筑面积 3477 平方米。该数字来自 2013 年 8 月 7 日人防办向发包人出具的《补建函》。该函记载，应建人防工程 5194 平方米，设计人防工程 3477 平方米，不足部分缴纳人防工程易地建设费。要求发包人按照暂行办法通知要求，在二期建设中补建人防工程，不足部分缴纳人防工程易地建设费。而根据《暂行办法》第四条的规定，新建民用建筑符合"应当建设防空地下室的面积只占地面建筑首层的局部，结构和基础处理困难的"可申请易地建设，缴纳易地建设费。发包人正是依据上述规定，缴纳了易地建设费 77.76 万元。至于补建部分，则根据《暂行办法》第十七条规定，新建民用建筑项目需要拆除原有人民防空工程的，应在新建项目中补建相应面积的人民防空工程，因地质条件复杂，拆除面积小难以补建的，缴纳易地建设费。可见，补建的前提是拆除原有人民防空工程。补建的地点就在新建项目中，而非其他地方。具体到本案中，就是在现有工程基础上，原址补建。只有在原址难以补建的情形下，才可缴纳易地建设费。而《补建鉴定书》则是对 3477 平方米人防工程易地补建费用作出的鉴定。鉴定的易地补建价款包括建安费、基坑支护费、设计费。从其费用组成来看，其采用的在非原址的其他地方修建人防工程的方式得出补建费用，这显然与《补建函》的要求以及《暂行办法》的规定不一致。而且，如果出现发包人补建人防工程的面积无法达到 3477 平方米时，不足部分缴纳的人防工程易地建设费的具体金额现在也无法确定。因此，承包人不应赔偿发包人易地补建价款 1816.54 万元。

22.53 浙江省高级人民法院〔2020〕浙行申 242 号行政裁定书

对于建设单位未按照规定缴纳人民防空工程易地建设费的，由县级以上人民防空主管部门责令限期缴纳，并按每日 2‰ 的标准加收滞纳金。因此，人防部门只能向"建设单位"作出催缴决定，而有限责任公司注销后其股东或清算组成员并非《中华人民共和国人民防空法》所规定的"建设单位"，再审申请人（县住房和城乡建设局、县人民防空办公室）直接向股东进行征收缺乏相关法律依据。被申请人虽为欠缴人防工程易地建设费用义务人的股东，但其不承担人防工程易地建设费用的缴交义务。

22.54 浙江省衢州市中级人民法院〔2017〕浙 08 行终 25 号行政判决书

新建民用建筑应当修建防空地下室，因故不能修建的，应当缴纳人民防空工程易地建设费。在同一地块新建建筑修建的防空地下室面积符合相关规定但又缴纳了人防费，符合退付情形的，应当退还易地建设费。案涉公司在案涉地块进行项目建设前拟少建人防工程 424.42 平方米，经批准向市人防办缴纳了 1 061 050 元的易地建设费，后因故未进行项目建设。他人经拍卖取得了案涉土地，在相同地块上进行项目建设，就人防工程面积进行了设计审批，建设竣工后验收合格。故在案涉地块上的新建建筑面积建设的人防工程已经符合相关规定，在该地块上已缴纳的人防费应当予以退还。另易地建设费具有成本补偿性质，市人防办主张案涉易地建设费已统一组织易地建设但未提供证据证明，市人防办因此产生的成本支出并无依据。

22.55 河南省洛阳市中级人民法院〔2020〕豫 03 行终 71 号行政判决书

上诉人市人防办作为市级人民防空主管部门，对辖区范围内新建民用建筑是否修建防空地下室具有监督、审批及作出相应处罚的职责。本案中，被上诉人自 2013 年 7 月就其改扩建项目提出申请后，市发改委及市政府相关部门审批认为，项目属重大民生项目之市政基础设施项目，符合市政府〔2012〕26 号会议纪要规定的优惠条件，同意按优惠办法执行。上诉人市人民防空办公室参加了内容为审核洛阳监狱改扩建工程等 5 个项目建设规费优惠申请的洛阳市重大项目规费优惠办法（第四次）联席会议，从行政相对人对行政行为合法性与有效性的信赖保护角度出发，应视为洛阳监狱改扩建工程项目已经过审批，不再缴纳人防易地建设费。上诉人作为政府人民防空主管职能部门应维护行政行为的稳定性，其对经过审批的行为再次进行处理，决定征收人防易地建设费 3 301 782 元明显不合理，依法应予撤销。原审被告洛阳市政府复议维持上述征收决定亦属不当，而一审判决撤销被诉征收决定及复议决定正确。

22.56 湖南省张家界市中级人民法院〔2019〕湘08行终15号行政判决书

本案的争议焦点是：在易地建设费征收标准发生变化时，县人防办应当如何适用征收标准进行征收。依据《湖南省人民防空工程建设与维护管理规定》第十七条的规定，新建民用建筑项目，因地形、地质条件限制不能修建防空地下室的，按照分级管理权限经人防主管部门批准，在办理建设工程规划许可证之前，依法缴纳防空地下室易地建设费。原告在2013年12月就已经办理了《建设工程规划许可证》，原告的缴费义务应当于2013年12月前履行完毕，但原告一直未履行法定缴纳义务，原告不履行法定义务期间下调的费用不能视为其作为行政相对人的合法权益。《湖南省人民防空办公室关于转发湘发改价费〔2016〕405号文件切实做好易地建设费降标工作的通知》中也明确"已办理人防易地建设审批手续并依法核费的新建民用建筑项目，按照已核费金额征收易地建设费"，该规范性文件明确调整的对象应是尚未报建审批的新建项目，如因被告未及时履行追缴职责而适用新标准，会出现违法成本小于守法成本的情形，违反立法目的，不利于维护国防安全和人民群众的根本利益及树立遵纪守法、诚实守信的价值取向，故原告提出的应当适用新标准的主张，不予采纳。综上，易地建设费征收标准问题属于实体问题，依据实体问题适用旧法的规定，被告县人防办依据当时办理建设工程规划许可证时的计费标准及《湖南省人民防空工程建设与维护管理规定》第十五条的规定等进行征收的行政行为合法。

〔7〕【督促收取易地建设费公益诉讼系列案】

【著者按】以下内容参见北大法宝"最高人民检察院公布26起检察机关提起公益诉讼试点工作典型案例之五：福建省督促收取防空地下室易地建设费公益诉讼系列案"和"2019年度检察公益诉讼典型案例之五：湖北省钟祥市人民检察院诉钟祥市人民防空办公室怠于履行征收人防工程易地建设费法定职责案"。

2017年6月30日，最高人民检察院公布了26起检察机关提起公益诉讼试点工作典型案例，其中包括福建省督促收取防空地下室易地建设费公益诉讼系列案。

根据《中华人民共和国人民防空法》的规定，人防易地建设费是由社会负担的人民防空经费，专项用于人民防空建设，任何单位和个人不得减收、免收和缓收。福建省检察机关在履行职责中发现，这一领域相关行政部门越权审批、违规审批易地建设人防工程以及怠于追缴易地建设费等问题比较突出。福建省人民检察院遂组织开展督促收取防空地下室易地建设费专项监督活动，加强对国有财产的保护。福建省检察院于2016年5月下发通知，决定在全省范围内组织开展督促收取防空地下室易地建设费专项监督活动。福建省人民检察院通过向省人防办通报开展专项监督情况，引起该办高度重视并立即组织专项自查自纠。在督促行政机关自查自纠基础上，认真审核行政机关提交的自查报告，针对存在疑问之处，进一步调查核实情况；针对违法违规现象，要求行政机关先行整改；针对重点环节和难点问题，发出检察建议督促依法履职；针对检察建议发出后，行政机关后续追缴是否完成、补救措施是否到位、执法行为是否合法进行跟踪；对于经督促仍怠于履行法定职责的，及时提起行政公益诉讼。截至2017年6月，全省各试点地区通过开展督促收取防空地下室易地建设费专项监督活动，共发现公益诉讼线索198条，办理诉前程序案件 93 件，相关行政机关主动纠正违法或履行职责案件 65 件。对于行政机关不依法履行职责的，提起行政公益诉讼 9 件，如建宁县人民检察院发现该县人防办在对某房地产开发项目、某汽车城项目等工程项目的监管中，存在越权审批、违规审批易地建设人防工程以及怠于追缴易地建设费等问题，经履行诉前程序后，依法提起 3 件行政公益诉讼；松溪县人民检察院、政和县人民检察院、武平县人民检察院也陆续向人民法院提起了相关公益诉讼案件。人民法院已判决结案 6 件，全部支持了检察机关的诉讼请求。移送查办职务犯罪 2 件 3 人。督促收取防空地下室易地建设费 1.1 亿元，已挽回 6388 万元。

近年来的易地建设费公益诉讼案件还有：湖北省钟祥市人民检察院诉钟祥市人民防空办公室怠于履行征收人防工程易地建设费法定职责案，该案入选 2019 年度检察公益诉讼典型案例，主要案情为：2012 年，钟祥市"某泰公司"和"某诚公司"分别开发建设两处房地产项目，截至各自项目竣工并公开销售之时未申报办理人防手续，未修建防空地下室，亦未缴纳人民防空工程易地建设费，致使国家和社会公共利益受到侵害。2018 年 3 月 20 日，钟祥市人民检察院对负有监督管理职责的钟祥市人防办怠于履行职责案件进行立案。2018 年 4 月 17 日，检察机关向钟祥市人防办发出诉前检察建议，建议其依法履行人民防空监督管理职责，分别采取有效措施依法追缴两家公司欠缴的人民防空工程易地建设费。2018 年 7 月 3 日，钟祥市人防办向钟祥市人民检察院书面回复，称其已上门宣传相关法律法规，发出追缴通知书，力争尽快追缴到位。随后再次回复，称其为维护地方政府招商引资的严肃性，建议减免某泰公司与某诚公司应缴人防工程易地建设费。2019 年 8 月 16 日，钟祥市人民检察院向湖北省钟祥市人民法院提起行政公益诉讼，钟祥市人民法院于同日受理立案。审理过程中人防办答辩称，检察机关提起行政公益诉讼的时间已超过行政诉讼法规定的起诉期限。2019 年 12 月 18 日，湖北省钟祥市人民法院分别作出一审判决，责令被告钟祥市人防办继续履行追缴两家公司人防工程易地建设费的法定职责。

第二十三条 【人民防空工程建设和专用设备生产必须符合国家规定的标准】

人民防空工程建设的设计、施工、质量必须符合国家规定的防护标准和质量标准。

人民防空工程专用设备的定型、生产必须符合国家规定的标准。

〔1〕【释义】

本条中的"国家规定的防护标准和质量标准"，是指由国家和国家人民防空主管部门颁布的有关人民防空建设的国家标准和行业标准，如《人民防空工程设计规范》（GB50225-2005）、《人民防空工程设计防火规范》（GB50098-2009）、《人民防空工程施工及验收规范》（GB50134-2004）、《人民防空工程防化设计规范》（RFJ013-2010）、《人民防空工程质量验收与评价标准》（RFJ01-2015）等。"防护标准"具体指不同类型的人民防空工程的防护等级标准，如抗力要求、防毒要求等，是国家关于人民防空工程抗击武器杀伤破坏和承受武器破坏效应的能力的规定。"质量标准"具体指防护建筑应具有的抗预定武器破坏功能的结构强度和性能的规定，如对于防护工程建筑、结构、安装方面提出的强度、措施等质量要求。

人民防空工程建设包括人民防空工程设计、施工、竣工验收、质量监督等各个环节。设计是人民防空工程建设前期准备的重要内容；施工是人民防空工程建设的重要阶段；竣工验收是检验和保证人民防空工程质量的重要程序。人民防空工程建设的各个环节既要执行国家人民防空主管部门的有关规定，还要执行建设行政主管部门的相关规定。

本条中的"专用设备"，是指人民防空工程的防护门、防护密闭门、密闭门、防爆破活门和其他专用防护设备产品。人民防空工程专用设备是人民防空工程的重要组成部分和关键设施，是发挥人民防空工程防护作用的决定性环节之一，人民防空工程专用设备的定型、生产应当符合国家规定的标准，如《人民防空工程防护设备试验测试与质量检测标准》（RFJ04-2009）、《人民防空工程防护设备产品质量检验与施工验收标准》（RFJ01-2002）。

〔2〕【人民防空工程的建设管理】

23.1《中华人民共和国民法典》（2021年1月1日起施行）

第七百八十八条 建设工程合同是承包人进行工程建设，发包人支付价款的合同。

建设工程合同包括工程勘察、设计、施工合同。

第七百八十九条 建设工程合同应当采用书面形式。

第七百九十条 建设工程的招标投标活动，应当依照有关法律的规定公开、公平、公正进行。

第七百九十一条 发包人可以与总承包人订立建设工程合同，也可以分别与勘察人、设计人、施工人订立勘察、设计、施工承包合同。发包人不得将应当由一个承包人完成的建设工程支解成若干部分发包给数个承包人。

总承包人或者勘察、设计、施工承包人经发包人同意，可以将自己承包的部分工作交由第三人完成。第三人就其完成的工作成果与总承包人或者勘察、设计、施工承包人向发包人承担连带责任。承包人不得将其承包的全部建设工程转包给第三人或者将其承包的全部建设工程支解以后以分包的名义分别转包给第三人。

禁止承包人将工程分包给不具备相应资质条件的单位。禁止分包单位将其承包的工程再分包。建设工程主体结构的施工必须由承包人自行完成。

第七百九十二条 国家重大建设工程合同，应当按照国家规定的程序和国家批准的投资计划、可行性研究报告等文件订立。

第七百九十三条 建设工程施工合同无效，但是建设工程经验收合格的，可以参照合同关于工程价款的约定折价补偿承包人。

建设工程施工合同无效，且建设工程经验收不合格的，按照以下情形处理：

（一）修复后的建设工程经验收合格的，发包人可以请求承包人承担修复费用；

（二）修复后的建设工程经验收不合格的，承包人无权请求参照合同关于工程价款的约定折价补偿。

发包人对因建设工程不合格造成的损失有过错的，应当承担相应的责任。

第七百九十四条 勘察、设计合同的内容一般包括提交有关基础资料和概预算等文件的期限、质量要求、费用以及其他协作条件等条款。

第七百九十五条 施工合同的内容一般包括工程范围、建设工期、中间交工工程的开工和竣工时间、工程质量、工程造价、技术资料交付时间、材料和设备供应责任、拨款和结算、竣工验收、质量保修范围和质量保证期、相互协作等条款。

第七百九十六条 建设工程实行监理的，发包人应当与监理人采用书面形式订立委托监理合同。发包人与监理人的权利和义务以及法律责任，应当依照本编委托合同以及其他有关法律、行政法规的规定。

第七百九十七条 发包人在不妨碍承包人正常作业的情况下，可以随时对作业进度、质量进行检查。

第七百九十八条 隐蔽工程在隐蔽以前，承包人应当通知发包人检查。发包人没有及时检查的，承包人可以顺延工程日期，并有权请求赔偿停工、窝工等损失。

第七百九十九条 建设工程竣工后，发包人应当根据施工图纸及说明书、国家颁发的施工验收规范和质量检验标准及时进行验收。验收合格的，发包人应当按照约定支付价款，并接收该建设工程。

建设工程竣工经验收合格后，方可交付使用；未经验收或者验收不合格的，不得交付使用。

第八百条 勘察、设计的质量不符合要求或者未按照期限提交勘察、设计文件拖延工期，造成发包人损失的，勘察人、设计人应当继续完善勘察、设计，减收或者免收勘察、设计费并赔偿损失。

第八百零一条 因施工人的原因致使建设工程质量不符合约定的，发包人有权请求施工人在合理期限内无偿修理或者返工、改建。经过修理或者返工、改建后，造成逾期交付的，施工人应当承担违约责任。

第八百零二条 因承包人的原因致使建设工程在合理使用期限内造成人身损害和财产损失的，承包人应当承担赔偿责任。

第八百零三条 发包人未按照约定的时间和要求提供原材料、设备、场地、资金、技术资料的，承包人可以顺延工程日期，并有权请求赔偿停工、窝工等损失。

第八百零四条 因发包人的原因致使工程中途停建、缓建的，发包人应当采取措施弥补或者减少损失，赔偿承包人因此造成的停工、窝工、倒运、机械设备调迁、材料和构件积压等损失和实际费用。

第八百零五条 因发包人变更计划，提供的资料不准确，或者未按照期限提供必需的勘察、设计工作条件而造成勘察、设计的返工、停工或者修改设计，发包人应当按照勘察人、设计人实际消耗的工作量增付费用。

第八百零六条 承包人将建设工程转包、违法分包的，发包人可以解除合同。

发包人提供的主要建筑材料、建筑构配件和设备不符合强制性标准或者不履行协助义务，致使承包人无法施工，经催告后在合理期限内仍未履行相应义务的，承包人可以解除合同。

合同解除后，已经完成的建设工程质量合格的，发包人应当按照约定支付相应的工程价款；已经完成的建设工程质量不合格的，参照本法第七百九十三条的规定处理。

23.2 《中华人民共和国招标投标法》(2017年12月28日修正并施行)

第三条 在中华人民共和国境内进行下列工程建设项目包括项目的勘察、设计、施工、监理以及与工程建设有关的重要设备、材料等的采购，必须进行招标：

（一）大型基础设施、公用事业等关系社会公共利益、公众安全的项目；

（二）全部或者部分使用国有资金投资或者国家融资的项目；

（三）使用国际组织或者外国政府贷款、援助资金的项目。

前款所列项目的具体范围和规模标准，由国务院发展计划部门会同国务院有关部门制订，报国务院批准。

法律或者国务院对必须进行招标的其他项目的范围有规定的，依照其规定。

第九条 招标项目按照国家有关规定需要履行项目审批手续的，应当先履行审批手续，取得批准。

招标人应当有进行招标项目的相应资金或者资金来源已经落实，并应当在招标文件中如实载明。

第二十二条 招标人不得向他人透露已获取招标文件的潜在投标人的名称、数量以及可能影响公平竞争的有关招标投标的其他情况。

招标人设有标底的，标底必须保密。

第二十六条 投标人应当具备承担招标项目的能力；国家有关规定对投标人资格条件或者招标文件对投标人资格条件有规定的，投标人应当具备规定的资格条件。

第三十二条 投标人不得相互串通投标报价，不得排挤其他投标人的公平竞争，损害招标人或者其他投标人的合法权益。

投标人不得与招标人串通投标，损害国家利益、社会公共利益或者他人的合法权益。

禁止投标人以向招标人或者评标委员会成员行贿的手段谋取中标。

第三十三条 投标人不得以低于成本的报价竞标，也不得以他人名义投标或者以其他方式弄虚作假，骗取中标。

第三十四条 开标应当在招标文件确定的提交投标文件截止时间的同一时间公开进行；开标地点应当为招标文件中预先确定的地点。

第三十五条 开标由招标人主持，邀请所有投标人参加。

第三十七条 评标由招标人依法组建的评标委员会负责。

依法必须进行招标的项目，其评标委员会由招标人的代表和有关技术、经济等方面的专家组成，成员人数为五人以上单数，其中技术、经济等方面的专家不得少于成员总数的三分之二。

前款专家应当从事相关领域工作满八年并具有高级职称或者具有同等专业水平，由招标人从国务院有关部门或者省、自治区、直辖市人民政府有关部门提供的专家名册或者招标代理机构的专家库内的相关专业的专家名单中确定；一般招标项目可以采取随机抽取方式，特殊招标项目可以由招标人直接确定。

与投标人有利害关系的人不得进入相关项目的评标委员会；已经进入的应当更换。

评标委员会成员的名单在中标结果确定前应当保密。

第四十一条 中标人的投标应当符合下列条件之一：

（一）能够最大限度地满足招标文件中规定的各项综合评价标准；

（二）能够满足招标文件的实质性要求，并且经评审的投标价格最低；但是投标价格低于成本的除外。

第四十二条 评标委员会经评审，认为所有投标都不符合招标文件要求的，可以否决所有投标。

依法必须进行招标的项目的所有投标被否决的，招标人应当依照本法重新招标。

第四十三条　在确定中标人前，招标人不得与投标人就投标价格、投标方案等实质性内容进行谈判。

23.3《中华人民共和国建筑法》（2019年4月23日第二次修正并施行）

第七条　建筑工程开工前，建设单位应当按照国家有关规定向工程所在地县级以上人民政府建设行政主管部门申请领取施工许可证；但是，国务院建设行政主管部门确定的限额以下的小型工程除外。

按照国务院规定的权限和程序批准开工报告的建筑工程，不再领取施工许可证。

第八条　申请领取施工许可证，应当具备下列条件：

（一）已经办理该建筑工程用地批准手续；

（二）依法应当办理建设工程规划许可证的，已经取得建设工程规划许可证；

（三）需要拆迁的，其拆迁进度符合施工要求；

（四）已经确定建筑施工企业；

（五）有满足施工需要的资金安排、施工图纸及技术资料；

（六）有保证工程质量和安全的具体措施。

建设行政主管部门应当自收到申请之日起七日内，对符合条件的申请颁发施工许可证。

第三十条　国家推行建筑工程监理制度。

国务院可以规定实行强制监理的建筑工程的范围。

第三十一条　实行监理的建筑工程，由建设单位委托具有相应资质条件的工程监理单位监理。建设单位与其委托的工程监理单位应当订立书面委托监理合同。

第三十二条　建筑工程监理应当依照法律、行政法规及有关的技术标准、设计文件和建筑工程承包合同，对承包单位在施工质量、建设工期和建设资金使用等方面，代表建设单位实施监督。

工程监理人员认为工程施工不符合工程设计要求、施工技术标准和合同约定的，有权要求建筑施工企业改正。

工程监理人员发现工程设计不符合建筑工程质量标准或者合同约定的质量要求的，应当报告建设单位要求设计单位改正。

第三十四条　工程监理单位应当在其资质等级许可的监理范围内，承担工程监理业务。工程监理单位应当根据建设单位的委托，客观、公正地执行监理任务。

工程监理单位与被监理工程的承包单位以及建筑材料、建筑构配件和设备供应单位不得有隶属关系或者其他利害关系。

工程监理单位不得转让工程监理业务。

23.4《城市地下空间开发利用管理规定》（2011年1月26日第二次修正并施行）

第十条　城市地下空间的工程建设必须符合城市地下空间规划，服从规划管理。

第十一条　附着地面建筑进行地下工程建设，应随地面建筑一并向城市规划行政主管部门申请办理选址意见书、建设用地规划许可证、建设工程规划许可证。

第十二条　独立开发的地下交通、商业、仓储、能源、通讯、管线、人防工程等设施，应持有关批准文件、技术资料，依据《城乡规划法》的有关规定，向城市规划行政主管部门申请办理选址意见书、建设用地规划许可证、建设工程规划许可证。

第十三条 建设单位或者个人在取得建设工程规划许可证和其他有关批准文件后，方可向建设行政主管部门申请办理建设工程施工许可证。

第十四条 地下工程建设应符合国家有关规定、标准和规范。

第十五条 地下工程的勘察设计，应由具备相应资质的勘察设计单位承担。

第十六条 地下工程设计应满足地下空间对环境、安全和设施运行、维护等方面的使用要求，使用功能与出入口设计应与地面建设相协调。

第十七条 地下工程的设计文件应当按照国家有关规定进行设计审查。

第十八条 地下工程的施工应由具备相应资质的施工单位承担，确保工程质量。

第十九条 地下工程必须按照设计图纸进行施工。施工单位认为有必要改变设计方案的，应由原设计单位进行修改，建设单位应重新办理审批手续。

第二十条 地下工程的施工，应尽量避免因施工干扰城市正常的交通和生活秩序，不得破坏现有建筑物，对临时损坏的地表地貌应及时恢复。

第二十一条 地下工程施工应推行工程监理制度。

第二十二条 地下工程的专用设备、器材的定型、生产要执行国家统一标准。

第二十三条 地下工程竣工后，建设单位应当组织设计、施工、工程监理等有关单位进行竣工验收，经验收合格的方可交付使用。

建设单位应当自竣工验收合格之日起15日内，将建设工程竣工验收报告和规划、公安消防、环保等部门出具的认可文件或者准许使用文件报建设行政主管部门或者其他有关部门备案，并及时向建设行政主管部门或者其他有关部门移交建设项目档案。

第二十四条 城市地下工程由开发利用的建设单位或使用单位进行管理，并接受建设行政主管部门的监督检查。

23.5《人民防空工程建设管理规定》（国人防办字〔2003〕第18号，2003年2月21日起实施）

第三条 人民防空工程建设，坚持与城市建设相结合；坚持长远建设与应急建设相结合；坚持国家投资与社会筹资建设相结合。

人民防空工程建设应当遵循统一规划，量力而行，平战结合，质量第一的原则。

第六条 县级以上人民政府人民防空主管部门负责防空地下室建设和城市地下空间开发利用兼顾人民防空防护要求的管理和监督检查，与规划、计划、建设等部门搞好城市地下空间的规划、开发利用和审批工作。

第七条 人民防空工程建设应当纳入城市总体规划。市政公用基础设施和房屋建筑等工程的规划和建设，要注重开发利用城市地下空间，兼顾人民防空要求。

第八条 人民防空工程建设实行统一计划，分级管理。人民防空主管部门投资安排的工程建设项目，必须纳入全国人民防空工程建设计划，不得在计划外安排人民防空工程建设项目。

第九条 国家人民防空主管部门根据社会发展和国防需要，以及国家和地方可能提供的财力、物力、提出人民防空工程建设的目标、方针、政策、步骤和措施，组织编制全国人民防空工程建设中长期计划，报国家发展计划主管部门批准后实施。

军区人民防空主管部门应当按照国家人民防空工程建设中长期计划，提出工程建设目标、步骤和措施，组织编制本区人民防空工程建设中长期计划，报国家人民防空主管部门批准后实施。

省、自治区、直辖市人民政府人民防空主管部门根据国家和军区人民防空工程建设中长期计划，结合本地实际，组织编制本级人民防空工程建设中长期计划，经本级人民政府发展计划主管部门和军区人民防空主管部门审核，报国家人民防空主管部门批准后实施。

人民防空重点城市以下地方各级人民政府人民防空主管部门组织编制本级人民防空工程建设中长期计划，经本级人民政府发展计划主管部门审核，报上一级人民防空主管部门批准后实施。

县级以上人民政府人民防空主管部门编制的人民防空工程建设中长期计划应当明确项目，为年度计划作好项目储备。

第十一条 全国人民防空工程建设年度计划，由国家发展计划主管部门统一下达。

省、自治区、直辖市人民政府人民防空主管部门必须根据国家下达的人民防空工程建设年度计划，编制年度实施计划，会同本级发展计划主管部门下达各人民防空重点城市执行，并由人民防空主管部门于当年三月底前报国家和军区人民防空主管部门备案。

第十四条 各级人民防空工程建设管理部门应当严格按照国家制定的人民防空工程建设统计制度、报表和要求，准确、及时、全面地反映人民防空工程建设计划的执行情况。

第十六条 人民防空工程建设按照下列基本程序进行：

（一）根据人民防空工程建设的中长期计划，提出项目建议书；

（二）根据批准的项目建议书，编制可行性研究报告；

（三）根据批准的可行性研究报告，进行工程初步设计，提出总概算；

（四）根据批准的可行性研究报告和初步设计文件，申报年度工程建设计划，进行施工图设计；

（五）按照国家有关规定申请领取建设工程规划许可证；

（六）根据批准的年度工程建设计划和审查批准后的施工图设计文件，组织工程招标和施工准备，按照有关规定申请领取施工许可证或者经批准的开工报告；

（七）按照国家有关规定组织施工；

（八）工程竣工后，及时编制竣工文件，组织竣工验收，上报备案，进行竣工决算，交付使用。

第十七条 人民防空工程建设项目按照下列标准划分：

（1）大型项目：

投资规模在2000万元（含）以上的工程；

投资规模在1000万元（含）以上的各级人民防空指挥工程。

（2）中型项目：

投资规模在600万元（含）以上，2000万元以下的工程；

投资规模在1000万元以下的各级人民防空指挥工程。

（3）小型项目：

投资规模在 200 万元（含）以上，600 万元以下的工程。

（4）零星项目：

投资规模在 200 万元以下的工程。

第十八条 人民防空工程建设单位应当根据人民防空工程建设中长期计划，提出项目建议书。

项目建议书的内容主要包括：建设的必要性和依据，建设地点、建设规模、防护要求、战时平时用途、建设条件、环境影响、协作关系、投资估算和资金筹措，战备效益、社会效益、经济效益初步分析。

第十九条 人民防空工程建设单位应当根据批准的项目建议书，委托具有相应资质的单位编制工程项目可行性研究报告。

可行性研究报告的内容主要包括：建设目的和依据，建设具体地点及征地拆迁情况，建设条件、环境保护，战时、平时用途，主要防护指标和战术技术论证，市场调查、预测，主要经济指标的研究比较和分析，水文、地质、气象资料，政府部门和主要协作单位签署的意向文件，建设规模、投资估算，资金来源和筹措方式，工程总体设计原则和方案选优，工程进度安排和项目实施的主要措施，使用或者生产（经营）的组织管理，战备、社会、经济效益评价，工程位置图和选定的方案图。加固改造项目还应当包括原有设施设备的利用情况。

第二十条 人民防空工程建设单位应当根据批准的可行性研究报告，委托具有相应资质等级的勘察设计单位编制工程初步设计文件。

工程初步设计文件的内容主要包括：设计依据，设计总说明，建筑总平面图、平面图、主要剖面图，主体结构形式、剖面和防护系统图，风水电专业系统图，主要设备、材料表，主要技术措施和各项技术经济指标，各专业设计计算书，工程设计概算。

第二十一条 人民防空工程建设单位应当根据批准的初步设计文件，委托具有相应资质等级的勘察设计单位编制工程施工图设计文件。

工程施工图设计文件的内容主要包括：设计依据，设计总说明，建筑、结构、地基基础、防护系统工程施工图，通风空调、给排水、供电、通信工程施工图，各种设备、材料表，基础处理、结构及各专业设计计算书，工程施工图预算。

第二十二条 新建和加固改造工程的项目建议书、可行性研究报告、初步设计文件、施工图设计文件按照下列权限审批：

（一）大型项目由国家人民防空主管部门审批；

（二）中、小型项目由省、自治区、直辖市人民政府人民防空主管部门审批，其中项目建议书和可行性研究报告报国家和军区人民防空主管部门备案；

（三）零星项目可不编报可行性研究报告和初步设计文件，其项目建议书、施工图设计文件由人民防空重点城市人民防空主管部门审批，项目建议书报省、自治区、直辖市人民政府人民防空主管部门备案。

以上项目按国家有关规定报国家发展计划委员会审批。

第二十三条 人民防空工程建设项目前期工作完成后，建设单位按照国家有关规定申请领取建设工程规划许可证、施工许可证或者提出开工报告，并附有"人民防空工程施工图设计文件审查批准书"。大、中型项目的开工报告，由省、自治区、直辖市人民政府人民防空主管部门审批。小型项目的开工报告，由人民防空重点城市人民政府人民防空主管部门审批，并报上一级人民防空主管部门备案。除零星项目外，未经批准开工报告的人民防空工程建设项目，不准擅自开工。

　　第二十四条　人民防空工程建设项目的发包与承包，实行招标投标制度。实行招标发包的人民防空工程建设项目，包括项目的设计、施工、监理以及重要设备的采购，应当按照《中华人民共和国招标投标法》的规定，采用公开招标或者邀请招标的方式进行招标。

　　第二十五条　实行招标发包的人民防空工程建设单位，应当建立建设项目管理机构，或者委托依法取得相应资质的招标代理机构，承办对投标单位进行资格审查、编制招标文件等事宜。并依法组建评标委员会，组织实施人民防空工程招标的评标活动。

　　进行人民防空工程招标，必须接受依法实施的行政监督。国家和省、自治区、直辖市重点人民防空工程建设项目不宜公开招标的，经国家发展计划主管部门和省、自治区、直辖市人民政府批准，可以进行邀请招标。

　　涉及国家安全、国家秘密的人民防空工程建设项目，不宜进行招标的，按照国家有关规定可以不进行招标。

　　第二十六条　招标发包的人民防空工程建设项目，应当发包给依法中标的承包单位。发包单位可以将人民防空工程建设项目的勘察、设计、施工、设备采购一并发包给一个工程总承包单位，也可以将勘察、设计、施工、设备采购的一项或者多项发包给一个工程总承包单位；但是，不得将应当由一个承包单位完成的人民防空工程建设项目肢解成若干部分发包给几个承包单位。发包方应当与承包方依法订立书面合同，合同参照国家《建设工程勘察合同》、《建设工程设计合同》、《建设工程施工合同》、《工程建设监理合同》等示范文本。

　　第二十七条　禁止承包单位将其承包的全部工程建设项目转包给他人，或者将其承包的全部工程建设项目肢解以后以分包的名义分别转包给他人。工程总承包单位可以将承包工程中的部分工程发包给具有相应资质条件的分包单位；但是，除总承包合同中约定的分包外，必须经建设单位认可。施工总承包的，工程主体结构的施工必须由总承包单位自行完成。

　　总承包单位按照总承包合同的约定对建设单位负责；分包单位按照分包合同的约定对总承包单位负责。总承包单位和分包单位就分包工程对建设单位承担连带责任。

　　第二十八条　人民防空工程建设项目的发包与承包，应当按照公开、公正、平等和诚实信用的原则进行。

　　第二十九条　人民防空工程建设应当按照《建设工程质量管理条例》的规定，建立行政监督，社会监理、施工单位管理相结合的质量管理机制，开展争创优质工程活动，确保工程建设质量。

　　第三十条　人民防空工程建设实行质量监督管理制度。国家人民防空主管部门对全国的人民防空工程质量实施监督管理。县级以上人民政府人民防空主管部门对本行政区域内的人民防空工程质量实施监督管理。

　　人民防空工程质量监督管理，由国家、省（自治区、直辖市）、人民防空重点城市人民政府人民防空主管部门委托具有资格的工程质量监督机构具体实施。

人民防空工程质量监督管理，接受同级建设行政主管部门指导。

第三十一条 接受委托的工程质量监督机构应当按照国家有关法律、法规、强制性标准及设计文件，对工程质量进行监督。

对建设单位申报竣工的工程，出具人民防空工程质量监督报告。

第三十二条 人民防空工程建设单位在工程开工前，必须向工程质量监督机构申请办理质量监督手续，并组织设计、施工单位进行技术交蔽和图纸会审。在工程施工中，应当按照国家有关规定，对工程质量进行检查，参与隐蔽工程的验收和工程质量问题的处理。

第三十三条 从事人民防空工程勘察设计的单位必须按照强制性标准和可行性研究报告确定的任务、投资进行勘察设计，并对勘察设计的质量负责。

勘察设计单位应当按照审查初步设计、施工图设计提出的意见，认真进行设计修改。建设单位应当对勘察设计及设计修改进行监督。

设计单位应当参与人民防空工程质量事故分析，并对因设计造成的质量事故，提出相应的技术处理方案。

第三十四条 从事人民防空工程监理的单位应当按照有关法律、法规、强制性标准、设计文件和监理合同，公正、独立、自主地开展监理工作，公平维护项目法人和被监理单位的合法权益。

监理单位应当按照法律规定和合同约定对人民防空工程的投资、质量、工期实施全面的监督管理。

监理单位对施工质量承担监理责任。

监理单位不得转让监理业务。

第三十五条 从事人民防空工程施工的单位必须按照强制性标准和工程设计文件，科学组织，文明施工。不得擅自修改工程设计，不得偷工减料，并对承包工程的施工质量负责。

施工单位对施工中出现质量问题的工程和竣工验收不合格的工程，应当负责返修。

第三十六条 人民防空工程承包单位在向建设单位提交工程竣工验收报告时，应当向建设单位出具质量保修书。质量保修书中应当明确工程的保修范围、保修期限和保修责任等。

人民防空工程在保修范围和保修期限内发生质量问题的，施工单位应当履行保修义务，并对造成的损失承担赔偿责任。

人民防空工程的保修范围和保修期限，按照国家有关规定执行，保修时间自竣工验收合格之日起计算。

第三十七条 人民防空工程建设单位收到工程竣工报告后，应当组织设计、施工、工程监理等有关单位进行竣工验收。

人民防空工程竣工验收应当具备下列条件：

（一）完成工程设计和合同约定的各项内容；

（二）有完整的工程技术档案和施工管理资料；

（三）有工程使用的主要建筑材料、建筑构配件和设备的产品质量出厂检验合格证明和技术标准规定的进场试验报告；

（四）有勘察、设计、施工、工程监理等单位分别签署的质量合格文件；

（五）有施工单位签署的质量保修书。

人民防空工程经验收合格的，方可交付使用。

第三十八条 人民防空工程竣工验收实行备案制度。人民防空工程建设单位应当自工程竣工验收合格之日起 15 日内，将工程竣工验收报告和接受委托的工程质量监督机构及有关部门出具的认可文件报人民防空主管部门备案。

第三十九条 人民防空工程建设单位应当严格按照国家和人民防空主管部门有关档案管理的规定，及时收集、整理建设项目各环节的文件资料，建立健全建设项目档案，并在工程竣工验收后，及时向城建档案馆和人民防空主管部门移交建设项目档案。

第四十条 人民防空工程造价管理机构应当按照国家有关规定对人民防空工程价格活动实施监督管理。依法取得相应资质的工程造价咨询单位，接受当事人委托，提供工程造价咨询和服务。

第四十一条 人民防空工程建设项目实行内部审计制度。各级人民防空主管部门应当按照国家有关规定，对人民防空工程建设进行项目审计和造价审计，对审计中发现的问题依法进行处理。

第四十二条 各级人防空财务部门应当严格按照批准的工程建设年度计划、施工进度，实施经费保障，审核竣工决算。

第四十三条 各级人民防空财务部门按照本规定第十条要求，严格审查自筹资金工程建设项目的资金来源，符合规定的，方可出具验资证明。

第四十四条 人民防空工程建设单位应当加强工程经费管理，严格执行财务制度，合理安排经费使用，努力降低工程造价。

23.6《江苏省实施〈中华人民共和国人民防空法〉办法》（2021 年 5 月 27 日第四次修正并施行）

第十三条 人民防空工程建设项目应当按照国家和省有关规定，实行招标投标制度。承担人民防空工程任务的单位，应当具有与该工程项目相适应的工程设计、施工和监理资质，并严格执行国家规定的人民防空工程防护标准、质量标准、技术规范等。

人民防空工程设计审查按照国家和省有关施工图设计文件审查规定执行。人防主管部门应当加强对人民防空工程防护安全性的监督检查。

人防主管部门负责人民防空工程建设质量的监督管理，可以委托人民防空工程质量监督站或者有关建设工程质量监督机构实施监督。接受委托的工程质量监督机构应当按照国家有关法律、法规，强制性标准及设计文件，对工程质量进行监督，对建设单位申报竣工的工程，出具人民防空工程质量监督报告。

人民防空工程建设单位应当自工程竣工验收合格之日起十五日内，将工程竣工验收报告和接受委托的工程质量监督机构及有关部门出具的认可文件报人防主管部门备案。

23.7《浙江省实施〈中华人民共和国人民防空法〉办法》（2020 年 11 月 27 日第四次修正并施行）

第十六条 人民防空工程建设，有关单位应当按照经人民防空主管部门或者住房城乡建设部门审查批准的设计进行施工。未经原审批部门同意，任何单位和个人不得擅自改变人民防空工程的设计。

人民防空主管部门或者住房城乡建设部门应当对人民防空工程施工质量进行监督检查。

23.8《福建省人民防空条例》（2016年9月30日修正并施行）

第十二条　人民防空工程建设项目应当按照国家规定实行招标投标。参加人民防空工程建设投标的设计、施工、监理和防护设备生产单位，必须具备相应等级的资质。任何单位和个人不得排除、限制具备相应等级资质的设计、施工、监理和防护设备生产单位参加投标。结合民用建筑修建防空地下室应当与其主体工程一同招标，不得肢解。

23.9《北京市人民防空工程建设与使用管理规定》（2010年11月27日第三次修改并施行）

第十条　建设项目人防工程建设标准审查办理流程按照本市有关规定执行。经审查批准的人防工程的规划设计，不得擅自改变；确需改变的，应当报原审批机关批准。

第十二条　人防工程应当按照规划确定的建设规模、防护要求和使用效能进行设计，并应当符合国家规定的设计规范和设计标准。

人防工程的出入口以及采光、通风、采暖、防水、防火、供电、照明、给排水、噪声处理等设计，应当采取相应措施符合平时使用的要求，并在设计中同步完成。

第十三条　承担人防工程设计任务的单位应当具有国家规定的工程设计资格等级。

第十四条　按照规定需要建设人防工程的建设单位，应当持市人民防空主管部门核发的《人防工程设计审核批准通知单》或者《防空地下室易地建设证明书》向规划管理部门申请办理《建设工程规划许可证》。

第十五条　人防工程的施工应当按照批准的施工图设计进行，并符合国家规定的防护标准和质量标准。

安装、使用的人防工程专用设备和防水材料应当符合国家规定的标准。

第十六条　人防工程竣工应当由建设单位组织验收，经验收合格的，依法向人民防空主管部门备案，并可交付使用。未经验收或者验收不合格的，不得交付使用。

第十七条　建设单位应当在人防工程竣工验收合格后，按照规定移交人防工程的档案资料。

第十八条　人防工程的规划、设计和建设单位及其有关人员应当遵守国家规定，依法保守人防工程的秘密。

23.10《山东省人民防空工程管理办法》（2020年3月1日起施行）

第十五条　人民防空主管部门可以采取购买服务的方式，将工程技术服务和辅助性事项委托给具备相应条件的企业、单位和其他社会组织承担。

第十六条　人民防空工程的建设、勘察、设计、施工、监理单位和施工图审查、防护设备质量检测机构等，应当依法承担人民防空工程建设质量、安全责任。

第十七条　单建人防工程竣工后，建设单位应当按照国家有关规定组织竣工验收。未经竣工验收或者验收不合格的，不得交付使用。

对房屋建筑工程与其所属的防空地下室实行联合测绘、联合验收，经验收合格的，人防主管部门出具认可文件，住房城乡建设主管部门依法办理项目竣工验收备案。防空地下室经验收达不到防护标准的，建设单位应当进行整改；整改后仍不符合防护标准的，建设单位应当按照规定交纳防空地下室易地建设费，并按照普通地下室组织竣工验收。

防空地下室应当按照规定悬挂人防标牌。

第十八条 建设单位应当按照档案管理的有关规定，建立人民防空工程档案，并在人民防空工程竣工验收合格后 30 日内，向工程所在地城建档案馆和县级人民政府人民防空主管部门移交工程档案。

第十九条 人民防空主管部门应当加强对人民防空工程维护管理的监督检查，督促人民防空工程的所有权人或者管理人、使用人建立健全相应的维护管理制度，保持人民防空工程的防护效能，符合平战转换要求。

23.11《福建省人民政府关于加快城市地下空间开发利用的若干意见》（闽政文〔2014〕54 号，2014 年 2 月 21 日起施行）

三、规范建设管理

地下空间工程建设应当严格履行基本建设程序，符合地下空间规划，服从规划管理。对结合地面建筑进行的地下工程建设，应随地面建筑一并向相关主管部门依法申请办理手续。对独立开发的地下交通干线、物资仓储设施、商业服务业设施和能源、通信、人防工程以及停车场等其他地下工程设施，应按有关规定进行城市交通影响评价，向相关主管部门依法单独申请办理项目审批、规划、用地、环评、安评、消防、施工许可等手续，其中人防工程建设由人防部门依法实施监督管理，房屋建筑和市政基础设施由建设主管部门依法实施监督管理。

地下空间开发应符合城市规划和城乡规划部门出具的规划条件。规划条件应明确地下空间使用性质、水平投影范围、垂直空间范围、建设规模、出入口设置以及人民防空和与相邻建筑连通要求等内容。积极推动地下空间集中、成片开发。地下空间不得建设住宅、敬老院、托幼园所、学校、医院病房等项目。地下空间建设涉及地下连通工程的，建设单位、地下建设用地使用权人或者地上、地表建设用地使用权人应当依照规划要求履行地下连通义务，并确保连通工程的实施符合相关规范的要求。先建单位应当按照相关规范预留用地红线内的地下连通工程接口，后建单位应当负责履行后续地下工程连通义务。城乡规划主管部门要加强对地下空间开发建设的验线管理和正负标高等环节的规划核实。

四、切实做好工程安全、质量和使用监管

地下空间工程必须按照法律法规、规范标准和经图审的施工图进行施工、监理、检测、质量安全监督和竣工验收，严格落实建设、施工、监理、检测等工程建设各方主体责任，确保地下空间工程质量和安全。地下空间工程施工单位，应当采取有效的安全和防护措施，确保周边既有房屋建筑、市政基础设施（含地下管线）安全正常使用，尽量避免因施工干扰城市正常的交通和生活秩序；在道路施工作业的，应遵守道路交通安全法律、法规关于施工的相关规定，对临时损坏的地表地貌应及时恢复。加强城市地下空间使用的安全应急体系建设，完善各类应急预案，提高应急处置能力。城市地下空间使用单位要按照有关规定设置安全管理机构或配备安全管理人员，建立健全安全管理规章制度和责任制度，做好城市地下工程设施的日常管理、维护和更新，完好保存维修档案，并接受建设、人防、公安、环保等行政主管部门的监督检查。地下空间工程应按照消防规范标准综合考虑平面布置、防火分区、安全疏散、消防给水、消防电气、防排烟和灭火救援等需要。利用城市地下空间储存易燃、易爆和有毒物品的，必须符合危险品管理相关规定。地下空间应当按照排水防涝规划做好防洪排涝等工作。

23.12《苏州市人民防空工程管理办法》（2008年9月1日起施行）

第十六条 人防主管部门对人防工程防护建设质量实施监督管理。人防工程施工质量的检查评定和验收应当划分为单位工程、分部工程和分项工程。

第十七条 承担人防工程勘察、设计、施工、监理的单位应当具备相应资质，并执行国家规定的防护标准、质量标准和技术规范。

人防主管部门对人防工程建设监理资质进行初审。

第十八条 大型兼顾设防工程、单建式人防工程和防护等级5级（含）以上的专用工程应当由取得相应等级工程设计行业资质、人防专业设计资质的设计单位承担。建筑工程专业甲级资质的设计单位可承担防护等级6级（含）以下的防空地下室工程的设计。

第十九条 市、县级市人防主管部门按照国家规定对人防工程设计文件进行防护设计审查，具体负责人防工程设计文件的政策性审查。具有人防工程施工图设计审查资质的单位，负责人防工程设计文件的技术性审查，审查合格后，颁发施工图设计审查合格证，并报市人防主管部门，由市人防主管部门颁发施工图设计文件批准书。

未经人防主管部门审核，规划、建设、消防等部门不予办理有关手续，建设单位不得开工。

第二十条 人防工程建设项目的设计、施工、监理以及重要设备的采购，应当依法公开招标或者邀请招标。

涉及国家安全、国家秘密的人防工程建设项目，不宜进行公开招标的，按照国家有关规定可以不进行公开招标。

第二十三条 对城市地下交通干线以及其他地下工程建设中与人民防空相关的工程设施，人防主管部门应当参加竣工验收。

验收不合格的人防工程，建设单位应当及时整改，整改后仍不符合人防工程要求的，应当按照应建面积补缴人防工程易地建设费。

建设单位应当将竣工资料报建设行政主管部门备案，备案时应当出具人防主管部门的竣工验收证明书。

23.13《北京市人民防空办公室关于取消人民防空工程设计乙级及监理乙、丙级资质认定的通知》（京人防发〔2021〕64号，2021年7月1日起施行）

【著者按】《人防工程监理行政许可资质管理办法》（国人防办〔2013〕227号，2013年3月15日起施行）第3条规定："人防工程和其他人防防护设施新建、扩建、改建、加固改造的监理资质实行行政许可制度，许可资质分甲级、乙级、丙级。"第10条第1款规定："人防工程和其他人防防护设施监理乙级、丙级许可资质由省、自治区、直辖市人防主管部门负责审批，于每年12月31日前，将许可资质审批情况报国家人防主管部门。"《人防工程设计行政许可资质管理办法》（国人防办〔2013〕417号，2013年7月20日起施行）第3条规定："人防工程和其他人防防护设施设计资质实行行政许可制度，许可资质分甲级、乙级。国家人防主管部门负责全国人防工程和其他人防防护设施设计甲级许可资质的监督管理。省（自治区、直辖市）人防主管部门负责本行政区域内人防工程和其他人防防护设施设计乙级许可资质的监督管理。"

　　根据《国务院关于深化"证照分离"改革进一步激发市场主体发展活力的通知》（国发〔2021〕7号，2021年6月3日发布，2021年7月1日起施行）规定，自2021年7月1日起，在全国范围内实施涉企经营许可事项全覆盖清单管理，按照直接取消审批、审批改为备案、实行告知承诺、优化审批服务等四种方式分类推进审批制度改革。其中，取消了"人民防空工程监理甲、乙、丙级资质认定"，取得住房城乡建设部门认定的工程监理企业相应资质即可开展人民防空工程监理；取消了"人民防空工程设计甲、乙级资质认定"，取得住房城乡建设部门认定的建设工程设计企业人防工程专业资质即可开展人民防空工程设计。

　　一、市级人防主管部门不再受理"人民防空工程设计乙级资质认定"、"人民防空工程监理乙级、丙级资质认定"的相关申请；已提出申请，尚未办结的，终止办理。

　　二、取得住房城乡建设部门认定的建设工程设计企业人防工程专业资质即可开展人民防空工程设计；取得住房城乡建设部门认定的工程监理企业相应资质即可开展人民防空工程监理。

　　三、本市相关行政机关、企事业单位、行业、组织等不得以任何方式，要求企业提供人民防空工程设计乙级及监理乙、丙级资质证书。

　　四、市级人防主管部门将会同有关部门对承担人防工程设计、监理业务的企业开展"双随机一公开"监管，根据不同风险程度、信用水平、合理确定抽查比例；对有投诉举报和质量问题的企业实施重点监管；对人防工程设计、监理企业的从业行为和服务质量实施"互联网+监管"，针对发现的普遍性问题和突发风险开展专项检查；加强信用监管，依法依规建设黑名单制度，并建立相关失信惩戒制度。

　　23.14《关于进一步优化营商环境深化建设项目行政审批流程改革的意见》（市规划国土委发〔2018〕69号，2018年3月15日起施行）

　　【著者按】本文件的联合发文单位为北京市规划和国土资源管理委员会、北京市发展和改革委员会、北京市住房和城乡建设委员会、北京市政府审改办、北京市政务服务管理办公室、北京市水务局、北京市园林绿化局、北京市民防局、北京市公安局消防局。

　　为加快转变政府职能，建设服务型政府，更好地服务于企业办理行政审批事项，本市对社会投资建设项目行政审批流程进行了优化完善，制定实施意见如下：

　　一、实施分类管理

　　将建设项目按照实施方式分为三类。第一类：内部改造项目，可直接办理施工许可证；第二类：现状改建项目，可直接办理建设工程规划许可证；第三类：新建扩建项目，应签订建设用地使用权出让合同，办理建设工程规划许可证、施工许可证。园林绿化许可和施工许可证并联审批。

　　二、精简审批前置条件

　　在社会投资的房屋建筑工程中，可由建设单位自主决定发包方式，不再强制要求进行招投标。取消建设单位办理资金保函或资金到位证明。各类审批的前置条件和申报材料按照依法、规范、必要的原则，能减则减，不得设置"兜底条款"。相关部门核发的审批文件由办理部门向其他行政机关推送，实现信息共享，不再要求建设单位反复提交。

　　三、推进建设项目行政审批与互联网深度融合

　　以"互联网+政务服务"为抓手，依托本市投资项目在线审批监管平台，大力推进建

设项目行政审批电子化。从施工图纸审查和办理施工许可证入手，逐步扩大网上审批的覆盖率，推进电子签章技术在建设项目行政审批业务中的应用，实现对项目审批和建设全过程监管。

四、优化完善技术评估环节

一是推行区域规划管理。在街区层面控制性详细规划编制过程中，同步开展节能评价、环境影响评价、水影响评价、交通影响评价、地震安全性评价、文物考古调查勘探等评价工作，各专项成果和评审结论纳入控制性详细规划的编制成果。已批复街区层面控制性详细规划的区域，不涉及重大规划调整的，一律不再重复开展上述评估审查工作。二是具体建设项目涉及节能评估、环境影响评价、水影响评价、交通影响评价等评价工作的，通过"多规合一"协同平台，在签订土地出让合同前由市规划国土委统筹各相关部门同步开展，按照规定完成相关审查评价并在项目建设期间通过平台加强事中事后监管。

五、构建施工图联合审查的工作机制

由市规划国土委牵头，将现有的施工图建筑审查、消防审查、人防审查等集中交由综合审查机构统一开展专业技术审查，各部门结果互认，联审之外再无审查。

六、建立全市统一的项目竣工联合验收机制

由市住房城乡建设委牵头，将建设工程竣工验收由原多个管理部门各自独立实施的专项竣工验收模式，转变为"统一平台、信息共享、集中验收、限时办结、统一确认"的"五位一体"验收模式，联验之外再无核验。

七、简化不动产登记办理程序

实现不动产登记、房屋交易、税收征管"一窗办理"，减化手续，减少重复收件。积极构建"互联网+不动产登记"体系，推行不动产登记网上办理，对可通过政府信息共享获取的要件，不再要求申请人提供。不动产登记办理时限压缩到1至5个工作日。对可以公开查询的土地及不动产登记信息，推行线上申请查询机制，提高获取土地和不动产相关信息便利程度。

八、提高市政公用服务效率和水平

在供水、供电、燃气、热力、排水、通信等市政公用基础设施接入环节推行"一站式"窗口服务，并联办理。供水、供电、燃气、热力、排水、通信等市政公用服务企业入驻政务服务大厅，公开办事流程，明确办理时间，为建设单位提供便利。市政公用基础设施接入报装由竣工后提前到施工许可证核发后办理。市政公用基础设施接入条件在工程施工阶段完成，建设工程竣工后直接办理验收和接入。

23.15 《湖南省单建式人民防空工程建设管理办法》（湘防办发〔2020〕7号，2020年6月1日起施行，有效期5年）

第三条 承担单建式人防工程勘察、设计、施工、监理、防护设备生产安装、检测、测绘的单位，应具备相应的资质。

第四条 单建式人防工程建设单位及其他参建单位应严格遵守国家保密法律法规，落实保密工作主体责任；单建式人防工程使用单位和其他有关单位或个人必须严格履行保密义务。

第五条 单建式人防工程项目选址和战时功能应当符合城市人防工程专项规划、国土空间规划及城市地下空间开发要求。

第九条　单建式人防工程建设应当按立项用地规划许可阶段、工程建设许可阶段、施工许可阶段及竣工验收阶段分别办理有关审批手续。

第十条　立项用地规划许可阶段依次履行以下基本程序，并办理相关手续：

（1）政府投资项目

建设单位向人防主管部门分别申报项目建议书和可行性研究报告，人防主管部门在受理项目建议书和可行性研究报告5个工作日内，出具初审意见，报发展改革主管部门办理立项阶段审批。

1. 市州、县市区政府投资的单建式人防工程项目，由项目所在地市州、县市区发展改革主管部门审批。

2. 省政府投资的单建式人防工程项目，由省发展改革主管部门审批。

（二）社会投资项目

建设单位申报投资项目报告书，人防主管部门在受理报告书5个工作日内，出具初审意见，报项目所在地发展改革主管部门办理备案手续。

自然资源部门按规定办理建设用地审批手续。

第十一条　工程建设许可阶段、施工许可阶段及竣工验收阶段的初步设计审查、质量与安全监督手续、开工报告手续和竣工验收备案审批权限按以下规定进行：

（一）2万平方米以下（含）的单建式人防工程项目（不含人防指挥所项目），由项目所在地市州、县市区人防主管部门审批；

（二）2万平方米以上的单建式人防工程项目和各级人防指挥所项目，按程序报省人防主管部门审批。

市州、县市人防主管部门自建项目报上级人防主管部门审批。

第十二条　工程建设许可阶段依次履行以下基本程序，并办理相关手续：

（一）人防主管部门组织专家和有关职能部门对项目初步设计文件进行技术审查。人防主管部门在建设单位将审查会材料准备齐全并报告人防主管部门后5个工作日内组织相关审查工作；

（二）建设单位和设计单位按照技术审查意见完善设计后，建设单位将审批材料报人防主管部门审批。人防主管部门在5个工作日内完成审批；

（三）自然资源主管部门依法办理建设工程规划许可。

第十三条　工程建设许可阶段应提交以下审批材料：

（一）初步设计文件审批表；

（二）设计合同或设计委托书或设计中标通知书；

（三）发展改革主管部门出具的可行性研究报告批复或备案文件；

（四）自然资源主管部门批准的总平面图、方案审查意见；

（五）自然资源主管部门出具的建设用地批准文件或国土证或划拨用地决定书；

（六）地质工程初步勘察报告；

（七）满足规定设计深度的初步设计文件；

（八）概算文本（仅政府投资项目提供）。

第十四条　施工许可阶段建设单位申报开工报告手续，应当提交以下材料：

（一）开工报告审批表；

（二）国有土地使用证；

（三）建设用地规划许可证；

（四）建设工程规划许可证；

（五）建筑施工、防护设备及监理中标通知书；

（六）初步设计文件批复；

（七）施工图审查意见及消防设计审查意见书；

（八）湖南省单建式人防工程项目开工安全生产条件审查申请报告；

（九）湖南省建筑施工开工安全生产条件承诺书；

（十）建设资金已经落实承诺书；

（十一）农民工工资保证金缴纳承诺书。

人防主管部门在有关材料齐全后，于5个工作日内办理相关手续。

第十五条 竣工验收阶段依次履行以下基本程序，并办理相关手续：

（一）建设单位组织相关部门和设计、施工、监理及人防质监机构等单位进行项目竣工验收，人防质监机构应在验收合格之日起5日内出具质量监督报告；

（二）通过竣工验收后，建设单位在15个工作日内按要求将有关资料报人防主管部门竣工备案；

（三）不动产登记部门按规定办理不动产确权登记。

第十六条 单建式人防项目申请竣工验收应当具备下列条件：

（一）工程主体按照设计文件要求建成，能够满足使用需要；

（二）自然资源、生态环境、消防等已按照有关规定依法确认或者专项竣工验收合格；

（三）项目档案资料齐全、完整，符合国家有关建设项目档案验收规定；

（四）法律、法规规定的其他条件。

第十七条 申报工程竣工验收备案，应当提交以下材料：

（一）备案登记申请书

（二）工程竣工验收备案表；

（三）工程竣工验收报告；

（四）自然资源、生态环境部门出具的认可或准许使用文件，住房和城乡建设部门出具的消防验收合格文件；

（五）施工单位、防护设备安装单位签署的工程质量保修书；

（六）防护设备安装质量检测报告；

（七）人防工程主体结构检测报告；

（八）工程质量监督报告；

（九）工程平战转换方案；

（十）全套工程竣工图纸。

人防主管部门在有关材料齐全后，于5个工作日内办理相关手续。未经竣工验收或验收不合格，工程不得交付使用。

第十八条 施工图设计文件应由具备相应施工图审查资格的机构进行审查（含消防

审查），出具施工图审查报告。建设单位应将施工图审查报告按项目分级管理原则报相应人防主管部门备案。住房和城乡建设主管部门应依据施工图审查报告出具消防设计审查意见书。

第十九条 人防工程施工图设计文件不得擅自修改，确需修改的，应当经原勘察、设计单位变更设计，或者经原勘察、设计单位书面同意，由建设单位委托其他具有相应资质的勘察、设计单位修改；需要作重大修改的，还应当由施工图审查机构审查合格后，报人防主管部门备案。

涉及工程战时功能、防护类别、防护等级、防化等级、建设规模、结构体系、施工工艺、主要设备等重要内容的施工图设计文件变更属于重大修改。

涉及自然资源、住房和城乡建设、生态环境等主管部门审批内容的施工图设计文件设计变更，建设单位应当按规定报原审批部门同意后方可实施。

第二十条 单建式人防工程项目的基坑工程是危险性较大的分部分项工程，建设单位、勘察单位、设计单位、施工单位、监理单位要按照《危险性较大的分部分项工程安全管理规定》规定（住房和城乡建设部令第37号）履行相应责任和义务。

建设单位应当组织勘察、设计等单位在施工招标文件中列出危大工程清单，要求施工单位在投标时补充完善危大工程清单并明确相应的安全管理措施。

勘察单位应当根据工程实际及工程周边环境资料，在勘察文件中说明地质条件可能造成的工程风险。

设计单位应当在设计文件中注明涉及危大工程的重点部位和环节，提出保障工程周边环境安全和工程施工安全的意见，必要时进行专项设计。

施工单位应当在工程施工前组织工程技术人员编制专项施工方案，对于超过一定规模的危大工程，要组织召开专家论证会对专项施工方案进行论证。

监理单位应当结合专项施工方案编制监理实施细则，并对工程施工实施专项巡视检查。

对于按照规定需要进行第三方监测的危大工程，建设单位应当委托具有相应勘察资质的单位进行监测；在申请办理安全监督手续时，应当提交危大工程清单及其安全管理措施等资料。监测单位应当编制监测方案并按照监测方案开展监测，及时向建设单位报送监测成果；发现异常时，及时向建设、设计、施工、监理单位报告。

23.16 《最高人民法院关于审理建设工程施工合同纠纷案件适用法律问题的解释（一）》（法释〔2020〕25号，2021年1月1日起施行）

第一条 建设工程施工合同具有下列情形之一的，应当依据民法典第一百五十三条第一款的规定，认定无效：

（一）承包人未取得建筑业企业资质或者超越资质等级的；

（二）没有资质的实际施工人借用有资质的建筑施工企业名义的；

（三）建设工程必须进行招标而未招标或者中标无效的。

承包人因转包、违法分包建设工程与他人签订的建设工程施工合同，应当依据民法典第一百五十三条第一款及第七百九十一条第二款、第三款的规定，认定无效。

第二条 招标人和中标人另行签订的建设工程施工合同约定的工程范围、建设工期、工程质量、工程价款等实质性内容，与中标合同不一致，一方当事人请求按照中标合同确定权利义务的，人民法院应予支持。

招标人和中标人在中标合同之外就明显高于市场价格购买承建房产、无偿建设住房配套设施、让利、向建设单位捐赠财物等另行签订合同，变相降低工程价款，一方当事人以该合同背离中标合同实质性内容为由请求确认无效的，人民法院应予支持。

第三条　当事人以发包人未取得建设工程规划许可证等规划审批手续为由，请求确认建设工程施工合同无效的，人民法院应予支持，但发包人在起诉前取得建设工程规划许可证等规划审批手续的除外。

发包人能够办理审批手续而未办理，并以未办理审批手续为由请求确认建设工程施工合同无效的，人民法院不予支持。

第四条　承包人超越资质等级许可的业务范围签订建设工程施工合同，在建设工程竣工前取得相应资质等级，当事人请求按照无效合同处理的，人民法院不予支持。

第五条　具有劳务作业法定资质的承包人与总承包人、分包人签订的劳务分包合同，当事人请求确认无效的，人民法院依法不予支持。

第六条　建设工程施工合同无效，一方当事人请求对方赔偿损失的，应当就对方过错、损失大小、过错与损失之间的因果关系承担举证责任。

损失大小无法确定，一方当事人请求参照合同约定的质量标准、建设工期、工程价款支付时间等内容确定损失大小的，人民法院可以结合双方过错程度、过错与损失之间的因果关系等因素作出裁判。

第七条　缺乏资质的单位或者个人借用有资质的建筑施工企业名义签订建设工程施工合同，发包人请求出借方与借用方对建设工程质量不合格等因出借资质造成的损失承担连带赔偿责任的，人民法院应予支持。

第十二条　因承包人的原因造成建设工程质量不符合约定，承包人拒绝修理、返工或者改建，发包人请求减少支付工程价款的，人民法院应予支持。

第十三条　发包人具有下列情形之一，造成建设工程质量缺陷，应当承担过错责任：

（一）提供的设计有缺陷；

（二）提供或者指定购买的建筑材料、建筑构配件、设备不符合强制性标准；

（三）直接指定分包人分包专业工程。

承包人有过错的，也应当承担相应的过错责任。

第十四条　建设工程未经竣工验收，发包人擅自使用后，又以使用部分质量不符合约定为由主张权利的，人民法院不予支持；但是承包人应当在建设工程的合理使用寿命内对地基基础工程和主体结构质量承担民事责任。

〔3〕【人民防空工程质量监督管理】

23.17《国务院、中央军委关于进一步推进人民防空事业发展的若干意见》（国发〔2008〕4号，2008年1月8日起施行）

（十一）加强人民防空工程质量监督管理。人民防空工程建设要严格执行国家规定的防护标准和质量标准，严格项目审批、设计审查、施工监理、质量监督和竣工验收管理。人民防空工程设计、监理和防护设备生产分别实行资质认定和市场准入制度。加强人民防空工程维护管理，落实安全管理制度，确保工程处于良好状态。

23.18《中华人民共和国刑法》（2020 年 12 月 26 日第十一次修正，2021 年 3 月 1 日起施行）

第一百三十七条　建设单位、设计单位、施工单位、工程监理单位违反国家规定，降低工程质量标准，造成重大安全事故的，对直接责任人员处五年以下有期徒刑或者拘役，并处罚金；后果特别严重的，处五年以上十年以下有期徒刑，并处罚金。

23.19《中华人民共和国建筑法》（2019 年 4 月 23 日第二次修正并施行）

第五十二条　建筑工程勘察、设计、施工的质量必须符合国家有关建筑工程安全标准的要求，具体管理办法由国务院规定。

有关建筑工程安全的国家标准不能适应确保建筑安全的要求时，应当及时修订。

第五十三条　国家对从事建筑活动的单位推行质量体系认证制度。从事建筑活动的单位根据自愿原则可以向国务院产品质量监督管理部门或者国务院产品质量监督管理部门授权的部门认可的认证机构申请质量体系认证。经认证合格的，由认证机构颁发质量体系认证证书。

第五十四条　建设单位不得以任何理由，要求建筑设计单位或者建筑施工企业在工程设计或者施工作业中，违反法律、行政法规和建筑工程质量、安全标准，降低工程质量。

建筑设计单位和建筑施工企业对建设单位违反前款规定提出的降低工程质量的要求，应当予以拒绝。

第五十五条　建筑工程实行总承包的，工程质量由工程总承包单位负责，总承包单位将建筑工程分包给其他单位的，应当对分包工程的质量与分包单位承担连带责任。分包单位应当接受总承包单位的质量管理。

第五十六条　建筑工程的勘察、设计单位必须对其勘察、设计的质量负责。勘察、设计文件应当符合有关法律、行政法规的规定和建筑工程质量、安全标准、建筑工程勘察、设计技术规范以及合同的约定。设计文件选用的建筑材料、建筑构配件和设备，应当注明其规格、型号、性能等技术指标，其质量要求必须符合国家规定的标准。

第五十七条　建筑设计单位对设计文件选用的建筑材料、建筑构配件和设备，不得指定生产厂、供应商。

第五十八条　建筑施工企业对工程的施工质量负责。

建筑施工企业必须按照工程设计图纸和施工技术标准施工，不得偷工减料。工程设计的修改由原设计单位负责，建筑施工企业不得擅自修改工程设计。

第五十九条　建筑施工企业必须按照工程设计要求、施工技术标准和合同的约定，对建筑材料、建筑构配件和设备进行检验，不合格的不得使用。

第六十条　建筑物在合理使用寿命内，必须确保地基基础工程和主体结构的质量。

建筑工程竣工时，屋顶、墙面不得留有渗漏、开裂等质量缺陷；对已发现的质量缺陷，建筑施工企业应当修复。

第六十一条　交付竣工验收的建筑工程，必须符合规定的建筑工程质量标准，有完整的工程技术经济资料和经签署的工程保修书，并具备国家规定的其他竣工条件。

建筑工程竣工经验收合格后，方可交付使用；未经验收或者验收不合格的，不得交付使用。

第六十二条　建筑工程实行质量保修制度。

建筑工程的保修范围应当包括地基基础工程、主体结构工程、屋面防水工程和其他土建工程，以及电气管线、上下水管线的安装工程，供热、供冷系统工程等项目；保修的期限应当按照保证建筑物合理寿命年限内正常使用，维护使用者合法权益的原则确定。具体的保修范围和最低保修期限由国务院规定。

第六十三条　任何单位和个人对建筑工程的质量事故、质量缺陷都有权向建设行政主管部门或者其他有关部门进行检举、控告、投诉。

23.20《中华人民共和国城市房地产管理法》(2019年8月26日第三次修正，2020年1月1日起施行)

第二十七条　房地产开发项目的设计、施工，必须符合国家有关标准和规范。

房地产开发项目竣工，经验收合格后，方可交付使用。

23.21《城市房地产开发经营管理条例》(2020年11月29日第五次修订并施行)

第十七条　房地产开发项目竣工，依照《建设工程质量管理条例》的规定验收合格后，方可交付使用。

23.22《建设工程质量管理条例》(2019年4月23日第二次修订并施行)

第三条　建设单位、勘察单位、设计单位、施工单位、工程监理单位依法对建设工程质量负责。

第五条　从事建设工程活动，必须严格执行基本建设程序，坚持先勘察、后设计、再施工的原则。

县级以上人民政府及其有关部门不得超越权限审批建设项目或者擅自简化基本建设程序。

第六条　国家鼓励采用先进的科学技术和管理方法，提高建设工程质量。

第七条　建设单位应当将工程发包给具有相应资质等级的单位。

建设单位不得将建设工程肢解发包。

第八条　建设单位应当依法对工程建设项目的勘察、设计、施工、监理以及与工程建设有关的重要设备、材料等的采购进行招标。

第九条　建设单位必须向有关的勘察、设计、施工、工程监理等单位提供与建设工程有关的原始资料。

原始资料必须真实、准确、齐全。

第十条　建设工程发包单位不得迫使承包方以低于成本的价格竞标，不得任意压缩合理工期。

建设单位不得明示或者暗示设计单位或者施工单位违反工程建设强制性标准，降低建设工程质量。

第十一条　施工图设计文件审查的具体办法，由国务院建设行政主管部门会同国务院其他有关部门制定。

施工图设计文件未经审查批准的，不得使用。

第十二条　实行监理的建设工程，建设单位应当委托具有相应资质等级的工程监理单位进行监理，也可以委托具有工程监理相应资质等级并与被监理工程的施工承包单位没有隶属关系或者其他利害关系的该工程的设计单位进行监理。

下列建设工程必须实行监理：

（一）国家重点建设工程；

（二）大中型公用事业工程；

（三）成片开发建设的住宅小区工程；

（四）利用外国政府或者国际组织贷款、援助资金的工程；

（五）国家规定必须实行监理的其他工程。

第十六条　建设单位收到建设工程竣工报告后，应当组织设计、施工、工程监理等有关单位进行竣工验收。

建设工程竣工验收应当具备下列条件：

（一）完成建设工程设计和合同约定的各项内容；

（二）有完整的技术档案和施工管理资料；

（三）有工程使用的主要建筑材料、建筑构配件和设备的进场试验报告；

（四）有勘察、设计、施工、工程监理等单位分别签署的质量合格文件；

（五）有施工单位签署的工程保修书。

建设工程经验收合格的，方可交付使用。

第十八条　从事建设工程勘察、设计的单位应当依法取得相应等级的资质证书，并在其资质等级许可的范围内承揽工程。

禁止勘察、设计单位超越其资质等级许可的范围或者以其他勘察、设计单位的名义承揽工程。禁止勘察、设计单位允许其他单位或者个人以本单位的名义承揽工程。

勘察、设计单位不得转包或者违法分包所承揽的工程。

第十九条　勘察、设计单位必须按照工程建设强制性标准进行勘察、设计，并对其勘察、设计的质量负责。

注册建筑师、注册结构工程师等注册执业人员应当在设计文件上签字，对设计文件负责。

第二十条　勘察单位提供的地质、测量、水文等勘察成果必须真实、准确。

第二十一条　设计单位应当根据勘察成果文件进行建设工程设计。

设计文件应当符合国家规定的设计深度要求，注明工程合理使用年限。

第二十二条　设计单位在设计文件中选用的建筑材料、建筑构配件和设备，应当注明规格、型号、性能等技术指标，其质量要求必须符合国家规定的标准。

除有特殊要求的建筑材料、专用设备、工艺生产线等外，设计单位不得指定生产厂、供应商。

第二十三条　设计单位应当就审查合格的施工图设计文件向施工单位作出详细说明。

第二十四条　设计单位应当参与建设工程质量事故分析，并对因设计造成的质量事故，提出相应的技术处理方案。

第二十五条　施工单位应当依法取得相应等级的资质证书，并在其资质等级许可的范围内承揽工程。

禁止施工单位超越本单位资质等级许可的业务范围或者以其他施工单位的名义承揽工程。禁止施工单位允许其他单位或者个人以本单位的名义承揽工程。

施工单位不得转包或者违法分包工程。

第二十六条 施工单位对建设工程的施工质量负责。

施工单位应当建立质量责任制，确定工程项目的项目经理、技术负责人和施工管理负责人。

建设工程实行总承包的，总承包单位应当对全部建设工程质量负责；建设工程勘察、设计、施工、设备采购的一项或者多项实行总承包的，总承包单位应当对其承包的建设工程或者采购的设备的质量负责。

第二十七条 总承包单位依法将建设工程分包给其他单位的，分包单位应当按照分包合同的约定对其分包工程的质量向总承包单位负责，总承包单位与分包单位对分包工程的质量承担连带责任。

第二十八条 施工单位必须按照工程设计图纸和施工技术标准施工，不得擅自修改工程设计，不得偷工减料。

施工单位在施工过程中发现设计文件和图纸有差错的，应当及时提出意见和建议。

第二十九条 施工单位必须按照工程设计要求、施工技术标准和合同约定，对建筑材料、建筑构配件、设备和商品混凝土进行检验，检验应当有书面记录和专人签字；未经检验或者检验不合格的，不得使用。

第三十四条 工程监理单位应当依法取得相应等级的资质证书，并在其资质等级许可的范围内承担工程监理业务。

禁止工程监理单位超越本单位资质等级许可的范围或者以其他工程监理单位的名义承担工程监理业务。禁止工程监理单位允许其他单位或者个人以本单位的名义承担工程监理业务。

工程监理单位不得转让工程监理业务。

第三十五条 工程监理单位与被监理工程的施工承包单位以及建筑材料、建筑构配件和设备供应单位有隶属关系或者其他利害关系的，不得承担该项建设工程的监理业务。

第三十六条 工程监理单位应当依照法律、法规以及有关技术标准、设计文件和建设工程承包合同，代表建设单位对施工质量实施监理，并对施工质量承担监理责任。

第三十九条 建设工程实行质量保修制度。

建设工程承包单位在向建设单位提交工程竣工验收报告时，应当向建设单位出具质量保修书。质量保修书中应当明确建设工程的保修范围、保修期限和保修责任等。

第四十条 在正常使用条件下，建设工程的最低保修期限为：

（一）基础设施工程、房屋建筑的地基基础工程和主体结构工程，为设计文件规定的该工程的合理使用年限；

（二）屋面防水工程、有防水要求的卫生间、房间和外墙面的防渗漏，为5年；

（三）供热与供冷系统，为2个采暖期、供冷期；

（四）电气管线、给排水管道、设备安装和装修工程，为2年。

其他项目的保修期限由发包方与承包方约定。

建设工程的保修期，自竣工验收合格之日起计算。

第四十一条 建设工程在保修范围和保修期限内发生质量问题的，施工单位应当履行保修义务，并对造成的损失承担赔偿责任。

第四十二条 建设工程在超过合理使用年限后需要继续使用的，产权所有人应当委托具有相应资质等级的勘察、设计单位鉴定，并根据鉴定结果采取加固、维修等措施，重新界定使用期。

第四十三条　国家实行建设工程质量监督管理制度。

国务院建设行政主管部门对全国的建设工程质量实施统一监督管理。国务院铁路、交通、水利等有关部门按照国务院规定的职责分工，负责对全国的有关专业建设工程质量的监督管理。

县级以上地方人民政府建设行政主管部门对本行政区域内的建设工程质量实施监督管理。县级以上地方人民政府交通、水利等有关部门在各自的职责范围内，负责对本行政区域内的专业建设工程质量的监督管理。

第四十四条　国务院建设行政主管部门和国务院铁路、交通、水利等有关部门应当加强对有关建设工程质量的法律、法规和强制性标准执行情况的监督检查。

第四十六条　建设工程质量监督管理，可以由建设行政主管部门或者其他有关部门委托的建设工程质量监督机构具体实施。

从事房屋建筑工程和市政基础设施工程质量监督的机构，必须按照国家有关规定经国务院建设行政主管部门或者省、自治区、直辖市人民政府建设行政主管部门考核；从事专业建设工程质量监督的机构，必须按照国家有关规定经国务院有关部门或者省、自治区、直辖市人民政府有关部门考核。经考核合格后，方可实施质量监督。

第四十七条　县级以上地方人民政府建设行政主管部门和其他有关部门应当加强对有关建设工程质量的法律、法规和强制性标准执行情况的监督检查。

第四十八条　县级以上人民政府建设行政主管部门和其他有关部门履行监督检查职责时，有权采取下列措施：

（一）要求被检查的单位提供有关工程质量的文件和资料；

（二）进入被检查单位的施工现场进行检查；

（三）发现有影响工程质量的问题时，责令改正。

第四十九条　建设单位应当自建设工程竣工验收合格之日起 15 日内，将建设工程竣工验收报告和规划、公安消防、环保等部门出具的认可文件或者准许使用文件报建设行政主管部门或者其他有关部门备案。

建设行政主管部门或者其他有关部门发现建设单位在竣工验收过程中有违反国家有关建设工程质量管理规定行为的，责令停止使用，重新组织竣工验收。

第五十条　有关单位和个人对县级以上人民政府建设行政主管部门和其他有关部门进行的监督检查应当支持与配合，不得拒绝或者阻碍建设工程质量监督检查人员依法执行职务。

第五十一条　供水、供电、供气、公安消防等部门或者单位不得明示或者暗示建设单位、施工单位购买其指定的生产供应单位的建筑材料、建筑构配件和设备。

第五十二条　建设工程发生质量事故，有关单位应当在 24 小时内向当地建设行政主管部门和其他有关部门报告。对重大质量事故，事故发生地的建设行政主管部门和其他有关部门应当按照事故类别和等级向当地人民政府和上级建设行政主管部门和其他有关部门报告。

特别重大质量事故的调查程序按照国务院有关规定办理。

第五十三条　任何单位和个人对建设工程的质量事故、质量缺陷都有权检举、控告、投诉。

23.23《建设工程安全生产管理条例》（2004年2月1日起施行）

第三条　建设工程安全生产管理，坚持安全第一、预防为主的方针。

第四条　建设单位、勘察单位、设计单位、施工单位、工程监理单位及其他与建设工程安全生产有关的单位，必须遵守安全生产法律、法规的规定，保证建设工程安全生产，依法承担建设工程安全生产责任。

23.24《人民防空工程质量监督管理规定》（国人防〔2010〕288号，2010年7月23日起施行）

第二条　本规定适用于新建、改建、扩建和加固改造的人防工程质量监督工作。

人防工程质量监督包括对单独修建的地下防护工程（单建式人防工程）、结合民用建筑修建的防空地下室（附建式人防工程）、兼顾人民防空要求的地下工程（兼顾工程）的质量监督。

第三条　人防工程质量监督是人民防空主管部门或者其委托的人防工程质量监督机构根据国家有关法律、法规和人防工程建设强制性标准，对人防工程责任主体履行质量责任的行为、工程实体质量和防护设备质量进行监督检查的行政执法行为。

第四条　人防工程建设、勘察、设计、监理、施工、人防工程防护设备生产安装企业和防护设备质量检测机构，必须遵守人防工程建设管理有关规定，依法承担人防工程建设质量责任，依照本规定接受质量监督检查。

第五条　国家人民防空办公室负责全国人防工程质量监督管理工作，省、自治区、直辖市和人民防空重点城市人民防空主管部门负责本行政区域内的人防工程质量监督管理工作。

第六条　人防工程质量监督机构应按照国家有关法律、法规、人防工程建设强制性标准及设计文件，对单建式人防工程负责全面的质量监督；对附建式人防工程和兼顾工程负责防护方面的质量监督。防护方面包括：防护结构，孔口防护设施，防化、防电磁脉冲、隔振设备，战时使用的通风、给排水、电器、通信设备管道，平战功能转换措施等。

第七条　国家人防工程质量监督机构（国家人防工程质量监督站）在国家人民防空办公室领导下，具体组织实施全国人防工程质量监督工作，履行以下职责：

（一）贯彻国家有关人防工程质量监督管理的法律、法规和政策规定，制定人防工程质量监督工作的规定和办法；

（二）对各地人防工程质量监督机构进行业务指导；

（三）负责人防工程质量监督工程师和质量监督员的培训考核工作；

（四）参与人防工程重大质量事故的调查和处理；

（五）掌握人防工程质量动态，组织交流人防工程质量监督工作经验；

（六）承担国家人民防空办公室赋予的其他任务。

第八条　省、自治区、直辖市和人民防空重点城市人防工程质量监督机构（人防工程质量监督站）在本级人民防空主管部门领导下，负责本行政区内人防工程质量监督工作，履行以下职责：

（一）贯彻国家有关人防工程质量监督管理的法律、法规和政策规定，制定本地区人防工程质量监督工作实施细则；

（二）监督检查参建人防工程的勘察、设计、监理、施工单位和防护设备生产安装企业以及防护设备质量检测机构履行质量责任的行为；

（三）监督检查受监人防工程实体质量、防护设备质量和工程资料；

（四）参与本地区人防工程质量事故的调查和处理；

（五）掌握人防工程质量状况，定期向人民防空主管部门报告；

（六）承担人民防空主管部门赋予的其他任务。

第九条　人防工程建设单位应在申请领取施工许可证前，按规定向人防工程质量监督机构申请办理工程质量监督手续，提交下列资料：

（一）人民防空主管部门批准的有关文件；

（二）监理、施工中标通知书和合同；

（三）勘察、设计、监理、施工等单位的资质等级证书；

（四）工程地质勘察报告、施工图设计及其审查文件；

（五）其他规定的文件资料。

第十条　对建设单位提交的资料，人防工程质量监督机构应在 5 个工作日内审核完毕；对符合规定的，应当发给人防工程质量监督受理书和监督方案。

第十一条　人防工程质量监督机构应当对建设、勘察、设计、监理、施工单位（含人防工程防护设备生产安装企业）的质量行为进行监督。

（一）对建设单位质量行为的监督：

1. 工程项目审批手续齐全；

2. 按规定进行施工图设计文件审查；

3. 按规定委托监理单位；

4. 无干扰监理正常工作、肢解发包的行为；无明示或者暗示勘察、设计、监理、施工单位违反人防工程建设标准，降低工程质量行为；

5. 及时收集整理人防工程建设项目的文件资料，建立健全建设项目档案；

6. 按规定组织竣工验收及竣工验收备案。

（二）对勘察、设计单位质量行为的监督：

1. 所承担的任务与其资质相符，无超越、转包或违法分包承揽工程行为；

2. 工程项目勘察、设计业务的承接有完整的手续和合同；

3. 主要项目负责人执业资格证书与承担任务相符，出具的勘察报告和施工图的质量、深度符合规定要求，签字、出图手续齐全；

4. 无非法指定材料、设备的生产厂家、供应商行为。

（三）对监理单位质量行为的监督：

1. 所承担的任务与其资质相符，监理的工程项目有监理委托手续及合同，监理人员资格证书与承担任务相符；

2. 工程项目的监理机构专业人员配套，责任制落实；

3. 制定监理细则，并按照监理细则进行监理；

4. 现场采取旁站、巡视和平行检验等形式进行监理；

5. 无非法指定材料和设备的生产厂家、供应商行为;

6. 对现场发现使用不合格材料、构配件、设备的现象和发生质量事故,做到及时督促、配合有关单位调查处理,并向建设单位和人防工程质量监督机构报告;

7. 按照国家相关标准规范,对分项工程及时进行验收签认;

8. 监理细则、监理日记、监理月报等档案资料齐全、真实。

(四) 对施工单位质量行为的监督:

1. 所承担的任务与其资质相符,有施工承包手续及合同;

2. 项目经理、技术负责人、质检员等专业技术管理人员配套,并有相应的资格及上岗证书;

3. 有经过批准的施工组织设计或施工方案并能贯彻执行;

4. 严格按照人防工程设计文件和施工技术标准施工;

5. 按规定选用和安装人防工程专用设备;

6. 及时整理工程质量控制资料,做到真实、完整;

7. 按有关规定进行各种检测,对工程施工中出现的质量事故及时如实上报和认真处理;

8. 无违法分包、转包工程项目的行为。

第十二条 人防工程质量监督机构对人防工程实体质量监督应当遵守以下规定:

(一) 对工程实体质量的监督采取巡回检查和对关键部位重点监督相结合的方式;

(二) 重点监督主体结构质量和防护设备的制作安装质量;

(三) 检查工程质量检验评定等施工技术资料;

(四) 实体质量检查要辅以必要的监督检测。

第十三条 人防工程竣工验收实行备案制。人防工程竣工验收由建设单位组织,人防工程质量监督机构对人防工程竣工验收履行监督责任。人防工程验收合格后 15 个工作日内,建设单位应将竣工备案材料报送人防主管部门备案。

第十四条 人防工程质量监督机构应当对人防工程竣工验收履行下列监督责任:

(一) 对竣工验收的组织、程序、内容进行监督;

(二) 审查施工单位出具的人防工程质量竣工报告、勘察设计单位出具的人防工程质量检查报告、监理单位出具的人防工程质量评估报告;

(三) 对工程实体质量抽查和工程观感质量验收情况进行监督;

(四) 对工程质量检验评定资料进行监督检查;

(五) 对工程质量评定等级及质量问题的整改意见进行监督。

第十五条 人防工程质量监督机构应当在人防工程竣工验收合格后 7 个工作日内,向人民防空主管部门提交工程质量监督报告。

质量监督报告应当包括以下内容:

(一) 工程概况和监督工作概况;

(二) 对责任主体质量行为及执行人防工程建设强制性标准的检查情况;

(三) 工程实体和防护设备质量监督抽查情况;

(四) 工程质量技术档案盒施工管理资料抽查情况;

(五) 工程质量问题的整改和质量事故处理情况;

（六）质量责任主体及相关人员的不良记录；

（七）工程质量竣工验收监督记录；

（八）对工程竣工验收备案的建议。

第十六条　人民防空主管部门应当加强对人防工程建设质量的法律、法规和人防工程建设强制性标准执行情况的监督检查。

第十七条　人民防空主管部门发现建设单位在竣工验收过程中有违反国家有关建设工程质量管理规定行为的，责令其工程停止使用，重新组织竣工验收；未经验收，工程不得交付使用；验收不合格的，责令限期整改，整改后仍不合格的，建设单位应当按照人防工程面积和规定标准易地建设或缴纳易地建设费。

第十八条　人防工程质量监督机构履行监督检查职责时，有权采取下列措施：

（一）要求被检查单位提供有关工程质量的文件和资料；

（二）对未办理人防工程质量监督手续擅自开工建设的，可责令建设单位停止施工，限期办理手续，并按照有关规定进行处罚；

（三）进入被检查单位的施工现场进行检查；

（四）发现有影响工程质量的问题时，责令改正，情节严重的可责令局部停工整顿；

（五）对不按有关规定和技术标准进行建设、设计、监理和施工的，可按照有关规定进行处罚。

第十九条　人防工程质量监督人员因玩忽职守、滥用职权、徇私舞弊而造成重大质量事故的，由其所在单位或上级主管部门依法给予行政处分；构成犯罪的，由司法机关依法追究刑事责任。

23.25《江苏省人民防空工程建设使用规定》（2020年1月1日起施行）

第十八条　人防工程实行专业质量监督制度。人防工程质量监督机构对单独修建的地下防护建筑负责全面的质量监督，对防空地下室工程以及兼顾人民防空需要的地下工程的防护开展质量监督，并对人防工程竣工验收的组织、程序、内容等进行监督。

23.26《北京市人民防空工程质量监督管理规定》（2019年10月12日修订，2019年12月1日起施行）

第三条　本规定所称人防工程质量监督管理，是指人民防空主管部门或由其委托的人防工程质量监督机构依据国家相关法律、法规和人防工程建设强制性标准，对人防工程实体质量与人防工程建设、设计、施工、监理单位和人防工程专用设备生产安装企业、质量检测等单位的人防工程质量行为实施监督。

本规定所称人防工程实体质量监督，是指人民防空主管部门或由其委托的人防工程质量监督机构对涉及人防工程防护结构安全和人防工程主要使用功能的工程实体质量实施监督。

本规定所称人防工程质量行为监督，是指人民防空主管部门或由其委托的人防工程质量监督机构对人防工程建设、设计、施工、监理单位和人防工程专用设备生产安装企业、质量检测等单位履行法定质量责任和义务的情况实施监督。

第四条　市人民防空主管部门负责全市人防工程质量监督管理工作。

市人防工程质量监督机构受市人民防空主管部门委托负责人防工程质量监督工作，指导各区人民防空主管部门开展质量监督工作。

各区人民防空主管部门负责由其审批的人防工程质量监督工作，配合市人防工程质量监督机构对本行政区域内其它人防工程质量进行监督。

本规定中市人防工程质量监督机构和各区人民防空主管部门，以下合称人防工程质量监督部门。

第五条 人防工程质量监督执法人员，应熟悉掌握相关法律法规和工程建设强制性标准，具有良好职业道德和一定的组织协调能力，坚持依法行政，坚持监督与服务相结合。

第六条 人防工程建设、设计、施工、监理单位和人防工程专用设备生产安装企业、质量检测等单位，应当依照人防工程建设管理有关法律、法规、工程建设标准从事建设活动，依法承担人防工程质量责任，接受人防工程质量监督人员的监督执法检查。

第七条 人防工程质量监督部门依据国家和本市有关法律、法规和人防工程建设强制性标准及设计文件，对人防工程的防护结构、孔口防护设施施工质量，防化、防电磁脉冲、隔振设备以及战时使用的通风、给排水、电气、通信设备管道安装施工质量，平战功能转换措施等实施质量监督。

第八条 人防工程质量监督执法工作包括下列内容：

（一）人防工程建设有关单位执行法律、法规和人防工程建设强制性标准的情况；

（二）抽查、抽测涉及人防工程防护结构安全和人防工程主要使用功能的工程实体质量；

（三）抽查人防工程建设、设计、施工、监理单位和人防工程专用设备生产安装企业、质量检测等单位的人防工程质量行为；

（四）抽查、抽测人防工程主要建筑材料、建筑构配件和人防工程专用设备的质量；

（五）对人防工程竣工验收进行监督；

（六）组织或者参与人防工程质量事故的调查处理；

（七）依法对违法违规行为实施行政处罚。

第九条 对人防工程实体质量的监督主要包括下列内容：

（一）主要建筑材料、人防工程专用设备产品质量；

（二）人防工程防护结构施工质量；

（三）人防工程出入口、通道及管理用房施工质量；

（四）人防工程孔口防护设备安装质量；

（五）人防工程通风、给排水、电气设备安装质量；

（六）与人防工程防护功能有关的管道、预留预埋件的安装、防护及封堵质量；

（七）人防工程平战功能转换措施情况；

（八）主要建筑材料、人防工程专用设备产品的质量证明文件和相关质量控制资料。

第十条 人防工程建设、设计、施工、监理单位和人防工程专用设备生产安装企业、质量检测等单位，在人防工程建设过程中，应当按照《建设工程质量管理条例》《北京市建设工程质量条例》等法律、法规的相关规定，履行质量责任和义务，落实质量行为。

人防工程质量监督部门应加强对人防工程建设、设计、施工、监理单位和人防工程专用设备生产安装企业、质量检测等单位履行质量责任和义务、落实质量行为情况的监督。

第十一条 对建设单位质量行为的监督主要包括下列内容:

(一) 执行法律、法规和人防工程建设强制性标准的情况;

(二) 按人防工程施工图组织建设的情况;

(三) 改变或影响人防工程平战功能设计变更的办理情况;

(四) 对采购的人防工程专用设备组织到货检验的情况;

(五) 依法组织参建单位进行人防工程竣工验收的情况。

第十二条 对设计单位质量行为的监督主要包括下列内容:

(一) 执行法律、法规和人防工程建设强制性标准的情况;

(二) 参加人防工程有关分部和竣工验收的情况;

(三) 对人防工程设计变更文件进行检查,出人防工程质量检查报告的情况;

(四) 参与人防工程质量事故分析和对因设计造成的质量事故出技术处理方案的情况。

第十三条 对监理单位质量行为的监督主要包括下列内容:

(一) 执行法律、法规和人防工程建设强制性标准的情况;

(二) 对人防工程主要建筑材料、专用设备组织进场检验的情况;

(三) 对人防工程专项施工组织设计或施工方案进行审查的情况;

(四) 依据法律、法规、规范、标准组织人防工程检查和验收的情况;

(五) 参加人防工程有关分部和竣工验收的情况,出人防工程质量评估报告的 情况。

第十四条 对施工单位质量行为的监督主要包括下列内容:

(一) 执行法律、法规和人防工程建设强制性标准的情况;

(二) 按照人防施工图设计文件施工的情况;

(三) 人防工程专项施工组织设计或施工方案的实施情况;

(四) 使用合格的人防工程主要建筑材料、专用设备的情况;

(五) 施工技术标准、强制性条文的执行情况;

(六) 依据法律、法规、规范、标准,组织人防工程自验和报请验收的情况;

(七) 对人防工程分包单位管理的情况;

(八) 参加人防工程有关分部和竣工验收的情况,出人防工程竣工报告的情况;

(九) 及时报告人防工程质量事故的情况。

第十五条 对人防工程专用设备生产安装企业质量行为的监督主要包括下列内容:

(一) 执行法律、法规和人防工程建设强制性标准的情况;

(二) 人防工程专用设备施工方案的实施情况;

(三) 人防工程专用设备检查验收和提供产品质量证明文件的情况;

(四) 施工技术标准、强制性条文的执行情况;

(五) 依据法律、法规、规范、标准,组织人防工程专用设备自验和报请验收的情况。

第十六条 对人防工程质量检测机构质量行为的监督主要包括下列内容:

(一) 执行国家、行业和本市规定及标准的情况;

(二) 将不合格检测项目及时上报的情况;

(三) 出具真实、准确、有效检测报告的情况。

第十七条　人防工程建设单位在取得施工许可手续后，应及时登录北京市人防工程信息管理平台，与人防工程质量监督部门建立工作联系。

第十八条　人防工程质量监督部门对人防工程实施质量监督，应当依照下列程序进行：

（一）收集人防工程质量监督相关信息，形成《北京市人防工程质量监督信息表》（附件1）；向建设单位发放《北京市人防工程质量监督告知书》（附件2）（建设单位登录北京市人防工程信息管理平台下载并签收《北京市人防工程质量监督告知书》）；

（二）制订人防工程质量监督工作计划并组织实施；

（三）对人防工程实体质量与人防工程建设、设计、施工、监理单位和人防工程专用设备生产安装企业、质量检测等单位的人防工程质量行为进行抽查、抽测；

（四）监督人防工程竣工验收；

（五）形成人防工程质量监督报告；

（六）建立人防工程质量监督档案。

第十九条　人防工程质量监督部门应在第一次监督检查时，组织相关参建单位召开首次人防工程质量监督工作会，了解人防工程实际情况，检查相关参建单位质量管理组织机构和管理制度建立情况以及管理人员到岗情况，提出人防工程质量监督工作要求，形成《首次监督工作会议记录》（附件3）。

第二十条　人防工程质量监督部门应根据人防工程类别、特点及实际施工进度，编制《人防工程质量监督工作计划》（附件4）。监督工作计划中应当明确监督工作责任科室、监督依据、主要监督内容等。

人防工程质量监督部门遇到下列情况时，应根据实际情况，对监督工作计划适时进行调整：

（一）在监督工作计划实施过程中，质量监督的工作量、工作内容、监督力量等发生变化；

（二）在监督抽查过程中，遇到工程实际情况与计划内容严重不符，无法按照计划内容进行监督抽查。

第二十一条　人防工程质量监督部门应当委派2名以上监督人员按照监督工作计划和实际需要，对人防工程施工现场实施监督检查，形成《北京市人防工程质量监督检查情况表》（附件5）。人防工程质量监督部门实施人防工程监督检查时，有权采取下列措施：

（一）进入被检查单位的施工现场进行检查；

（二）要求被检查单位提供有关人防工程质量的文件和资料；

（三）发现人防工程质量责任主体违反相关法律法规和人防工程建设强制性标准，或不履行质量主体责任的，责令改正，依法予以查处。

（四）发现有影响人防工程质量的问题时，责令责任单位改正，必要时委托具有相应资质的检测单位进行检测鉴定。

监督人员进入施工现场检查实施监督检查时，应当主动向人防工程质量责任主体出示有效执法证件。

第二十二条　人防工程质量监督部门结合双随机工作，以抽查、抽测为主要方式实施人防工程质量监督工作。重点加强对人防门框墙体钢筋、人防门框安装、设备管道管线预埋施工、人防孔口结构、人防工程专用设备设施安装施工和人防工程竣工验收等环节的监督检查。

人防工程质量监督部门应加强对重点人防工程的质量监督检查。

人防工程质量监督部门对存在不良行为的失信企业，加大监督检查力度。

第二十三条　人防工程质量监督部门应当建立监督抽测制度，委托有资质的质量检测单位，对人防工程实体质量和人防工程专用设备等项目进行抽样检测。

对检测不合格的情况，人防工程质量监督部门应当督促责任单位按相关规定进行处理。

第二十四条　人防工程质量监督部门检查发现下列违法违规情形时，应当责令责任单位立即整改，依法进行查处，并向同级人民防空主管部门报告。整改合格后，人防工程质量监督部门应当进行复查，并形成《复查情况表》（附件6）。

（一）施工现场存在涉及人防防护功能且违反人防工程建设强制性标准的人防工程实体质量问题的；

（二）人防工程实体质量、人防工程专用设备检测不合格情况涉及人防防护功能的。

第二十五条　人防工程质量监督部门收到监理单位报告的人防工程质量监理情况后，对报告中涉及第二十四条所列的违法违规情形，应当进行核查并依法处理。

第二十六条　人防工程的竣工验收及其监督应当遵守《北京市人民防空工程竣工验收办法》的规定。

人防工程质量监督部门对人防工程竣工验收进行监督时，应当对人防工程竣工验收的组织形式、验收程序、执行验收标准等情况进行现场监督，并现场形成《北京市人防工程竣工验收监督检查情况表》（附件7），发现有违反人防工程质量管理规定行为的，责令改正，并将对人防工程竣工验收的监督情况作为人防工程质量监督报告的主要内容。

对市人防工程质量监督机构监督验收的工程，工程所在区人民防空主管部门应派出人员进行配合。对区人民防空主管部门监督验收的工程，市人防工程质量监督机构应给予指导。

第二十七条　有下列情形之一的，人防工程质量监督部门对该人防工程终止质量监督工作计划，并向建设单位出具《终止人防工程质量监督工作计划告知书》（附件8）：

（一）工程质量竣工验收合格，但超过6个月未对该工程所含人防工程组织竣工验收的；

（二）工程竣工验收合格，但超过6个月未对该工程所含人防工程组织竣工验收的；

（三）含有人防工程的工程未组织工程竣工验收已投入使用的；

（四）工程项目实体不复存在的。

终止人防工程质量监督工作计划后，人防工程质量监督部门应当依法查处发现的违法违规行为，并在人防工程质量监督报告中记录终止人防工程质量监督工作计划情况。

对于已出具《终止人防工程质量监督工作计划告知书》的人防工程，当其具备竣工验收条件时，建设单位应按规定组织该人防工程的竣工验收。人防工程质量监督部门在收到建设单位提报的人防工程竣工验收告知书后，安排人员对该人防工程的竣工验收进行监督。

第二十八条　人防工程质量监督部门应当在人防工程竣工验收合格之日或终止人防

工程质量监督工作计划之日起 5 个工作日内，形成人防工程质量监督报告。

第二十九条 人防工程质量监督工作自获取建设工程施工许可信息，形成《北京市人防工程质量监督信息表》开始，到出具人防工程质量监督报告结束。

第三十条 人防工程质量监督部门应当自出具人防工程质量监督报告之日起 15 个工作日内，按照相关规定将人防工程质量监督档案归档。其中，涉密的人防工程质量监督档案，应按有关保密规定执行。

第三十一条 人防工程质量监督部门应当在质量监督工作中，利用北京市人防工程信息管理平台，动态记录人防工程质量监督情况。

第三十二条 人防工程质量监督部门应当建立健全人防工程质量投诉举报处理工作机制，对人防工程有关单位违法违规行为和人防工程质量问题的投诉举报及时调查、处理。

第三十三条 人防工程建设、设计、监理、施工单位和人防工程专用设备生产安装企业、质量检测机构，在人民防空专业工程建设中发生相关违法违规情况的，由人民防空主管部门依法进行处罚。

对人防工程相关质量责任主体或个人的失信不良行为，按照诚信体系建设的相关要求，将其列入不良行为记录或黑名单。

第三十四条 监督人员有下列玩忽职守、滥用职权、徇私舞弊等情形，构成犯罪的，依法追究刑事责任；尚不构成犯罪的，由其所在单位或上级主管部门依法给予行政处分：

（一）发现人防工程质量违法违规行为不予查处的；

（二）在监督过程中，索取或者接受他人财物，或者谋取其他利益的；

（三）对涉及人防工程质量问题的举报、投诉不处理的等。

第三十五条 人防工程质量监督部门和监督人员应当依法承担工程质量监督责任。但已依法履行人防工程质量监督职责，有下列情形之一的，人防工程质量监督部门和监督人员不承担责任：

（一）对发现的人防工程质量违法行为和质量隐患已经依法查处，人防工程质量责任主体在整改期间拒不执行人防工程质量监管指令发生质量问题或质量事故的；

（二）人防工程质量责任主体弄虚作假，限于现有的技术力量和监督手段无法发现，致使无法作出正确执法行为的；

（三）按照人防工程质量监督工作计划已经履行监督职责的。

23.27《北京市人民防空工程竣工验收办法》（京人防发〔2019〕4 号，2019 年 3 月 1 日起施行）

第四条 人防工程竣工验收前，各有关单位应当完成以下工作：

（一）施工单位在人防工程完工后对人防工程质量进行了检查，确认人防工程质量符合相关法律、法规和技术标准，符合设计文件及合同要求，并提出人防工程竣工报告。人防工程竣工报告已经项目经理和施工单位有关负责人审核签认，并加盖执业人员印章和单位公章；

（二）对于委托监理的人防工程，在收到施工单位提交的人防工程竣工报告后，总监理工程师应当按照规范要求组织人防工程质量竣工预验收。预验收合格后，总监理工程师应当及时在施工单位提交的人防工程竣工报告上签署意见，并提出人防工程质量评估报告。人防工程质量评估报告已经总监理工程师和监理单位有关负责人审核签认，并加盖执业人员印章和单位公章；

（三）设计单位对相关设计文件及施工过程中的设计变更文件进行了检查，并提出人防工程质量检查报告。人防工程质量检查报告已经该项目设计负责人和设计单位有关负责人审核签认，并加盖执业人员印章和单位公章。

（四）建设单位在收到设计、施工、监理单位各自提交的验收合格报告后，应当按照规范要求组织人防工程质量竣工验收，并形成人防工程质量竣工验收记录。

第五条 人防工程竣工验收应当具备下列条件：

（一）人防工程质量监督部门要求整改的质量问题全部整改完毕；

（二）人防工程已按施工图设计文件施工完成；

（三）有完整的人防工程竣工图纸；

（四）已按规定完成人防工程建筑面积测绘；

（五）有完整的人防工程施工质量控制资料；

（六）人防工程质量竣工验收合格；

（七）有人防工程质量保修书；

（八）已完成人防工程移交预验收，并形成人防工程移交意向书；

（九）对于涉及易地建设的工程，有人防工程易地建设缴费证明。

第六条 人防工程具备竣工验收条件后，建设单位应当及时组织设计、施工、监理等单位组成验收组，制定人防工程竣工验收方案，对该人防工程进行竣工验收。对于重大和技术复杂的人防工程，可邀请有关专家参加验收组。

建设、设计、施工、监理等单位的项目负责人或本单位法定代表人应参加人防工程竣工验收。项目负责人应持有本单位授权委托书。

第十条 未申请建设工程竣工联合验收项目的人防工程竣工验收合格后，建设单位应当及时提出人防工程竣工验收报告。人防工程竣工验收报告主要包括人防工程概况，建设单位执行相关基本建设程序情况，对人防工程设计、施工、监理等方面的评价，人防工程竣工验收时间、程序、内容和组织形式，人防工程竣工验收意见等内容。

申请建设工程竣工联合验收项目的人防工程竣工验收合格后，建设单位无需提出人防工程竣工验收报告。

第十二条 对于未申请建设工程竣工联合验收项目的人防工程，人防工程质量监督部门应当在人防工程竣工验收合格之日起 5 个工作日内，向负责该人防工程竣工验收备案管理的人防工程主管部门提交人防工程质量监督报告；建设单位应当自人防工程竣工验收合格之日起 15 日内，到负责该人防工程竣工验收备案管理的人防工程主管部门办理人防工程竣工验收备案。

对于申请建设工程竣工联合验收项目的人防工程，建设单位无需办理人防工程竣工验收备案。

第十三条 人防工程竣工验收不合格，建设工程不得交付使用或者投入试运营。

人防工程未经竣工验收或者竣工验收不合格，交付使用或者投入试运营，出现问题的，由建设单位承担责任。

23.28《城市基础设施工程人民防空防护工程质量监督管理规定（试行）》（京人防发〔2021〕109号，2022年2月1日起施行）

第三条 本规定所称城市基础设施工程人民防空防护工程（以下简称城市基础设施工程防护工程）质量监督管理，是指人民防空主管部门或由其委托的人防工程质量监督机构依据国家相关法律法规和人防工程建设强制性标准，对城市基础设施工程防护工程的实体质量与建设、设计、施工、监理单位（以下简称城市基础设施工程防护工程质量责任主体）和人防工程专用设备生产安装企业等单位的相关质量行为实施监督。

本规定所称城市基础设施工程防护工程实体质量监督，是指人民防空主管部门或由其委托的人防工程质量监督机构对涉及城市基础设施工程防护工程结构安全和战时防护功能的工程实体质量实施监督。

本规定所称质量行为监督，是指人民防空主管部门或由其委托的人防工程质量监督机构对城市基础设施工程防护工程质量责任主体和人防工程专用设备生产安装企业等单位履行法定质量责任和义务的情况实施监督。

第四条 市人民防空主管部门负责全市城市基础设施工程防护工程的质量监督管理工作。

市人防工程质量监督机构受市人民防空主管部门委托负责城市基础设施工程防护工程的质量监督工作，指导各区人民防空主管部门开展质量监督工作。

各区人民防空主管部门负责由其审批的城市基础设施工程防护工程的质量监督工作。

本规定中市人防工程质量监督机构和各区人民防空主管部门，以下统称人防工程质量监督部门。

第五条 人防工程质量监督部门以抽查、抽测为主要方式实施城市基础设施工程防护工程质量监督工作。工程质量监督工作应当包括下列内容：

（一）有关单位执行法律法规和人防工程建设强制性标准的情况；

（二）抽查、抽测城市基础设施工程防护工程主要建筑材料、建筑构配件和设备的质量；

（三）抽查、抽测涉及城市基础设施工程防护工程结构安全和战时防护功能的工程实体质量；

（四）抽查城市基础设施工程防护工程质量责任主体和人防工程专用设备生产安装企业等单位的质量行为；

（五）对城市基础设施工程防护工程竣工验收进行监督；

（六）组织或者参与城市基础设施工程防护工程质量事故的调查处理；

（七）依法对违法行为实施行政处罚。

23.29《江苏省人民防空工程质量监督管理办法》（苏防规〔2019〕1号修订，2019年10月20日起施行）

第二十二条 人民防空指挥所工程竣工验收条件按照《江苏省人民防空指挥所工程竣工验收办法》执行。其他人防工程竣工验收应当具备下列条件：

（一）完成工程设计文件和合同约定的各项内容，人防工程平战转换内容及标识标注达到省相关规定标准；

（二）施工单位对工程质量进行了检查，确认工程质量符合国家有关法律、法规和工程建设强制性标准，符合设计文件及合同要求，提交工程竣工验收申请报告。工程竣工报告应经项目经理和单位负责人签字；

（三）勘察、设计单位对勘察、设计文件及施工过程中由设计单位签署的设计变更通知书进行了检查，确认勘察、设计符合国家有关规范、标准要求，施工单位的工程质量达到设计要求，提交工程质量检查报告。工程质量检查报告应经该项目勘察、设计负责人和单位负责人审核签字；

（四）监理单位已组织对工程进行了预验收，在施工单位自评合格，勘察、设计单位认可的基础上，对工程质量进行了检查并确认工程达到合格标准，提交工程质量评估报告。工程质量评估报告应经总监理工程师和单位负责人审核签字；

（五）有完整的工程项目建设档案资料；

（六）人防工程防护（化）设备质量检测机构已按规定出具相关检测报告；

（七）施工单位和建设单位签署了工程质量保修书；

（八）人防工程质量监督机构要求整改的质量问题全部整改完毕。

23.30《浙江省人民防空工程质量监督管理办法》（浙人防办〔2021〕8号，2021年3月29日起施行）

第十条　人防主管部门或其委托的工程质量监督机构自出具人防工程质量监督告知书之日起，至工程竣工验收或者防护部分竣工验收合格之日止，对人防工程按照以下程序实施质量监督：

（一）办理人防工程质量监督手续；

（二）巡查人防工程施工质量；

（三）监督人防工程竣工验收；

（四）形成质量监督报告。

第十一条　人防工程质量监督应当以法律、法规和工程建设强制性标准为主要依据，以施工阶段巡查和竣工验收监督为主要方式，以抽查、抽测为主要方法，以五方责任主体质量行为和涉及防护功能、平战使用功能的实体质量为主要内容。

第十五条　人防工程施工阶段质量行为巡查抽查重点内容为人防工程有关责任主体和机构履行有关法律、法规等规定的质量责任和义务情况。

人防工程施工阶段实体质量巡查抽查重点内容为人防工程防护部分执行有关验收规范、技术标准强制性条文的情况。

第十六条　人防工程竣工验收质量行为监督抽查重点内容为竣工验收组织形式、程序和五方责任主体参与情况，五方责任主体履行法定质量责任和义务情况，竣工报告、评估报告、检查报告和竣工验收报告主要内容，以及有关质量问题整改资料。

人防工程竣工验收实体质量监督抽查重点内容为有关责任主体和机构落实巡查抽查整改意见、质量事故处理及其他质量问题自查自纠情况，重要防护单元孔口防护工程实体质量，并按规定抽测孔口防护工程质量和战时通风性能、气密性能。

第十七条　人防主管部门或其委托的工程质量监督机构宜根据防护等级和建设规模等，结合有关责任主体不良行为记录和巡查抽查结果，对受监人防工程实行差别化监督。

第十八条　竣工验收前，建设单位应当核实竣工验收条件、检查整改意见落实情况，提交相关竣工资料，告知竣工验收日期。

人防主管部门或其委托的工程质量监督机构应当复核竣工验收条件，安排人员对人防工程竣工验收进行监督。

第十九条　质量监督人员应当在人防工程施工现场随机选定若干责任主体和防护单元，进行质量抽查和必要的质量抽测，并及时记录（对非涉密工程，宜同时摄录影像留存备查）、统计抽查抽测结果，明确处理意见，签名后反馈有关单位。

实体质量抽测时，相关责任主体应当派员到场并对抽测情况签字确认。

第二十条　抽查发现人防工程存在质量问题的，人防主管部门或其委托的工程质量监督机构应当要求相关责任主体整改，并可以增加抽查抽测次数。

第二十一条　竣工验收时发现建设单位有违反人防工程竣工验收程序或者不符合竣工验收条件等行为的，人防主管部门或其委托的工程质量监督机构应当要求建设单位整改或者重新组织竣工验收，并记入人防工程质量监督报告。

〔4〕【人民防空专用设备生产管理】

23.31《中华人民共和国安全生产法》（2021年6月10日第三次修正，2021年9月1日起施行）

第三条第三款　安全生产工作实行管行业必须管安全、管业务必须管安全、管生产经营必须管安全，强化和落实生产经营单位主体责任与政府监管责任，建立生产经营单位负责、职工参与、政府监管、行业自律和社会监督的机制。

第四条第一款　生产经营单位必须遵守本法和其他有关安全生产的法律、法规，加强安全生产管理，建立健全全员安全生产责任制和安全生产规章制度，加大对安全生产资金、物资、技术、人员的投入保障力度，改善安全生产条件，加强安全生产标准化、信息化建设，构建安全风险分级管控和隐患排查治理双重预防机制，健全风险防范化解机制，提高安全生产水平，确保安全生产。

第五条　生产经营单位的主要负责人是本单位安全生产第一责任人，对本单位的安全生产工作全面负责。其他负责人对职责范围内的安全生产工作负责。

第六条　生产经营单位的从业人员有依法获得安全生产保障的权利，并应当依法履行安全生产方面的义务。

第十一条　国务院有关部门应当按照保障安全生产的要求，依法及时制定有关的国家标准或者行业标准，并根据科技进步和经济发展适时修订。

生产经营单位必须执行依法制定的保障安全生产的国家标准或者行业标准。

第十二条　国务院有关部门按照职责分工负责安全生产强制性国家标准的项目提出、组织起草、征求意见、技术审查。国务院应急管理部门统筹提出安全生产强制性国家标准的立项计划。国务院标准化行政主管部门负责安全生产强制性国家标准的立项、编号、对外通报和授权批准发布工作。国务院标准化行政主管部门、有关部门依据法定职责对安全生产强制性国家标准的实施进行监督检查。

23.32《人民防空专用设备生产安装管理暂行办法》（国人防〔2014〕438号，2014年10月19日起施行）

【著者按】《国务院关于深化"证照分离"改革进一步激发市场主体发展活力的通

知》（国发〔2021〕7号，2021年6月3日发布，2021年7月1日起施行）明确，自2021年7月1日起，在全国范围内实施涉企经营许可事项全覆盖清单管理，按照直接取消审批、审批改为备案、实行告知承诺、优化审批服务等四种方式分类推进审批制度改革。将根据行业发展状况和技术特点，按照必要性和最简化原则，对防护设备实行目录管理。将审批时限由20个工作日压减至15个工作日。

第二条　对人民防空专用设备（以下简称人防设备）生产安装的管理活动，适用本办法。

本办法所称人防设备，包括人民防空工程防护设备（以下简称防护设备）（附件1）、人民防空工程防化设备（以下简称防化设备）（附件2）、人民防空警报设备（以下简称警报设备）（附件3）。

第四条　国家人民防空主管部门负责全国的人防设备生产安装管理工作。

县级以上地方人民政府人民防空主管部门负责本行政区域的人防设备生产安装管理工作。

国家人民防空主管部门和县级以上地方人民政府人民防空主管部门应当授权或者委托社会团体、社会中介机构、专业技术单位承担人防设备生产安装行业相关监管工作。

第七条　人防设备生产安装实行目录管理制度。国家人民防空主管部门通过《人民防空专用设备产品目录》（以下简称目录）建立遴选淘汰机制，保证生产安装的人防设备符合质量要求。

第八条　国家人民防空主管部门制定人防设备产品的国家标准和技术规范，编制人防设备图集。人民防空工程建设单位应当从目录中选用所需要的人防设备，并与企业签订合同。

第十条　进入目录的防化、警报设备可以在全国范围内销售、安装；防护设备应当在企业所在的省、自治区、直辖市行政区域内销售、安装，运用新技术新材料研制定型并纳入国家标准的防护设备可以在全国范围内销售、安装。

第十一条　各省、自治区、直辖市人民防空协会对列入目录的产品实施监管，定期开展质量监督检查，对于不符合国家质量标准的，告知地下空间分会从目录中删除。

第十二条　人防设备已经列入目录的企业退出人防设备生产领域，应当通过所在省、自治区、直辖市的人民防空协会告知地下空间分会，由地下空间分会将其产品从目录中删除，废止其"人防（防护、防化、警报）设备从业能力达标企业"证书，并通过中国人民防空网公布。

第十五条　人民防空工程质量监督机构，根据人民防空主管部门的授权，按照国家质量标准和人防设备管理的有关规定，负责人防设备生产安装质量监督。

人民防空防护（防化、信息系统）设备产品质量检测（验）机构，根据人民防空主管部门的委托，按照国家质量标准和人防设备管理的有关规定，负责人防设备生产安装质量检测（验）。

第十六条　人防设备已经列入目录的企业，应当加强本单位生产安装质量管理，接受人民防空主管部门和人民防空协会的监督检查，遵守下列规定：

（一）落实国家人防设备管理的有关规定；

（二）按照国家标准、技术规范和人防设备图集组织生产安装相关设备，向用户提供符合质量要求、价格合理的产品和服务；

（三）建立健全人防设备生产安装的技术规范和管理制度；

（四）按照合同约定，负责产品售后服务和维修保养。

第十八条 人防设备产品出厂前，应当由人民防空防护（防化、信息系统）设备产品质量检测（验）机构逐批检测。检测合格的，出具合格证明，为人民防空主管部门和有关社会团体、专业技术单位实施质量监管提供依据。

第十九条 人民防空工程建设单位在工程竣工验收前，应当委托人民防空防护（防化、信息系统）设备产品质量检测（验）机构对所安装的人防设备进行检测（验）。检测（验）机构出具的检测（验）报告为竣工验收依据。

第二十条 人民防空工程使用单位应当加强对人防设备的维护管理，确保防护功能。

23.33《江苏省人民防空工程建设使用规定》（2020年1月1日起施行）

第十五条 人防工程建设以及选用专用设备应当符合国家规定的防护标准和质量标准。

人防工程的规划、勘察、设计、施工图审查、施工、监理，专用设备的生产、安装和检测，应当由具有国家规定的相应资质、资格等级的单位和人员承担。

第十六条 省人防主管部门按照权限对人防工程的设计、施工图审查、监理人员以及专用设备的生产、安装和检测人员开展相关业务培训。

第十七条 人防工程建设单位、勘察单位、设计单位、施工单位、监理单位以及人防工程专用设备生产、安装企业依法对人防工程建设质量负责。

23.34《江苏省人民防空工程质量监督管理办法》（苏防规〔2019〕1号修订，2019年10月20日起施行）

第三十条 人防工程防护（化）设备生产安装企业履行下列人防工程质量义务：

（一）在许可的范围内按照国家规定的标准和图纸生产、安装防护（化）设备；

（二）人防工程防护（化）设备生产安装质量符合规范要求；

（三）建立健全防护（化）设备生产、安装施工、售后服务等管理制度，使用统一制式的产品销售合同；

（四）使用具有相应资格和上岗证书的生产、安装人员；

（五）按时参加人防工程防护（化）设备安装工程的质量检查和验收，并按规定提交有关资料；

（六）人防工程防护设备标识应符合国家和省的相关规定。

第三十一条 人防工程防护设备检测机构履行下列人防工程质量义务：

（一）在资质范围内从事检测业务并于建设单位签订检测合同；

（二）不得转包、分包检测业务；

（三）不得涂改、倒卖、出租、出借、转让资质证书；

（四）不得使用不符合条件的检测人员；

（五）按规定上报发现的违法违规行为和检测不合格事项；

（六）按规定在检测报告上签字盖章；

（七）按照国家有关规范和标准规定进行检测，检测数据必须准确真实，不得出具虚假报告。

23.35《浙江省人民防空工程防护设备质量检测管理细则（试行）》（浙人防办〔2015〕9号，2015年2月11日起施行）

第四条　防护设备产品出厂前，应当由防护设备产品质量检测机构（以下简称检测机构）逐批检测，并出具检测报告。

第六条　防护设备质量检测项目有防护设备原材料质量检测、防护设备生产质量检测、防护设备安装质量检测、预埋防护设备构件的孔口防护质量、防护设备抗爆性能检测、孔口密闭段气密性检测、战时通风系统性能检测。

23.36《苏州市人民防空工程管理办法》（2008年9月1日起施行）

第二十一条　人防工程的专用防护设备，应当符合国家规定的设计要求和产品质量标准等规定。

〔5〕【人民防空建设工程施工合同纠纷的处理】

23.37 湖北省武汉市中级人民法院〔2013〕鄂武汉中民外初字第00018号民事判决书

武汉市硚口区人民防空办公室与某公司签订了关于投资建设案涉人防工程项目的协议，并约定了产权归属和使用年限。后该公司作为发包人将案涉项目发包给承包人，并签订了施工合同及相关补充协议。案涉工程施工完成后，该公司在未经竣工验收的情况下，于2011年3月投入使用，违反了《建设工程质量管理条例》第16条的规定，武汉市城乡建设委员会向其出具《行政处罚决定书》并处以罚款。承包人按照施工合同约定先自筹资金进行施工，但是发包人到期未支付工程款项，承包人多次催讨无果而提起诉讼。

湖北省武汉市中级人民法院认为，依据《中华人民共和国人民防空法》第十八条、《人民防空工程建设管理规定》第五十五条、第五十七条、第五十九条，以及《中华人民共和国招标投标法》第三条、《工程建设项目招标范围和规模标准规定》（国家发展计划委员会令第3号）第三条和《最高人民法院关于审理建设工程施工合同纠纷案件适用法律问题的解释》第一条的规定，案涉工程属于人民防空工程，防空地下室的施工应当与地上建筑一起实行招标，且该工程平时为地下商业街、地下停车场和地下人行过街通道。该工程项目应属于必须进行招投标的工程。据此，案涉公司之间签订的相关协议因未依法进行招投标程序，应认定无效。上述施工合同签订后，一方当事人依约履行了案涉合同项下的全部施工义务。且完工后，该当事人向另一方当事人交付了工程，另一方当事人亦进行了实际使用。根据《最高人民法院关于审理建设工程施工合同纠纷案件适用法律问题的解释》第十三条的规定，案涉工程虽未经竣工验收，但另一方当事人已接收并使用，其抗辩工程存在质量问题的理由，无事实和法律依据。法院向承包人释明案涉合同为无效合同后，承包人表示不变更诉讼请求。法院认为，竣工后，承包人与发包人签署的3份《工程结（决）算会签单》的内容，系双方的真实意思表示，是双方为结算工程款数额达成的一致意见，应受法律保护，故发包人应当向承包人支付工程价款。

〔6〕【人民防空工程未竣工验收能否交付使用】

23.38 辽宁省高级人民法院〔2021〕辽民申7788号民事裁定书

关于该案件所涉工程未竣工验收是否可交付使用问题，应根据该工程的性质，结合现实情况综合分析。该工程为人防工程，沈阳市人民防空办公室与案涉公司签订合同，案涉公司取得该人防工程的开发建设权、经营权，该工程战时用于人防，平时用于民用，现该工程因尚未达到战时防护标准而未竣工验收，但该工程取得了沈阳市建设工程质量检测中心出具的《结构实体验证检验报告》，施工单位、监理单位出具的《房屋建筑工程竣工报告书》《房屋建筑工程质量评估报告书》，并取得了《公众聚集场所投入使用、营业前消防安全检查合格证》，可以认定该工程具备民用标准，案涉商铺已具备使用条件。

〔7〕【人民防空工程建设需依法办理审批手续】

23.39 江西省高级人民法院〔2017〕赣行终387号行政判决书

原告为案涉地下人防工程投资开发建设单位，经国家人防办公室批复同意、萍乡市发展和改革委员会依法核准，原告于2009年取得萍乡市规划局颁发的建设工程规划许可证，其载明人防项目主要内容为：建设地下人防工程（二层），总建筑面积为24 183平方米（地下一层为11 043平方米，地下二层为13 140平方米）。开工建设后，市政府向萍乡市规划局作出批复，同意案涉地下人防工程地下一层建筑红线调整至与地下二层一致。2010年原告取得建设工程规划许可证（建筑占地面积12 812.1平方米，建筑面积：地上2980.6平方米，地下25 624.2平方米）。竣工验收后，被告市人防办为地下人防工程备案并为原告地下人防工程负一层大部分商铺办理了人民防空工程使用权证。后原告向被告提出为地上一层2980.6平方米建筑颁发人民防空工程使用权证的申请，但被告并未履行。后经行政复议，被告人防办作出《不予行政许可决定书》，原告遂提起行政诉讼。

一审法院认为，根据《中华人民共和国人民防空法》第十八条的规定，人防工程是对地下空间的开发利用，而案涉地表建筑既不是地下防护建筑，也不是用于防空的地下室，因此该地面建筑不属于人防工程，且原告于2009年取得的建设工程规划许可证并未包含四面建筑。原告于2010年取得的建设工程规划许可证中增加了2980.6平方米的地面建筑物面积，而根据《江西省人民防空工程管理办法》第十一条的规定，单建人防工程项目建议书、可行性研究报告、初步设计文件和施工图设计文件应由省级人民政府防空主管部门和国家人民防空主管部门审批或备案。该2980.6平方米的地面建筑虽取得了萍乡市规划局的规划许可，但它是在江西省人防办对人民防空工程审批后增建的地面建设项目，未经江西省人防办审批。据此也进一步证实了该2980.6平方米的地面建筑不能认定为人民防空工程。故被告市人防办未就案涉2980.6平方米的地面建筑颁发人民防空工程使用权证，合法有据。

江西省高级人民法院认为，《人民防空工程建设管理规定》第二十二条规定，"新建和加固改造工程的项目建议书、可行性研究报告、初步设计文件、施工图设计文件按照下列权限审批：（一）大型项目由国家人民防空主管部门审批……"第二十三条规定，人民防空工程建设项目前期工作完成后，建设单位按照国家有关规定申请领取建设工程规划许可证、施工许可证或者提出开工报告，并附有"人民防空工程施工图设计文件审查批准书"。大、中型项目的开工报告，由省、自治区、直辖市人民政府人民防空主管部门审批。《江西省人民防空工程管理办法》第十一条规定，"单建人防工程的项目建议书、可行性研究报告、初步设计条件、施工图设计文件，按照下列权限审批：（一）投资规模在1000万元（含）以上的各级人防指挥工程和2000万元（含）以上的其他工程，由省人民政府人民防空主管部门受理后，按照国家有关规定办理审批手续……"依据上述规定，案涉地下人防工程的项目设计、建设等文件应由省人民政府人民防空主管部门受理后，按照国家有关规定办理审批手续。本案中，江西省人民防空办公室对案涉人民防空工程审批内容中，不包括该人防工程地上的2980.6平方米建筑面积，即该地面建筑未经审批，不能视为已被审批的案涉地下人防工程的一部分。萍乡市规划局颁发给上诉人的建设工程规划许可证（包含了地上2980.6平方米），不能作为该新增面积已被审批的合法依据。

第二十四条　【人民防空工程建设用地与建设条件保障】

县级以上人民政府有关部门对人民防空工程所需的建设用地应当依法予以保障；对人民防空工程连接城市的道路、供电、供热、供水、排水、通信等系统的设施建设，应当提供必要的条件。

〔1〕【释义】

人民防空工程和与其相配套的进出道路、孔口、出入口、口部管理房等设施的地面用地，以及施工临时占地，是与人民防空工程相配套的有机整体，这些设施用地是保障人民防空工程建设、安全管理和有效使用所必需的用地，根据《中华人民共和国宪法》《中华人民共和国土地管理法》等法律的有关规定，县级以上人民政府有关部门应当依法予以保障。

人民防空工程连接城市的道路、供电、供热、供水、排水、通信等系统的设施，是保障人民防空工程有效使用必不可少的重要条件。县级以上人民政府有关部门按照人民防空工程建设与城市建设相结合规划的要求，为人民防空工程进出道路、供电、供热、供水、排水、通信等设施建设和设备安装，提供方便和进行必要的协助。

〔2〕【人民防空工程建设用地保障】

24.1《北京市人民防空条例》（2002年5月1日起施行）

第十七条　新建人民防空工程的进出道路、孔口、出入口、口部管理房等设施的设计应当与城市建设规划衔接。

在已建成的人民防空工程的进出道路、孔口、出入口、口部管理房等设施周边安排建设项目，影响人民防空工程使用的，应当采取相应措施后方可建设。

24.2《浙江省实施〈中华人民共和国人民防空法〉办法》（2020年11月27日第四次修正并施行）

第十八条　单独修建的人民防空工程和与其相配套的出入口、进出道路、口部管理房等设施的建设用地，有关部门应当依法予以保障。

24.3《广东省实施〈中华人民共和国人民防空法〉办法》（2010年7月23日修正并施行）

第十四条　县级以上各级人民政府有关部门，应保障人民防空指挥工程、公共人民防空工程和与其配套的进出道路、孔口、出入口、口部伪装房等设施的地面用地。对已建工程应界定和确认其口部、进出口道路的用地范围。在工程口部附近修建的其他建筑物应留出不少于倒塌半径的安全距离。

24.4《浙江省人民防空工程管理办法》(2022 年 3 月 1 日起施行)

第十条 县级以上人民政府自然资源主管部门应当会同人民防空主管部门在出让、划拨、租赁国有土地和以国有土地作价出资时,明确该地块应当修建的人民防空工程的战时功能、类型、防护等级、建筑指标等要求。

具备条件的设区的市、县(市、区)在设置出让、划拨、租赁国有土地和以国有土地作价出资的条件时,可以明确修建的防空地下室在建成后,移交给设区的市或者县(市、区)人民政府确定的单位。

建设单位组织编制施工图设计文件应当依据规划条件和有关规定,明确人民防空工程建设的规模、战时功能、防护等级、出入口等内容,并符合防洪防涝等灾害防御要求。

24.5《广州市人民防空管理规定》(2021 年 9 月 29 日第二次修正,2021 年 10 月 20 日起施行)

第二十三条 建设人民防空工程应当依法取得建设用地使用权。人民防空工程建设用地使用权可以与地表建设用地使用权一并设立,也可以在地下单独设立。

国土等行政管理部门应当按照人民防空工程建设规划的要求,保障人民防空工程及其出入口、相应的地面配套工程所需用地。人民防空指挥工程、公用的人员掩蔽工程和疏散干道以及医疗救护、物资储备等专用工程及其配套的必要出入通道、出入口、孔口、口部伪装房等所需用地,经市人民政府批准后,相关部门可以通过划拨方式取得建设用地使用权;其他人民防空工程的建设用地使用权应当通过出让方式取得。

第二十六条 规划要求新建人民防空工程与相邻在建或者已建地下工程相连通的,建设单位应当按照规划要求连通,相邻地下工程所有权人和其他相关权利人应当提供必要的便利。

新建人民防空工程与相邻地下工程连通,不得危及相邻地下工程建筑结构安全,不得对相邻地下工程所有权人和其他相关权利人权益造成损害。

24.6《厦门市人民防空管理办法》(2019 年 8 月 20 日修正并施行)

第二十一条 人民防空指挥工程、公用的人员掩蔽工程和疏散干道工程及其相配套的进出道路、出入口、口部管理房和口部通道等所需用地,由市人民政府依法划拨。

除人民防空工程管理房外,不得在人民防空指挥工程、公用的人员掩蔽工程的口部安全范围内修建与人民防空无关的其他建筑。

前款规定的口部安全范围以口部断面为准,前后各 20 米,左右各 15 米。

〔3〕【人民防空工程建设条件保障】

24.7《河南省人民防空工程管理办法》(2020 年 12 月 31 日修订,2021 年 2 月 1 日起施行)

第十二条 县级以上人民政府有关部门对人防工程所需的建设用地应当依法予以保障;对人防工程连接城市的道路、供电、供热、供水、排水、通信等系统的设施建设,应当提供必要的条件。

24.8《乌鲁木齐市人民防空工程管理办法》(2010 年 12 月 13 日起施行)

第十一条 人民防空工程建设用地,按照国家法律、法规和自治区有关规定,依法供地,并依法办理用地手续。

人民防空工程建设期间，有关部门应当按照国家和自治区有关规定减免基础设施配套费和其他行政事业性收费。

人民防空工程需要连接城市道路、供水、排水、供热、供电、通信等设施时，有关部门应当予以配合，供便利条件。

第二十五条　【人民防空工程维护管理】

人民防空主管部门对人民防空工程的维护管理进行监督检查。

公用的人民防空工程的维护管理由人民防空主管部门负责。

有关单位应当按照国家规定对已经修建或者使用的人民防空工程进行维护管理，使其保持良好使用状态。

〔1〕【释义】

对人民防空工程的维护管理进行监督检查，是各级人民防空主管部门的重要职责，是使人民防空工程保持良好使用状态的有效措施。本条中的"公用的人民防空工程"，是指各级人民政府人民防空指挥工程，单独修建的公用的人员掩蔽工程和疏散干道工程，以及其他公用的人民防空工程。公用的人民防空工程的维护管理由人民防空主管部门负责。本条中的"有关单位"，是指建有人民防空工程的单位或者平时使用人民防空工程的单位，它们有义务和责任维护管理人民防空工程，使其平时保持良好的使用状态，一旦战争需要时即可投入使用。

〔2〕【物业的维护管理】

25.1《物业管理条例》（2018 年 3 月 19 日第三次修订并施行）

第四十九条　物业管理区域内按照规划建设的公共建筑和共用设施，不得改变用途。

业主依法确需改变公共建筑和共用设施用途的，应当在依法办理有关手续后告知物业服务企业；物业服务企业确需改变公共建筑和共用设施用途的，应当提请业主大会讨论决定同意后，由业主依法办理有关手续。

第五十一条　供水、供电、供气、供热、通信、有线电视等单位，应当依法承担物业管理区域内相关管线和设施设备维修、养护的责任。

前款规定的单位因维修、养护等需要，临时占用、挖掘道路、场地的，应当及时恢复原状。

第五十三条　住宅物业、住宅小区内的非住宅物业或者与单幢住宅楼结构相连的非住宅物业的业主，应当按照国家有关规定交纳专项维修资金。

专项维修资金属于业主所有，专项用于物业保修期满后物业共用部位、共用设施设备的维修和更新、改造，不得挪作他用。

专项维修资金收取、使用、管理的办法由国务院建设行政主管部门会同国务院财政部门制定。

第五十四条　利用物业共用部位、共用设施设备进行经营的，应当在征得相关业主、业主大会、物业服务企业的同意后，按照规定办理有关手续。业主所得收益应当主要用于补充专项维修资金，也可以按照业主大会的决定使用。

第五十五条 物业存在安全隐患，危及公共利益及他人合法权益时，责任人应当及时维修养护，有关业主应当给予配合。

责任人不履行维修养护义务的，经业主大会同意，可以由物业服务企业维修养护，费用由责任人承担。

〔3〕【人民防空工程维护维修管理责任】

25.2《人民防空工程维护管理办法》（国人防办字〔2001〕第210号，2001年11月1日起施行）

第四条 人民防空工程维护管理应当遵循统一要求、分工负责、定期维护、保障使用、损坏赔偿、拆除补建的原则。

第六条 人民防空工程维护管理责任按下列规定划分：

（一）人民防空指挥工程。公用的人员掩蔽工程和疏散干道工程，由人民防空主管部门负责；

（二）有关部门的防空专业队、医疗救护。物资储备等专用工程和有关单位的人员与物资掩蔽工程，由工程隶属单位负责；

（三）公用或者单位（个人）的防空地下室，由人民防空主管部门或者工程隶属单位（个人）负责；

（四）平时已开发利用的公用人民防空工程工作结构、防护设备设施，主要风、水、电、暖、通信和消防系统，由人民防空主管部门负责；其余设备设施如装修、照明等，由使用单位负责。

第七条 人民防空工程隶属关系发生变动时，应当办理交接手续，工程档案资料同时移交，并报人民防空主管部门备案。工程隶属关系变动后，其维护管理责任随之转移。

第八条 人民防空工程维护管理实行下列工作制度：

（一）岗位责任制度。人民防空主管部门或者有关单位应当根据人民防空工程情况，规定领导成员、管理人员、维护人员的维护管理工作岗位及其相应的责任，明确维修保养任务和内容。

（二）定期检查和维修保养制度。人民防空主管部门或者有关单位应当针对不同类型的工程，规定定期检查和维修保养的次数、时间和内容，并列入单位和个人年度工作目标进行考核。

（三）消防管理制度。人民防空主管部门或者有关单位应当根据人民防空工程实际情况，按照消防法律、法规加强消防管理，落实消防安全责任，制定各项消防安全管理制度和操作规程，经常组织防火检查，及时发现和整改火灾隐患，组织消防宣传教育、培训，制定火灾应急预案并组织演练。

（四）维修保养档案制度。人民防空主管部门和有关单位应当建立人民防空工程维修保养档案，对人民防空工程维修保养的时间和内容进行记录。使用单位对人民防空工程进行维修保养时，应当通知人民防空主管部门或者有关单位。

第十条 人民防空工程的维护管理应当根据工程的不同类型和特点区别进行：

（一）平战结合的人民防空工程；应当制定工程平战功能转换技术措施和实施方案，平时要按照维修保养制度，对平战转换构件进行检查、维修、保养，熟悉平战转换技术措施，保证战时在规定转换时限内达到防护标准。

（二）平时使用的人民防空工程，应当加强对主要设备设施的检查、维修和保养。火灾自动报警、自动喷水灭火、防烟排烟等消防系统，必须达到国家有关消防技术标准的规定，进风、排风等通风空调系统，必须达到设计风速和有关技术标准，满足换气次数，保证工程内部空气质量。

（三）早期的人民防空工程，平时有开发利用价值的，应当尽量开发利用，以用促管；平时无开发利用价值且不存在危及地面建筑和交通安全隐患的，可以封堵，视情启封检查、维护、保养；平时无开发利用价值且有可能危机地面建筑和交通安全的，应当采取措施进行治理，保证安全。

第十七条　维修和改造人民防空工程所需土地按公用设施用地规定办理。

25.3《北京市人民防空条例》（2002 年 5 月 1 日起施行）

第二十条　人民防空主管部门对人民防空工程的维护管理进行监督检查。

公用的人民防空工程的维护管理由人民防空主管部门负责，有关单位应当按照国家规定出工维护。有关单位出工确有困难的，按照市价格主管部门规定的标准出资，由人民防空主管部门组织有资质的单位进行维护。

建有或者使用人民防空工程的单位和个人应当按照国家规定，对已经修建或者使用的人民防空工程进行维护管理，使其保持良好的使用状态。

25.4《河北省实施〈中华人民共和国人民防空法〉办法》（2022 年 5 月 27 日第五次修正并施行）

第十五条　公用人民防空工程和单位人民防空工程，分别由人民防空主管部门和有关单位负责维护。已经利用的人民防空工程，由使用单位负责维护。

对人民防空工程应当进行经常性维护，使其达到国家和省人民政府规定的标准，保持良好使用状态。

25.5《江苏省实施〈中华人民共和国人民防空法〉办法》（2021 年 5 月 27 日第四次修正并施行）

第十七条第一、二款　人民防空工程的平时维护管理实行分类负责。公用的人民防空工程，由人防主管部门负责；单位修建或者使用的人民防空工程，按照国家规定由单位负责；个人投资建设的人民防空工程由投资者负责。

人民防空工程的平时维护管理应当执行国家和省有关规定，落实维护管理资金，使其保持良好使用状态。

25.6《河北省人民防空工程维护与使用管理条例》（2006 年 7 月 1 日起施行）

第五条　县级以上人民政府人民防空主管部门负责本行政区域内人民防空工程维护与使用的监督管理。

第六条　人民防空工程的维护管理责任：

（一）公用的人民防空工程由人民防空主管部门负责；

（二）公用以外的人民防空工程，由其所属单位负责。

平时使用的人民防空工程由使用人负责。

25.7《河北省结合民用建筑修建防空地下室管理规定》（河北省人民政府令〔2011〕第 22 号，2012 年 3 月 1 日起施行）

第十九条 防空地下室的维护使用应当遵循分工负责、有偿使用、用管结合、损害赔偿的原则。

第二十条 防空地下室维护管理责任，未使用的由建设单位负责，已使用的由使用单位负责。

防空地下室维护管理所需费用，按前款规定的维护管理责任落实。

建设单位或者使用单位应当指定维护管理人员，建立技术档案和维护保养记录，按人民防空工程维护管理要求落实保养措施，使防空地下室处于良好状态。

25.8《江苏省人民防空工程维护管理实施细则》（2018年5月6日第三次修订并施行）

第五条 人防工程维护管理，实行以块为主，条块结合，统一指导，分工负责的原则组织实施。公用人防工程以及中、小学和街道的人防工程，由市、区（局）人防部门组织维护管理；各单位的人防工程，由本单位负责维护管理；已使用的公用人防工程，由使用单位负责维护管理。各市、区（局）人防部门，对分管范围内的人防工程维护管理工作，负有检查、督促、指导的责任。

25.9《江苏省人民防空工程建设使用规定》（2020年1月1日起施行）

第二十四条第一、二款 人防工程属于社会公益设施，平时依法由使用人进行维护、管理和使用。平时使用人防工程，不得影响其防护效能。

平时使用人应当按照规定建立维护管理制度，执行维护管理技术规程和规定，保证人防工程战备功能完好。

第二十九条 除按照规定由人防主管部门维护管理的人防工程外，其他人防工程未交付的，由人防工程建设单位负责维护管理；交付平时使用的，由平时使用人负责维护管理。

平时使用人可以委托物业服务企业或者具备相应能力的第三方负责日常维护管理。人防工程专用设备可以委托专业机构维护保养。

25.10《浙江省人民防空工程管理办法》（2022年3月1日起施行）

第五条 县级以上人民政府人民防空主管部门负责本行政区域内人民防空工程的规划、建设、维护和使用等相关的监督管理工作。

发展改革、财政、自然资源、住房城乡建设、市场监督管理、税务等主管部门按照各自职责，共同做好人民防空工程监督管理相关工作。

第二十七条 维护管理责任单位应当在人民防空工程竣工验收备案之日起15个工作日内，将人民防空工程维护管理信息（以下简称维护管理信息）报送人民防空主管部门。维护管理信息的具体范围由省人民防空主管部门规定。

防空地下室已经明确移交给设区的市或者县（市、区）人民政府确定的单位的，被确定的单位应当在建设单位移交防空地下室之日起15个工作日内，将维护管理信息报送人民防空主管部门。

维护管理信息发生变更的，维护管理责任单位应当在信息变更之日起15个工作日内，将变更后的信息报送人民防空主管部门。

人民防空主管部门应当为维护管理责任单位报送信息提供必要的帮助；可以通过数据共享获得维护管理信息的，不得要求维护管理责任单位重复报送。

第二十八条　维护管理责任单位合并、分立的，由合并、分立后承受其权利和义务的单位承担人民防空工程维护管理责任。

维护管理责任单位注销的，应当事先落实维护管理责任承接单位，移交维护管理档案资料，并协助维护管理责任承接单位向人民防空主管部门报送变更后的维护管理信息。

维护管理责任单位不得在办理单位变更、注销登记时，以隐瞒、提交虚假材料或者其他欺骗手段逃避维护管理责任。

第二十九条　人民防空主管部门应当与维护管理责任单位签订人民防空工程维护管理责任书，明确维护管理责任的具体要求以及相关责任等内容。维护管理责任书示范文本由省人民防空主管部门制定。

人民防空主管部门应当加强对人民防空工程维护管理工作的指导，对从事人民防空工程维护管理工作的人员定期组织开展业务培训。组织开展业务培训不得收取任何费用。

第三十一条　维护管理责任单位可以自行对人民防空工程实施维护管理，也可以委托具有人民防空工程维护管理能力的其他单位进行维护管理。

维护管理人民防空工程的单位应当建立健全维护管理制度，确定专职或者兼职维护管理人员，定期开展维护保养作业，做好维护保养记录，并妥善保管维护管理档案。

25.11《江西省人民防空工程管理办法》(2021年6月9日第四次修正并施行)

第二十条　人防工程的维护管理责任，按照"谁建设、谁管理、谁使用、谁管理"的原则落实。人防工程维护管理单位应当配备或者指定人防工程维护管理人员，建立工程技术档案和维护保养记录，按照人防工程维护管理技术规范落实保养措施，使人防工程处于良好状态。

第二十二条　人防工程所属单位被兼并、破产、终止前，应当向新的接收单位移交人防工程档案资料，办理人防工程维护管理交接手续，并到人民防空主管部门备案。

第二十九条　人防工程使用者应当依照使用合同承担工程维护管理责任，并且遵守下列规定：

（一）建立防火、防汛、治安、卫生等责任制度和安全设施检查、维修管理制度，落实维护管理费用；

（二）对从业人员进行安全教育，并制定安全事故应急救援预案；

（三）装饰、装修材料符合国家和本省规定的消防、卫生要求，进行装饰、装修等施工作业期间，不得投入使用；

（四）安全出口和疏散通道符合安全规范，标识清楚，安全出口不得采用卷帘门、转门、吊门或者侧拉门，门向疏散方向开启；

（五）接受当地有关部门对人防工程维护管理情况的监督检查，对检查发现的事故隐患，在规定的时间内予以消除。

第三十条　人民防空主管部门应当定期对人防工程的维护和使用情况进行监督检查，以保障人防工程的安全和使用效能。

人民防空主管部门对利用人防工程从事生产经营的单位进行监督检查时，行使以下职权：

（一）进入人防工程进行检查，调阅有关资料，向有关单位和人员了解情况；

（二）对检查中发现的安全生产违法行为，当场予以纠正或者要求限期改正；

（三）对检查中发现的事故隐患，应当责令立即排除；重大事故隐患排除前或者排除过程中无法保证安全的，应当责令有关人员从危险区域内撤出，责令暂时停产停业或者停止使用；重大事故隐患排除后，经审查同意，方可恢复生产经营和使用。

25.12《山东省人民防空工程管理办法》（2020年3月1日起施行）

第二十条 人民防空工程的维护管理，实行谁所有、谁维护，谁使用、谁维护的原则，具体维护管理责任按照下列规定执行：

（一）人民防空主管部门投资修建的尚未开发利用的专项人防工程，由人民防空主管部门负责，维护费用列入同级财政预算；

（二）有关部门、单位修建的医疗救护和专业队伍掩蔽等专项人防工程，由有关部门、单位负责并承担维护费用；

（三）民用建筑防空地下室，由建设单位负责维护管理并承担维护费用；建设单位与物业服务企业、使用人就维护管理责任和维护费用等有合同约定的，从其约定。

第二十二条 鼓励和支持对人民防空工程的开发利用。

人民防空工程的使用人，应当与人民防空工程所有权人或者管理人签订人民防空工程安全使用责任书，明确安全使用和维护管理责任。

25.13《广州市人民防空管理规定》（2021年9月29日第二次修正，2021年10月20日起施行）

第四十条 人民防空工程的所有权人是人民防空工程平时维护管理责任人。人民防空工程的所有权人委托使用人、物业服务企业或者其他管理人进行维护管理的，其委托的使用人、物业服务企业或者其他管理人是人民防空工程平时维护管理责任人。

政府投资建设的人民防空工程，由组织建设的部门负责维护管理，组织建设的部门可以依法委托专门机构负责维护管理。

第四十一条 人民防空工程平时维护管理责任人应当履行下列义务：

（一）确定人民防空工程维护管理人员；

（二）定期对人民防空工程、防护设备等进行维修保养；

（三）建立人民防空工程技术档案和维护保养档案；

（四）落实防火、防汛责任；

（五）接受人民防空主管部门的指导、监督和业务培训。

第四十三条 人民防空主管部门应当对人民防空工程平时维护管理责任人的维护管理工作提供必要的指导和免费培训，并定期对人民防空工程、设施进行巡查，督促维护管理责任人做好平时的维护管理工作，发现问题的，应当责令相关的维护管理责任人及时整改。

25.14《厦门市人民防空管理办法》（2019年8月20日修正并施行）

第三十三条 人民防空工程按照下列规定确定维护管理责任人：

（一）公用的人民防空工程，由人民防空主管部门负责；

（二）结合民用建筑修建的防空地下室，实行物业管理的，由物业服务企业负责，物业服务合同对管理责任人的责任归属有约定的，从其约定；业主自行管理物业的，由业主或者业主委员会负责；

（三）其他的人民防空工程，由建设单位或者使用人负责。

前款第二项规定由物业服务企业负责的，业主、业主委员会与物业服务企业签订物业服务合同时，应当约定人民防空工程维护管理的要求。

第三十四条　人民防空工程维护管理责任人应当履行下列维护管理义务：

（一）建立人民防空工程维护管理制度，安排人员维护管理人民防空工程；

（二）保持人民防空工程良好的使用状态和防护能力；

（三）定期对人民防空工程的主体结构、口部以及防护门、密闭门等设备设施进行检查和维护保养，做好维护保养管理记录。

25.15《北京市人民防空工程维护管理办法（试行）》（京人防发〔2020〕81号，2020年10月15日起施行）

第二条　北京市人民防空主管部门负责制定全市人民防空工程维护管理政策、技术标准，并对政策规范的落实情况进行检查指导。

各区人民防空主管部门负责本行政区人民防空工程维护的监督、管理工作；负责制定本行政区人民防空工程维护管理工作实施细则，制定公用人民防空工程维护维修采购、合同、施工、验收、结算管理等工作制度。

有关单位应当按照国家规定对已经修建或者使用的人民防空工程进行维护管理，使其保持良好使用状态。

第三条　人民防空工程维护管理责任按下列规定划分：

（一）人民防空指挥工程、人民防空主管部门投资建设的人民防空工程、公用人民防空工程的维护管理由各级人民防空主管部门负责；

（二）单位人民防空工程的维护管理由使用管理单位负责；

人民防空工程的管理使用单位应做好人民防空工程的日常维护管理工作。人民防空工程日常维护管理应当纳入房屋建筑设备设施的维护管理，统筹安排，同步实施，统一记录。

第五条　人民防空工程使用管理单位维护管理应执行以下工作制度，人民防空主管部门要对使用管理单位制度落实情况进行监督检查。

（一）岗位负责制度。使用管理单位应当根据人民防空工程情况，明确领导成员、管理人员、维护人员的维护管理工作岗位及其相应的责任，明确维修保养任务和内容。

（二）定期检查和维修保养制度。使用管理单位应针对不同类型的工程，按照相关标准规定的维修保养次数、时间和内容，实施定期检查。

（三）安全管理制度。使用管理单位应当按照法律、法规加强安全管理，落实安全主体责任，区分有限空间制定各项安全管理制度和操作规程，组织安全巡查、检查，及时发现和整改安全隐患，组织安全培训和宣传教育，制定应急预案并组织演练。

（四）维修保养档案制度。使用管理单位应当建立人民防空工程维修保养档案，对工程维修保养的时间和内容进行记录。

25.16《北京市人民防空工程维修质量监督管理办法（试行）》（京人防发〔2021〕110号，2022年2月1日起施行）

第四条　本办法所称的人防工程维修质量监督管理是指为确保人防工程维修质量达到相关标准，满足战时防空效能，由人防主管部门对人防工程防护结构、防护设备设施，战时使用的暖通、电气、给排水系统进行维修的质量监督管理。

第五条 市级人防主管部门负责制定全市人防工程维修质量监督管理政策、技术标准，并对政策规范的落实情况进行检查指导，负责对本级人防工程维修质量监督管理；区级人防主管部门负责本行政区域内人防工程维修质量监督管理。

第六条 本办法所称的人防工程维修质量监督是指人防主管部门或其委托的人防工程质量监督机构，根据国家有关法律法规和相关规范、标准和文件，对人防工程维修相关责任单位履行质量行为和工程实体质量实施监督检查的行为。

根据市、区人防工程维修质量监督管理工作划分，市级人防工程质量监督机构和各区人防主管部门具体实施人防工程维修质量监督，合称人防工程质量监督部门（以下简称监督部门）。

第七条 各级监督部门应根据工作需要，针对人防工程维修质量监督制定相应的工作制度和实施细则。

第十条 监督部门对人防工程维修工作实施质量监督包含下列内容：

（一）人防工程维修有关责任单位执行法律法规和工程建设强制性标准的情况；

（二）抽查、抽测涉及人防工程防护结构安全和人防工程主要使用功能的工程实体质量；

（三）抽查人防工程主要建筑材料、人防工程专用设备产品的质量证明文件和施工质量控制资料；

（四）对人防工程维修质量验收工作进行监督；

（五）组织或参与因维修施工造成质量事故的调查处理；

（六）依法对违法违规行为进行处理。

第十一条 监督部门对人防工程维修工作实施质量监督，应当依照下列程序进行：

（一）收集相关信息，形成《北京市人防工程维修质量监督信息表》（附件1）；

（二）制定人防工程维修质量监督工作计划并组织实施；

（三）对人防工程维修专项施工组织方案进行检查，并抽查方案执行情况；

（四）对人防工程实体质量、人防工程维修有关责任单位的质量行为进行抽查、抽测；

（五）监督人防工程维修质量验收工作并形成人防工程维修质量监督报告；

（六）建立人防工程维修质量监督档案。

第十七条 监督部门应当在人防工程维修质量验收合格之日起5日内，形成质量监督报告；验收合格之日起15日内，按照相关规定将人防工程质量监督档案归档。其中，涉密的人防工程质量监督档案，应按有关保密规定执行。

第二十条 对于因维修施工造成质量事故或经整改无法达到验收标准的相关责任单位，人防主管部门应当按照《北京市人民防空办公室关于建立人民防空行业市场责任主体守信激励和失信惩戒制度的实施办法（试行）》将其不良行为记录进行公示或者列入黑名单。

第二十一条 人防工程的维修管理责任单位、施工、监理等相关责任单位在维修过程中，存在违反相关法律法规和违反国家强制性技术标准行为的，由人防主管部门实施行政处罚。

25.17《天津市人民防空工程使用和维护管理实施细则》（津防办规〔2021〕1号，修改后2022年1月29日起施行）

第三条　市人防办负责全市人防工程使用和维护管理监督管理工作。

区人防办负责本行政区域内人防工程使用和维护管理的监督检查工作，并可委托第三方机构协同其对人防工程使用和维护管理工作进行巡查。第三方机构应及时将巡查情况反馈区人防办，区人防办根据第三方机构的巡查情况依法依规进行处理。

第四条　人防工程使用和维护管理责任按下列规定划分。

（一）市人防办直管的公用人防工程由市人防办负责使用和维护管理，其他公用人防工程由区人防办按照属地原则负责使用和维护管理。

（二）结建人防工程由使用管理单位（使用管理单位为项目投资人、使用人或者受委托的物业服务企业）负责使用和维护管理。

第五条　人防工程的使用管理单位应建立和落实以下工作制度，区人防办要对人防工程使用管理单位制度落实情况进行监督检查。

（一）岗位责任制度。使用管理单位应当明确领导成员、管理人员、维护人员的维护管理工作岗位及其相应的责任，明确维护保养任务和内容。

（二）定期检查和维护保养制度。使用管理单位应针对不同类型的工程，按照相关标准规定的维护保养次数、时间和内容对人防工程进行维护保养，并实施定期检查。

（三）安全管理制度。使用管理单位应当按照国家和本市安全、消防等法律、法规加强安全管理，落实安全主体责任，制定各项安全管理制度和操作规程，组织安全巡查、检查，及时发现和整改安全隐患，组织安全培训和宣传教育，制定应急预案并组织演练。

（四）维护保养档案制度。使用管理单位应当建立人民防空工程维护保养档案，对工程维护保养的时间和内容进行记录。

（五）问题报告制度。人防工程出现问题危及地面建筑和交通安全，使用管理单位应当及时采取必要措施，防止发生事故，并及时上报工程所在区人防办。

第七条　人防工程隶属关系发生变动时，应当办理交接手续，工程档案资料同时移交，并报工程所在区人防办备案。工程隶属关系变动后，其使用和维护管理责任随之转移。

第八条　区人防办应当定期对辖区所有人防工程的使用和维护管理情况进行监督检查，以保障人防工程的防护安全和防护效能。被检查者应当予以配合，如实反映情况，提供有关材料。

25.18《常州市人民防空工程使用与维护管理办法》（常防办〔2007〕41号，2007年5月17日起施行）

第三条　常州市人民防空办公室（以下简称"市人防办"）是全市人防工程使用与维护管理的主管机关。市人防办依据相关法律、法规管理全市行政区域内人防工程的维护管理工作，对辖市（区）人防工程使用和维护管理工作进行监督、检查和指导。

第四条　辖市（区）人防办负责所辖行政区域内人防工程维护管理工作，对工程的平时使用和维护管理进行监督、检查和指导；负责无使用单位人防工程的日常维护管理。

第五条　人防工程使用单位应当按照人防工程的使用和维护管理要求，服从人防行政主管部门的监督检查。

城市防护空间安全治理法律疏议

第九条 人防工程维护管理实行以下工作制度：

（一）岗位责任制度。使用单位根据人防部门有关平时使用要求，制定平时维护管理制度，明确责任人员，制定考核标准，并报送工程所在区人防办。

（二）定期检查和维护保养制度。由工程所在区人防办告知工程使用单位有关定期检查和维护保养的内容和要求，由工程使用单位对工程进行维护。维护情况记入《人防工程平时使用手册》，并作为《人防工程平时使用证》年度审核的依据要素。

（三）人防工程平时使用手册制度。人防工程使用单位必须按照要求填写《人防工程平时使用手册》，将工程基本建设信息、维护管理信息、使用人及使用费缴纳信息等登记在册，按年度审验。

（四）消防、治安管理制度。人防工程使用单位应当根据工程实际情况，切实履行《人防工程消防安全责任书》和《人防工程治安安全责任书》规定的责任，建立健全消防、治安组织，落实责任，履行职责。

（五）目标管理责任制和重大安全事故行政责任追究制度。人防部门、工程隶属单位、使用单位应当按照制定的工程维护管理标准和安全责任目标，定期组织检查，对出现重大安全事故和严重违反人防工程维修保养标准的行为追究责任单位、责任人的责任。

25.19《宿迁市住宅区人民防空工程平时使用和维护管理规定》（2019年2月1日起施行）

第十六条 使用管理单位可以与选聘的物业服务企业签订住宅区人防工程物业服务合同，将住宅区人防工程出租使用、费用收取、日常维护和安全管理等事项委托给物业服务企业。

使用管理单位应当监督物业服务企业按照合同履行使用和维护管理住宅区人防工程责任。

物业管理行政主管部门应当将住宅区人防工程物业服务纳入物业管理活动的监管和考核。

25.20《宁波市人民防空工程管理办法》（2020年2月27日修正并施行）

第二十二条 人民防空工程建设单位或者承接单位（以下统称为人民防空工程管理单位）应当建立健全管理制度，明确管理责任，定期实施维修保养，确保工程处于良好使用状态。

人民防空工程管理单位可以自行或者委托专业经营管理企业、物业服务企业等实施人民防空工程日常维护管理，也可以约定由使用单位负责日常维护管理。委托或者约定前述单位实施日常维护管理的，应当签订维护管理协议，并在协议签订之日起1个月内报送人民防空主管部门。

人民防空主管部门及其他相关行政管理部门应当按照各自职责对人民防空工程平时使用及维护管理情况进行监督检查。

25.21《厦门市人民防空工程维护管理暂行规定》（厦人防办规〔2020〕1号，2020年4月27日起施行）

第三条 人防工程维护管理遵循平时和战时相结合、维护和使用相结合、依法管理、有偿使用的原则。

第五条 人防工程维护管理的监督检查按照"属地管理、分级负责"原则，人民防空主管部门采取"双随机一公开"方式监督检查人防工程维护管理。市人防主管部门负责检查指导区人防主管部门人防工程维护监督检查。区人民防空主管部门负责本行政区内人防工程维护管理监督检查。街道（镇）人防工作站负责落实本区域人防工程维护管理的监督检查。

第六条 人防工程的日常维护管理由《厦门市人民防空管理办法》第三十三条明确的管理责任人负责。

第七条 人防工程维护管理责任人应当履行以下义务。

（一）确定工程维护管理人员，并接受人民防空主管部门的培训；

（二）按本规定明的分工，定期对人防工程主体、结构、防护（防化）设备等进行维修保养和日常管理；

（三）建立包括人防工程位置、水文地质、工程等级、结构形式、平面布局、防护设备、内部设施、工事用途等资料、图纸的工程技术档案和维护保养记录。

（四）落实防火、防汛责任。健全消防、治安组织，落实责任，履行职责；建立消防、安全工作进行培训、考核、检查制度，定期组织在岗职工进行消防、安全知识培训教育，制定防汛方案和应急措施，做好防汛排涝和防雨水倒灌等工作。大中型人民防空工程必须制定切实可行的火灾应急预案，并定期组织演练。

（五）接受人民防空主管部门的指导、监督。

第十条 人防工程维护管理由防护（化）设备维护和日常维护管理两部分组成。工程竣工验收后，在约定的质保期内，防护（化）设备生产安装企业负责提供专业化售后服务。按要求填写《防护（化）设备售后使用巡检、保养记录》，由维护管理责任单位纳入工程维护管理档案管理。超过质保期后，防护（化）设备生产安装企业要定期发送工程防护（化）设备保养提示，根据人防工程维护管理责任单位需求，提供专业化维修维护服务，并按双方约定收取合理费用。

人防工程维护管理负责人主要承担工程内部的防护（化）设备巡查检查，占用人防区域（专用通道、设备室）清理，人防工程标识维护，以及安防、消防、防汛等日常维护管理工作。

第十一条 人民防空主管部门可以采取购买服务的方式，委托具有相应资质的第三方机构进行人防工程的日常维护保养、专业检测和安全评估等技术辅助性工作。

第十三条 人民防空主管部门负责管理的公用人防工程，按工程质量实行等级登记台账，分类管理。

一类工程。工程主体质量良好以上，内部清洁，无渗漏水，风、水、电、消防和防护密闭设备设施齐全且运转正常，进出口道路畅通，工程和口部无须加固改造即可使用，具备平时开发利用条件。

二类工程。工程主体质量合格以上，内部清洁，无渗漏水，风、水、电、消防和防护密闭设备设施基本齐全，稍加维护可正常运转，进出口道路畅通，工程和口部稍加维护后即可使用，基本具备平时开发利用条件。

三类工程。工程主体质量合格以上，内部清洁，局部渗漏水，风、水、电、消防和防护密闭设备设施基本齐全，维护改造后可正常运转，进出口道路可通行车辆，工程和口部加固维护后即可使用，需要时可纳入平时开发利用范围。

四类工程。工程主体质量合格以上，局部渗漏水，风、水、电、消防和防护密闭设备设施未安装到位，进出口有通行道路，工程和口部加固改建后可达到 6 级以上防护标准，不具备平时开发利用条件。

五类工程。工程主体未按设计完成施工，不具备防护效能和平时开发利用条件，经评估具备续建条件。

六类工程。工程主体小于 300 平方米或未按设计完成施工，不具备等级防护效能和平时开发利用条件，经评估无续建价值；存在安全隐患且不具备整改条件。

人民防空主管部门在日常管理中，应将一、二类工程纳入平时开发利用计划，三类工程纳入近期维护计划，四类工程纳入中长期维护改造计划，五类工程纳入封堵计划，六类工程纳入报废计划。

〔4〕【人民防空工程维护维修标准】

25.22《人民防空工程维护管理办法》（国人防办字〔2001〕第 210 号，2001 年 11 月 1 日起施行）

第九条 维修保养人民防空工程应当按照国家有关技术规范进行，必须达到下列标准：

（一）工程结构完好；

（二）工程内部整洁、无渗漏水，空气和饮用水符合国家有关卫生标准；

（三）防护密闭设备、设施性能良好；

（四）风、水、电、暖、通信、消防系统工作正常；

（五）金属、木质部件无锈蚀损坏；

（六）进出口道路畅通，孔口伪装及地面附属设施完好；

（七）防汛设施安全可靠。

25.23《河北省人民防空工程维护与使用管理条例》（2006 年 7 月 1 日起施行）

第十条 进行人民防空工程维护工作，应当达到下列标准：

（一）工程的结构和防护密闭性能完好；

（二）工程的构配件无锈蚀、损坏；

（三）工程无渗漏，使用空间整洁；

（四）空气洁净，饮用水的水质符合国家规定的卫生标准；

（五）通风、给排水、供电、采暖、通信、消防系统工作正常；

（六）工程的进出道路畅通，通风、出入等孔口的伪装和地面附属设施完好；

（七）防汛设施安全可靠。

25.24《河北省结合民用建筑修建防空地下室管理规定》（2012 年 3 月 1 日起施行）

第二十一条 防空地下室维护管理应当达到下列标准：

（一）结构完好；

（二）内部整洁、无渗漏水；

（三）构配件无锈蚀、损坏，防护设备设施性能良好；

（四）通风、给排水、供电、消防系统工作正常；

（五）进出道路畅通，孔口伪装和地面附属设施良好；

（六）防汛设施安全可靠；

（七）法律、法规规定的其他标准。

25.25《江西省人民防空工程管理办法》（2021年6月9日第四次修正并施行）

第二十三条　人防工程维护管理应当达到下列标准：

（一）工程的结构和防护密闭性能完好；

（二）工程的构配件无锈蚀、损坏；

（三）工程无渗漏；

（四）空气洁净，饮用水的水质符合国家规定的卫生标准；

（五）通风、给排水、供电、通信、消防系统工作正常；

（六）工程的进出道路畅通，通风、出入等孔口的伪装和地面附属设施完好；

（七）防汛设施安全可靠。

25.26《江苏省人民防空工程建设使用规定》（2020年1月1日起施行）

第三十二条　人防工程维护管理应当达到下列基本要求：

（一）人防工程结构及其附属设施完好；

（二）人防工程内部整洁、无渗漏，出入口畅通；

（三）人防工程专用设备设施以及防汛设施完好；

（四）人防工程内部无私自改造或者私拉乱接现象；

（五）人防工程标识标注完整、整洁；

（六）国家、省相关技术规程和规定明确的其他要求。

25.27《浙江省人民防空工程管理办法》（浙江省人民政府令第391号，2022年3月1日起施行）

第三十条　维护管理责任单位应当按照国家和省有关标准、规范，保持人民防空工程及其设施设备完好，确保人民防空工程处于良好使用状态，并符合下列要求：

（一）结构及其构件完好，工程无渗漏，构配件无破损、严重锈蚀等现象；

（二）通风与空调、给排水、电气、通信、消防等系统运行正常；

（三）防护、消防、防水、防汛等设施设备性能良好，安全可靠；

（四）室内空气质量等符合相关国家和地方标准；

（五）进出道路通畅，孔口伪装和地面附属设施完好；

（六）与备案的竣工验收文件一致，无擅自开洞、分隔内部空间和改变设计功能；

（七）国家和省规定的其他要求。

25.28《山东省人民防空工程管理办法》（2020年3月1日起施行）

第二十一条　人民防空工程的所有权人或者管理人、使用人，应当按照下列标准对人民防空工程进行维护管理：

（一）结构及构件完好，工程无渗漏，构配件无锈蚀、破损等现象；

（二）通风与空调、给排水、电气、通信、消防等系统运行正常；

（三）防护设备和设施性能良好，消防、防水、防汛等设备和设施安全可靠

（四）室内空气等符合相关国家标准和地方标准；

（五）进出道路通畅，孔口伪装和地面附属设施完好。

25.29 《广州市人民防空管理规定》（2021 年 9 月 29 日第二次修正，2021 年 10 月 20 日起施行）

第四十二条 人民防空工程平时维护管理应当符合下列要求：

（一）工程结构完好；

（二）工程内部整洁，无渗漏水，空气和饮用水符合国家有关卫生标准；

（三）防护密闭设备、设施性能良好；

（四）风、水、电、暖、通信、消防系统工作正常；

（五）金属、木质部件无锈蚀损坏；

（六）进出口道路畅通，孔口伪装及地面附属设施完好；

（七）防汛设施安全可靠。

25.30 《宁波市人民防空工程管理办法》（2020 年 2 月 27 日修正并施行）

第二十四条 人民防空工程战时使用的专用设施，日常维护管理应当符合下列要求：

（一）防护设备无变形，启闭灵活；

（二）金属构配件或者外壳无严重锈蚀，橡胶密封圈无破损；

（三）防爆地漏、防爆电缆井、除（滤）尘器网面等无堵塞或者异物；

（四）战时通风、给排水、电气等系统设备、设施性能良好；

（五）孔口伪装和地面附属设施完好。

第二十五条 人民防空工程平时使用的设施等，日常维护管理应当符合下列要求：

（一）结构完好，工程无渗漏；

（二）通风与空调、给排水、电气、通信、消防等设备和设施性能良好，系统运行正常；

（三）防水、防汛等设备和设施安全可靠；

（四）室内环境符合相关国家标准和地方标准；

（五）进出道路通畅。

25.31 《北京市人民防空工程维护管理办法（试行）》（京人防发〔2020〕81 号，2020 年 10 月 15 日起施行）

第四条 维护人民防空工程应当按照国家、本市有关标准规范进行。对有资质要求的维护维修内容，应满足相关资质要求；对人民防空专用设备的维修应取得人民防空工程防护设备生产安装资格认定证书；涉及相关设计的内容应符合人民防空专业设计资质的要求。

人民防空主管部门按照相关标准对人民防空工程维护管理工作进行监督检查。

人民防空工程的日常维护和专业维护参照《北京市人民防空工程维护规程》规定划分。

第六条 人民防空工程的维护管理应当根据工程的不同类别和特点区别进行：

（一）平时使用的人民防空工程，使用管理单位应加强对主要设备设施的检查、维修和保养。各系统必须达到有关技术标准的要求，保证工程内部安全、卫生、环境达标。对平战转换构件进行检查、维修、保养，熟悉平战转换技术措施，保证战时在规定转换时限内达到防护标准。

（二）人民防空主管部门或使用管理单位委托相关单位进行人民防空工程的维修保养

时，应当签订合同，合同格式可参照建设工程专业承包合同范本，合同须约定过程监督及验收的具体内容、方法和标准。承包预、结算价格的确定按照北京市建筑工程施工发包与承包计价管理相关规定执行。

（三）按照本办法第十条规定退出战备序列的人民防空工程，不再进行防护设备设施的维护维修。

25.32《北京市人民防空工程维修质量监督管理办法（试行）》（京人防发〔2021〕110 号，2022 年 2 月 1 日起施行）

第十六条　人防工程维修质量验收标准应符合《人民防空工程维护管理检查评定标准》《人民防空工程维护技术规程》等有关文件、技术规范要求。

25.33《天津市人民防空工程使用和维护管理实施细则》（津防办规〔2021〕1 号，修改后 2022 年 1 月 29 日起施行）

第六条　人防工程的维护管理，必须按照国家人防工程维护管理的要求进行，应当达到下列标准：

（一）工程结构完好；

（二）工程内部整洁，无渗漏水。空气和饮用水符合国家有关卫生标准；

（三）防护密闭设备、设施性能良好；

（四）风、水、电、暖、信息、消防等系统工作正常；

（五）金属、木质部件无锈蚀损坏；

（六）进出口道路畅通，孔口伪装及地面附属设施完好；

（七）防汛设施安全可靠。

第七条　人防工程的维修保养，要按照《人民防空工程维护管理技术规程》的要求进行，做到以下几点：

（一）工程结构完好；

（二）工程内部整洁，无渗漏水，空气新鲜，饮水符合卫生要求；

（三）防护密闭设备、设施性能良好，风、水、电系统运行正常；

（四）金属、木质部件无腐蚀损坏；

（五）进出口道路畅通，孔口伪装设施完好；

（六）人防平战转换材料堆放整齐，无缺失损坏。

第八条　人防工程的维护管理按照《人民防空工程维护管理检查评定标准》进行检查评定。

25.34《厦门市人民防空工程维护管理暂行规定》（厦人防办规〔2020〕1 号，2020 年 4 月 27 日起施行）

第九条　人防工程的维护管理应当符合《福建省〈人防工程维护管理技术规程〉实施细则》，达到下列标准：

（一）工程的结构和防护设施性能完好；

（二）通风、给排水、供电、通信、消防系统工作正常；

（三）工程内部无渗漏水，使用空间整洁；

（四）空气和饮用水的标准符合人防和国家规定的卫生标准；

（五）工程的构配件无锈蚀、损坏；

（六）工程平战转换预案完善，平战转换所需的材料、设备及预制构件，有专门地点存放并保持状态良好；

（七）工程进出道路畅通，孔口的伪装和地面附属设施完好；

（八）安全出口、疏散通道符合安全规范，标识清楚；

（九）防汛设施安全可靠。

〔5〕【人民防空工程维护维修经费】

25.35 《人民防空工程维护管理办法》（国人防办字〔2001〕第210号，2001年11月1日起施行）

第二十三条 人民防空工程的维护管理经费按下列办法解决：

（一）人民防空指挥工程维护管理经费由本级人民政府财政预算安排；公用的人员掩蔽工程和疏散干道工程的维护管理经费，由人民防空主管部门从人民防空工程维护管理费中列支；

（二）单位人民防空工程的维护管理经费，由工程隶属单位按国家有关财务管理规定列支；

（三）防空地下室的维护管理经费，由工程隶属单位（个人）按国家有关财务管理规定列支；

（四）平时已开发利用的公用人民防空工程的维护管理经费，从平时使用收入中列支。

第二十四条 公用人民防空工程维护管理经费的开支范围；按《人民防空财务管理规定》和《人民防空会计制度》执行，其它人民防空工程维护管理经费的开支范围可参照执行。

第二十六条 凡为平时使用而进行的工程改造和装修所需经费，由使用单位（个人）负责。

25.36 《河北省人民防空工程维护与使用管理条例》（2006年7月1日起施行）

第七条 人民防空工程的维护管理经费：

（一）公用的人民防空工程由人民防空主管部门从人民防空工程维护管理费中列支，其中，县级以上人民政府的人民防空指挥工程列入同级财政预算；

（二）公用以外的人民防空工程由其所属单位负担。

平时使用的人民防空工程由使用人负担。

第八条 人民防空工程的所属单位应当建立健全人民防空工程维护档案，对维护的时间和内容进行记录。

人民防空工程的使用人在对工程进行维护前，应当告知工程的所属单位，并在维护工作结束后将维护资料送交所属单位存入该工程的维护档案。

25.37 《江苏省人民防空工程建设使用规定》（2020年1月1日起施行）

第三十条 按照规定由人防主管部门维护管理的人防工程，其维护管理经费由同级财政预算安排。其他人防工程的维护管理经费，由平时使用人或者负责维护管理的人防工程建设单位负责。

第三十一条 物业管理区域内依法配建的防空地下室平时用作停车位收取的汽车停

放费、租金应当单独列账，并优先保障保修期满后该防空地下室防护结构和专用设备设施的维修更新、日常维护管理和停车管理的必要支出。

25.38《浙江省人民防空工程管理办法》（2022年3月1日起施行）

第二十六条　除法律、法规另有规定外，人民防空工程维护管理责任单位（以下简称维护管理责任单位）以及维护管理费用按照下列规定确定：

（一）各级人民政府投资、人民防空主管部门具体组织修建的人民防空工程，由人民防空主管部门负责维护管理，维护管理费用列入本级财政预算。

（二）有关部门、单位修建的防空专业队工程和医疗救护、物资储备等专用工程以及本单位人员、物资掩蔽工程，由有关部门、单位负责维护管理并承担有关费用。

（三）防空地下室由建设单位负责维护管理并承担有关费用；已经明确移交给设区的市或者县（市、区）人民政府确定的单位的，由被确定的单位负责维护管理并承担有关费用。

由于建设单位已经注销等客观原因，无法按照前款规定确定维护管理责任单位的，由设区的市、县（市、区）人民政府确定的单位负责维护管理并承担有关费用。

25.39《江西省人民防空工程管理办法》（2021年6月9日第四次修正并施行）

第二十一条　人防工程维护管理经费按照下列规定予以保障：

（一）人防指挥工程，由本级人民政府财政预算安排；

（二）公用人防工程，由人民防空主管部门从工程维护管理费中列支；

（三）单位人防工程，由工程隶属单位列支；

（四）已开发利用的人防工程，从平时使用收入中列支。

兼顾人民防空需要的城市地下空间防护部分的维护管理经费，按照前款规定予以保障。

25.40《常州市市政府关于深化人防工程产权制度改革的意见》（常政发〔2007〕136号，2007年10月1日起施行）

十、建立人防工程维护管理专项资金，专项用于人防工程的维护和管理。人防工程的建设和开发单位在依法转让人防工程的所有权、使用权或经营权时，必须落实人防工程维护和保养的责任，可以参照常房发〔2001〕7号和常财基〔2001〕1号关于住宅楼房本体共用部位设备专项维修基金的缴纳标准与人防主管部门签订有关维修资金缴交和维护管理的协议，委托人防主管部门对人防工程进行维护和管理。

25.41《宁波市人民防空工程管理办法》（2020年2月27日修正并施行）

第二十三条　人民防空指挥工程及公用人民防空工程维护管理经费由同级人民政府财政预算安排。其他人民防空工程的维护管理经费，由人民防空工程管理单位负责。

25.42《厦门市人民防空工程维护管理暂行规定》（厦人防办规〔2020〕1号，2020年4月27日起施行）

第八条　人防工程维护管理经费按下列规定予以保障：

（一）人民防空主管部门负责公用人防工程维护管理，所需经费在人民防空经费中列支。其中，平时已开发利用的公用人防工程，主体结构、防护设备设施，主要风、水、电、暖、通信和消防系统，由人民防空主管部门负责；其余设备设施如装修、照明等，由使用单位负责。

前款所称公用人民防空工程是指除人民防空指挥工程和保密工程外，利用财政资金建设的或产权属于各级人民防空主管部门的各类人防工程。

（二）其它人防工程维护管理所需经费，由本暂行规定明确的维护管理责任人负责保障。

〔6〕【人民防空工程维护管理责任主体认定】

25.43 山西省长治市中级人民法院〔2015〕长民终字第832号民事判决书

案涉建筑因下雨出现裂缝，经人防办组织勘察，系房屋下早期人防地道工程塌陷造成。经鉴定，原告房屋损坏登记为B级，建议对损坏房屋维修加固。原告据此认为因某橡胶厂（隶属于国资委）开发建设原因、人防办疏于管理、城建局不作为使该房屋未经规划擅自建设，要求三被告消除危险、赔偿损失。

一审法院认为人防办作为人防工程维护的监管部门，对其辖区的人防工程未尽到有效监管，致该人防工程之上产生建筑物，直至部分建筑物因人防工程塌陷，致原告房屋受损，应当承担连带责任；原告主张某橡胶厂的主管单位为被告国资委，应当由其承担赔偿责任，但该橡胶厂系独立法人，且处于开业状态，具有承担民事责任的主体资格，因此原告据此起诉国资委主体不适格；原告主张城建局不作为使房屋未经规划擅自建设，并无相关证据提供，且未经规划建设并不是房屋发生危险的直接原因，因此原告要求城建局承担侵权责任，于法无据。原告要求赔偿损失，但未能举证证明具体损失数额的计算标准，应当承担举证不能的法律后果。因此判决被告某橡胶厂于判决生效后立即对原告居住房屋维修加固、消除危险、排除妨害，被告人防办承担连带责任。

二审法院认为，关于人防办是否承担连带责任问题，《中华人民共和国人民防空法》第二十五条规定："人民防空主管部门对人民防空工程的维护、管理进行监督检查。公用的人民防空工程的维护管理由人民防空主管部门负责。有关单位应当按照国家规定对已经修建或者使用的人民防空工程进行维护管理保持良好状态。"本案中，涉案房屋的地道属于人民防空工程，人防办作为主管部门，对本案中房屋的地道既无备案也未监督检查，更别提维护维修，充分证明人防办作为人防工程维护的监管部门，对其辖区的人防工程未尽到有效监管，致该人防工程之上产生建筑物，直至部分建筑物因人防工程塌陷，致各住户的房屋受损，应当承担连带责任。

25.44 浙江省嘉兴市中级人民法院〔2011〕浙嘉民终字第168号民事判决

虽然根据《人民防空工程维护管理办法》第六条的规定，人防工程的维护管理是由人民防空主管部门或者工程隶属单位负责，但该规定所称的维护管理所指向的是人防工程的防空用途。由于人防工程平时可另作其他用途，如本案人防工程在建造审批时确定的平时功能为商场，实际上却将其出租作停车场使用，但不论其用途是商场还是停车场，人防工程均可成为物业管理的对象。

第二十六条 【人民防空工程平时利用】

国家鼓励平时利用人民防空工程为经济建设和人民生活服务。平时利用人民防空工程，不得影响其防空效能。

〔1〕【释义】

本条中的"国家鼓励"，主要目的是支持单位和个人开发利用人民防空工程，使人民防空战备工程在平时得以充分发挥社会效益和经济效益，促进人民防空工程的维护管理。

为了鼓励单位和个人开发利用人民防空工程，国家规定了一系列有利于人民防空工程平时开发利用的政策和措施，如在工商管理、税收减免、用水用电价格等方面给予优惠。

本条中的"平时利用人民防空工程，不得影响其防空效能"，主要指平时利用人民防空工程的单位和个人不得损坏人民防空工程结构和擅自改变内部设备设施；不得降低人民防空工程的战时防护能力；不得在人民防空工程内生产、储存和销售爆炸、剧毒、易燃、放射性和腐蚀性物品；人民防空工程要有切实可行的消防、防洪涝措施，要做到一旦需要能迅速转入战时使用状态。

平时开发利用人民防空工程，必须向人民防空主管部门申请办理相关手续，领取《人民防空工程平时使用证》，并按照国家规定向人民防空主管部门缴纳人民防空工程使用费用。

【著者按】目前，地方省市对于人民防空工程平时使用管理的规定有所不同，主要有人民防空工程平时使用许可和备案登记两种方式。《广州市行政备案管理办法》（2020 年 11 月 11 日修正并施行）第 2 条规定："本办法所称的行政备案，是指行政机关为了加强行政监督管理，依法要求公民、法人和其他组织报送其从事特定活动的有关材料，并将报送材料存档备查的行为。"第 7 条第 1 款规定："行政备案实施机关应当按照法律、法规、规章、行政规范性文件规定的程序和期限实行行政备案，不得以行政备案名义变相实施行政许可和行政确认。"此外，地方省市人民防空工程平时使用收费管理的立法与实践也有所不同。

〔2〕【鼓励人民防空工程平时使用的措施】

26.1《河北省人民防空工程维护与使用管理条例》（2006 年 7 月 1 日起施行）

第二十二条　对平时使用人民防空工程的使用人提供便利，并依照下列规定予以优惠：

（一）对用于平时使用的人民防空工程的投资，免缴城市基础设施配套费、城市旧区改造费；

（二）已经建成的人民防空工程增设通风、出入等孔口及地面附属设施所需的用地，人民政府可以采用划拨的方式提供土地使用权；

（三）人民防空工程内的通风、照明、排水等战备设施用电，按民用电价收费。

26.2《江苏省实施〈中华人民共和国人民防空法〉办法》（2021 年 5 月 27 日第四次修正并施行）

第十五条第二款　对于开发利用人民防空工程和设施的，有关部门依法核发营业执照和许可证，保障用水用电，并按照有关规定给予规费减免。

〔3〕【人民防空工程平时使用用途与使用主体】

26.3《地震监测管理条例》(2011年1月8日修订并施行)

第十七条 国家鼓励利用废弃的油井、矿井和人防工程进行地震监测。

利用废弃的油井、矿井和人防工程进行地震监测的，应当采取相应的安全保障措施。

26.4《江苏省实施〈中华人民共和国人民防空法〉办法》(2021年5月27日第四次修正并施行)

第十六条 县级以上地方人民政府应当充分利用指挥、通信工程、掩蔽工程等人民防空资源，发挥人民防空资源在平时防灾、救灾和处置突发事件中的作用。人防主管部门应当建立健全防空防灾相结合的工作机制。

现有人民防空资源可以满足防灾救灾的，县级以上地方人民政府不得投资新建功能相同、相近的其他工程。

26.5《北京市人民防空工程和普通地下室安全使用管理办法》(2021年12月30日第三次修改并施行)

第十二条 市人民防空主管部门应当编制市人民防空工程使用总体规划，各区人民防空主管部门应当根据市人民防空工程使用总体规划和本行政区域实际情况，制定区人民防空工程使用规划，报市人民防空主管部门同意后经区人民政府批准公布。

平时使用人民防空工程应当优先满足社会公益性事业的需要，居住区内的人民防空工程应当优先满足居住区配套服务和社区服务的需要。

26.6《江苏省人民防空工程建设使用规定》(2020年1月1日起施行)

第二十六条 住宅小区内依法配建的防空地下室可以由下列主体作为平时使用人：

(一) 业主委员会、物业管理委员会成立前，由人防工程建设单位作为平时使用人；

(二) 业主委员会成立后，由业主委员会作为平时使用人；

(三) 依法组成物业管理委员会的，由物业管理委员会作为平时使用人；

(四) 法律、法规、规章规定的其他主体。

利用人民防空建设经费建设的人防工程用于平时使用的，平时使用人应当采取公开招标的方式确定。

26.7《江苏省人民防空工程维护管理实施细则》(2018年5月6日第三次修订并施行)

第十七条 平时可以使用的人防工程，要本着因地、因洞、因需制宜的原则，有计划地安排使用，充分发挥效益，为社会生产、生活服务，做到以洞养洞，以用促管，用管结合。

26.8《浙江省人民防空工程管理办法》(2022年3月1日起施行)

第三十四条 平时出租防空地下室给他人使用的，应当符合法律、法规的规定；位于住宅小区内的防空地下室，平时出租给他人用于停放机动车的，应当首先满足业主的需要。出租人应当明确告知承租人该租赁物属于人民防空工程以及由此产生的人民防空相关义务。

人民防空主管部门推动出租人与承租人签订书面防空地下室租赁合同。防空地下室租赁合同示范文本由省人民防空主管部门会同省市场监督管理部门制定。

26.9《湖北省人民防空工程管理规定》（2020年1月9日修订，2020年3月1日起施行）

第三十六条　县级以上人民政府及其有关主管部门应当在确保战时防空的前提下，充分发挥人防工程在平时经济建设和抢险救灾、应急救援等工作中的作用。

26.10《天津市人民防空工程建设和使用管理规定》（津政办规〔2020〕20号，2020年10月25日起施行）

第二十三条　本市鼓励、支持单位和个人投资建设和平时使用人民防空工程，保障其更好地服务经济社会发展、城市建设和人民生活。人民防空工程平时由投资者使用管理，收益归投资者所有，发生突发事件时，根据需要，市、区人民政府可利用人民防空工程进行应急避难。

26.11《南京市人民防空工程建设管理办法》（南京市人民政府令第327号第二次修改，修改后2018年11月6日起施行）

第十八条　鼓励平时利用人防工程为经济建设和人民生活服务，充分发挥人防工程在仓储、增加停车泊位等方面的作用。

平时使用人防工程应当优先满足社会公益性事业的需要，居住区内的人防工程应当优先满足居住区配套服务和社区服务的需要。

开发利用人防工程，实行有偿使用。

开发利用人防工程，应当签订安全使用责任书，明确管理责任，落实安全措施。

26.12《宿迁市住宅区人民防空工程平时使用和维护管理规定》（2019年2月1日起施行）

第八条　下列单位（以下简称使用管理单位）在不影响防空效能的条件下，可以根据人防工程规划设计用途，向人防主管部门申请使用住宅区人防工程：

（一）建设单位；

（二）业主委员会或者物业管理委员会；

（三）住宅区人防工程所在地的街道办事处（乡镇人民政府）；

（四）法律、法规规定的其他主体。

第九条　使用管理单位可以按照下列规定申请使用住宅区人防工程：

（一）业主委员会或者物业管理委员会成立前，由建设单位申请使用；

（二）业主委员会或者物业管理委员会成立后，由业主委员会或者物业管理委员会申请使用；

（三）物业服务期内，业主委员会和物业管理委员会均未成立，且无法适用第一项规定的，住宅区人防工程所在地的街道办事处（乡镇人民政府）可以申请使用。

使用管理单位发生变更的，人防主管部门、物业管理行政主管部门、街道办事处（乡镇人民政府）应当做好指导、协调工作。

第十二条　住宅区人防工程用作停车位的，应当向全体业主开放，优先满足本区域内业主的停车需求，车位的租赁期限不得超过三年，不得将停车位出售、附赠。停车位租金的收取应当按照政府指导价执行。

住宅区人防工程内停车位在优先满足本区域内业主停车需求后还有多余的，使用管理单位可以将剩余的车位出租给本物业管理区域外的组织和个人，但租赁期限不得超过六个月。

26.13《宁波市人民防空工程管理办法》(2020年2月27日修正并施行)

第二十条 人民防空工程由建设单位享有平时使用权益，承担维护管理责任。

鼓励开发利用人民防空工程为经济建设和人民生活服务，充分发挥人民防空工程在仓储、停车、商业和防灾减灾等方面的作用。

平时开发利用人民防空工程，不得影响防空效能。未经自然资源规划主管部门批准，不得改变人民防空工程平时使用用途。

〔4〕【人民防空工程平战转换】

26.14《河北省实施〈中华人民共和国人民防空法〉办法》(2022年5月27日第五次修正并施行)

第十六条第一款 人民防空主管部门和建有人民防空工程的单位应当按照平战结合的原则，开发利用人民防空工程，为经济建设和人民生活服务。但不得损坏工程结构和内部设备设施，不能影响人民防空工程的防空效能，并应当制定相应的平战转换方案和措施。因战争等特殊情况需要，平时使用人民防空工程的使用人应当无条件停止使用。

第十六条第三款 平时利用人民防空工程，按照国家和省的有关规定予以优惠。

26.15《江西省实施〈中华人民共和国人民防空法〉办法》(2021年7月28日第五次修正并施行)

第十八条 依法取得人民防空工程使用权的单位和个人应当遵守维护管理的有关规定，不得影响人民防空工程的防空效能，不得妨碍人民防空工程迅速转入战时状态。

26.16《山东省实施〈中华人民共和国人民防空法〉办法》(1998年10月12日起施行)

第二十二条 人民防空工程应当具有可行的平战功能转换措施，保证能够迅速、无条件转入战时使用状态。

26.17《广西壮族自治区实施〈中华人民共和国人民防空法〉办法》(2016年11月30日第二次修正并施行)

第二十七条 平时利用人民防空工程的，应当遵守下列规定：

(一) 制定平战功能转换方案，保证一旦战备需要，能够迅速转入战时防空使用状态；

(二) 落实防火、防洪涝等安全措施，实施人民防空工程的维护管理，不得损坏工程结构和设备、设施以及降低工程的防护能力。

使用财政投资建设的人民防空工程，应当按照国家和自治区人民政府的有关规定交纳人民防空工程使用费，并遵守前款规定。人民防空工程使用费应当按照国家和自治区人民政府的有关规定上缴和使用。

26.18《江苏省人民防空工程建设使用规定》(2020年1月1日起施行)

第二十四条第三款 战时或者处置突发公共事件时，人防工程由人民政府统一调配使用，平时使用人应当服从调配使用和管理。

第二十五条 人防主管部门应当组织编制本地区人防工程平战转换实施方案，定期组织对预留和储备的器材、构件等进行清点和维护保养，适时组织平战转换演练。

26.19《浙江省人民防空工程管理办法》(2022 年 3 月 1 日起施行)

第三十三条　战时或者应对突发事件时，县级以上人民政府可以根据需要统一安排使用辖区内的人民防空工程。单位和个人应当服从统一安排，不得阻挠、干涉和拖延人民防空工程的使用。

在确保不影响战时防护效能和不违反平战转换规定的前提下，鼓励平时利用人民防空工程为经济建设和人民生活服务；国家和省禁止平时利用的人民防空工程，任何单位和个人不得用于非人民防空目的，但因执行应急救援等紧急任务的除外。平时利用所产生的收益优先用于人民防空工程的维护管理和平战转换。

第三十五条　人民防空主管部门应当组织编制本地区人民防空工程战时使用方案，适时组织开展人民防空工程平战转换演练。

人民防空工程平战转换责任单位应当根据人民防空工程战时使用方案，完善和落实平战转换实施方案，明确人员职责并开展技能培训，做好平战转换准备。

人民防空工程平战转换责任单位参照本办法第二十六条的规定确定；法律、法规另有规定的，从其规定。

26.20《湖北省人民防空工程管理规定》(2020 年 1 月 9 日修订，2020 年 3 月 1 日起施行)

第三十八条　已开发利用的人防工程平时由投资者或者管理者、使用者按规定使用；战时或者遇突发公共事件时，由县级以上人民政府统一调配使用。

26.21《大连市人民防空管理规定》(2010 年 12 月 1 日修正并施行)

第二十一条　人民防空工程战时一律由人民防空主管部门统一安排，作为防空袭场所使用，各有关单位和个人必须无条件服从。

26.22《苏州市人民防空工程管理办法》(2008 年 9 月 1 日起施行)

第二十五条　人防工程平时开发利用应当坚持有偿使用，用管结合，谁投资、谁收益的原则。战时或者遇到紧急状况时，由人防主管部门统一调拨，安排使用。

26.23《常州市市政府关于深化人防工程产权制度改革的意见》(常政发〔2007〕136 号，2007 年 10 月 1 日起施行)

九、人防工程产权制度改革后，人防工程的所有人或使用人，应当严格按照《人民防空法》的要求，加强工程的维护和使用管理，确保人防工程设备设施的完好，接受人防主管部门依法进行的监督检查和管理，不得违法改变具有防空功能的基本要素和属性。战时按照战时管理体制和机制的要求，服从国家的统一调度、安排和使用。

26.24《宁波市人民防空工程管理办法》(2020 年 2 月 27 日修正并施行)

第二十六条　人民防空主管部门根据防空袭预案，编制人民防空工程战时使用计划，做好平战转换技能组训和指导，督促相关单位按要求落实平战转换责任。

人民防空工程管理单位应当制定人民防空工程平战使用功能转换实施方案，落实人员职责及技能培训，确保临战前能按要求完成使用功能转换。

临战(灾)前，市或区县(市)人民政府应当根据防空(灾)或者应对突发事件需要，按照国家和省有关规定统一安排使用人民防空工程。任何单位和个人应当服从，不得阻挠、干涉和拖延。

26.25《厦门市人民防空管理办法》（2019年8月20日修正并施行）

第三十二条　人民防空主管部门应当建立健全人民防空工程、设施的使用管理制度，加强使用管理。

在战时或者紧急状态下，人民防空工程由人民防空主管部门统一调配使用，任何单位和个人应当配合，不得干扰和阻挠。

鼓励平时利用人民防空工程为群众生产、生活服务，平时使用人民防空工程应当优先满足社会公益性事业、公共配套服务的需要。

政府投资建设的人民防空工程，其使用收益应当纳入预算管理，优先用于人民防空工程、设施的建设与维护。

26.26《厦门市人民防空工程维护管理暂行规定》（厦人防办规〔2020〕1号，2020年4月27日起施行）

第四条　人防工程平时开发利用由投资者使用管理，收益归投资者所有。战时或遇到紧急状况时，按照战时或应急管理的要求，服从国家或地方政府统一安排使用。

第十二条　人防工程平战转换工作由人防工程的所有人或者使用人负责。建设单位在新建、改建、扩建和加固改造人防工程设计时，应当编制防护功能平战转换设计专篇；在竣工验收之前，应当编制防护功能平战转换实施方案，按设计将平战转换器材配置到位。

人民防空主管部门应当对平战转换工作予以指导，并加强日常监督管理。

〔5〕【人民防空工程平时使用管理】

26.27《人民防空工程平时开发利用管理办法》（〔2001〕国人防办字第211号，2001年11月1日起施行）

第二条　人民防空工程平时应当最大限度地开发利用，以减轻国家负担，增强人民防空建设的发展能力，更好地为经济建设和人民生活服务。

第三条　人民防空工程平时开发利用应当坚持有偿使用、用管结合的原则，平时由投资者使用管理，收益归投资者所有。

第四条　国家人民防空主管部门主管全国的人民防空工程平时开发利用工作。

军区人民防空主管部门主管本区域的人民防空工程平时开发利用工作。

县级以上地方各级人民政府人民防空主管部门主管本行政区域的人民防空工程平时开发利用工作。

中央国家机关人民防空主管部门主管中央国家机关的人民防空工程平时开发利用工作。

第五条　人民防空工程隶属单位或者个人（以下简称工程隶属单位）管理所属人民防空工程平时开发利用工作，接受人民防空主管部门的监督检查。

第六条　租赁使用人民防空工程的单位或者个人（以下简称使用单位）应当接受人民防空主管部门和工程隶属单位的监督检查，按时缴纳税费和人民防空工程使用费，承担人民防空工程的维护、消防、防汛、治安等工作和使用中的经济、法律责任。

第七条　租赁使用人民防空工程实行合同管理制度。使用单位应当与工程隶属单位依法订立书面合同，合同参照国家颁发的《人民防空工程租赁使用合同》示范文本。

第八条　人民防空工程平时开发利用实行备案登记制度。使用单位在与工程隶属单位签订《人民防空工程租赁使用合同》后5日内到工程所在地人民防空主管部门备案登记，并提交下列资料：

（一）使用申请书；

（二）使用单位法定代表人的合法证件；

（三）《人民防空工程基本情况登记表》；

（四）与工程隶属单位签订的《人民防空工程租赁使用合同》；

（五）与工程隶属单位签订的《人民防空工程消防安全责任书》。

第九条　人民防空主管部门应当根据使用单位提交的备案资料，经审查合格后发给《人民防空工程平时使用证》。

使用单位必须持有《人民防空工程平时使用证》，方可使用人民防空工程。

《人民防空工程平时使用证》由国家人民防空主管部门统一格式，省、自治区、直辖市人民防空主管部门印制。

第十条　《人民防空工程平时使用证》实行审验制度。人民防空主管部门应当定期对《人民防空工程平时使用证》进行审验，并按规定收取审验费。禁止无证使用人民防空工程或者转让《人民防空工程平时使用证》。

审验时间、内容由省、自治区、直辖市人民防空主管部门确定，审验工作由工程所在地人民防空主管部门具体实施。

审验费用的收取标准由省、自治区、直辖市价格主管部门会同人民防空主管部门制定。

第十一条　对长期闲置且可使用的人民防空工程，由人民防空主管部门与工程隶属单位协商调剂使用。

第十二条　使用单位在合同期内不得擅自转租人民防空工程或者转让人民防空工程使用权，因故确需转租或者转让的，必须报经原批准使用的人民防空主管部门批准，换发《人民防空工程平时使用证》后方可继续使用。

第十三条　使用单位不得改变人民防空工程的主体结构，不得擅自拆除人民防空工程设备设施或者危害人民防空工程的安全和使用效能。

使用单位因使用需要可对人民防空工程进行装修，并向工程隶属单位提出书面申请。装修方案和施工图纸必须报经工程所在地人民防空主管部门批准。

〔6〕【人民防空工程平时使用许可】

26.28《北京市人民防空条例》（2002年5月1日起施行）

第二十二条　平时利用人民防空工程应当经所在地区、县人民防空主管部门批准，并按规定使用。根据战时需要，人民防空工程必须在规定时限内完成平战转换。

平时利用人民防空工程，应当保障进出道路、孔口、出入口等的畅通，不得改变人民防空工程主体结构，不得拆除人民防空工程设备设施。

使用人民防空工程的单位和个人应当建立防火、防汛、治安等责任制度，确保人民防空工程的安全和防空效能。

26.29《浙江省实施〈中华人民共和国人民防空法〉办法》（2020年11月27日第四

次修正并施行)

【著者按】《浙江省人民防空办公室关于人民防空工程平时使用和维护管理登记有关事项的批复》(浙人防函〔2016〕65号，2016年12月30日起施行)

杭州市人民防空办公室：

你办《关于平时使用和维护管理登记有关事项的请示》(杭人防〔2016〕110号)收悉。经研究，批复如下：

一、平时利用人民防空主管部门建设的人民防空工程，应当按照《浙江省实施〈中华人民共和国人民防空法〉办法》第十九条第二款的规定办理相关手续。

第十九条第一款　人民防空工程和兼顾人民防空需要的地下工程战时由县级以上人民政府统一安排使用。人民防空工程除重要的指挥、通信等工程外，在不影响其防空效能的条件下，鼓励平时予以开发利用。

第十九条第二款　平时利用人民防空主管部门建设的人民防空工程，应当按照国家和省有关规定办理相关手续。

26.30《山东省实施〈中华人民共和国人民防空法〉办法》(1998年10月12日起施行)

第二十一条　开发利用人民防空工程和设施可以采取自营、股份制经营、租赁或者合作开发等多种形式，并注重开发性、生产性、服务性经营。

开发利用人民防空工程和设施必须向人民防空主管部门申请办理审批手续。

26.31《福建省人民防空条例》(2016年9月30日修正并施行)

第二十三条　投资建设公用的人民防空工程和平时使用人民防空工程及设施，实行谁投资谁受益的原则，并按照国家和省人民政府的有关规定执行。平时使用公用的人民防空工程，必须向所在地人民防空主管部门提出申请，办理批准手续后方可使用。

26.32《北京市人民防空工程和普通地下室安全使用管理办法》(2021年12月30日第三次修改并施行)

第三条　本市地下空间安全使用，坚持谁所有谁负责，谁使用谁负责的原则。

人民防空工程安全使用责任由人民防空工程使用许可被许可使用人承担。

普通地下室安全使用责任由普通地下室所有权人承担。所有权人委托物业服务企业以及其他单位、个人管理的，受托管理人应当按照规定和约定承担普通地下室安全使用责任。

第十三条　平时使用人民防空工程，应当符合人民防空工程使用规划，并依法申请人民防空工程使用许可。

人民防空主管部门对申请进行审查时，应当对人民防空工程进行查验，确保其符合安全使用条件；作出行政许可决定时，应当明确人民防空工程及其设施设备使用的范围。

人民防空工程使用许可有效期为3年，期限届满，被许可使用人可以申请延期使用许可，对按照规定使用的申请人，人民防空主管部门应当准许延期。

第十六条　利用地下空间从事生产经营活动需要取得相关证照的，行政主管部门办理证照时，应当核实地下空间使用许可或者备案的情况，对不符合条件的，不予办理相关证照。

26.33《北京市人民防空工程建设与使用管理规定》(2010 年 11 月 27 日第三次修改并施行)

第二十五条　平时使用人防工程,应当按照规定报人民防空主管部门审查批准,并向人民防空主管部门申请办理《人防工程使用证》。

平时使用公用的人防工程,使用人应当按照国家和本市的规定交纳人防工程使用费。

26.34《江苏省人民防空工程维护管理实施细则》(2018 年 5 月 6 日第三次修订并施行)

第十八条　平时使用人防工程,必须向人防部门申请,办理批准手续。如停止使用或改作它用,亦需向人防部门办理手续。人防部门和有人防工程单位,要把可以用的工事尽量使用起来。平时使用的工程,要有必要的安全、保健措施,具备一定的生活、生产条件,以保证人员的安全与健康。对使用不当的人防工程,人防部门应当督促使用单位限期改善。

26.35《济南军区、山东省人民政府、河南省人民政府关于加快人民防空改革发展若干问题的决定》(〔2006〕3 号,2006 年 9 月 1 日起施行)

四、扎实搞好人民防空工程建设

16. 加强人民防空工程的使用管理。依照人民防空法律规定,结合城市民用建筑修建的防空地下室,是人民防空工程的重要组成部分,是社会组织、个人法定义务和责任的体现。平时由建设单位或使用者按照有关规定进行维护、管理和使用,战时由人民防空主管部门统一安排,无偿使用,任何单位和个人必须无条件服从。

平时利用人民防空工程,不得影响其防空效能。使用人民防空工程,使用者应事先向人民防空主管部门申领人民防空工程使用证,并按规定交纳人民防空工程使用费。人民防空主管部门负责对其使用管理维护进行监督检查和指导,以确保人民防空工程符合使用安全及其他有关要求,始终处于完好的战备状态。

26.36《湖北省人民防空工程管理规定》(2020 年 1 月 9 日修订,2020 年 3 月 1 日起施行)

第三十七条　公用的人员隐蔽工程等人防工程的平时使用,应当经县级以上人民政府人民防空主管部门批准,领取人防工程使用证书;结合民用建筑修建的防空地下室的平时使用,应当将使用方案报县级以上人民政府人民防空主管部门备案。

人防工程的转让、抵押、租赁,应当报县级以上人民政府人民防空主管部门备案。

26.37《苏州市人民防空工程管理办法》(2008 年 9 月 1 日起施行)

第二十六条　人防工程除重要的指挥通信工程外,在不影响人民防空功能的条件下,经人防主管部门同意并核发《人防工程平时使用证》后,方可开发利用。

第二十七条　对长期闲置产权不明且可使用的人防工程,人防主管部门可以统一安排使用。人防工程所在单位应当办理移交手续,并在出入通道、进排风孔、水源、电源等方面为使用单位提供方便。

第二十八条　人防工程所有权的转让、抵押和人防工程使用权的转让、抵押、租赁,所有权人或者使用权人应当向人防主管部门备案。

26.38《宿迁市住宅区人民防空工程平时使用和维护管理规定》(2019 年 2 月 1 日起施行)

第十条　使用管理单位使用住宅区人防工程应当经人防主管部门同意,并取得《人民防空工程平时使用证》后，方可使用。

《人民防空工程平时使用证》是人防主管部门同意使用人防工程的合法证明。人防主管部门在受理人防工程使用申请后，应当在三个工作日内作出是否同意的决定。人防主管部门同意使用管理单位使用住宅区人防工程的，应当予以发放《人民防空工程平时使用证》；不同意的，不予发放《人民防空工程平时使用证》，并同时书面说明理由、告知救济途径。

人防主管部门在办理住宅区人防工程使用申请过程中，可以根据信用管理有关规定，引用信用管理措施，由使用管理单位对住宅区人防工程的使用、维护管理等事项作出承诺。

第十一条 人防主管部门应当按照国家和省相关规定，将《人民防空工程平时使用证》的相关办理要求向社会公布。

《人民防空工程平时使用证》有效期为三年，有效期届满后仍继续使用的，使用管理单位应当在有效期届满前三十日内，向人防主管部门申请换证登记。

26.39《中央国家机关人民防空工程和普通地下室安全使用管理办法》（国管人防〔2020〕38号，2020年3月30日起施行）

第十二条 使用人民防空工程和普通地下室，产权单位应当在使用前申请使用许可、备案。

中央国家机关人民防空办公室办理地下空间使用许可、备案事项，应当落实国务院"放管服"改革要求。承接地下空间使用许可、备案权限下放的单位（以下简称承接单位），按照相关要求，审核本部门及所属单位地下空间使用许可、备案事项，定期将办结事项相关资料报送中央国家机关人民防空办公室存档备查。

第十三条 中央国家机关人民防空办公室、承接单位人民防空办公室需要对申请使用许可、备案材料的实质内容进行核实的，应当指派2名（含）以上工作人员进行现场勘查。

申请用于商业、餐饮、集体宿舍的使用许可、备案，中央国家机关人民防空办公室、承接单位应当现场勘查有关情况。

第十四条 申请人民防空工程使用许可有如下情形之一的，不予受理：

（一）未完成人民防空工程竣工验收备案；

（二）使用前需改造，但未完成改造设计文件审查和竣工验收备案；

（三）申请材料不齐全或者内容不完整。

第十五条 符合人民防空工程使用许可条件的，中央国家机关人民防空办公室、承接单位人民防空办公室应当依法作出书面许可决定，发放人民防空工程平时使用证；不符合人民防空工程使用许可条件的，应当依法出具不予许可决定书，并说明理由。使用许可办理情况应予以公示。

第十六条 人民防空工程平时使用证有效期2年，申请单位应当在有效期届满前一个月申请续办。

人民防空工程平时使用证有效期内丢失的，或者有效期内变更证载信息的，申请单位应当提出补领或者换发申请，补领或者换发的人民防空工程平时使用证有效期按原证执行。

26.40《北京市人民防空工程平时使用行政许可办法》（京人防发〔2019〕105 号，2019 年 10 月 1 日起施行）

第二条　在本市行政区域内平时使用人民防空工程，应当取得人防工程平时使用行政许可，并遵守本办法。

中共中央直属机关、中央国家机关人民防空主管部门管理的人防工程除外。

第三条　北京市人民防空办公室（以下简称市人防办）负责监督指导全市人防工程平时使用行政许可管理工作。各区人民防空主管部门，负责辖区内人防工程平时使用行政许可办理工作。

第四条　人防工程平时使用应当符合规划建设审批的平时用途要求，并符合国家及本市人防工程平时使用的相关规定。

第六条　人防工程平时使用行政许可的申请人，应当具备人防工程平时使用权。

第七条　申请人防工程平时使用行政许可，申请人应向区人民防空主管部门提交申请，并对申请材料的真实性负责。

申请使用单位人防工程，使用权发生变更的，需提交相应权证。

申请人委托代理人办理的，应当提交授权委托书及代理人身份证。

第八条　区人民防空主管部门对申请人提出的人防工程平时使用行政许可申请，应当根据下列情况分别作出处理：

（一）申请材料存在可以当场更正的错误的，应当允许申请人当场更正，由申请人在更正处签名或者盖章，注明更正日期；

（二）申请材料不齐全或者不符合法定形式的，应当当场或者在 5 个工作日内一次性告知申请人需要补正的全部内容。逾期不告知的，自收到申请材料之日起即为受理；

（三）申请事项不属于受理范围的，应当即时告知申请人不受理。

第九条　区人民防空主管部门对申请人提出的申请决定予以受理的，应当出具受理通知书；决定不予受理的，应当出具不予受理通知书，说明不予受理的理由，并告知申请人依法享有申请行政复议或者提起行政诉讼的权利。

第十条　区人民防空主管部门应当自受理申请之日起 10 个工作日内作出是否准予行政许可的决定。因特殊原因需要延长期限的，经区人民防空主管部门行政机关负责人批准，可以延长 10 个工作日，并应当将延长期限的理由告知申请人。

第十一条　区人民防空主管部门应当对申请材料进行审查，审查内容包括材料是否齐全、符合法定形式；申请平时使用用途是否符合《北京市新增产业的禁止和限制目录》要求；申请人是否具备人防工程使用权；申请平时使用用途是否与规划建设审批一致，如涉及规划用途变更的，是否履行相关变更手续等。对符合条件的，作出人防工程平时使用准予许可的书面决定，颁发《人防工程使用证》。对不符合条件的，应当及时作出不予许可的书面决定，并说明理由。

第十二条　《人防工程使用证》有效期开始日期为许可决定作出的日期，有效期遵照有关法律法规规定执行。

第十三条　区人民防空主管部门认为人防工程平时使用行政许可申请涉及公共利益的重大事项，需要听证的，应当向社会公告并举行听证。

第十四条　《人防工程使用证》由市人防办统一印制，区人民防空主管部门负责发放等管理工作。

第十五条 《人防工程使用证》不得伪造、涂改、倒卖、出租、出借、转让。

《人防工程使用证》应当悬挂在人防工程管理用房等明显位置。

第十六条 人防工程平时使用许可事项发生变化的，申请人应当向原发证的区人民防空主管部门申请变更许可。申请变更人防工程平时使用行政许可事项的，应提交相应申请。

第十七条 区人民防空主管部门应在法定时限内对申请人提供的变更申请进行核实，符合法律法规要求的，应当向申请人出具人防工程平时使用许可准予变更的书面决定并应当向申请人颁发新的《人防工程使用证》，有效期与原证书一致；对于不符合法律法规要求的，应当作出不予变更行政许可的书面决定，并说明理由。

第十八条 人防工程平时使用许可事项需要申请延期的，申请人应当在该人防工程平时使用行政许可有效期届满 30 个工作日前，向原发证的区人民防空主管部门提交相应申请。

第十九条 区人民防空主管部门应当根据申请人的延续申请及对许可事项监督检查情况，作出是否准予延续的决定。存在下列情形之一的不予延期。

（一）擅自拆改人防工程主体结构、拆除人防工程设备设施或者采用其他方法危害人防工程安全和防护效能的；

（二）擅自改变批准使用用途的；

（三）存在安全隐患，未按要求整改到位的；

（四）不落实安全使用措施、不履行安全管理责任的；

（五）利用人防工程从事危害社会秩序和公共安全的违法犯罪活动的；

（六）未取得人防工程使用权的；

（七）不遵守承诺书内容的。

第二十条 区人民防空主管部门决定准予延续的，应当向申请人出具人防工程平时使用许可准予延期的书面决定，并颁发新的《人防工程使用证》，新的有效期自原《人防工程使用证》到期之日起计算，并遵照有关法律法规规定执行。

不符合延续条件的，区人民防空主管部门应当作出不予延续行政许可的书面决定，并说明理由。

第二十一条 《人防工程使用证》遗失、损坏的，应当向原发证的区人民防空主管部门申请补发。

第二十二条 存在《人防工程使用证》有效期届满未申请延续的、申请延期未予批准的、被许可人使用权终止等情形的，被许可人应当在 30 个工作日内向原发证的区人民防空主管部门申请办理注销手续。

被许可人未按规定申请办理注销手续的，原发证的区人民防空主管部门有权依法办理人防工程平时使用行政许可注销手续。

26.41《用于居住停车的防空地下室管理办法》（京人防发〔2019〕57 号，2019 年 6 月 1 日起施行）

第六条 【使用许可】用于设置机动车停车设施向社会开放解决居住停车需求的防空地下室，经营或使用单位法人应依法办理人民防空工程使用许可手续。

人民防空工程使用许可有效期为1年，期限届满，被许可使用人可以申请延期使用许可，对按照规定使用的申请人，人民防空主管部门应当准许延期。

第七条 【有关要求】利用防空地下室设置机动车停车设施向社会开放解决居住停车需求的经营或使用单位法人应按照《北京市机动车停车条例》有关要求，依法办理工商登记、备案等相关手续。

第八条 【附属设施建设要求】利用防空地下室设置机动车停车设施向社会开放解决居住停车需求的经营或使用单位法人应在确保防空地下室战备效能的前提下，向区人防主管部门报告后安装停车场附属设施，相关建设标准按照本市有关规定执行。

第九条 【使用合约】各区人防主管部门应与利用公用防空地下室设置机动车停车设施向社会开放解决居住停车需求的经营或使用单位法人签订出租使用合同，明确经营或使用单位法人的安全责任、维护责任和经济责任。经营或使用单位法人与停车泊位使用人签订的使用合同（协议）应与人防主管部门签订的合同期限一致。

第十条 【使用收费】利用防空地下室设置机动车停车设施向社会开放解决居住停车需求的，各区根据本级政府明确要求和区域实际情况，确定减免相关防空地下室使用费用。

26.42《福建省公用人民防空工程平时使用管理办法》（2020年1月9日起施行）

第二条 本办法所称的公用人民防空工程是指除人民防空指挥工程和其它保密工程外，权属为各级人民防空主管部门的各类人防工程。

第三条 平时使用公用人民防空工程实行属地管理的原则。

省人民防空主管部门负责全省范围内公用人民防空工程平时使用的监督管理工作，市、县（区）人民防空主管部门负责本行政区内公用人民防空工程平时使用的监督管理工作。

第四条 公用人民防空工程（早期人防工程除外）通过竣工验收备案后方可使用。平时使用公用人民防空工程必须取得《人防工程平时使用证》。公用人民防空工程平时用途由人民防空主管部门核定，《人防工程平时使用证》实行年度报告公示制度。

第五条 使用单位申请平时使用公用人民防空工程时，应向公用人民防空工程权属的人民防空主管部门提交下列材料：

（一）福建省公用人防工程概况及设施设备登记表（附件1）；

（二）使用单位《统一社会信用代码证》《事业单位法人证书》或申请人居民身份证及复印件；

申请人委托代理人提出申请的，还需要提交授权委托书及代理人身份证原件、复印件；

（三）公用人防工程租赁使用合同（示范文本）（附件2）；

第六条 人民防空主管部门对使用单位提交的资料在5个工作日内审核完毕，符合规定的核发《人防工程平时使用证》。

第七条 《人防工程平时使用证》由正本和副本组成，由各设区市和平潭综合实验区人民防空主管部门根据指定的序号（附件3）及样式（附件4）自行组织印刷。

《人防工程平时使用证》有效期限根据租赁使用合同确定。

第八条 市、县（区）人民防空主管部门应当按照本办法建立《人防工程平时使用证》管理制度，规范《人防工程平时使用证》的申领、登记、年度报告公示、归档等工作。

任何单位或个人不得以任何形式转租、转让、涂改、倒卖和伪造《人防工程平时使用证》。

第九条 公用人民防空工程使用单位应当将《人防工程平时使用证》正本悬挂于工程内醒目位置，便于人民防空主管部门的监督检查。

《人防工程平时使用证》发生丢失、损毁的，应及时到核发部门申请补办。

第十条 有以下情形之一的，应向人民防空主管部门重新申请《人防工程平时使用证》：

（一）公用人民防空工程使用单位发生变更；

（二）公用人民防空工程使用期间改变使用用途。

第十一条 公用人民防空工程使用单位承担公用人防工程维护和安全生产责任和使用中的经济、法律责任，负责落实维护和安全生产措施及经费。人民防空主管部门对公用人防工程维护和安全生产开展监督检查，督促使用单位按照有关规定落实人防工程维护和安全生产措施，确保公用人防工程消除安全隐患，保持良好防护功能。

第十二条 公用人民防空工程使用单位应当按要求制定公用人民防空工程防汛应急措施和公用人民防空工程安全应急救援预案，应当确定专职人员负责公用人民防空工程的维护管理和安全生产工作，发现安全隐患及时处理并向人民防空主管部门报告。

第十三条 公用人民防空工程使用单位应遵守公用人民防空工程使用有关规定，不得损坏公用人民防空工程的安全防护功能。未经人防主管部门同意，使用单位不得擅自改变公用人民防空工程主体结构，不得拆除公用人民防空工程设备、设施。需要对公用人民防空工程进行装修、改造的，应向人民防空主管部门提出书面申请，装修、改造方案和施工图纸经人民防空主管部门审核后方可实施。

第十四条 人民防空主管部门应定期对公用人民防空工程的使用情况进行监督检查，监督检查的主要内容有：

（一）按照规定办理《人防工程平时使用证》情况；

（二）按《人防工程平时使用证》注明用途使用公用人民防空工程情况；

（三）公用人民防空工程维护保养状况；

（四）公用人民防空工程的安全状况和安全措施落实情况。

第十五条 人民防空主管部门发现公用人民防空工程平时使用中存在重大安全隐患的，应当责令使用单位暂时停止使用，并立即整改；发现使用单位未落实安全使用责任、未履行维护管理和安全生产义务的，人民防空主管部门应当责令限期改正。

第十六条 有下列情形之一的，人民防空主管部门应当责令停止违法使用公用人民防空工程，并收回《人防工程平时使用证》：

（一）擅自改变批准使用用途；

（二）擅自改造公用人民防空工程、拆除公用人民防空工程设备设施或采用其他方法危害公用人民防空工程安全和防空效能；

（三）存在重大安全隐患，经整改后仍不能消除；

（四）公用人民防空工程使用单位没有落实维护管理和安全管理责任，拒不整改的；

（五）利用公用人民防空工程从事危害社会秩序和公共安全的违法犯罪活动；

（六）公用人民防空工程使用单位存在破坏公用人民防空工程结构和安全防护功能的行为，拒不改正；

（七）其他原因导致公用人民防空工程平时使用条件灭失的。

第十七条 对于违反本办法和国家有关规定的行为，人民防空主管部门依照《中华人民共和国人民防空法》《福建省人民防空条例》和其他相关规定给予处理。

第十八条 人民防空主管部门的工作人员玩忽职守、滥用职权、徇私舞弊或者有其他违法、失职行为的，依法依规追究责任人相关责任。

26.43《山东省人民防空办公室关于实行制式人防工程平时使用证管理有关问题的通知》（鲁防发〔2017〕16号，2017年12月1日起施行，有效期至2022年11月30日）

一、人防工程平时使用证是合法使用人防工程的有效证明，其任务是保障对人防工程相关防护效能（单建人防工程的安全使用）实施有效监管。人防工程防护效能维护和单建人防工程安全使用责任主体是使用单位。人防工程平时使用证管理遵循属地管理原则。

二、人民防空工程包括为保障战时人员与物资掩蔽、人民防空指挥、医疗救护等而单独修建的地下防护建筑（简称单建人防工程），以及结合地面建筑修建的战时可用于防空的地下室（简称防空地下室）。单建人防工程和防空地下室平时开发利用时应办理人防工程平时使用证。

三、人防工程平时使用证按照工程整体规模发放，每个人防工程只发一个使用证，由授权管理的单位或整体租赁使用的单位负责申办。

四、整体租赁使用的人防工程，使用单位与工程隶属单位签订《人民防空工程租赁使用合同》（示范文本）后5个工作日内，携有关工程租赁资料，到工程所在地人民防空主管部门（以下简称人防主管部门）申领《人防工程平时使用证》，经审查批准取得《人防工程平时使用证》后，方可使用。

五、建设单位自用的人防工程，应由单位法定代表人授权管理单位，以明确管理责任，并向人防主管部门申领《人防工程平时使用证》。

六、用于公众聚集场所的工程在申领《人防工程平时使用证》时，必须提交公安消防部门核发的《消防安全检查意见书》；其他开发利用的人防工程须提交《建筑设计防火审核验收意见书》。

七、人防主管部门接到使用单位申报后，应在10日内对使用合同及资料进行审查，审查合格后核发《人防工程平时使用证》。人防工程使用证的有效期限应与合同期限相一致。

八、开发利用人防工程的使用单位、使用用途发生变更的，原使用单位应提前30日向审批部门提出申请，办理变更手续。未经人防主管部门批准，使用单位不得转租人防工程或转让人防工程使用权。

九、《人防工程平时使用证》由正本和副本组成，正本悬挂于工程内醒目位置，便于人防主管部门的监督检查。

十、已经使用而未办理《人防工程平时使用证》的，应予以补办。

十一、《人防工程平时使用证》由各市根据省人民防空办公室指定的样式及编号自行组织印制。

26.44《山东省人民防空办公室关于人防工程平时使用证和防空地下室防护等级有关问题的通知》（鲁防发〔2018〕5号，2018年5月1日起施行，有效期至2023年4月30日）

1.《关于实行制式人防工程平时使用证管理有关问题的通知》（鲁防发〔2017〕16号）第一、二款合并修订为："一、人防工程平时使用证管理遵循属地管理原则。人防工程平时使用证办理的范围为单建人防工程和由人防部门直接管理的防空地下室"。

〔7〕【人民防空工程平时使用备案登记】

26.45《天津市实施〈中华人民共和国人民防空法〉办法》（2018年12月14日第二次修正并施行）

第十九条 人民防空工程战时必须服从统一调配使用。

平时使用人民防空工程的单位或者个人，应当在使用前向人民防空主管部门备案。平时使用人民防空工程，不得影响其防护功能和战时使用。

26.46《黑龙江省实施〈中华人民共和国人民防空法〉条例》（2018年4月26日第四次修正并施行）

第十条 鼓励平时开发利用人民防空工程和设施为经济建设和人民生活服务。平时使用人民防空工程和设施实行有偿使用和谁投资、谁受益的原则，平时使用人民防空工程和设施应当遵守人民防空有关规定。

26.47《上海市民防条例》（2018年12月10日第三次修正，2019年1月1日起施行）

第四十一条 平时利用民防工程不得影响其防空效能。

平时利用民防工程的，应当自工程投入使用之日起十日内向市或者区民防办办理备案手续。

26.48《江苏省实施〈中华人民共和国人民防空法〉办法》（2021年5月27日第四次修正并施行）

第十五条 国家鼓励平时利用人民防空工程和设施为经济建设和人民生活服务。人民防空工程除重要的指挥、通信等工程外，在不影响防空效能的条件下，可以开发利用。开发利用人民防空工程，应当向人民防空工程所在地人防主管部门备案。

对于开发利用人民防空工程和设施的，有关部门依法核发营业执照和许可证，保障用水用电，并按照有关规定给予规费减免。

人民防空工程因租赁等情形使用权发生变更的，应当向人防主管部门备案。

依法按照国家和省规定的比例结合城市新建民用建筑修建的防空地下室，应当按照设计文件在实地标注，任何单位和个人不得出售。

开发利用人民防空工程和设施，应当与其设计用途相适应，符合环境保护、消防安全等有关要求，并按照国家有关规定办理相应手续。

26.49《浙江省实施〈中华人民共和国人民防空法〉办法》（2020年11月27日第四次修正并施行）

【著者按】《浙江省人民防空办公室关于人民防空工程平时使用和维护管理登记有关事项的批复》（浙人防函〔2016〕65号，2016年12月30日起施行）

杭州市人民防空办公室：

你办《关于平时使用和维护管理登记有关事项的请示》（杭人防〔2016〕110号）收悉。经研究，批复如下：

二、平时利用其他人民防空工程（防空地下室），应当办理平时使用和维护登记手续。2016年6月1日《浙江省防空地下室管理办法》实施前已竣工投入使用的其他人民防空工程（防空地下室）的办理方式，参照该办法第十七条的规定执行。"人防工程平时使用证制度"的实施依据已经修改，可以依法撤回尚在有效期内的《人防工程平时使用证》，改为办理平时使用和维护登记手续。

第十九条第一款 人民防空工程和兼顾人民防空需要的地下工程战时由县级以上人民政府统一安排使用。人民防空工程除重要的指挥、通信等工程外，在不影响其防空效能的条件下，鼓励平时予以开发利用。

第十九条第三款 平时利用其他人民防空工程，建设单位应当向人民防空主管部门办理登记手续。人民防空主管部门应当与建设单位签订人民防空工程使用和维护责任书，依法明确双方的权利和义务。

26.50《江西省实施〈中华人民共和国人民防空法〉办法》（2021年7月28日第五次修正并施行）

第十七条 平时使用或者开发利用人民防空工程，应当向县级以上人民政府人民防空主管部门备案。

人民防空工程的使用权发生变更时，有关当事人应当到人民防空主管部门办理变更备案手续。

战时或者遇突发情况，人民防空工程由当地人民政府统一安排使用。

26.51《陕西省实施〈中华人民共和国人民防空法〉办法》（修改后2010年3月26日起施行）

第十三条第三款 结合地面建筑修建的防空地下室或者单位的人民防空工程平时使用、变更使用时，应当向县级以上人民政府人民防空主管部门备案。平时开发利用人民防空工程，必须遵守维护管理和安全保护的有关规定，不得影响人民防空工程的防空效能。

26.52《新疆维吾尔自治区实施〈中华人民共和国人民防空法〉办法》（2007年9月28日修订，2008年1月1日起施行）

第二十二条 人民防空工程除重要的指挥、通信等工程外，在不影响其防空效能的条件下，鼓励平时开发利用，为经济建设和人民生活服务。

平时开发利用人民防空工程的，使用者与工程投资者签订租赁合同后5日内，向所在地的县（市、区）人民防空主管部门登记。

26.53《天津市人民防空工程建设和使用管理规定》（津政办规〔2020〕20号，2020年10月25日起施行）

第二十四条 公用人防工程平时使用应当坚持有偿使用、用管结合的原则，按照法律、法规和国家有关规定，采取公开招标、拍卖等公平竞争方式实行有偿使用。

第二十五条 平时使用人民防空工程的单位和个人，应当在使用前向区人民防空主管部门备案。使用时不得影响其防护功能和战时使用，同时应符合规划资源、住房城乡建设、消防救援等部门的要求。

第二十六条 人民防空工程的日常维护管理由投资人、使用人或者受委托的物业服务企业负责实施。市、区人民防空主管部门对人民防空工程的维护管理进行监督检查。

第二十七条 人民防空工程的平时使用单位，应当制定工程平战功能转换技术措施和实施方案。转换方案的制定应遵照《人民防空地下室设计规范》（GB50038-2005）和国家有关规定。

26.54《河北省结合民用建筑修建防空地下室管理规定》（2012年3月1日起施行）

第二十二条 平时使用防空地下室的单位，应当制定平时使用转为战时使用实施方案，并向当地人民政府人民防空主管部门备案。

因战争等特殊情况需要停止使用防空地下室的，平时使用防空地下室的单位，应当无条件停止使用，并按平时使用转为战时使用实施方案要求，恢复其战时使用功能。

第二十三条 平时使用防空地下室的单位，应当按有关规定缴纳人民防空工程使用费。

县级以上人民政府人民防空主管部门收取的人民防空工程使用费应当缴入国库，实行预算管理。其收费标准由省价格部门会同财政部门制定。

第二十四条 防空地下室建设单位或者使用单位应当建立防空地下室安全管理制度，制定防火、防汛应急方案，及时进行安全检查，消除事故隐患，确保使用安全。

第二十五条 防空地下室使用单位，不得改变工程主体结构，不得拆除工程配套设备设施，不得在防空地下室内生产、储存易燃、易爆、剧毒、放射性和腐蚀性等危险品。

26.55《上海市民防工程建设和使用管理办法》（2018年12月7日第四次修正，2019年1月10日起施行）

第二十三条 （使用备案）

平时利用公用民防工程以外的其他民防工程的，民防工程的所有权人应当自民防工程投入使用后10日内，将其名称、法定代表人以及使用情况，向区民防办备案。

前款规定的备案事项发生变更的，应当自备案事项变更之日起10日内向区民防办办理变更备案。

26.56《浙江省防空地下室管理办法》（2018年12月29日修正并施行）

第十七条 建设单位应当在防空地下室验收文件备案后、投入使用前向人民防空主管部门办理平时使用和维护管理登记手续，填写登记表。

人民防空主管部门应当自收到登记表之日起3个工作日内与建设单位签订人民防空工程使用和维护管理责任书（以下简称责任书），明确使用范围和用途、维护管理责任和具体要求、建设单位注销后的使用和维护管理责任落实以及违约责任等内容。责任书示范文本由省人民防空主管部门制定。

防空地下室建设单位发生变更、注销或者改变平时用途的，应当按照前款规定办理变更登记手续。

26.57《江西省人民防空工程管理办法》（2021年6月9日第四次修正并施行）

第二十七条 平时开发利用人防工程不得影响战时防护效能，不得影响平战转换要求。

单位和个人平时利用人防工程的，应当向人民防空主管部门备案。人民防空工程的使用权发生变更时，有关当事人应当到人民防空主管部门办理变更备案手续。

第二十八条 人防工程的投资者或者管理者将人防工程提供给他人使用的，应当与使用者签订人防工程安全使用责任书，明确使用者对人防工程的安全使用义务，并对使用者履行义务的情况进行监督；发现使用者违反安全管理法律、法规、规章或者安全使用义务的，应当及时制止、纠正，并向人民防空主管部门报告。

26.58《沈阳市民防管理规定》（2004年2月1日起施行）

第三十条 平时利用民防工程的，事先应当到民防部门办理登记手续，领取民防工程使用合格证后方可使用。

26.59《大连市人民防空管理规定》（2010年12月1日修正并施行）

第七条 鼓励、支持企事业单位、社会团体和个人，通过多种途径投资进行人民防空工程建设。人民防空工程平时由投资者使用管理，收益归投资者所有。

第八条 人民防空设施（含人民防空工程、指挥系统、通信系统、警报系统、疏散设施、战备厂点等）属于国防战备设施，任何组织或个人不得破坏、侵占；未经市人民防空主管部门审核并报市政府批准，不得转让、抵押、出卖和拆除。

第二十条第二、三款 人民防空工程使用人应向人民防空主管部门申领人防工程使用证，按规定签订使用协议书。长期闲置或不按规定使用的，由人民防空主管部门收回或调整使用。

人民防空工程使用权需要发生变更时，须到人民防空主管部门办理变更手续。

26.60《哈尔滨市人民防空工程管理办法》（2010年10月27日修订并施行）

第二十三条 人防工程在平时应当为经济建设和人民生活服务，战时由人防部门统一调配适用。

平时使用国有人防工程的，由人防部门发放国有人防工程使用证，使用者应当按照规定缴纳人防工程使用费。

26.61《常州市市政府关于深化人防工程产权制度改革的意见》（常政发〔2007〕136号，2007年10月1日起施行）

五、所有权人依法对人防工程可以行使转让、拍卖、申请抵押等权利。由社会投资者出资建设的具有防空功能的地下民用建筑，应当在事前向人防部门备案后，方可依法转让、租赁或抵押融资。

26.62《宁波市人民防空工程管理办法》（2020年2月27日修正并施行）

第二十一条 建设单位应当在工程投入使用前，向人民防空主管部门办理平时使用和维护管理登记手续，签订工程使用和维护管理责任书（以下简称责任书）。

建设单位可以在责任书中明确人民防空工程平时使用权益、维护管理以及平战转换责任的承接单位；人民防空工程建设单位发生合并、分立，且未另行明确承接单位的，依法承受其权利、义务的单位为承接单位。

鼓励专业经营管理企业从事人民防空工程维护管理、平战转换和综合开发利用等相关工作。

26.63《济南市城市地下空间开发利用管理办法》（2013年12月1日起施行）

第四十条 人防工程出租经营的，所有权人或者使用人应当与承租人签订书面合同。自合同签订之日起五日内，所有权人或者使用人应当到工程所在地人民防空主管部门和市住房保障管理部门备案。

26.64《济南市人民防空工程管理实施细则》(济政办发〔2014〕1号，2014年1月13日起施行)

第十七条 人防工程出租经营的，所有权人或者使用人应当与承租人签订书面合同。自合同签订之日起5日内，所有权人或者使用人应当到工程所在地人防部门和市住房保障管理部门备案。

26.65《天津市人民防空工程使用和维护管理实施细则》(津防办规〔2021〕1号，修改后2022年1月29日起施行)

第十九条 平时使用的人防工程，内部应当按照相关规定和规范标准配置消防器材及防火设施。

第二十条 人防工程使用前，使用管理单位应当向工程所在区人防办备案。

结建人防工程内的停车位，应当优先向全体业主开放，停车位可以面向业主和社会进行有偿租赁，租赁期限应当与业主协商确定，任何单位和个人不得将人防工程内的停车位出售，附赠。

26.66《河北省人民防空工程平时开发利用登记管理暂行办法》(冀人防字〔2021〕6号，2022年1月1日起施行，有效期2年)

【著者按】河北省人民防空办公室发布的《河北省人民防空工程平时开发利用登记管理暂行办法》政策解读提到，2019年，国家人防办将"人民防空工程平时开发利用登记"作为其他事项类型列入国家级基本目录，2020年省政管办也将其列入省级行政管理事项清单。为承接好该事项，进一步规范人防工程平时开发利用，我办制定出台了本《办法》，对事项办理有关事宜、人防工程维护管理权责、人防主管部门监督管理等方面进行了明确。

第三条 在本省行政区域内，纳入人防部门统计管理平时使用的各类人民防空工程(人民防空指挥工程除外)，工程隶属单位或使用单位应按本办法申请办理开发利用登记，取得《人民防空工程平时使用证》，并依法履行人防工程维护管理责任。

人民防空工程隶属单位是指：所有权明确的人防工程，所有权单位或个人即为工程隶属单位；所有权尚不明确的人防工程，现实中拥有最终管理权或收益权的单位或个人暂定为工程隶属单位。

人民防空工程使用单位是指：工程隶属单位自用的，工程隶属单位即为工程使用单位；租赁给其他单位或个人管理使用的，承租单位或个人即为工程使用单位。

第四条 河北省人民防空办公室负责监督指导全省人民防空工程平时开发利用管理工作。设区市、县（市、区）人民防空主管部门按照职责分工和权限划分，具体负责本行政区内人民防空工程平时开发利用监督管理及使用证登记发放等工作。

第五条 工程隶属单位可以将所属人民防空工程租赁给其他单位或个人管理使用，获取收益。工程隶属单位和工程使用单位应依法签订书面合同，合同参照国家人民防空办公室颁发的《人民防空工程租赁使用合同》示范文本。工程使用单位应当按照承租合同约定履行人民防空工程维护管理义务，并接受人民防空主管部门的监督管理。

第六条 《人民防空工程平时使用证》原则上按照人民防空工程整体规模发放。人民防空工程只有一个使用单位或个人的，由工程使用单位申请办理；有多个使用单位或个人的，由工程隶属单位申请办理。申请办理《人民防空工程平时使用证》的单位以下统称为"工程登记单位"。

第七条　新竣工人民防空工程使用前，应办理《人民防空工程平时使用证》；租赁使用的，应在签订租赁使用合同后 5 日内办理。

本办法实施前已投入使用的，按当地人民防空主管部门要求及时补办。

第八条　申请办理《人民防空工程平时使用证》应提交以下材料：

（一）人民防空工程平时开发利用登记申请表；

（二）申请人资格证明文件（营业执照、统一社会信用代码、法定代表人身份证等），委托他人办理的还应提交委托代理人身份证明文件（身份证和法人授权委托书），原件及复印件备查；

（三）工程隶属单位与工程使用单位签订的人民防空工程租赁使用合同，如存在转租情形，需同时提供工程转租合同；

（四）开发利用的人民防空工程须提交相关部门出具的工程消防验收意见和使用前消防安全检查意见等证明文件；

（五）人民防空工程消防安全责任书；

（六）人民防空工程维护管理责任书。

第九条　工程隶属单位发生变动时，应明确工程承接单位，签订承接合同，明确人防工程相关权利和责任，办理交接手续，工程档案资料等同时移交，签订合同 5 日内向原发证机关提出变更登记申请，并提供承接合同等相关材料。

工程使用单位发生变动的，签订合同 5 日内报原发证机关办理变更登记。

工程隶属单位和工程使用单位变更的，向原发证机关提出变更登记申请，提交第八条全部材料，办理新《人民防空工程平时使用证》，有效期与原证书一致，原证书交回原发证机关。

第十条　《人民防空工程平时使用证》有效期 5 年，有效期届满前 30 日内，工程登记单位应主动到原发证机关提出延续申请，提交第八条一至三项材料。人民防空主管部门应当根据登记单位使用期间遵守相关法律、法规情况进行审核，同意继续使用的，换发新《人民防空工程平时使用证》，原证交回原发证机关。

工程隶属单位和工程使用单位签订租赁合同不满 5 年的，《人民防空工程平时使用证》有效期与签订合同期限一致。

第十一条　《人民防空工程平时使用证》遗失、损坏的，工程登记单位应及时当向原核发部门申请补发，提交第八条一、二项材料，办理《人民防空工程平时使用证》。

第十二条　《人民防空工程平时使用证》有效期满未申请换发新使用证、未通过延续审核的或人民防空工程整体停止使用的，工程登记单位应在 30 日内向原发证机关申请办理注销登记，提交第八条一、二项材料，将《人民防空工程平时使用证》交回原发证机关予以注销，人民防空工程整体停止使用的还需提供工程隶属单位同意注销的意见书。

工程登记单位未按规定申请办理注销登记的，原发证机关有权依法办理《人民防空工程平时使用证》注销手续。

第十三条　人民防空主管部门受理首次登记、变更、延续、补发申请后，应在 3 个工作日内完成资料审核。申请资料符合条件的，核发《人民防空工程平时使用证》；申请资料不符合使用条件的，出具《一次性告知单》，登记单位应予以补正。

人民防空主管部门受理注销登记申请后，应在3个工作日内完成资料审核并办理注销手续。

第十四条 《人民防空工程平时使用证》由正本和副本组成，正、副本具有同等效力。正本悬挂于人防工程内醒目位置，副本用于年度审验。

第十五条 《人民防空工程平时使用证》实行审验制度，由人民防空主管部门每年进行审验，审验不收取任何费用。审验工作前，由登记单位按照人防工程维护管理技术标准自检合格后，方可申请审验；人民防空主管部门现场核验，符合要求的予以办理审验手续，不符合要求的，责令相关单位整改合格后方可办理审验手续。

第十六条 工程隶属单位或工程使用单位应当自觉接受人民防空主管部门监督检查，存在下列情形之一的，责令限期改正，逾期不改正的，收回《人民防空工程平时使用证》，并按照相关规定进行处理：

（一）违反国家有关规定，改变人民防空工程主体结构、拆除人民防空工程设备设施或者采用其他方法危害人民防空工程的安全和使用效能的；

（二）擅自改变人民防空工程使用功能的；

（三）人民防空工程使用中存在重大安全隐患，未按要求整改到位的；

（四）不落实安全使用措施、不履行维护管理责任的；

（五）利用人民防空工程从事危害社会秩序和公共安全的违法犯罪活动的；

（六）取得《人民防空工程平时使用证》后，未开发利用的；

（七）取得《人民防空工程平时使用证》后，未办理年度审验手续的；

（八）转让、转租人民防空工程不按规定进行变更登记的；

（九）其他违反法律法规行为的。

第十七条 《人民防空工程平时使用证》不得伪造、冒用、涂改、倒卖、出租、出借、转让。

第十八条 各级人民防空主管部门应当依据法律法规规定的职责，对人民防空工程开发利用进行监督检查。

第十九条 各级人民防空主管部门应当将办理《人民防空工程平时使用证》的有关材料、发证情况建立台账并及时归档。

第二十条 鼓励支持各级人民防空主管部门利用信息化手段，加强对人民防空工程开发利用管理，提高行政效能，及时服务社会群众。

第二十一条 申办人以虚假材料欺骗或贿赂等不正当手段取得《人民防空工程平时使用证》的，原发证机关有权撤销登记，收回《人民防空工程平时使用证》。

26.67《江苏省〈人防工程平时使用证〉管理办法》（苏防规〔2021〕5号，2022年2月1日起施行）

【著者按】江苏省人民防空办公室发布的《江苏省人防工程平时使用证管理办法》解读指出："三、主要内容（一）关于平时使用备案制度。2020年，《江苏省人民防空工程建设使用规定》颁布实施，人防工程平时使用由行政许可调整为备案。该办法根据省政府第129号令，按照其他权利事项的行使要求，对人防工程平时使用备案的备案发证机关、备案材料、办理程序，以及变更程序等进行重新规定。同时根据人防工程产权归属不明确的实际，规定《人防工程平时使用证》不作为权属登记的凭证，不具有不动产确权性质。"

第二条 本省行政区域内开发利用人防工程备案、《人防工程平时使用证》申领以及相关监督管理适用本办法。

本办法所称人防工程包括为保障战时人员与物资掩蔽、人民防空指挥、医疗救护等而单独修建的地下防护建筑，以及结合地面建筑修建的战时可用于防空的地下室。

第三条 人防工程除重要的指挥、通信等工程外，在不影响防空效能的条件下，可以按照其规划用途开发利用。

开发利用人防工程实行备案制度，平时使用人应当办理备案并领取《人防工程平时使用证》。

第四条 省人民防空行政主管部门统筹做好全省《人防工程平时使用证》管理工作，统一印制《人防工程平时使用证》。

设区市、县（市、区）人民防空行政主管部门（以下简称人防主管部门）负责开发利用人防工程的备案、《人防工程平时使用证》的发放、监管等相关工作。

第五条 《人防工程平时使用证》是合法使用人防工程的有效证明，用于载明人防工程名称、平时使用人、日常维护管理人、工程面积、使用期限和用途等内容，不得作为物权登记凭证。

《人防工程平时使用证》分为正本和副本，正本、副本具有同等法律效力。正本用于在人防工程的显著位置公示，副本用于审验。

鼓励推广运用电子证照，依法申领的电子版《人防工程平时使用证》与纸质《人防工程平时使用证》具有同等法律效力。

第六条 人防工程可以由投资者或者依法依规取得人防工程平时使用权的主体作为平时使用人。建设单位、业主委员会、物业管理委员会或者法律、法规、规章规定的其他主体可以申请平时使用住宅小区依法配建人防工程。

第七条 办理人防工程开发利用备案，平时使用人应当对人防工程的专用设备、设施等进行清点，存在缺失、损坏的，应当及时进行维修、更换。

第八条 人防工程平时使用人办理备案时，应当按照要求填写《人防工程开发利用备案表》，并提交下列资料：

（一）平时使用人申请备案资格材料（住宅小区业主委员会申请备案需提交业主委员会备案登记表；其他人防工程提交申请人身份证明资料以及投资建设相关资料、与建设单位签订的平时使用协议等能够证明申请人具备申请资格的材料）；

（二）《人防工程使用管理承诺书》；

（三）委托物业服务企业或者具备相应能力的第三方（以下统称第三方）负责日常维护管理的，双方签订的委托协议；未委托第三方负责日常维护管理的，平时使用人需提供具备相应能力的证明材料。

（四）法律、法规、规章规定的其他材料。

可以通过一体化在线政务服务平台共享、核验的证照批文等材料和信息，人防主管部门不得要求申请人提供。

人防主管部门应当在10个工作日内对备案材料进行审核并作出决定。审核通过的，人防主管部门应当发放《人防工程平时使用证》；审核不通过的，应当书面告知申请人理由。

第九条 委托第三方负责人防工程维护管理的，应当签订委托协议，载明维护范围、标准、频次，并明确由受委托人实施人防工程维护资金单独列账、安全使用和维护管理。

平时使用人委托物业服务企业负责人防工程维护管理的，应当符合同一物业管理区域由一个物业服务企业实施物业管理的规定。

受委托人应当根据委托协议承担维护管理责任，建立维护管理台账，参加相关业务培训，配合人防主管部门监管。

第十条 平时使用人在办理开发利用备案和领取《人防工程平时使用证》时，伪造、变造、虚假资料的，人防主管部门应当撤销备案并收回《人防工程平时使用证》。未能收回的，人防主管部门应当予以注销。

第十一条 住宅小区配建人防工程平时使用证有效期为3年。有效期届满后继续使用的，平时使用人应当在有效期届满前30日内重新备案，人防主管部门可以采取简易程序办理。

第十二条 平时使用主体有争议的人防工程，依法认定平时使用人前，人防主管部门可以按照方便群众生产生活，有利于发挥人防工程建设效益的精神，为前期人防工程使用人办理临时使用备案。

临时使用人防工程应当按照本办法第七条规定进行备案并领取《人防工程平时使用证》，临时使用期限不超过1年。

第十三条 人防工程平时使用人、日常维护管理人、平时使用用途等发生变更的，应当在变更后30日内办理人防工程开发利用变更，重新领取《人防工程平时使用证》。

第十四条 《人防工程平时使用证》实行审验制度。人防工程所在地人防主管部门对下列情况进行审验：

（一）人防工程平时使用人主体资格是否存续；

（二）委托第三方负责维护管理的，委托关系是否存续；

（三）住宅小区人防工程用作停车位的，租金单独列账以及资金使用的公示情况。

人防主管部门可以将《人防工程平时使用证》的审验纳入人防工程维护管理监督检查，在日常检查、巡查中合并检查审验内容。

审验过程中发现的问题，人防主管部门应当责令平时使用人限期整改。

第十五条 人防主管部门应当加强对开发利用人防工程平时使用人的信用管理，将平时使用人的失信行为纳入信用监管，依法依规实施守信激励和失信惩戒。

26.68《常州市人民防空工程使用与维护管理办法》（常防办〔2007〕41号，2007年5月17日起施行）

第六条 人防工程竣工验收合格，并取得《人防工程平时使用证》后方能按照核准的平时使用功能和有关使用要求投入使用。

使用单位平时使用人防工程必须按物价部门核准的收费标准缴纳使用费，到人防工程所在市（区）人防行政主管部门办理《人防工程平时使用证》和《人民防空工程平时使用手册》（新竣工工程竣工验收时填写），并按年度进行审验，审验不合格的，取消使用单位人防工程平时使用资格，人防工程由人防办收回，统一开发利用。

（一）人防工程办理平时使用手续必须报市人防办备案；天宁区、钟楼区和戚墅堰区行政区域内人防工程一次办理五年及五年以上平时使用手续，必须报市人防办审批。

（二）未经人防行政主管部门同意，使用单位不得擅自将人防工程进行转租，《人防工程平时使用证》不得转让，使用人和使用证登记不相符或经人防行政主管部门检查评定工程维护管理不合格的，取消工程平时使用人的使用资格。

（三）人防工程使用单位必须与工程所在区人防办签订《人防工程消防安全责任书》和《人防工程治安安全责任书》。

（四）人防工程现场出入口显著位置应喷涂人防工程标识、人防工程编号，张贴、悬挂人防工程平时使用证、人防工程平时使用注意有关事项。

26.69《沈阳市人防工程国有资产管理规定》（沈人防发〔2020〕10号，2020年7月2日起施行）

【著者按】《沈阳市人民防空行政执法事项清单》（2021年版）将"人民防空工程平时使用管理"列为其他行政权力事项。

第八条　任何单位和个人建设人防工程，须在工程立项后进行人防工程产权界定，并签订人防工程国有资产部分委托使用协议。

第九条　任何单位和个人不得擅自转让、出卖、抵押及无偿使用人防工程国有资产。

任何单位和个人开发利用人防工程国有资产，必须经市人防国有资产管理部门批准，签订使用合同，并缴纳人防工程使用费。使用单位负责人防工程的日常维护、消防、防汛、治安等工作。

第十条　人防工程国有资产使用实行登记备案制度。

使用合同签订后，使用单位应在五日内到市人防国有资产管理部门申请登记备案，并提交下列材料：

（一）使用单位合法证件；

（二）《人防工程竣工验收报告》；

（三）《人防工程安全管理责任书》；

（四）《人防工程使用合同》。

市人防国有资产管理部门对备案材料审查后，合格的予以登记，并在五日内核发《人防工程平时使用证》；不合格的不予登记，并书面说明理由。

第十一条　使用人防工程国有资产的单位必须持有《人防工程平时使用证》。《人防工程平时使用证》不得转让。

第十二条　使用单位不得擅自转租或者转让人防工程国有资产，确需转租或者转让的，须报市人防国有资产管理部门批准，换发《人防工程平时使用证》后，方可继续使用。

26.70《西安市人民防空办公室关于印发〈人民防空工程平时开发利用备案登记办法〉的通知》（市人防发〔2021〕58号，2021年12月25日起施行，有效期5年）

【著者按】西安市人民防空办公室发布的《关于印发人民防空工程平时开利用备案登记办法的通知》起草说明指出："四、重要内容的说明 二是人防工程平时开发利用实行备案登记制度，人防工程的使用单位是人防工程平时开发利用备案登记的责任主体，到人防工程所在区、县、西咸新区、开发区人民防空主管部门办理备案登记手续后，方可使用人防工程。该条款明确备案登记主体是人防工程的使用单位，备案登记主管部门是人防工程所在区、县、西咸新区、开发区的人防主管部门。"

一、各区（县）人防办、西咸新区人防办、开发区人防机构负责本辖区内的人防工程平时开发利用备案登记工作，办理相关手续。

二、本办法所称人防工程及设施包括保障战时人员与物资掩蔽、医疗救护等而单独修建的地下防护建筑，以及结合地面建筑修建的战时可用于防空的地下室。

三、人防工程及设施的隶属单位或使用单位负责人防工程平时开发利用工作，接受人民防空主管部门的监督检查。公用的人员掩蔽工程和疏散干道工程隶属单位和使用单位为负责人防工程建设与管理的人民防空主管部门；医疗救护、物资储备等专用工程隶属单位和使用单位为负责组织修建的有关部门；有关单位负责修建本单位的人员与物资掩蔽工程隶属单位和使用单位为有关单位；结合地面建筑修建防空地下室的使用单位为人防工程的建设单位，建设单位将人防工程移交给其他单位或委托其他单位管理的，人防工程接收单位或被委托管理单位则即为使用单位。

四、人防工程平时需要开发利用的，应当经相关行政主管部门验收合格的工程。要有符合人防规范的人防工程标识，用于停车的人防工程要有人防车位标识，并依照《西安市机动车停车条例》第二十一条执行。

五、人防工程平时开发利用实行备案登记制度，人防工程的使用单位是人防工程平时开发利用备案登记的责任主体，到人防工程所在区、县、西咸新区、开发区人民防空主管部门办理备案登记手续后，方可使用人防工程。

六、人防工程备案单位出租给其他单位实际使用的，人防工程备案单位应当与实际使用单位签订《人民防空工程租赁使用合同》，明确双方权利义务，督促其落实人防工程及设施平时使用的有关要求。

人防工程实际使用单位在合同期内不得擅自转租人防工程或者转让人防工程使用权，因故确需转租或者转让的，必须报经原备案的人民防空主管部门重新备案。

七、人防工程使用单位应按规定对人防工程及设施进行维护、修缮和管理，使其保持良好的战时功能和平时使用状态。建立健全各项管理制度，落实消防、防汛、治安等工作和经济、法律责任。

八、平时使用需要对人防工程进行改造时，应按照有关规定、规范进行设计，经专业部门审查，人防主管部门批准后实施。不得降低人防工程的防护能力，不得改变人防工程的主体结构，不得影响其防空效能。改造后的人防工程经人防主管部门验收合格后，方可办理人防工程平时开发使用备案登记手续。人防工程使用不得违反法律法规明确禁止的用途。

九、如遇有战争、重大自然灾害、政策调整等重大事件时，人防工程使用单位应当在规定的期限内恢复人防工程防护功能，由人民防空主管部门统一调配使用。

十、各级人民防空主管部门负责辖区内的人民防空工程平时开发利用实施监督检查，对违反相关规定的行为依法予以处理。

〔8〕【人民防空工程平时使用费管理】

26.71《人民防空工程平时开发利用管理办法》(〔2001〕国人防办字第 211 号，2001 年 11 月 1 日起施行)

第十五条　使用单位利用人民防空工程进行下列活动时，应当向工程隶属单位缴纳人民防空工程使用费：

(一) 利用人民防空工程进行经营性活动；

(二) 利用人民防空工程冷风降温；

(三) 利用人民防空工程敷设通信、电力管线；

(四) 利用人民防空工程施工碴石等副产品。

第十六条　使用单位利用人民防空工程举办非经营性的社会福利或者公共事业，可免缴人民防空工程使用费。

第十七条　使用单位应当按照国家有关规定和《人民防空工程租赁使用合同》的约定，向工程隶属单位缴纳人民防空工程使用费。

人民防空工程使用费缴纳标准，由省、自治区、直辖市价格主管部门会同人民防空主管部门制定。

第十八条　公用人民防空工程的使用费按《人民防空预算外资金管理规定》和《人民防空财务管理规定》的有关规定进行管理和使用。

26.72《人民防空预算外资金管理规定》(国动字〔1998〕2 号，1998 年 1 月 14 日起施行)

一、人防预算外资金的范围

人防预算外资金是各级人防主管部门除中央和地方预算拨款以外的，依据法律、法规、规定，经中央、地方人民政府批准收取的用于人防建设的各项资金。主要包括：新建民用建筑应建未建战时用于防空地下室的易地人防工程建设经费；开发利用人防工程、设备、设施收取的经费；其他未纳入人防预算管理的资金。

人防事业单位开发利用人防设备、设施，通过市场取得的不体现政府职能的平战结合收入，不作为人防预算外资金管理，但必须依法纳税，并纳入单位财务收支计划，实行收支统一核算。

26.73《黑龙江省实施〈中华人民共和国人民防空法〉条例》(2018 年 4 月 26 日第四次修正并施行)

第十二条　人民防空主管部门按本条例规定收取的人民防空工程和设施有偿使用费等，应当作为人民防空专项经费。人民防空专项经费纳入财政预算外资金管理，用于人民防空建设事业，各级人民政府和有关部门不得以任何理由占用、提留或挪作他用，保证人民防空经费的战备性质和专项投资方向。

26.74《江苏省物业管理条例》(2021 年 9 月 29 日第四次修正并施行)

第六十六条第一款　业主大会成立前，需要占用业主共有的道路或者其他场地停放汽车的，应当在前期物业服务合同中约定。物业服务企业应当将汽车停放费单独列账，所得收益的百分之七十纳入住宅专项维修资金，其余部分可以用于补贴物业费。

第六十七条　物业管理区域内依法配建的人民防空工程，应当按照设计文件在实地标注。

物业管理区域内依法配建的人民防空工程平时用作停车位的，应当向业主开放，出租的租赁期限不得超过三年，不得将停车位出售、附赠。

人民防空工程平时用作停车位收取的汽车停放费、租金，应当依照有关规定，用于该人民防空工程设施的维护管理和停车管理的必要支出，有剩余费用的按照本条例第六十六条第一款规定使用。管理办法和具体收费标准由省价格行政主管部门会同物业管理、人防等行政主管部门制定并公布。

26.75《青海省实施〈中华人民共和国人民防空法〉办法》（2020年7月22日修正并施行）

第十七条第三款 人民防空主管部门转让人民防空设施使用权的收益，纳入人民防空专项经费，按预算外资金管理，依照国家规定免征税费。

26.76《上海市民防工程建设和使用管理办法》（2018年12月7日第四次修正，2019年1月10日起施行）

第二十二条（使用收费）

平时利用公用民防工程的，使用单位应当按照国家和本市有关规定，向市或者区民防办缴纳民防工程使用费。

民防工程使用费的标准，由市民防办提出，并由市价格管理部门会同市财政部门核准。

民防工程使用费属财政性资金，应当全额上缴财政；其支出由财政部门按照批准的计划核拨，专项用于公用民防工程的维护管理，不得挪作他用。

26.77《江苏省人民防空工程建设使用规定》（2020年1月1日起施行）

第三十一条 物业管理区域内依法配建的防空地下室平时用作停车位收取的汽车停放费、租金应当单独列账，并优先保障保修期满后该防空地下室防护结构和专用设备设施的维修更新、日常维护管理和停车管理的必要支出。

26.78《济南市人民防空工程管理实施细则》（济政办发〔2014〕1号，2014年1月13日起施行）

第十六条 使用国有人防工程的，应当与人防部门签订使用合同和安全使用责任书，并认真落实人防工程有偿使用规定。人防工程有偿使用收入纳入政府非税收入管理，专项用于人防工程维护管理。

26.79《宁波市人民防空办公室关于规范人防工程平时使用费管理的通知》（甬人防办通〔2009〕55号，2009年12月16日起施行）

一、人防工程使用费的分配比例与管理。物业服务企业利用地下人防工程收取的平时使用费（如停车、仓储费等），要严格按照相关的收费标准收取，并单独列帐。除税后40%可用于物业管理服务费用外，其余税后60%应按每半年一次作为人防工程专项维修资金交入当地人防主管部门账户，由当地人防主管部门作为暂存款代为保管。市房屋维修资金管理中心建立后，人防工程专项维修资金转入该中心代管。应单独记账、单独核算、专款专用、严禁挪作他用，并对代管资金的安全负责。

〔9〕【人民防空工程平时使用许可（备案登记）与使用权取得】

26.80 北京市第一中级人民法院〔2015〕一中民终字第 08465 号民事判决书

董某与案涉公司签订《协议书》的目的是使用地下车位，只要案涉公司提供该车位给董某使用，则董某使用车位的合同目的便可实现，董某的合同利益并不会必然受到较大的损失。根据关于人防工程的相关规定以及一审法院的调查笔录，人防工程归开发商管理使用，人防工程使用证采取一年一审批的方式进行管理。案涉公司作为该人防工程的投资开发商，具有对地下车位的管理使用权，每年审批属于行政机关正常的管理规范，并不必然影响对地下车位的使用。一审法院认为由于使用人防设施需要向相关主管部门进行审批，且需每年审批，由此可能导致在使用该地下附属设施时产生不确定性，而案涉公司在与董某签订协议时并未明确告知，从而导致董某产生重大误解并签订协议的理由和结论错误。

26.81 江苏省无锡市中级人民法院〔2021〕苏 02 民终 6881 号民事判决书

根据《中华人民共和国人民防空法》第五条、《人民防空工程平时开发利用管理办法》第九条、第十条、第十二条、《江苏省实施〈中华人民共和国人民防空法〉办法》第十五条的规定，我国对于人防工程的利用采用行政许可制度，使用单位必须持有人民防空主管部门核发的《人民防空工程平时使用证》，方可使用人民防空工程。禁止无证使用人民防空工程或者转让《人民防空工程平时使用证》。

26.82 江苏省泰州市中级人民法院〔2021〕苏 12 民终 2794 号民事判决书

根据《中华人民共和国人民防空法》第五条、第二十六条的规定，案涉车位为人防车位，邱某、陈某从案涉公司处合法取得车位使用权后再行转让给万某，不违反法律、行政法规的强制性规定，《人民防空工程平时使用证》的办理系人防工程使用单位的义务，并非业主的义务。综上，双方关于案涉车位的使用权转让行为合法有效，不存在法定的解除事由。

26.83 福建省福州市中级人民法院〔2019〕闽 01 民终 2749 号民事判决书

案涉公司取得福州市人防办公室颁发的《人民防空工程平时使用证》后，取得了有效期为四十五年、用途为商业的人防工程平时使用权，因此其与受让人签订的商铺使用权转让合同系双方当事人的真实意思表示，内容未违反法律和法规的强制性规定，合法有效。该商铺使用权转让合同已经对合同的性质、双方的权利义务作出了明确约定，受让人认为其实质为租赁合同而违反最长二十年的租赁期限的主张，缺乏法律依据。

〔10〕【人民防空工程平时使用的用途限制】

26.84 江苏省高级人民法院〔2016〕苏行申 602 号行政裁定书

尽管物业公司申请利用人防工程建设超市，但在《人民防空工程维护管理协议》中规定物业公司在自建工程范围内预留一定停车位，溧阳市民防局根据物业公司的申请及实际使用的需要，将使用项目定为超市和停车用途，不属于超越申请范围许可。物业公司在使用过程中存在的问题，属于溧阳市民防局及有关监管部门的后续监督管理职责，与行政许可条件并无关联。原审法院事实认定有据，程序合法，判决驳回要求撤销行政许可决定书及颁发人防工程平时使用许可证的诉讼请求，并无不当。

26.85 江苏省常州市中级人民法院〔2017〕苏 04 民终 2439 号民事判决书

根据《江苏省实施〈中华人民共和国人民防空法〉办法》第十五条的规定，人民防空工程除重要的指挥、通信等工程外，在不影响防空效能的条件下，经人防主管部门同意，均可以开发利用，有关部门依法核发营业执照和许可证；开发利用人民防空工程和设施，应当与其设计用途相适应，符合环境保护、消防安全等有关要求，并按照国家有关规定办理相应手续。案涉小吃店认为其与出租人签订的房屋租赁合同涉及出租地下人防工程，损害社会公共利益，违反法律、行政法规的强制性规定，导致合同无效。但该房屋租赁合同约定将租赁房屋作为一般商业用房使用，并未明确约定租赁人防地下室的具体用途，案涉小吃店可根据上述法律法规规定，对该人防地下室进行合理利用。因此，案涉房屋租赁合同并未损害社会公共利益，也不违反法律、行政法规的强制性规定。

26.86 湖北省武汉市中级人民法院〔2015〕鄂武汉中民二终字第 00322 号民事判决书

由于《租房协议》并未限定承租人对负层房屋的使用范围，虽然负层房屋的设计用途为人民防空工程，但是租赁双方在未改变其相应建筑结构的前提下，用于平时的利用开发，并未影响其战时的防空效能。将负层房屋用作仓库的行为，符合《中华人民共和国人民防空法》第二十六条的规定，该行为是对承租权的有效行使，反映了减少闲置、物尽其用的经济规律，体现了合同法中鼓励交易、创造财富的重要精神。

第二十七条 【人民防空工程安全保护】

任何组织或者个人不得进行影响人民防空工程使用或者降低人民防空工程防护能力的作业，不得向人民防空工程内排入废水、废气和倾倒废弃物，不得在人民防空工程内生产、储存爆炸、剧毒、易燃、放射性和腐蚀性物品。

〔1〕【释义】

影响人民防空工程使用或者降低人民防空工程防护能力的作业，主要指在影响人民防空工程进出和正常使用的范围内设置障碍、堆放物品和新建地面建筑等活动，或者在危及人民防空工程安全使用范围内采石、取土、爆破、挖洞、开沟等作业。这些活动和作业都可能对人民防空工程造成危害，或者堵塞孔口及道路，或者降低工程防护能力，影响人民防空工程的安全和使用。

向人民防空工程内排放废水、废气，倾倒废弃物，将污染人民防空工程的内部环境，直接影响人民防空工程内人员的身体健康，甚至引起人民防空工程内部结构发生变化，降低人民防空工程的安全使用效能等。

在人民防空工程内生产、储存爆炸、剧毒、易燃、放射性和腐蚀性物品，一旦发生事故将会带来严重后果，造成人员伤亡和重大经济损失。

本条中的"三个不得"是禁止性规范，违反本条规范将依法追究行为人的法律责任。

〔2〕【使用人民防空工程的限制性、禁止性规定】

27.1《人民防空工程维护管理办法》（〔2001〕国人防办字第 210 号，2001 年 11 月 1 日起施行）

第十四条 保护人民防空工程是一切组织和个人应尽的责任和义务，必须遵守下列规定：

（一）禁止向人民防空工程内部和孔口附近排泄废水、废气，倾倒废弃物，堆放杂物，堵塞孔口或者修建与人民防空无关的其他建筑；

（二）禁止以任何形式阻塞通往人民防空工程口部的道路；

（三）禁止在人民防空工程内生产或者存放易燃、易爆、剧毒、放射性和腐蚀性物品；

（四）禁止擅自占用、改造和损坏人民防空工程设施；

（五）禁止在危及人民防空工程安全范围内采石、伐木、取土、爆破、打桩、埋设管道和修建地面工程设施。

第十五条 因城市基础设施建设影响人民防空工程安全时，必须采取保障人民防空工程安全的技术措施，经人民防空主管部门批准后实施。

第十六条 人民防空工程进行改造时，不得降低防护能力和影响其防空效能，并按有关规定、规范进行设计，经人民防空主管部门批准后实施。

27.2《人民防空工程平时开发利用管理办法》（〔2001〕国人防办字第 211 号，2001年 11 月 1 日起施行）

第十三条 使用单位不得改变人民防空工程的主体结构，不得擅自拆除人民防空工程设备设施或者危害人民防空工程的安全和使用效能。

使用单位因使用需要可对人民防空工程进行装修，并向工程隶属单位提出书面申请。装修方案和施工图纸必须报经工程所在地人民防空主管部门批准。

第十四条 禁止在人民防空工程内从事非法经营活动，严禁在人民防空工程内生产、储存爆炸、剧毒、易燃、放射性和腐蚀性等危险品。

第二十条 使用单位应当按照国家有关法律、法规和规范，认真落实下列安全措施：

（一）建立健全消防、治安组织，落实责任，履行职责；

（二）大中型人民防空工程必须制定切实可行的火灾应急预案，并定期组织演练；

（三）定期组织在岗职工进行消防、安全知识培训教育，对消防、安全工作进行讲评考核；

（四）建立定期安全检查制度，发现治安和火灾隐患及时整改；

（五）消火栓、防火卷帘门、手动报警按钮等处不得堆放杂物，不得圈占、遮盖，消防设备设施不得擅自拆除和挪移；

（六）人员避难走道、疏散走道及疏散出口处，不得摆设柜台、占道经营，并设置火灾疏散指示标志和标志灯；

（七）消防、高压电器等特种从业人员必须具有相应的职业资格，持证上岗；

（八）建立昼夜值班巡视制度，保卫人员应当加强巡查，对影响安全使用的行为，及时制止。

第二十一条 使用单位应当严格用电管理，定期对电路和电器设备进行检查，不得乱拉、乱接临时用电线路，严禁超负荷用电。

第二十二条 使用单位应当制定防汛方案和应急措施，做好防汛排涝和防雨水倒灌等工作。

27.3《河北省人民防空工程维护与使用管理条例》（2006 年 7 月 1 日施行）

第十三条 任何单位或者个人不得进行下列影响人民防空工程使用或者降低人民防空工程防护效能的行为:

(一) 侵占人民防空工程;

(二) 偷窃、故意损毁人民防空工程的设备设施;

(三) 在人民防空工程内生产或者储存爆炸、剧毒、易燃、腐蚀性、放射性等危险品;

(四) 向人民防空工程内排入废水、废气或者倾倒废弃物;

(五) 在可能危及人民防空工程安全的范围内取土、挖沙、采石、打桩、钻探、伐木或者进行爆破作业;

(六) 占用、堵塞人民防空工程的进出道路和通风、出入等孔口及地面附属设施;

(七) 其他影响人民防空工程使用或者降低人民防空工程防护效能的行为。

第十四条 不得在可能危及人民防空工程安全的范围内埋设管道、修建地面工程设施。因特殊需要在上述范围内埋设管道和修建地面工程设施的,应当商得省人民政府人民防空主管部门同意,并采取保障人民防空工程安全和使用效能的措施,保证人民防空工程不受损害。

可能危及人民防空工程安全范围的具体标准,由省人民政府制定。

27.4《江苏省实施〈中华人民共和国人民防空法〉办法》(2021年5月27日第四次修正并施行)

第十八条 任何组织或者个人不得进行下列影响人民防空工程使用或者降低人民防空工程防护能力的作业:

(一) 在危害人民防空工程安全的范围内进行采石、伐木、取土、爆破、挖洞、开沟、植桩等;

(二) 在影响人民防空工程进出和正常使用的范围内设置障碍、堆放物品、新建建筑物;

(三) 向人民防空工程内排入废水、废气和倾倒废弃物;

(四) 在人民防空工程内或者危及其安全的范围内生产、储存爆炸、剧毒、易燃、放射性和腐蚀性物品;

(五) 擅自将管网、线缆穿越人民防空工程;

(六) 毁损人民防空工程孔口伪装、地面附属设施以及防洪、防倒灌设施,堵塞或者截断人民防空工程的出入口、进排风竖井、进排水管道;

(七) 擅自改变人民防空工程主体结构、拆除防护设施,进行穿墙打孔等影响防护效能的改造和装修;

(八) 占用人民防空工程通风、配电等设备用房作其他用途。

人民防空工程安全范围,由人防主管部门按照国家规定的战术技术要求划定,并设置标志。

27.5《北京市人民防空工程和普通地下室安全使用管理办法》(2021年12月30日第三次修改并施行)

第二条 本办法适用于本市行政区域内平时使用的人民防空工程和普通地下室(以下统称"地下空间")的安全使用管理。法律、法规另有规定的从其规定。

第四条　利用地下空间从事商业、文化娱乐业、旅店业以及其他生产经营活动或者作为居住场所的，地下空间的被许可使用人、所有权人及受托管理人（以下统称"安全使用责任人"）应当保证地下空间符合下列条件：

（一）符合防火、卫生等管理规定，并经公安消防机构、卫生计生行政主管部门依法检查合格；

（二）房屋建筑安全，不存在危险构件；

（三）具有上下水、卫生间、用电设施；

（四）通风良好，设置机械通风系统或者空气调节装置，并保证有效使用。地下空间平时使用必需的新风量，以及相应的新风系统、回风系统等设置符合设计规范要求；

（五）具有防汛、防雨水倒灌设施；

（六）按规定设置和配备机械防烟排烟系统、自动喷淋系统、应急照明系统、火灾自动报警系统以及其他消防设施和器材。

第五条　地下空间的安全使用责任人利用地下空间，应当遵守下列规定：

（一）制定落实治安、消防、卫生、建筑等管理法律、法规、规章的具体措施；

（二）建立防火、防汛、治安、卫生等责任制度。提供给他人使用的，与使用人签订地下空间安全使用责任书，明确使用人对地下空间的安全使用义务，并对使用人履行义务的情况进行监督；发现使用人违反安全管理法律、法规、规章或者安全使用义务的，及时制止、纠正，并向有关行政主管部门报告；

（三）使用人民防空工程，应当按照所在地区人民防空主管部门批准的要求使用；

（四）不得擅自改变地下空间工程的主体结构或者拆除地下空间工程的设备设施；

（五）安全出口和疏散通道符合安全规范。安全出口不得采用卷帘门、转门、吊门或者侧拉门，门向疏散方向开启；

（六）在地下空间的入口处设置人民防空主管部门、住房城乡建设行政主管部门制发的人民防空工程、普通地下室使用标志牌；

（七）建立安全设施检查、维修管理制度，保障安全设施正常使用；

（八）对有关行政主管部门检查发现的事故隐患，在规定的时间内予以消除；

（九）依法及时报告火灾、传染病疫情等突发性事件；

（十）不得将地下空间出租给无合法有效证件、证明的单位或者个人；

（十一）遵守国家及本市其他有关地下空间安全使用的管理规定。

第六条　地下空间的使用人，应当遵守下列规定：

（一）履行地下空间安全使用责任书中的安全使用义务和本办法第五条第（四）项、第（八）项、第（九）项的规定；

（二）根据不同的使用性质，保证地下空间在使用中符合国家规定的相关行业的卫生标准；

（三）装饰、装修材料符合国家和本市规定的消防、卫生要求；进行装饰、装修等施工作业期间，不得投入使用；

（四）不得存放液化石油气钢瓶，不得使用液化石油气和闪点小于60℃的液体做燃料；

（五）保障安全出口、疏散通道畅通，有人时不得上锁；

（六）不得在地下空间内从事危险化学品、烟花爆竹等危险物品的生产经营。不得在地下空间内储存易燃易爆物品；

（七）按照国家有关消防安全技术规定安装、使用电器产品，设计、敷设用电线路；禁止超负荷用电；

（八）不得在地下空间内设置油浸电力变压器和其他油浸电气设备；

（九）地下空间内所容纳的人员不得超过核定人数。核定人数的具体办法和标准，由市人民防空主管部门、住房城乡建设行政主管部门制定；

（十）对从业人员进行安全教育，并制定安全事故应急救援预案；

（十一）遵守国家及本市其他有关地下空间安全使用的管理规定。

27.6《上海市民防工程建设和使用管理办法》（2018年12月7日第四次修正，2019年1月10日起施行）

第二十一条　（使用原则）民防工程的所有权人可以采取多种形式使用民防工程，但不得影响民防工程的防护效能，并且应当符合国家和本市有关消防、治安、卫生、房地等方面的规定；民防工程用作经营场所的，还应当符合国家和本市有关市场监管、物价、税收等方面的规定。

27.7《江西省人民防空工程管理办法》（2021年6月9日第四次修正并施行）

第二十五条　禁止下列危害人防工程的行为：

（一）向人防工程内及其孔口周围二十米范围内排放废水、废气或者倾倒废弃物；

（二）在人防工程内生产或者储存爆炸、剧毒、易燃、放射性、腐蚀性等危险物品；

（三）在人防工程安全使用保护范围内进行采石、取土、钻探、爆破等作业；

（四）堵塞、毁坏、擅自占用人防工程及其出入口；

（五）覆盖、损坏人防工程的测量标志；

（六）法律、法规禁止的其他危害人防工程安全和使用效能的行为。

27.8《南京市人民防空工程建设管理办法》（南京市人民政府令第327号第二次修改，修改后2018年11月6日起施行）

第十九条　人防工程平时开发利用的用途，应当与其规划设计用途相适应，符合环境保护、消防安全等要求，不得影响防空效能，并依法办理相应手续。未经规划行政主管部门批准，不得改变人防工程平时使用用途。

27.9《北京市人防工程内有限空间安全管理规定》（京人防发〔2020〕48号，2020年7月1日起施行）

第六条　人防工程内有限空间危险作业主要包括：电气焊作业、油漆喷涂作业、各类管井保养维修清理及升级改造作业、清淤作业等。

第九条　人防工程所有人或被许可使用人，应当建立健全有人防工程内有限空间管理制度，配备与有限空间作业相匹配的安全防护设备、个人防护设备和应急救援装备等。

第十条　各区人民防空行政主管部门应当对每处人防工程内有限空间进行辨识，明确有限空间的数量、位置以及危险有害因素等基本情况，建立人防工程有限空间管理台账，并及时更新。

第十一条　各区人民防空行政主管部门在办理人防工程使用行政许可时，应当一并告知被许可人使用人防工程内有限空间的数量、位置以及危险有害因素等基本情况，被许可人应当在相关部位设立明显的警示标志并指定专人负责管理。

第十二条　人防工程所有人或被许可使用人，不具备《北京市有限空间作业安全生产规范》和《地下有限空间作业安全技术规范》要求的，严禁擅自实施有限空间作业；具备作业安全生产条件的，严格按照技术规范组织实施。

第十三条　人防工程所有人或被许可使用人存在有限空间作业安全生产发包行为的，应将作业项目发包给符合《北京市有限空间作业安全生产规范》《地下有限空间作业安全技术规范》规定的作业单位，并与作业单位签订人防工程有限空间安全生产管理协议，对各自的安全生产职责进行约定。

27.10《沈阳市人防工程国有资产管理规定》(沈人防发〔2020〕10号，2020年7月2日起施行)

第十四条　禁止在人防工程内生产、储存爆炸、剧毒、易燃、放射性和腐蚀性等危险品。

第十五条　人防工程使用单位应当落实下列安全措施。

(一) 建立消防、治安组织，制定岗位责任制度；

(二) 制定防火、防汛应急预案，定期组织演练；

(三) 建立安全检查制度；

(四) 建立定期培训制度；

(五) 建立安全事故责任追究制度；

(六) 遵守国家法律、法规的有关规定。

第十六条　人防工程使用应当符合下列标准和要求。

(一) 工程结构完好，无结构保护层脱落、露筋等现象；

(二) 外露孔口和采光通风窗、井，应当保持整洁、美观，并能与周围环境一致；

(三) 工程内部整洁，无渗水漏水；

(四) 维护密闭设备、设施启闭灵活、密闭可靠；

(五) 风、水、电、暖、通信、消防系统运转正常；

(六) 临战转换预埋件、设备、设施，定期进行检查、保养。

各项维修、保养内容，应当由维护责任人记入该工程维护、维修、保养档案。

第十七条　使用单位不得改变人防工程的主体结构，不得擅自拆除人防工程设备、设施，或者危害人防工程的安全和使用效能。确需拆除和改变的，必须经市人防国有资产管理部门批准，并由使用单位按照规定进行补建或赔偿。

27.11《常州市人民防空工程使用与维护管理办法》(常防办〔2007〕41号，2007年5月17日起施行)

第十条　任何单位和个人必须遵守下列规定：

(一) 不得向人防工程内部及其出入口或进排风孔附近排泄和倾倒废水、废气、废物、垃圾和粪便；

(二) 不得在危及人防工程安全的范围内取土、埋设各种管道和修建地面工程设施。确需修建地面工程设施的建设单位，必须经人防办批准，并留出倒塌半径（建筑物高度的二分之一）的距离。

(三) 不得在人防工程内存放易燃、易爆、剧毒、放射性和腐蚀性等危险、有害物品；

（四）不得损坏和擅自占用、改造、封填人防工程；

（五）禁止擅自在工事有防护密闭要求的外墙、隔墙、门框墙、临空墙等处开孔。确需开孔的单位，必须事先向人防办提出申请，并由设计、施工部门提供工程的防护密闭性能的处理措施，经批准后方可施工。

（六）长期封闭的工程在进入时，应事先打开孔口进行足够的通风换气，经检查内部空气无害，方可进入，防止发生事故。

（七）工程使用单位要注意人防工程保密工作，有关人防工程拍照、摄影及参观等活动应按规定办理相关手续。

27.12《厦门市人民防空工程维护管理暂行规定》（厦人防办规〔2020〕1号，2020年4月27日起施行）

第十五条　禁止从事下列行为：

（一）擅自占用人防工程或人防工程用地；

（二）堵塞人防工程的进出口、通风口或通往人防工程口部的道路；

（三）禁止在人防工程内从事非法经营活动和生产、储存易燃、易爆、剧毒、放射性、腐蚀性等危险品；

（四）进行影响人防工程使用或者降低工程防护能力的作业；

（五）向人防工程内部或孔口附近排泄废水、排放废气或者倾倒废弃物；

（六）在人防工程顶部或安全范围内爆破、打桩、采石、取土、埋设各种管线和修建地面工程设施；

（七）损坏人防工程的其他行为。

第十六条　禁止任何单位和个人擅自改造和占用、毁坏人防工程。使用人不得擅自改变人防工程的主体结构，不得擅自拆除和损坏防护设备设施、不得在人防通道、人防风机房、洗消间、平战转换器材室、扩散室、除尘室、滤毒室、集气室内堆放杂物和堵塞孔口，或者采用其他方法危害工程的安全和使用效能。

为方便使用确需改造的，需报市人民防空主管部门批准，并按人防工程有关技术规定、规范进行设计、施工。改造人防工程不得降低原工程的防护等级和密闭性能。

第十七条　因城市基础设施建设影响人防工程安全时，建设单位必须采取保障人防工程安全的技术措施，经市人民防空主管部门同意后组织实施。

第十八条　人民防空主管部门对拒不履行人防工程维护管理责任义务的，擅自改造人防工程主体结构的，擅自拆除人防工程内设备设施和其他危害人防工程安全和使用效能的，应依法给予查处。

〔3〕【使用人民防空工程应当遵守法律的强制性规定】

27.13 江西省新余市中级人民法院〔2021〕赣05民终1058号民事判决书

根据《中华人民共和国人民防空法》第27条的规定，该案被上诉人与上诉人签订的《车位及车库使用权转让合同》涉及的地下车库系上诉人在人防工程区域中擅自加建，违反了前述法律的强制性规定，根据《中华人民共和国民法典》第153条之规定，被上诉人与上诉人对案涉地下车库使用权的出让行为无效。但根据《中华人民共和国人民防空法》，国家是鼓励社会资金参与对人防工程的开发、投入的，也鼓励平时利用人民防空工程为经济建设和人民生活服务，根据谁投资、谁受益的原则，建设人防地下室（车位）的房地产开发公司，有权对该车位使用、受益。该案上诉人与被上诉人签订的车库转让合同虽被认定为无效合同，但上诉人作为该人防地下室（上诉）的投资开发建设者，在被上诉人对案涉车库实际占有使用的情况下，有权取得车库（车位）的租金收益。考虑到被上诉人对案涉车库确实占有使用，法院结合该车库的性质、使用价值等因素综合酌定租金100元/月。

第二十八条　【人民防空工程的拆除】

任何组织或者个人不得擅自拆除本法第二十一条规定的人民防空工程；确需拆除的，必须报经人民防空主管部门批准，并由拆除单位负责补建或者补偿。

〔1〕【释义】

人民防空工程因经济建设、市政建设、旧城改造等原因，确需拆除的，必须报经人民防空主管部门批准，并履行必要的手续，拆除后必须补建或者补偿。

本条中的"擅自拆除"，是指未经人民防空主管部门批准，使人民防空工程遭受破坏或者造成其他损失的违法行为。"本法第二十一条规定的人民防空工程"，是指人民防空指挥工程，公用的人员掩蔽工程和疏散干道工程，医疗救护、物资储备等专用工程和单位的人员与物资掩蔽工程。"补建"，是指按照拆除人民防空工程的面积，新建相同规模的人民防空工程。"补偿"，是指因种种原因不能补建相同面积人民防空工程的单位，必须向人民防空主管部门缴纳补建所需的经费，由人民防空主管部门统一组织人民防空工程建设。

〔2〕【人民防空工程拆除许可】

28.1《人民防空工程维护管理办法》（〔2001〕国人防办字第210号，2001年11月1日起施行）

第十八条　严禁擅自拆除人民防空工程。因城市建设确需拆除时，必须按下列权限审批：

（一）经国家批准建设的工程，由军区和省、自治区、直辖市人民防空主管部门审查后，报国家人民防空主管部门审批；

（二）300平方米（含）以上5级工程、4级（含）以上工程、指挥工程和疏散干道工程，经人民防空重点城市人民防空主管部门审查后，报省、自治区、直辖市人民防空主管部门审批；

（三）5级以下工程、300平方米以下5级工程和疏散支干道工程，由人民防空重点城市人民防空主管部门审批，报省、自治区、直辖市人民防空主管部门备案。

第十九条　经批准拆除的人民防空工程，必须按人民防空主管部门和城市规划部门确定的位置，由拆除单位限期予以补建。

补建人民防空工程的抗力等级按下列规定确定：

（一）拆除等级人民防空工程，必须补建不低于原抗力标准的等级人民防空工程；

（二）拆除非等级人民防空工程，必须补建6B级以上抗力标准的等级人民防空工程。

补建人民防空工程的面积不得小于原工程拆除面积。

补建人民防空工程的面积不得代替应建防空地下室面积。

第二十条 经批准拆除补建人民防空工程，因地质条件复杂、拆除面积小等原因难以补建的，经人民防空主管部门批准，可不予补建，但必须按应补建人民防空工程面积所需造价缴纳易地建设费，由人民防空主管部门统一建设。

第二十二条 拆除人民防空工程，应当制定拆除方案，并由具有相应资质的队伍进行拆除，确保拆除安全；报废人民防空工程，应当消除不安全因素，不得留下隐患。

28.2《北京市人民防空条例》（2002年5月1日起施行）

第二十四条 任何组织或者个人不得擅自拆除公用的人民防空工程和专用配套工程；确需拆除的，必须报经所在地区、县人民防空主管部门批准，并由拆除单位补建或者补偿。

其他人民防空工程确需拆除的，报所在地区、县人民防空主管部门备案。

28.3《河北省人民防空工程维护与使用管理条例》（2006年7月1日起施行）

第十六条 不得擅自拆除人民防空工程。因城市建设等特殊情况，确需拆除的，应当按下列规定报批：

（一）建筑面积在三百平方米以上且抗力为五级的人民防空工程、抗力为四级以上的人民防空工程、县级以上人民政府的人民防空指挥工程、疏散主干道工程，应当经设区的市的人民政府人民防空主管部门审查后，报省人民政府人民防空主管部门批准；

（二）建筑面积不足三百平方米且抗力为五级的人民防空工程、抗力不足五级的人民防空工程、疏散支干道工程，应当报设区的市的人民政府人民防空主管部门批准，并向省人民政府人民防空主管部门备案。

第十七条 经批准拆除人民防空工程的，拆除单位应当按人民防空主管部门和城市规划行政主管部门规定的期限和位置，予以补建。因地质条件复杂和应当补建的建筑面积较少等原因难以补建的，应当向人民防空主管部门缴纳拆除补偿费，由人民防空主管部门负责组织易地补建。

缴纳拆除补偿费的标准，由省人民政府制定。

第十八条 拆除达到国家规定的抗力等级的人民防空工程，应当按照不低于原抗力等级补建人民防空工程；拆除未达到国家规定的抗力等级的人民防空工程，应当补建最低抗力等级以上的人民防空工程。补建的面积不得少于被拆除工程的面积。

28.4《浙江省实施〈中华人民共和国人民防空法〉办法》（2020年11月27日第四次修正并施行）

第二十七条第一款 任何单位和个人不得擅自拆除、改造或者报废人民防空工程。确需拆除、改造或者报废的，应当按照国家和省有关规定，报经设区的市、县（市、区）人民防空主管部门批准。

第二十七条第二款 人民防空工程经批准拆除的，拆除单位或者个人应当按照原工程面积及标准在规定期限内补建，其中拆除简易人民防空工程的，应当补建同面积六级人民防空工程；无法补建的，应当按照人民防空工程易地建设费标准支付人民防空工程补偿费，由人民防空主管部门统一组织建设。

28.5《河南省实施〈中华人民共和国人民防空法〉办法》（修改后2020年6月4日起施行）

第十六条　任何单位或者个人不得擅自拆除人民防空工程，确需拆除的，必须按照规定程序报经人民防空主管部门批准，并由拆除单位或者个人按照拆除面积限期补建。确实无法补建的，拆除单位或个人应按当地新建人民防空工程的造价，向人民防空主管部门缴纳拆除补偿费，由人民防空主管部门统一补建。

28.6《湖南省实施〈中华人民共和国人民防空法〉办法》（2020年7月30日修正并施行）

第二十六条第一款　人民防空工程的改造、拆除、报废，应当报经人民防空主管部门批准。

第二十六条第三款　因工程建设拆除或者报废人民防空工程的，建设单位应当按照拆除、报废的建筑面积、防护等级就近补建；补建确有困难的，经人民防空主管部门批准，缴纳建设同面积同等级的人民防空工程所需的费用，由人民防空主管部门按照人民防空工程建设规划补建。

28.7《北京市人民防空工程建设与使用管理规定》（2010年11月27日第三次修改并施行）

第二十三条　任何组织或者个人不得擅自拆除公用的人民防空工程和专用配套工程；确需拆除的，必须报经所在地区、县人民防空主管部门批准，并由拆除单位补建或者补偿。

其他人民防空工程确需拆除的，报所在地区、县人民防空主管部门备案。

28.8《上海市民防工程建设和使用管理办法》（2018年12月7日第四次修正，2019年1月10日起施行）

第十八条　（拆除补建或者补偿）拆除公用民防工程或者国家投资修建的其他民防工程的，拆除单位应当按照下列规定负责补建：

（一）拆除等级民防工程，应当按照原工程的建筑面积和等级要求补建；

（二）拆除钢筋混凝土结构的非等级民防工程，应当按照不低于最低等级民防工程的要求补建，补建的面积不得少于原面积的三分之二；

（三）拆除砖结构或者其他的非等级民防工程，应当按照不低于最低等级民防工程的要求补建，补建的面积不得少于原面积的三分之一。

拆除公用民防工程或者国家投资修建的其他民防工程，经市或者区民防办认定，无法按照前款规定补建的，拆除单位应当向市或者区民防办缴纳民防工程拆除补偿费。

拆除本条第一款规定以外的民防工程的，拆除单位应当与该民防工程的所有权人协商补偿。

公用民防工程，是指国家以财政预算内资金和收取的民防工程建设费、民防工程拆除补偿费进行投资，并由民防管理部门负责修建的民防工程。

28.9《浙江省人民防空工程管理办法》（2022年3月1日起施行）

第三十二条第一款　人民防空工程因城镇建设确需拆除的，应当依法报人民防空主管部门批准。人民防空主管部门批准拆除的，拆除单位或者个人应当按照不少于拆除的人民防空工程建筑面积并不低于原防护标准，在规定期限内补建；无法按照规定要求补建的，应当依法缴纳人民防空工程补偿费，由人民防空主管部门组织易地补建。

28.10 《江西省人民防空工程管理办法》（2021年6月9日第四次修正并施行）

第三十一条 任何单位和个人不得擅自改造、拆除、封填人防工程；确需改造、拆除、封填的，应当报经县级以上人民政府人民防空主管部门批准。

改造人防工程时，不得降低人防工程的防护标准。人防工程拆除、封填后，建设单位应当按拆除、封填的建筑面积、防护等级和类别，在批准之日起一年内就近补建；就近补建确有困难的，应当向人民防空主管部门按实际造价缴纳人防工程补偿费，由人民防空主管部门组织易地补建。实际造价难以确定的，按照防空地下室易地建设费标准确定。

28.11 《山东省人民防空工程管理办法》（2020年3月1日起施行）

第二十三条 任何组织或者个人不得擅自拆除人民防空工程；确需拆除的，应当报经工程所在地的人民防空主管部门批准。

经批准拆除人民防空工程的，应当按照拆除的建筑面积、防护等级和用途予以补建；不宜补建的，应当按照规定交纳防空地下室易地建设费。

28.12 《湖北省人民防空工程管理规定》（2020年1月9日修订，2020年3月1日起施行）

第三十三条 人防工程不得擅自拆除；确需拆除的，应当报经县级以上人民政府人民防空主管部门批准，并报上一级人民政府人民防空主管部门备案。

第三十四条 经批准拆除的人防工程应当按照拆除的建筑面积、防护等级和用途限期由拆除单位负责补建或者补偿。

局部拆除人防工程的孔口和地面配套设备设施，应在合适的位置按人防工程防护功能的需要还建。

28.13 《天津市人民防空工程建设和使用管理规定》（津政办规〔2020〕20号，2020年10月25日起施行）

第二十八条 任何单位和个人不得擅自改造或拆除人民防空工程。因城市建设规划等原因，确需改造或拆除的，应办理审批手续。人民防空工程拆除后原则上应予以补建，符合以下条件的，拆除单位应按照有关规定交纳补建费：

（一）地质条件符合本规定第十五条规定的；

（二）拆除人防工程的建筑面积小于1000平方米的。

28.14 《广州市人民防空管理规定》（2021年9月29日第二次修正，2021年10月20日起施行）

第四十七条 确需拆除人民防空指挥工程、公用的人员掩蔽工程和疏散干道工程、医疗救护、物资储备等专用工程以及其他单位建设的人员与物资掩蔽工程的，有关单位或者个人应当根据国家规定的审批权限向人民防空主管部门提出申请。

申请拆除人民防空工程的，申请人应当补建，符合本规定第三十条第一款规定的易地建设条件的，经批准可以易地建设。经批准易地建设的，应当缴纳易地建设费。

人民防空主管部门应当自收到补建人民防空工程的立项、用地、规划报建批文或者防空地下室易地建设费缴款凭证之日起七个工作日内核对确认。

人民防空主管部门批准拆除人民防空工程的，由申请拆除的单位或者个人负责拆除。

28.15《宁波市人民防空工程管理办法》(2020年2月27日修正并施行)

第二十七条　任何单位和个人不得擅自拆除、改造或者报废人民防空工程。确需拆除、改造或者报废人民防空工程的，应当报经人民防空主管部门批准。

28.16《济南市城市地下空间开发利用管理办法》(2013年12月1日起施行)

第四十二条　任何单位和个人不得擅自改动人防工程主体结构或者拆除人防工程。确需拆除的，应当依法经人民防空主管部门批准，并由拆除单位按照相同防护等级和建筑面积补建或者按照重置价格补偿。经批准拆除人防工程后拒不补建或者擅自拆除人防工程的，市人民防空主管部门应当责令其限期补建或者缴纳易地建设费。

28.17《福建省公用人民防空工程平时使用管理办法》(2020年1月9日起施行)

第十二条　公用人民防空工程使用单位应遵守公用人民防空工程使用有关规定，不得损坏公用人民防空工程的安全防护功能。未经人防主管部门同意，使用单位不得擅自改变公用人民防空工程主体结构，不得拆除公用人民防空工程设备、设施。需要对公用人民防空工程进行装修、改造的，应向人民防空主管部门提出书面申请，装修、改造方案和施工图纸经人民防空主管部门审核后方可实施。

28.18《常州市人民防空工程使用与维护管理办法》(常防办〔2007〕41号，2012年12月19日起施行)

第十二条　严禁擅自拆除人防工程。因城乡建设确需拆除人防工程的，必须经市人防办批准方可拆除。拆除的人防工程，申请拆除单位必须按照规定补建人防工程或按价补偿。

28.19《厦门市人民防空工程维护管理暂行规定》(厦人防办规〔2020〕1号，2020年4月27日起施行)

第十四条第一、二、四款　任何单位或个人不得擅自拆除人防工程。确需拆除的，应按国家和省有关规定报经人民防空主管部门审查批准，并补建相同面积的人防工程，无法补建的，经人民防空主管部门批准，一次性缴纳易地建设费。

损坏人民防空工程的，由人民防空主管部门责令当事人按照人防工程防护标准限期修复；无法修复的，应当按照前款规定缴纳易地建设费。

拆除或报废人防工程的单位，应当制定拆除或报废方案，并由具有资质的单位进行作业，确保施工安全。拆除或报废所需经费由拆除或报废单位承担。

〔3〕【人民防空工程改造许可】

28.20《人民防空工程维护管理办法》(〔2001〕国人防办字第210号，2001年11月1日起施行)

第十六条　人民防空工程进行改造时，不得降低防护能力和影响其防空效能，并按有关规定、规范进行设计，经人民防空主管部门批准后实施。

28.21《河北省人民防空工程维护与使用管理条例》(2006年7月1日起施行)

第十五条　不得擅自改造人民防空工程。确需改造的，应当经设区的市的人民政府人民防空主管部门批准，并按有关规定进行设计，不得降低原工程的防护等级和密闭性能。

28.22《浙江省实施〈中华人民共和国人民防空法〉办法》(2020年11月27日第四

次修正并施行)

第二十七条第一款 任何单位和个人不得擅自拆除、改造或者报废人民防空工程。确需拆除、改造或者报废的，应当按照国家和省有关规定，报经设区的市、县（市、区）人民防空主管部门批准。

第二十七条第三款 人民防空工程经批准改造的，不得减少其掩蔽面积，不得降低其防空效能。

28.23 《江西省实施〈中华人民共和国人民防空法〉办法》（2021年7月28日第五次修正并施行）

第二十一条第二、三款 任何单位和个人不得擅自改造、拆除、封填人民防空工程；确需改造、拆除、封填的，必须报经县级以上人民政府人民防空主管部门批准。

经批准改造的人民防空工程不得降低国家规定的防护标准；经批准拆除、封填的人民防空工程，建设单位应当按拆除、封填的建筑面积、防护等级和类别，在批准之日起一年内就近补建；就近补建确有困难的，必须向人民防空主管部门按实际造价缴纳人民防空工程补偿费，由人民防空主管部门组织易地补建。

28.24 《湖南省实施〈中华人民共和国人民防空法〉办法》（2020年7月30日修正并施行）

第二十六条第一款 人民防空工程的改造、拆除、报废，应当报经人民防空主管部门批准。

第二十六条第二款 改造人民防空工程的，不得降低国家规定的防护标准。

28.25 《北京市人民防空工程建设与使用管理规定》（2010年11月27日第三次修改并施行）

第二十四条 任何组织或者个人不得擅自改造人防工程；确需改造的，应当报人民防空主管部门批准，在按照人防工程有关技术规范采取有效安全措施后进行，并不得改变人防工程的主体结构和降低人防工程的原有防护能力。

28.26 《江苏省人民防空工程维护管理实施细则》（2018年5月6日第三次修订并施行）

第十六条 为了平时使用，需要对人防工程进行改造，必须报经人防部门批准，并按人防工程设计的图纸在保证战时使用不受影响的前提下组织实施。

28.27 《浙江省人民防空工程管理办法》（2022年3月1日起施行）

第三十二条第二款 人民防空工程因治理重大安全隐患、修复战时功能等原因确需改造的，应当依法报人民防空主管部门批准。改造单位或者个人不得降低人民防空工程的防护标准和等级，不得减少人民防空工程的掩蔽面积。

28.28 《宿迁市住宅区人民防空工程平时使用和维护管理规定》（2019年2月1日起施行）

第十三条 使用管理单位改造住宅区人防工程的，应当报经人防主管部门批准；停止使用住宅区人防工程或者变更人防工程使用用途的，应当避免影响住宅区内正常生活和管理秩序，并向人防主管部门办理相关停止、变更使用手续。

停止、变更住宅区人防工程涉及其他主管部门职责的，人防主管部门应当征求有关部门意见。

28.29《北京市人民防空工程维护管理办法（试行）》（京人防发〔2020〕81号，2020年10月15日起施行）

第九条　人民防空工程进行改造时，不得降低防护能力和影响其防空效能，并按有关规定进行改造设计，经人民防空主管部门批准后方可实施。

28.30《沈阳市人防工程国有资产管理规定》（沈人防发〔2020〕10号，2020年7月2日起施行）

第十三条　使用单位不得擅自装修、改造人防工程，确需进行装修或改造的，须向市人防国有资产管理部门提出书面申请，装修、改造方案和施工图纸经批准后，方可实施。

〔4〕【人民防空工程的报废与退出】

28.31《人民防空工程维护管理办法》（国人防办字〔2001〕第210号，2011年11月1日起施行）

第二十一条　报废人民防空工程应当从严掌握。符合下列条件之一的人民防空工程，经人民防空主管部门按照本办法第十八条规定的权限批准后，可以报废：

（一）工程质量低劣，直接威胁地面建筑和交通安全，且加固改造困难的；

（二）工程渗漏水严重，坍塌或者有坍塌危险，没有使用价值的；

（三）由于地质条件差，工程基础下沉，结构断裂、变形，已无法使用的。

经批准报废的人民防空工程，由其隶属单位予以回填处理。

第二十五条　公用人民防空工程报废处理所需经费，由人民防空主管部门从人民防空工程建设费中列支；其它人民防空工程报废处理所需经费由工程隶属单位按国家有关财务管理规定列支。

28.32《河北省人民防空工程维护与使用管理条例》（2006年7月1日起施行）

第二十一条　人民防空工程因工程主体结构出现质量等问题致使该工程无法使用，以及直接危及地面建筑、交通安全且不能加固或者加固费用超过修建同等规模工程的，其所属单位应当按照国家有关规定，在当地人民防空主管部门的监督指导下采取回填等措施予以报废处理。

公用的人民防空工程报废所需经费从人民防空工程建设经费中列支，公用以外的人民防空工程报废所需经费由工程的所属单位承担。

28.33《江苏省人民防空工程维护管理实施细则》（2018年5月6日第三次修订并施行）

第二十四条　人防工程不得轻易报废，确需报废的，应当按照规定报人防部门批准。凡经批准报废的工程，应按有关规定做好拆除、回填等善后工作，防止发生事故，单位工程由单位负责，公用工程由人防部门负责。各级人防部门对报废工程的善后处理工作，负有督促、检查的责任，

28.34《浙江省人民防空工程管理办法》（2022年3月1日起施行）

第三十二条第三款　人民防空工程存在重大安全隐患或者丧失战时功能的，维护管理责任单位应当进行加固、改造；无法加固、改造或者加固、改造不经济、不合理的，依法经人民防空主管部门批准后可以报废。报废人民防空工程的，应当采取相应的安全

措施。

28.35 《山东省人民防空工程管理办法》（2020 年 3 月 1 日起施行）

第二十四条 人民防空工程有下列情形之一，经有权限的人民防空主管部门批准后，可以作报废处理：

（一）危及地面建筑和交通安全，且加固改造困难的；

（二）工程渗漏水严重、坍塌或者有坍塌危险，没有使用价值的；

（三）因地质条件差、工程基础下沉、结构断裂或者变形，已无法使用的；

（四）防空地下室的地面建筑整体拆除的。

经批准报废的人民防空工程，由其所有权人或者管理人处理，处理时应当由具备相应资质的单位实施。

28.36 《湖南省实施〈中华人民共和国人民防空法〉办法》（2020 年 7 月 30 日修正并施行）

第二十六条第一款 人民防空工程的改造、拆除、报废，应当报经人民防空主管部门批准。

第二十六条第三款 因工程建设拆除或者报废人民防空工程的，建设单位应当按照拆除、报废的建筑面积、防护等级就近补建；补建确有困难的，经人民防空主管部门批准，缴纳建设同面积同等级的人民防空工程所需的费用，由人民防空主管部门按照人民防空工程建设规划补建。

第二十六条 第四款自然报废的人民防空工程，由隶属单位予以回填或者加固；因工程建设报废的人民防空工程，由建设单位予以回填或者加固。

28.37 《广州市人民防空管理规定》（2021 年 9 月 29 日第二次修正，2021 年 10 月 20 日起施行）

第四十八条 具有下列情形之一的，人民防空工程所有权人可以根据国家规定的审批权限，向人民防空主管部门申请确认报废：

（一）工程质量低劣，直接威胁地面建筑和交通安全，且加固改造困难的；

（二）工程渗漏水严重，坍塌或者有坍塌危险，没有使用价值的；

（三）因地质条件差，工程基础下沉，结构断裂、变形、已无法使用的。

人民防空工程经人民防空主管部门确认符合前款规定的报废条件的，其所有权人应当对报废的人民防空工程予以回填处理。

人民防空工程因工程质量问题导致报废的，建设单位应当补建，符合本规定第三十条第一款规定的易地建设条件的，经批准可以易地建设。经批准易地建设的，应当缴纳易地建设费。

28.38 《天津市人民防空工程建设和使用管理规定》（津政办规〔2020〕20 号，2020 年 10 月 25 日起施行）

第二十九条 人民防空工程的报废按下列规定办理：

（一）人民防空工程因危及地面建筑和交通安全等原因，确需报废的，投资人应向区行政审批部门申请办理报废手续。经批准报废的人民防空工程，由投资人采取封堵或回填等方式处理，确保安全。

（二）1983 年及以前建设的老旧公用人防工程，如建筑结构和防护等级已不符合现行人防防护标准，且平时无使用价值，可由区人民防空主管部门按规定程序办理报废手续。公用人防工程报废所需经费列入本级财政预算并按照财务管理和资产处置要求办理核销手续。

（三）投资人不明且危及地面安全的人民防空工程，由区人民防空主管部门负责报废处理，所需经费列入本级财政预算。

第三十条　市、区人民防空主管部门收取的公用人防工程使用收入、人防工程拆除补建费纳入本级财政预算管理。

28.39《北京市人民防空工程维护管理办法（试行）》（京人防发〔2020〕81号，2020年10月15日起施行）

第十条　按人民防空工程退出机制退出战备序列的人民防空工程，不再计入人民防空综合统计。退出战备序列的工程不改变其资产属性，区人民防空主管部门继续履行对工程的平时使用管理和监管职责。

第十一条　符合下列条件之一的地道式人民防空工程，经区人民防空主管部门批准后，可以报废：

（一）直接威胁地面建筑和交通安全，且加固改造困难的早期地道；

（二）工程渗漏水严重，有坍塌危险，没有使用价值的；

（三）由于地质条件差，工程基础下沉，结构断裂、变形，已无法使用的。报废的人民防空工程，应从人民防空综合统计中核销，单独建立报废人民防空工程台账。

28.40《常州市人民防空工程使用与维护管理办法》（常防办〔2007〕41号，2012年12月19日起施行）

第十一条　平时无开发利用价值且不存在危及地面建筑和交通安全隐患的，可以暂时封堵，视情启封检查、维护、保养；平时无开发利用价值且有可能危及地面建筑和交通安全的，应当采取措施进行治理，保证安全。符合下列报废条件的可以报废，工程报废手续由市人防办统一办理。报废工程由工程所在区人防办负责拆除、回填等善后处理工作，防止发生事故。

（一）工程质量低劣，直接威胁地面建筑和交通安全，且加固改造困难的；

（二）工程渗漏水严重，坍塌或者有坍塌危险，没有使用价值的；

（三）由于地质条件差，工程基础下沉，结构断裂、变形，已无法使用的。

28.41《厦门市人民防空工程维护管理暂行规定》（厦人防办规〔2020〕1号，2020年4月27日起施行）

第十四条第三、四款　严格控制人防工程报废。对经论证、不符合防护标准和质量标准、没有加固价值并符合国家规定报废条件的工程，按国家、省规定权限批准后方可报废。

拆除或报废人防工程的单位，应当制定拆除或报废方案，并由具有资质的单位进行作业，确保施工安全。拆除或报废所需经费由拆除或报废单位承担。

〔5〕【人民防空工程不得擅自拆除】

28.42 最高人民法院〔2002〕民一终字第15号民事判决书

根据《中华人民共和国人民防空法》及《上海市民防工程管理办法》的有关规定，

民防工程系防空设施，不得擅自拆除。拆除民防工程必须由用地单位提出申请，经批准后方可拆除。案涉公司至今尚未向有关民防部门提出拆除民防工程的申请，该工程项目用地至今亦尚未开发建设，案涉公司的违约行为亦是造成其土地开发工作闲置的原因之一，故案涉公司主张上海房地局赔偿工程设计费、工程款等费用的事实根据和法律依据不足。

◇ 第四章   通信和警报

第二十九条   【人民防空通信、警报保障】

国家保障人民防空通信、警报的畅通，以迅速准确地传递、发放防空警报信号，有效地组织、指挥人民防空。

〔1〕【释义】

人民防空通信、警报是城市防空体系以及人民防空战备建设的重要组成部分，是保障各级政府和人防部门迅速准确地传递和发放空袭警报信号，指挥城市人民防空袭斗争的基本手段，直接关系到反空袭斗争成效，与人民生命财产安全和国家的安全利益密切相关。在今天，人民防空通信、警报系统除在战时担负着组织指挥群众疏散、顺利实施防空行动的报知任务外，还在平时肩负着抢险救灾、突发公共事件等应急救援行动的紧急报知任务，在防震、防汛、防火、化学事故救援及突发事件处置中发挥着重要作用。人民防空通信、警报若能畅通，则国家与人民能够争取到充分的准备时间进行分析、选择、研判和疏散，从而使个人生命财产安全、生产生活以及国家安全得到有效保障。因此，基于人民防空通信、警报系统的重要性，通过"国家保障"以实现"人民防空通信、警报畅通"这一重要目标，彰显了人民防空通信、警报系统的重要的战略意义。

第三十条   【人民防空通信、警报规划、建设、管理】

国家人民防空主管部门负责制定全国的人民防空通信、警报建设规划，组织全国的人民防空通信、警报网的建设和管理。

县级以上地方各级人民政府人民防空主管部门负责制定本行政区域的人民防空通信、警报建设规划，组织本行政区域人民防空通信、警报网的建设和管理。

〔1〕【释义】

本条中的"人民防空通信、警报建设规划"，是指人民防空通信、警报建设总体上要达到的目标和分阶段完成总目标的实施计划。国家人民防空主管部门和县级以上地方各级人民政府人民防空主管部门分别负责制定全国、本行政区域的人民防空通信、警报建设规划，分别组织全国、本行政区域内的人民防空通信、警报网的建设与管理。

〔2〕【人民防空通信、警报建设规划】

30.1《城市道路管理条例》(2019 年 3 月 24 日第三次修订并施行)

第十二条 城市供水、排水、燃气、热力、供电、通信、消防等依附于城市道路的各种管线、杆线等设施的建设计划，应当与城市道路发展规划和年度建设计划相协调，坚持先地下、后地上的施工原则，与城市道路同步建设。

30.2《上海市民防条例》(2018年12月10日第三次修正，2019年1月1日起施行)

第十五条 市和区民防办应当会同公安部门、水行政主管部门、负责管理地震工作的部门或者机构、电力、电信以及其他有关部门编制本行政区域的民防通信整体建设规划，报本级人民政府批准。

市和区民防办负责编制本行政区域的防空警报建设规划，并组织防空警报网的建设和管理。

30.3《江西省实施〈中华人民共和国人民防空法〉办法》(2021年7月28日第五次修正并施行)

第二十三条 省人民政府人民防空主管部门负责制订全省人民防空通信、警报建设规划，组织全省人民防空通信、警报网的建设和管理；设区的市、县级人民政府人民防空主管部门负责制订本行政区域内人民防空通信、警报建设规划，报省人民政府人民防空主管部门批准后，组织建设和管理。

30.4《宁夏回族自治区实施〈中华人民共和国人民防空法〉办法》(2005年7月22日修正并施行)

第二十三条 自治区人民防空主管部门负责制定全区人民防空通信、警报建设规划，组织全区的人民防空通信、警报网的建设和管理。

县级以上人民政府人民防空主管部门负责制定本行政区域内的人民防空通信、警报规划，报经自治区人民防空主管部门批准后组织实施。

30.5《浙江省人民防空警报设施管理办法》(2015年12月28日第二次修正并施行)

第七条 县级以上人民政府应当加强人民防空警报设施建设，保障经费，逐步建立现代化人民防空警报系统。

人民防空主管部门应当根据城市总体规划，结合城市建设、经济发展水平和城市防护要求，编制人民防空警报设施建设规划，报同级人民政府批准后组织实施。

人民防空主管部门应当根据人民防空警报设施建设规划，制定人民防空警报设施建设方案。

30.6《广东省人民防空警报通信建设与管理规定》(2003年10月1日起施行)

第六条 市、县(县级市、区)人民防空主管部门应当根据城市规划和防空警报通信设备的技术性能制定本行政区域人民防空警报通信建设规划。规划每5年修订一次。

30.7《四川省人民防空警报系统管理办法》(2002年2月1日起施行)

第七条 县(市)以上人民政府人民防空主管部门应对县(市)以上人民政府所在地的城市、重要的工矿区及其他需要设立人民防空警报系统的区域，根据国家的有关规定，制定人民防空警报系统规划，并根据人民防空要求和城市规划的变化作相应调整。

县(市)以上人民政府人民防空主管部门制定人民防空警报系统规划，报上一级人民防空主管部门备案并组织实施。

30.8《贵州省人民防空警报设施建设管理规定》(2014年2月1日起施行)

第八条 人民防空警报设施建设应当纳入城市(镇)总体规划和控制性详细规划。

县级以上人民政府人民防空行政部门应当根据城市（镇）总体规划，编制本行政区域内人民防空警报设施建设规划，经本级人民政府批准后组织实施。

〔3〕【人民防空通信、警报建设管理】

30.9《中华人民共和国防震减灾法》（2008 年 12 月 27 日修订，2009 年 5 月 1 日起施行）

第七十条第一款 地震灾后恢复重建，应当统筹安排交通、铁路、水利、电力、通信、供水、供电等基础设施和市政公用设施，学校、医院、文化、商贸服务、防灾减灾、环境保护等公共服务设施，以及住房和无障碍设施的建设，合理确定建设规模和时序。

30.10《中华人民共和国突发事件应对法》（2007 年 11 月 1 日起施行）

第五十九条第二款 受突发事件影响地区的人民政府应当及时组织和协调公安、交通、铁路、民航、邮电、建设等有关部门回复社会治安秩序，尽快恢复被损坏的交通、通信、供水、排水、供电、供气、供热等公共设施。

30.11《邯郸市人民防空警报建设和维护管理规定》（邯政办规〔2019〕5 号，2019 年 5 月 9 日起施行）

第八条 在警报网遭到破坏、统控失灵情况下，各警报设置单位按市人防办指令，利用手动发放警报信号。

第十七条 县（市、区）人防办职责：

（一）协同市人防办制定本行政区域内的警报网建设规划；负责辖区内警报设施的监督管理、信号发放和系统检测。

（二）定期对辖区内警报设施进行检查维护和测试，发现故障及时上报并妥善处理，配合市人防办组织警报试鸣。

（三）受理本行政区域内已建警报设施的搬迁、拆除等申请事项，处理后上报市人防办备案。

（四）组织落实辖区内警报建设、安装、更新、改造等工作。

30.12《深圳市人民防空警报设施管理办法》（深应急规〔2016〕2 号，2016 年 12 月 1 日起施行）

第四条 深圳市人民政府应急管理办公室是本市警报设施的主管部门，主要负责以下工作：

（一）制定防空警报设施、设备及配套控制网络建设规划，负责防空警报设施、设备及配套控制网络建设和管理；

（二）协调警报设施设置点的管理单位或上级主管单位，及时做好防空警报设施的更新、报废、拆除和移位工作；

（三）按上级命令发放警报信号和试鸣工作；

（四）组织开展警报设施维护管理的检查、评比工作。

30.13《桂林市人民防空警报设施建设管理规定》（2004 年 10 月 20 日起施行）

第五条 人民防空警报设施建设和管理，按下列分工由市、县、城区人民防空主管部门和各有关单位实施：

（一）市人民防空主管部门会同建设规划部门负责编制全市防空警报设施建设规划。人民防空主管部门负责组织防空警报设施建设；指导各县、城区防空警报设施维护管理工作；组织防空警报信号发放和警报试鸣工作；组织实施警报设施维护管理工作检查和警报设施技术测试。

（二）各县、城区人民防空主管部门负责拟定本辖区内防空警报器布点方案，报市人民防空主管部门和建设规划部门审定；负责本辖区内防空警报设施维护和管理工作；负责本辖区内防空警报试鸣的具体落实；在本辖区内协助市人民防空主管部门进行警报设施建设，配合市人民防空主管部门开展警报设施检查。

（三）人民防空警报设施所在单位有责任保护安装在本单位的人民防空警报设施；应当提供防空警报设施安装地点和工作条件；落实防空警报设施维护管理制度和管理人员；保持机线设备随时处于良好状态；并确保防空警报设施的电力供应。在人民防空主管部门安装、迁移、检查、测试防空警报设施时，予以协助。

30.14 《南充市人民防空警报设施建设与管理办法》（南府办发〔2019〕9 号，2019 年 5 月 9 日起施行）

第四条 各级人民防空主管部门负责属地的人民防空警报设施建设与管理，制定人民防空警报建设规划、警报组网建设和防空警报设施拆除与报废的审批等工作。

〔4〕【人民防空警报信号发放权限】

30.15 《河北省人民防空通信管理规定》（2010 年 11 月 30 日第二次修正并施行）

第十五条 战时发放防空警报信号，由当地人民防空指挥部决定并发布命令；平时发放防灾警报信号，由当地人民政府决定并发布命令。

30.16 《贵州省人民防空警报设施建设管理规定》（2014 年 2 月 1 日起施行）

第十七条 战时人民防空警报信号的发放由战时组成的人民防空指挥机构决定。平时应急和试鸣警报信号的发放由县级以上人民政府决定。

县级以上人民政府人民防空行政部门负责人民防空警报信号发放的组织实施。

人民防空警报信号属专用信号，任何单位和个人不得使用与其相同或者近似的信号，不得占用、混同人民防空警报通信专用频率。

30.17 《邯郸市人民防空警报建设和维护管理规定》（邯政办规〔2019〕5 号，2019 年 5 月 9 日起施行）

第六条 发放权限。

（一）防空警报信号发放，由市人民防空指挥部（战时体制）首长发布命令，由市人防办向全市警报网发放警报信号，移动通信、广播、电视系统同时传递警报信号。

（二）防灾警报信号发放（平时），由属地人民政府决定并发布命令，由人防部门向受灾区域警报网发放警报信号。

30.18 《镇江市人民防空警报设施管理规定》（镇政规发〔2012〕2 号，2012 年 3 月 22 日起施行）

第二条 防空警报设施，是战时遭敌空袭和平时发生灾情时，向人民报警的重要工具。

战时防空袭警报发放的决定权属于市最高指挥机关；平时试鸣或地震、洪水等自然灾情的警报发放权属于市人民政府，其他任何单位和个人均无权决定。

〔5〕【人民防空通信、警报报知系统建设】

30.19《湖南省人民政府办公厅、湖南省军区司令部关于加强县级人民防空工作的意见》（湘政办发〔2013〕22号，2013年3月25日起施行）

5.抓好人防信息系统建设。按照全省统一规划，建立人防有线、无线通信网络，实现与省、市州人防通信网络互联互通。加强防空警报报知系统建设，实现固定、机动警报和广播、电视、移动通信等多种手段发放防空警报信号，县城和县级市中心城区防空警报音响覆盖率和鸣响率达到100%。

30.20《合肥市人民政府关于依法加强人民防空工作的实施意见》（合政〔2018〕61号，2018年6月5日起施行，有效期3年）

【著者按】依据《合肥市人民防空办公室》（合人防办2022，1号）"关于2021年度规范性文件清理结果的报告"，《合肥市人民政府关于依法加强人民防空工作的实施意见》（合政〔2018〕61号）的清理结果为"建议修改"。修改理由为：《安徽省物业管理条例》作为该规范性文件的依据之一，2021年进行修定，删除了关于人防工程平时用于停车的，租赁期限不得超过3年的规定。故建议删除文件中："8.加强人民防空工程建设维护管理中，第二段倒数第二句话，即'人民防空工程平时用作停车位的租赁期限不得超过3年'。"本内容适用于以下39.21、42.12引文。

10.抓好人民防空指挥通信系统建设。各级人民防空主管部门要按照国家战术技术标准等相关规定，进一步完善人民防空指挥控制、预警报知、防护救援、综合保障等系统，实现省、市、县（市）区、开发区人民防空信息网互联互通。落实人民防空信息化集中统管规定，全面推进人民防空机动指挥通信建设。按照统一制定方案、统一招标采购方式，用3年时间规划建成县（市）区机动指挥体系，建设经费区级由市财政保障、县（市）级由各县（市）财政负责解决。依据国家人民防空战备数据工程技术指南和省人民防空大数据建设相关标准，加快市级人民防空战备数据工程建设。落实战备值班执勤及保障制度，建立良好战备秩序，提升应急应对能力。

加强人民防空警报建设。各级人民防空主管部门会同规划主管部门将防空警报建设纳入城市建设详细规划，实行分级、属地管理，实现城市规划区和重要经济目标单位防空警报建设全覆盖，对达到30万平方米及以上的民用建筑项目且1平方公里范围内无防空警报设施的应配套建设不少于10平方米的警报用房，并在规划设计条件中予以明确。各级人民防空主管部门和相关单位要加快多媒体警报报知系统建设，利用广播电视、移动通信、网络等发放防空防灾应急警报，城市管理、广播电视、信息通信等主管部门应予以配合。

30.21《衡阳市人民政府关于进一步推进我市人民防空事业发展的若干意见》（衡政发〔2009〕31号，2009年11月1日起施行）

【著者按】依据《衡阳市人民政府关于公布规范性文件清理结果的通告》（2014年9月29日发布），市人民政府对现行规范性文件进行全面清理的结果："二、市人民政府决定，重新公布《关于印发〈衡阳市深化城镇住房制度改革加快住房建设的实施方案〉的通知》（衡政发〔1999〕8号）等41件规范性文件（见附件二）。"衡政发〔2009〕31号为附件二中重新公布的文件。

重新公布的规范性文件，自本通告发布之日起重新计算有效期，但是，规范性文件规定了有效期的，按其规定的有效期执行。本内容适用于 40.4、43.8、46.24 引文。

（十）切实搞好警报通信建设。搞好多手段、多途径的预警报知网络建设，掌握空情，及时预警。加强警报安装、维护、管理工作，实行责任到人。在人民防空警报设置点或者规划设置点修建 10 层以上建筑物，应当在建筑屋顶层预留警报设施专用房，由人民防空行政主管部门安装防空警报设施。建立完善定期维护，专人管理，奖惩并济，责任明确的管理机制。各级财政部门每年应按通信警报的台数安排一定的维护管理经费，确保警报覆盖率和鸣响率达到 100% 的目标。

〔6〕【人民防空信息保障体系建设】

30.22《广西壮族自治区实施〈中华人民共和国人民防空法〉办法》（2016 年 11 月 30 日第二次修正并施行）

第三十四条第一款 县级以上人民政府应当将人民防空信息化建设纳入政府信息化建设总体规划。

30.23《江苏省实施〈中华人民共和国人民防空法〉办法》（2021 年 5 月 27 日第四次修正并施行）

第十九条第一款 县级以上地方人民政府应当将人民防空信息化建设纳入政府信息化建设总体规划。人防主管部门负责制定人民防空信息化建设规划和实施计划，按照有关规定和技术标准，组织建设和管理。

30.24《广州市人民防空管理规定》（2021 年 9 月 29 日第二次修正，2021 年 10 月 20 日起施行）

第四十九条 市、区人民防空主管部门应当根据城市总体规划，会同科技和信息化等行政管理部门和电信等相关单位编制本级人民防空信息保障体系建设规划，报本级人民政府批准后实施。

前款所称人民防空信息保障体系包括通信保障系统、防空警报系统、指挥信息系统、空情报知系统等。

第五十条 人民防空主管部门及其委托的专门机构负责同级人民防空信息保障体系的建设和管理工作，建立人民防空信息保障体系安全防护制度，提高人民防空信息保障体系的安全防护能力和水平。

30.25《深圳市实施〈中华人民共和国人民防空法〉办法》（2021 年 10 月 30 日第三次修正，2021 年 12 月 7 日起施行）

第十一条 市、区人民政府应当制定人民防空信息化建设规划，并纳入市、区信息化建设总体规划，按照国家统一标准，建设人民防空信息系统和信息数据库。各相关部门的信息实行资源共享、互联互通。

金融、信息、通信、教育、科研等单位应当将重要信息库或者数据库纳入重点防护目标管理，并按照市人民防空主管部门的要求，进行灾害备份工作。

第三十一条 【人民防空通信、警报实施保障】

邮电部门、军队通信部门和人民防空主管部门应当按照国家规定的任务和人民防空通信、警报建设规划，对人民防空通信实施保障。

〔1〕【释义】

为了有效地组织人民防空工作，必须建立全国统一的人民防空通信、警报网络。建立功能齐全、覆盖面广的人民防空通信、警报网，应当充分利用邮电、军队既有的通信设施和人民防空主管部门的专用通信设施。为此，本条规定了邮电部门、军队通信部门和人民防空主管部门保障人民防空通信的义务。

〔2〕【人民防空通信、警报实施保障的任务分工】

31.1《内蒙古自治区实施〈中华人民共和国人民防空法〉办法》(1999 年 9 月 24 日起施行)

第二十二条第二款 旗县以上各级人民防空主管部门、邮政电信部门、军事通信部门、广播电视部门、无线电管理部门要按照国家和自治区规定的任务以及人民防空通信、警报建设规划，分别实施保障。

31.2《山东省实施〈中华人民共和国人民防空法〉办法》(1998 年 10 月 12 日起施行)

第二十七条 各有关部门应当按照国家和省人民政府的规定，为人民防空通信、警报提供保障：

(一) 电邮部门应当提供防空警报所需的控制电路，并确保安全畅通；对人民防空指挥通信网和警报通信网所需管孔、专线、中继电路，应优先提供；

(二) 无线电管理机构应当确保人民防空通信、警报网所需的频率；

(三) 电力部门应当优先保障人民防空通信、警报设备的供电；

(四) 驻军通信部门应当利用既有通信设施为省、市人民防空的指挥通信提供保障；

(五) 广播、电视系统战时必须优先传递、发放防空警报信号。

31.3《宁夏回族自治区人民防空警报通信设施管理办法》(2007 年 9 月 1 日起施行)

第四条第二款 建设、公安、财政、广播电视、通信、电力等部门按照各自职责，做好相关的警报通信设施保障工作。

31.4《阿勒泰地区人民防空警报设施社会化管理暂行规定》(阿行办发〔2014〕24 号，2014 年 4 月 17 日起施行)

第十一条 人民防空主管部门应当与无线电通信、广播电视管理部门共同做好通信、广播、电视系统传递和发放防空警报信号工作。人民防空主管部门负责提供和安装用于接收、转播防空警报信号的控制设备；无线电通信、广播电视管理部门负责为警报设施的使用提供工作条件，对接收、传递、发放防空警报信号给予无线电通信安全保障，并参加人民防空主管部门组织的防空警报试鸣及演练活动。

第三十二条 【人民防空通信、警报网所需电路、频率的保障与保护】

人民防空主管部门建设通信、警报网所需的电路、频率，邮电部门、军队通信部门、无线电管理机构应当予以保障；安装人民防空通信、警报设施，有关单位或者个人应当提供方便条件，不得阻挠。

国家用于人民防空通信的专用频率和防空警报音响信号，任何组织或者个人不得占用、混同。

〔1〕【释义】

通信电路和无线电频率是连通邮电公众网和军队专用通信网，保障人民防空通信的必要条件。邮电部门、军队通信部门主要保障人民防空通信的必要条件。邮电部门和军队通信部门主要保障人民防空通信、警报建设所需的电路和信道；无线电管理机构分配给人民防空主管部门用于建立人民防空专用通信、警报网所需的无线电频率。

安装人民防空通信、警报设施，需要占用有关单位和个人所属的场地、位置和空间，需与单位的水源、电源相连接，需要给予施工作业配合，相关单位和个人有义务、无条件地为安装人民防空通信、警报设施提供便利，任何单位和个人不得拒绝和阻挠。

为保障人民防空指挥和发放防空警报的人民防空通信的专用频率和防空警报音响信号，任何组织或个人都不得非法使用，也不得使用与之相近或相似频率的音响信号。

〔2〕【为人民防空通信、警报网所需电路、频率提供保障】

32.1 《工业和信息化部关于加强城市地下通信管线建设管理工作的通知》（工信部通〔2014〕476 号，2014 年 11 月 6 日起施行）

城市通信管线专项规划作为城市总体规划的重要组成部分，应贯彻集约建设、共建共享原则，综合考虑各基础电信企业的需求，按照联合建设、共享资源的方式，统筹规划、合理确定通信管线的布局、空间位置、规模、用地范围等，并做好与土地利用总体规划、地下空间、道路交通、人防及地铁等建设的衔接和协调。

32.2 《天津市实施〈中华人民共和国人民防空法〉办法》（2018 年 12 月 14 日第二次修正并施行）

第二十三条 下列部门按照国家有关规定和本市人民防空通信、警报保障方案，根据各自职能，履行下列职责：

（一）电信部门应当对人民防空警报设施所需的控制线路无偿提供保障；对指挥通信网占用的管孔、专线、中继线路，优先提供；确保人民防空通信、警报的畅通。

（二）电力部门应当保障人民防空通信、警报、值勤所需的电力供应。

（三）无线电管理部门应当保障人民防空指挥通信、警报通信所需的频率。

（四）广播电视部门战时必须保证及时发送防空警报信号。

32.3 《山西省实施〈中华人民共和国人民防空法〉办法》（1999 年 1 月 1 日起施行）

第二十三条 电信管理部门对防空音响警报所需的有线控制电路应无偿保障；组建人民防空应急抢险无线移动通信网和警报寻呼网所需的中继线，按普通中继线有偿保障。

无线电管理部门对人民防空无线指挥通信、警报寻呼及微波通信、无线警报遥控等网络所需频率，应按国家和省有关规定予以保障。

第二十四条 军队通信部门应为人民防空通信提供线路、电路、频率，保障人民防空行政主管部门与各级军事机关的联系畅通。

32.4《辽宁省实施〈中华人民共和国人民防空法〉办法》（1999年1月1日起施行）

第十四条 人民防空音响警报网建设所需的防空音响警报控制线，无线电移动指挥通信网中继线和寻呼警报网中继线，由邮电部门提供保障。

无线电管理机构对用于人民防空的无线电频率，按照有关规定减免频率占用费和其他有关费用。

用于人民防空和应急救援的车载机动电声警报的安装和使用手续，公安机关予以办理。

县以上人民政府人民防空主管部门在广播电台、电视台安装防空警报控制装置，利用广播电台、电视台播放防空警报，广播、电视部门应当予以保障。

32.5《吉林省实施〈中华人民共和国人民防空法〉办法》（2018年11月30日修改并施行）

第二十一条 通信主管部门对用于防空音响警报网的线路应当无偿保障，对用于人民防空有线通信和用于警报寻呼网及移动指挥通信网的中继线按有关规定优先、优惠提供。

人民防空主管部门在广播电台和电视台安装防空警报设施，广播电视部门应当予以保障。

无线电管理部门对人民防空主管部门用于军事、战备的专用电台所需频率应当无偿保障。

人民防空警报网点所需的电力、控制线路，电力部门和通信主管部门应当保障。

32.6《黑龙江省实施〈中华人民共和国人民防空法〉条例》（2018年4月26日第四次修正并施行）

第二十条 各级人民政府应当组织人民防空通信、警报建设规划的实施。邮电通信部门应当优惠提供防空警报所需的有线控制电路，并确保畅通；人民防空通信网和警报网所需中继线，邮电通信部门应当根据其性质、用途按有关规定，合理收费，并予以优先提供。

第二十一条 各级无线电管理部门按有关规定对人民防空主管部门用于军事、战备的专用电台所需频率，必须予以保障，并免收频率占用费。

32.7《上海市民防条例》（2018年12月10日第三次修正，2019年1月1日起施行）

第十六条第一款 对民防通信和防空警报网建设所需要的通信专线、指挥通信网和防空警报网的中继线，有关部门应当优先提供保障。

32.8《安徽省实施〈中华人民共和国人民防空法〉办法》（2020年9月29日修订，2021年1月1日起施行）

第三十二条第一款 县级以上人民政府人民防空主管部门建设通信、警报网所需的技术、网络、管线、电源、信道、频谱、数据等，通信管理、广播电视等部门和基础电信运营企业、供电企业等单位应当予以支持和保障。

32.9《福建省人民防空条例》（2016 年 9 月 30 日修正并施行）

第二十八条 人民防空通信、警报网建设所需专线、中继线、电路，电信部门应当优先予以保障。无线电管理部门对人民防空专用的无线电频率，必须予以保障。人民防空通信、警报值勤用电，由电力部门提供保障。

32.10《江西省实施〈中华人民共和国人民防空法〉办法》（2021 年 7 月 28 日第五次修正并施行）

第二十四条第二、三款 人民防空通信所需的无线电频率，无线电管理部门必须保障。

用于人民防空和应急救援的车载机动电声警报的安装和使用手续，由公安机关予以办理。

32.11《河南省实施〈中华人民共和国人民防空法〉办法》（修改后 2020 年 6 月 4 日起施行）

第十九条 县级以上人民政府应当组织人民防空通信、警报建设规划的实施。邮电通信部门应当优先提供防空警报所需的有线控制电路，并确保畅通；人民防空通信网和警报网所需通信线路，邮电通信部门应当根据其性质、用途，按国家和省有关规定，合理收费，并予以优先提供。

32.12《湖南省实施〈中华人民共和国人民防空法〉办法》（2020 年 7 月 30 日修正并施行）

第二十七条 人民防空通信、警报网建设所需的专线、中继线、电路，由电信企业予以保障；通信、警报值勤用电，由供电企业予以保障。

无线电管理机构对用于人民防空的无线电频率应当按照国家有关规定减免频率占用费和其他有关费用。

人民防空主管部门按照国家规定进行无线移动防空警报装置、车载机动防空警报装置建设以及在通信、广播、电视系统安装防空警报控制装置时，有关部门应当予以协助。

33.13《广西壮族自治区实施〈中华人民共和国人民防空法〉办法》（2016 年 11 月 30 日第二次修正并施行）

第三十四条第二、三款 通信部门应当优先提供人民防空通信、警报建设必需的有线电路、中继线和专线，支持人民防空主管部门建立与公众通信网相连接的专用通信设施，并协助制定有线电路、无线信道调度计划和实施方案。

无线电管理部门应当协助人民防空无线电台、网的建设和无线电设施的安装使用，按照规定提供人民防空通信、警报建设所需频率。

32.14《四川省〈中华人民共和国人民防空法〉实施办法》（2005 年 7 月 29 日修正并施行）

第二十四条 人民防空通信、警报应当保持畅通。有关部门和单位对人民防空通信、警报建设所需的地下管孔、电路和信道给予保障，警报控制专用线路按国家规定减免使用费。无线电管理部门对国家规定免费使用的人民防空专用频率给予保障。

32.15《西藏自治区实施〈中华人民共和国人民防空法〉办法》（修改后 2010 年 7 月 30 日起施行）

第二十八条 各级人民防空主管部门负责制定本行政区域的人民防空通信、警报建设规划，经批准后组织实施。

各级人民防空主管部门组织所属通信站的值勤管理和专业技术训练，通信、警报设备的维护管理，所需经费、物资器材的申请、筹措和供应。

人民防空通信、警报网所需接口、电路、频率、邮电、无线电管理等部门平时应予以保障，战时无偿提供。

军队通信部门应对人民防空重点市、县（区、市）通信、警报业务建设给予指导；保障通信电路、信道；协助人民防空主管部门按规定实施指挥自动化建设、执勤、维护管理和专业人员训练。

32.16《陕西省实施〈中华人民共和国人民防空法〉办法》（2010年3月26日第二次修正并施行）

第十八条　人民防空主管部门建设通信、警报网所需的电路、频率，邮电部门、无线电管理机构应当予以保障。

安装人民防空通信、警报设施，有关单位和个人应当提供方便条件，不得阻挠。警报设施的维护管理由其所在单位负责。

人民防空通信警报值勤用电，电力部门应当予以保障。

32.17《新疆维吾尔自治区实施〈中华人民共和国人民防空法〉办法》（2007年9月28日修订，2008年1月1日起施行）

第二十七条　人民防空通信网和防空警报所需线路，由通信部门优先予以提供，并确保畅通。

对人民防空主管部门用于战备的专用无线电台所需频率，由无线电管理部门按照国家的有关规定无偿予以提供。

32.18《海南省实施〈中华人民共和国人民防空法〉办法》（2004年8月6日修正，2004年9月1日起施行）

第二十三条　人民防空通信、警报网，应当按照有关规定与当地邮电系统和国家机关及军事机关的通信联通，所需的线（电）路、频率，有关部门必须按照战备要求给予保障。

人民防空主管部门按照国家规定进行固定防空警报装置、无线移动防空警报装置、车载机动防空警报装置建设和安装通信、广播、电视系统防空警报控制装置时，有关单位应当予以协助，不得阻挠。

人民防空通信、警报值勤用电，电力部门应当按照战备要求提供保障。

32.19《广东省人民防空警报通信建设与管理规定》（2003年10月1日起施行）

第十一条　人民防空警报通信设施控制线路、电源线路的调配、维护保养由设施所在地的电信、供电部门负责。

安装在电信、广播、电视等单位机房内的警报控制设备由该单位落实维护保养。

32.20《贵州省人民防空警报设施建设管理规定》（2014年2月1日起施行）

第十三条第二款　无线电管理部门应当保障人民防空指挥通信所需的频率。

第十三条第二款　通信部门应当对人民防空警报设施所需的控制线路、指挥通信网占用的管线、专线、中继线路等给予优先保障。

第十三条第二款　供电企业应当掌握人民防空警报设施的用电负荷特性、自备应急电源的配置和使用情况，并按照重要电力用户进行管理。

32.21 《大连市人民防空管理规定》（2010 年 12 月 1 日修正并施行）

第二十三条第一、二、三款 人民防空警报网建设所需的防空警报控制线、无线电移动指挥通信网中继线和寻呼警报网中继线，由电信部门提供保障。

无线电管理机构对用于人民防空的无线电频率应当予以保障，并按照有关规定减免频率占用费和其他有关费用。

用于人民防空和应急救援的车载机动电声警报的安装和使用手续，公安机关应予以办理。

〔3〕【为安装通信、警报设施提供方便条件】

32.22 《河北省实施〈中华人民共和国人民防空法〉办法》（2022 年 5 月 27 日第五次修正并施行）

第十九条 根据人民防空通信、警报建设规划，需要在建筑物、构筑物和移动设施上安装人民防空通信、警报设施的，有关单位和个人应当按照人民防空主管部门的要求安装或者协助人民防空主管部门安装。

32.23 《安徽省实施〈中华人民共和国人民防空法〉办法》（2020 年 9 月 29 日修订，2021 年 1 月 1 日起施行）

第三十二条第二款 安装人民防空通信、警报设施需占用的场地、空间，使用供电、网络等设施，有关单位或者个人应当提供方便条件，不得阻挠。

32.24 《江西省实施〈中华人民共和国人民防空法〉办法》（2021 年 7 月 28 日第五次修正并施行）

第二十四条第一款 人民防空通信、警报网所需的专用线路，通信部门、军队通信部门应当优先保障。人民防空主管部门安装人民防空通信、警报设施时，有关单位和个人应当积极配合，并提供场地、空间、水源、电源等方便。

32.25 《广东省实施〈中华人民共和国人民防空法〉办法》（2010 年 7 月 23 日修改并施行）

第十六条 根据人民防空通信、警报建设规划，需设置通信、警报点的建筑物，应在其顶层无偿预留 10 平方米人民防空通信、警报工作间，并预留线路管孔、电源。

防空地下室应预留通信线路管孔和设置放置的位置。

32.26 《河北省人民防空通信管理规定》（2010 年 11 月 30 日第二次修正并施行）

第七条 根据人民防空指挥通信网和警报通信网建设规划，需要设置人民防空指挥通信终端设备和警报通信终端设备的单位，必须按人防部门的要求予以安装；需要在新建建筑物或构筑物上安装的，其通信工程应与建筑物或构筑物同时建设。

安装警报通信终端设备的建筑物或构筑物的结构，应符合人民防空警报通信的技术要求。

第八条 组建人民防空指挥通信网和警报通信网所需线路，除人防部门自建外，按规定利用邮电部门既有线路；所需无线电频率，由无线电管理部门确定。

第十一条 人防部门自建的地下通信线路需要联通地上警报点或防空专业队时，可以利用通信管理部门既有的杆路。

第二十条　通信管理部门对其提供的人民防空通信线路负责维护，保障畅通。因撤机、调局、改号、换线等原因需中断人民防空通信线路时，应提前与人防部门协商，并采取补救措施。

32.27《湖北省人民防空警报设施管理规定》（2011 年 8 月 1 日起施行）

第十一条　按照人民防空警报设施建设规划，需要设置人民防空警报设施的建设工程，建设单位或者个人应当将人民防空警报设施的安装纳入工程建设施工方案，在建筑物上预留安装人民防空警报设施的位置，修建相关基础设施，并在建筑物顶层提供人民防空警报设施专用房和线路管孔、电源。

32.28《广东省人民防空警报通信建设与管理规定》（2003 年 10 月 1 日起施行）

第八条　人民防空警报通信设施设置单位应当在建筑物顶层无偿提供安装警报通信设施专用房、电源。

人民防空主管部门在民用通信、广播、电视系统安装防空警报控制、抢插设备，电信、广播、电视部门应当提供所需机房、安装位置和相应接口，并协助安装。

人民防空警报通信网所需控制线路由电信部门拟制调度方案；人民防空警报通信设施所需电力线路由供电部门或警报通信设施设置单位无偿提供。

人民防空警报通信所需无线电专用频率由无线电管理部门保障。

32.29《福州市人民防空警报设施管理办法》（2012 年 6 月 8 日第二次修正并施行）

第七条　新建、改建、扩建的建筑物被确定为警报设施设置点的，建设单位应当按照规划要求在该建筑物顶层提供警报设施专用房、专用线路管孔和电源。

32.30《广州市人民防空管理规定》（2021 年 9 月 29 日第二次修正，2021 年 10 月 20 日起施行）

第三十三条　根据人民防空通信、警报建设规划需要设置通信、警报点的城市新建民用建筑，应当在顶层预留不少于十平方米的人民防空通信、警报工作间，并预留线路管孔、电源用于安装人民防空通信、警报等设备。人民防空通信、警报工作间应当纳入相关规划建设标准，在规划设计条件和土地出让合同中明确其与主体建筑同步规划、同步建设、同步验收，并无偿移交给人民防空主管部门使用。

32.31《深圳市实施〈中华人民共和国人民防空法〉办法》（2021 年 10 月 30 日第三次修正，2021 年 12 月 7 日起施行）

第三十八条　人民防空主管部门安装人民防空通信、警报设施，需要占用有关单位或者个人所属的建筑物、附属物或者需要与电源、电话等相连接时，有关单位、个人应当给予配合，不得拒绝和阻挠。

32.32《苏州市人民防空警报管理规定》（苏府规字〔2016〕4 号，2017 年 1 月 1 日起施行）

第八条　市、县级市、区人民防空主管部门根据警报建设规划制定当年辖区内警报设施建设方案，并组织选点、建设。

警报设施一经确定设置地点，设置地点所在单位和个人应当提供方便，给予支持，不得以任何理由阻挠、拖延或者拒绝。

符合警报建设规划选点的新建民用建筑应当将警报设施的安装纳入工程建设设计和施工方案，在市、县级市、区人民防空主管部门确定的警报设施安装点预留不少于 10 平方米的警报设施工作间，提供线路管孔和电源，工作间所需建设费用由市、县级市、区人民防空主管部门予以适当补偿。

32.33 《厦门市人民防空管理办法》（2019年8月20日修正并施行）

第十一条 人民防空警报设施（以下简称防空警报设施）主要设置在机关事业单位、学校、医院或者居（村）民委员会等公共建筑物上。

在已经规划设置人民防空警报点的位置新建民用建筑的，应当在顶层预留不少于8平方米的防空警报设施安装室，并预留安装平台，预埋管孔，所需经费列入建设工程预算。

前款规定的防空警报设施安装室的配套建设应当在规划设计条件和土地使用权出让合同中明确，与主体建筑同步规划、同步建设、同步验收，并移交给人民防空主管部门使用。

32.34 《武汉市人民防空警报设施管理办法》（2014年5月7日第二次修订并施行）

第六条 需要设置警报设施的建设工程，建设单位或者个人应当将警报设施的安装纳入工程建设施工方案，在建筑物上预留安装警报设施的位置，修建相关基础设施，并提供警报设施专用房和线路管孔、电源等相关基础设施。

32.35 《宜昌市人民防空实施细则》（2016年3月3日修订，2016年4月1日起施行）

第二十四条 安装警报设备所需占用的场地、房屋、水电等基础设施由有关单位无偿提供，防空警报设施由人民防空部门负责安装。

设置在有关单位的人民防空警报设施由所在单位维护管理，人民防空主管部门负责对防空警报设施进行定期维护检查，确保设备处于良好状态。

未经人民防空主管部门批准，任何单位和个人不得擅自拆除、迁移或损坏人民防空警报设施。

32.36 《珠海市人民防空办法》（2004年3月1日起施行）

第四十二条 市、区人民防空主管部门安装人民防空通信、警报设施，需占用有关单位和个人所属的场地和空间，需与水源、电源相连接，该单位应给予施工作业配合，不得拒绝和阻挠。

32.37 《南宁市人民防空管理办法》（2017年5月1日起施行）

第十四条 城市新建民用建筑位于人民防空建设规划设置的人民防空通信、警报点的，应当在顶层预留不少于八平方米的人民防空通信、警报设施安装室，并预留安装平台，预埋管孔，所需经费列入建设工程预算。

人民防空通信、警报设施安装室的配套建设应当在规划设计条件和土地出让合同中明确，与主体建筑同步规划、同步建设、同步验收，并移交给人民防空主管部门使用。

〔4〕【禁止占用、混同人民防空通信专用频率、防空警报信号】

32.38 《上海市民防条例》（2018年12月10日第三次修正，2019年1月1日起施行）

第十六条第二款 用于民防通信的专用频率和防空警报音响信号，任何单位或者个人不得占用、混同。

32.39 《安徽省实施〈中华人民共和国人民防空法〉办法》（2020年9月29日修订，2021年1月1日起施行）

第三十二条第三、四款 禁止任何单位和个人占用、混同人民防空通信专用频率和使用防空警报信号。

禁止任何单位和个人擅自拆除人民防空通信、警报设备设施。

32.40《河北省人民防空通信管理规定》(2010年11月30日第二次修正并施行)

第十七条 无线电管理部门确定人防部门使用的无线电频率,其他单位不得占用或混用。

人防部门用于战备的无线电台站免收频率占用费。

第三十三条 【战时防空袭警报信号优先传递、发放】

通信、广播、电视系统,战时必须优先传递、发放防空警报信号。

〔1〕【释义】

为了使人民群众尽快地获得防空袭信息,为疏散掩蔽争取更多的准备时间,避免和减轻空袭灾害所造成的损失,一切通信系统值勤人员接到防空警报信号后,有权立即停止转接除防空指挥通信外的一切电话、电传,按规定传递和发放防空警报信号,不得延误;广播、电视部门接到防空警报后,必须立即转播防空袭警报。

〔2〕【战时防空袭警报信号优先传递、发放的保障】

33.1《山西省实施〈中华人民共和国人民防空法〉办法》(1999年1月1日起施行)

第二十五条 公用通信、专业通信、广播电视、计算机、业余无线电等网络的主管部门和使用单位,应制定传递防空警报信号保障方案,战时必须优先传递、发放防空警报信号。

人民防空行政主管部门战时有权采取强拆手段,进入前款规定的网络发放防空警报信号,任何组织和个人不得阻挠。

33.2《浙江省实施〈中华人民共和国人民防空法〉办法》(2020年11月27日第四次修正并施行)

第二十二条 邮电、通信、广播、电视系统等应当根据人民防空通信、警报保障计划,制定传递防空信号的方案,保证战时优先传递、发放防空警报。

建设人民防空通信、警报网所需的专用线路、无线电频率、微波电路等,有关部门应当按照战备要求予以保障。

33.3《江西省实施〈中华人民共和国人民防空法〉办法》(2021年7月28日第五次修正并施行)

第二十四条第四款 通信、广播电视主管部门应当制定战时优先传递、发送防空警报信号方案,并报经人民防空主管部门批准。

33.4《广西壮族自治区实施〈中华人民共和国人民防空法〉办法》(2016年11月30日第二次修正并施行)

第三十四条第四款 通信、广播、电视、电子信息网络系统战时应当优先传递和发放防空袭警报信号,保障人民防空指挥通信的畅通;平时应当制定战时和应急保障方案,并组织必要的演练。

33.5《浙江省人民防空警报设施管理办法》(2015年12月28日第二次修正并施行)

第二十一条 人民防空主管部门负责组织实施警报信号发放工作。

有线电话网、有线调度网、无线寻呼网、无线移动通信网、无线电台网、广播电台等通信、广播、电视系统以及设有人民防空警报设施的单位接到发放警报信号的命令后，必须按规定即时发放，不得延误。

33.6《贵州省人民防空警报设施建设管理规定》(2014年2月1日起施行)

第十三条 广播电影电视、无线电管理、通信等部门应当按照各自职责制定人民防空警报信号传递方案，保证人民防空警报信号及时优先传递。

无线电管理部门应当保障人民防空指挥通信所需的频率。

通信部门应当对人民防空警报设施所需的控制线路、指挥通信网占用的管线、专线、中继线路等给予优先保障。

供电企业应当掌握人民防空警报设施的用电负荷特性、自备应急电源的配置和使用情况，并按照重要电力用户进行管理。

33.7《宁夏回族自治区人民防空警报通信设施管理办法》(2007年9月1日起施行)

第二十二条 战时、试鸣以及处置突发公共事件、组织人民防空演练需要发放人民防空警报的，通信、广播电视、报刊系统应当传递、插播、发放人民防空警报信号，并配合人民防空主管部门做好人民防空警报的宣传、公告等工作。

所有警报通信设施设置单位接到发放警报信号命令后，必须按规定及时发放人民防空警报信号，不得延误。

33.8《大连市人民防空管理规定》(2010年12月1日修正并施行)

第二十三条第四、五款 人民防空主管部门利用广播电台、电视台播放防空警报或利用社会寻呼等通信系统发放防空警报信息的，广播电视、通信等部门应予以保障。

广播电视通信等部门，应当根据人民防空通信警报保障计划，制定传递、发放防空警报信号方案，确保战时优先传递、发放防空警报信号。

33.9《苏州市人民防空警报管理规定》(苏府规字〔2016〕4号，2017年1月1日起施行)

第十条 通信、广播电视、无线电、户外电子显示屏等管理部门和电力、通信等企业应当在网络、频率、供电等方面提供优先保障，确保警报信号传递、发放顺畅稳定。

33.10《宁波市人民防空警报设施管理办法》(2020年2月27日第二次修正并施行)

第九条 邮电、通信、广播电视系统等应当根据人民防空警报保障计划，制定传递防空信号的方案，保证战时优先传递、发放防空警报。

建设人民防空警报网所需的专用线路、无线电频率、微波电路等，有关部门应当按照战备要求予以保障。

32.11《台州市人民防空警报设施管理实施细则》(2006年1月1日起施行)

第二十六条 通信部门（移动通信和固定通信）应当对防空警报控制所需的通信线路和发放警报信号、"短信"等实施优先保障。对设置在通信机房内的控制设备提供工作条件并负责维护和管理。

33.12《南宁市人民防空管理办法》(2017年5月1日起施行)

第十五条第二款 公安、交通运输、城乡建设、应急、气象等行政主管部门和通信、广播、电视、互联网等应急信息平台应当配合传递、发布防空警报信息。

第三十四条 【空情通报与专业人员训练协助】

军队有关部门应当向人民防空主管部门通报空中情报，协助训练有关专业人员。

〔1〕【释义】

人民防空的空情情报来源主要靠军队的空情通报。为了有效地组织人民防空，人民防空主管部门只有预先掌握空中情报，才能根据上级命令及时发放防空警报，组织人民群众疏散掩蔽。本条中的"军队有关部门"，主要指空军、海军的防空指挥机构，它们应当及时向各级人民防空主管部门提供接收防空报知的通信资料和通报空中情况。"协助训练有关专业人员"，是指协助人民防空主管部门训练空情标图和通信技术人员。

〔2〕【人民防空指挥通信、警报网络军地联通】

34.1《西藏自治区实施〈中华人民共和国人民防空法〉办法》（修改后 2010 年 7 月 30 日起施行）

第二十八条第四款 军队通信部门应对人民防空重点市、县（区、市）通信、警报业务建设给予指导；保障通信电路、信道；协助人民防空主管部门按规定实施指挥自动化建设、执勤、维护管理和专业人员训练。

34.2《武汉市人民防空条例》（2022 年 5 月 26 日第二次修正，2022 年 6 月 23 日施行）

第二十四条 人民防空指挥通信、警报网络应当逐步与军队的侦察、预警系统形成一体化网络，并与地方电信网相连通，平时应当为城市防灾救灾和应急救援服务。

34.3《宜昌市人民防空实施细则》（2016 年 3 月 3 日修订，2016 年 4 月 1 日起施行）

第二十三条第一款 人民防空通信、警报网，应当与当地电信部门和党政军机关的通信网联通，所需电路、频率由电信部门、军队通信部门和无线电管理机构按战备要求予以保障。

〔3〕【人民防空信息网络军地一体化建设】

34.4《济南军区、山东省人民政府、河南省人民政府关于加快人民防空改革发展若干问题的决定》（〔2006〕3 号，2006 年 9 月 1 日起施行）

7. 加强人民防空信息化建设。2010 年前，省和国家人民防空重点城市完成人民防空信息网络建设，建立集指挥控制、情报预警、信息传输为一体的综合网络系统，依托军队网络资源与战区综合信息系统对接；依托政府电子政务内外网平台与各级政府电子政务系统对接，并与本级政府应急联动系统互联互通。军区有关部门协调军地、省际之间人民防空信息系统连通。地方政府信息产业、通信、无线电管理部门，要积极配合人民防空主管部门，确保平（战）时人民防空指挥通信畅通。要加强信息安全管理，落实网络保密要求，确保人民防空 信息系统安全运行。

〔4〕【人民防空机关准军事化建设】

34.5《济南军区、山东省人民政府、河南省人民政府关于加快人民防空改革发展若干问题的决定》（〔2006〕3号，2006年9月1日起施行）

27. 加强人民防空机关"准军事化"建设。落实中共中央、国务院、中央军委关于人民防空机关实行"准军事化"建设的要求，以"政治坚定、业务精湛、纪律严明、作风过硬、廉政高效"为总目标，切实加强人民防空机关和队伍建设，建立正规的战备秩序、工作秩序和训练秩序，进一步加强作风纪律建设，努力提高工作效率和质量。战区内各级人民防空机关遂行任务时，参照预备役部队有关规定进行管理。县级以上地方各级人民政府人民防空主管部门在职公务员，已列入预备役管理并被授予预备役军衔的，在战时执行防空任务，平时参加军事训练、防空演习、集中培训和人民防空重大集体活动期间，统一着预备役人员制式服装，佩戴军衔肩章符号和人民防空标志。未列入预备役管理的公务员，经军事机关审查符合预备役条件的，参照预备役部队预任干部有关规定，履行预备役登记，授予预备役军衔。

28. 强化人民防空军事素质教育。按照人民防空机关"准军事化"建设和做好人民防空应急准备要求，组织开展人民防空机关军事素质教育训练。军区人民防空主管部门负责制定战区人民防空系统军事训练计划，军训时间每人每年一般不少于10天。各级军事机关和有关部队、院校，要积极支持人民防空机关"准军事化"建设，帮助落实年度培训计划。各级人民防空主管部门要强化机关"准军事化"建设各项要求，抓好战备和训练落实，保持良好机关秩序和工作作风，不断提高人民防空队伍的军事素质和遂行防空防灾任务的能力。

第三十五条 【人民防空通信、警报设施维护管理与防空警报试鸣】

人民防空通信、警报设施必须保持良好使用状态。

设置在有关单位的人民防空警报设施，由其所在单位维护管理，不得擅自拆除。

县级以上地方各级人民政府根据需要可以组织试鸣防空警报；并在试鸣的五日以前发布公告。

〔1〕【释义】

本条中的"人民防空通信、警报设施"包括人民防空主管部门的专用通信、警报设施、设在邮电部门机房的人民防空专用通信、警报设施，以及邮电部门和军队通信部门保障人民防空专用通信、警报网的有线电路等。为"保持良好使用状态"，要求平时做到保持设备设施完好、工作稳定可靠；通信人员具有良好的业务、心理素质；建立一套完善的值班、值勤和维护管理制度。

设置在有关单位的人民防空警报设施，是城市人民防空警报网的组成部分。使其保持良好的使用状态直接关系到本单位和附近居民有效地实施防空掩蔽，由本单位负责维护管理设置在本单位的人民防空警报设施，是推行人民防空警报设施社会化管理行之有效的措施。加强人民防空警报设施的维护管理，人民防空主管部门应当进行指导，并定期组织检查。

组织试鸣防空警报，是检验人民防空警报设备和控制系统保持完好程度的重要措施，且对于增强全国国防观念和人民防空意识具有重要意义。我国一些城市将试鸣防空警报与爱国主义教育、国防教育结合起来，如北京市试鸣防空警报日定在每年的 9 月 18 日，即全国的国防教育日。

〔2〕【人民防空通信、警报设施拆除迁移许可与补救】

35.1《北京市人民防空条例》（2002 年 5 月 1 日起施行）

第二十九条　人民防空通信、警报设施应当保持良好的使用状态。

设置在有关单位的人民防空警报设施，由其所在单位负责维护管理，不得擅自拆除，不得擅自鸣响。因拆迁、改造建筑物，确需拆除的，报经所在地区、县人民防空主管部门批准。

35.2《河北省实施〈中华人民共和国人民防空法〉办法》（2022 年 5 月 27 日第五次修正并施行）

第二十条　任何单位和个人不得擅自拆除、迁移人民防空通信、警报设施；因拆迁、改造建筑物，确实需要拆除或者迁移的，应当报经审批部门批准，并采取相应补救措施，保证人民防空通信、警报网的畅通。

35.3《内蒙古自治区实施〈中华人民共和国人民防空法〉办法》（1999 年 9 月 24 日起施行）

第二十四条　设在有关单位的人民防空警报设施，由其所在单位管理。

任何组织和个人不得阻挠安装和擅自拆除人民防空通信、警报设施，确因城市建设或者其他原因需拆除的，必须报经人民防空主管部门批准，由拆除单位负责补建或者补偿，并接受人民防空主管部门的监督、检查。

35.4《吉林省实施〈中华人民共和国人民防空法〉办法》（2018 年 11 月 30 日修改并施行）

第二十三条　警报设施由其所在单位负责维护管理，不得擅自拆除。警报设施需要迁移时，其所在单位应当事先做出恢复安装计划，报县级以上人民政府人民防空主管部门批准后方可实施，迁移费用由原所在单位负担。

人民防空战备通信电缆需迁移时，须经县级以上人民政府人民防空主管部门批准。

35.5《上海市民防条例》（2018 年 12 月 10 日第三次修正，2019 年 1 月 1 日起施行）

第十八条第四款　防空警报设施不得擅自拆除。确因城市建设需要拆迁防空警报设施的，应当报防空警报设施所在地的区民防办批准。重建费用由拆除单位承担。

35.6《江苏省实施〈中华人民共和国人民防空法〉办法》（2021 年 5 月 27 日第四次修正并施行）

第十九条第三款　禁止擅自搬迁或者拆除、毁坏人民防空通信警报设施。确因建设需要拆迁的，必须按照城市通信警报规划和战备要求进行易地重建，拆迁和重建经费由拆迁单位承担。

35.7《福建省人民防空条例》（2016 年 9 月 30 日修正并施行）

第三十一条　任何组织或者个人不得擅自拆除人民防空通信、警报设施。确因城市建设需要拆除的，拆除单位必须报经县级以上地方人民政府人民防空主管部门批准，并承担相应的拆除和重建经费。

35.8《江西省实施〈中华人民共和国人民防空法〉办法》(2021年7月28日第五次修正并施行)

第二十五条 任何单位和个人不得擅自拆除人民防空通信、警报设施；确需拆除的，应当经人民防空主管部门批准，并由拆除单位在规定时间内在原址就近重建；在原址就近重建确有困难的，按人民防空主管部门指定的地点重建。

设置在有关单位的人民防空警报设施，所在单位必须指定专人负责维护管理。

35.9《河南省实施〈中华人民共和国人民防空法〉办法》(修改后2020年6月4日起施行)

第二十一条 任何单位或个人不得擅自拆除和移动人民防空通信、警报设施。确需拆除、迁移的，必须报经当地人民防空主管部门和无线电管理机构批准，并按照人民防空主管部门的规划要求，由拆除者易地建设安装或补偿另行建设安装所需的费用。

35.10《湖南省实施〈中华人民共和国人民防空法〉办法》(2020年7月30日修正并施行)

第二十八条第二款 任何单位或者个人不得擅自拆除、迁移防空警报通信设施，不得随意改动防空警报通信设施的部件和线路。确需拆除、迁移的，应当报经人民防空主管部门同意，并由人民防空主管部门易地重新安装。拆除、迁移和重新安装的费用，由申请拆除、迁移的单位或者个人承担。

35.11《广东省实施〈中华人民共和国人民防空法〉办法》(2010年7月23日修正并施行)

第十七条 人民防空主管部门应当对设置在有关单位的警报设施定期进行检查。

因城市建设需要拆迁人民防空警报设施，必须经所在地县级以上人民防空主管部门批准，重建经费由拆迁单位负责。

35.12《云南省实施〈中华人民共和国人民防空法〉办法》(2014年7月27日修正并施行)

第十九条第二款 因建设或者其他原因确须拆除防空通信、警报设施的，必须经人民防空主管部门批准。

35.13《甘肃省实施〈中华人民共和国人民防空法〉办法》(2010年7月29日修订，2010年9月1日起施行)

第二十六条 任何单位和个人不得擅自拆除人民防空通信、警报设施、设备，因城市建设或者其他原因需要拆除、更新、改造、迁移的，须经市以上人民防空主管部门批准，并由拆除单位承担全部费用。

35.14《广东省人民防空警报通信建设与管理规定》(2003年10月1日起施行)

第十六条 因楼房改造、拆迁需要暂时拆除、迁移警报通信设施的，改造、拆迁单位应当在施工14个工作日之前向人民防空主管部门申请，人民防空主管部门自收到申请之日起7个工作日内应当作出决定，并向申请单位发出同意或者不同意拆除、迁移警报通信设施通知书；不同意拆除、迁移警报通信设施的，应当说明理由。重装、迁移警报通信设施的一切费用由楼房改造、拆迁单位承担。

申请单位不服人民防空主管部门不同意暂时拆除、迁移警报通信设施决定的，由当地人民政府裁定。

35.15《宁夏回族自治区人民防空警报通信设施管理办法》（2007 年 9 月 1 日起施行）

第十八条 任何单位和个人不得擅自拆除、迁移警报通信设施。因警报通信设施所在的建筑物拆除、改建确需拆除、迁移警报通信设施的，建设单位应当在施工前的 20 日，向县（市、区）人民防空主管部门提出书面报告，县（市、区）人民防空主管部门应当自收到报告之日起 7 日内予以书面答复。

人民防空主管部门应当指导建设单位做好警报通信设施的拆除、迁移、重建工作。

35.16《福州市人民防空警报设施管理办法》（2012 年 6 月 8 日第二次修正并施行）

第九条 因城市建设确实需要移动、拆除警报设施的，建设单位应当向警报设施所在地的县（市、区）人民防空主管部门提出书面申请。县（市、区）人民防空主管部门应当自收到申请之日起五日内，提出审核意见并报市人民防空主管部门审批；市人民防空主管部门应当自收到审核意见之日起五日内予以书面答复，不予批准的应当书面说明理由。

移动、拆除、重建警报设施费用由建设单位承担。因移动、拆除造成警报设施损坏的，由建设单位赔偿。

35.17《南昌市人民防空设施管理规定》（2005 年 1 月 1 日起施行）

第十六条 任何单位和个人不得擅自拆除人民防空通信、警报设施；确需拆除的，应当经市人民防空主管部门批准。

申请拆除人民防空通信、警报设施，应当向市人民防空主管部门提交书面申请和人民防空通信、警报设施资产登记表。

前款规定的书面申请，应当载明申请人名称以及人民防空通信、警报设施名称、地点、范围、数量和拆除的原因等。

市人民防空主管部门应当自受理申请之日起 20 日内作出批准或者不予批准的书面决定；作出不予批准决定的，应当说明理由。

35.18《邯郸市人民防空警报建设和维护管理规定》（邯政办规〔2019〕5 号，2019 年 5 月 9 日起施行）

第十五条 警报设置单位因建筑物拆除、加固改造等原因，需移动警报设施，必须在施工前向市人防办提出书面申请，经批准后，由市人防办指导实施，工程竣工后及时恢复。

35.19《广州市人民防空警报设施维护管理细则》（穗人防办规字〔2022〕2 号，2022 年 4 月 1 日起施行）

第十条 因建筑物拆除、改造需拆迁人民防空警报设施的，拆除、改造单位应当向所在区人民防空主管部门申请拆除人民防空警报设施。

所在区人民防空主管部门应当自收到申请之日起七个工作日内做出决定，经审核同意拆除的，由所在区人民防空主管部门作出决定后的十个工作日内到现场予以拆除。

第十一条 经批准同意拆除、迁移人民防空警报设施的，由所在区人民防空主管部门组织迁移、重整。迁移、重整人民防空警报设施的一切费用由拆除、改造单位承担。

人民防空警报设施在保管期间损坏或丢失的，由保管单位负责赔偿。

35.20《桂林市人民防空警报设施建设管理规定》(2004年10月20日起施行)

第九条 人民防空主管部门安装防空警报设施,有关单位、个人应当提供方便条件,不得以任何理由阻挠,更不得擅自拆除防空警报设施。因城市建设或楼房改造等原因,需要拆迁防空警报设施的,申请拆迁单位应当提前一个月向所在县、城区人民防空主管部门提出书面申请,经市人民防空主管部门批准后,由申请拆迁单位按要求迁移或重建,并负担全部费用。

〔3〕【人民防空通信、警报设施的报废与补救】

35.21《湖南省人民防空通信管理办法》(2008年8月1日起施行)

第十七条 防空警报通信设施达到使用期限或者因故损坏需要报废的,经市州人民防空主管部门认定后,由该设施产权单位拆除并重装新的防空警报通信设施。

35.22《广东省人民防空警报通信建设与管理规定》(2003年10月1日起施行)

第十五条 警报器、控制终端等设备实行申报报废更新制度。对拟报废的设备,由县(县级市、区)人民防空主管部门向地级以上市人民防空主管部门提出申请,由地级以上市人民防空主管部门组织技术人员对设备进行鉴定后,作出准许或者不准许报废决定,对准许报废的设备由县(县级市、区)人民防空主管部门作报废处理,并在原址重新安装新购置的设备。

35.23《宁夏回族自治区人民防空警报通信设施管理办法》(2007年9月1日起施行)

第十七条 对拟报废的警报通信设施,由县(市、区)人民防空主管部门报设区的市人民防空主管部门审核批准后作报废处理。县(市、区)人民防空主管部门应当按照规划在原址或者新址安装新的警报通信设施,并报自治区人民防空主管部门备案。

35.24《广州市人民防空警报设施维护管理细则》(穗人防办规字〔2022〕2号,2022年4月1日起施行)

第十二条 人民防空警报设施的处置及采购等参照国有资产管理和政府采购有关规定执行。区人民防空主管部门负责辖区内警报器的维护管理及采购经费。

〔4〕【人民防空通信、警报设施的维护管理】

35.25《物业管理条例》(2018年3月19日第三次修订并施行)

第五十一条 供水、供电、供气、供热、通信、有线电视等单位,应当依法承担物业管理区域内相关管线和设施设备维修、养护的责任。

前款规定的单位因维修、养护等需要,临时占用、挖掘道路、场地的,应当及时恢复原状。

35.26《上海市街道办事处条例》(2021年7月29日第三次修正,2021年8月1日施行)

第五条第一款第三项 街道办事处以辖区内的公共服务、公共管理、公共安全为工作重点,履行下列职能:

(三)综合协调辖区内的城市管理、人口管理、社区管理、安全管理、住宅小区和房屋管理、应急管理等地区性、社会性、群众性工作。

35.27 《福建省人民防空条例》(2016 年 9 月 30 日修正并施行)

第三十条 按照规划必须设置在建筑物上的人民防空警报设施，业主应当提供方便条件。人民防空警报设施，由县级以上地方人民政府人民防空主管部门负责安装、检查和维护，业主负责管理，使之保持良好使用状态。

35.28 《河北省人民防空通信管理规定》(2010 年 11 月 30 日第二次修正并施行)

第二十一条第一款 人防部门负责自建的人民防空通信设施的维护，指导、监督人民防空指挥通信终端设备和警报通信终端设备设置单位对终端设备进行维护，定期检测人民防空指挥通信网和警报通信网的开通情况。

35.29 《湖南省人民防空通信管理办法》(2008 年 8 月 1 日起施行)

第十六条 设有人民防空通信设施的单位或者住宅小区，管理机构应当指定专人负责人民防空通信设施的日常维护管理，建立维护管理档案，确保人民防空通信设施处于良好工作状态。

设置防空警报通信设施的建筑物、构筑物权属发生变更的，其防空警报通信设施维护管理由该建筑物、构筑物的受让人负责，并在权属变更之日起 15 日内向当地人民防空主管部门备案。

35.30 《广东省人民防空警报通信建设与管理规定》(2003 年 10 月 1 日起施行)

第十二条 承担警报通信设施控制线路、电源线路调配和警报通信设施维护保养的单位应当保持负责该项工作人员的相对稳定，确需变动时，要做好交接工作，并自觉接受人民防空主管部门的指导。

第十三条 人民防空警报通信设施的维护管理责任单位应当建立警报通信设施日常维护管理登记制度，按照人民防空主管部门制定的维护周期对警报通信设施进行检查维护，雷雨大风后应当立即检查，出现问题应当及时报告人民防空主管部门。

35.31 《四川省人民防空警报系统管理办法》(2002 年 2 月 1 日起施行)

第十二条 人民防空警报系统的维护管理，按照统一指导分工负责组织实施。设在公共区域的警报台由所在城市街道办事处负责维护管理，设在单位内的警报台由该单位负责日常的维护管理。市（州）、县人民防空主管部门对警报台的维护管理工作负有督促检查和指导的责任。

第十三条 人民防空警报设施的维护管理单位应落实以下的日常维护责任：

（一）警报设施的日常维护工作应指定专人负责，明确其职责范围，人员应保持稳定，变动时做好交接工作；

（二）按照人民防空主管部门制定的维护周期对警报设施进行检查维护，雷雨大风后立即检查，出现问题应及时报告人民防空主管部门；

（三）建立人民防空警报日常维护管理登记制度；

（四）警报台、控制台、控制按钮等应加锁，无关人员不得进入警报台，并严禁向无关人员泄露人防警报台的有关技术数据、防护能力等有关情况。

35.32 《贵州省人民防空警报设施建设管理规定》(2014 年 2 月 1 日起施行)

第十一条 市（州）、县级人民政府人民防空行政部门应当制定人民防空警报设施维护管理制度，组织有人民防空警报设施的单位开展人民防空警报设施维护技能培训。

第十二条 市（州）、县级人民政府人民防空行政部门按照各自职责负责人民防空警报设施的维护管理。人民防空警报设施设置点所在单位应当对人民防空警报设施的维护给予协助和配合。

人民防空警报设施所在建筑物、构筑物的权属者应当在人民防空行政部门指导下，明确机构或者人员管理人民防空警报设施，发现可能影响人民防空警报设施正常使用情形的，应当采取必要措施并及时报告当地人民防空行政部门。

设置有人民防空警报设施的建筑物、构筑物权属发生变更的，人民防空警报设施的维护管理由取得该建筑物、构筑物权属者负责。

35.33《宁夏回族自治区人民防空警报通信设施管理办法》(2007年9月1日起施行)

第十四条 设置在公共区域的警报通信设施由街道办事处(乡、镇人民政府)维护管理；设置在单位内的警报通信设施由该单位维护管理；设置在居民区的警报通信设施由物业管理单位维护管理。

人民防空主管部门与警报通信设施设置单位可以通过签订责任书等方式，落实警报通信设施的维护管理责任。

35.34《福州市人民防空警报设施管理办法》(2012年6月8日第二次修正并施行)

第十四条 禁止下列危及警报设施安全及损害其使用效能的行为：

(一) 擅自移动、占用或者损坏警报设施；

(二) 堵塞警报台通道；

(三) 在警报设施专用供电设备或者线路上搭线；

(四) 在警报设施及其周围30米范围内存放剧毒、易燃易爆、放射性和腐蚀性物品；

(五) 在设置警报设施的建筑物屋顶安装广告牌等有碍警报音响传播的遮挡物；

(六) 法律、法规禁止的其他行为。

35.35《南昌市人民防空设施管理规定》(2005年1月1日起施行)

第十四条 设置在有关单位的人民防空警报设施，由其所在单位维护管理。

安装了人民防空警报设施的地面建筑权属发生变更的，由新的权属单位承担对该人民防空警报设施的维护管理义务。

35.36《厦门市人民防空管理办法》(2019年8月20日修正并施行)

第十二条第二款 人民防空主管部门可以以政府购买服务的方式与防空警报设施设置点单位签订委托管理协议，明确双方的权利和义务，并落实防空警报设施管理人员。

35.37《南宁市人民防空管理办法》(2017年5月1日起施行)

第十六条第二款 设置在社区的人民防空通信、警报设施，由物业服务企业或者所在地居民委员会协助人民防空主管部门维护管理。

35.38《台州市人民防空警报设施管理实施细则》(2006年1月1日起施行)

第十条 安装在通信部门，广播、电视等单位机房内的警报控制设备由该单位落实专人负责维护保养；安装在其他位置的警报通信设备由街道办事处或安装点单位落实专人具体负责警报设备的日常维护保养和管理工作，并建立警报设备维护保养档案(手册)。

第十一条 设有人防警报设施的单位，应当指定专人负责人防警报设施的日常维护工作，建立人防警报日常维护管理制度，当台风、雷电、暴雨等自然灾害或其它突发情况过后要立即检查，发现问题应及时报告本级人防主管部门。

35.39《北京市民防局、北京市民政局关于加强社区防空和防灾减灾规范化建设的意见》（京人防发〔2019〕152号修改，修改后2019年12月23日起施行）

【著者按】《北京市人民防空办公室关于修改20部规范性文件部分条款的通知》（京人防发〔2019〕152号，部分失效）对《北京市民防局、北京市民政局关于加强社区防空和防灾减灾规范化建设的意见》（京民防发〔2016〕91号）规范性文件的修改内容为：一是将"民防"修改为"人防"；二是将"局"修改为"办"。

三、完善社区防空和防灾减灾的设施设备

（一）加强社区防空和防灾减灾防护器材配置管理。街道（乡镇）要在所在区人防办的指导下，协助搞好社区防空警报、人防工程、应急救援器材、防空和防灾减灾宣传专栏等设施设备的维护管理，定期进行检查。在社区显著位置设置应急柜（亭），配备必要的呼救、警报、逃生、应急抢险等器材，应急柜主要用于社区志愿者的防空和防灾减灾演练、培训及应急救援时使用，禁止挪作他用。对新增加的居民小区，要及时配置应急救援器材，市、区民防部门要根据防空和防灾减灾的需要，组织研发适合社区的防护产品。

35.40《广州市人民防空警报设施维护管理细则》（穗人防办规字〔2022〕2号，2022年4月1日起施行）

第四条 设置有人民防空警报设施的镇街和单位，应当指定一至两名人民防空警报设施日常维护管理责任人。

人民防空警报设施设置单位维护管理责任人如调整变动的，所在单位应当重新指定责任人，并由所在区人民防空主管部门组织交接工作。人民防空警报设施维护管理责任人应当熟悉人民防空警报设备的基本工作原理，熟练掌握操作使用知识、维护管理知识和排除一般故障的维修技术等。

遇到强台风、龙卷风、雷暴等特殊情况，人民防空警报设施维护管理责任人应当及时检查人民防空警报设施的安全状态，发现问题应及时处理。

遇到突发情况，人民防空警报设施设置单位应当及时报告所在区人民防空主管部门，所在区人民防空主管部门应当及时作出处理。

第六条 市、区人民防空主管部门、镇街、人民防空警报设施设置单位应当建立人民防空警报设施维护管理档案制度。

市、区人民防空主管部门、镇街应当对本辖区人民防空警报设施的编号、类型、型号、功率、设置地点（位置）、设置建筑物名称、安装时间、管理单位、维护管理责任人等信息进行登记、存档、更新，并同步录入至警报统控软件。

人民防空警报设施设置单位应当对人民防空警报设施的日常维护保养日期、项目、内容、效果、检测数据和人民防空警报设施发生的故障现象、故障原因、修复情况、修复日期、维修人员等信息进行登记、存档、更新，并同步录入至警报统控软件。

35.41《深圳市人民防空警报设施管理办法》（深应急规〔2016〕2号，2016年12月1日起施行）

第九条 警报设施设置点的管理单位及管理人员应定期对警报设施进行检查，建立检查情况登记制度。如发现警报设施丢失或者被拆卸、电力线路故障以及出现其它异常情况，应当及时报告所辖区域的区人防主管部门。

〔5〕【人民防空警报试鸣】

35.42《内蒙古自治区实施〈中华人民共和国人民防空法〉办法》(1999 年 9 月 24 日起施行)

第二十三条第二款 人民防空重点城市每年组织一次防空警报试鸣，并在试鸣五日前，向社会发布公告。

35.43《安徽省实施〈中华人民共和国人民防空法〉办法》(2020 年 9 月 26 日修订，2021 年 1 月 1 日起施行)

第三十三条 县级以上人民政府根据需要组织试鸣防空警报。试鸣防空警报方案由人民防空主管部门会同通信、广播电视、公安等部门制定，报本级人民政府批准后组织实施，并在试鸣的五日以前发布公告。

每年 9 月 18 日为本省统一的防空警报试鸣日。

35.44《浙江省人民防空警报设施管理办法》(2015 年 12 月 28 日第二次修正并施行)

第二十条 省人民政府建立人民防空警报试鸣制度。具体办法由省人民防空主管部门制定，报省人民政府批准后实施。

第二十二条 安装、迁移、更新人民防空警报设施调试时需要试鸣防空警报的，应当报县级以上人民政府批准。

35.45《湖南省人民防空通信管理办法》(2008 年 8 月 1 日起施行)

第二十三条 市、县人民防空主管部门应当依法制定本行政区域防空警报试鸣方案，报市、县人民政府批准后组织实施。

新闻媒体应当做好防空警报试鸣的公告和宣传工作。

35.46《山西省人民防空警报试鸣规定》(晋政办发〔2010〕70 号，2010 年 8 月 16 日起施行)

第三条 县级以上地方各级人民政府人民防空主管部门具体负责人民防空警报试鸣工作。

第四条 人民防空警报试鸣一般每年组织一次，每年 9 月 18 日为全省防空警报统一试鸣日。

第五条 在防空警报试鸣过程中，各部门各单位要通力合作，密切配合，通信、电力、广播电视、新闻出版、建设、规划、财政、公安、教育等有关部门应按各自的职责协助同级人防部门做好人民防空警报试鸣的有关工作。

第六条 县级以上人民政府人民防空主管部门应当在防空警报试鸣前 5 日内，以同级人民政府名义连续通过报纸、广播、电视、移动通信短信息、书面通知等方式，向试鸣范围内的公众发布公告。承担发布公告的相关单位，应无偿予以保障。

第七条 防空警报试鸣公告内容包括试鸣日期、时间、范围、信号和形式等。

第八条 县级以上人民政府人民防空主管部门在防空警报试鸣前应当制订防空警报试鸣方案，并报上一级人民政府人民防空主管部门。

第九条 防空警报试鸣方案内容包括试鸣的组织领导、信号规定、发放范围、具体时间、试鸣方法和要求等。

第十条 全省防空警报统一试鸣的县级以上城市必须安装警报器。

第十一条　防空警报试鸣信号应当使用国家规定的预先警报、空袭警报、解除警报三种信号。

第十二条　县级以上人民政府人民防空主管部门在防空警报试鸣结束后应当将防空警报试鸣情况报告同级人民政府和上一级人民政府人民防空主管部门。

35.47《福州市人民防空警报设施管理办法》（2012 年 6 月 8 日第二次修正并施行）

第十二条　人民防空警报发放由市、县（市）人民防空主管部门按照以下规定组织实施：

（一）平时每年选择固定时间进行人民防空警报试鸣，经同级人民政府决定后实施，并在试鸣前五日发布公告；

（二）战时发放防空警报信号的，经福州市人民防空指挥机构决定后实施；

（三）发生重大自然灾害、突发事件需要发放警报信号的，由事件发生地市、县（市）人民政府决定后实施。

35.48《南宁市人民防空管理办法》（2017 年 5 月 1 日起施行）

第十八条　市人民政府应当在每年 9 月 18 日组织全市防空警报试鸣，并提前五日向社会公布。特殊情况时，可以调整警报试鸣时间。

35.49《桂林市人民防空警报设施建设管理规定》（2004 年 10 月 20 日起施行）

第十三条　战时发放防空警报信号由市人民防空指挥部决定；平时每年的十一月三十日应当进行防空警报试鸣。防空警报试鸣由市人民防空主管部门组织实施，并于试鸣前五日在桂林日报、桂林晚报、桂林电视台等主要新闻媒体上发布防空警报试鸣公告，各新闻单位应当免费刊登或播放防空警报试鸣公告。

第三十六条　【人民防空通信、警报设施平时为抢险救灾服务】

人民防空通信、警报设施平时应当为抢险救灾服务。

〔1〕【释义】

人民防空通信、警报设施平时为抢险救灾服务，是实行人民防空平战结合的任务之一。国家为战时组织人民防空投入了一定的物力财力，建立的有线电与无线电相结合的指挥通信和警报通信网已具相当规模，平时应当充分发挥作用，为抢险救灾服务。同时，人民防空通信、警报设施的平时使用有利于对现有的人民防空通信、警报设施进行维护管理，改善通信、警报设施的物质条件，提高通信人员的专业素质和快速反应能力。

〔2〕【人民防空警报系统鸣放防灾警报信号】

36.1《吉林省实施〈中华人民共和国人民防空法〉办法》（2018 年 11 月 30 日修改并施行）

第二十四条　发生自然灾害时，经县级以上人民政府批准，可以使用警报设施。

36.2《湖南省实施〈中华人民共和国人民防空法〉办法》（2020 年 7 月 30 日修正并施行）

第二十九条　县级以上人民政府应当建立健全战时防空与平时防灾救灾相结合的工作机制，充分利用人民防空专业队和防空指挥系统、通信工程、掩蔽工程等，为平时防灾救灾服务。

发生火灾、爆炸、化学灾害等重大突发事件时，县级以上人民政府可以利用人民防空警报系统发放防灾警报信号。

36.3 《浙江省人民防空警报设施管理办法》(2015 年 12 月 28 日第二次修正并施行)

第十八条 战争时期，人民防空警报信号由当地人民防空指挥部门或者上级指挥机关统一发放。

第十九条 发生重大自然灾害、大面积有毒气体泄露或者其他区域性重大突发事件时，警报信号的发放由县级以上人民政府决定。

监狱、大型厂矿、水库、机场等重点防护单位以及其他设有人民防空警报设施的单位，发生火灾、爆炸、化学危害事故等重大突发性事件时，确需鸣放警报且符合警报信号发放预案要求的，可以先行鸣放，同时报人民防空主管部门备案。

36.4 《浙江省人民政府办公厅关于利用人民防空警报系统发放防灾警报信号的通知》(浙政办发〔2009〕77 号，2009 年 6 月 8 日起施行)

一、防灾警报信号发放适用情形

防灾警报信号发放适用情形为：

(一) 本省行政区域内发生或即将发生可以预警的气象、地震、地质、海洋、森林等重特大自然灾害；

(二) 本省行政区域内发生或即将发生可以预警的重特大事故灾难；

(三) 其他需要发放防灾警报信号的情形。

二、防灾警报信号发放

防灾警报信号发放，由县级以上专项应急指挥机构提出，报同级政府决定，同级人防 (民防) 主管部门组织实施，并分别向上一级政府及人防部门报告。

防灾警报音响信号为：警报信号 (鸣 60 秒，停 30 秒，反复二遍为一个周期，时间三分钟)；解除信号 (连续鸣 4 分钟)。发放防灾警报音响信号后，应利用电声警报器多次播放语音，告知公众有关灾情及应对办法。

三、防灾警报试鸣制度

省政府建立全省防灾警报试鸣制度，确定每年全国"防灾减灾日"(5 月 12 日) 为全省防灾警报试鸣日，进行防灾警报音响信号试鸣。具体办法由省人防办 (省民防局) 制定，报省政府批准后实施。

36.5 《湖南省人民防空通信管理办法》(2008 年 8 月 1 日起施行)

第二十二条 设有防空警报设施的重点防护单位，应当制定本单位鸣放警报信号预案，报当地人民防空主管部门备案。

发生火灾、爆炸、化学危害事故等重大突发性事件确需鸣放灾情警报信号的，重点防护单位可以先行鸣放灾情警报信号，并及时报当地人民防空主管部门备案。

36.6 《贵州省人民防空警报设施建设管理规定》(2014 年 2 月 1 日起施行)

第十九条 发生重大自然灾害或者突发事件确需鸣放灾情预警、报警信号的，能发放人民防空警报信号的单位，可以先行鸣放警报信号，并在 24 小时内报当地人民防空行政部门备案。

36.7《福州市人民防空警报设施管理办法》（2012年6月8日第二次修正并施行）

第十二条 人民防空警报发放由市、县（市）人民防空主管部门按照以下规定组织实施：

（一）平时每年选择固定时间进行人民防空警报试鸣，经同级人民政府决定后实施，并在试鸣前五日发布公告；

（二）战时发放防空警报信号的，经福州市人民防空指挥机构决定后实施；

（三）发生重大自然灾害、突发事件需要发放警报信号的，由事件发生地市、县（市）人民政府决定后实施。

36.8《厦门市人民防空管理办法》（2019年8月20日修正并施行）

第十五条 人民防空通信、防空警报设施平时应当为抢险救灾服务。

市人民政府根据防范自然灾害需要可以决定发放防灾警报信号。

36.9《武汉市人民防空警报设施管理办法》（2014年5月7日第二次修订并施行）

第十六条 人民防空警报信号的发放按照国家有关规定执行。警报发放权，战时授予市人民防空指挥机关；平时发生洪水、地震、核化事故等灾害以及需要组织试鸣，由市人民防空主管部门报市人民政府批准。

36.10《台州市人民防空警报设施管理实施细则》（2006年1月1日起施行）

第二十四条 人民防空警报信号的发放按国家有关规定执行。战争期间，防空警报信号由市人民防空指挥机关统一发放，平时发放或组织鸣放，由市、县（市、区）人民防空办公室报同级人民政府批准后实施，并在试鸣的5日以前发布公告。任何组织或个人不得冒用人民防空名义传递、发放防空警报信号。

因重大自然灾害、大面积有毒有害气体泄露或其他重大突发事件而需要发放人防警报的，警报信号的发放由县级以上人民政府决定并规定临时信号。

36.11《深圳市人民防空警报设施管理办法》（深应急规〔2016〕2号，2016年12月1日起施行）

第十条 根据战时防空警报信号发放要求，市人民防空指挥部负责实施信号发放工作。平时发生重大自然灾害、突发事件以及需要发放警报信号的，市人防主管部门按照相关要求报市人民政府批准。

〔3〕【人民防空通信、警报设施为抢险救灾应急服务】

36.12《黑龙江省实施〈中华人民共和国人民防空法〉条例》（2018年4月26日第四次修正并施行）

第十九条第三款 各级人民防空主管部门可以按有关规定利用人民防空通信设施为社会服务，并接受通信主管部门的行业管理。

36.13《江西省实施〈中华人民共和国人民防空法〉办法》（2021年7月28日第五次修正并施行）

第二十六条 人民防空通信、警报设施平时应当为抢险救灾、突发事件服务。在安全保密的情况下，人民防空主管部门可以按国家有关规定向社会提供服务，并依法接受通信等部门的管理。

36.14《重庆市人民防空条例》（2010 年 7 月 30 日第二次修正，2010 年 7 月 30 日起施行）

第三十条第二款　人民防空通信、警报设施平时可以为党政机关和抢险救灾服务，也可为社会组织、人民群众提供服务。

36.15《河北省人民防空通信管理规定》（2010 年 11 月 30 日第二次修正并施行）

第十四条　人民防空通信设施战时用于传递、发放防空警报信号和指挥防空袭斗争，平时可用于防灾报警、指挥抢险救灾和应急通信；经通信管理部门核准，也可为社会提供国家允许的通信服务。

36.16《山东省人民政府办公厅关于利用人民防空警报系统发布灾情警报的通知》（鲁政办字〔2007〕178 号，2007 年 11 月 12 日起施行）

一、利用人民防空警报系统发布灾情警报的适用情形

（一）本省行政区域内发生或即将发生洪水、江河决堤、水库垮坝等水灾，暴雨、冰雹、大雪、龙卷风、大风、台风、寒潮、雷电、沙尘暴等气象灾害，地震灾害，山体崩塌、滑坡、泥石流、地面塌陷、地裂缝等地质灾害，风暴潮、海啸等海洋灾害，森林草场火灾和重大生物灾害等自然灾害。

（二）本省行政区域内发生或即将发生的需要转移、疏散或撤离大量人员的重特大安全事故、环境污染和生态破坏事件等事故灾难。

（三）其他需要发布灾情警报的情形。

二、建立利用人民防空警报系统发布灾情警报机制

利用人民防空警报系统发布灾情警报，由政府统一领导，人民防空（民防）部门组织实施，水利、建设、黄河河务、气象、地震、国土资源、海洋与渔业、海事、林业、农业、出入境检验检疫、经贸、交通、公安、教育、卫生、旅游、安全生产监管、煤炭工业、煤矿安全监察、信息产业、铁路、民航、电力、环保、广电、通信管理等有关部门要密切配合。当自然灾害、重特大事故灾难发生或即将发生时，利用人民防空警报系统，及时发布灾情警报，让公众提前预知，做好应急准备，提高防范和应对自然灾害、事故灾难的能力。

五、加强领导和组织协调

……………

（二）要加强突发公共事件的监测预报和预防预警工作。负责自然灾害监测预报的部门要切实增强突发灾害短时临近预报的准确性和及时性；负责灾难事故预防预警的部门要切实加强协调配合和信息共享，及时发布有关预报信息。在利用人民防空警报系统发布灾情警报的同时，有关部门要利用广播、电视、互联网、手机短信、电话、宣传车、电子显示屏等各种媒体和手段，以图像、声音、文字等形式及时发布预警信息。

（三）各级、各部门、各单位要严格执行信息报告制度。要按照突发公共事件信息报告制度的规定，及时准确地报告突发公共事件信息；要建立和完善 24 小时值班制度，保证值班工作条件，明确值班人员责任，确保信息渠道畅通。

……………

◇ 第五章 疏 散

第三十七条 【组织实施人民防空疏散】

人民防空疏散由县级以上人民政府统一组织。

人民防空疏散必须根据国家发布的命令实施，任何组织不得擅自行动。

〔1〕【释义】

本条中的"人民防空疏散"，是为战时避免和减少城市人员伤亡，保存有生力量和战争潜力，采取的有效防护措施，按时机分为早期疏散、临战疏散、紧急疏散。人民防空疏散事关重大，直接关系着人民群众的生命安全和社会秩序的稳定，必须由县级以上人民政府统一组织。决定人民防空疏散，是国家行为，是带有战略性、全局性的重大行动。在国家没有发布命令的情况下，地方各级人民政府无权组织人民防空疏散，任何部门和单位都不得擅自行动。

〔2〕【人民政府根据国家发布的命令统一组织实施疏散掩蔽】

37.1《中华人民共和国国防动员法》（2010年7月1日起施行）

第四十六条 国家决定实施国防动员后，人员、物资的疏散和隐蔽，在本行政区域进行的，由本级人民政府决定并组织实施；跨行政区域进行的，由相关行政区域共同的上一级人民政府决定并组织实施。

承担人员、物资疏散和隐蔽任务的单位，应当按照有关人民政府的决定，在规定时间内完成疏散和隐蔽任务。

37.2《北京市人民防空条例》（2002年5月1日起施行）

第三十二条 人民防空疏散必须根据国家发布的命令，由本市各级人民政府统一组织实施，任何组织不得擅自行动。

第三十五条 战时人口疏散应当以人口密集区和重要经济目标附近的人员为主，其他地区人员应当根据战时需要组织疏散或者就近实施掩蔽。

战时一切组织和个人的交通运输工具应当为人民防空疏散服务。

37.3《吉林省实施〈中华人民共和国人民防空法〉办法》（2018年11月30日修改并施行）

第二十五条 人民防空疏散必须根据国家发布的命令，按照省人民政府的决定，由县级以上人民政府依照城市防空袭预案的布置统一组织实施。

37.4《西藏自治区实施〈中华人民共和国人民防空法〉办法》（修改后 2010 年 7 月 30 日起施行）

第三十三条　人民防空疏散必须根据国家发布的命令和自治区人民政府的通告由战时人民防空疏散指挥机构组织实施。人民防空疏散按时机分为：早期疏散、临战疏散、紧急疏散。

37.5《宁夏回族自治区实施〈中华人民共和国人民防空法〉办法》（2005 年 7 月 22 日修正并施行）

第二十八条　城市人民防空疏散由本级人民政府和军事机关根据上级发布的命令，适时掌握疏散时机，实施早期疏散、临战疏散与紧急疏散。

第三十八条　【城市人民防空疏散计划制定与疏散地区预定】

城市人民防空疏散计划，由县级以上人民政府根据需要组织有关部门制定。

预定的疏散地区，在本行政区域内的，由本级人民政府确定；跨越本行政区域的，由上一级人民政府确定。

〔1〕【释义】

城市人民防空疏散计划是县级以上人民政府有效地组织人民防空疏散的依据和保证，必须由县级以上人民政府根据需要组织人民防空主管部门、军事机关、发改、公安、交通、民政等部门制定。各部门、各单位按照疏散计划的统一要求，制定实施计划，并进行必要的准备和演练。

本条中的"预定的疏散地区"，是指战时安置城市疏散人口、物资和工业设施的地域。预定的疏散地区，原则上在本行政区域内选定。如在本行政区域内安置疏散人口有困难，确需跨行政区域疏散时，必须报经上一级人民政府确定。

〔2〕【城市人民防空疏散计划制定与疏散地区预定的任务分工】

38.1《山西省实施〈中华人民共和国人民防空法〉办法》（1999 年 1 月 1 日起施行）

第二十九条　城市人民防空疏散计划，由县级以上人民政府组织人民防空、计划、经贸、公安、民政、交通等部门会同同级军事机关制定和修订。

有关部门应按照疏散计划的统一要求，制定本部门的实施计划。对重要的生产、科研等设备和容易造成空袭次生灾害的物质，有关部门应在人民防空行政主管部门的统一指导下制定疏散计划。

38.2《内蒙古自治区实施〈中华人民共和国人民防空法〉办法》（1999 年 9 月 24 日起施行）

第三十四条　旗县以上各级人民政府要组织有关部门制定战时人民防空疏散计划。

预定疏散区域采取市、区、街道与接收的旗县、苏木乡镇、嘎查村挂钩的办法，分别制定疏散计划和接收计划。跨越本行政区域疏散的，必须经上一级人民政府批准。

38.3《江苏省实施〈中华人民共和国人民防空法〉办法》（2021 年 5 月 27 日第四次修正并施行）

第二十三条　设区的市、县（市、区）人民政府，平时应当组织预定疏散对口地区的有关部门和单位，共同做好预定的疏散地区建设。

城市人民政府应当组织制定城市居民疏散掩蔽方案，明确疏散掩蔽的人员、集结地点、行动路线、场所，适时组织疏散掩蔽演练。

城市人民防空疏散组织实施后，交通、通信、治安、生活物资、医疗卫生、教育等有关保障，由城市人民政府会同预定的疏散地区人民政府组织有关部门负责解决。

第二十四条 县级以上地方人民政府应当组织人防、绿化、建设、规划、林业、园林、交通、水利等部门开展用于防空防灾的林地（林带）建设。

38.4《安徽省实施〈中华人民共和国人民防空法〉办法》（2020 年 9 月 29 日修订，2021 年 1 月 1 日起施行）

第三十四条 人民防空疏散、掩蔽，由县级以上人民政府根据国家发布的命令统一组织实施。城市人民防空疏散、掩蔽计划和疏散接收安置方案，由县级以上人民政府和同级军事机关组织有关部门制定。疏散地、掩蔽场所确定后应当及时通知到相关的单位、居民。

第三十五条 县级以上人民政府应当按照就地就近疏散要求，组织建设城市人口疏散设施，形成疏散地域、疏散基地及其他公共场所合理配置的人口疏散和应急避难保障体系。

38.5《江西省实施〈中华人民共和国人民防空法〉办法》（2021 年 7 月 28 日第五次修正并施行）

第二十七条 战时人民防空疏散由县级以上人民政府根据国家发布的命令有组织、有计划地实施，任何单位不得擅自行动。

城市人民防空疏散计划由县级以上人民政府和军事机关组织人民防空主管部门和其他有关部门共同制定；预定疏散接受安置方案由预定的疏散地区人民政府组织有关部门制定。

38.6《西藏自治区实施〈中华人民共和国人民防空法〉办法》（修改后 2010 年 7 月 30 日起施行）

第三十二条 县级以上地方各级人民政府负责人民防空疏散的主要任务是：

（一）制定和实施人民防空疏散计划；

（二）进行战时防空疏散动员、宣传和教育；

（三）协调有关部门督促检查落实人民防空疏散的各项保障工作；

（四）组织指挥人民防空疏散。

38.7《宁夏回族自治区实施〈中华人民共和国人民防空法〉办法》（2005 年 7 月 22 日修正并施行）

第二十九条 县级以上人民政府应建立战时人民防空疏散指挥机构，其主要任务是：

（一）制定和落实本级人民政府防空疏散计划；

（二）进行战时防空疏散动员、宣传和教育；

（三）协调有关部门督促检查，落实人民防空疏散的各项保障工作；

（四）组织人口疏散。

第三十条 县级以上人民政府有关部门应在预定地区，有计划地建设人口疏散基地，创造接收城市疏散人口的生产、生活条件。

38.8《厦门市人民防空管理办法》(2019 年 8 月 20 日修正并施行)

第十九条 市、区人民政府应当加强人口疏散基地建设,修建指挥中心、物资储备库、医疗救护站等专用场所,配备供水、发电等设施,并结合城市广场、公园绿地、体育场馆等公共场所建设人口疏散和应急避难保障体系。

市、区人民防空主管部门按照就地就近疏散和异地对口接收安置相结合的原则,会同有关部门制定城市人口和重要防护目标周边人口战时疏散方案,并报同级人民政府和军事机关批准后组织实施。

38.9《长沙市人防战时疏散承接基地标准化建设管理办法》(长人防发〔2018〕25 号,2018 年 8 月 1 日起施行)

一、总体原则

城市人口疏散设施建设应当遵循平战结合方针,与建设能力相协调,做到布局合理、规模适当、功能齐全、因地制宜、配套建设,符合城市防空袭方案要求,充分考虑战备、社会和经济综合效益。按照军民融合发展要求,统筹结合小城镇建设、社会主义新农村建设、扶贫开发等进行建设和开发利用。

二、基本要求

人防疏散承接基地是设置在城市人口疏散的主要方向上,用于保障一个或多个疏散地域的场地及设施。基地必须占地面积在 500 亩以上,战时能一次性容纳 2000 人以上,能满足所保障疏散人口的基本需求,具备疏散指挥、临时安置、物资储备、医疗保障和交通中转等功能。平时年接待游客量在 5-10 万人次以上,作为防空防灾宣传教育和防护技能训练场地;城市重大灾害状态下,可作为城市防灾应急避难场所。

三、建设规范

在长沙、望城、浏阳、宁乡等县(市)10km-50km 范围内,选择市民公园、规模农庄、村镇等符合战时人员疏散要求的场所。每个基地给予 50 万元的建设经费,2 年内建成省、市人防办出的集战时疏散指挥、人员临时安置、运输中转、医疗救护和平时宣传教育、训练培训、应急避难、物资储备等功能于一体的新型疏散承接基地。

具体标准即建成"五个一"

一个组织管理机构:基地提供单独的办公场所,专设基地管理办公室。办公室领导工作由市办指通处长负责,各县(市)人防办派专人负责办公室的建设和管理工作,基地明确一名专人负责与人防对接相关工作。

一套疏散承接方案:市办指通处指导基地所在地的县(市)人防办,依据长沙市防空袭方案和整体疏散方案,制定该基地承接范围内的人员疏散承接方案,明确承接工作具体内容。疏散基地结合自身实际,制定承接人员后的保障方案,保障措施要具体明确到人、到物、到事,做到方案扎实可行,确保各项保障措施高效、便捷。

一个物资储备库:基地利用现有建筑设施,建设单独的物资储备仓库。平时应急物资配备以基地为主,基地每年根据应急避难、防灾救灾等需要,适当储备一定的物资器材。基地物器材的配备、管理使用办法由指通处负责拟定,具体的管理工作由基地管理办公室负责。

一组配套场所:基地充分利用现有场地,结合基地平时在经营中的使用功能,划分生活区、训练区、集结区、疏散隐蔽区、宣教区、休息区、保障区等一组相应配套的功能区域，并在各区域醒目位置立一块功能区域牌，区分功能划分。

一套疏散保障图表：将各功能区域划分标绘成图，与疏散路线图一并做成制式图表，悬挂在基地管理办公室墙上，以便各项工作开展。

〔3〕【组织人口疏散演练】

38.10《北京市人民防空条例》（2002 年 5 月 1 日起施行）

第三十三条　市和区、县人民政府应当组织有关部门制定疏散、掩蔽计划，必要时可以组织演练，指导单位和个人辨别防空袭警报音响信号，熟悉疏散路线、掩蔽场所。

38.11《武汉市人民防空条例》（2022 年 5 月 26 日第二次修正，2022 年 6 月 23 日施行）

第三十二条　市、区人民政府应当组织有关部门制定疏散、掩蔽计划，必要时可以组织演练，指导单位和个人辨别防空袭警报音响信号，熟悉疏散路线、掩蔽场所。

38.12《广州市人民防空管理规定》（2021 年 9 月 29 日第二次修正，2021 年 10 月 20 日起施行）

第十三条　市、区人民政府应当定期组织防空袭演习，根据实际需要也可以临时组织防空袭演习。

防空袭演习方案由人民防空主管部门负责编制，报送同级人民政府和军事机关批准后组织实施。

人民防空主管部门应结合防空警报试鸣和城市防空袭演习，组织必要的人口疏散和平战转换演练，检验完善城市人口疏散和平战转换行动方案。

38.13《深圳市实施〈中华人民共和国人民防空法〉办法》（2021 年 10 月 30 日第三次修正，2021 年 12 月 7 日起施行）

第四十六条　市、区人民政府应当组织有关部门制定居民疏散掩蔽方案，明确疏散掩蔽的人员、集结地点、行动路线和场所。

人民防空主管部门应当制定疏散掩蔽演练方案，经本级政府批准后，指导、监督有关单位组织实施。每两年至少组织一次综合演练。

第三十九条　【城市疏散人口安置和物资储运、供应的准备】

县级以上人民政府应当组织有关部门和单位，做好城市疏散人口安置和物资储运、供应的准备工作。

〔1〕【释义】

本条中的"做好城市疏散人口安置"，主要是指战时城市疏散人口到达预定的疏散地区后，能具备组织生产、生活和开展文化教育等基本条件。为达到这一目的，县级以上人民政府应当组织有关部门和单位做好预定的疏散地区建设和安置工作。"物资储运、供应的准备工作"，主要是指城市疏散人口到达预定的疏散地区后所必须实施的生产、生活物资的储备、运输、供应等准备工作，县级以上人民政府应当组织有关部门和单位有计划、有重点地开展这项工作。

〔2〕【战略物资储备与私有财产的征收征用】

39.1《中华人民共和国国防法》(2020 年 12 月 26 日修订, 2021 年 1 月 1 日起施行)

第四十九条 国家建立战略物资储备制度。战略物资储备应当规模适度、储存安全、调用方便、定期更换, 保障战时的需要。

第五十一条 国家根据国防动员需要, 可以依法征收、征用组织和个人的设备设施、交通工具、场所和其他财产。

县级以上人民政府对被征收、征用者因征收、征用所造成的直接经济损失, 按照国家有关规定给予公平、合理的补偿。

39.2《中华人民共和国土地管理法》(2019 年 8 月 26 日第三次修正, 2020 年 1 月 1 日起施行)

第二条第四款 国家为了公共利益的需要, 可以依法对土地实行征收或者征用并给予补偿。

第四十五条第三项 为了公共利益的需要, 有下列情形之一, 确需征收农民集体所有的土地的, 可以依法实施征收:

(三) 由政府组织实施的科技、教育、文化、卫生、体育、生态环境和资源保护、防灾减灾、文物保护、社区综合服务、社会福利、市政公用、优抚安置、英烈保护等公共事业需要用地的。

〔3〕【战时城市人口疏散和物资储运供应的保障】

39.3《北京市人民防空条例》(2002 年 5 月 1 日起施行)

第三十四条 市和区、县人民政府应当加强人民防空预定的疏散地建设, 做好城市疏散人口安置和物资储运、供应的准备工作。

39.4《河北省实施〈中华人民共和国人民防空法〉办法》(2022 年 5 月 27 日第五次修正并施行)

第二十四条 县级以上人民政府应当组织人民防空、发展改革、交通运输、应急管理、民政等有关部门制定战时城市人口疏散和物资储运供应计划, 并按照城乡挂钩、优势互补、互惠互利的原则, 加强疏散地域经济建设, 为战时人口疏散创造有利条件。

39.5《黑龙江省实施〈中华人民共和国人民防空法〉条例》(2018 年 4 月 26 日第四次修正并施行)

第二十二条 县级以上人民政府应当根据城市人民防空疏散计划, 组织有关部门、单位和预定疏散地区, 加强疏散地域建设, 为战时城市疏散人口的安置和物资储运、供应做必要的准备。

39.6《上海市民防条例》(2018 年 12 月 10 日第三次修正, 2019 年 1 月 1 日起施行)

第十三条 计划、财政、商业、物资、医药等有关部门, 应当结合平时物资周转供应, 有计划地做好民防物资储备。

物资储备方案由市负责物资储备的部门提出, 报市人民政府批准后组织实施。其中防空袭物资储备方案应当报市人民政府和上海警备区批准。

39.7《江苏省实施〈中华人民共和国人民防空法〉办法》(2021 年 5 月 27 日第四次修正并施行)

第二十三条 设区的市、县(市、区)人民政府,平时应当组织预定疏散对口地区的有关部门和单位,共同做好预定的疏散地区建设。

城市人民政府应当组织制定城市居民疏散掩蔽方案,明确疏散掩蔽的人员、集结地点、行动路线、场所,适时组织疏散掩蔽演练。

城市人民防空疏散组织实施后,交通、通信、治安、生活物资、医疗卫生、教育等有关保障,由城市人民政府会同预定的疏散地区人民政府组织有关部门负责解决。

39.8《福建省人民防空条例》(2016 年 9 月 30 日修正并施行)

第三十五条 县级以上地方人民政府应当根据城市人民防空疏散计划,组织有关部门、单位,加强疏散地域建设,为战时或者重大灾害发生时城市疏散人口的安置和物资储运、供应做好必要的准备。

39.9《江西省实施〈中华人民共和国人民防空法〉办法》(2021 年 7 月 28 日第五次修正并施行)

第二十八条 县级以上人民政府应当加强预定的疏散地区有关设施的建设,组织有关部门、单位为战时城市疏散人口的安置和物资储运,以及所需的生产、生活、通信、医疗、教育等做必要准备。

39.10《河南省实施〈中华人民共和国人民防空法〉办法》(修正后 2020 年 6 月 3 日起施行)

第二十三条 县级以上人民政府应当制定城市人民防空疏散计划,并根据疏散计划组织有关部门和单位加强预定疏散地域建设,做好为战时人员疏散、储运物资的准备工作。

39.11《广西壮族自治区实施〈中华人民共和国人民防空法〉办法》(2016 年 11 月 30 日第二次修正并施行)

第三十七条 城市人民政府应当组织制定城市人口防空疏散计划。预定的人口疏散接收安置地区人民政府,应当组织制定城市人口防空安置计划。

城市人民政府的各有关部门负责城市人口疏散和接收安置需要的通信、运输、治安、物资、医疗、教育等方面的保障工作。

39.12《贵州省人民防空条例》(2020 年 9 月 25 日第四次修正并施行)

第七条 县级以上人民政府根据城市人民防空疏散计划,在预定疏散地区,组织有关单位和部门,进行疏散地域建设。

人民防空主管部门根据防空袭方案,指导有关部门拟制保障计划。

有关单位必须按照规定,建设、维护和管理重要经济目标的防护设施。

39.13《云南省实施〈中华人民共和国人民防空法〉办法》(2014 年 7 月 27 日修正并施行)

第二十条 县级以上人民政府应当按照防空袭方案有计划地进行疏散地域建设,帮助疏散地区发展经济,并据情适时做好疏散人口安置和物资储运、供应的准备工作。

39.14《甘肃省实施〈中华人民共和国人民防空法〉办法》(2010 年 7 月 29 日修订,2010 年 9 月 1 日起施行)

第二十八条 县级以上人民政府应当根据城市人民防空疏散计划,预定疏散地区,加强疏散地域建设，组织有关部门和单位，为战时城市疏散人口的安置和物资储运、供应做必要的准备。

39.15《大连市人民防空管理规定》（2010年12月1日修正并施行）

第十二条 人民防空主管部门应会同有关部门，在本级人民政府领导下，加强人民防空疏散地域建设，做好城市人员疏散安置和物资储运、供应等各项准备工作。

39.16《武汉市人民防空条例》（2022年5月26日第二次修正，2022年6月23日施行）

第三十三条 市、区人民政府应当加强人民防空预定的疏散地建设，做好城市疏散人口安置和物资储运、供应的准备工作。

39.17《珠海市人民防空办法》（2004年3月1日起施行）

第四十八条 平时市、区人民政府应当组织有关部门和单位，加强预定的疏散地区建设和安置准备工作，为战时城市疏散人口的安置和物资储运、供应做好必要的准备。

〔4〕【疏散掩蔽场所的建设】

39.18《安徽省人民政府关于依法加强人民防空工作的意见》（皖政〔2017〕2号，2017年1月5日起施行）

16. 按照战时防空和平时应急疏散安置需要，结合美丽乡村、旅游风景区等建设，在城市近郊规划建设战时疏散、平时避难的疏散地域（基地），配套建设各类基本生活保障设施。"十三五"期间，各市、县至少建成1个功能完备的疏散基地。（责任单位：省人防办）

39.19《济南军区、山东省人民政府、河南省人民政府关于加快人民防空改革发展若干问题的决定》（〔2006〕3号，2006年9月1日起施行）

6. 加强人民防空疏散地域建设。县级以上地方各级人民政府要组织有关部门和单位加强人民防空疏散地域建设，科学确定城市人口、物资疏散地域范围和接收安置单位。健全紧急征用、调用、储备重要物资器材制度。交通、通信部门要优先安排疏散地域内的公路建设工程和通信工程。"十一五"期间，省、国家一类人民防空重点城市和其他有条件的国家人民防空重点城市应组织本级领导机关防空疏散基地建设。

39.20《厦门市人民防空管理办法》（2019年8月20日修正并施行）

第十九条 市、区人民政府应当加强人口疏散基地建设，修建指挥中心、物资储备库、医疗救护站等专用场所，配备供水、发电等设施，并结合城市广场、公园绿地、体育场馆等公共场所建设人口疏散和应急避难保障体系。

市、区人民防空主管部门按照就地就近疏散和异地对口接收安置相结合的原则，会同有关部门制定城市人口和重要防护目标周边人口战时疏散方案，并报同级人民政府和军事机关批准后组织实施。

39.21《合肥市人民政府关于依法加强人民防空工作的实施意见》（合政〔2018〕61号，2018年6月5日起施行，有效期3年。）

12. 全面推进城市人口疏散地域（基地）体系建设。依据《合肥市人口疏散基地及避难场所布局规划》，结合美丽乡村、旅游风景区等建设，建成少荃湖市级城市人口疏散基地，推进三十岗市级城市人口疏散地域（基地）、肥东县市级人防疏散地域（基地）核心区建设。出台县（市）区、开发区城市人口疏散地域（基地）建设实施意见，规范城市人口疏散地域（基地）建设标准。"十三五"期间，各县（市）至少建成1个功能完备的疏散基地。创新城市人口疏散基地平时使用管理，提高城市人口疏散基地综合效益，加强乡镇（街道）应急避难场地建设。

39.22《北京市民防局、北京市民政局关于加强社区防空和防灾减灾规范化建设的意见》（京人防发〔2019〕152号修改，修改后2019年12月23日起施行）

三、完善社区防空和防灾减灾的设施设备

（二）抓好社区疏散掩蔽场所建设。市、区两级人防办、人防办和街道（乡镇）要根据战时组织人民防空和平时处置灾害事故的需要，充分利用现有人防工程、普通地下室、绿地、公园、运动场等设施，建设一定数量的集防空和防灾减灾一体化、具备基本生活保障功能的指挥、应急物资储备发放的疏散掩蔽场所。按照北京市地方标准《人员疏散掩蔽标志设计与设置》，在小区显著位置、人防工程口部房、重要路口、应急避难场所等，设置必备的疏散平面图、人员疏散掩蔽指示标志牌。

39.23《长沙市人防战时疏散承接基地标准化建设管理办法》（长人防发〔2018〕25号，2018年7月12日起施行）

二、基本要求

人防疏散承接基地是设置在城市人口疏散的主要方向上，用于保障一个或多个疏散地域的场地及设施。基地必须占地面积在500亩以上，战时能一次性容纳2000人以上，能满足所保障疏散人口的基本需求，具备疏散指挥、临时安置、物资储备、医疗保障和交通中转等功能。平时年接待游客量在5-10万人次以上，作为防空防灾宣传教育和防护技能训练场地；城市重大灾害状态下，可作为城市防灾应急避难场所。

三、建设规范

在长沙、望城、浏阳、宁乡等县（市）10km-50km范围内，选择市民公园、规模农庄、村镇等符合战时人员疏散要求的场所。每个基地给予50万元的建设经费，2年内建成省、市人防办提出的集战时疏散指挥、人员临时安置、运输中转、医疗救护和平时宣传教育、训练培训、应急避难、物资储备等功能于一体的新型疏散承接基地。

39.24《宁夏回族自治区人民防空办公室关于下发〈社区人防建设标准（试行）〉的通知》（宁防办发〔2017〕106号，2017年12月5日起施行）

二、社区人防建设内容和标准

（四）一套疏散预案

疏散预案是社区组织防空防灾应急行动的基本依据。要根据人防工作特点和辖区可能发生的突发事件及灾害，按照"简明扼要、职责清晰、操作性强"的工作要求，注重预案执行的可行性、操作的灵活性和要素的全面性，针对防空防灾要求和本社区人口、疏散场所、人防工程数量及对口安置地域的实际情况，制定社区防空防灾应急疏散预案，明确在应急情况下的任务分工、组织指挥、疏散撤离、人员安置和有关保障等方面的工作；明确联络员、指挥员，做到定人、定位、定指挥、定路线、定保障。社区防空防灾应急疏散预案要做到格式统一规范，内容具体，并根据工作需要不断修订完善。（范本见附件）

第四十条 【农村人口疏散】

农村人口在有必要疏散时，由当地人民政府按照就近的原则组织实施。

〔1〕【释义】

农村一般不是空袭的目标，故多被作为防空疏散中的接收地。但在情势紧急，确有必要对农村人口进行疏散时，当地人民政府也应考虑防空需要，并充分利用实际地理条件，例如区域内及附近自然形成的岩溶洞穴以及开采矿产资源后形成的山洞，将农村人口就近安置。

〔2〕【农村人口疏散就近统一安置】

40.1《天津市实施〈中华人民共和国人民防空法〉办法》（2018年12月14日第二次修正并施行）

第二十八条 人民防空疏散，由市和区人民政府统一组织。预定的疏散地区，由市人民政府确定。

市和区人民政府应当组织有关部门制定城市人民防空疏散计划。确定为疏散地区的区、乡（镇）人民政府应当制定城市疏散人员接收计划。

农村人口的疏散，由当地人民政府按照就近的原则统一组织。

40.2《珠海市人民防空办法》（2004年3月1日起施行）

第四十九条 农村人口在有必要疏散时，由香洲区、金湾区、斗门区人民政府按照就近的原则组织实施。

40.3《毕节市人民政府办公室关于印发毕节市人民防空工程建设管理办法的通知》（毕府办通〔2013〕184号，2013年11月27日起施行）

第十八条 人防工程建设经费由市、县（区）人民政府（管委会）和社会共同负担。市、县（区）人民政府（管委会）负担的人民防空经费应当列入同级财政预算。

…………

（五）农村战时人员疏散地人防工程由县（区）人民政府（管委会）负责，各乡镇政府组织实施，市人防部门进行技术指导。建设经费由县级财政预算安排或在人防部门依法征收的防空地下室易地建设费中解决。

〔3〕【统筹新农村建设加强人口疏散地域建设】

40.4《衡阳市人民政府关于进一步推进我市人民防空事业发展的若干意见》（衡政发〔2009〕31号，2009年11月1日起施行）

（十八）认真抓好疏散地域建设。各级人民政府要本着"因地制宜、平战结合、逐步完善"的原则，切实加强对城市人口疏散准备工作的组织领导。要以城乡一体化建设为载体，充分发挥街道和乡镇的主导作用，结合新农村建设统一规划、统一投资、统一建设，不断提高疏散人口接收能力，逐步实现交通运输、居住、饮食、医疗卫生、宣传教育和安全保障的落实。各级人民防空主管部门要按照人口疏散预案要求，加强对人口疏散地域建设的组织协调、业务指导和检查监督工作，保证人口疏散地域建设的落实。要有针对性地组织城市人口进行疏散演练和演习，熟悉疏散路线、疏散地域和接收单位，保证紧急情况下人口疏散行动的顺利实施。

◇ 第六章　群众防空组织

第四十一条　【群众防空组织的建立及担负任务】

县级以上地方各级人民政府应当根据人民防空的需要，组织有关部门建立群众防空组织。

群众防空组织战时担负抢险抢修、医疗救护、防火灭火、防疫灭菌、消毒和消除沾染、保障通信联络、抢救人员和抢运物资、维护社会治安等任务，平时应当协助防汛、防震等部门担负抢险救灾任务。

〔1〕【释义】

本条中的"群众防空组织"，主要是指根据战时消除空袭后果的需要，按照专业系统组成，担负人民防空勤务的人民防空专业队伍。主要包括抢险抢修、医疗救护、消防、治安、防化防疫、通信、运输等七种队伍。人民防空专业队伍是不脱离生产和工作岗位的群众防空组织。

群众防空组织战时担负抢险抢修、医疗救护、防火灭火、防疫灭菌、消毒和消除沾染、保障通信联络、抢救人员和抢运物资、维护社会治安等任务，平时则在参加抢险救灾，协助防汛、防震等部门担负抢险救灾任务中发挥重要作用。

〔2〕【公民和组织担负国防勤务】

41.1《中华人民共和国国防动员法》(2010年7月1日起施行)

第四十八条　国家决定实施国防动员后，县级以上人民政府根据国防动员实施的需要，可以动员符合本法规定条件的公民和组织担负国防勤务。

本法所称国防勤务，是指支援保障军队作战、承担预防与救助战争灾害以及协助维护社会秩序的任务。

第五十条　被确定担负国防勤务的人员，应当服从指挥、履行职责、遵守纪律、保守秘密。担负国防勤务的人员所在单位应当给予支持和协助。

第五十二条　公民和组织担负国防勤务，由县级以上人民政府负责组织。

担负预防与救助战争灾害、协助维护社会秩序勤务的公民和专业保障队伍，由当地人民政府指挥，并提供勤务和生活保障；跨行政区域执行勤务的，由相关行政区域的县级以上地方人民政府组织落实相关保障。

担负支援保障军队作战勤务的公民和专业保障队伍，由军事机关指挥，伴随部队行动的由所在部队提供勤务和生活保障；其他的由当地人民政府提供勤务和生活保障。

〔3〕【群众防空组织的建设与管理】

41.2《中华人民共和国防震减灾法》（2008年12月27日修订，2009年5月1日起施行）

第八条　任何单位和个人都有依法参加防震减灾活动的义务。

国家鼓励、引导社会组织和个人开展地震群测群防活动，对地震进行监测和预防。

国家鼓励、引导志愿者参加防震减灾活动。

41.3《中华人民共和国突发事件应对法》（2007年11月1日起施行）

第十一条　有关人民政府及其部门采取的应对突发事件的措施，应当与突发事件可能造成的社会危害的性质、程度和范围相适应；有多种措施可供选择的，应当选择有利于最大程度地保护公民、法人和其他组织权益的措施。

公民、法人和其他组织有义务参与突发事件应对工作。

41.4《国务院、中央军委关于进一步推进人民防空事业发展的若干意见》（国发〔2008〕4号，2008年1月8日起施行）

（六）加强群众防空组织建设。县级以上地方各级人民政府要组织有关部门，依法组建群众防空组织，统一编组，按纲施训。省级人民政府和同级军事机关要制订群众防空组织建设管理办法，明确其组织、管理、训练、经费和装备器材保障。

（十三）充分利用人民防空资源。要发挥人民防空指挥设施、信息传输网络和警报设备的作用，为政府防灾救灾指挥提供相关支持。要把群众防空组织纳入应急救援队伍，作为政府防灾救灾的重要力量。要发挥人民防空工程和疏散地域的作用，为群众提供灾害避难场所。

41.5《河北省实施〈中华人民共和国人民防空法〉办法》（2022年5月27日第五次修正并施行）

第二十五条　县级以上人民政府应当按照平战结合、专业对口、便于领导、便于指挥的原则，组织有关部门建立群众防空专业队，群众防空专业队的人数不得少于城市人口总数的千分之一。

41.6《辽宁省实施〈中华人民共和国人民防空法〉办法》（1999年1月1日起施行）

第十六条　县以上人民政府应当根据人民防空需要，组织有关部门建立群众防空组织。群众防空组织的组建方案，由县以上人民政府人民防空主管部门会同有关部门制订，报本级人民政府批准。

41.7《吉林省实施〈中华人民共和国人民防空法〉办法》（2018年11月30日修改并施行）

第二十六条　群众防空组织的组建、扩建及训练方案由县级以上人民政府人民防空主管部门编制，报同级人民政府批准。

群众防空组织战时接受人民防空指挥机构的统一指挥，平时在人民防空主管部门的指导下由各组建部门管理和训练，根据同级政府的决定，参加防汛、防震等抢险救灾工作。

41.8《黑龙江省实施〈中华人民共和国人民防空法〉条例》(2018年4月26日第四次修正并施行)

第二十四条　县级以上人民政府依法组建的群众防空组织,平时按城镇职工总数的2‰组建,战时按2%扩建。群众防空组织的训练,应当根据人民防空主管部门制定的训练大纲和训练计划,由组建单位组织实施。训练期间专业队员由所在单位给予与其他在岗人员同等待遇。

41.9《上海市民防条例》(2018年12月10日第三次修正,2019年1月1日起施行)

第二十条第一、二款　市和区人民政府应当根据民防需要,组织有关部门建立专业民防应急救援组织、群众防空应急救援组织等民防应急救援组织。

民防办负责组建民防特种救援队、化学事故应急救援队;其他专业民防应急救援组织,经市人民政府批准后,由有关部门负责组建。

41.10《江苏省实施〈中华人民共和国人民防空法〉办法》(2021年5月27日第四次修正并施行)

第二十七条第一款　人民防空专业队平时由负责组建的部门训练、管理,接受人防主管部门和军事机关的业务指导,定期组织整组,确保组织、训练的落实;战时接受人民防空指挥机构统一指挥。组建各人民防空专业队的部门,应当明确专门机构或者责任人,具体负责人民防空专业队的训练和管理工作。

41.11《浙江省实施〈中华人民共和国人民防空法〉办法》(2020年11月27日第四次修正并施行)

第二十四条第一款　群众防空组织的组建计划由县级以上人民防空主管部门提出,报同级人民政府和军事机关批准后,由有关部门负责组织实施。群众防空组织的专业训练计划由人民防空主管部门制定,由组建单位负责组织实施。

41.12《安徽省实施〈中华人民共和国人民防空法〉办法》(2020年9月26日修订,2021年1月1日起施行)

第三十七条第二款　群众防空组织按照平战结合、专业对口和便于管理的原则,由各主管部门、单位负责组建、训练、管理,接受人民防空主管部门的业务指导和考核,战时接受人民防空指挥机关统一指挥。

41.13《福建省人民防空条例》(2016年9月30日修正并施行)

第三十六条　群众防空组织组建方案由县级以上地方人民政府人民防空主管部门编制,报经同级人民政府和军事机关批准后实施。

群众防空组织平时由组建单位训练和管理,并接受县级以上地方人民政府人民防空主管部门的指导和监督。

41.14《江西省实施〈中华人民共和国人民防空法〉办法》(2021年7月28日第五次修正并施行)

第二十九条　群众防空组织的组建方案由县级以上人民政府组织人民防空主管部门和其他有关部门共同制定。群众防空组织由有关主管部门按照平战结合、专业对口和便于指挥、训练的原则组建。平时接受人民防空主管部门的业务指导,战时接受人民防空指挥机构统一指挥。

各组建单位应当对群众防空组织进行年度组织整顿,并报人民防空主管部门备案。

41.15《山东省实施〈中华人民共和国人民防空法〉办法》（1998年10月12日起施行）

第三十四条第一款 县级以上人民政府应当依法组织有关部门建立群众防空组织。群众防空组织平时按城镇职工总数的千分之一至千分之三组建，战时根据需要扩编。

41.16《湖南省实施〈中华人民共和国人民防空法〉办法》（2020年7月30日修正并施行）

第三十四条 县级以上人民政府应当根据人民防空的需要，组织有关部门建立人民防空专业队。

人民防空专业队的训练内容按照战时防空和平时防灾救灾的要求安排；平时由组建部门训练和管理，接受人民防空主管部门的指导；所需装备、器材和经费由组建部门负责，特殊装备、器材由人民防空主管部门负责。

人民防空专业队平时应当纳入政府应急救援体系，参与防灾救灾工作；战时接受人民防空指挥机构的统一指挥。

41.17《湖北省实施〈中华人民共和国人民防空法〉办法》（2016年12月1日修正并施行）

第二十一条 群众防空组织的组建计划，由人民防空主管部门提出，报本级人民政府和军事机关批准后，由有关部门和单位负责组建；群众防空组织每两年进行一次组织整顿，战时根据实际需要扩编。

41.18《广西壮族自治区实施〈中华人民共和国人民防空法〉办法》（2016年11月30日第二次修正起施行）

第三十八条 群众防空组织的组建方案，由县级以上人民政府人民防空主管部门编制，报同级人民政府和军事机关批准，由各有关单位组织实施。

群众防空组织的训练，由人民防空主管部门和组建单位制定训练计划，由各组建单位组织实施。训练所需装备、器材和经费保障办法按照国家和自治区人民政府有关规定执行。

41.19《云南省实施〈中华人民共和国人民防空法〉办法》（2014年7月27日修正并施行）

第二十一条 群众防空组织按照专业对口、平战结合的原则，由县级以上人民政府按照城区人口1-3‰的比例组建。

群众防空组织平时由组建部门管理，战时由本城市的人民防空指挥机构指挥。群众防空组织每五年应当进行一次整组。

41.20《甘肃省实施〈中华人民共和国人民防空法〉办法》（2010年7月29日修订，2010年9月1日起施行）

第二十九条 县级以上人民政府和同级军事机关领导、组织、指挥群众防空组织。

群众防空组织实行市（州）、县（市、区）、乡镇（街道）三级组织指挥体制，平时由各主管部门组建、训练和管理，战时接受城市人民防空指挥机构的统一指挥。

第三十条 群众防空组织按照专业对口、平战结合、易于领导、便于指挥的原则，由建设、工信、卫生、公安、环保、交通运输等部门组建。

群众防空组织应当与民兵组织分别组建。

41.21 《济南军区、山东省人民政府、河南省人民政府关于加快人民防空改革发展若干问题的决定》（〔2006〕3 号，2006 年 9 月 1 日起施行）

5. 加强人民防空专业队伍建设。县级以上地方各级人民政府、军事机关，要依法建立健全城市抢险抢修、医疗救护、通信、治安、消防、防化防疫、运输等人民防空专业队伍，探索建立城市平战转换、伪装设障、引偏诱爆、信息与网络防护等新型专业队伍。要制订所属人民防空专业队伍建设、管理、训练、使用和保障办法，协调和督促有关部门、单位抓好人民防空专业队伍组织、装备、训练落实。要进一步完善建制，明晰领导体制和指挥关系，增强协同能力，逐步建立由省统一掌握使用的本行政区域内联合防空支援特种专业队伍。

41.22 《深圳市实施〈中华人民共和国人民防空法〉办法》（2021 年 10 月 30 日第三次修正，2021 年 12 月 7 日起施行）

第四十一条 人民防空主管部门应当对人民防空专业队伍的组建、训练情况进行监督检查，并可以组织单项或者综合演习。

人民防空专业队伍平时纳入应急救援体系，担负抢险救灾任务；战时担负人民防空任务，由市人民防空指挥机构统一指挥。

第四十二条 鼓励义工等志愿者队伍在战争、恐怖袭击、重大自然灾害和其他突发事件发生时，协同、配合人民防空专业队伍进行应急救援、秩序维持和灾后恢复重建等工作。

41.23 《杭州警备区司令部、人民防空办公室关于加强市区街道（乡镇）人民防空工作的实施意见》（杭人防〔2006〕137 号，2006 年 8 月 17 日起施行）

（五）街道（乡镇）人民防空工作的主要职责。

5. 负责组建和管理辖区内的群众防空组织。

（六）当前街道（乡镇）人民防空工作的重点。

3. 抓紧做好组建人民防空合成专业队工作。

积极组建人民防空合成专业队，并与民兵整组、城市应急救援结合起来。结合每年防空警报试鸣，组织辖区人民群众依据预案进行紧急疏散隐蔽、自救互救、抢险抢修和维护治安等合成专业队演练，提高快速反映、消除空袭后果和应急救援能力。

41.24 《重庆市人民防空专业队伍管理办法》（渝防办发〔2020〕59 号，2020 年 8 月 1 日起施行）

第二条 人民防空专业队伍，是按专业组成的担负人民防空勤务的群众性组织，是战时消除空袭后果的骨干力量。市、区县（自治县）人民政府应当根据人民防空的需要，组织有关部门建立人民防空专业队伍。

第三条 加强人民防空专业队伍建设，是人民防空建设的一项重要工作，对于战时消除空袭后果、恢复生产、保存战争潜力具有重要意义。

第四条 人民防空专业队伍编建，纳入普通民兵组织统筹计划，由各级人民政府人民防空主管部门会同同级军事机关业务部门根据城市防空袭斗争的需要提出计划，通常结合民兵组织整顿进行，经人民政府批准后组建。

第五条 人民防空专业队伍组建应遵循"专业对口、平战结合、按需组建"的原则。

（一）专业对口。根据人民防空专业队伍不同种类的专业要求，选择性质基本相同的单位，作为人民防空专业队伍组建单位，选择从事工作岗位一致或相近的人员作为人民防空专业队伍的队员。

（二）平战结合。人民防空专业队伍组建既要考虑到战时执行任务的需要，又要兼顾平时开展工作和遂行抢险救灾任务的需要。既利于工作、生产和学习，又便于整组、训练和遂行战时、平时任务。

（三）按需组建。适应信息化战争需要，根据面临的空袭威胁、战时防空担负的任务、经济社会发展的现状等因素，优化组建规模和比例，并根据新形势、新任务要求，及时进行调整。

第八条 人民防空专业队伍按照城市市区人口的1‰—3‰组建。其中，一类重点防护区域按2‰-3‰组建，二、三类重点防护区域按1‰-2‰组建，一般防护区域按1‰组建。战时按相关规定组扩建。

第九条 人民防空专业队伍的组建要与工作、生产、行政组织相适应，实行分类编组，一般应分系统、按单位、成建制组建，根据人数编成班、排、连、营、团。

第十条 结合形势、任务和人员变动情况，区县（自治县）人民防空部门每年要对人民防空专业队伍进行整组，整组工作应与民兵整组统一部署、共同组织、同步实施，避免编组交叉，任务重叠。

第十一条 人民防空专业队伍排以上干部原则上由各系统（单位）的党政领导和人武、保卫部门干部兼任，排长也可从专业队员中选配。排以上干部的配备由组建单位提名，由人民防空主管部门报本级人民政府、同级军事机关任命，其中团（含）以上干部由市人民防空主管部门报市政府、警备区任命。

第十二条 人民防空专业队伍的队员，年龄一般不超过50周岁，且必须符合规定的政治思想、专业技能、身体素质等方面条件。专业特长突出的技术人才，年龄可适当放宽。

第十八条 人民防空专业队伍行政管理工作，由组建单位负责，行业主管部门、人民防空主管部门进行业务指导。

第十九条 人民防空专业队伍管理要建立以下制度：

（一）资料档案制度。建立健全资料档案，并及时更新、补充和完善，做到档案正规、资料齐全、制度健全。

（二）请示报告制度。组建单位每年向行业主管部门、人民防空主管部门报告专业队伍情况。各级人民防空主管部门每年向上级人民防空主管部门和当地政府、军事机关报告专业队伍情况，遇有紧急情况及时请示报告。

（三）督导检查制度。由人民防空主管部门牵头，军事机关有关部门和组建单位有关人员成立督查组，采取抽查、抽考、检验等形式，定期对各人民防空专业队伍活动跟踪检查、动态控制，讲评和通报情况。

〔4〕【群众防空组织担负的任务】

41.25《江苏省实施〈中华人民共和国人民防空法〉办法》（2021年5月27日第四次修正并施行）

第二十六条 人民防空专业队平时应当纳入应急救援体系，协助政府完成抢险救灾任务。

平时执行抢险救灾任务或者战时执行人民防空勤务的人民防空专业队及人民防空志愿者队伍的伤亡人员，按照国家规定进行安置和抚恤。

41.26《安徽省实施〈中华人民共和国人民防空法〉办法》（2020年9月26日修订，2021年1月1日起施行）

第三十八条　群众防空组织战时担负抢险、抢修、医疗救护、防火灭火、防疫灭菌、消毒和消除沾染、保障通信联络、抢救人员和抢运物资、维护社会治安、信息防护、心理防护、引偏诱爆、人民防空工程平战转换等任务；平时应当纳入应急救援体系，协助应急管理等部门担负抢险救灾任务。

41.27《广西壮族自治区实施〈中华人民共和国人民防空法〉办法》（2016年11月30日第二次修正并施行）

第三十三条第四款　县级以上人民政府应当将群众防空组织纳入应急救援队伍统一建设，作为政府防灾救灾的重要力量，适时组织演练，检验和完善城市防空防灾方案，提高公众防空防灾技能，增强城市综合防护和应急能力。

41.28《沈阳市民防管理规定》（2004年2月1日起施行）

第十四条　市和区、县（市）人民政府根据民防需要建立的专业民防应急救援组织、群众防空应急救援组织等民防应急救援组织，承担本行政区域应急救援任务。

41.29《长春市人民政府关于实施〈中华人民共和国人民防空法〉若干规定》（2020年10月21日第二次修正并施行）

第二十二条第二款　群众防空组织战时担负抢险抢修、医疗救护、防火灭火、防疫灭菌、消毒和消除沾染、保障通信联络、抢救人员和抢运物资、维护社会治安等任务。平时担负因破坏性地震和重大的水灾、火灾等引发的次生灾害、核事故、放射性事故、化学事故、重大交通事故、建筑物倒塌事故的综合预防、应急救援和抢险救灾工作。

第四十二条　【群众防空组织的组建】

群众防空组织由下列部门负责组建：

（一）城建、公用、电力等部门组建抢险抢修队；

（二）卫生、医药部门组建医疗救护队；

（三）公安部门组建消防队、治安队；

（四）卫生、化工、环保等部门组建防化防疫队；

（五）邮电部门组建通信队；

（六）交通运输部门组建运输队。

红十字会组织依法进行救护工作。

〔1〕【释义】

组建群众防空组织的任务分工，是按照专业对口、便于领导、便于指挥和平战结合的原则确定的。平时，人民防空专业队伍的组建，要服从经济建设的大局，减少数量、提高质量、健全组织、保留骨干。具体由城市人民防空主管部门和军事机关根据城市防空袭斗争的需要提出计划，经人民政府批准后，由城建、公用、电力、卫生、医药、公安、化工、环保、邮电、交通运输等部门负责组建。群众防空组织的编成要与工作、生产、行政组织相适应，其编成和干部任免由人民防空主管部门和军事机关共同任命。

红十字会组织是施行人道救助的医疗救护组织，在战争和平时灾害的医疗救护中能够发挥重大作用，担负群众防空组织的救护职能。

〔2〕【组建专业保障与应急救援队伍】

42.1 《中华人民共和国国防动员法》（2010年7月1日起施行）

第五十一条 交通运输、邮政、电信、医药卫生、食品和粮食供应、工程建筑、能源化工、大型水利设施、民用核设施、新闻媒体、国防科研生产和市政设施保障等单位，应当依法担负国防勤务。

前款规定的单位平时应当按照专业对口、人员精干、应急有效的原则组建专业保障队伍，组织训练、演练，提高完成国防勤务的能力。

42.2 《中华人民共和国突发事件应对法》（2007年11月1日起施行）

第六条 国家建立有效的社会动员机制，增强全民的公共安全和防范风险的意识，提高全社会的避险救助能力。

第二十六条 县级以上人民政府应当整合应急资源，建立或者确定综合性应急救援队伍。人民政府有关部门可以根据实际需要设立专业应急救援队伍。

县级以上人民政府及其有关部门可以建立由成年志愿者组成的应急救援队伍。单位应当建立由本单位职工组成的专职或者兼职应急救援队伍。

县级以上人民政府应当加强专业应急救援队伍与非专业应急救援队伍的合作，联合培训、联合演练，提高合成应急、协同应急的能力。

〔3〕【组建人民防空专业队伍】

42.3 《北京市人民防空条例》（2002年5月1日起施行）

第三十七条 群众防空组织的组建和任务：

（一）城建、市政管理、电力等部门组建抢险抢修队，负责对工程、道路、桥梁、水库和给排水、电力、燃气等公共设施进行抢险抢修以及抢救人员和物资等项工作；

（二）卫生、医药部门组建医疗救护队，负责战地救护、运送、治疗伤员和组织防疫灭菌、指导群众进行自救互救等项工作；

（三）公安部门组建治安队，负责维护社会治安、保卫重要目标、监督灯火管制；

（四）公安消防部门组建消防队，负责火情观察，执行对重要目标、设施的防火灭火，配合消除沾染任务；

（五）公安交通管理部门组建交通队，负责交通管制任务，维护交通秩序；

（六）卫生、化工、环境保护等部门组建防化防疫队，负责对核武器、化学武器、生物武器袭击的景象、效应进行观测、监测、化验、消毒、消除沾染，并对群众进行相关知识教育等项工作；

（七）通信管理部门组建通信队，负责对有线、无线、移动通信等设备、设施进行抢修，保障通信畅通；

（八）交通运输部门组建运输队，负责人口疏散和物资、器材的转运以及运输工具的修理等项工作。

市人民政府可以根据需要，组建其他群众防空组织。

红十字会组织依法进行救护工作。

42.4《上海市民防条例》（2018 年 12 月 20 日第三次修正，2019 年 1 月 1 日起施行）

第二十条第三、四、五款　市和区民防办应当会同有关部门编制群众防空应急救援组织组建方案，报本级人民政府批准后由下列部门负责组建：

（一）建设、公用事业、电力等部门组建抢险抢修队；

（二）卫生、医药部门组建医疗救护队；

（三）公安部门组建消防队、治安队；

（四）卫生、化工、环境保护等部门组建防化防疫队；

（五）电信部门组建通信队；

（六）交通运输部门组建运输队。

群众防空应急救援组织平时应当担负抗灾救灾任务。

红十字会组织依法进行救护工作。

42.5《江苏省实施〈中华人民共和国人民防空法〉办法》（2021 年 5 月 27 日第四次修正并施行）

第二十五条第二、三、四款　各有关部门和单位负责组建相应的人民防空专业队，各专业队战时承担相应的任务：

（一）建设、公用、电力等部门组建抢险抢修队。抢险抢修队承担公共设施的抢险抢修，以及抢救人员、物资等任务。

（二）卫生健康部门组建卫生应急专业队。卫生应急专业队承担医疗救护和疾病预防控制等任务。

（三）公安部门组建消防队、治安队。消防队承担灭火救援等任务；治安队承担治安保卫、交通管理等任务。

（四）卫生健康、生态环境、应急管理、公安等部门组建防化防疫队。防化防疫队承担对核、化学、生物武器袭击的监测、侦察、化验、消毒、洗消等任务。

（五）通信主管部门协调各基础电信运营企业组建通信队。通信队承担通信保障等任务。

（六）交通运输部门组建运输队。运输队承担运输人员、物资等任务。

（七）相关部门和单位应当根据任务需要组建平战转换、引偏诱爆、伪装设障、信息与网络防护等新型专业队伍。各新型专业队承担人民防空工程平战功能转换、信息防护等任务。

除前款规定之外的灯火管制等战时其他任务，由设区的市、县（市）人民政府规定。

人民防空专业队所需装备、器材和经费由组建单位负责提供，特殊专用装备、器材，由各级人防主管部门负责。

42.6《广州市人民防空管理规定》（2021 年 9 月 29 日第二次修正，2021 年 10 月 20 日起施行）

第十四条　群众防空组织平时按照市区人口总数的千分之一至千分之三组建，战时根据防空袭的实际需要扩建。

群众防空组织由以下单位负责分别组建：

（一）国有资产、建设、国土房管、城市管理、林业和园林、交通、水务、文化广电新闻出版等行政管理部门和供水、供电、燃气等企业按照各自职能组建抢险抢修队；

（二）卫生、药品监督、民政、经贸等行政管理部门组建医疗救护队；

（三）公安部门组建消防队和治安队；

（四）环保、卫生、城市管理等行政管理部门和化工等企业组建防化防疫队；

（五）气象部门组建气象服务保障队；

（六）科技和信息化行政管理部门和基础电信运营企业组建通信队和信息防护队；

（七）交通行政管理部门组建运输队；

（八）交通、科技和信息化、水务等行政管理部门和能源、化工、电力等企业组建引偏诱爆队和伪装设障队；

（九）教育、卫生等行政管理部门组建心理干预队；

（十）人民防空主管部门组建人民防空工程平战转换队。

治安、消防专业队伍平时不另行组建，但应当制订战时组建、扩建和执行任务的方案。

42.7《深圳市实施〈中华人民共和国人民防空法〉办法》（2021年10月30日第三次修正，2021年12月7日起施行）

第三十九条第二、三、四款 下列单位应当在市、区人民防空主管部门的指导下，编制人民防空专业队伍组建方案，报本级政府批准后组织实施：

（一）住房建设、交通运输、水务、城管和综合执法、供电、供气等部门和单位组建抢险抢修队，承担公共设施的抢险抢修等任务；

（二）卫生健康、医疗保障等部门和单位组建医疗救护队，承担医疗救护和疾病预防控制等任务；

（三）公安机关组建治安队，承担治安保卫、交通管理等任务；

（四）应急管理部门组建消防救援队，承担灭火救援等任务；

（五）交通运输等部门和单位组建运输队，承担运输人员、物资等任务；

（六）公安、生态环境、卫生健康、应急管理、核电等部门和单位组建防化防疫队，承担对核、化学、生物武器袭击的监测、侦察、化验、消毒、洗消等任务；

（七）通信主管部门协调各基础电信运营企业组建通信队，承担通信保障等任务。

市人民政府应当根据需要协调组织有关单位组建新型人民防空专业队伍，承担人员搜救、平战转换、信息与网络防护和伪装设障等任务。

人民防空专业队伍所需的装备、器材和经费由组建单位提供；特殊专用装备和训练器材，由市、区人民防空主管部门提供。

42.8《长春市人民政府关于实施〈中华人民共和国人民防空法〉若干规定》（2020年10月21日第二次修正并施行）

第二十三条 群众防空组织由下列部门负责组建：

（一）城市建设、电力等部门负责组建抢修专业队；

（二）卫生健康、医疗部门负责组建医疗救护专业队；

（三）公安部门负责组建消防和治安专业队；

（四）公安、卫生健康、应急管理、生态环境等部门及相关单位负责组建防化专业队；

（五）电信部门负责组建通信专业队；

（六）交通运输部门负责组建运输专业队；

（七）重点经济目标防护单位组建设障伪装专业队；

红十字会组织依法进行救护工作。

人民防空主管部门负责其它救援力量的统一编组，由政府根据需要随时调用。任何单位和个人不得拒绝提供救援力量情况。

42.9《厦门市人民防空管理办法》（2019 年 8 月 20 日修正并施行）

第十条　市、区人民政府应当根据人民防空的需要，组织有关部门建立群众防空组织。

群众防空组织由下列部门和单位按照平战结合、专业对口、便于指挥的原则组建：

（一）建设、市政、电力等部门组建抢险抢修队；

（二）卫生部门组建医疗救护队；

（三）公安、应急部门组建治安队、消防队；

（四）卫生、环保等部门组建防化防疫队；

（五）邮政、通信等部门组建通信队；

（六）交通运输部门组建运输队和交通抢险抢修队；

（七）卫生等部门组建心理救援队；

（八）经信、人民防空等部门组建信息专业队；

（九）街道办事处（镇人民政府）、居（村）民委员会组建本级人民防空志愿者队伍；

（十）其他部门根据需要组建群众防空组织。

组建部门和单位负责群众防空组织管理训练并承担训练相关人员和器材装备费用。训练人员在集中脱产训练和综合演练期间的原有待遇保持不变。

人民防空主管部门负责检查监督群众防空组织的组建和训练，根据需要会同组建部门和单位联合组织短期脱产的集中训练或者综合演练，并予以训练经费补助。

42.10《珠海市人民防空办法》（2004 年 3 月 1 日起施行）

第五十一条　市人民防空主管部门应当会同有关部门编制人民防空专业队伍组建方案，报本级人民政府和警备区批准后，由下列部门负责组建：

（一）建设、城管、市政、供水、供电、供气等部门组建抢险抢修专业队。

（二）卫生和药监部门组建医疗救护专业队。

（三）环保、环卫和卫生部门组建防化防疫专业队。

（四）邮政、电信和无线电管理等部门组建通信专业队。

（五）交通运输部门组建运输专业队。

人民防空专业队伍根据各自的专业和国家人民防空主管部门的规定，担负相应的任务。

42.11《安徽省人民政府关于依法加强人民防空工作的意见》（皖政〔2017〕2 号，2017 年 1 月 5 日起施行）

19. 加强群众防空组织建设，建立健全抢险抢修、医疗救护、消防、治安、防化防疫、通信、运输等专业队伍，按照规定组织训练演练。群众防空组织要积极参与应急救灾工作。（责任单位：省人防办、省民政厅、省地震局、省政府应急办等）

42.12《合肥市人民政府关于依法加强人民防空工作的实施意见》（合政〔2018〕61号，2018年6月5日起施行，有效期3年）

15. 加强群众防空组织建设。各级人民防空主管部门要会同供电、卫生、公安、交通、应急等部门，制定群众防空组织管理规定，建立健全抢险抢修、医疗救护、消防、治安、防化防疫、通信、运输等专业队伍，组建心理防护、信息防护、伪装设障、引偏诱爆等新型人防专业队伍。依法整编群众防空组织，纳入民兵组织序列，足额组建人防专业队伍，战时按照比例扩编。依托群团组织、学校、协会以及街道社区等组建各类民防志愿者队伍，建立健全管理制度，配备必要的设施器材，发挥志愿者参与救援、服务社会的作用。严格落实国家《人民防空训练与考核大纲（试行）》要求，强化人民防空训练，提高人民防空专业化、网络化、基地化、实战化训练水平。

41.13《重庆市人民防空专业队伍管理办法》（渝防办发〔2020〕59号，2020年8月1日起施行）

第六条 人民防空专业队伍组建抢险抢修（工程抢险抢修、水务抢险抢修、电力抢险抢修、燃气抢险抢修）、医疗救护、防化防疫、通信、运输、消防、治安、信息防护、心理防护、伪装设障（引偏诱爆）等十类十三种专业队。

各区县（自治县）视情可组建其他专业力量。

第七条 人民防空专业队伍由下列主管部门负责组建：

（一）抢险抢修专业队（工程抢险抢修、水务抢险抢修、电力抢险抢修、燃气抢险抢修）。由城建、公用、电力等部门负责组建。主要负责抢修被破坏的交通、水、电、燃气等公用设施和其他工程设施，抢救人员和物资等任务。

（二）医疗救护专业队。由卫生健康部门负责组建。主要负责抢救、输送、救治伤病员，组织指导广大群众自救互救等任务。

（三）防化防疫专业队（防化、防疫）。由卫生健康、生态环境、工业和信息化等部门负责组建。主要负责防化侦（观）察、监测化验、防疫灭菌、洗消，市和区县（自治县）两级人民防空指挥所及人防工程的防化保障，指导群众进行防护和洗消，对群众进行防核武器、化学武器、生物武器知识教育等任务。

（四）通信专业队。由工业和信息化部门负责组建。主要负责城市防空袭的通信联络保障任务。重点是保障各级人民防空指挥所、专业队伍、党政机关的通信联络，抢修遭破坏的通信线路和设施等。

（五）运输专业队。由交通运输部门负责组建。主要负责人员、设备及危险品的疏散转移，运送重要战备物资，保障其他人民防空专业队伍执行任务，运送伤病员，协助其他部门抢运生活、生产物资等任务。

（六）信息防护专业队。由工业和信息化部门负责组建。主要负责信息防御，确保人民防空信息系统和重要目标信息安全。

（七）心理防护专业队。由教育、卫生健康部门负责组建。主要负责制定减轻民众心理伤害的对策和措施，对市民进行心理疏导，提供心理咨询，实施心理防护救援。

（八）伪装设障（引偏诱爆）专业队。由工业和信息化部门负责组建。主要负责重要经济目标的伪装设障和引偏诱爆，防敌侦察与精确打击。

（九）治安专业队。由公安部门负责组建。主要担负治安、保卫、交通、灯火等城市管控任务。

（十）消防专业队。由应急管理部门负责组建。主要担负火情观察、重要目标的防火灭火、指导人民群众开展防火灭火行动等任务，必要时配合防化专业队伍执行洗消任务。

各区县（自治县）根据本地实际，对具体行业主管部门予以明确，治安、消防专业队，依托公安、应急管理部门已有队伍，不另行组建，但应做好战时组扩建和遂行任务的方案。

〔4〕【组织人民防空志愿者队伍】

42.14《北京市人民防空条例》（2002 年 5 月 1 日起施行）

第三十八条　市和区、县人民防空主管部门根据公民自愿原则，可以组织人民防空志愿者队伍。

人民防空志愿者应当参加防空防灾培训，按照要求参加应急救援活动。

42.15《北京市街道办事处条例》（2020 年 1 月 1 日起施行）

第三十六条　街道办事处应当鼓励、支持居民和辖区单位开展志愿服务活动，指导社区志愿服务，发挥志愿服务组织在基层治理中的作用。

42.16《上海市民防条例》（2018 年 12 月 10 日第三次修正，2019 年 1 月 1 日起施行）

第三十一条　市和区民防办根据公民自愿的原则，可以组织民防志愿者队伍。

民防志愿者队伍的成员，应当参加专门的民防培训，按照要求参加应急救援活动。

民防志愿者队伍的组建、培训和参加应急救援活动的办法，由市人民政府另行制定。

42.17《江苏省实施〈中华人民共和国人民防空法〉办法》（2021 年 5 月 27 日第四次修正并施行）

第二十五条第一款　设区的市、县（市、区）人民政府应当根据有关规定，按照专业对口组建人民防空专业队伍，并根据需要组建人民防空志愿者队伍。

42.18《安徽省实施〈中华人民共和国人民防空法〉办法》（2020 年 9 月 26 日修订，2021 年 1 月 1 日起施行）

第四十三条　县级以上人民政府应当支持社会力量建立人民防空志愿者队伍，为其开展活动提供便利条件。

42.19《广州市人民防空管理规定》（2021 年 9 月 29 日第二次修正，2021 年 10 月 20 日起施行）

第十八条　企业事业单位、社会团体、基层群众自治组织可以建立人民防空自救互救群众组织。

人民防空自救互救群众组织成员在参与市、区人民政府或者人民防空主管部门组织的人民防空培训、演练时受到伤害，有用人单位的，享受国家、省和本市规定的工伤保险待遇；无用人单位的，由人民防空主管部门负责承担治疗等费用和发放供养亲属抚恤金。

鼓励公民自愿参加人民防空工作，组建人民防空志愿者组织并开展培训和演练。有关部门和组织应当依据《广州市志愿服务条例》的规定保障志愿者的合法权益。

42.20《深圳市实施〈中华人民共和国人民防空法〉办法》(2021年10月30日第三次修正, 2021年12月7日起施行)

第四十二条 鼓励义工等志愿者队伍在战争、恐怖袭击、重大自然灾害和其他突发事件发生时, 协同、配合人民防空专业队伍进行应急救援、秩序维持和灾后恢复重建等工作。

第四十三条 【群众防空组织所需装备、器材和经费的提供】

群众防空组织所需装备、器材和经费由人民防空主管部门和组建单位提供。

〔1〕【释义】

本条中的"群众防空组织所需装备、器材和经费", 是指人民防空专业队伍执行人民防空勤务必须配备的装备、器材, 执行任务和组织专业训练的装备、器材消耗以及费用支出。群众防空组织战时消除空袭后果、平时抢险救灾和训练所使用的装备、器材, 就是本单位平时生产、工作所使用的装备和器材。群众防空组织所需的一些特殊性的专用设备、器材, 如防核武器、化学武器、生物武器的装备和训练器材, 由人民防空主管部门负责提供。

〔2〕【群众防空组织所需装备、器材和经费的保障】

43.1《天津市实施〈中华人民共和国人民防空法〉办法》(2018年12月14日第二次修正并施行)

第三十条 群众防空组织所需的装备、器材, 由组建部门负责提供; 特殊的专用装备、器材, 由人民防空主管部门负责提供。

43.2《辽宁省实施〈中华人民共和国人民防空法〉办法》(1999年1月1日起施行)

第十八条 群众防空组织所需防核、防化和防生物武器等特种装备器材经费及集中脱产训练的生活补助费、办公费, 由县以上人民政府人民防空主管部门承担。其他设施设备、器材和参训人员的工资、福利等由组建单位承担。

43.3《浙江省实施〈中华人民共和国人民防空法〉办法》(2020年11月27日第四次修正并施行)

第二十四条第二款 群众防空组织所需装备、器材和经费由组建单位负责提供; 防核、防化学、防生物武器等特殊的专用装备、器材, 由人民防空主管部门负责提供。

43.4《安徽省实施〈中华人民共和国人民防空法〉办法》(2020年9月26日修订, 2021年1月1日起施行)

第四十条 群众防空组织所需的防核武器、化学武器、生物武器的特殊设备、器材和经费由人民防空主管部门负责提供; 其他装备、器材和经费由组建单位负责提供。

43.5《湖北省实施〈中华人民共和国人民防空法〉办法》(2016年12月1日修正并施行)

第二十二条 群众防空组织所需的防核、防化学、防生物武器等特殊装备器材, 由人民防空主管部门提供。

43.6《甘肃省实施〈中华人民共和国人民防空法〉办法》（2010年7月29日修订，2010年9月1日起施行）

第三十一条第三款　群众防空组织所需装备、器材由各组建单位提供；综合演练费用由人民防空主管部门和组建单位共同负担。

43.7《深圳市实施〈中华人民共和国人民防空法〉办法》（2021年10月30日第三次修正，2021年12月1日起施行）

第三十九条第四款　人民防空专业队伍所需的装备、器材和经费由组建单位提供；特殊专用装备和训练器材，由市、区人民防空主管部门提供。

43.8《衡阳市人民政府关于进一步推进我市人民防空事业发展的若干意见》（衡政发〔2009〕31号，2009年11月1日起施行）

（八）着力提升人民防空平时应急与战时防空能力。县市区人民政府要依法组建群众防空组织，所需装备器材和综合性训练所需经费，由组建单位提供，政府给予补贴。各群众防空组织要积极参与政府处置各类突发公共事件救援行动。

43.9《重庆市人民防空专业队伍管理办法》（渝防办发〔2020〕59号，2020年8月1日起施行）

第二十一条　人民防空专业队伍所需装备、器材主要由组建单位负责，以本单位平时生产、工作所使用的装备和器材为主。各级人民防空主管部门负责提供部分非生产性特殊专用设备、器材，主要包括防核、化学、生物武器袭击等特殊性专用装备器材等。

第四十四条　【群众防空组织专业训练】

群众防空组织应当根据人民防空主管部门制定的训练大纲和训练计划进行专业训练。

〔1〕【释义】

群众防空组织专业训练，主要是结合本单位的工作和生产进行，根据需要也可以进行短期脱产集中训练和综合性演练。训练大纲和训练计划，是人民防空主管部门和组建单位组织实施人民防空专业队伍训练的依据和检查训练成果的标准。训练大纲由国家人民防空主管部门负责制定，训练计划由城市人民防空主管部门根据训练大纲的要求，具体安排实施。

〔2〕【群众防空组织专业训练的组织实施】

44.1《天津市实施〈中华人民共和国人民防空法〉办法》（2018年12月14日第二次修正并施行）

第三十一条第一款　群众防空组织应当根据人民防空主管部门制定的训练大纲和训练计划组织训练；每年训练时间不少于二十小时。

44.2《河北省实施〈中华人民共和国人民防空法〉办法》（2022年5月27日第五次修正并施行）

第二十六条　群众防空专业队应当按照人民防空主管部门制定的训练大纲和训练计划组织队员进行专业训练。防化专业队实行脱产集中训练，其他专业队结合专业特点和生产任务实行在岗训练。

人民防空主管部门可以根据需要组织群众防空专业队进行单项或者综合性的演练，以提高其执行任务的能力。

44.3《上海市民防条例》（2018年12月20日第三次修正，2019年1月1日起施行）

第二十一条 专业民防应急救援组织的训练大纲、训练计划由组建部门制定并组织实施。

市和区民防办应当会同群众防空应急救援组织的组建部门，制定应急救援组织的训练大纲、训练计划和综合演练计划。

群众防空应急救援组织的训练，由组建部门组织实施。

群众防空应急救援组织的综合演练，由市和区民防办会同组建部门组织实施。

44.4《江苏省实施〈中华人民共和国人民防空法〉办法》（2021年5月27日第四次修正并施行）

第二十七条第二款 人民防空专业队的训练内容按照战时防空、平时防灾的要求安排，训练计划由人防主管部门制定下达，组建部门或者单位应当结合工作和生产组织实施。人防主管部门和组建部门或者单位可以根据需要组织短期脱产训练或者演练，组建部门或者单位应当为训练和演练以及执行任务提供相应条件，并保证参加人员在脱产训练、演练期间的工资、奖金、福利和其他待遇与其在岗时等同。

44.5《浙江省实施〈中华人民共和国人民防空法〉办法》（2020年11月27日第四次修正并施行）

第二十四条第一款 群众防空组织的组建计划由县级以上人民防空主管部门提出，报同级人民政府和军事机关批准后，由有关部门负责组织实施。群众防空组织的专业训练计划由人民防空主管部门制定，由组建单位负责组织实施。

44.6《安徽省实施〈中华人民共和国人民防空法〉办法》（2020年9月29日修订，2021年1月1日起施行）

第三十九条 群众防空组织训练以在职训练为主，信息防护、心理防护、引偏诱爆、人民防空工程平战转换等专业队伍的训练可以由人民防空主管部门集中组织。

群众防空组织的训练可以与民兵训练同时进行。群众防空组织人员在训练期间享受与在岗人员同等待遇；训练所需经费，参照民兵训练的有关规定执行。

人民防空主管部门应当定期对群众防空组织的训练情况等进行督促检查。

44.7《江西省实施〈中华人民共和国人民防空法〉办法》（2021年7月28日第五次修正并施行）

第三十一条第一款 群众防空组织必须依据人民防空主管部门制定的训练大纲和训练计划进行专业训练。集中训练由人民防空主管部门组织实施，在岗训练由组建单位组织实施。

44.8《河南省实施〈中华人民共和国人民防空法〉办法》（修正后2020年6月3日起施行）

第二十六条第二款 群众防空组织的分散训练，由组建单位结合工作、生产组织实施，并接受人民防空主管部门的指导；群众防空组织的集中训练，由人民防空主管部门组织实施。

44.9《湖北省实施〈中华人民共和国人民防空法〉办法》(2016 年 12 月 1 日修正并施行)

第二十二条第一款　群众防空组织的专业训练计划,由各级人民防空主管部门制定下达,组建单位应当结合工作和生产组织实施。人民防空主管部门和组建单位,可以根据需要组织短期脱产训练或者综合演练,组建单位应当为训练和综合演练以及执行任务提供相应条件,并保证参加人员在脱产训练和综合演练期间的工资、奖金、福利和其他待遇与在岗时等同。

44.10《广东省实施〈中华人民共和国人民防空法〉办法》(2010 年 7 月 23 日修正并施行)

第十九条　省人民防空主管部门应根据国家训练大纲制定本省人民防空队伍训练计划。

各市、县(区)人民防空主管部门应根据训练大纲和训练计划组织有关部门安排训练和检查训练效果。训练所需装备、器材、经费由人民防空队伍的组建单位负责;特殊性的装备、专业器材由人民防空主管部门提供。

44.11《四川省〈中华人民共和国人民防空法〉实施办法》(2005 年 7 月 29 日修正并施行)

第二十九条　群众防空组织训练计划由城市人民防空主管部门根据国家训练大纲制定,由各组建单位组织实施。训练所需防核武器、化学武器、生物武器的特殊设备、器材由人民防空主管部门筹措,其他装备器材和经费由组建单位负责提供。

44.12《西藏自治区实施〈中华人民共和国人民防空法〉办法》(2010 年 7 月 30 日修改并施行)

第三十八条　县级以上各级人民防空主管部门应当制定群众防空组织训练计划。由各组建部门负责组织实施,并接受人民防空主管部门的检查指导。

44.13《甘肃省实施〈中华人民共和国人民防空法〉办法》(2010 年 7 月 29 日修订,2010 年 9 月 1 日起施行)

第三十一条第一、二款　群众防空组织的专业训练,由组建单位按照人民防空主管部门制定的训练大纲和训练计划组织实施。

群众防空组织的训练以在职训练为主。县级以上人民政府人民防空主管部门根据需要,适当组织集中训练和演习。群众防空组织人员脱产训练的工资、福利与在岗职工同等对待。

44.14《宁夏回族自治区实施〈中华人民共和国人民防空法〉办法》(2005 年 7 月 22 日修正并施行)

第三十二条　县级以上人民政府人民防空主管部门应当制定群众防空组织训练大纲和训练计划,由各组建部门负责组织实施。

44.15《重庆市人民防空条例》(2010 年 7 月 23 日第二次修正,2010 年 7 月 30 日起施行)

第三十八条　群众防空组织的训练由组建单位按计划组织实施。训练执勤所需军用装备、器材,由各级人民防空主管部门保障;与本单位生产、工作结合使用的机具、器材,由组建单位保障。

44.16《广州市人民防空管理规定》(2021 年 9 月 29 日第二次修正,2021 年 10 月 20 日起施行)

第六条 下列人民防空经费,由市、区、县级市人民政府负担,并列入同级财政预算:

…………

(四)人民防空主管部门组织群众防空组织、人民防空自救互救群众组织、人民防空志愿者组织集中训练所需除消防、医疗等专业装备器材以外的经费;

…………

第七条 下列人民防空经费由有关单位或者个人负担:

…………

(四)群众防空组织平时训练经费,参与集中训练所需的消防、医疗等专业装备器材经费,由组建单位负担;

…………

第十九条 市、区人民防空主管部门应当对群众防空组织、人民防空自救互救群众组织和人民防空志愿者组织的组建以及开展培训、演练等活动给予指导和支持,并组织开展各种集中训练和综合演练。

44.17《沈阳市民防管理规定》(2004 年 2 月 1 日起施行)

第十五条 民防应急救援组织的训练大纲、训练计划由组建部门制定并组织实施。民防应急救援组织的综合演练计划,由民防部门会同有关部门制定并组织实施。

44.18《厦门市人民防空管理办法》(2019 年 8 月 20 日修正并施行)

第十条第四款 人民防空主管部门负责检查监督群众防空组织的组建和训练,根据需要会同组建部门和单位联合组织短期脱产的集中训练或者综合演练,并予以训练经费补助。

44.19《珠海市人民防空办法》(2004 年 3 月 1 日起施行)

第五十四条 市、区人民防空主管部门根据国家、省人民防空主管部门的训练大纲和训练计划制定本市、区人民防空专业队伍的实施计划,并适当组织必要的综合性演练,人民防空专业队伍的组建单位应给予支持和配合。

44.20《南宁市人民防空管理办法》(2017 年 5 月 1 日起施行)

第十九条第四项 下列人民防空经费,由市、县(区)人民政府负担,并列入同级财政预算:

(四)人民防空主管部门组织群众防空组织集中训练所需除消防、医疗等专业装备器材以外的经费;

第二十条第三项 下列人民防空经费由有关单位或者个人负担:

(三)群众防空组织平时训练经费,参与集中训练所需的消防、医疗等专业装备器材经费,由组建单位负担。

44.21《重庆市人民防空专业队伍管理办法》(渝防办发〔2020〕59 号,2020 年 8 月 1 日起施行)

第十三条 人民防空专业队伍训练采取周期制,以 5 年为一个训练周期。

第十四条 人民防空专业队伍训练遵循以下原则。

（一）统筹兼顾。结合工作、生产实际，安排训练时间；立足现有装备和任务需要，安排训练内容；根据队员专业素质，安排训练任务。

（二）按纲施训。依据《人民防空训练与考核大纲》和上级训练工作指示，科学制定训练计划，严格执行训练制度，认真落实训练任务，确保训练人员、时间、内容、效果四落实。

（三）突出重点。个人要突出应对多发性、区域性灾害的基本技能训练，分队要突出多队种、多层级的协同训练，干部骨干要突出组织指挥训练。

第十五条 训练任务

训练周期内，每年安排不少于1/5的编组分队训练，5年轮训一遍。年度训练时间不少于7个训练日49个训练小时。其中，共同科目训练不少于3个训练日21个训练小时，专业训练不少于2个训练日14训练小时；参加演习不少于2个训练日14训练小时。

对完成训练时间和内容的专业队员，训练周期内一般不再参加训练，必要时，可组织一些重点科目的复补训。

人员参训率要达到当年度参训分队编组人数的70%以上。每年整组新入队的队员，严格按照上述时间组织训练。

第十六条 训练方法

人民防空专业队伍技能训练由组建单位组织实施，指挥协同演练由人民防空指挥机构组织实施。分在职训练、集中训练、演练（习）三种方式，以在职训练为主。

（一）在职训练。抢险抢修、医疗救护、通信、运输、消防、治安、防化防疫、伪装设障（引偏诱爆）、信息防护、心理防护等专业队伍，由组建单位结合生产和工作组织在岗训练。

（二）集中训练。各种专业队排以上干部骨干指挥训练，防化防疫、信息防护、心理防护等专业队伍的专业训练可以集中组织。

（三）演练（习）。各区县（自治县）适时组织人民防空专业队伍、各专业队专业分队的综合（专项）演练、演习。

第十七条 训练制度

（一）组织、计划制度。市、区县（自治县）人民防空主管部门年初要下达人民防空专业队伍年度训练计划，明确年度训练事项。

（二）登记、统计制度。人民防空专业队伍的有关情况，组建单位每年要逐一登记，立卡建档，年底向人民防空主管部门上报《人防专业队伍组训情况统计表》、《人防专业队伍建制情况统计表》（见附表1、2）。

（三）考核、奖惩制度。区县（自治县）人民防空主管部门每年要对人民防空专业队伍训练进行1次考核验收，对训练中表现突出的单位和个人按照有关规定进行表彰奖励，对训练成绩不及格的单位给予通报批评。

〔3〕【群众防空组织参训人员的工资福利待遇】

44.22《中华人民共和国国防动员法》（2010年7月1日起施行）

第五十三条 担负国防勤务的人员在执行勤务期间，继续享有原工作单位的工资、津贴和其他福利待遇；没有工作单位的，由当地县级人民政府参照民兵执行战备勤务的补贴标准给予补贴；因执行国防勤务伤亡的，由当地县级人民政府依照《军人抚恤优待条例》等有关规定给予抚恤优待。

44.23 《山西省实施〈中华人民共和国人民防空法〉办法》（1999年1月1日起施行）

第三十四条第二款 群众防空组织脱产训练期间的工资、奖金和福利，按在岗人员同等对待。

44.24 《安徽省实施〈中华人民共和国人民防空法〉办法》（2020年9月29日修订，2021年1月1日起施行）

第三十九条第二款 群众防空组织的训练可以与民兵训练同时进行。群众防空组织人员在训练期间享受与在岗人员同等待遇；训练所需经费，参照民兵训练的有关规定执行。

44.25 《江西省实施〈中华人民共和国人民防空法〉办法》（2021年7月28日第五次修正并施行）

第三十一条第二款 群众防空组织成员在训练期间的待遇，由所在单位按在岗职工同等对待。

44.26 《贵州省人民防空条例》（2020年9月25日第四次修正并施行）

第二十一条 组建群众防空组织的单位应当按照人民防空训练计划组织专业队伍训练，为专业队伍的训练和执行任务提供必要条件，队员在训练和执行任务期间与在岗人员享受同等待遇。

44.27 《青海省实施〈中华人民共和国人民防空法〉办法》（2020年7月22日修正并施行）

第二十三条 县级以上人民政府组建的群众防空专业队伍，应当按照人民防空主管部门制定的训练计划进行训练。专业队伍的人员参加训练期间，所在单位应当给予和在岗人员同等的待遇。

44.28 《广州市人民防空管理规定》（2021年9月29日第二次修正，2021年10月20日起施行）

第十七条 群众防空组织成员在工作时间参与人民防空训练、演习的，其工资福利待遇应当照常发放，不得扣减。

群众防空组织成员在参与人民防空训练、演习时受到伤害的，享受国家、省和本市规定的工伤保险待遇，群众防空组织成员用人单位在其治疗期间应当照常发放工资福利待遇，不得扣减。

44.29 《重庆市人民防空专业队伍管理办法》（渝防办发〔2020〕59号，2020年8月1日起施行）

第二十条 人民防空专业队伍在职训练所需经费由组建单位承担；各级人民防空指挥机构组织的集中训练、演练（习）经费，由各级人民政府承担，列入本级财政预算。

党政机关、社会团体、企业事业单位工作人员参加人民防空训练期间，其工资、津贴、福利待遇等仍由原单位照常发放。

人民防空专业队伍成员执行各级人民防空指挥机构组织的训练演练、战备勤务和应急支援任务，其补助参照本区县（自治县）民兵、预备役人员同期参训补助标准。

◇ 第七章　人民防空教育

第四十五条　【人民防空教育的目的】

国家开展人民防空教育，使公民增强国防观念，掌握人民防空的基本知识和技能。

〔1〕【释义】

国家通过开展人民防空教育，使公民增强国防观念，掌握人民防空的基本知识和技能。国家开展人民防空教育主要通过两个方面实施：一是对在校学生普及人民防空教育；二是在国家机关、社会团体、企事业单位以及居民、村民中开展人民防空教育。

〔2〕【开展国防教育】

45.1《中华人民共和国国防法》（2020年12月26日修订，2021年1月1日起施行）

第四十三条　国家通过开展国防教育，使全体公民增强国防观念、强化忧患意识、掌握国防知识、提高国防技能、发扬爱国主义精神，依法履行国防义务。

普及和加强国防教育是全社会的共同责任。

第四十四条　国防教育贯彻全民参与、长期坚持、讲求实效的方针，实行经常教育与集中教育相结合、普及教育与重点教育相结合、理论教育与行为教育相结合的原则。

45.2《中华人民共和国国防教育法》（2018年4月27日修正并施行）

第三条　国家通过开展国防教育，使公民增强国防观念，掌握基本的国防知识，学习必要的军事技能，激发爱国热情，自觉履行国防义务。

〔3〕【加强人民防空宣传教育】

45.3《国务院、中央军委关于进一步推进人民防空事业发展的若干意见》（国发〔2008〕4号，2008年1月8日起施行）

（二十六）广泛开展人民防空宣传教育。各地区、各有关部门和单位要把人民防空教育纳入国民教育和国防教育，把人民防空法制教育纳入全民法制宣传教育，广泛开展社区和企事业单位人民防空宣传教育活动，增强群众的国防观念和人民防空意识。加强领导干部和群众防空组织业务骨干培训。新闻媒体要积极做好人民防空宣传工作，为人民防空建设营造良好氛围。

45.4《国家人民防空办公室关于印发〈关于加强人民防空宣传教育工作的意见〉的通知》（〔2007〕8号，2007年10月19日起施行）

一、指导思想、基本原则、总体目标和主要任务

（一）指导思想

以马列主义、毛泽东思想、邓小平理论和"三个代表"重要思想为指导，以科学发展观为统领，积极适应全面建设小康社会、构建社会主义和谐社会和中国特色军事变革的新形势新要求，紧紧围绕推进人防事业全面协调可持续发展的主题，着眼增强全社会的国防观念和人防意识，调动全社会关心支持和参与人防建设的积极性，促进人防事业又好又快发展。

（二）基本原则

1. 突出人防特色。针对人防建设的长期性、社会性、军事性、群众性等特点，紧贴战时广大人民群众防空安全的根本利益需求，围绕平时为经济社会发展和防灾救灾提供保障作用的优势，创造性地组织开展工作，形成具有人防特色的宣传教育模式。

2. 体现时代要求。紧紧围绕人防工作面临的新形势、新情况、新特点，根据不同时期、不同层次、不同对象的不同需求，抓住重点，瞄准焦点，扩大覆盖面，增强针对性。

3. 坚持常抓不懈。贯穿于人防发展全过程，体现在人防工作之中，纳入到人防建设的总体规划和年度计划，统筹安排，形成机制，持之以恒。

4. 严守政治纪律。严格遵守宣传工作制度和保密规定，切实增强政治上的坚定性、敏锐性和鉴别力，始终保持正确的政治立场、观点和舆论导向，确保不发生任何违反政治纪律的现象，杜绝失泄密事件的发生。

（三）总体目标

建成科学完善的人防宣传教育工作组织管理体系，规范配套的人防宣传教育工作法规制度，专兼结合的人防宣传教育报道队伍，长效顺畅的人防宣传教育工作协同机制，稳定有效的人防宣传教育工作阵地，丰富实用的人防宣传教育工作内容，形式多样的人防宣传教育工作方法手段，完善齐全的人防宣传教育工作资料档案，使全体公民的国防观念和人防意识不断增强，人防干部和专业队伍的综合素质不断提高，人防建设和发展的环境不断改善，人防政策法规的实施不断强化。

（四）主要任务

1. 创新人防理论。宣传党的基本理论和基本路线，党中央、国务院、中央军委关于人防建设的一系列方针政策和重要指示；研究和探索人防建设与发展理论、防空袭斗争理论以及民防建设与发展理论；推进人民防空科学技术研究与创新。

2. 普及人防法规。宣传宪法和国家基本法律制度；宣传国防法、国防教育法、军事设施保护法等加强国防建设方面的法律法规；普及人民防空法和人民防空建设、管理方面的法律、法规和规章；学习贯彻行政许可法、行政诉讼法、行政处罚法、行政复议法、公务员法等推进依法行政方面的法律法规。

3. 强化人防意识。跟踪国际和周边安全形势的发展变化，关注国家发展、国防安全面临的战略环境，宣传反对分裂、维护祖国统一的形势与任务和国防建设与国防斗争的任务；宣传人民防空在巩固国防、遏制战争、应对空袭和保护国家、人民群众生命财产安全中的战略地位作用和人民防空在促进经济社会发展、城市建设、参与社会公共安全突发事件应急救援中的重要作用。

4. 树立人防形象。宣传人民防空建设、改革、发展取得的成就，人防系统广大干部

职工的精神风貌，人防工作先进单位、模范人物的事迹，人民防空发展的历程与经。

5. 传播人防知识。研究世界新军事变革的发展趋势与中国特色军事变革的重要意义与特点，信息化战争形态的演变和样式，信息化战争空袭武器装备、作战理论、作战方式方法和手段；传播信息化战争条件下的防空袭、核生化武器、次生灾害以及常见自然灾害的防护知识与防护技能；普及社会主义市场经济条件下人防建设与管理知识。

二、巩固扩大人防宣传教育阵地

（一）充分利用大众媒体开展人防宣传教育。各级人防部门要加强与宣传、文化主管部门和大众媒体单位的联系，研究制定宣传教育的制度规定，建立协调机制，健全完善共同开展人防宣传教育的网络，联合开展各种形式的宣传教育，每年至少组织开展1次有一定规模和声势的专题宣传活动，切实做到电视有影像、电台有声音、报刊有文章，使人防宣传教育经常化、制度化，广泛深入持久地进行。

（二）大力推进人防宣传教育进机关、进学校、进企业、进社区。各地人防部门要协调组织、人事主管部门将人防理论学和知识教育纳入本级党校、行政院校教学计划，定期安排举办不同层级、规模、形式、内容的培训班。要协调教育主管部门在当地各高等院校、初级中学开设人防知识教育课程，不定期举办人防知识教育专题讲座。要协调有关主管部门、单位将人防知识教育和技能培训列入当地大中型企事业单位职工教育培训计划，有重点地安排教育训练内容。要协调街道、社区等组织把人防宣传教育与和谐社区建设结合起来，借助其宣传教育阵地、手段，开展人防政策法规宣传和知识教育。

（三）加强人防宣传教育基地建设。各省、自治区、直辖市和国家重点城市人防部门，要积极创造条件，利用本级的办公楼、人防工程、疏散基地等场所，建立集人防知识教育和人防技能培训功能于一体的宣传教育基地。协调有关主管部门和单位，依托爱国主义教育、国防教育、防灾减灾教育基地和学校教学教育设施及其他有关公共场所，设置固定的人防宣传教育内容。

（四）切实办好人防刊物。各级人防部门要根据本单位实际，创办人防刊物（期刊、简报、信息、通讯、动态等），及时反映和宣传报道人防建设情况。要进一步抓好人防刊物在本级各类机关和当地学校、企业、社区中的发行工作，建立顺畅的发行渠道，坚持赠订结合，做到覆盖面广、数量充足。要进一步加强《中国人民防空》杂志的办刊工作，健全完善有关制度规定，不断提高整体质量，切实发挥国家人防宣传教育的主阵地作用。要加强与军地有关刊物和各地人防刊物之间的信息和业务交流，实现资源共享，做到优势互补，形成人防宣传教育的合力。

（五）建立各级人民防空网站和音像资料库。各级人防部门要有计划地组织人防网站建设，已建立的要进一步完善，不断丰富扩展网站信息内容，提高信息质量和更新时效，严格遵守安全保密规定。要建立音像资料库，对各方面的资料进行系统收集、整理和储存，为人防宣传报导和其他工作提供保障。

三、完善创新人防宣传教育的形式方法

（一）高宣传教育艺术。各地人防部门要按照"三贴近"的要求，努力 高人防宣传教育的艺术水平和效果。要研究新时 期人防宣传教育的特点规律，根据不同对象的心理状态、思想文化素质、欣赏水平和接受能力，有针对性地开展宣传教育。要讲究宣传技巧，善于从群众最关心、同群众利益最密切的问题入手，善于用事实说话、用典型说话、用群众熟悉的语言和喜闻乐见的方式开展宣传，融宣传教育的思想性、科学性、知识性、趣味性为一体，增强宣传教育的说服力、吸引力、感染力，使人防宣传教育生动活泼、深入浅出。

（二）丰富宣传教育形式。各地人防部门要根据本地实际确定人防宣传教育日，充分利用防空警报试鸣日、国防教育日、法制宣传日、人民防空法颁布纪念日等时机，通过举办新闻发布会、文艺晚会、知识竞赛、法律咨询、演习演练、街头宣传以及公益广告、标语、宣传橱窗、展览、黑板报、印发宣传材料等形式，集中开展人防宣传活动。有条件的可组织人防宣传演出，参加全国或地区性的各类文艺体育活动，广泛借助其他平台宣传人防。

（三）创新宣传教育方法。坚持经常性与集中性、全面性与重点性、长期性与阶段性相结合，充分体现灵活性。注重运用多种表现形式立体展示，新闻报道与文艺创作相结合，文字、图片、声音、图像综合运用，大力增强多样性。充分采用多媒体技术和现代传媒技术，发挥电视媒体声像结合、形象生动的优势和互联网报道迅速的特点，不断提高实效性。每年各级人防部门的全面工作情况要制作成多媒体课件，满足组织指导工作和宣传人防的需要。

四、健全完善人防宣传教育的长效机制

（一）建立与外部有关部门、单位的协作配合机制。各级人防部门要加强与有关主管部门、单位的协作和配合，建立联席会议、联合发文、联合组织、联合宣传等制度规定和办法，声分发挥各自的职能和优势，共同推进人防宣传教育工作。各级人防部门每年要邀请宣传、教育、法制等主管部门检查人防、了解人防，研究确定人防宣传教育有关事项。

（二）建立人防系统内部的整体联动机制。各级人防部门要明确主管机构和人员加强宣传教育工作的沟通、交流和协调，整合宣传教育资源，实现信息共享。要加强建章立制工作，健全完善审查、检查、征稿、出版、发行、培训、交流、通报等制度办法，明确职责，理顺关系，规范行为，推进人防宣传教育工作逐步走上制度化、规范化轨道。

（三）建立人防宣传教育工作考评机制。各级人防部门要把宣传教育纳入年度工作目标考评体系，制定绩效评估标准和考核办法，明确责任。要制定奖励办法，对在宣传教育工作中做出突出成绩的单位和个人进行奖励。

五、切实加强人防宣传教育工作的组织领导

（一）提高对人防宣传教育工作的认识。加强和改进宣传教育工作，各级人防部门的领导特别是主要领导负有重要责任，要关心、重视和支持宣传教育工作，要明确一名镊导分管宣传教育工作，要进一步强化宣传意识、阵地意识，增强责任感、紧迫感，提高自觉性、主动性，切实把宣传工作摆到位置、纳入日程，安排专项经费，为人防宣传教育工作创造良好条件，不断提高组织指导人防宣传教育工作的水平。

（二）加强人防宣传教育机构和队伍建设。各省、自治区、直辖市和国家人防重点城市人防部门，要加强人防宣传教育机构建设，明确工作职责；要健全宣传教育队伍，安排具有宣传教育专长的干部从事宣传教育工作，在数量上要能满足开展工作的需要，并保持相对稳定；要加强人防宣传教育人员的培训，各省（自治区、直辖市）人防部门每1至2年要对所属人防宣传干部培训1次，不断提高综合素质和能力。

（三）搞好人防宣传教育工作规划。各级人防部门要把宣传教育纳入人防工作的总体规划，统筹安排，制定专项计划，确定一定时期内宣传教育的目标、任务、内容和方法，明确具体的对策措施，抓好贯彻落实。要加强对人防重大活动、重要任务宣传教育的筹划，集中力量，重点保障，取得实效。要适时组织总结、交流、评比活动，推广先进经验和成功做法，表彰先进。

（四）加强宣传教育资料管理。建立全国人防宣传教育资料信息中心，各级人防部门每年要向国家人民防空办公室上报当地的重要文献、图片、音像等信息资料，整合人防宣传教育资源，实现资源共享。各地人防部门要重视做好人防建设资料的收集整理工作，达到系统完整要求。

〔4〕【开展人民防空法治宣传教育】

45.5《江西省人民防空办公室关于在全省人防系统开展法治宣传教育的第八个五年规划（2021—2025 年）的通知》（赣人防发〔2021〕18 号，2021 年 11 月 11 日起施行）

一、总体要求

坚持以习近平新时代中国特色社会主义思想为指导，以习近平法治思想引领新时代普法工作，深入贯彻习近平总书记视察江西重要讲话精神，增强"四个意识"、坚定"四个自信"、做到"两个维护"，坚定不移走中国特色社会主义法治道路。紧紧围绕"战时防空、平时服务、应急支援"职责使命，以提升公民法治人防素养和深化人防依法治理为重点，以增强人防普法针对性和实效性为工作着力点，健全人防普法工作体制机制，推进建设更高水平法治人防，奋力谱写全面建设社会主义现代化江西人防篇章。

到 2025 年，全省人防法律法规知识广泛普及，法治人防理念牢固树立，法治人防机制继续完善，法治人防实践不断推进，人防法治化管理水平明显提升，法治人防建设更加适应人防高质量发展的要求。

二、把握普法重点内容

（一）深入学习宣传贯彻习近平法治思想。深入学习宣传习近平法治思想的重大意义、丰富内涵、精神实质和实践要求。把习近平法治思想作为各级人防党组织理论学习中心组和干部集中学习培训的重点内容。加强习近平法治思想的宣传解读和理论阐释，注重发挥各类人防宣传阵地及融媒体平台作用，推动习近平法治思想入脑入心、走深走实。

（二）大力学习宣传宪法。在全省人防系统深入持久开展尊崇宪法、学习宪法、遵守宪法、维护宪法、运用宪法的宣传教育活动，不断强化全社会对宪法和中国特色社会主义制度的政治认同、思想认同、法治认同、情感认同和事实认同。加强国旗法、国歌法、国徽法等宪法相关法的学习宣传。落实新提任领导干部宪法知识考试机制。全面落实宪法宣誓制度。组织"12·4"国家宪法日和宪法宣传周集中宣传活动，推动宪法宣传教育常态化。

（三）大力学习宣传民法典。坚持将民法典学习宣传作为重点工作，以"美好生活·民法典相伴"为主题，大力宣传民法典的重大意义和重要地位，宣传民法典在保障人民群众合法权益、促进社会主义市场经济繁荣发展、推进国家治理体系和治理能力现代化等方面的重要作用。结合人防法治宣传活动，组织好民法典宣传教育活动。

（四）大力学习宣传人防专业法律法规。适应立足新发展阶段、贯彻新发展理念、构建新发展格局需要，严格落实省普法办、省人防办《关于加强人防法治宣传教育的通知》（赣人防发〔2021〕12号），健全人防办、普法办长效互动的人防法治宣传教育机制。坚持日常宣传和集中宣传相结合、执法和普法相结合、上下联动和属地管理相结合，大力宣传人防相关法律法规，推动人防高质量发展，为建设强大巩固的现代人民防空体系提供法治保障。

（五）大力学习宣传与社会治理现代化密切相关的法律法规。大力宣传总体国家安全观和国防法、国家安全法、反分裂法、反恐怖主义法、生物安全法、网络安全法等，继续加强刑法、刑事诉讼法、治安管理处罚法等宣传教育，围绕生态文明建设、食品药品安全、扫黑除恶、毒品预防、电信网络诈骗、社区管理服务、构建和谐劳动关系、防治家庭暴力、个人信息保护等人民群众关心关注的问题开展宣传教育。

（六）大力学习宣传党内法规。以党章为核心，以准则、条例等为重点，深入学习宣传党内法规，注重党内法规宣传同国家法律宣传的衔接协调。将学习掌握党内法规作为合格党员的基本要求，列入党组织"三会一课"和主题党日活动内容，作为党员、干部考核的重要参考，促进党内法规学习宣传常态化、制度化。

三、全力提升社会法治人防素养

（一）提升领导干部法治人防素养。抓好关键少数，将人民防空教育列入各级党校、行政学院领导干部教育培训课程，切实增强领导干部自觉遵守和执行人防法律法规的意识。加强全省人防领导干部法律法规学习教育，落实党组织会前学法、专题会议学法、重大决策专题学法等制度，提高人防领导干部运用法治思维和法治方式深化改革、推动发展、化解矛盾、维护稳定、应对风险的能力。建立人防领导干部应知应会法律法规清单制度，明确人防领导干部应当学习掌握并能熟练运用的法律法规和党内法规。严格落实人防机关负责人出庭应诉制度。坚持和完善人防领导班子及其成员述职述廉述法制度和学法守法用法考评机制，让尊法学法守法用法成为各级人防领导干部的自觉行动和必备素质。

（二）提升人防行政执法人员法治素养。加强人防专业法律知识学习教育，提高人防行政执法人员依法办事、解决实际问题的能力。加强行政许可法、行政处罚法、行政强制法等行政法和人防法律法规政策的学习，不断提高依照法定权限和程序行使人防执法权的意识。加强与履职相关的公务员法、行政监察法和廉政准则等相关法律法规和党纪条规的学习教育，增强"有权必有责、用权受监督、侵权要赔偿、违法要追究"的观念。强化行政执法人员岗前培训、日常培训，适时组织开展法治讲座、法治研讨和旁听庭审等活动，为人防行政执法人员提升法治素养创造条件。推进人防系统公职律师建设。

（三）提升人防行业经营管理人员法治素养。加强社会主义市场经济中与企业经营管理相关的法律法规宣传教育，适时组织人防行业从业企业经营管理人员开展法治讲座、法治研讨、集中轮训等形式的法律知识培训，提高企业经营管理人员诚信守法、依法经营、依法用工、依法办事的意识和能力。引导人防行业从业企业职工遵纪守法，依法维护合法权益。

（四）提升青少年法治人防素养。将人民防空知识教育纳入教育主管部门和初级中学的重要工作内容，学校应将人防知识教育列入课程计划，保证必要课时，确保教学任务落实。人民防空知识教学由各学校相关学科教师兼任，并由教育主管部门和人防主管部门定期组织培训，逐步建立一支较为稳定的教学骨干队伍。修订完善人防知识教育读本，结合军训、课堂教育、教育场馆体验、防空防灾演练等形式，进一步增强教育实效，厚植人防法治意识。

（五）提升社会公众法治人防素养。加强大中型企事业单位，特别是重要经济目标单位、房地产开发商、人防工程维护管理单位和防空警报器设点单位等的宣传教育工作。深入推进人防进社区工作，充分发挥街道、社区的积极性，积极探索人防进社区的内容、形式和途径，广泛开展人防法治宣传教育和技能培训。

四、深化人防领域依法治理

（一）健全完善人防法律制度。积极协调推动出台省政府规章《江西省人民防空通信警报管理办法》，适时修订完善《江西省实施〈中华人民共和国人民防空法〉办法》《江西省人民防空工程管理办法》，修订完善人防规章制度和工作规范，深入推进人防"放管服"改革、证照分离改革和人防职能转变，切实提高行政效能、行政执行力和公信力，努力实现行政决策科学化、民主化和法治化，创新行业事中事后监管模式，积极建立规范、高效的行政执法运行体制，着力提高行政执法监督和公众监督程度，努力提升人防法治化管理水平。

（二）开展专项治理活动。加强人防建设监管，深化人防依法治理，重点针对防空地下室建设面积和易地建设费减免缓问题加大违法整治力度，防范人防规划不落实、人防工程布局不合理、人防联审联验不顺畅、人防工程维护管理不到位等突出问题发生。落实聘请法律顾问制度、建立健全单位内部合法性审查制度，将合规管理嵌入人防业务工作全流程各环节。发挥民防协会行业自律和专业服务功能，实现行业自我约束、自我管理，依法维护成员合法权益。

（三）完善正向激励引导与反面警示教育相结合制度保障。建立健全对守法行为的正向激励和对违法行为的惩戒制度。依法依规大力表彰崇法向善、坚守法治的模范人物，选树身边人防先进典型。坚持正面宣传与反面警示教育相结合，适时在各类平台通报曝光违反人防法律法规典型案例，不断增强全社会敬畏法律意识。深入推动"信易+"示范创建，提升人防行业守信者社会获得感，维护人防行业市场主体合法权益，推动形成守法光荣、违法可耻的人防行业氛围。

五、加快法治人防文化建设

（一）运用人防资源推进法治文化阵地建设。认真抓好人防疏散（教育）基地、人防宣教馆等人防宣传教育场所建设。注重人防法治文化阵地建设，把人防法治文化作为发展公益文化事业的组成部分，依托教育馆、科技馆、展览馆、文化站、社区文化中心等场所，实施人防法治文化惠民工程，最大限度地满足人民群众的人防法治文化需求。

（二）繁荣法治人防文化作品创作。不断繁荣法治文化，倡导鼓励创作人防法治文化作品，适时组织优秀作品征集、评选、展示等活动，把人防法治题材纳入文学艺术创作、舞台艺术表演、电视片和动画视频制作，以及画刊、图书、挂图、折页等编印产品，提升人防法治文化作品质量。

（三）丰富群众性法治人防文化活动。注重培育人防法治精神，结合人防知识宣传开展群众性文化活动，组织社会公众参与其中，从而潜移默化地学法、信法、守法。每年结合"3·1"国际民防日、"5·12"防灾减灾日、"9·18"防空警报试鸣日、"10·31"新中国人民防空创立日、"12·4"法治宣传日等，每年至少组织开展1次以上有一定规模和声势的集中宣传活动，大力普及人防法律法规、防空防灾知识和自救互救技能。采取知识竞赛、摄影图片展、文艺表演等群众喜闻乐见的方式开展人防法治宣传教育，让群众学得会、记得住，取得良好普法效果。

（四）弘扬红色法治人防文化。江西是新中国人民防空的发祥地，具有丰富的红色人防资源。各地要结合实际发掘红色人防资源，总结其中的红色人防法治资源，重点加强苏区人防建设研究，提炼苏区人防法治精神，指导现今人防发展。

六、创新普法方式方法

（一）在服务群众过程中开展精准普法。针对人民群众日常生活中遇到的具体人防法律问题及时开展普法，使普法更贴近生活、贴近实际。要在解决具体法律问题、调处矛盾纠纷、参与涉法涉诉信访案件过程中开展专业、精准、高效的人防法治宣传教育，引导当事人依法办事。认真总结推广各地各部门各单位开展法治人防宣传教育的好经验、好做法，充分发挥先进典型的示范和带动作用，推进精准普法不断走深走实。

（二）在立法、执法、司法过程中开展全程普法。在人防立法过程中扩大社会参与、回应社会关切；在执法、司法、行政复议过程中实时普法、全程普法，努力做到办案一件，教育一片；在人防法规政策咨询服务中，不失时机进行宣传教育，引导诉求人理性平和表达意愿、解决纠纷。选择一些重大典型案例，以案说法、以案释法，警示违法后果，增强人防法制宣传教育的说服力。

（三）运用新媒体新技术开展全时普法。充分发挥电视、广播、报刊等媒体在普法中的作用，切实加强人防门户网站、人防刊物建设，积极利用互联网、手机、数字电视、数字出版等新兴媒体开展法治宣传教育，不断拓宽人防法治宣传教育阵地。顺应时代发展新要求，在人防宣传法律体系和法律制度的同时，更加注重服务经济社会发展和满足人民群众的实际需求，更加注重培育法治理念，更加注重培养运用法治思维、法治方式的能力，努力实现法治宣传教育重点向增强公民法治观念、培育公民法治信仰转变。大力推进"智慧普法"行动，实现法治宣传教育公共数据资源开放共享。建设融"报、网、端、微、屏"于一体的全媒体法治传播体系，灵活运用新技术新手段，扩大人防法治宣传教育覆盖面。

七、完善普法工作体制机制

（一）健全普法协调推进机制。各级人防部门要协调宣传、教育、文化、新闻出版、广电等部门和军事机关政治部门，将人民防空教育纳入国民教育、国防教育、社会公共安全教育和公益宣传教育体系，深入开展人防法制社会化宣传。要充分发挥人防指挥部作用，通过人防指挥部协调推进人防普法工作。上级人防部门要加强日常指导和监督，对重视不够、措施不力、落实普法责任制不到位的，提出整改要求，造成严重后果的进行通报批评，依规依法处理。

（二）拓展普法责任制。进一步贯彻落实"谁执法谁普法""谁管理谁普法""谁服务谁普法"的普法责任制，建立普法责任制履职评议制度，定期开展履职评议活动。健全以案普法制度，组织人防行政执法人员、律师等以案释法。开展人防领域典型案例年度征集活动，加强司法、行政执法典型案例整理编辑工作，推动建立人防行政执法典型案例公开发布制度。健全完善台账管理机制，严格落实普法责任清单和销号管理。在人防执法实践中广泛开展以案释法和警示教育，使行政执法过程成为向群众弘扬法治精神的过程。

（三）推进媒体公益普法。创新工作理念，创新方式方法，坚持集中法治宣传教育与经常性法治宣传教育相结合，完善工作标准，建立长效机制。积极利用广播电视、报纸期刊、互联网和手机媒体等大众传媒宣传人防法律法规，积极协调大众传媒在重要版面和重要时段制作刊播人防普法公益广告、开设人防法治栏（节）目，针对人防领域社会热点和典型案（事）例开展及时权威的法律解读，积极回应社会关切。

（四）完善社会普法工作机制。发挥人民团体、社会组织、民防协会以及人防专业队、人防志愿者队伍在普法工作中的积极作用，鼓励和支持群团组织和社会组织开展人防公益普法，巩固发展社会普法大格局。

八、强化组织保障

（一）强化组织领导。各级人防部门要健全法治宣传教育领导机构，负责组织、协调、指导和检查人防法治宣传教育日常工作，建立定期召开会议、听取汇报、开展督查等制度。年初拟定工作计划，分解落实任务，纳入目标管理，年中随机检查督促，年底考核成效，推动工作落实。机关各职能部门、各直属单位要结合职责任务，积极面向社会开展人防法律法规宣传教育。

（二）完善工作机制。各级人防部门要健全完善法治人防建设工作机制，有针对性地组织开展法治人防宣传教育活动。积极动员社会力量开展法治人防宣传教育，组织开展专题法治宣讲活动。鼓励引导人防行政执法人员宣传人防法律法规，提高法治人防宣传实效。将领导干部学法用法情况列入干部考核内容，并作为选拔、任用的一项重要依据。

（三）落实工作经费。要结合普法工作实际，统筹安排专项经费，纳入预算，专款专用，并逐年加大经费投入，保障人防法治宣传教育工作顺利开展。

（四）健全考核体系。加强工作考核评估，建立健全系统、实用、科学的法治人防宣传教育工作考评指导标准和指标体系，完善考核办法和机制，依据"八五"普法内容制定考核验收办法，对机关和各直属事业单位人防"八五"普法规划实施情况进行年度考核和阶段性检查，努力推进全省人防"八五"普法工作健康发展。

第四十六条　【人民防空教育的组织实施】

国家人民防空主管部门负责组织制定人民防空教育计划，规定教育内容。

在校学生的人民防空教育，由各级教育主管部门和人民防空主管部门组织实施。

国家机关、社会团体、企业事业组织人员的人民防空教育，由所在单位组织实施；其他人员的人民防空教育，由城乡基层人民政府组织实施。

〔1〕【释义】

国家人民防空主管部门负有组织制定人民防空教育计划、规定教育内容的义务，应当会同教育、军事等有关部门，共同制定教育计划，规定教学内容。

人民防空教育内容应当列入学校的教学计划和国家规定的教学大纲。对在校大学生、中学生、小学生进行的人民防空基本知识和技能教育，由各级教育行政主管部门和学校组织实施，人民防空主管部门应当组织编写教材和教师培训，协助解决专用教学器材和教具。

组织人民防空教育是国家机关、社会团体、企业事业单位以及城乡基层人民政府的义务与责任，各级人民防空主管部门应当加强指导和检查。

〔2〕【组织实施国防教育】

46.1《中华人民共和国国防法》（2020年12月26日修订，2021年1月1日起施行）

第四十五条　国防教育主管部门应当加强国防教育的组织管理，其他有关部门应当按照规定的职责做好国防教育工作。

军事机关应当支持有关机关和组织开展国防教育工作，依法提供有关便利条件。

一切国家机关和武装力量、各政党和各人民团体、企业事业组织、社会组织和其他组织，都应当组织本地区、本部门、本单位开展国防教育。

学校的国防教育是全民国防教育的基础。各级各类学校应当设置适当的国防教育课程，或者在有关课程中增加国防教育的内容。普通高等学校和高中阶段学校应当按照规定组织学生军事训练。

公职人员应当积极参加国防教育，提升国防素养，发挥在全民国防教育中的模范带头作用。

第四十六条　各级人民政府应当将国防教育纳入国民经济和社会发展计划，保障国防教育所需的经费。

46.2《中华人民共和国国防教育法》（2018年4月27日修正并施行）

第四条　国防教育贯彻全民参与、长期坚持、讲求实效的方针，实行经常教育与集中教育相结合、普及教育与重点教育相结合、理论教育与行为教育相结合的原则，针对不同对象确定相应的教育内容分类组织实施。

第八条　教育、退役军人事务、文化宣传等部门，在各自职责范围内负责国防教育工作。

征兵、国防科研生产、国民经济动员、人民防空、国防交通、军事设施保护等工作的主管部门，依照本法和有关法律、法规的规定，负责国防教育工作。

工会、共产主义青年团、妇女联合会以及其他有关社会团体，协助人民政府开展国防教育。

46.3《中华人民共和国国防交通法》（2017年7月1日起施行）

第八条　各级人民政府应当将国防交通教育纳入全民国防教育，通过多种形式开展国防交通宣传活动，普及国防交通知识，增强公民的国防交通观念。

各级铁路、道路、水路、航空、管道、邮政等行政管理部门（以下统称交通主管部门）和相关企业事业单位应当对本系统、本单位的人员进行国防交通教育。

设有交通相关专业的院校应当将国防交通知识纳入相关专业课程或者单独开设国防交通相关课程。

〔3〕【组织实施人民防空宣传教育】

46.4《北京市街道办事处条例》（2020年1月1日起施行）

第十条　街道办事处应当依法履行下列职责：

（六）做好国防教育和兵役等工作；

…………

第三十二条第一款　街道办事处应当推动居民委员会制定和完善居民公约；指导、支持和帮助居民委员会开展居民自我管理、自我教育、自我服务、自我监督的自治活动，完成各项法定任务。

46.5《天津市实施〈中华人民共和国人民防空法〉办法》（2018 年 12 月 14 日第二次修正并施行）

第三十二条　市和区人民政府应当对全体公民进行人民防空教育。

教育主管部门应当将人民防空知识教育纳入教育教学计划。初中学校应当按照有关规定安排人民防空知识教育和训练；大学、高中和中专学校可以结合军训进行人民防空知识教育。

46.6《河北省实施〈中华人民共和国人民防空法〉办法》（2022 年 5 月 27 日第五次修正并施行）

第二十八条　人民防空教育应当纳入国防教育计划。县级以上人民防空主管部门负责统一组织、指导和监督本行政区域的人民防空教育。

在校学生的人民防空教育，由各级教育主管部门和人民防空主管部门按照国家和省的有关规定组织实施。

国家机关、社会团体、企业事业组织的人员和居（村）民的人民防空教育，由所在单位或者城乡基层人民政府的人民武装部门组织实施。

46.7《山西省实施〈中华人民共和国人民防空法〉办法》（1999 年 1 月 1 日起施行）

第三十六条　人民防空教育应纳入国防教育体系。

人民防空行政主管部门对人民防空教育应加强指导和检查。

第三十七条　省人民防空行政主管部门按照国家人民防空教育计划和教育内容，统一选编教材。

第三十八条　在校学生的人民防空教育，由教育行政主管部门纳入学校教学计划，并组织实施。

城市居民、村民（不含在校学生）的人民防空教育，是机关、团体、企业事业单位职工的，由所在单位组织实施，并纳入单位的职工教育计划；没有工作单位的，由城市基层人民政府组织实施。

46.8《内蒙古自治区实施〈中华人民共和国人民防空法〉办法》（1999 年 9 月 24 日起施行）

第三十五条　人民防空教育纳入国防教育体系。各有关部门按照国家制定的人民防空教育计划和教育内容组织实施。新闻、出版、广播、电影、电视、文化等部门，在各自的职责范围内，协助开展人民防空教育。

46.9《辽宁省实施〈中华人民共和国人民防空法〉办法》（1999 年 1 月 1 日起施行）

第十九条　县以上人民政府应当将人民防空教育纳入国防教育计划，并按照国家人民防空主管部门规定的教育内容，制定人民防空教育计划并组织实施。

将人民防空教育纳入中等以上学校教学内容。大学、高中和中等专业学校结合军训进行；城市初中以防核、防化和防生物武器教育为重点，列入教学计划，授课不少于国家规定的课时。

46.10 《吉林省实施〈中华人民共和国人民防空法〉办法》（2018 年 11 月 30 日修改并施行）

第二十八条 各级教育主管部门和人民防空主管部门以及其他有关单位，应当按照国家人民防空教育计划开展人民防空教育，完成规定的教育内容。人民防空主管部门按照国家人民防空教育内容统一选编教材，并对人民防空教育情况进行检查监督。

在校学生的人民防空教育，由各级教育主管部门和人民防空主管部门组织实施。初级中学学生的人民防空教育要纳入学校教学计划，保证必要的课时。

机关、团体、企业事业单位职工的人民防空教育，由所在单位组织实施，并纳入单位的职工教育计划；其他人员的人民防空教育，由城乡基层人民政府组织实施。

46.11 《江苏省实施〈中华人民共和国人民防空法〉办法》（2021 年 5 月 27 日第四次修正并施行）

第二十八条 县级以上地方人民政府应当开展人民防空和防灾、救灾宣传教育，并将其纳入国防教育计划和普法教育规划。

在校学生的人民防空和防灾、救灾知识教育，由人防和教育主管部门组织实施。教育主管部门应当将人民防空和防灾、救灾知识教育纳入教育计划，开展形式多样的教育教学活动。人防主管部门应当协助培训教员，并提供专用器材和教材。

国家机关、社会团体、企业事业单位人员的人民防空教育，由所在单位组织实施；其他人员的人民防空教育，由基层人民政府组织实施。

人防主管部门应当加强对人民防空和防灾、救灾教育的指导和检查。

46.12 《浙江省实施〈中华人民共和国人民防空法〉办法》（2020 年 11 月 27 日第四次修正并施行）

第二十五条 各级人民政府应当开展人民防空教育，增强公民国防观念，掌握人民防空的基本知识和技能。

县级以上人民防空主管部门负责制定本行政区域的人民防空教育计划，并纳入同级国防教育计划和普法教育计划。

在校学生的人民防空教育列入国防教育内容，由各级教育主管部门和人民防空主管部门组织实施。

国家机关、社会团体、企业事业单位人员的人民防空教育，由所在单位列入国防教育计划并组织实施。

新闻出版、广电、文化旅游、科技、卫生健康等部门应当协助开展人民防空教育。

46.13 《安徽省实施〈中华人民共和国人民防空法〉办法》（2020 年 9 月 29 日修订，2021 年 1 月 1 日起施行）

第四十二条 人民防空教育是国防教育的组成部分。各级人民政府应当结合国防教育采取多种形式进行人民防空教育，使公民增强国防观念和人民防空意识，掌握人民防空的基本知识和技能。

在校学生的人民防空教育，由各级教育主管部门负责制定教育计划并组织实施。人民防空主管部门应当协助教育主管部门做好人民防空教育的教师培训。学校应当结合相应学科课程对学生进行人民防空知识教育。

国家机关、社会团体、企业事业单位人员的人民防空教育由所在单位组织实施；其他人员的人民防空教育，由基层人民政府组织实施。

新闻出版、广播电视、文化和旅游等部门应当将人民防空教育列入国防、公益宣传教育计划。

46.14《福建省人民防空条例》（2016 年 9 月 30 日修正并施行）

第五条　县级以上地方人民政府应当将人民防空宣传教育纳入国防宣传教育、普法宣传教育、社会公共安全宣传教育计划，采取多种形式开展人民防空宣传教育，使公民增强国防观念和人民防空意识，掌握人民防空的基本知识和技能。县级以上地方人民政府教育主管部门应当会同人民防空主管部门共同搞好在校学生的人民防空宣传教育。新闻、出版、广播、电视、文化等有关部门应当积极开展人民防空宣传教育。县级以上地方人民政府人民防空主管部门负责人民防空宣传教育的指导和监督检查。

46.15《江西省实施〈中华人民共和国人民防空法〉办法》（2021 年 7 月 28 日第五次修正并施行）

第三十二条　人民防空法制教育和人民防空基本知识技能教育应当纳入国防教育和普法规划。

在校学生的人民防空教育，由县级以上人民政府教育主管部门和所在学校按照国家、大军区和省人民政府人民防空主管部门规定的教育内容，列入教学计划并组织实施。

国家机关、社会团体、企业、事业单位人员的人民防空教育由所在单位组织实施，纳入职工教育计划。其他人员的人民防空教育由城市基层人民政府按照国家、大军区和省人民政府人民防空主管部门的规定组织实施。

46.16《河南省实施〈中华人民共和国人民防空法〉办法》（修改后 2020 年 6 月 4 日起施行）

第二十七条　各级人民政府应当按照国家人民防空教育计划和教育内容采取多种形式开展人民防空宣传教育，增强公民的国防观念和人民防空意识，使公民掌握人民防空的基本知识和技能。

在校学生的人民防空教育列入国防教育课程，由县级以上教育主管部门和人民防空主管部门组织实施。

国家机关、社会团体、企业事业单位人员的人民防空教育，由所在单位列入职工教育计划并组织实施。

46.17《湖北省实施〈中华人民共和国人民防空法〉办法》（2016 年 12 月 1 日修正并施行）

第二十三条　人民防空教育应当纳入各级国防教育计划。

在校学生的人民防空教育，由各级教育主管部门和学校按照国家和省规定的教育内容，列入教学计划并组织实施。

国家机关、社会团体、企事业单位和社区居民的人民防空教育，按照国家和省的规定组织实施。

各级人民防空主管部门应当加强对人民防空教育的指导和检查。

46.18《深圳市实施〈中华人民共和国人民防空法〉办法》（2021 年 10 月 30 日第三次修正，2021 年 12 月 7 日起施行）

第四十四条 人民防空主管部门应当会同有关主管部门，共同编制防空防灾具体教育计划并组织实施，培训师资队伍，解决专用教学器材和教具，普及人民防空防灾知识教育，建立和完善人民防空防灾防恐教育训练基地。

第四十五条 人民防空防恐和防灾救灾知识教育分别由下列单位组织实施：

（一）在校学生由教育部门负责；

（二）国家机关公务员由市、区公务员管理部门负责；

（三）社会团体、企业事业人员由所在单位负责；

（四）其他人员由各街道办事处负责。

46.19《大连市人民防空管理规定》（2010年12月1日修正并施行）

第九条 人民防空主管部门应会同有关部门将人民防空宣传教育纳入国防教育体系和普法教育规划，采取多种形式和手段，使市民不断增强国防观念，掌握人民防空知识和技能。

在校学生的人民防空教育，由教育主管部门和人民防空主管部门组织学校实施。大学、高中和中等专业学校学生的人民防空教育结合军训进行；初中学生的人民防空教育以防核、防化和防生物武器为重点，列入教学计划，在活动课和地方安排课程中实施，授课时间不得少于国家规定的课时。

国家机关、社会团体、企事业单位人员的人民防空教育，由所在单位组织实施；其他人员的人民防空教育，由城乡基层人民政府组织实施。

46.20《厦门市人民防空管理办法》（2019年8月20日修正并施行）

第五条 市、区人民政府应当将人民防空教育纳入国防教育计划和普法教育规划。

市、区人民防空主管部门应当加强宣传教育基地建设，采取多种形式开展人民防空宣传教育，普及防空地下室的位置标识、防空警报的识别以及防空袭防护设施的使用等方面的基本知识，提高全社会的防空意识，增强公民防空的基本知识和技能。

在校学生的人民防空教育，由教育主管部门和人民防空主管部门共同组织实施。

国家机关、社会团体、企事业单位人员的人民防空教育，由所在单位组织实施；其他人员的人民防空教育，由街道办事处（镇人民政府）组织实施。

本市广播、电视、报纸、互联网等媒体应当配合人民防空主管部门开展人民防空的宣传教育。

46.21《北京市民防局、北京市教育委员会关于进一步加强中小学防空防灾教育的实施意见》（京人防发〔2019〕152号修改，修改后2019年12月23日起施行）

【著者按】《北京市人民防空办公室关于修改20部规范性文件部分条款的通知》（京人防发〔2019〕152号，2019年12月23日起施行，部分失效）对《北京市民防局、北京市教育委员会关于进一步加强中小学防空防灾教育的实施意见》（京民防发〔2016〕96号）规范性文件进行修改。修改内容为：一是将"民防"修改为"人防"；二是将"局"修改为"办"。

一、指导思想

紧紧围绕中共北京市委、北京市人民政府、北京卫戍区《关于深入推进首都人民防空改革发展的实施意见》和新时期人民防空防灾的需要，进一步加强全市中小学的国家安全、公共安全和防灾意识，增强公共安全防护技能，提升学生应对灾害事故的自救互救能力。

二、原则和方法

按照"长期坚持、突出重点、有机整合、注重实效"的原则，坚持民防课程与其他学科教学中渗透相结合的方式。遵循学生身心发展规律，根据各学段学生认知特点，培养学生逐步形成防空防灾意识与掌握必要安全行为的知识和技能，注重教育的实践性、实用性和实效性。

三、对象范围

全市中小学结合各学段学生年龄特点、接受能力，在地方课程、校本课程中统筹安排一定课时，结合空袭灾害、"三防"知识等防空防灾内容，与其他学科课程整合实施。可利用班队活动、主题教育、各类演练、重要纪念日时间节点（国际人防日、全国中小学生安全教育日、防灾减灾日、全民国防教育日、新中国人民防空创立日等），有针对性地安排防空防灾知识教育，完成主要课程内容的教学，充分利用各种载体和平台，融合开展防空防灾知识教育活动，切实把防空防灾教育纳入日常教育教学活动中。

四、主要内容

小学：了解校园、居家、外出、食品等安全常识，以及地震、气象等自然灾害知识，初步学会辨识防空警报、人防工程和人员疏散掩蔽标志等基本的人民防空知识。主要通过事例引导、知识链接、防护措施、实操演练等形式和手段，让学生明白是什么、怎么做，提高小学生的安全意识和自我防护能力。

中学：战争灾害与平时灾害的防护、核化生武器及其防护、人防工程与个人防护器材、应急技能与急救措施、防护综合训练等。主要通过一定的防空防灾知识学习和技能训练，充分利用现代教育技术和手段，采取生动、形象、直观和易于接受的方法，提高学生的应急综合素质和防护技能。

五、师资培训和教学保障

市人防办和市教委共同研究制定防空防灾教育骨干师资培训指导手册。各区人防和教育行政部门共同研究、组织实施各学校分管校领导及人防授课教师的培训工作，原则按照每五年完成一次全员培训。

有关防空防灾技能培训、演练等教学设备、用具，以及防空防灾公共安全教学实践场所的建设和运维经费由学校和市、区人防部门统筹安排解决。

六、组织保障

市人防办、市教委负责制定年度中小学校防空防灾主题教育宣传重点。

各区人防和教育行政部门应成立中小学校防空防灾公共安全领导小组，对各学校加强监督检查和业务指导。

各学校应将防空防灾安全教育内容列入学校的年度安全教育工作计划，由一名校领导分管，并组织落实。

46.22《浙江省人民防空办公室关于深化人防宣传教育"五进"工作的意见》（浙人防办〔2007〕31号，2007年2月14日起施行）

一、深化人防宣传教育"五进"的指导思想。人防宣传教育"五进"要以马列主义、毛泽东思想、邓小平理论和"三个代表"重要思想为指导，认真贯彻落实科学发展观，积极适应全面建设小康社会、构建社会主义和谐社会和中国特色军事变革的新形势要求，紧紧围绕推进人防事业全面协调可持续发展的主题，着眼调动全社会关心支持人防建设的积极性和提高人防的综合能力，健全制度，完善机制，拓展渠道，扩大阵地，创新形式，改进方法，努力增强思想性、知识性、趣味性，大力提升鼓动力、创造力、感染力，为人防事业又好又快的发展发挥强大的促进作用。

二、深化人防宣传教育进学校，切实培养学生应急自救能力。各市要按照"十一五"规划人防教育目标任务，进一步深化市级初级中学人防教育及县（市）人防教育普及工作，着重在提高质量上下功夫。应努力达到以下标准：

（一）建立由教育局、国教办和人防办组成的人防（国防）教育领导工作小组，实行统一组织，统一领导，具体落实教育计划和措施。

（二）建立学校、教研组、教师"三级"管理的人防教育组织网络，将人防教育纳入学校的总体工作思路、德育目标管理体制和年度教学计划。

（三）建立健全人防教育师资培训制度、人防教育检查评比制度、人防教育统计汇报制度、定期开展教学活动制度、人防教育器材保障制度，确保人防教育工作的顺利实施。

（四）2007年起各县（市）城关镇初级中学要全面开展人防知识教育，学校教育面达100%。人防重点镇的初级中学要开展人防知识教育。

三、深化人防宣传教育进党校，努力提高领导干部的国防观念和人防意识。各地人防部门要按照《浙江省党校国防教育实施意见》的通知（浙国发〔1998〕5号）文件精神，进一步深化党校人防宣传教育。应努力达到以下标准：

（一）人防宣传教育纳入党校和行政学院的领导干部培训教学计划。

（二）人防教育课覆盖到市、县级领导干部进修班、市管干部班等。

（三）每期安排人防知识教育课时不少于2小时。

四、深化人防宣传教育进社区，提高居民的防空防灾能力。各级人防办要根据各自不同的情况深化社区人防宣传教育，把人防教育与和谐社区建设结合起来，有计划地对社区居民进行各种教育培训。应努力达到以下标准：

（一）建立社区人防工作机构，确定社区人防专（兼）职人员。

（二）组建社区人防志愿者队伍。

（三）制定社区人防宣传教育工作制度，建立社区人防宣传教育阵地，及时更换宣传内容，宣传资料进社区阅览室、进社区网站、进社区每家每户。

（四）制定社区居民疏散计划，进行疏散教育，明确社区居民疏散点，组织疏散演练。

（五）社区范围内的防空地下室有明显标志牌，平时管理责任到位。

（六）对社区轮流进行人防技能培训每年不少于2次。

五、深化人防宣传教育进企业，强化其依法履行人防义务和责任。各级人防办要进一步深化企业人防宣传教育，有针对性地开展人防宣传教育培训。应努力达到以下标准：

（一）人防宣传教育进重点经济目标防护单位，结合重点经济目标防护方案的制定，有针对性地开展人防知识教育。

（二）人防宣传教育进各市人防行政审批窗口，通过人防政策咨询进行宣传。

（三）人防宣传教育进房地产公司，宣传人防的法律法规、政策。

六、深化人防宣传教育进网络，提高全民的防空防灾素质。各市人防办要加强网站建设，完善网上宣传教育平台，应努力达到以下标准：

（一）及时发布各类非涉密信息。

（二）完善电子政务，增强便民性、亲民性、互动性。

（三）提高信息质量。

七、几点要求

（一）加强人防宣传教育工作的组织领导。深化人防宣传教育"五进"工作，各级人防部门特别是领导干部负有重大责任。要从推进人防建设又好又快的要求出发，进一步强化宣传意识、阵地意识，增强责任感、紧迫感，提高自觉性、主动性，切实摆到位置、纳入日程，为深化人防宣传教育"五进"工作创造良好条件。

（二）加强人防宣传教育队伍建设。各级人防部门要健全宣传教育队伍，安排责任心强、品德优良、作风过硬、协调能力强、业务水平高的干部，专职从事人防宣传教育工作，在数量上能满足开展宣传教育的需求，并保持队伍的相对稳定。要加强人防宣传教育队伍的培训，不断提高他们的综合素质和能力。

（三）建立与外部有关部门、单位和新闻媒体的合作机制。各级人防部门要主动与有关主管部门、单位联系，研究建立联合机构、联席会议等。协作配合机制，推进人防宣传教育的法制化、规范化、社会化。要积极主动与当地电台、电视台、报刊、网络等媒体联系沟通，通过联合举办专题节目、专栏、专刊、专版等方式，对人防不同阶段的重点工作进行深入宣传和集中报道，形成规模，造成声势，不断扩大人防工作的社会影响力。

（四）统筹安排人防宣传教育工作经费。各级人防部门必须把宣传教育经费纳入本级预算，明确投入比例，加大倾斜力度，确保足额到位、专款专用。要科学安排宣传教育经费的使用，提高经费使用效益，特别是要搞好宣传教育的专用设备器材建设，适时更新补充。

46.23《合肥市人民防空办公室关于委托合肥市民防防护专业协会承办相关工作的通知》（合人防办〔2017〕71号，2017年7月3日起施行）

一、承办宣传教育和业务培训

1. 配合我市人防系统有关人防（民防）知识的宣传、教育活动。受市人防办委托，组织编写人防（民防）宣传教育等培训教材，承办发行工作。

46.24《衡阳市人民政府关于进一步推进我市人民防空事业发展的若干意见》（衡政发〔2009〕31号，2009年11月1日起施行）

（二十二）广泛开展人民防空宣传教育。各级人民政府要将人民防空宣传教育纳入国防和国民教育体系，面向全社会开展"防空防灾一体化"教育。各级教育主管部门要配合人民防空主管部门在初级中学开展人民防空知识教育，确保开课率达到100%，并在各级各类学校逐步开展。新闻出版、广播电视、报刊、网络等要积极配合人民防空主管部门开展人民防空宣传教育，提高全社会国防观念和人民防空意识。

第四十七条　【有关部门协助开展人民防空教育】

新闻、出版、广播、电影、电视、文化等有关部门应当协助开展人民防空教育。

〔1〕【释义】

新闻、出版、广播、电影、电视、文化等有关部门具体负责宣传和教育工作，协助人民防空主管部门开展人民防空教育，是其应尽的人民防空义务和责任。

〔2〕【开展多种形式的国防教育】

47.1《中华人民共和国国防教育法》（2018 年 4 月 27 日修正并施行）

第二十二条　文化、新闻、出版、广播、电影、电视等部门和单位应当根据形势和任务的要求，采取多种形式开展国防教育。

中央和省、自治区、直辖市以及设区的市的广播电台、电视台、报刊应当开设国防教育节目或者栏目，普及国防知识。

〔3〕【大众媒体等协助开展人民防空宣传教育的义务】

47.2《吉林省实施〈中华人民共和国人民防空法〉办法》（2018 年 11 月 30 日修改并施行）

第二十九条　文化和旅游、广播电视等部门，应当将人民防空宣传教育纳入工作计划，协助人民防空主管部门开展人民防空宣传教育。

47.3《江西省实施〈中华人民共和国人民防空法〉办法》（2021 年 7 月 28 日第五次修正并施行）

第三十三条　各级人民防空主管部门对人民防空教育应当加强指导和检查。新闻出版、电影、广播电视、文化和旅游、科技、教育、卫生健康等部门和单位应当协助开展人民防空宣传教育。

47.4《湖北省实施〈中华人民共和国人民防空法〉办法》（2016 年 12 月 1 日修正并施行）

第二十四条　新闻出版、广播电视、文化、科技、卫生等有关部门和单位应当协助开展人民防空宣传教育。

47.5《西藏自治区实施〈中华人民共和国人民防空法〉办法》（修改后 2010 年 7 月 30 日起施行）

第四十四条　新闻、出版、广播、电影、电视、文化等部门，应履行人民防空宣传教育的义务。

47.6《陕西省实施〈中华人民共和国人民防空法〉办法》（2010 年 3 月 26 日第二次修改并施行）

第二十三条　新闻、出版、广播、电影、电视、文化等部门应当协助开展人民防空宣传教育。

47.7《海南省实施〈中华人民共和国人民防空法〉办法》（2004 年 8 月 6 日修正，2004 年 9 月 1 日起施行）

第二十八条　人民防空教育应当纳入各级人民政府国防教育计划，新闻、出版、广播、电影、电视、文化等有关部门和单位均有开展人民防空宣传教育的义务和责任。

学校的人民防空教育，应当纳入学校国防教育内容，由各级教育行政主管部门组织实施。

47.8《珠海市人民防空办法》(2004年3月1日起施行)

第五十五条 市、区人民政府应将人民防空教育纳入国防教育和普法教育计划,并建立人民防空教育基地。新闻、出版、广播、电视等有关部门和单位均有协助开展人民防空宣传教育的义务和责任。

47.9《南宁市人民防空管理办法》(2017年5月1日起施行)

第六条 市、县(区)人民政府应当加强人民防空宣传教育,提高全社会的防空意识,增强公民防空防灾、自救互救、隐蔽疏散的基本知识和技能。

教育、文化新闻广播电视、通信等有关部门和单位应当协助开展人民防空宣传教育。

◇ 第八章　法律责任

第四十八条　【不修建防空地下室应当承担法律责任】

城市新建民用建筑，违反国家有关规定不修建战时可用于防空的地下室的，由县级以上人民政府人民防空主管部门对当事人给予警告，并责令限期修建，可以并处十万元以下的罚款。

〔1〕【释义】

本法第 22 条规定了结合城市民用建筑修建防空地下室的法定义务，违反本法规定不修建战时可用于防空的地下室的行为应当承担法律责任。对违反本法规定不修建战时可用于防空的地下室的公民、法人或其他组织，县级以上人民政府人民防空主管部门可以处以警告、责令限期改正和罚款。在具体实施处罚的过程中，应根据情节轻重选择处罚的种类，适当确定处罚的幅度。对情节较轻的给予警告，并责令限期修建；对情节较重的可以并处 10 万元以下罚款。

〔2〕【行政处罚与行政强制的设定与实施】

48.1《中华人民共和国行政处罚法》（2021 年 1 月 22 日修订，2021 年 7 月 15 日起施行）

第五条　行政处罚遵循公正、公开的原则。

设定和实施行政处罚必须以事实为依据，与违法行为的事实、性质、情节以及社会危害程度相当。

对违法行为给予行政处罚的规定必须公布；未经公布的，不得作为行政处罚的依据。

第七条　公民、法人或者其他组织对行政机关所给予的行政处罚，享有陈述权、申辩权；对行政处罚不服的，有权依法申请行政复议或者提起行政诉讼。

公民、法人或者其他组织因行政机关违法给予行政处罚受到损害的，有权依法提出赔偿要求。

第九条　行政处罚的种类：

（一）警告、通报批评；

（二）罚款、没收违法所得、没收非法财物；

（三）暂扣许可证件、降低资质等级、吊销许可证件；

（四）限制开展生产经营活动、责令停产停业、责令关闭、限制从业；

（五）行政拘留；

（六）法律、行政法规规定的其他行政处罚。

第十条　法律可以设定各种行政处罚。

限制人身自由的行政处罚，只能由法律设定。

第十一条　行政法规可以设定除限制人身自由以外的行政处罚。

法律对违法行为已经作出行政处罚规定，行政法规需要作出具体规定的，必须在法律规定的给予行政处罚的行为、种类和幅度的范围内规定。

法律对违法行为未作出行政处罚规定，行政法规为实施法律，可以补充设定行政处罚。拟补充设定行政处罚的，应当通过听证会、论证会等形式广泛听取意见，并向制定机关作出书面说明。行政法规报送备案时，应当说明补充设定行政处罚的情况。

第十二条　地方性法规可以设定除限制人身自由、吊销营业执照以外的行政处罚。

法律、行政法规对违法行为已经作出行政处罚规定，地方性法规需要作出具体规定的，必须在法律、行政法规规定的给予行政处罚的行为、种类和幅度的范围内规定。

法律、行政法规对违法行为未作出行政处罚规定，地方性法规为实施法律、行政法规，可以补充设定行政处罚。拟补充设定行政处罚的，应当通过听证会、论证会等形式广泛听取意见，并向制定机关作出书面说明。地方性法规报送备案时，应当说明补充设定行政处罚的情况。

第十三条　国务院部门规章可以在法律、行政法规规定的给予行政处罚的行为、种类和幅度的范围内作出具体规定。

尚未制定法律、行政法规的，国务院部门规章对违反行政管理秩序的行为，可以设定警告、通报批评或者一定数额罚款的行政处罚。罚款的限额由国务院规定。

第十四条　地方政府规章可以在法律、法规规定的给予行政处罚的行为、种类和幅度的范围内作出具体规定。

尚未制定法律、法规的，地方政府规章对违反行政管理秩序的行为，可以设定警告、通报批评或者一定数额罚款的行政处罚。罚款的限额由省、自治区、直辖市人民代表大会常务委员会规定。

第十六条　除法律、法规、规章外，其他规范性文件不得设定行政处罚。

第十九条　法律、法规授权的具有管理公共事务职能的组织可以在法定授权范围内实施行政处罚。

第二十条　行政机关依照法律、法规、规章的规定，可以在其法定权限内书面委托符合本法第二十一条规定条件的组织实施行政处罚。行政机关不得委托其他组织或者个人实施行政处罚。

委托书应当载明委托的具体事项、权限、期限等内容。委托行政机关和受委托组织应当将委托书向社会公布。

委托行政机关对受委托组织实施行政处罚的行为应当负责监督，并对该行为的后果承担法律责任。

受委托组织在委托范围内，以委托行政机关名义实施行政处罚；不得再委托其他组织或者个人实施行政处罚。

第四十四条　行政机关在作出行政处罚决定之前，应当告知当事人拟作出的行政处罚内容及事实、理由、依据，并告知当事人依法享有的陈述、申辩、要求听证等权利。

第四十五条 当事人有权进行陈述和申辩。行政机关必须充分听取当事人的意见，对当事人提出的事实、理由和证据，应当进行复核；当事人提出的事实、理由或者证据成立的，行政机关应当采纳。

行政机关不得因当事人陈述、申辩而给予更重的处罚。

第五十一条 违法事实确凿并有法定依据，对公民处以二百元以下、对法人或者其他组织处以三千元以下罚款或者警告的行政处罚的，可以当场作出行政处罚决定。法律另有规定的，从其规定。

第五十四条 除本法第五十一条规定的可以当场作出的行政处罚外，行政机关发现公民、法人或者其他组织有依法应当给予行政处罚的行为的，必须全面、客观、公正地调查，收集有关证据；必要时，依照法律、法规的规定，可以进行检查。

符合立案标准的，行政机关应当及时立案。

第五十七条 调查终结，行政机关负责人应当对调查结果进行审查，根据不同情况，分别作出如下决定：

（一）确有应受行政处罚的违法行为的，根据情节轻重及具体情况，作出行政处罚决定；

（二）违法行为轻微，依法可以不予行政处罚的，不予行政处罚；

（三）违法事实不能成立的，不予行政处罚；

（四）违法行为涉嫌犯罪的，移送司法机关。

对情节复杂或者重大违法行为给予行政处罚，行政机关负责人应当集体讨论决定。

第六十条 行政机关应当自行政处罚案件立案之日起九十日内作出行政处罚决定。法律、法规、规章另有规定的，从其规定。

第六十二条 行政机关及其执法人员在作出行政处罚决定之前，未依照本法第四十四条、第四十五条的规定向当事人告知拟作出的行政处罚内容及事实、理由、依据，或者拒绝听取当事人的陈述、申辩，不得作出行政处罚决定；当事人明确放弃陈述或者申辩权利的除外。

第六十三条 行政机关拟作出下列行政处罚决定，应当告知当事人有要求听证的权利，当事人要求听证的，行政机关应当组织听证：

（一）较大数额罚款；

（二）没收较大数额违法所得、没收较大价值非法财物；

（三）降低资质等级、吊销许可证件；

（四）责令停产停业、责令关闭、限制从业；

（五）其他较重的行政处罚；

（六）法律、法规、规章规定的其他情形。

当事人不承担行政机关组织听证的费用。

第六十六条 行政处罚决定依法作出后，当事人应当在行政处罚决定书载明的期限内，予以履行。

当事人确有经济困难，需要延期或者分期缴纳罚款的，经当事人申请和行政机关批准，可以暂缓或者分期缴纳。

第六十七条 作出罚款决定的行政机关应当与收缴罚款的机构分离。

除依照本法第六十八条、第六十九条的规定当场收缴的罚款外，作出行政处罚决定的行政机关及其执法人员不得自行收缴罚款。

当事人应当自收到行政处罚决定书之日起十五日内，到指定的银行或者通过电子支付系统缴纳罚款。银行应当收受罚款，并将罚款直接上缴国库。

第七十二条 当事人逾期不履行行政处罚决定的，作出行政处罚决定的行政机关可以采取下列措施：

（一）到期不缴纳罚款的，每日按罚款数额的百分之三加处罚款，加处罚款的数额不得超出罚款的数额；

（二）根据法律规定，将查封、扣押的财物拍卖、依法处理或者将冻结的存款、汇款划拨抵缴罚款；

（三）根据法律规定，采取其他行政强制执行方式；

（四）依照《中华人民共和国行政强制法》的规定申请人民法院强制执行。

行政机关批准延期、分期缴纳罚款的，申请人民法院强制执行的期限，自暂缓或者分期缴纳罚款期限结束之日起计算。

48.2《中华人民共和国行政强制法》（2012年1月1日起施行）

第四条 行政强制的设定和实施，应当依照法定的权限、范围、条件和程序。

第五条 行政强制的设定和实施，应当适当。采用非强制手段可以达到行政管理目的的，不得设定和实施行政强制。

第十二条 行政强制执行的方式：

（一）加处罚款或者滞纳金；

（二）划拨存款、汇款；

（三）拍卖或者依法处理查封、扣押的场所、设施或者财物；

（四）排除妨碍、恢复原状；

（五）代履行；

（六）其他强制执行方式。

第十三条 行政强制执行由法律设定。

法律没有规定行政机关强制执行的，作出行政决定的行政机关应当申请人民法院强制执行。

第三十四条 行政机关依法作出行政决定后，当事人在行政机关决定的期限内不履行义务的，具有行政强制执行权的行政机关依照规定强制执行。

第三十五条 行政机关作出强制执行决定前，应当事先催告当事人履行义务。催告应当以书面形式作出，并载明下列事项：

（一）履行义务的期限；

（二）履行义务的方式；

（三）涉及金钱给付的，应当有明确的金额和给付方式；

（四）当事人依法享有的陈述权和申辩权。

第三十七条第一款 经催告，当事人逾期仍不履行行政决定，且无正当理由的，行政机关可以作出强制执行决定。

48.3《北京市人民政府办公厅关于印发〈北京市行政执法公示办法〉〈北京市行政执法全过程记录办法〉〈北京市重大行政执法决定法制审核办法〉的通知》(京政办发〔2021〕17号，2021年11月5日起施行)

48.3-1《北京市行政执法公示办法》

第三条 行政执法公示是指各级行政执法机关通过特定载体和方式，将与行政执法相关的信息主动向社会公示，并自觉接受社会监督的活动。

第四条 行政执法公示信息分为基本信息和动态信息。

行政执法公示以政府或者部门网站公示为主，以办公场所现场公示、政务新媒体公示等为辅。

第五条 行政执法机关应当按照"谁执法、谁公示"的要求建立行政执法公示的信息采集、传递、审核、发布、撤销和更新制度。

行政执法公示应当全面、主动、及时、准确。

第六条 除依法属于国家秘密的信息外，行政执法机关应当主动公示以下行政执法基本信息：

(一)机构职能、执法主体、办公地点、办公时间、通信地址、咨询电话、监督电话。依法委托实施行政执法的，还应当公布受委托组织名称和委托书；

(二)各执法主体的权责清单、双随机抽查事项清单；

(三)执法人员的姓名、单位、执法证号码及样式信息。有执法服装、标志的，还应当公示服装、标志的样式信息；

(四)政务服务事项的服务对象、办理条件、办理方式、办理流程、法定时限、承诺时限、收费方式、收费依据以及申办材料的目录、表格、填写说明、示范文本；

(五)行政处罚、行政强制的执法流程；

(六)行政处罚的立案依据、实施程序、救济渠道、裁量基准、听证标准；

(七)用于收集、固定违法事实的电子技术监控设备的设置地点；

(八)法律、法规、规章规定的其他应当主动公示的基本信息。

前款规定的行政执法基本信息，有条件的行政执法机关可以在办公场所采取设置专栏、自助查询终端等方式公示，并提供咨询服务。

第七条 行政执法机关聘用辅助人员从事执法辅助活动的，应当主动公示辅助人员的工作职责、辅助权限等基本信息。为辅助人员配发服装、标志、工作证件的，还应当主动公示相关服装、标志、工作证件的样式信息。

第八条 行政执法机关的执法人员开展执法活动时，应当按规定着装。有统一执法标志的，还应当规范佩戴相关标志。

执法人员在进行监督检查、调查取证、采取强制措施和强制执行、送达执法文书等执法活动时，应当主动出示执法证件、表明身份并主动告知当事人执法事由、执法依据、权利义务、救济方式和救济渠道等内容。

第九条 政务服务窗口应当设置信息公示牌或者电子信息屏，主动公示窗口办理业务名称和办理人员信息。

第十条 行政执法动态信息包括年度行政检查计划、行政执法过程、行政执法结果和行政执法统计年报信息。

第十一条　行政执法机关应当于每年一季度公示当年的行政检查（含双随机抽查）计划。

行政检查计划应当包括检查主体、检查方式、管理对象基数和对应的检查比例等内容。

第十二条　下列行政执法过程中的信息应当主动公示：

（一）根据考试成绩实施行政许可、行政确认的，应当在实施行政许可、行政确认前公示考试成绩信息；

（二）采取摇号、抽签等方式实施行政许可或者行政给付的，应当在摇号或者抽签之日前，公示符合条件的相对人信息；

（三）采取招标、拍卖方式实施行政许可或者行政强制执行的，应当依照有关法律、法规、规章的规定，采取发布招标或者拍卖公告的方式公示相关信息；

（四）需要组织公开听证的，应当采取发布听证公告的方式，公示听证时间、地点、听证事项等信息；

（五）其他执法过程中应当依法公示的信息。

第十三条　除法律、法规、规章另有规定外，行政检查的结果应当按月或者按季度主动公示；行政许可决定和具有一定社会影响的行政处罚决定应当在决定作出之日起7个工作日内主动公示；其他行政执法决定应当在决定作出之日起20个工作日内主动公示。

第十四条　行政执法决定公示可以采取公示决定书或者摘要信息的方式。

公示决定书的，应当隐去决定书中有关当事人的银行账号、动产或者不动产权属证书编号、财产状况、商业秘密信息，以及个人的姓名、年龄、家庭住址、身份证号码、通讯方式等隐私信息。

公示摘要信息的，应当公示执法对象（个人隐去真实姓名）、决定种类、决定主要内容、决定日期、决定书编号以及作出决定机关名称等内容。

第十五条　行政检查结果公示采取公示摘要信息的方式。公示信息应当包括检查对象（个人隐去真实姓名）、检查日期、检查方式、检查结论以及检查单编号、检查机关名称等内容。

第十六条　符合下列情形，行政执法结果不予公示：

（一）当事人属于未成年人的；

（二）涉及国家秘密的；

（三）法律、行政法规禁止公开的；

（四）公示后可能影响国家安全、公共安全、经济安全或者社会稳定的；

（五）法律、法规、规章规定不予公示的其他情形。

涉嫌犯罪、职务违法需要移送公安机关、监察机关调查处理或者正在公安机关、监察机关调查处理中的案件，以及公示后可能影响系列案件调查处理的案件，经行政执法机关负责人批准后，可以暂缓或者延期公示。

第十七条　行政执法机关应当建立行政执法统计年报制度，每年1月31日前主动公示上年度行政执法情况，并报本级人民政府和上级主管部门。

行政执法统计年报应当包括下列内容：

（一）行政执法机关的执法主体名称和数量情况；

（二）各执法主体的执法岗位设置及执法人员在岗情况；

（三）执法力量投入情况；

（四）政务服务事项的办理情况；

（五）行政检查计划执行情况；

（六）行政处罚、行政强制等案件的办理情况；

（七）投诉、举报案件的受理和分类办理情况；

（八）行政执法机关认为需要公示的其他情况。

第十八条 行政执法基本信息发生变化的，行政执法机关应当及时更新。

公示的行政执法决定被依法变更、撤销、确认违法或者确认无效的，行政执法机关应当在 3 个工作日内撤回已公示的信息并公开说明理由。

第十九条 公民、法人或者其他组织认为行政执法公示的内容存在合法性、适当性问题并向行政执法机关提出监督建议的，行政执法机关应当及时研究；确实存在问题的，应当及时纠正。

行政执法相对人认为公示的行政执法信息侵犯其合法权益并要求行政执法机关更正的，行政执法机关应当及时核实，确需更正的，应当及时更正；不予更正的，向当事人说明理由。

第二十条 公民、法人或者其他组织申请公开行政执法信息的，行政执法机关应当按照政府信息公开相关规定办理。属于申请查询特定第三人信用信息的，应当告知申请人按照国家和本市信用信息归集管理的规定查询。

48.3-2《北京市行政执法全过程记录办法》

第三条 本办法所称行政执法全过程，是指从行政执法程序启动直至执法程序完结经历的过程。

第四条 行政许可、行政确认、税费征收、行政给付、行政奖励、行政裁决的全过程自接收相关办理材料开始，包括接收、受理、审查决定、送达等一般程序环节和补正、勘验、中止、延期、听证等特别程序环节。

行政检查的全过程自检查活动开始，包括现场核查、送达、复查等一般程序环节和询问、勘验、抽样、鉴定、责令改正等特别程序环节。

实物征收征用的全过程自论证和征求意见开始，包括论证、征求意见、审查决定、送达、实施、补偿、终结等一般程序环节和中止、延期等特别程序环节。

行政处罚的全过程自获取违法线索开始，包括受案、立案、调查取证、审核、决定、送达、执行、终结等一般程序环节和抽样调查、先行登记保存、听证、中止、延期等特别程序环节。

行政强制的全过程自呈报审批开始，包括审查决定、催告、送达、实施、终结等一般程序环节和中止、延期等特别程序环节。

第五条 行政执法全过程记录应当遵循合法、全面、客观、准确和可回溯管理的原则。

第六条 行政执法全过程记录应当采取文字记录、音像记录等方式。

文字记录可以采用纸质文书或者电子文书进行记录。音像记录可以采用执法记录仪、移动执法终端、摄像机、照相机、录音机、音视频监控等设备进行记录。

第七条　纸质文书记录应当使用行政执法机关印制的制式文书，过程记录的要素应当包括时间、地点、执法人员、执法对象、执法事项等过程性信息。

纸质文书记录的制作、归档、保管、使用，依照国家和本市有关行政执法档案或者文书档案管理的规定执行。

第八条　鼓励行政执法机关采用电子文书并结合电子签章等信息化技术对行政执法全过程进行记录和管理。

第九条　对查封扣押财产、强制拆除等直接涉及人身自由、生命健康、重大财产权益的现场执法活动和执法办案场所，要推行全程音像记录。

对现场执法、调查取证、举行听证、留置送达和公告送达等容易引发争议的行政执法过程，要根据实际情况进行音像记录。

鼓励行政执法机关在办事窗口、询问室、听证室等场所安装音视频监控系统，对执法过程进行记录。

法律、法规、规章或者国家有关部门对使用音像设备记录执法过程有强制性规定的，从其规定。

第十条　音像设备使用前，执法人员应当检查设备的性能、电量和存储空间使用情况，并对系统时间进行校准。

音像记录应当包含记录时间、记录地点、执法人员、执法对象等基本信息。有条件的可以使用多台音像设备从不同角度，同时进行不间断记录。

音像记录过程中，因天气恶劣、设备故障、设备损坏等原因造成音像记录中断的，应当在重新开启设备后对中断原因进行语音说明；无法继续记录的，应当事后书面说明情况。

第十一条　导出和存储音像记录应当使用专用存储设备进行。

行政执法记录的保管、借阅、复制和使用应当按照档案管理的有关规定执行。

第十二条　执法过程的文字记录保存期限按照行政执法档案或者文书档案的保存期限执行。专用设备存储的音像记录保存期限不少于6个月，具体期限由各市级行政执法机关确定。

音像记录作为证据使用的，应当刻制光盘并注明制作人、提取人、提取时间等信息，与档案一并归档。光盘保存期限按照行政执法档案或者文书档案保存期限执行。

第十三条　行政执法机关及其工作人员不得伪造、篡改、编辑、剪辑执法过程的原始记录；不得在保存期内销毁执法过程的文字记录和专用存储设备中的音像记录。

第十四条　行政执法全过程记录为行政执法机关内部资料，不向社会公开。涉及国家秘密的，应当严格按照保密工作的有关规定进行管理。

监察机关、审判机关、检察机关或者其他行政执法机关基于办案需要，依法调阅、复制相关案件执法过程记录的，行政执法机关应当协助提供。

行政执法相对人要求查阅、复制与其相关的执法过程记录的，行政执法机关应当协助提供，但不得泄露国家秘密或者举报人、投诉人以及其他第三人的信息。已经结案归档的执法过程记录，应当按照档案管理有关规定办理查阅、复制手续。

48.3-3《北京市重大行政执法决定法制审核办法》

第三条　重大行政执法决定法制审核属于行政执法机关的内部工作机制。

行政执法机关作出重大行政执法决定应当经过集体讨论。

重大行政执法决定法制审核应当在作出行政执法决定前进行。未经法制审核，行政执法机关不得作出重大行政执法决定。主体、事实、依据、程序存在合法性问题的，应当在纠正或者改正后作出重大行政执法决定。

第四条 各级行政执法机关的主要负责人是推动落实本机关重大行政执法决定法制审核制度的第一责任人，并对以本机关名义作出的行政执法决定负责。

各级行政执法机关的法制机构或者承担法制职责的机构（以下简称法制机构）负责本机关重大行政执法决定的法制审核工作并对审核意见负责。

经行政执法机关授权，相对集中执法权的机构（含政务服务机构）可以由其法制机构在授权范围内具体承担重大行政执法决定法制审核职责。

第五条 下列行政许可决定属于重大行政执法决定：

（一）采取招标、拍卖等方式作出的行政许可决定；

（二）经过听证程序的行政许可决定；

（三）可能造成重大社会影响、引发社会风险的行政许可决定；

（四）撤回或者撤销行政许可的决定；

（五）行政执法机关认为重大的其他行政许可决定。

第六条 下列行政处罚决定属于重大行政执法决定：

（一）涉及重大公共利益的行政处罚决定；

（二）直接关系当事人或者第三人重大权益，经过听证程序的行政处罚决定；

（三）案件情况疑难复杂、涉及多个法律关系的行政处罚决定；

（四）法律、法规规定应当进行法制审核的其他行政处罚决定；

（五）行政执法机关认为重大的其他行政处罚决定。

第七条 下列行政强制决定属于重大行政执法决定：

（一）划拨存款、汇款的行政强制执行决定；

（二）拆除建筑物、构筑物的行政强制执行决定；

（三）拍卖或者变卖当事人合法财物用以抵缴罚款的行政强制执行决定；

（四）行政执法机关认为重大的其他行政强制决定。

第八条 下列行政征收征用决定属于重大行政执法决定：

（一）征收或者征用房屋、土地的决定；

（二）征收或者征用车辆、设施、设备等合法财产的决定；

（三）行政执法机关认为重大的其他行政征收征用决定。

第九条 行政执法机关向公安机关移送涉嫌犯罪案件或者向监察机关移送涉嫌职务违法、职务犯罪案件的决定，属于重大行政执法决定。

第十条 法律、法规、规章对行政确认、行政给付、行政收费、行政裁决、行政奖励等重大执法决定的范围有明确规定的，按照有关规定执行；没有明确规定的，由各行政执法机关自行确定。

第十一条 本市实行重大行政执法决定事项目录管理制度。行政执法机关应当按照本办法第五条至第十条的规定，制定本机关重大行政执法决定事项目录。因法律、法规、规章变更或者机构职能调整等原因需要对目录进行调整的，应当及时调整。

第十二条 具体承办案件或者政务服务事项的机构（以下简称办案机构）应当将下列材料提交法制机构审核，并对提交材料的真实性、完整性、准确性，以及执法的事实、证据、法律适用、程序的合法性负责：

（一）完整的卷宗材料；

（二）办理建议及理由、依据；

（三）其他需要提交的证据、证明材料。

第十三条 重大行政执法决定法制审核以书面审核为主，重点审核以下内容：

（一）材料是否完整、文书是否完备、制作是否规范；

（二）执法主体和执法权限是否合法；

（三）执法人员是否具备执法资格；

（四）执法对象是否认定准确；

（五）事实是否清楚，证据是否合法、充分、确凿；

（六）执法程序是否合法；

（七）法律、法规、规章适用是否准确；

（八）办理意见或者裁量建议是否明确、适当；

（九）违法行为是否涉嫌犯罪或者职务违法，需要移送公安机关或者监察机关；

（十）其他应当审核的内容。

第十四条 法制机构应当在办案机构提交审核之日起5个工作日内，逐项对照本办法第十三条规定的内容提出明确、具体的书面审核意见。

法制审核书面意见一式两份。一份反馈办案机构存入执法案卷，一份由法制机构留存归档。

第十五条 办案机构应当对法制机构审核中提出的合法性、合理性意见进行研究并提出是否采纳的意见。存在异议的，可以与法制机构协商沟通；经沟通仍不能达成一致意见的，报请行政执法机关负责人集体讨论决定。

48.4《中央国家机关人民防空行政处罚实施办法》（〔1998〕国管人防字第265号，1999年1月1日起施行）

第六条 中央国家机关人民防空办公室管辖中央国家机关各部门的人民防空行政处罚案件。

受委托实施行政处罚的部门人防办具体办理本部门及其在京直属单位的人民防空行政处罚案件。

法律、行政法规对人民防空行政处罚管辖另有规定的，从其规定。

第七条 涉外人民防空行政处罚案件或者有重大影响的人民防空行政处罚案件，由中央国家机关人民防空办公室直接办理。

第八条 两个以上部门人防办对同一人民防空行政处罚案件都可以受理的，由先受理的部门人防办办理。如果后受理的部门人防办办理更为合适，经中央国家机关人民防空办公室同意，可以由后受理的部门人防办办理。

第九条 部门人防办发现受理的案件不应当由其办理的，将有关材料及时移送有关部门人防办处理。受移送的部门人防办如认为移送不当的，报请中央国家机关人民防空办公室处理，不得再自行移送。

第十条　同级部门人防办因受理人民防空行政处罚案件发生争议的，由中央国家机关人民防空办公室指定受理。

第十一条　违法事实清楚，情节简单，对个人处以 50 元以下、对单位处以 1000 元以下罚款的，或者对个人、单位处以警告的，执法人员可以运用简易程序，当场作出行政处罚决定。

第十二条　执法人员当场作出行政处罚决定的，应当出示《中央国家机关人民防空行政执法证》；填写统一编号的《行政（当场）处罚决定书》，当场交付当事人。

第十三条　实施行政处罚，有下列情形之一的，执法人员可以当场收缴罚款：

（一）依法给予 20 元以下罚款的；

（二）不当场收缴事后难以执行的；

（三）具备《行政处罚法》第四十八条规定情形，当事人向指定银行缴纳罚款确有困难，并要求当场缴纳的。

当场收缴罚款，必须向当事人出具按国家规定统一制发的罚款收据。不能当场收缴罚款的，知当事人在 15 日内到指定银行缴纳罚款。

执法人员当场收缴的罚款，应当自收缴之日起 2 日内交至执法部门；执法部门应当在 2 日内将罚款交至指定银行。

第十四条　除依法可以当场处罚的以外，执法人员对符合下列规定的，应当在 7 日内立案：

（一）有明确的当事人；

（二）有违反《人民防空法》的行为事实并应依法受到行政处罚的；

（三）符合本办法第二章第一节的规定。

第十五条　执法部门在办理人民防空行政处罚案件时，应当按照《行政处罚法》第三十六条、第三十七条的规定进行。

执法人员与当事人有直接利害关系的，应当回避。

第十六条　人民防空行政处罚案件调查终结，应当按照《行政处罚法》的有关规定作出行政处罚决定，将《行政处罚决定书》送达当事人。

在作出行政处罚决定之前，应当告知当事人给予行政处罚的事实、理由和依据，听取当事人的陈述和申辩。

第十七条　人民防空行政处罚案件应当自立案之日起 30 日内办理完毕；情况复杂的，可以延长至 3 个月，情况特别复杂的，经批准可以延长至 6 个月。

第十八条　执法部门对个人处以 1000 元以上罚款、对单位处以 1 万元以上罚款的行政处罚决定作出之前，应当告知当事人有要求举行听证的权利；当事人要求听证的，中央国家机关人民防空办公室应当按照《行政处罚法》第四十二条规定的程序组织听证。

第十九条　人民防空行政处罚决定依法作出之后，当事人应当在规定的期限内予以执行。

第二十条　当事人不服人民防空行政处罚决定的，可以在收到《行政处罚决定书》之日起 15 日内申请行政复议，或者在 3 个月内向人民法院提起行政诉讼。

对拒不执行人民防空行政处罚决定又不申请行政复议或者提起行政诉讼的，执法部门可以向人民法院申请强制执行。

第二十一条　人民防空行政处罚实行罚款决定与罚款收缴相分离的制度，由中央国家机关人民防空办公室根据《罚款决定与罚款收缴分离实施办法》具体组织实施。

第二十二条　中央国家机关人民防空办公室应建立健全行政处罚监督制度，对受委托部门人防办实施行政处罚的行为进行监督。

部门人防办在办理人民防空行政处罚案件中有事实不清、证据不足、违反法定程序等情况的，中央国家机关人民防空办公室应当予以纠正。

对严重违反法律、法规或已经丧失委托条件的部门人防办，中央国家机关人民防空办公室可以终止委托关系。

第二十三条　对执法人员在办理行政处罚案件中的违法行为，当事人有权向中央国家机关人民防空办公室进行检举控告，中央国家机关人民防空办公室应当受理并在 7 日内给予答复。

第二十四条　执法人员如有执法不严、执法违法等情况时，中央国家机关人民防空办公室可以责令其改正或建议有关部门予以行政处分；情节严重的，按照《人民防空法》、《行政处罚法》及其他有关法律的规定追究法律责任。

第二十五条　中央国家机关人民防空办公室可以定期或不定期对部门人防办实施人民防空行政处罚的情况进行检查，督促其正确执行法律、法规和规章，发现问题及时处理。

第二十六条　中央国家机关人民防空办公室每年对部门人防办实施人民防空行政处罚的情况，应进行评议考核，并对考核情况进行通报。

第二十七条　中央国家机关人民防空办公室可以邀请有关部门和人员参加人民防空行政处罚执法检查。

第二十八条　部门人防办应当将办理完毕的人民防空行政处罚案件，于 10 日内报中央国家机关人民防空办公室备案。

中央国家机关人民防空办公室应当将重要案件的行政处罚决定报国家人民防空主管部门备案。

第二十九条　人民防空行政处罚案件应当在该案件处理完毕后 15 日内，按照一案一卷的要求编号归档。

48.5《北京市人民防空系统轻微违法行为免罚清单》（京人防发〔2022〕5 号，2022年 2 月 21 日起施行）

下列轻微违法行为，及时纠正，没有造成危害后果的，不予行政处罚；或者初次违法且危害后果轻微并及时改正的，可以不予行政处罚。

一、违反《中华人民共和国人民防空法》第二十三条第一款、《北京市人民防空条例》第十八条第一款，人防工程参建单位不按照国家规定的防护标准和质量标准修建人民防空工程，未违反强制性条文且违法行为未导致人防工程防护标准和质量标准降低。上述轻微违法行为，及时纠正，没有造成危害后果的，不予行政处罚；或者上述违法行为，属初次违法且危害后果轻微并及时改正的，可以不予行政处罚。

二、违反《中华人民共和国人民防空法》第二十七条、《北京市人民防空条例》第二十二条第二款和第三款，单位或个人违反国家有关规定采用其他方法危害人民防空工程的安全和使用效能，违法行为尚未对人防工程的正常使用和维护管理造成影响和妨碍，且未堵塞人防工程通道和孔口、未对人防工程及其设备设施造成损坏。上述轻微违法行为，及时纠正，没有造成危害后果的，不予行政处罚；或者上述违法行为，属初次违法且危害后果轻微并及时改正的，可以不予行政处罚。

三、违反《中华人民共和国人民防空法》第三十二条第一款、《北京市人民防空条例》第二十七条第一款，单位或个人首次采取抵触、妨碍、不配合等方式阻挠安装人民防空通信、警报设施，接受批评教育及时改正的，可以不予行政处罚。

四、违反《中华人民共和国人民防空法》第二十七条、《北京市人民防空条例》第二十三条，单位或个人向人民防空工程内排放废水、废气或者倾倒废弃物，违法行为尚未对人防工程的正常使用和维护管理造成影响和妨碍，且未堵塞人防工程通道和孔口、未对人防工程及其设备设施造成损坏。上述轻微违法行为，及时纠正，没有造成危害后果的，不予行政处罚；或者上述违法行为，属初次违法且危害后果轻微并及时改正的，可以不予行政处罚。

五、违反《北京市人民防空条例》第十八条第二款，建设单位在人民防空工程竣工验收后6个月内不向人民防空主管部门备案，责令限期改正后及时改正的，不予行政处罚。

六、违反《北京市人民防空条例》第二十二条第一款，单位或个人未经所在地区人民防空主管部门批准或者未按规定使用且未对人防工程安全和防空效能造成危害，首次被发现，责令限期改正后及时改正的，可以不予行政处罚。

七、违反《北京市人民防空工程和普通地下室安全使用管理办法》第五条第（一）项，人防工程安全使用责任人制定落实治安、消防、卫生、建筑等管理法律、法规、规章的具体措施不完善，未对人防工程安全和使用造成危害，首次被发现，责令限期改正后及时改正的，可以不予行政处罚。

八、违反《北京市人民防空工程和普通地下室安全使用管理办法》第五条第（二）项，人防工程安全使用责任人建立的防火、防汛、治安、卫生等责任制度不完善，未对人防工程安全和使用造成危害，首次被发现，责令限期改正后及时改正的，可以不予行政处罚。

九、违反《北京市人民防空工程和普通地下室安全使用管理办法》第五条第（六）项，人防工程安全使用责任人不按规定在人民防空工程入口处设置人民防空工程使用标志牌，首次被发现，责令限期改正后及时改正的，可以不予行政处罚。

十、违反《建设工程质量管理条例》第二十九条，施工单位在施工中未对人防工程专用设备进行检验，已经进场但未进行检验的人防工程专用设备尚未安装使用，首次被发现，责令限期改正后及时改正的，可以不予行政处罚。

十一、其他符合《中华人民共和国行政处罚法》等法律法规、规章规定的不予行政处罚或者可以不予行政处罚情形的北京市人民防空系统轻微违法行为，不予行政处罚或者可以不予行政处罚。

市、区人民防空主管部门要认真落实"轻微违法行为，及时纠正，没有造成危害后果的，不予行政处罚；或者初次违法且危害后果轻微并及时改正的，可以不予行政处罚"的规定，对当事人违法行为依法免予行政处罚的，采取签订承诺书等方式教育、引导、督促其自觉守法。

48.6《北京市人民防空系统行政处罚裁量基准》（京人防发〔2021〕60号，2021年7月15日起施行）

【著者按】为规范人防部门行政处罚行为，保证行政处罚裁量权的正确行使，促进严格、公正、文明执法，保障法律法规正确实施，保护公民、法人或者其他组织的合法权益，地方各省市相继出台了人民防空行政部门行政处罚裁量基准，可参见《江苏省人民防空系统行政处罚裁量基准（2021版）》《浙江省人民防空行政处罚裁量基准（2020版）》《安徽省人民防空行政处罚裁量基准》（皖人防〔2021〕31号）《福建省人民防空行政处罚裁量基准（2018年）》、《山东省人民防空行政处罚裁量基准》（鲁防发〔2018〕10号）、《重庆市人民防空行政处罚裁量基准》（渝文审〔2011〕15号）等。

《北京市人民防空系统行政处罚裁量基准》（2021年修订稿）（略）

《北京市人民防空系统行政处罚裁量基准表》（2021年修订稿）

北京市人民防空系统行政处罚裁量基准表（2021年修订稿）

编号	违法行为	法律依据		违法情节	裁量基准
		违法行为依据	处罚依据		
C45001A010	城市新建民用建筑，违反国家和本市有关规定不修建战时可用于防空的地下室的行为	《中华人民共和国人民防空法》第二十二条；《北京市人民防空条例》第十六条第一款	《中华人民共和国人民防空法》第四十八条；《北京市人民防空条例》第四十四条	应建未建面积不到 500 m²	警告，并责令限期修建，可以并处 3 万元以下的罚款
C45001A020				应建未建面积在 500 m² 以上不到 1000 m²	警告，并责令限期修建，可以并处 3 万元以上 5 万元以下的罚款
C45001A030				应建未建面积在 1000 m² 以上	警告，并责令限期修建，可以并处 5 万元以上 10 万元以下的罚款
C45002B010	侵占人民防空工程的行为	《中华人民共和国人民防空法》第九条	《中华人民共和国人民防空法》第四十九条第（一）项	违法行为轻微并及时纠正，没有造成危害后果	不予行政处罚
C45002B020				侵占面积在 200 m² 以下	警告，并责令限期改正违法行为，可以对个人并处 2000 元以下的罚款、对单位并处 1 万元以上 2 万元以下的罚款；造成损失的，应当依法赔偿损失
C45002B030				侵占面积在 200 m² 以上 500 m² 以下	警告，并责令限期改正违法行为，可以对个人并处 2000 元以上 3000 元以下的罚款、对单位并处 2 万元以上 3 万元以下的罚款；造成损失的，应当依法赔偿损失
C45002B040				侵占面积在 500 m² 以上	警告，并责令限期改正违法行为，可以对个人并处 3000 元以上 5000 元以下的罚款、对单位并处 3 万元以上 5 万元以下的罚款；造成损失的，应当依法赔偿损失
C45003A010	不按照国家规定的防护标准和质量标准修建人民防空工程的行为	《中华人民共和国人民防空法》第二十三条第一款；《北京市人民防空条例》第十八条第一款	《中华人民共和国人民防空法》第四十九条第（二）项；《北京市人民防空条例》第四十五条第（一）项	违法行为轻微并及时纠正，没有造成危害后果	不予行政处罚
C45003A020				违法行为造成人防工程有防护密闭要求的部位结构质量不合格；或人防工程专用设备防护或防化功能达不到规范要求；或人防工程战时通风、给排水、电气等配套设施达不到功能要求	警告，并责令限期改正违法行为，可以对个人并处 3000 元以下的罚款、对单位并处 1 万元以上 3 万元以下的罚款；造成损失的，应当依法赔偿损失
C45003A030				违法行为导致防护标准降低或丧失基本防空效能	警告，并责令限期改正违法行为，可以对个人并处 3000 元以上 5000 元以下的罚款、对单位并处 3 万元以上 5 万元以下的罚款；造成损失的，应当依法赔偿损失
C45004A010	违反国家有关规定，改变人民防空工程主体结构的行为	《中华人民共和国人民防空法》第二十七条；《北京市人民防空条例》第二十二条第二款	《中华人民共和国人民防空法》第四十九条第（三）项；《北京市人民防空条例》第四十五条第（二）项	违法行为轻微并及时纠正，没有造成危害后果	不予行政处罚
C45004A020				在人防工程结构构件上开设通透孔洞或采取其他方式破坏人防工程结构构件，影响人防工程防护密闭功能	警告，并责令限期改正违法行为，可以对个人并处 3000 元以下的罚款、对单位并处 1 万元以上 3 万元以下的罚款；造成损失的，应当依法赔偿损失
C45004A030				在人防工程结构构件上开设通透孔洞或采取其他方式破坏人防工程结构构件或拆除整个结构构件等行为，造成防护标准降低或丧失基本防空效能	警告，并责令限期改正违法行为，可以对个人并处 3000 元以上 5000 元以下的罚款、对单位并处 3 万元以上 5 万元以下的罚款；造成损失的，应当依法赔偿损失
C45005A010	违反国家有关规定，拆除人民防空工程设备设施的行为	《中华人民共和国人民防空法》第二十七条；《北京市人民防空条例》第二十二条第二款	《中华人民共和国人民防空法》第四十九条第（三）项；《北京市人民防空条例》第四十五条第（二）项	违法行为轻微并及时纠正，没有造成危害后果	不予行政处罚
C45005A020				拆除人民防空工程设备设施 1 至 3 处	警告，并责令限期改正违法行为，可以对个人并处 2000 元以下的罚款、对单位并处 1 万元以上 2 万元以下的罚款；造成损失的，应当依法赔偿损失
C45005A030				拆除人民防空工程设备设施 3 至 5 处	警告，并责令限期改正违法行为，可以对个人并处 2000 元以上 3000 元以下的罚款、对单位并处 2 万元以上 3 万元以下的罚款；造成损失的，应当依法赔偿损失
C45005A040				拆除人民防空工程设备设施 5 处以上	警告，并责令限期改正违法行为，可以对个人并处 3000 元以上 5000 元以下的罚款、对单位并处 3 万元以上 5 万元以下的罚款；造成损失的，应当依法赔偿损失

C45006B010				违法行为轻微并及时纠正，没有造成危害后果	不予行政处罚
C45006B020	违反国家有关规定，采用其他方法危害人民防空工程的安全和使用效能的行为	《中华人民共和国人民防空法》第二十七条；《北京市人民防空条例》第二十二条第二款、第三款	《中华人民共和国人民防空法》第四十九条第（三）项；《北京市人民防空条例》第四十五条第（二）项	阻塞进出口道路、孔口、出入口，对人防工程正常使用和维护管理造成影响和妨碍；或空间划分对人防工程正常使用和维护管理造成影响和妨碍	警告，并责令期限改正违法行为，可以对个人并处2000元以下的罚款、对单位并处1万元以上2万元以下的罚款；造成损失的，应当依法赔偿损失
C45006B030				违法行为对人防工程战时防护功能造成损害	警告，并责令期限改正违法行为，可以对个人并处2000元以上3000元以下的罚款、对单位并处2万元以上3万元以下的罚款；造成损失的，应当依法赔偿损失
C45006B040				违法行为导致人防工程防护标准降低或丧失基本防空效能	警告，并责令期限改正违法行为，可以对个人并处3000元以上5000元以下的罚款、对单位并处3万元以上5万元以下的罚款；造成损失的，应当依法赔偿损失
C45007A010				拆除面积200 m²以下，拒不补建	警告，并责令期限改正违法行为，可以对个人并处2000元以下的罚款、对单位并处1万元以上2万元以下的罚款；造成损失的，应当依法赔偿损失
C45007A020	拆除人民防空工程后拒不补建的行为	《中华人民共和国人民防空法》第二十八条；《北京市人民防空条例》第二十四条第一款	《中华人民共和国人民防空法》第四十九条第（四）项；《北京市人民防空条例》第四十五条第（四）项	拆除面积200 m²以上500 m²以下，拒不补建	警告，并责令期限改正违法行为，可以对个人并处2000元以上3000元以下的罚款、对单位并处2万元以上3万元以下的罚款；造成损失的，应当依法赔偿损失
C45007A030				拆除面积500 m²以上，拒不补建	警告，并责令期限改正违法行为，可以对个人并处3000元以上5000元以下的罚款、对单位并处3万元以上5万元以下的罚款；造成损失的，应当依法赔偿损失
C45008B010				违法行为轻微并及时纠正，没有造成危害后果；或初次违法且危害后果轻微并及时改正	不予行政处罚
C45008B020	占用人民防空通信专用频率的行为	《中华人民共和国人民防空法》第三十二条第二款；《北京市人民防空条例》第二十七条第二款	《中华人民共和国人民防空法》第四十九条第（五）项；《北京市人民防空条例》第四十五条第（六）项	违法行为2次以上被查处，且未对人民防空指挥通信造成影响；或违法行为对人民防空指挥通信造成较轻干扰或影响	警告，并责令期限改正违法行为，可以对个人并处2000元以下的罚款、对单位并处1万元以上2万元以下的罚款；造成损失的，应当依法赔偿损失
C45008B030				违法行为对人民防空指挥通信造成一般干扰、延误或影响	警告，并责令期限改正违法行为，可以对个人并处2000元以上3000元以下的罚款、对单位并处2万元以上3万元以下的罚款；造成损失的，应当依法赔偿损失
C45008B040				违法行为对人民防空指挥通信造成网络中断甚至瘫痪或其他严重影响	警告，并责令期限改正违法行为，可以对个人并处3000元以上5000元以下的罚款、对单位并处3万元以上5万元以下的罚款；造成损失的，应当依法赔偿损失
C45009A010				违法行为轻微并及时纠正，没有造成危害后果；或初次违法且危害后果轻微并及时改正	不予行政处罚
C45009A020	使用与防空警报相同的音响信号的行为	《中华人民共和国人民防空法》第三十二条第二款；《北京市人民防空条例》第二十七条第二款	《中华人民共和国人民防空法》第四十九条第（五）项；《北京市人民防空条例》第四十五条第（六）项	违法行为2次以上被查处，且未对人民防空指挥通信造成影响；或违法行为对人民防空指挥通信造成较轻影响或对社会秩序造成较轻影响	警告，并责令期限改正违法行为，可以对个人并处2000元以下的罚款、对单位并处1万元以上2万元以下的罚款；造成损失的，应当依法赔偿损失
C45009A030				违法行为对人民防空指挥通信造成一般影响或对社会秩序造成一般影响	警告，并责令期限改正违法行为，可以对个人并处2000元以上3000元以下的罚款、对单位并处2万元以上3万元以下的罚款；造成损失的，应当依法赔偿损失
C45009A040				违法行为对人民防空指挥通信造成严重影响或对社会秩序造成严重影响	警告，并责令期限改正违法行为，可以对个人并处3000元以上5000元以下的罚款、对单位并处3万元以上5万元以下的罚款；造成损失的，应当依法赔偿损失
C45010A010				违法行为轻微并及时纠正，没有造成危害后果	不予行政处罚
C45010A020	擅自拆除人民防空通信、警报设备设施的行为	《中华人民共和国人民防空法》第三十五条第二款；《北京市人民防空条例》第二十九条第二款	《中华人民共和国人民防空法》第四十九条第（五）项；《北京市人民防空条例》第四十五条第（六）项	擅自拆除通信、警报设备设施，未造成通信警报器材损坏且未造成通信中断和警报无法施放	警告，并责令期限改正违法行为，可以对个人并处2000元以下的罚款、对单位并处1万元以上2万元以下的罚款；造成损失的，应当依法赔偿损失
C45010A030				擅自拆除通信、警报设备设施，造成通信警报器材损坏	警告，并责令期限改正违法行为，可以对个人并处2000元以上3000元以下的罚款、对单位并处2万元以上3万元以下的罚款；造成损失的，应当依法赔偿损失
C45010A040				擅自拆除通信、警报设备设施，造成通信中断和警报无法施放	警告，并责令期限改正违法行为，可以对个人并处3000元以上5000元以下的罚款、对单位并处3万元以上5万元以下的罚款；造成损失的，应当依法赔偿损失

编码	违法行为	设定依据	处罚依据	违法行为情形	行政处罚
C45011B010	阻挠安装人民防空通信、警报设施，拒不改正的行为	《中华人民共和国人民防空法》第三十二条第一款；《北京市人民防空条例》第二十七条第一款	《中华人民共和国人民防空法》第四十九条第（六）项；《北京市人民防空条例》第四十五条第（五）项	违法行为轻微并及时纠正，没有造成危害后果	不予行政处罚
C45011B020				阻挠安装人民防空通信、警报设施，拒不改正，未造成危害后果	警告，并责令限期改正违法行为，可以对个人并处2000元以下的罚款、对单位并处1万元以上2万元以下的罚款；造成损失的，应当依法赔偿损失。
C45011B030				阻挠安装人民防空通信、警报设施，拒不改正，导致通信、警报设施不能安装	警告，并责令限期改正违法行为，可以对个人并处2000元以上3000元以下的罚款、对单位并处2万元以上3万元以下的罚款；造成损失的，应当依法赔偿损失
C45011B040				阻挠安装人民防空通信、警报设施，拒不改正，导致通信不畅通和警报无法施放	警告，并责令限期改正违法行为，可以对个人并处3000元以上5000元以下的罚款、对单位并处3万元以上5万元以下的罚款；造成损失的，应当依法赔偿损失
C45012B010	向人民防空工程内排放废水、废气或者倾倒废弃物的行为	《中华人民共和国人民防空法》第二十七条；《北京市人民防空条例》第二十三条	《中华人民共和国人民防空法》第四十九条第（七）项；《北京市人民防空条例》第四十五条第（三）项	违法行为轻微并及时纠正，没有造成危害后果	不予行政处罚
C45012B020				违法行为对人防工程的正常使用和维护管理造成较轻影响和妨碍，且未堵塞人防工程通道、孔口，未对人防工程及其设备设施造成损坏	警告，并责令限期改正违法行为，可以对个人并处2000元以下的罚款、对单位并处1万元以上2万元以下的罚款；造成损失的，应当依法赔偿损失
C45012B030				违法行为对人防工程的正常使用和维护管理造成一般影响和妨碍；或造成工程内部积水；或防护设备锈蚀损坏；或造成堵塞人防工程通道、孔口等危害	警告，并责令限期改正违法行为，可以对个人并处2000元以上3000元以下的罚款、对单位并处2万元以上3万元以下的罚款；造成损失的，应当依法赔偿损失
C45012B040				违法行为对人防工程的正常使用和维护管理造成严重影响和妨碍；或造成工程内部长期积水；或防护设备严重锈蚀、变形、损坏；或通风、给排水、电气、滤毒、洗消设备损毁失效失灵等危害	警告，并责令限期改正违法行为，可以对个人并处3000元以上5000元以下的罚款、对单位并处3万元以上5万元以下的罚款；造成损失的，应当依法赔偿损失
C45013A010	擅自改造、改变人防工程主体结构的行为	《北京市人民防空工程建设与使用管理规定》第二十四条	《北京市人民防空工程建设与使用管理规定》第二十九条第（一）项	违法行为轻微并及时纠正，没有造成危害后果	不予行政处罚
C45013A020				擅自改造人防工程，在人防工程结构构件上开设通透孔洞或采取其他方式破坏人防工程结构构件，影响人防工程防护密闭功能	警告，责令限期改正，可以对个人并处3000元以下、对单位并处1万元以上3万元以下罚款；造成损失的，应当依法赔偿损失
C45013A030				擅自改造改变人防工程，在人防工程结构构件上开设通透孔洞或或采取其他方式破坏人防工程结构构件或拆除整个结构构件等行为，造成人防工程防护标准降低或丧失基本防空效能	警告，责令限期改正，可以对个人并处3000元以上5000元下罚款、对单位并处3万元以上5万元以下罚款；造成损失的，应当依法赔偿损失
C45014C010	人民防空工程竣工验收后，不向人民防空主管部门备案的行为	《北京市人民防空条例》第十八条第二款	《北京市人民防空条例》第四十六条	违法行为轻微并及时纠正，没有造成危害后果	不予行政处罚
C45014C020				自人民防空工程竣工验收合格之日起6个月以上不向人民防空主管部门备案	警告，责令限期改正，并可处1万元以下罚款
C45015B010	未经所在地区、县人民防空主管部门批准或者未按规定使用且危害人民防空工程安全和防空效能的行为	《北京市人民防空条例》第二十二条第一款	《北京市人民防空条例》第四十七条	未经所在地区人民防空主管部门批准或者未按规定使用，且未造成危害后果	责令限期改正
C45015B020				违法行为对人民防空工程安全和防空效能造成较轻危害	责令限期改正；可以对个人并处2000元以下罚款、对单位并处1万元以上2万元以下罚款；造成损失的，应当依法赔偿损失
C45015B030				违法行为对人民防空工程安全和防空效能造成一般危害	责令限期改正；可以对个人并处2000元以上3000元以下罚款、对单位并处2万元以上3万元以下罚款；造成损失的，应当依法赔偿损失
C45015B040				违法行为对人民防空工程安全和防空效能造成严重危害	责令限期改正；可以对个人并处3000元以上5000元以下罚款、对单位并处3万元以上5万元以下罚款；造成损失的，应当依法赔偿损失
C45016C010	地下空间安全使用责任人未制定落实治安、消防、卫生、建筑等管理法律、法规、规章的具体措施的行为	《北京市人民防空工程和普通地下室安全使用管理办法》第五条第（一）项	《北京市人民防空工程和普通地下室安全使用管理办法》第二十一条第（一）项	自行纠正违法行为，没有造成危害后果	不予行政处罚
C45016C020				缺少或内容不符合要求的具体措施2项以下	对安全使用责任人处500元罚款
C45016C030				缺少或内容不符合要求的具体措施2项以上	对安全使用责任人处500元以上1000元以下罚款
C45017C010	地下空间安全使用责任人未建立防火、防汛、治安、卫生等责任制度的行为	《北京市人民防空工程和普通地下室安全使用管理办法》第五条第（二）项	《北京市人民防空工程和普通地下室安全使用管理办法》第二十一条第（一）项	自行纠正违法行为，没有造成危害后果	不予行政处罚
C45017C020				缺少或内容不符合要求的责任制度2项以下	对安全使用责任人处500元罚款
C45017C030				缺少或内容不符合要求的责任制度2项以上	对安全使用责任人处500元以上1000元以下罚款
C45018C010	不按规定在人民防空工程入口处设置人民防空工程使用标志牌的行为	《北京市人民防空工程和普通地下室安全使用管理办法》第五条第（六）项	《北京市人民防空工程和普通地下室安全使用管理办法》第二十一条第（二）项	违法行为轻微并及时纠正，没有造成危害后果	不予行政处罚
C45018C020				存在违法行为	对安全使用责任人处500元以上1000元以下罚款

				违法行为是轻微并及时纠正，没有造成危害后果	不予行政处罚
C45019C010	地下空间容纳的人员超过核定人数的行为	《北京市人民防空工程和普通地下室安全使用管理办法》第六条第（九）项	《北京市人民防空工程和普通地下室安全使用管理办法》第二十二条第二款		
C45019C020				地下空间容纳的人员超过核定人数的行为	责令改正，并处 3 万元罚款
C45020B010	建设工程验收不合格，擅自交付使用的行为	《建设工程质量管理条例》第十六条第三款	《建设工程质量管理条例》第五十八条第（二）项	违法行为是轻微并及时纠正，没有造成危害后果	责令改正，不予行政处罚
C45020B020				违法情节较轻	责令改正，处工程合同价款2%以上2.5%以下的罚款；造成损失的，依法承担赔偿责任
C45020B030				违法情节一般	责令改正，处工程合同价款2.5%以上3.5%以下的罚款；造成损失的，依法承担赔偿责任
C45020B040				违法情节严重	责令改正，处工程合同价款3.5%以上4%以下的罚款；造成损失的，依法承担赔偿责任
C45021A010	施工单位在施工中使用不合格的建筑材料、建筑构配件和设备的行为	《建设工程质量管理条例》第二十九条；《北京市建设工程质量条例》第十一条	《建设工程质量管理条例》第六十四条；《北京市建设工程质量条例》第七十五条	使用不合格人防工程专用设备，能够自行更换消除危害后果	责令改正，不予行政处罚
C45021A020				使用不合格人防工程专用设备，导致 2 个以下防护设备或防化设备达不到防护或防化功能要求	责令改正，处工程合同价款2%以上2.5%以下的罚款
C45021A030				使用不合格人防工程专用设备，导致2个以上5个以下防护设备或防化设备达不到防护或防化功能要求；或导致2个以下孔口达不到防护密闭功能要求	责令改正，处工程合同价款2.5%以上3.5%以下的罚款
C45021A040				使用不合格人防工程专用设备，导致5个以上防护设备或防化设备达不到防护或防化功能要求；或导致2个以上孔口达不到防护密闭功能要求；或导致整个人防工程基本丧失防空效能	责令改正，处工程合同价款3.5%以上4%以下的罚款
C45022B010	建设单位将建设工程委托给不具有相应资质等级的工程监理单位的行为	《建设工程质量管理条例》第七条第一款	《建设工程质量管理条例》第五十四条	对人防工程质量造成较轻影响	责令改正，处50万元以上65万元以下的罚款
C45022B020				对人防工程质量造成一般影响	责令改正，处65万元以上85万元以下的罚款
C45022B030				对人防工程质量造成严重影响	责令改正，处85万元以上100万元以下的罚款
C45024A010	施工单位将隐蔽工程、检验批、分项工程、分部工程未经监理单位验收或者验收不合格，进行下一工序施工的行为	《北京市建设工程质量条例》第四十四条	《北京市建设工程质量条例》第八十七条第（三）项	违法行为是轻微并及时纠正，没有造成危害后果	责令改正，不予行政处罚
C45024A020				违法行为导致 2 个以下防护设备或防化设备达不到防护或防化功能要求	责令改正，处 3 万元以上 5 万元以下的罚款
C45024A030				违法行为导致2个以上5个以下防护设备或防化设备达不到防护或防化功能要求；或导致2个以下孔口达不到防护密闭功能要求	责令改正，处5万元以上8万元以下的罚款
C45024A040				违法行为导致5个以上防护设备或防化设备达不到防护或防化功能要求；或导致2个以上孔口达不到防护密闭功能要求；或导致整个人防工程基本丧失防空效能	责令改正，处8万元以上10万元以下的罚款
C45025B010	从事工程建设活动的专业技术人员签署虚假、错误技术文件的行为	《北京市建设工程质量条例》第二十条	《北京市建设工程质量条例》第八十条	违法行为是轻微并及时纠正，没有造成危害后果	责令改正，不予行政处罚
C45025B020				违法行为涉及人防工程专用设备防护或防化功能	责令改正，处 1 万元以上 2 万元以下的罚款
C45025B030				违法行为涉及人防工程孔口防护密闭功能	责令改正，处 2 万元以上 3 万元以下的罚款
C45025B040				违法行为涉及人防工程整体防空效能	责令改正，处 3 万元以上 5 万元以下的罚款

C45026B010			违法行为轻微并及时纠正，没有造成危害后果	责令改正，不予行政处罚
C45026B020	建设单位明示或者暗示施工单位使用不合格的建筑材料、建筑构配件和设备的行为	《建设工程质量管理条例》第十四条第二款	违法行为导致2个以下防护设备或防化设备达不到防护或防化功能要求	责令改正，处20万元以上30万元以下的罚款
C45026B030			违法行为导致2个以上5个以下防护设备或防化设备达不到防护或防化功能要求；或导致2个以下孔口达不到防护密闭功能要求	责令改正，处30万元以上40万元以下的罚款
C45026B040		《建设工程质量管理条例》第五十六条第（七）项	违法行为导致5个以上防护设备或防化设备达不到防护或防化功能要求；或导致2个以上孔口达不到防护密闭功能要求；或导致整个人防工程基本丧失防空效能	责令改正，处40万元以上50万元以下的罚款
C45027B010			违法行为轻微并及时纠正，没有造成危害后果	责令改正，不予行政处罚
C45027B020	建设单位未按照规定委托检测单位进行检测的行为	《北京市建设工程质量条例》第四十一条	违法行为涉及人防工程专用设备防护或防化功能	责令改正，处10万元以上15万元以下的罚款
C45027B030			违法行为涉及人防工程孔口防护密闭功能	责令改正，处15万元以上25万元以下的罚款
C45027B040		《北京市建设工程质量条例》第八十八条	违法行为涉及人防工程整体防空效能	责令改正，处25万元以上30万元以下的罚款
C45028A010			已经进场但未进行检验的人防工程专用设备尚未安装使用，能够主动整改，未造成危害后果	责令改正，不予行政处罚
C45028A020	施工单位在施工中未对建筑材料、建筑构配件、设备和商品混凝土进行检验的行为	《建设工程质量管理条例》第二十九条	违法行为导致2个以下防护设备或防化设备达不到防护或防化功能要求	责令改正，处10万元以上15万元以下的罚款
C45028A030			违法行为导致2个以上5个以下防护设备或防化设备达不到防护或防化功能要求；或导致2个以下孔口达不到防护密闭功能要求	责令改正，处15万元以上18万元以下的罚款
C45028A040		《建设工程质量管理条例》第六十五条	违法行为导致5个以上防护设备或防化设备达不到防护或防化功能要求；或导致2个以上孔口达不到防护密闭功能要求；或导致整个人防工程基本丧失防空效能	责令改正，处18万元以上20万元以下的罚款
C45029B010			违法行为轻微并及时纠正，没有造成危害后果	责令改正，不予行政处罚
C45029B020	建设单位明示或者暗示设计单位或者施工单位违反工程建设强制性标准，降低工程质量的行为	《建设工程质量管理条例》第十条第二款	违法行为导致2个以下防护设备或防化设备达不到防护或防化功能要求	责令改正，处20万元以上30万元以下的罚款
C45029B030			违法行为导致2个以上5个以下防护设备或防化设备达不到防护或防化功能要求；或导致2个以下孔口达不到防护密闭功能要求	责令改正，处30万元以上40万元以下的罚款
C45029B040		《建设工程质量管理条例》第五十六条第（三）项	违法行为导致5个以上防护设备或防化设备达不到防护或防化功能要求；或导致2个以上孔口达不到防护密闭功能要求；或导致整个人防工程基本丧失防空效能	责令改正，处40万元以上50万元以下的罚款
C45030B010	建设单位采购混凝土预制构件、钢筋和钢结构构件，未组织到货检验的行为	《北京市建设工程质量条例》第三十九条	建设单位采购混凝土预制构件、钢筋和钢结构构件，未组织到货检验的行为	责令改正，不予行政处罚
C45030B020		《北京市建设工程质量条例》第八十六条	未组织到货检验的	责令改正，处10万元以上20万元以下的罚款
C45031A010	工程监理单位允许其他单位或者个人以本单位名义承揽工程的行为	《建设工程质量管理条例》第三十四条第二款	违法行为危害程度较轻	责令改正，对工程监理单位处监理酬金1倍以上1.5倍以下的罚款
C45031A020			违法行为危害程度一般	责令改正，对工程监理单位处监理酬金1.5倍以上1.75倍以下的罚款
C45031A030		《建设工程质量管理条例》第六十一条	违法行为危害程度严重	责令改正，对工程监理单位处监理酬金1.75倍以上2倍以下的罚款

编号	行为	依据1	依据2	情节	处罚
C45034B010	施工单位在工程竣工验收中将不合格工程按照合格工程验收的行为	《北京市建设工程质量条例》第四十八条第二款	《北京市建设工程质量条例》第九十四条第一款	违法行为轻微并及时纠正，没有造成危害后果	责令改正，不予行政处罚
C45034B020				未造成质量事故	责令改正，处合同价款1%以上1.5%以下的罚款
C45034B030				造成质量事故	责令改正，对处合同款1.5%以上2%以下的罚款
C45035A010	房屋建筑使用者在装修过程中擅自变动房屋建筑主体和承重结构的行为	《建设工程质量管理条例》第十五条第二款	《建设工程质量管理条例》第六十九条	责令改正限期内改正违法行为	责令改正，处5万元以上8万元以下的罚款；造成损失的，依法承担赔偿责任
C45035A020				责令改正限期内未改正违法行为	责令改正，处8万元以上10万元以下的罚款；造成损失的，依法承担赔偿责任
C45036A010	涉及建筑主体或者承重结构变动的装修工程，建设单位没有设计方案擅自施工的行为	《建设工程质量条例》第十五条第一款	《建设工程质量管理条例》第六十九条	责令改正限期内改正违法行为	责令改正，处50万元以上75万元以下的罚款；造成损失的，依法承担赔偿责任
C45036A020				责令改正限期内未改正违法行为	责令改正，处75万元以上100万元以下的罚款；造成损失的，依法承担赔偿责任
C45037A010	工程监理单位将不合格的建设工程、建筑材料、建筑构配件和设备按照合格签字的行为	《建设工程质量管理条例》第六十七条第（二）项	《建设工程质量管理条例》第六十七条第（二）项	不合格的人防工程专用设备已经工程监理单位按照合格签字，尚未安装使用	责令改正，不予行政处罚
C45037A020				违法行为导致2个以下防护设备或防化设备达不到防护或防化功能要求	责令改正，处50万元以上65万元以下的罚款；造成损失的，承担连带赔偿责任
C45037A030				违法行为导致2个以上5个以下防护设备或防化设备达不到防护或防化功能要求，或导致2个以下孔口达不到防护密闭功能要求	责令改正，处65万元以上85万元以下的罚款；造成损失的，承担连带赔偿责任
C45037A040				违法行为导致5个以上防护设备或防化设备达不到防护或防化功能要求；或导致2个以上孔口达不到防护密闭功能要求；或导致整个人防工程基本丧失防空效能	责令改正，处85万元以上100万元以下的罚款；造成损失的，承担连带赔偿责任
C45038A010	发包单位将工程发包给不具有相应资质等级的承包单位或者委托给不具有相应资质等级的工程监理单位的行为	《建设工程质量条例》第七条第一款	《建设工程质量管理条例》第五十四条	违法行为导致人防工程专用设备达不到防护或防化功能要求	责令改正，处50万元以上65万元以下的罚款
C45038A020				违法行为导致孔口达不到防护密闭功能要求	责令改正，处65万元以上85万元以下的罚款
C45038A030				违法行为导致整个人防工程基本丧失防空效能	责令改正，处85万元以上100万元以下的罚款
C45039B010	施工单位不执行监理单位停工整改要求的行为	《北京市建设工程质量条例》第九十条第二款	《北京市建设工程质量条例》第九十条第二款	违法行为轻微并及时纠正，没有造成危害后果	责令改正，不予行政处罚
C45039B020				违法行为导致2个以下防护设备或防化设备达不到防护或防化功能要求	责令改正，处3万元以上5万元以下的罚款
C45039B030				违法行为导致2个以上5个以下防护设备或防化设备达不到防护或防化功能要求，或导致2个以下孔口达不到防护密闭功能要求	责令改正，处5万元以上8万元以下的罚款
C45039B040				违法行为导致5个以上防护设备或防化设备达不到防护或防化功能要求；或导致2个以上孔口达不到防护密闭功能要求；或导致整个人防工程基本丧失防空效能	责令改正，处8万元以上10万元以下的罚款
C45040B010	建设单位将不合格的建设工程按照合格工程验收的行为	《建设工程质量管理条例》第十六条第一款	《建设工程质量管理条例》第五十八条第（三）项	违法情节较轻	责令改正，处工程合同价款2%以上2.5%以下的罚款；造成损失的，依法承担赔偿责任
C45040B020				违法情节一般	责令改正，处工程合同价款2.5%以上3.5%以下的罚款；造成损失的，依法承担赔偿责任
C45040B030				违法情节严重	责令改正，处工程合同价款3.5%以上4%以下的罚款；造成损失的，依法承担赔偿责任
C45041A010	建设项目必须实行工程监理而未实行工程监理的行为	《建设工程质量管理条例》第十二条	《建设工程质量管理条例》第五十六条第（五）项	违法行为导致人防工程专用设备达不到防护或防化功能要求	责令改正，处20万元以上30万元以下的罚款
C45041A020				违法行为导致孔口达不到防护密闭功能要求	责令改正，处30万元以上40万元以下的罚款
C45041A030				违法行为导致整个人防工程基本丧失防空效能	责令改正，处40万元以上50万元以下的罚款
C45042A010	承包单位将承包的工程转包的，或者违反本条例规定进行分包的行为	《建设工程质量管理条例》第二十五条第三款；《北京市建设工程质量条例》第三十四条第二款	《建设工程质量管理条例》第六十二条第一款；《北京市建设工程质量条例》第八十四条第三款	违法情节较轻	责令改正，对施工单位处工程合同价款0.5%以上0.75%以下的罚款
C45042A020				违法情节一般	责令改正，对施工单位处工程合同价款0.75%以上0.9%以下的罚款
C45042A030				违法情节严重	责令改正，对施工单位处工程合同价款0.9%以上1%以下的罚款

C45043A010	建设单位采购的建筑材料、建筑构配件和设备不合格且用于工程的行为	《北京市建设工程质量条例》第三十九条	《北京市建设工程质量条例》第八十六条	违法行为轻微并及时纠正，没有造成危害后果	责令改正，不予行政处罚
C45043A020				违法行为导致2个以下防护设备或防化设备达不到防护或防化功能要求	责令改正，处20万元以上30万元以下的罚款
C45043A030				违法行为导致2个以上5个以下防护设备或防化设备达不到防护或防化功能要求；或导致2个以下孔口达不到防护密闭功能要求	责令改正，处30万元以上40万元以下的罚款
C45043A040				违法行为导致5个以上防护设备或防化设备达不到防护或防化功能要求；或导致2个以上孔口达不到防护密闭功能要求；或导致整个人防工程基本丧失防空效能	责令改正，处40万元以上50万元以下的罚款
C45044A010	设计单位允许其他单位或者个人以本单位名义承揽工程的行为	《建设工程质量管理条例》第十八条第二款	《建设工程质量管理条例》第六十一条	违法情节较轻	责令改正，处合同约定的设计费1倍以上1.5倍以下的罚款
C45044A020				违法情节一般	责令改正，处合同约定的设计费1.5倍以上1.75倍以下的罚款
C45044A030				违法情节严重	责令改正，处合同约定的设计费1.75倍以上2倍以下的罚款
C45045A010	施工单位未对涉及结构安全的试块、试件以及有关材料取样检测的行为	《建设工程质量管理条例》第三十一条	《建设工程质量管理条例》第六十五条	违法行为轻微并及时纠正，没有造成危害后果	责令改正，不予行政处罚
C45045A020				未造成质量事故	责令改正，处10万元以上15万元以下的罚款；造成损失的，依法承担赔偿责任
C45045A030				造成质量事故	责令改正，处15万元以上20万元以下的罚款；造成损失的，依法承担赔偿责任
C45046A010	工程监理单位与建设单位或者建筑施工企业串通，弄虚作假、降低工程质量的行为	《中华人民共和国建筑法》第三十四条第二款	《中华人民共和国建筑法》第六十九条第一款；《建设工程质量管理条例》第六十七条第（一）项	违法行为轻微并及时纠正，没有造成危害后果	责令改正，不予行政处罚
C45046A020				违法行为导致2个以下防护设备或防化设备达不到防护或防化功能要求	责令改正，处50万元以上65万元以下的罚款；造成损失的，承担连带赔偿责任
C45046A030				违法行为导致2个以上5个以下防护设备或防化设备达不到防护或防化功能要求；或导致2个以下孔口达不到防护密闭功能要求	责令改正，处65万元以上85万元以下的罚款；造成损失的，承担连带赔偿责任
C45046A040				违法行为导致5个以上防护设备或防化设备达不到防护或防化功能要求；或导致2个以上孔口达不到防护密闭功能要求；或导致整个人防工程基本丧失防空效能	责令改正，处85万元以上100万元以下的罚款；造成损失的，承担连带赔偿责任
C45047B010	监理单位未对关键部位和关键工序进行旁站，或者见证过程弄虚作假的行为	《北京市建设工程质量条例》第三十六条、第四十一条	《北京市建设工程质量条例》第八十五条	违法行为轻微并及时纠正，没有造成危害后果	责令改正，不予行政处罚
C45047B020				违法行为导致人防工程专用设备达不到防护或防化功能要求	责令改正，处3万元以上5万元以下的罚款
C45047B030				违法行为导致孔口达不到防护密闭功能要求	责令改正，处5万元以上8万元以下的罚款
C45047B040				违法行为导致整个人防工程基本丧失防空效能	责令改正，处8万元以上10万元以下的罚款
C45048A010	工程监理单位与被监理工程的施工承包单位以及建筑材料、建筑构配件和设备供应单位有隶属关系或者其他利害关系承担该项建设工程的监理业务的行为	《建设工程质量管理条例》第三十五条	《建设工程质量管理条例》第六十八条	违法行为导致人防工程专用设备达不到防护或防化功能要求	责令改正，处5万元以上7万元以下的罚款
C45048A020				违法行为导致孔口达不到防护密闭功能要求	责令改正，处7万元以上9万元以下的罚款
C45048A030				违法行为导致整个人防工程基本丧失防空效能	责令改正，处9万元以上10万元以下的罚款

C45049A010	施工单位在施工中不按照工程设计图纸或者施工技术标准施工的行为	《建设工程质量管理条例》第二十八条第一款；《北京市建设工程质量条例》第十一条	《建设工程质量管理条例》第六十四条；《北京市建设工程质量条例》第七十五条	违法行为导致人防工程专用设备达不到防护或防化功能要求	责令改正，处工程合同价款2%以上2.5%以下的罚款
C45049A020				违法行为导致孔口达不到防护密闭功能要求	责令改正，处工程合同价款2.5%以上3.5%以下的罚款
C45049A030				违法行为导致整个人防工程基本丧失防空效能	责令改正，处工程合同价款3.5%以上4%以下的罚款
C45050B010	建设单位未组织竣工验收，擅自交付使用的行为	《建设工程质量管理条例》第十六条第一款	《建设工程质量管理条例》第五十八条第（一）项	违法行为轻微并及时纠正，没有造成危害后果	责令改正，不予行政处罚
C45050B020				违法情节较轻的	责令改正，处工程合同价款2%以上2.5%以下的罚款；造成损失的，依法承担赔偿责任
C45050B030				违法情节一般的	责令改正，处工程合同价款2.5%以上3.5%以下的罚款；造成损失的，依法承担赔偿责任
C45050B040				违法情节严重的	责令改正，处工程合同价款3.5%以上4%以下的罚款；造成损失的，依法承担赔偿责任
C45051B010	建设、施工、监理单位未在3日内报告涉及结构安全的重大工程质量问题的行为	《北京市建设工程质量条例》第四十六条	《北京市建设工程质量条例》第九十二条	违法行为轻微并及时纠正，没有造成危害后果	责令改正，不予行政处罚
C45051B020				违法行为导致人防工程专用设备达不到防护或防化功能要求	责令改正，处3万元以上5万元以下的罚款
C45051B030				违法行为导致孔口达不到防护密闭功能要求	责令改正，处5万元以上8万元以下的罚款
C45051B040				违法行为导致整个人防工程基本丧失防空效能	责令改正，处8万元以上10万元以下的罚款
C45052A010	建设单位将一个单位工程发包给两个以上的施工单位，或者将预拌混凝土直接发包的行为	《建设工程质量条例》第七条；《北京市建设工程质量条例》第二十四条	《建设工程质量管理条例》第五十五条；《北京市建设工程质量条例》第八十二条	违法情节较轻	责令改正，处单位工程合同价款0.5%以上0.75%以下的罚款
C45052A020				违法情节一般	责令改正，处单位工程合同价款0.75%以上0.9%以下的罚款
C45052A030				违法情节严重	责令改正，处单位工程合同价款0.9%以上1%以下的罚款
C45053B010	使用未通过培训考核的一线作业人员的行为	《北京市建设工程质量条例》第二十二条	《北京市建设工程质量条例》第八十一条第（四）项	违法行为轻微及时纠正，没有造成危害后果	责令改正，不予行政处罚
C45053B020				违法情节较轻	责令改正，处1万元以上2万元以下的罚款
C45053B030				违法情节一般	责令改正，处2万元以上3万元以下的罚款
C45053B040				违法情节严重	责令改正，处3万元以上5万元以下的罚款
C45054B010	建设单位未按照国家规定将竣工验收报告、有关认可文件或者准许使用文件报送备案的行为	《建设工程质量管理条例》第四十九条第一款	《建设工程质量管理条例》第五十六条第（八）项	违法行为轻微及时纠正，没有造成危害后果	责令改正，不予行政处罚
C45054B020				自建设工程竣工验收合格之日起1月以上6个月以下未报送备案的	责令改正，处20万元以上30万元以下的罚款
C45054B030				自建设工程竣工验收合格之日起6月以上12个月以下未报送备案的	责令改正，处30万元以上40万元以下的罚款
C45054B040				自建设工程竣工验收合格之日起超过12个月仍未报送备案的	责令改正，处40万元以上50万元以下的罚款
C45055B010	使用未按照规定接受继续教育的专业技术人员的行为	《北京市建设工程质量条例》第二十一条	《北京市建设工程质量条例》第八十一条第（二）项	违法行为轻微及时纠正，没有造成危害后果	责令改正，不予行政处罚
C45055B020				违法情节较轻	责令改正，处1万元以上2万元以下的罚款
C45055B030				违法情节一般	责令改正，处2万元以上3万元以下的罚款
C45055B040				违法情节严重	责令改正，处3万元以上5万元以下的罚款

C45056A010	施工单位通过挂靠方式,以其他施工单位的名义承揽工程的行为	《北京市建设工程质量条例》第三十四条第一款	《北京市建设工程质量条例》第八十四条第二款	违法情节较轻	责令停止违法行为,处工程合同价款2%以上2.5%以下的罚款
C45056A020				违法情节一般	责令停止违法行为,处工程合同价款2.5%以上3.5%以下的罚款
C45056A030				违法情节严重	责令停止违法行为,处工程合同价款3.5%以上4%以下的罚款
C45057B010	建设、施工、监理等单位在单位工程质量竣工验收中将不合格工程按照合格验收的行为	《北京市建设工程质量条例》第四十七条第二款	《北京市建设工程质量条例》第九十三条第一款	违法行为轻微并及时纠正,没有造成危害后果	责令改正,不予行政处罚
C45057B020				违法行为导致人防工程专用设备达不到防护或防化功能要求	责令改正,对建设单位处单位工程合同价款2%以上2.5%以下的罚款,对负有责任的施工、监理单位处10万元以上15万元以下的罚款
C45057B030				违法行为导致孔口达不到防护密闭功能要求	责令改正,对建设单位处单位工程合同价款2.5%以上3.5%以下的罚款,对负有责任的施工、监理单位处15万元以上18万元以下的罚款
C45057B040				违法行为导致整个人防工程基本丧失防空效能	责令改正,对建设单位处单位工程合同价款3.5%以上4%以下的罚款,对负有责任的施工、监理单位处18万元以上20万元以下的罚款
C45058B010	监理单位将不合格的隐蔽工程、检验批、分项工程和分部工程按照合格进行验收的行为	《北京市建设工程质量条例》第四十四条第二款、第四十七条第一款规定	《北京市建设工程质量条例》第九十一条	违法行为轻微并及时纠正,没有造成危害后果	责令改正,不予行政处罚
C45058B020				违法行为导致人防工程专用设备达不到防护或防化功能要求	责令改正,处3万元以上5万元以下的罚款
C45058B030				违法行为导致孔口达不到防护密闭功能要求	责令改正,处5万元以上8万元以下的罚款
C45058B040				违法行为导致整个人防工程基本丧失防空效能	责令改正,处8万元以上10万元以下的罚款
C45059A010	工程监理单位转让监理业务的行为	《建设工程质量管理条例》第三十四条第三款	《建设工程质量管理条例》第六十二条第二款	违法情节较轻	责令改正,处合同约定的监理酬金25%以上30%以下的罚款
C45059A020				违法情节一般	责令改正,处合同约定的监理酬金30%以上40%以下的罚款
C45059A030				违法情节严重	责令改正,处合同约定的监理酬金40%以上50%以下的罚款
C45060B010	建设单位未履行质量保修义务的行为	《北京市建设工程质量条例》五十四条	《北京市建设工程质量条例》第九十六条	违法行为轻微并及时纠正,没有造成危害后果	责令改正,不予行政处罚
C45060B020				违法行为导致人防工程专用设备达不到防护或防化功能要求	责令改正,处10万元以上20万元以下的罚款,并对质量缺陷造成的损失承担赔偿责任
C45060B030				违法行为导致孔口达不到防护密闭功能要求	责令改正,处20万元以上30万元以下的罚款,并对质量缺陷造成的损失承担赔偿责任
C45060B040				违法行为导致整个人防工程基本丧失防空效能	责令改正,处30万元以上50万元以下的罚款,并对质量缺陷造成的损失承担赔偿责任
C45061B010	未建立一线作业人员教育培训制度,或者未按照教育培训制度定期对一线作业人员开展职业技能培训的行为	《北京市建设工程质量条例》第二十二条规定	《北京市建设工程质量条例》第八十一条第(五)项	违法行为轻微并及时纠正,没有造成危害后果	责令改正,不予行政处罚
C45061B020				违法情节较轻	责令改正,处1万元以上2万元以下的罚款
C45061B030				违法情节一般	责令改正,处2万元以上3万元以下的罚款
C45061B040				违法情节严重	责令改正,处3万元以上5万元以下的罚款
C45062A010	超越本单位资质等级承揽工程的行为	《建设工程质量管理条例》第二十五条第二款、第三十四条第二款	《建设工程质量管理条例》第六十条第一款	违法情节较轻	责令停止违法行为,对工程监理单位处合同约定的监理酬金1倍以上1.5倍以下的罚款;对施工单位处工程合同价款2%以上2.5%以下的罚款
C45062A020				违法情节一般	责令停止违法行为,对工程监理单位处合同约定的监理酬金1.5倍以上1.75倍以下的罚款;对施工单位处工程合同价款2.5%以上3.5%以下的罚款
C45062A030				违法情节严重	责令停止违法行为,对工程监理单位处合同约定的监理酬金1.75倍以上2倍以下的罚款;对施工单位处工程合同价款3.5%以上4%以下的罚款
C45063B010	使用不具备相应专业技术资格或者注册执业资格人员的行为	《北京市建设工程质量条例》第二十一条	《北京市建设工程质量条例》第八十一条第(一)项	违法行为轻微并及时纠正,没有造成危害后果	责令改正,不予行政处罚
C45063B020				违法情节较轻	责令改正,处1万元以上2万元以下的罚款
C45063B030				违法情节一般	责令改正,处2万元以上3万元以下的罚款
C45063B040				违法情节严重	责令改正,处3万元以上5万元以下的罚款

C45064A010	施工单位使用未经监理单位审查的建筑材料、建筑构配件和设备的行为	《北京市建设工程质量条例》第四十条第一款	《北京市建设工程质量条例》第八十七条第（一）项	违法行为轻微并及时纠正，没有造成危害后果	责令改正，不予行政处罚
C45064A020				违法行为导致人防工程专用设备达不到防护或防化功能要求	责令改正，处3万元以上5万元以下的罚款
C45064A030				违法行为导致孔口达不到防护密闭功能要求	责令改正，处5万元以上8万元以下的罚款
C45064A040				违法行为导致整个人防工程基本丧失防空效能	责令改正，处8万元以上10万元以下的罚款
C45065A010	建筑施工企业转让、出借资质证书或者以其他方式允许他人以本企业的名义承揽工程的行为	《中华人民共和国建筑法》第二十六条第二款；《建设工程质量条例》第二十五条第二款；《北京市建设工程质量条例》第三十四条第一款	《中华人民共和国建筑法》第六十六条；《建设工程质量管理条例》第六十一条；《北京市建设工程质量条例》第八十四条第一款	违法行为导致人防工程专用设备达不到防护或防化功能要求	责令改正，对施工单位处工程合同价款2%以上2.5%以下的罚款
C45065A020				违法行为导致孔口达不到防护密闭功能要求	责令改正，对施工单位处工程合同价款2.5%以上3.5%以下的罚款
C45065A030				违法行为导致整个人防工程基本丧失防空效能	责令改正，对施工单位处工程合同价款3.5%以上4%以下的罚款
C45066A010	未取得资质证书承揽工程的行为	《中华人民共和国建筑法》第二十六条第一款；《建设工程质量管理条例》第二十五条第一款；《建设工程质量管理条例》第三十四条第一款	《中华人民共和国建筑法》第六十五条第三款；《建设工程质量管理条例》第六十条第一款、第二款	违法行为轻微并及时纠正，没有造成危害后果	责令停止违法行为，不予行政处罚
C45066A020				违法行为导致人防工程专用设备达不到防护或防化功能要求	责令停止违法行为，对工程监理单位处合同约定的监理酬金1倍以上1.5倍以下的罚款；对施工单位处工程合同价款2%以上2.5%以下的罚款
C45066A030				违法行为导致孔口达不到防护密闭功能要求	责令停止违法行为，对工程监理单位处合同约定的监理酬金1.5倍以上1.75倍以下的罚款；对施工单位处工程合同价款2.5%以上3.5%以下的罚款
C45066A040				违法行为导致整个人防工程基本丧失防空效能	责令停止违法行为，对工程监理单位处合同约定的监理酬金1.75倍以上2倍以下的罚款；对施工单位处工程合同价款3.5%以上4%以下的罚款
C45067A010	施工单位在施工中偷工减料的行为	《建设工程质量管理条例》第二十八条第一款；《北京市建设工程质量条例》第十一条规定	《建设工程质量管理条例》第六十四条；《北京市建设工程质量条例》第七十五条	违法行为轻微并及时纠正，没有造成危害后果	责令改正，不予行政处罚
C45067A020				违法行为导致人防工程专用设备达不到防护或防化功能要求	责令改正，处工程合同价款2%以上2.5%以下的罚款
C45067A030				违法行为导致孔口达不到防护密闭功能要求	责令改正，处工程合同价款2.5%以上3.5%以下的罚款
C45067A040				违法行为导致整个人防工程基本丧失防空效能	责令改正，处工程合同价款3.5%以上4%以下的罚款
C45068A010	以欺骗手段取得资质证书的行为	《建设工程质量管理条例》第六十条第三款	《建设工程质量管理条例》第六十条第一款、第三款	违法行为轻微并及时纠正，没有造成危害后果	责令停止违法行为，不予行政处罚
C45068A020				违法情节较轻	责令停止违法行为，对工程监理单位处合同约定的监理酬金1倍以上1.5倍以下的罚款；对施工单位处工程合同价款2%以上2.5%以下的罚款
C45068A030				违法情节一般	责令停止违法行为，对工程监理单位处合同约定的监理酬金1.5倍以上1.75倍以下的罚款；对施工单位处工程合同价款2.5%以上3.5%以下的罚款
C45068A040				违法情节严重	责令停止违法行为，对工程监理单位处合同约定的监理酬金1.75倍以上2倍以下的罚款；对施工单位处工程合同价款3.5%以上4%以下的罚款
C45069A010	施工单位对送检样品或者进场检验弄虚作假的行为	《北京市建设工程质量条例》第四十条第一款	《北京市建设工程质量条例》第八十七条（二）项	违法行为轻微并及时纠正，没有造成危害后果	责令改正，不予行政处罚
C45069A020				违法行为导致人防工程专用设备达不到防护或防化功能要求	责令改正，处3万元以上5万元以下的罚款
C45069A030				违法行为导致孔口达不到防护密闭功能要求	责令改正，处5万元以上8万元以下的罚款
C45069A040				违法行为导致整个人防工程基本丧失防空效能	责令改正，处8万元以上10万元以下的罚款

C45070B010				违法行为轻微并及时纠正，没有造成危害后果	责令改正，不予行政处罚
C45070B020	建筑施工企业不履行保修义务或者拖延履行保修义务的行为	《中华人民共和国建筑法》第六十条第一款、第二款；《建设工程质量管理条例》第四十一条	《中华人民共和国建筑法》第七十五条；《建设工程质量管理条例》第六十六条	违法情节较轻	责令改正，处 10 万元以上 15 万元以下的罚款，并对在保修期内因质量缺陷造成的损失承担赔偿责任
C45070B030				违法情节一般	责令改正，处 15 万元以上 18 万元以下的罚款，并对在保修期内因质量缺陷造成的损失承担赔偿责任
C45070B040				违法情节严重	责令改正，处 18 万元以上 20 万元以下的罚款，并对在保修期内因质量缺陷造成的损失承担赔偿责任
C45071B010				违法行为轻微并及时纠正，没有造成危害后果	责令改正，不予行政处罚
C45071B020	篡改或者伪造检测报告的行为	《北京市建设工程质量条例》第四十二条第二款	《北京市建设工程质量条例》第八十九条	涉及人防工程专用设备或人防防护设施	责令改正，处 3 万元以上 5 万元以下的罚款
C45071B030				涉及人防工程孔口防护效能	责令改正，处 5 万元以上 8 万元以下的罚款
C45071B040				涉及人防工程整体防空效能	责令改正，处 8 万元以上 10 万元以下的罚款
C45072A010	给予单位罚款处罚的，单位直接负责的主管人员和其他直接责任人员的行为	《建设工程质量管理条例》第七十三条；《北京市建设工程质量条例》第一百零二条	《建设工程质量管理条例》第七十三条；《北京市建设工程质量条例》第一百零二条	违法行为轻微并及时纠正，没有造成危害后果	责令改正，不予行政处罚
C45072A020				给予单位中低档罚款处罚	处单位罚款数额 5% 以上 7.5% 以下的罚款
C45072A030				给予单位中高档罚款处罚	处单位罚款数额 7.5% 以上 10% 以下的罚款
C45073A010				违法行为轻微并及时纠正，没有造成危害后果	责令改正，不予行政处罚
C45073A020	合同双方订立背离备案合同实质性内容协议的行为	《北京市建设工程质量条例》五十八条第三款	《北京市建设工程质量条例》第九十八条	违法情节较轻	责令改正，可以处合同价款 0.5% 以上 0.75% 以下的罚款
C45073A030				违法情节一般	责令改正，可以处合同价款 0.75% 以上 0.9% 以下的罚款
C45073A040				违法情节严重	责令改正，可以处合同价款 0.9% 以上 1% 以下的罚款
C45074A010				违法行为轻微并及时纠正，没有造成危害后果	责令改正，不予行政处罚
C45074A020	建设单位违反本法规定将建筑工程肢解发包的行为	《建设工程质量管理条例》第七条第二款	《建设工程质量管理条例》第五十五条	违法情节较轻	责令改正，处合同价款 0.5% 以上 0.75% 以下的罚款
C45074A030				违法情节一般	责令改正，处合同价款 0.75% 以上 0.9% 以下的罚款
C45074A040				违法情节严重	责令改正，处合同价款 0.9% 以上 1% 以下的罚款
C45075A010	预拌混凝土生产单位未进行配合比设计或者未按照配合比通知单生产、使用未经检验或者检验不合格的原材料，供应未经验收或者验收不合格的预拌混凝土的行为	《北京市建设工程质量条例》第十七条第二款	《北京市建设工程质量条例》第七十九条	违法行为轻微并及时纠正，没有造成危害后果	责令改正，不予行政处罚
C45075A020				未造成质量事故	责令改正，处 10 万元以上 15 万元以下的罚款。
C45075A030				造成质量事故	责令改正，处 15 万元以上 20 万元以下的罚款
C45076B010	监理单位未要求施工单位立即停工整改，或者施工单位拒不停工整改时未报告的行为	《北京市建设工程质量条例》第四十三条第二款和第三款、第四十四条第二款、第四十五条第二款	《北京市建设工程质量条例》第九十条第一款	违法行为轻微并及时纠正，没有造成危害后果	责令改正，不予行政处罚
C45076B020				违法行为未造成降低人防工程防护标准和质量标准的后果	责令改正，处 1 万元以上 3 万元以下的罚款
C45076B030				违法行为造成降低人防工程防护标准和质量标准的后果	责令改正，处 3 万元以上 5 万元以下的罚款

48.7 《民防领域市场轻微违法违规行为免罚清单》（沪民防规〔2020〕1 号，2020 年 8 月 1 日起施行，有效期至 2025 年 7 月 31 日）

下列轻微违法行为，及时纠正，没有造成危害后果的，不予行政处罚：

一、违反《上海市民防工程建设和使用管理办法》第十二条第一款，施工单位不按照国家规定的质量标准修建民防工程，仅人防门门框孔高不达标且偏差不超过5毫米，首次被发现，责令限期改正后及时改正的；

二、违反《上海市民防工程建设和使用管理办法》第二十七条第（三）项，单位或者个人不及时维护保养、设置障碍装置等行为危害民防工程的安全和使用效能，导致不超过三扇人防门启闭不畅，但不影响民防工程主体结构，首次被发现，责令限期改正后及时改正的；

三、违反《上海市民防工程建设和使用管理办法》第二十七条第（三）项，单位或者个人不及时维护保养等行为危害民防工程的安全和使用效能，导致不超过三处人防门密闭橡皮条或闭锁装置等零部件缺失，无法正常使用，首次被发现，责令限期改正后及时改正的；

四、违反《上海市民防工程建设和使用管理办法》第二十七条第（三）项，单位或者个人不及时维护保养等行为危害民防工程的安全和使用效能，导致不超过三处防爆波活门零部件或超压排气活门零部件缺失，无法正常使用，首次被发现，责令限期改正后及时改正的；

五、违反《上海市民防工程建设和使用管理办法》第二十七条第（三）项，单位或者个人不及时维护保养等行为危害民防工程的安全和使用效能，导致不超过三处呼唤按钮零部件或通风信号灯缺失或故障，无法正常使用，首次被发现，责令限期改正后及时改正的；

六、违反《上海市建设工程质量和安全管理条例》第二十八条第一款，民防工程施工单位更换项目负责人、专职安全管理人员以外的技术、管理人员，更换的人员不符合要求，首次被发现，责令限期改正后及时改正的；

七、违反《上海市建设工程质量和安全管理条例》第三十条第二款，民防工程施工单位未按照规定安排项目负责人现场监督，但有专职安全管理人员现场监督，首次被发现，责令限期改正后及时改正的；

八、违反《上海市建设工程质量和安全管理条例》第三十三条第三款，民防工程施工单位或者劳务分包单位安排首次上岗施工作业人员的实习操作时间不足三个月，首次被发现，责令限期改正后及时改正的；

九、违反《上海市民防条例》第三十八条第四款，单位或个人出租未经验收或者验收不合格的民防工程，出租的面积所占比例不超过民防工程建筑面积的3%，首次被发现，责令限期改正后及时改正的；

十、违反《上海市民防条例》第三十八条第四款，单位或个人使用未经验收或者验收不合格的民防工程，使用的面积所占比例不超过民防工程建筑面积的3%，首次被发现，责令限期改正后及时改正的；

十一、违反《上海市民防条例》第四十一条第二款，平时利用民防工程不按照规定办理备案手续，首次被发现，责令限期改正后及时改正的。

其他符合《中华人民共和国行政处罚法》等法律、法规、规章规定的不予行政处罚情形的民防领域市场轻微违法违规行为，不予行政处罚。

对于适用不予行政处罚的民防领域市场轻微违法违规行为，市、区民防办公室及相关执法单位应当坚持处罚与教育相结合的原则，通过批评教育、指导约谈等措施，促进市场主体依法合规开展经营活动。

〔3〕【不修建或少修建防空地下室应当承担法律责任】

48.8 《北京市人民防空条例》（2002 年 5 月 1 日起施行）

第四十四条 城市新建民用建筑，违反本条例第十六条第一款规定，不修建防空地下室的，由人民防空主管部门给予警告、责令限期修建，可以按下列规定并处罚款：

（一）应建未建面积不到 500 平方米的，处 3 万元以下罚款；

（二）应建未建面积在 500 平方米以上不到 1000 平方米的，处 3 万元以上 5 万元以下罚款；

（三）应建未建面积在 1000 平方米以上的，处 5 万元以上 10 万元以下罚款。

48.9 《江苏省实施〈中华人民共和国人民防空法〉办法》（2021 年 5 月 27 日第四次修正并施行）

第三十三条 违反本办法第十二条第一款的规定，不修建防空地下室的，由人防主管部门对当事人给予警告，责令限期修建，可以并处五万元以上十万元以下的罚款；因主体工程完工无法补建的，应当缴纳易地建设费，并处五万元以上十万元以下的罚款。

建设单位不按规定缴纳易地建设费的，由人防主管部门责令限期缴纳，当事人逾期未缴纳易地建设费的，按日加收千分之二滞纳金。

48.10 《浙江省实施〈中华人民共和国人民防空法〉办法》（2020 年 11 月 27 日第四次修正并施行）

第二十九条 违反本办法第十二条规定，新建地面民用建筑不建或者少建防空地下室的，由县级以上人民防空主管部门给予警告，责令限期修建、补建或者按照规定缴纳人民防空工程易地建设费，并可以按照应建防空地下室面积每平方米四十元以上八十元以下的标准处以罚款，但最高不得超过十万元。

第三十条 违反本办法第十三条第一款规定，建设单位不建或者少建防空地下室，未按照规定缴纳人民防空工程易地建设费的，由县级以上人民防空主管部门责令限期缴纳；逾期不缴纳的，按每日千分之二的标准加收滞纳金。

48.11 《江西省实施〈中华人民共和国人民防空法〉办法》（2021 年 7 月 28 日第五次修正并施行）

第三十七条 违反本办法规定，新建城市民用建筑时不修建防空地下室的，由县级以上人民政府人民防空主管部门对当事人给予警告，责令限期修建或者补建。限期内未修建或者未补建的，除按照应建面积和规定的收费标准全额补缴防空地下室易地建设费外，并可按照下列规定处以罚款：

（一）应修建防空地下室总面积在一千平方米以上的，处以十万元罚款；

（二）应修建防空地下室总面积在五百平方米以上一千平方米以下的，处以五万元以上十万元以下罚款；

（三）应修建防空地下室总面积在五百平方米以下的，处以一万元以上五万元以下罚款。

48.12《河南省实施〈中华人民共和国人民防空法〉办法》（修改后 2020 年 6 月 4 日起施行）

第二十八条　城市新建民用建筑，违反《人民防空法》和本办法第十二条规定不修建战时可用于防空的地下室、又不缴纳易地建设费的，由县级以上人民防空主管部门对当事人给予警告，责令限期修建或补缴易地建设费，可以并处应当修建防空地下室建筑面积每平方米三十元以上五十元以下的罚款，但罚款最高不超过十万元。

48.13《湖南省实施〈中华人民共和国人民防空法〉办法》（2020 年 7 月 30 日修正并施行）

第三十七条　违反本办法规定，新建民用建筑不修建或者少于规定面积修建防空地下室的，由人民防空主管部门给予警告，责令限期补建或者缴纳防空地下室易地建设费，可以并处应建未建防空地下室面积工程造价百分之五的罚款，但总额不得超过十万元。

48.14《重庆市人民防空条例》（2010 年 7 月 23 日第二次修正，2010 年 7 月 30 日起施行）

第四十一条　设防城镇新建民用建筑，违反规定不修建防空地下室、又不缴纳易地人民防空工程建设费的，除对当事人给予警告、责令其限期补建或补缴易地人民防空工程建设费外，可并处应建防空地下室造价百分之五最高不超过十万元的罚款。

48.15《沈阳市民防管理规定》（2004 年 2 月 1 日起施行）

【著者按】《沈阳市人民防空行政执法事项清单》（2021 年）将"责令违反国家有关规定不修建防空地下室的城市新建民用建筑项目限期修建防空地下室或缴纳易地建设费"列为行政强制事项。

第三十九条　在民防工程建设管理中，违反本规定有下列行为之一的，由城市行政执法部门给予处罚：

（一）应当修建民防工程而未修建的，或者未按民防部门审批的标准修建的，给予警告，责令其修建、补建，或者按照现行造价缴纳民防工程易地建设费，可以并处 1 万元以上 10 万元以下罚款；

〔4〕**【未履行修建防空地下室法定义务的法律责任认定】**

48.16 内蒙古自治区呼和浩特市中级人民法院〔2010〕呼行终字第 16 号行政判决书（最高人民法院指导案例 21 号）

2008 年 9 月 10 日，被告市人民防空办公室向原告开发商送达《限期办理"结建"审批手续告知书》，告知开发商新建的经济适用住房住宅小区工程未按照《中华人民共和国人民防空法》第二十二条、《人民防空工程建设管理规定》第四十五条、第四十七条的规定，同时修建战时可用于防空的地下室，要求开发商于 9 月 14 日前到市人防办办理"结建"手续，并提交相关资料。2009 年 6 月 18 日，市人防办对开发商作出呼人防征费字〔001〕号《呼和浩特市人民防空办公室征收防空地下室易地建设费决定书》，决定对开发商的案涉项目征收"防空地下室易地建设费"172.46 万元。

市中级人民法院认为，建设单位违反《中华人民共和国人民防空法》及有关规定，应当建设防空地下室而不建的，属于不履行法定义务的违法行为。防空地下室易地建设费虽为行政事业性收费，但本质上是人防建设法定义务的一种转化形式，是人民防空主管部门依法采取的补救措施。建设单位应当依法缴纳防空地下室易地建设费的，必须履行缴纳义务。而关于保障性住房建设项目免除收费的优惠规定，其指向的对象是合法建设行为人，违法建设单位不应当从违法行为中获利，故不适用廉租住房和经济适用住房等保障性住房建设项目关于"免收城市基础设施配套费等各种行政事业性收费"的规定。

48.17 陕西省洛南县人民法院〔2018〕陕 1021 行初 12 号行政判决书

原告承建项目属于人防总体防护规划区范围内，且符合修建地下防空室的法定条件，应依法修建防空地下室，但并未实际修建用于战时防空的地下室。被告商洛市人防办认定原告未依法修建人防工程，其行为违反了《中华人民共和国人民防空法》第二十二条及《陕西省实施〈中华人民共和国人民防空法〉办法》第九条第九款第一、二项之规定，被告商洛市人防办依据《陕西省实施〈中华人民共和国人民防空法〉办法》第 26 条、《陕西省物价局、财政局关于重新核定人防易地建设费收费标准的通知》第 2 条的规定，作出《人防易地建设费行政征收决定书》，被告商洛市人防办征收原告人防工程易地建设费的征收行为于法有据。另外，原告的以下几点辩称并不成立：其一，虽然该项目五证齐全，符合城市规划，但是不等同于符合人防规划，这是两个独立的行政管理范畴。其二，虽然该项目毗邻湖水，靠近省级文物保护单位，但是只有符合《陕西省实施〈中华人民共和国人民防空法〉办法》第十一条的规定才可修建防空地下室，本案中告并未依照法定程序上报人防部门以核实是否具有修建人防地下室的条件。其三，该项目虽然属于旧城改造安置项目，但是根据《国务院关于解决城市低收入家庭住房困难的若干意见》（国发〔2007〕24 号）第十五条第十六项"廉租住房和经济适用住房建设、棚户区改造、旧住宅区整治一律免收城市基础设施配套费等各种行政事业性收费和政府性基金"以及《财政部关于切实落实相关财政政策积极推进城市和国有工矿棚户区改造工作的通知》"棚户区改造项目免收全国性行政事业收费，包括防空地下室易地建设费"的规定，从立法本意来看，其指向的对象应是合法建设行为，否则就会造成违法成本少于守法成本的情形，违反立法目的，不利于维护国防安全和人民群众的根本利益。本案原告违反《中华人民共和国人民防空法》及有关规定，应当建设防空地下室而不建，属于不履行法定义务的违法行为，不能适用免缴防空地下室易地建设费的有关优惠规定。

〔5〕【人民防空主管部门行政处罚中的听证告知】

48.18 北京市海淀区人民法院〔2003〕海行初字第 267 号行政判决书

海淀区人防办向案涉物业公司送达了听证告知书，明确告知当事人可以在三日内提出听证申请，意味着人防办自行选择适用听证程序，是其行使自由裁量权的结果。人防办对其自行选择适用的行政处罚程序，负有严格按照法律规定予以履行的义务。海淀区人防办在告知案涉物业公司听证权利的当日，在没有证据证明案涉物业公司表示放弃听证权利的情况下，即向其送达了行政处罚决定，违反了《中华人民共和国行政处罚法》第 4 条规定的公正原则，因此需要对原告北京创基物业管理有限公司的行为重新作出处理。

第四十九条　【违反本法规定的七类行为应当承担法律责任】

有下列行为之一的，由县级以上人民政府人民防空主管部门对当事人给予警告，并责令限期改正违法行为，可以对个人并处五千元以下的罚款、对单位并处一万元至五万元的罚款；造成损失的，应当依法赔偿损失：

（一）侵占人民防空工程的；

（二）不按照国家规定的防护标准和质量标准修建人民防空工程的；

（三）违反国家有关规定，改变人民防空工程主体结构、拆除人民防空工程设备设施或者采用其他方法危害人民防空工程的安全和使用效能的；

（四）拆除人民防空工程后拒不补建的；

（五）占用人民防空通信专用频率、使用与防空警报相同的音响信号或者擅自拆除人民防空通信、警报设备设施的；

（六）阻挠安装人民防空通信、警报设施，拒不改正的；

（七）向人民防空工程内排入废水、废气或者倾倒废弃物的。

〔1〕【释义】

对于违反本条所列七类行为之一并给人民防空工程或者通信、警报设施造成经济损失的行为人，除了依照本条的规定由县级以上人民政府人民防空主管部门给予处罚，还应当依法赔偿损失，即承担损害赔偿的民事责任。

〔2〕【人民防空违法行为应当承担法律责任】

49.1《北京市人民防空条例》（2002 年 5 月 1 日起施行）

第四十五条　有下列行为之一的，由人民防空主管部门给予警告，责令限期改正，可以对个人并处 5000 元以下罚款，对单位并处 1 万元以上 5 万元以下罚款；造成损失的，应当依法赔偿损失：

（一）违反本条例第十八条第一款规定，不按照国家规定的防护标准和质量标准修建人民防空工程的；

（二）违反本条例第二十二条第二款、第三款规定，改变人民防空工程主体结构、拆除人民防空工程设备设施或者采用其他方法危害人民防空工程安全和防空效能的；

（三）违反本条例第二十三条规定，向人民防空工程内排入废水、废气或者倾倒废弃物的；

（四）违反本条例第二十四条第一款规定，擅自拆除公用的人民防空工程和专用配套工程，拒不补建或者补偿的；

（五）违反本条例第二十七条第一款规定，阻挠安装人民防空通信、警报设施，拒不改正的；

（六）违反本条例第二十七条第二款、第二十九条第二款规定，占用人民防空通信专用频率，使用与人民防空警报相同的音响信号或者擅自拆除人民防空通信、警报设施的。

49.2《江苏省实施〈中华人民共和国人民防空法〉办法》（2021 年 5 月 27 日第四次修正并施行）

第三十四条　违反本办法第十八条第一款规定，或者有下列行为之一的，由人防主管部门对当事人给予警告，并责令限期改正违法行为，可以对个人并处一千元以上五千元以下的罚款，对单位并处一万元以上五万元以下的罚款；造成损失的，应当依法赔偿损失：

（一）侵占人民防空工程的；

（二）不按照国家规定的防护标准和质量标准修建人民防空工程的；

（三）拆除人民防空工程后拒不补建或者拒不补偿的；

（四）占用人民防空通信专用频率、使用与防空警报相同的音响信号、延误传递防空警报信号或者擅自拆除人民防空通信、警报设备设施的；

（五）阻挠安装人民防空通信、警报设施，拒不改正的；

（六）人民防空工程未组织竣工验收或验收不合格擅自交付使用的。

人防主管部门在对人防工程进行监督检查时，发现人防工程维护管理不当影响防护效能的，应当责令人防工程维护管理责任人限期修复，可以对个人并处一千元以上五千元以下的罚款，对单位并处一万元以上五万元以下的罚款。

49.3《福建省人民防空条例》（2016年9月30日修正并施行）

第四十条 有下列行为之一的，由县级以上地方人民政府人民防空主管部门对当事人给予警告，责令限期改正，并可以按照以下规定处罚；造成损失的，应当依法赔偿损失；确实无法整改的，应当按照规定缴纳防空地下室易地建设费；构成犯罪的，依法追究刑事责任：

（一）不按照国家规定的防护标准和质量标准修建人民防空工程的，对个人处以三千元以上五千元以下罚款，对单位处以三万元以上五万元以下罚款；

（二）未经竣工验收备案擅自投入使用人民防空工程的，对个人处以二千元以上五千元以下罚款，对单位处以二万元以上五万元以下罚款；

（三）损坏人民防空工程或者经批准拆除人民防空工程后拒不补建又不补缴易地建设费的，除执行本条例第二十六条规定外，面积不足一百平方米的，对个人处以五百元以上二千元以下罚款，对单位处以一万元以上二万元以下罚款；面积一百平方米以上的，对个人处以二千元以上五千元以下罚款，对单位处以二万元以上五万元以下罚款；

（四）占用人民防空通信专用频率、使用与防空警报相同的音响信号或者擅自拆除人民防空通信、警报设施的，对个人处以五百元以上二千元以下罚款，对单位处以一万元以上二万元以下罚款；拒不改正的，对个人处以二千元以上五千元以下罚款，对单位处以二万元以上五万元以下罚款。

49.4《江西省实施〈中华人民共和国人民防空法〉办法》（2021年7月28日第五次修正并施行）

第三十九条 有下列行为之一的，由县级以上人民政府人民防空主管部门对当事人给予警告，责令限期改正，造成损失的，应当依法赔偿损失，并可按下列规定处以罚款：

（一）侵占人民防空工程的，对个人处以一千元以上三千元以下罚款，对单位处以一万元以上三万元以下罚款；

（二）不按照国家规定的防护标准和质量标准修建人民防空工程，且在限期内未整改或者无法整改的，除按照人民防空工程应建面积和收费标准足额缴纳防空地下室易地建设费外，面积在四百平方米以下的，对个人处以一千元以上三千元以下罚款，对单位处以一万元以上三万元以下罚款；面积超过四百平方米的，对个人处以三千元以上五千元以下罚款，对单位处以三万元以上五万元以下罚款；

（三）违反国家和本省有关规定，改变人民防空工程主体结构、拆除人民防空工程设备设施或者采用其他方法危害人民防空工程安全和使用效能的，损失不足一万元的，对个人处以一千元以上三千元以下罚款，对单位处以一万元以上三万元以下罚款；损失在一万元以上的，对个人处以三千元以上五千元以下罚款，对单位处以三万元以上五万元以下罚款；

（四）违反本办法第二十一条第三款规定，拆除、封填人民防空工程后不补建或者未按规定缴纳人民防空工程补偿费的，对个人处以一千元以上五千元以下罚款，对单位处以一万元以上五万元以下罚款；

（五）占用人民防空通信专用频率、使用与防空警报相同的音响信号或者擅自拆除人民防空通信、警报设备设施的，对个人处以一千元以上五千元以下罚款，对单位处以一万元以上五万元以下罚款；

（六）阻挠安装人民防空通信、警报设施，拒不改正的，对个人处以一千元以上五千元以下罚款，对单位处以三万元以上五万元以下罚款；

（七）向人民防空工程内排入废水、废气或者倾倒废弃物的，对个人处以一千元以上五千元以下罚款，对单位处以三万元以上五万元以下罚款。

第四十条 有下列行为之一的，由公安机关依照《中华人民共和国治安管理处罚法》的有关规定处罚；构成犯罪的，依法追究刑事责任：

（一）破坏或者盗窃人民防空设备、设施的；

（二）在人民防空工程内生产或者储存爆炸、剧毒、易燃、放射性、腐蚀性等危险物品的；

（三）干扰破坏防空演习的；

（四）扰乱防空疏散场所内公共秩序的；

（五）阻挠、妨碍人民防空主管部门工作人员依法执行公务的。

第四十一条 有下列行为之一的，由有关部门依法给予处分；构成犯罪的，依法追究刑事责任：

（一）延误传递防空警报信号或者误传防空警报信号的；

（二）未采取有效的防空袭防护措施，致使重要经济目标遭受重大损失的。

49.5《重庆市人民防空条例》（2010年7月23日第二次修正，2010年7月30日起施行）

第四十二条 违反本条例有下列行为之一的，责令限期改正。对个人可处一千元以上五千元以下的罚款，对单位可处一万元以上五万元以下的罚款，造成损失的依法赔偿损失：

（一）侵占人民防空设施的；

（二）不按国家规定的防护标准和质量标准修建人民防空工程的；

（三）人民防空工程未经竣工验收或竣工验收不合格投入使用的；

（四）擅自改变人民防空工程主体结构，拆除、损毁人民防空工程或其他危害人民防空工程的安全和使用效能的；

（五）在人民防空工程安全范围内进行采石、取土、钻探、爆破、挖洞、开沟、埋设各类管道等降低人民防空工程防护能力作业的；

（六）占用人民防空通信专用频率或者擅自拆除、损毁人民防空通信、警报设施的；

（七）擅自改变人民防空建设规划或者不按规划要求配套建设人民防空设施的；

（八）擅自更改设计文件和改变使用功能的；

（九）不按批准的设计文件施工的；

（十）擅自转移、报废人民防空资产的。

第四十三条 违反本条例有下列行为之一的，责令限期改正，对个人可处五百元以上三千元以下的罚款，对单位可处一万元以上三万元以下的罚款，造成损失的依法赔偿损失：

（一）向人民防空工程内及其孔口附近排放废水、废气或者倾倒废弃物的；

（二）在人民防空工程的出入口和安全范围内设置障碍、堆放物品的；

（三）在人民防空工程出入口正面二十米和左右两侧各十五米范围内新建无防护能力的地面建筑物和构筑物的；

（四）使用与防空警报相同的音响信号，阻挠安装人民防空通信、警报设施拒不改正的；

（五）未按规定维护致使警报设施不能正常使用的；

（六）不按规定办理人民防空资产登记的。

49.6《武汉市人民防空条例》（2022年5月26日第二次修正，2022年6月23日施行）

第三十七条 违反本条例有下列行为之一的，由人民防空主管部门给予警告，责令改正违法行为，并可以对个人处以五千元以下罚款，对单位处以一万元以上五万元以下罚款；造成损失的，应当依法赔偿：

（一）不按规定向人民防空主管部门办理人民防空工程竣工验收备案手续的；

（二）不按经审查通过的设计图和施工程序进行人民防空工程施工的；

（三）不按规定办理人民防空工程有关登记的；

（四）毁损人民防空工程标识的；

（五）毁损、丢失、阻挠安装人民防空通信警报设施的。

49.7《广州市人民防空管理规定》（2021年9月29日第二次修正，2021年10月20日起施行）

第五十五条 建设单位有下列情形之一的，由人民防空主管部门责令改正，并按照以下规定予以处罚：

（一）违反本规定第三十条第一款、第二款规定，未缴纳防空地下室易地建设费的，处以五万元以上十万元以下罚款；

（二）违反本规定第三十三条规定，未修建人民防空通信、警报工作间的，处以五万元以上十万元以下罚款；

（三）违反本规定第三十三条规定，未将人民防空通信、警报工作间无偿移交人民防空主管部门使用的，处以一万元罚款；

（四）违反本规定第三十七条规定，未悬挂人民防空工程标志牌的，处以五千元以上一万元以下罚款。

〔3〕【违反人民防空工程建设管理规定的行为应当承担法律责任】

49.8《人民防空工程质量监督管理规定》（国人防〔2010〕288 号，2010 年 7 月 23 日起施行）

第十七条　人民防空主管部门发现建设单位在竣工验收过程中有违反国家有关建设工程质量管理规定行为的，责令其工程停止使用，重新组织竣工验收；未经验收，工程不得交付使用；验收不合格的，责令限期整改，整改后仍不合格的，建设单位应当按照人防工程面积和规定标准易地建设或缴纳易地建设费。

49.9《北京市人民防空条例》（2002 年 5 月 1 日起施行）

第四十六条　违反本条例第十八条第二款规定，人民防空工程竣工验收后，不向人民防空主管部门备案的，由人民防空主管部门给予警告，责令限期改正，并可处 1 万元以下罚款。

49.10《江苏省实施〈中华人民共和国人民防空法〉办法》（2021 年 5 月 27 日第四次修正并施行）

第三十五条　建设、设计、施工、监理等单位违反人民防空工程质量管理规定从事相关活动的，由县级以上建设、人防等相关行政主管部门在其职责范围内按照《建设工程质量管理条例》的有关规定予以处罚。

49.11《福建省人民防空条例》（2016 年 9 月 30 日修正并施行）

第三十九条　违反本条例第十四条第三款规定，勘察、设计单位出具虚假资料的，县级以上地方人民政府建设行政主管部门可以依法责令停业整顿，降低资质等级；情节严重的，依法吊销勘察、设计单位资质证书，吊销勘察、设计人员执业资格证书；构成犯罪的，依法追究刑事责任。

县级以上地方人民政府人民防空主管部门发现勘察、设计单位出具虚假资料的，应当及时书面告知建设行政主管部门并移送相关材料，建设行政主管部门应当依法处理并将处理结果书面反馈人民防空主管部门。

49.12《北京市人民防空工程和普通地下室安全使用管理办法》（2021 年 12 月 30 日第三次修改并施行）

第二十五条　建设单位未组织竣工验收或者验收不合格，擅自交付使用人民防空工程的，由住房城乡建设行政主管部门按照建设工程质量管理的相关规定予以处罚。

49.13《北京市人民防空工程建设与使用管理规定》（2010 年 11 月 27 日第三次修改并施行）

第二十七条　不按照国家规定的防护标准和质量标准修建人防工程，致使人防工程验收不合格的，由人民防空主管部门对当事人给予警告、责令限期改正，并处 1 万元至 5 万元罚款；造成损失的，应当依法赔偿损失。

49.14《北京市人民防空工程质量监督管理规定》（2019 年 10 月 12 日修订，2019 年 12 月 1 日起施行）

第三十三条　人防工程建设、设计、监理、施工单位和人防工程专用设备生产安装企业、质量检测机构，在人民防空专业工程建设中发生相关违法违规情况的，由人民防空主管部门依法进行处罚。

对人防工程相关质量责任主体或个人的失信不良行为，按照诚信体系建设的相关要求，将其列入不良行为记录或黑名单。

49.15《湖南省人民防空工程建设与维护管理规定》(2019年12月2日修改，2020年1月1日起施行)

第二十九条 违反本规定，有下列情形之一的，由人防主管部门给予警告，责令改正，可以并处一万元以上十万元以下罚款：

（一）勘察、设计、施工图审查、施工、监理单位未按照人防工程战术、技术标准进行勘察、设计、施工图审查、施工、监理的；

（二）建设单位未按照规定将人防工程初步设计、施工图设计文件提交相关部门审查的；

（三）建设单位未按照规定申请办理人防工程质量监督手续的；

（四）建设单位未经人防主管部门质量认可将人防工程交付使用的；

（五）建设单位未按照规定将人防工程有关资料提交人防主管部门备案的；

（六）人民防空专用设备生产安装企业未按照人防设备产品国家标准和技术规范进行生产安装的。

违反本规定的其他行为，法律、法规规定处罚的，从其规定。

49.16《福建省人民防空工程质量监督管理规定》(2020年12月14日修订并施行)

第二十六条 人防工程建设、监理、施工单位和人防工程防护（化）设备生产安装企业在人防工程建设中有发生违法违规行为的，由人防主管部门依法进行处罚。

第二十七条 人防工程质量监督人员违反工作纪律或相关规定，造成不良后果的，应撤销其质量监督岗位资格，由所在单位按照有关规定给予相应处分。因玩忽职守、滥用职权、徇私舞弊等构成犯罪的，依法追究刑事责任。

49.17《深圳市实施〈中华人民共和国人民防空法〉办法》(2021年10月30日第三次修正，2021年12月7日起施行)

第四十八条 违反国家有关规定承揽人民防空工程设计、监理的，由住房建设部门依法处罚。

结建式人防工程土建、排水防涝、环境卫生等日常维护管理方面的违法行为由住房建设、水务、城市管理和综合执法部门依法处罚。

49.18《苏州市人民防空工程管理办法》(2008年9月1日起施行)

第三十八条 违反本办法规定，有下列情形之一的，由人防主管部门责令限期改正，可以并处一万元以上三万元以下的罚款：

（一）违反第九条规定，未按照规定规划建设人防工程与其他地下工程连接的通道或者预留连通口的；

（二）违反第十条规定，新建、改建、扩建民用建筑的建设单位未按照规定向人防主管部门提出人防工程立项申请的；

（三）违反第十一条第二款规定，地面建筑面积20万平方米以上的新建居住小区，未按照规定规划建设防空专业队、医疗救护、物资储备等专用工程的；

（四）违反本办法第十九条规定，未按照规定取得市人防主管部门施工图设计文件批准书的；

（五）违反第二十一条规定，未按照规定使用符合国家规定设计要求和产品质量标准人防工程防护设备的；

（六）违反第二十二条规定，未按照规定向人防工程质量监督机构办理质量监督手续的；

（七）违反第二十六条规定，未按照规定取得《人防工程平时使用证》的；

（八）违反第二十九条规定，改造和装修方案的施工图图纸未经人防主管部门核准的。

〔4〕【违反人民防空工程使用管理规定的行为应当承担法律责任】

49.19《北京市人民防空条例》（2002 年 5 月 1 日起施行）

第四十七条　违反本条例第二十二条第一款规定，平时利用人民防空工程，未经所在地区、县人民防空主管部门批准或者未按规定使用的，由人民防空主管部门责令限期改正；危害人民防空工程安全和防空效能的，可以对个人并处 5000 元以下罚款，对单位并处 1 万元以上 5 万元以下罚款；造成损失的，应当依法赔偿损失。

49.20《上海市民防条例》（2018 年 12 月 10 日第三次修正，2019 年 1 月 1 日起施行）

第四十三条　违反本条例规定，有下列行为之一的，由市或者区民防办给予警告，责令限期改正，可以并处罚款：

…………

（二）出租或者使用未经验收或者验收不合格的民防工程的，对个人处以一千元以上五千元以下罚款，对单位处以一万元以上五万元以下罚款；造成损失的，应当依法予以赔偿；

（三）平时利用民防工程不按照规定办理备案手续的，对个人处以一百元以上一千元以下罚款，对单位处以五百元以上五千元以下罚款。

罚没款全部上缴国库。

49.21《湖北省实施〈中华人民共和国人民防空法〉办法》（2016 年 12 月 1 日修正并施行）

第三十一条　在人民防空工程控制用地范围内或者口部及专用通道上建造建筑物和构筑物，或者在人民防空工程安全使用的范围内进行违法作业的，由县级以上人民政府人民防空主管部门对当事人给予警告，责令限期改正；拒不改正的，对个人处以 2 千元以下罚款，对单位处以 2 万元以下罚款。

49.22《重庆市人民防空条例》（2010 年 7 月 23 日第二次修正，2010 年 7 月 30 日起施行）

第四十四条　有下列违法行为之一的，依照治安管理处罚法的规定处理，构成犯罪的依法追究刑事责任：

（一）故意破坏人民防空设备、设施或者利用人民防空设备设施进行违法活动的；

（二）在人民防空工程内生产、储存、销售危险品的；

（三）拒绝、阻碍行政执法人员执行公务的。

49.23《北京市人民防空工程建设与使用管理规定》（2010 年 11 月 27 日第三次修改并施行）

第二十八条 侵占人防工程的，由人民防空主管部门对当事人给予警告、责令限期改正，可以对个人并处 5000 元以下罚款，对单位并处 1 万元至 5 万元罚款；造成损失的，应当依法赔偿损失。

第二十九条 违反本规定，有下列行为之一的，由人民防空主管部门对当事人给予警告、责令限期改正，可以对个人并处 5000 元以下罚款，对单位并处 1 万元至 5 万元罚款；造成损失的，应当依法赔偿损失：

（一）擅自改造、改变人防工程主体结构的；

（二）擅自拆除人防工程设备设施的；

（三）未采取有效安全措施，擅自进行影响人防工程使用或者降低人防工程防护能力的作业，或者采用其他方法危害人防工程的安全和使用效能的；

（四）拆除人防工程后拒不补建或者补偿的；

（五）向人防工程内排入废水、废气或者倾倒废弃物的。

49.24《北京市人民防空工程和普通地下室安全使用管理办法》（2021 年 12 月 30 日第三次修改并施行）

第二十条 有下列违法行为的，由区人民防空主管部门责令改正，依法予以处罚。当事人在法定期限内不申请行政复议或者提起行政诉讼，又不履行行政决定的，区人民防空主管部门可以依法申请人民法院强制执行：

（一）侵占人民防空工程的；

（二）未经批准使用人民防空工程的；

（三）擅自改变批准使用用途的；

（四）擅自改造人民防空工程、拆除人民防空工程设备设施或者采用其他方法危害人民防空工程安全和防空效能的。

第二十一条 地下空间安全使用责任人违反本办法第五条规定，不履行安全管理义务的，由有关部门依照下列规定处罚：

（一）违反本办法第五条第（一）项、第（二）项规定的，由人民防空主管部门、住房城乡建设行政主管部门处 500 元以上 1000 元以下罚款；

（二）违反本办法第五条第（六）项规定的，由人民防空主管部门、住房城乡建设行政主管部门处 500 元以上 1000 元以下罚款；

（三）违反本办法第五条第（十）项规定的，由区公安机关处 1000 元罚款。

第二十二条 地下空间的使用人违反本办法第六条第（二）项、第（三）项、第（四）项、第（五）项、第（六）项、第（七）项、第（八）项、第（十）项规定的，由消防救援机构、卫生健康行政主管部门、应急部门依法处理。

地下空间的使用人违反本办法第六条第（九）项规定，地下空间容纳的人员超过核定人数的，由人民防空主管部门、住房城乡建设行政主管部门责令改正，并处 3 万元罚款。其中对作为文化娱乐场所的，由公安机关责令改正，给予警告，责令停业整顿，并处 1000 元以上 1 万元以下罚款；情节严重的，由市场监督管理部门依法吊销营业执照。

第二十三条 地下空间安全使用责任人、使用人违反本办法第七条第一款第（一）

项、第（二）项规定，对设置旅馆的，由区公安机关处 1 万元以上 3 万元以下罚款；对设置宿舍，以及作为其他居住场所的，由区公安机关处 500 元以上 1000 元以下罚款。

第二十四条　违反本办法第十五条规定，出租、使用普通地下室未依法向住房城乡建设行政主管部门登记备案的，由住房城乡建设行政主管部门责令改正，并可对从事经营活动的处 1 万元以上 3 万元以下罚款，对从事非经营活动的处 500 元以上 1000 元以下罚款。

第二十六条　擅自改变规划用途使用地下空间的，由规划和自然资源行政主管部门依法处理。

49.25《浙江省人民防空工程管理办法》（2022 年 3 月 1 日起施行）

第三十八条　维护管理责任单位对人民防空工程的维护管理不符合本办法第三十条要求的，由人民防空主管部门责令限期改正；未在规定期限内改正的，处 1 万元以上 3 万元以下罚款。

第三十九条　有关单位和个人未按照本办法第三十五条第二款的规定落实人民防空工程平战转换要求的，由人民防空主管部门责令限期改正；未在规定期限内改正的，对个人处 5000 元以下罚款，对单位处 1 万元以上 3 万元以下罚款。

49.26《江西省人防工程平时使用安全管理暂行规定》（赣人防法〔2012〕10 号，2012 年 4 月 1 日起施行）

第二十四条　有下列违法行为之一，责令立即停止违法行为，视情实施行政处罚，造成损害的追究相应的民事责任：

（一）未取得《人民防空工程使用证》，擅自侵占使用人防工程的；

（二）改变人防工程主体结构、损坏配套设施和人防工程标识的；

（三）擅自组织施工，可能危害人防工程安全和战时使用效能的；

（四）向人防工程内排放废水、废气或者倾倒废弃物的。

49.27《广州市人民防空管理规定》（2021 年 9 月 29 日第二次修正，2021 年 10 月 20 日起施行）

第五十六条　人民防空工程平时维护管理责任人违反本规定第四十一条、第四十二条规定，未履行维护管理义务或者维护管理未达到规定要求，由人民防空主管部门责令改正。

〔5〕【违反人民防空通信、警报设施管理规定的行为应当承担法律责任】

49.28《浙江省人民防空警报设施管理办法》（2015 年 12 月 28 日第二次修正并施行）

第二十五条　违反本法规定，有下列情形之一的，由人民防空主管部门给予警告，责令限期改正，可以对个人并处 1000 元以下罚款，对单位并处 1000 元以上 10000 元以下罚款；造成损失的，应当依法赔偿损失：

（一）工程建设涉及人民防空警报设施安全，未向人民防空主管部门报告，擅自施工造成人民防空警报设施损坏的；

（二）擅自迁移人民防空警报设施的。

第二十六条　违反本法规定，有下列行为之一的，由公安机关按照治安管理处罚的规定依法处理；造成损失的，应当依法赔偿损失：

（一）盗窃、破坏人民防空警报设施的；

（二）擅自鸣放警报信号、散布虚假险情，扰乱社会秩序的；

（三）其他应当给予治安管理处罚的行为。

49.29《福州市人民防空警报设施管理办法》（2012年6月8日第二次修正并施行）

第六条 市、县（市、区）人民防空主管部门应当按照警报设施建设规划和技术规范确定警报设施设置点，建设警报设施。

人民防空主管部门建设警报设施，有关单位或者个人应当提供安装地点和条件，不得阻挠。

警报设施建设与维护经费列入同级人民政府财政预算。

第十四条 禁止下列危及警报设施安全及损害其使用效能的行为：

（一）擅自移动、占用或者损坏警报设施；

（二）堵塞警报台通道；

（三）在警报设施专用供电设备或者线路上搭线；

（四）在警报设施及其周围30米范围内存放剧毒、易燃易爆、放射性和腐蚀性物品；

（五）在设置警报设施的建筑物屋顶安装广告牌等有碍警报音响传播的遮挡物；

（六）法律、法规禁止的其他行为。

第十五条 违反本办法第六条第二款的，由人民防空主管部门对当事人给予警告，责令限期改正，拒不改正的，可以对个人处以五百元以上五千元以下的罚款，对单位处以一万元以上五万元以下罚款；造成损失的，责令赔偿损失；构成犯罪的，依法追究刑事责任。

违反本办法第十四条第一项规定的，由人民防空主管部门对当事人给予警告，责令限期改正，可以对个人处以五百元以上二千元以下罚款，对单位处以一万元以上二万元以下罚款；拒不改正的，对个人处以二千元以上五千元以下罚款，对单位处以二万元以上五万元以下罚款。造成损失的，责令赔偿损失；构成犯罪的，依法追究刑事责任。

违反本办法第十四条第二项至第五项规定的，由人民防空主管部门责令改正，并对个人处以二千元以下的罚款，对单位处以一万元以下的罚款；造成损失的，责令赔偿损失。

〔6〕【人民防空主管部门委托实施行政处罚】

49.30《江苏省实施〈中华人民共和国人民防空法〉办法》（2021年5月27日第四次修正并施行）

第三十八条 人防主管部门可以委托符合法定条件的组织实施行政处罚。

49.31《湖南省实施〈中华人民共和国人民防空法〉办法》（2020年7月30日修正并施行）

第四十一条 人民防空主管部门可以将人民防空工程质量监督管理、人民防空工程造价管理、人民防空指挥信息保障与管理的监督检查和行政处罚工作，分别委托给符合法定条件的人民防空工程质量监督机构、人民防空工程造价管理机构和人民防空指挥信息保障机构。

接受人民防空主管部门委托的机构应当在受委托的权限范围内，根据有关法律、法规和技术规范开展工作，并不得收取费用。

〔7〕【对人民防空违法行为实施行政处罚】

49.32 武汉市中级人民法院〔2016〕鄂 01 行终 663 号行政判决书

案涉公司存在不按经审查通过的设计图和施工程序进行人民防空工程施工、不按规定向人民防空主管部门办理人民防空工程验收备案手续、不按规定办理《人民防空工程平时使用证》擅自投入使用的违法事实，武汉市民防办作出的行政处罚符合《中华人民共和国人民防空法》第四十九条、《武汉市人民防空条例》第三十七条之规定。关于武汉市民防办行政处罚的程序部分：武汉市民防办在作出行政处罚前将拟作出处罚决定的事实、理由、依据告知案涉公司，并向案涉公司告知陈述、申辩权利及听证权利。案涉公司提出听证后，武汉市民防办已依法组织听证，听证程序合法。武汉市民防办作出行政处罚决定后向案涉公司送达。武汉市民防办在处罚决定书载明的行政诉讼的途径和期限虽有瑕疵，但未对案涉公司产生实际影响，故武汉市民防办行政处罚的程序合法。关于湖北省人防办作出行政复议决定，湖北省人防办提供的证据能够证明该机关在复议过程中依法受理、依法通知、依法送达，其复议程序合法。

第五十条　【故意损坏人民防空设施或在人民防空工程内生产、储存危险品应当承担法律责任】

违反本法规定，故意损坏人民防空设施或者在人民防空工程内生产、储存爆炸、剧毒、易燃、放射性等危险品，尚不构成犯罪的，依照治安管理处罚法的有关规定处罚；构成犯罪的，依法追究刑事责任。

〔1〕【释义】

治安管理处罚，是由公安机关根据治安管理处罚法对扰乱公共秩序、妨害公共安全、侵犯人身权利和财产权利，妨害社会管理，具有社会危害性，尚不够刑事处罚的违法行为人所实施的行政处罚。刑事处罚，是由国家司法机关依照刑事法律对触犯刑法的犯罪人而实施的处罚。本条对违反本法同时违反治安管理处罚法的行为应当受治安管理处罚，以及同时触犯刑法应当受刑事处罚，作了援引性规定。

违反本法规定，故意损坏人民防空工程，通信、警报及其他专用设施设备的行为或者在人民防空工程内生产、储存爆炸、剧毒、易燃、放射性等危险品的行为，违反治安管理处罚法尚不够刑事处罚的，应当受治安管理处罚；行为人违反《人民防空法》的行为达到了严重程度，触犯刑法、构成犯罪的，应当受刑事处罚。

〔2〕【危害公共安全罪】

50.1 《中华人民共和国刑法》(2020 年 12 月 26 日第十一次修正，2021 年 3 月 1 日起施行)

第一百一十四条　放火、决水、爆炸以及投放毒害性、放射性、传染病病原体等物质或者以其他危险方法危害公共安全，尚未造成严重后果的，处三年以上十年以下有期徒刑。

第一百一十五条第一款　放火、决水、爆炸以及投放毒害性、放射性、传染病病原体等物质或者以其他危险方法致人重伤、死亡或者使公私财产遭受重大损失的，处十年以上有期徒刑、无期徒刑或者死刑。

第一百三十六条 违反爆炸性、易燃性、放射性、毒害性、腐蚀性物品的管理规定，在生产、储存、运输、使用中发生重大事故，造成严重后果的，处三年以下有期徒刑或者拘役；后果特别严重的，处三年以上七年以下有期徒刑。

〔3〕【违反治安管理的行为及其处罚】

50.2《中华人民共和国治安管理处罚法》（2012 年 10 月 26 日修正，2013 年 1 月 1 日起施行）

第二条 扰乱公共秩序，妨害公共安全，侵犯人身权利、财产权利，妨害社会管理，具有社会危害性，依照《中华人民共和国刑法》的规定构成犯罪的，依法追究刑事责任；尚不够刑事处罚的，由公安机关依照本法给予治安管理处罚。

第二十五条 有下列行为之一的，处五日以上十日以下拘留，可以并处五百元以下罚款；情节较轻的，处五日以下拘留或者五百元以下罚款：

（一）散布谣言，谎报险情、疫情、警情或者以其他方法故意扰乱公共秩序的；

（二）投放虚假的爆炸性、毒害性、放射性、腐蚀性物质或者传染病病原体等危险物质扰乱公共秩序的；

（三）扬言实施放火、爆炸、投放危险物质扰乱公共秩序的。

第三十条 违反国家规定，制造、买卖、储存、运输、邮寄、携带、使用、提供、处置爆炸性、毒害性、放射性、腐蚀性物质或者传染病病原体等危险物质的，处十日以上十五日以下拘留；情节较轻的，处五日以上十日以下拘留。

〔4〕【治安管理处罚与刑事责任追究】

50.3《北京市人民防空条例》（2002 年 5 月 1 日起施行）

第四十八条 违反本条例规定，故意损坏人民防空工程设施或者在人民防空工程内生产、储存爆炸、剧毒、易燃、放射性等危险品，构成犯罪的，依法追究刑事责任；尚未构成犯罪的，由公安机关依照《中华人民共和国治安管理处罚条例》的有关规定处罚。

50.4《北京市人民防空工程建设与使用管理规定》（2010 年 11 月 27 日第三次修改并施行）

第三十条 违反本规定，故意损坏人防工程设施或者在人防工程内生产和储存爆炸、剧毒、易燃、放射性等危险品，尚不构成犯罪的，依照治安管理处罚条例的有关规定处罚；构成犯罪的，依法追究刑事责任。

50.5《江西省人防工程平时使用安全管理暂行规定》（赣人防法〔2012〕10 号，2012年 4 月 1 日起施行）

第二十五条 存在安全生产严重违法行为或擅自在人防工程内生产、储存爆炸、剧毒、易燃、放射性等危险品，尚未造成严重后果的，责令立即停止违法行为，依法予以行政处罚；造成严重后果的，提请有关司法机关依法追究刑事责任。

第五十一条 【人民防空主管部门工作人员因违法失职行为应当承担法律责任】

人民防空主管部门的工作人员玩忽职守、滥用职权、徇私舞弊或者有其他违法、失职行为构成犯罪的，依法追究刑事责任；尚不构成犯罪的，依法给予行政处分。

〔1〕【释义】

人民防空主管部门工作人员不履行其职责、玩忽职守、滥用职权、徇私舞弊或有其他违法、失职行为，给人民防空建设、公共财产、国家和人民利益造成损失的，由其所在单位或上级主管机关给予行政处分。如果情节严重，触犯刑法构成犯罪的，则应由司法机关依照刑事法律追究行为人的刑事责任。

〔2〕【贪污贿赂罪与渎职罪】

51.1《中华人民共和国刑法》（2020年12月26日第十一次修正，2021年3月1日起施行）

第三百八十二条 国家工作人员利用职务上的便利，侵吞、窃取、骗取或者以其他手段非法占有公共财物的，是贪污罪。

受国家机关、国有公司、企业、事业单位、人民团体委托管理、经营国有财产的人员，利用职务上的便利，侵吞、窃取、骗取或者以其他手段非法占有国有财物的，以贪污论。

与前两款所列人员勾结，伙同贪污的，以共犯论处。

第三百八十四条 国家工作人员利用职务上的便利，挪用公款归个人使用，进行非法活动的，或者挪用公款数额较大、进行营利活动的，或者挪用公款数额较大、超过三个月未还的，是挪用公款罪，处五年以下有期徒刑或者拘役；情节严重的，处五年以上有期徒刑。挪用公款数额巨大不退还的，处十年以上有期徒刑或者无期徒刑。

挪用用于救灾、抢险、防汛、优抚、扶贫、移民、救济款物归个人使用的，从重处罚。

第三百八十五条 国家工作人员利用职务上的便利，索取他人财物的，或者非法收受他人财物，为他人谋取利益的，是受贿罪。

国家工作人员在经济往来中，违反国家规定，收受各种名义的回扣、手续费，归个人所有的，以受贿论处。

第三百九十七条 国家机关工作人员滥用职权或者玩忽职守，致使公共财产、国家和人民利益遭受重大损失的，处三年以下有期徒刑或者拘役；情节特别严重的，处三年以上七年以下有期徒刑。本法另有规定的，依照规定。

国家机关工作人员徇私舞弊，犯前款罪的，处五年以下有期徒刑或者拘役；情节特别严重的，处五年以上十年以下有期徒刑。本法另有规定的，依照规定。

〔3〕【给予行政机关工作人员行政处分的情形】

51.2《中华人民共和国行政处罚法》（2021年1月22日修订，2021年7月15日起施行）
第七十六条 行政机关实施行政处罚，有下列情形之一，由上级行政机关或者有关机关责令改正，对直接负责的主管人员和其他直接责任人员依法给予处分：

（一）没有法定的行政处罚依据的；

（二）擅自改变行政处罚种类、幅度的；

（三）违反法定的行政处罚程序的；

（四）违反本法第二十条关于委托处罚的规定的；

（五）执法人员未取得执法证件的。

行政机关对符合立案标准的案件不及时立案的，依照前款规定予以处理。

第七十七条 行政机关对当事人进行处罚不使用罚款、没收财物单据或者使用非法定部门制发的罚款、没收财物单据的，当事人有权拒绝，并有权予以检举，由上级行政机关或者有关机关对使用的非法单据予以收缴销毁，对直接负责的主管人员和其他直接责任人员依法给予处分。

第七十八条 行政机关违反本法第六十七条的规定自行收缴罚款的，财政部门违反本法第七十四条的规定向行政机关返还罚款、没收的违法所得或者拍卖款项的，由上级行政机关或者有关机关责令改正，对直接负责的主管人员和其他直接责任人员依法给予处分。

第七十九条 行政机关截留、私分或者变相私分罚款、没收的违法所得或者财物的，由财政部门或者有关机关予以追缴，对直接负责的主管人员和其他直接责任人员依法给予处分；情节严重构成犯罪的，依法追究刑事责任。

执法人员利用职务上的便利，索取或者收受他人财物、将收缴罚款据为己有，构成犯罪的，依法追究刑事责任；情节轻微不构成犯罪的，依法给予处分。

〔4〕【国家机关工作人员因违法失职行为应当承担法律责任】

51.3《人民防空国有资产管理规定》（〔1998〕国人防办字第 21 号，1998 年 3 月 19 日起施行）

第三十七条 人防国有资产占有、使用、管理的单位和当事人，因下列行为导致人防国有资产毁坏、流失，由县级以上人民政府人防主管部门会同政府有关部门按规定给予行政处分或经济处罚，构成犯罪的，依法追究其刑事责任。

（一）未按其职责要求，资产管理不善，造成重大损失的。

（二）弄虚作假，以各种名目侵占人防资产和利用职权谋取私利的。

（三）擅自处置人防国有资产的。

（四）在集资、合资（含中外合资合作）建设和开发利用人防国有资产时，造成贬值、股份不公，导致重大经济损失的。

（五）不如实进行产权登记、填报资产报表，制造虚假账表的。

（六）其它损害人防国有资产权益的。

51.4《人民防空工程质量监督管理规定》（国人防〔2010〕288 号，2010 年 7 月 23 日起施行）

第十九条 人防工程质量监督人员因玩忽职守、滥用职权、徇私舞弊而造成重大质量事故的，由其所在单位或上级主管部门依法给予行政处分；构成犯罪的，由司法机关依法追究刑事责任。

51.5《北京市人民防空条例》（2002年5月1日起施行）

第四十九条 人民防空主管部门的工作人员有下列行为之一，构成犯罪的，依法追究刑事责任；尚未构成犯罪的，依法给予行政处分；有违法所得的，没收违法所得：

（一）贪污、挪用、挤占人民防空工程易地建设、维护等费用的；

（二）不按规定履行审批和监督管理职责，致使人民防空工程、人民防空通信和警报设施出现重大损毁，丧失防空效能的；

（三）其他玩忽职守、滥用职权、徇私舞弊的。

51.6《江苏省实施〈中华人民共和国人民防空法〉办法》（2021年5月27日第四次修正并施行）

第三十六条 国家工作人员有下列情形之一的，对直接负责的主管人员和其他责任人员依法给予处分；构成犯罪的，依法追究刑事责任：

（一）违反规定批准免建防空地下室的；

（二）违反规定批准减少应建的防空地下室面积或者批准减免易地建设费的；

（三）违反本办法第十二条第五款规定核发建设工程规划许可证或者施工许可证的；

（四）截留、挪用人民防空经费的；

（五）隐瞒人民防空工程安全隐患的；

（六）对违反人民防空法律、法规行为不查处、不追究的；

（七）其他违法、失职行为。

重要经济目标防护单位不制定防护方案，不落实防护力量和防护经费的，对直接负责的主管人员和其他责任人员依法给予处分。

51.7《福建省人民防空条例》（2016年9月30日修正并施行）

第四十一条 国家机关工作人员有下列行为之一的，由其主管机关或者监察机关对主要负责人、直接负责的主管人员和其他直接责任人员依法给予行政处分；构成犯罪的，依法追究刑事责任：

（一）违反规定批准免建、少建、缓建防空地下室或者降低防空地下室防护等级的；

（二）违反规定批准免交、减交或者缓交防空地下室易地建设费的；

（三）违反规定排除、限制具备相应等级资质的设计、施工、监理和防护设备生产单位参加投标的；

（四）改变防空地下室易地建设费用途或者挪用人民防空经费的；

（五）违反规定出具或者不及时出具认可文件的；

（六）未经防空地下室设计审核核发建设工程规划许可证的；

（七）未经人民防空主管部门出具认可文件接受竣工备案的；

（八）违反规定影响人民防空主管部门依法履行行政审批职责的；

（九）其他违反人民防空法律、法规规定的。

51.8《江西省实施〈中华人民共和国人民防空法〉办法》（2021年7月28日第五次修正并施行）

第四十二条 违反本办法规定，国家机关及其工作人员截留、挪用人民防空经费的，由上级人民政府人民防空主管部门和财政、审计部门予以追缴，并由有关主管机关对直接负责的主管人员和其他直接责任人员依法给予处分；构成犯罪的，依法追究刑事责任。

第四十三条 违反本办法规定，国家机关及其工作人员擅自减免应建防空地下室建筑面积或者易地建设费以及扩大减免范围的，由有关主管机关对直接负责的主管人员和其他直接责任人员依法给予处分；构成犯罪的，依法追究刑事责任。

第四十四条 人民防空主管部门和其他有关部门工作人员玩忽职守、滥用职权、徇私舞弊或者有其他违法、失职行为构成犯罪的，依法追究刑事责任；尚不构成犯罪的，依法给予处分。

51.9《湖北省实施〈中华人民共和国人民防空法〉办法》(2016 年 12 月 1 日修正并施行)

第三十二条 截留、挪用人民防空工程易地建设费和其他人民防空经费的，由有关部门或者单位追回，并对有关责任人员给予行政处分；构成犯罪的，依法追究刑事责任。

第三十三条 擅自批准免建防空地下室，或者减少应建防空地下室的建筑面积，或者减免人民防空工程易地建设费以及擅自办理相关发证手续的，由行政监察机关或者有关主管部门对有关责任人员给予行政处分。

第三十四条 人民防空主管部门的工作人员玩忽职守、滥用职权、徇私舞弊或者有其他违法、失职行为的，依法给予行政处分；构成犯罪的，依法追究刑事责任。

51.10《北京市人民防空工程建设与使用管理规定》(2010 年 11 月 27 日第三次修改并施行)

第三十一条 人民防空主管部门的工作人员玩忽职守、滥用职权、徇私舞弊或者有其他违法、失职行为构成犯罪的，依法追究刑事责任；尚不构成犯罪的，依法给予行政处分。

51.11《浙江省人民防空工程管理办法》(2022 年 3 月 1 日起施行)

第四十条 人民防空主管部门以及其他有关主管部门及其工作人员违反本办法规定，在人民防空工程管理过程中有玩忽职守、滥用职权、徇私舞弊行为的，由有权机关对直接负责的主管人员和其他直接责任人员依法给予处分。

51.12《浙江省人民防空警报设施管理办法》(2015 年 12 月 28 日第二次修正并施行)

第二十七条 人民防空主管部门和其他有关部门工作人员有下列行为之一的，按规定给予处分或者处理：

（一）在人民防空警报设施项目建设中，不认真履行职责，未按照国家规定的技术标准和质量要求组织验收的；

（二）未履行维护管理职责，影响警报设施良好使用状态的；

（三）违反规定，对应当受理的申请不予受理或者未按规定时间作出审批决定的；

（四）其他玩忽职守、滥用职权、徇私舞弊的行为或者有其他违法、失职行为的。

51.13《湖北省人民防空工程管理规定》(2020 年 1 月 9 日修订，2020 年 3 月 1 日起施行)

第四十四条 县级以上人民政府及其人民防空主管部门和其他有关主管部门的国家工作人员，违反人防工程建设规划、擅自变更人防工程建设规划，或者在人防工程管理工作中有其他玩忽职守、滥用职权、徇私舞弊行为的，由有关主管机关依法给予行政处分；构成犯罪的，依法追究刑事责任。

51.14《北京市人民防空工程质量监督管理规定》(2019 年 10 月 12 日修订, 2019 年 12 月 1 日起施行)

第三十四条 监督人员有下列玩忽职守、滥用职权、徇私舞弊等情形, 构成犯罪的, 依法追究刑事责任; 尚不构成犯罪的, 由其所在单位或上级主管部门依法给予行政处分:

(一) 发现人防工程质量违法违规行为不予查处的;

(二) 在监督过程中, 索取或者接受他人财物, 或者谋取其他利益的;

(三) 对涉及人防工程质量问题的举报、投诉不处理的等。

51.15《广州市人民防空管理规定》(2021 年 9 月 29 日第二次修正, 2021 年 10 月 20 日起施行)

第五十七条 人民防空主管部门或者相关行政管理部门及其工作人员有下列行为之一的, 由上级行政机关或者有关部门责令改正, 通报批评; 情节严重的, 对直接负责的主管人员和其他直接责任人员给予行政处分; 构成犯罪的, 依法追究刑事责任:

(一) 违反本规定第十九条规定, 人民防空主管部门未对群众防空组织的组建和开展活动提供指导和支持, 或者未组织开展各种训练和综合演练的;

(二) 违反本规定第三十条第三款规定, 人民防空主管部门未按规定使用防空地下室易地建设费的;

(三) 违反本规定第三十一条第二款规定, 人民防空主管部门减免防空地下室易地建设费的;

(四) 违反本规定第三十二条第二款规定, 规划行政管理部门对未经人民防空主管部门审核的民用建筑的新建、扩建或者涉及人民防空工程的改建核发建设工程规划许可证的;

(五) 违反本规定第三十四条第二款规定, 建设行政管理部门对人民防空工程施工图设计文件未经审查或者审查不合格的建设项目核发建筑工程施工许可证的;

(六) 违反本规定第三十六条第二款规定, 人民防空主管部门未在规定期限内出具人民防空工程专项验收备案证明的;

(七) 违反本规定第四十三条规定, 人民防空主管部门未对人民防空工程、设施的平时维护管理进行定期巡查的;

其他违反本规定的行为。

〔5〕【行政行为的撤销与确认违法】

51.16 浙江省温州市中级人民法院〔2016〕浙 03 行终 256 号行政判决书

根据被上诉人提供的证据以及当事人陈述, 在被诉行政行为作出时, 案涉项目人防工程地下室战时封堵门框不符合《人民防空工程施工及验收规范》的要求, 但被上诉人瓯海区人防办未发现该问题, 即认定该人防工程符合上述规定而予以验收备案, 不符合法律规定, 依法应予撤销。鉴于案涉项目有 300 多户业主, 现大部分已入住, 撤销被诉行政行为将对社会公共利益造成重大损害, 且被上诉人已就发现的问题责令相关单位整改, 根据《中华人民共和国行政诉讼法》第七十四条第一款第 (一) 项的规定, 依法应确认违法。上诉人要求撤销被诉行政行为, 理由不能成立, 本院不予支持。

◇ 第九章　附　则

第五十二条 【制定实施办法的授权性规定】

省、自治区、直辖市人民代表大会常务委员会可以根据本法制定实施办法。

〔1〕【释义】

本条是对制定本法实施办法的授权性规定。制定实施办法是为了在本行政区域内根据地方的具体情况更好地实施本法。省、自治区、直辖市人大常委会制定实施办法必须根据人民防空法规定的原则和内容，结合本地区实际情况，规定具体的实施措施，不能与人民防空法和国家其他法律法规相冲突。

〔2〕【地方性法规的制定】

52.1《中华人民共和国立法法》(2015 年 3 月 15 日修正并施行)

第七十二条 省、自治区、直辖市的人民代表大会及其常务委员会根据本行政区域的具体情况和实际需要，在不同宪法、法律、行政法规相抵触的前提下，可以制定地方性法规。

设区的市的人民代表大会及其常务委员会根据本市的具体情况和实际需要，在不同宪法、法律、行政法规和本省、自治区的地方性法规相抵触的前提下，可以对城乡建设与管理、环境保护、历史文化保护等方面的事项制定地方性法规，法律对设区的市制定地方性法规的事项另有规定的，从其规定。设区的市的地方性法规须报省、自治区的人民代表大会常务委员会批准后施行。省、自治区的人民代表大会常务委员会对报请批准的地方性法规，应当对其合法性进行审查，同宪法、法律、行政法规和本省、自治区的地方性法规不抵触的，应当在四个月内予以批准。

省、自治区的人民代表大会常务委员会在对报请批准的设区的市的地方性法规进行审查时，发现其同本省、自治区的人民政府的规章相抵触的，应当作出处理决定。

除省、自治区的人民政府所在地的市，经济特区所在地的市和国务院已经批准的较大的市以外，其他设区的市开始制定地方性法规的具体步骤和时间，由省、自治区的人民代表大会常务委员会综合考虑本省、自治区所辖的设区的市的人口数量、地域面积、经济社会发展情况以及立法需求、立法能力等因素确定，并报全国人民代表大会常务委员会和国务院备案。

自治州的人民代表大会及其常务委员会可以依照本条第二款规定行使设区的市制定

地方性法规的职权。自治州开始制定地方性法规的具体步骤和时间，依照前款规定确定。

省、自治区的人民政府所在地的市，经济特区所在地的市和国务院已经批准的较大的市已经制定的地方性法规，涉及本条第二款规定事项范围以外的，继续有效。

〔3〕【根据本法制定实施办法】

各省、自治区、直辖市人民代表大会委员会根据本法制定的实施办法有：《北京市人民防空条例》《天津市实施〈中华人民共和国人民防空法〉办法》《河北省实施〈中华人民共和国人民防空法〉办法》《山西省实施〈中华人民共和国人民防空法〉办法》《内蒙古自治区实施〈中华人民共和国人民防空法〉办法》《辽宁省实施〈中华人民共和国人民防空法〉办法》《吉林省实施〈中华人民共和国人民防空法〉办法》《黑龙江省实施〈中华人民共和国人民防空法〉条例》《上海市民防条例》《江苏省实施〈中华人民共和国人民防空法〉办法》《浙江省实施〈中华人民共和国人民防空法〉办法》《安徽省实施〈中华人民共和国人民防空法〉办法》《福建省人民防空条例》《江西省实施〈中华人民共和国人民防空法〉办法》《山东省实施〈中华人民共和国人民防空法〉办法》《河南省实施〈中华人民共和国人民防空法〉办法》《湖南省实施〈中华人民共和国人民防空法〉办法》《湖北省实施〈中华人民共和国人民防空法〉办法》《广东省实施〈中华人民共和国人民防空法〉办法》《广西壮族自治区实施〈中华人民共和国人民防空法〉办法》《四川省〈中华人民共和国人民防空法〉实施办法》《贵州省人民防空条例》《云南省实施〈中华人民共和国人民防空法〉办法》《西藏自治区实施〈中华人民共和国人民防空法〉办法》《陕西省实施〈中华人民共和国人民防空法〉办法》《甘肃省实施〈中华人民共和国人民防空法〉办法》《青海省实施〈中华人民共和国人民防空法〉办法》《宁夏回族自治区实施〈中华人民共和国人民防空法〉办法》《新疆维吾尔自治区实施〈中华人民共和国人民防空法〉办法》《海南省实施〈中华人民共和国人民防空法〉办法》《重庆市人民防空条例》。

第五十三条　【本法施行日期】

本法自 1997 年 1 月 1 日起施行。

【释义】

本法是 1996 年 10 月 29 日第八届全国人民代表大会常务委员会第 22 次会议通过和公布的，自 1997 年 1 月 1 日起施行。根据 2009 年 8 月 27 日中华人民共和国主席令第十八号第十一届全国人民代表大会常务委员会第十次会议《关于修改部分法律的决定》，原《人民防空法》第五十条中引用的"治安管理处罚条例"修改为"治安管理处罚法"。

◇ 附录一：本书检索词条

第六章　群众防空组织

第七章　人民防空教育

◇ 附录二：本书引用的规范文件（按地方省市排序）

数据信息截至 2022 年 5 月 12 日

	法律文件名称	发布日期	实施时间
国家 （47 部）	《中华人民共和国宪法》（2018 年修正）	2018－03－11	2018－03－11
	《中华人民共和国立法法》（2015 年修正）	2015－03－15	2015－03－15
	《中华人民共和国地方各级人民代表大会和地方各级人民政府组织法》（2022 年修正）	2022－03－11	2022－03－12
	《中华人民共和国国防法》（2020 年修订）	2020－12－26	2021－01－01
	《中华人民共和国国防动员法》	2010－02－26	2010－07－01
	《中华人民共和国国防教育法》（2018 年修正）	2018－04－27	2018－04－27
	《中华人民共和国国防交通法》	2016－09－03	2017－01－01
	《中华人民共和国军事设施保护法》（2021 年修订）	2021－06－10	2021－08－01
	《中华人民共和国民法典》	2020－05－28	2021－01－01
	《中华人民共和国刑法》（2020 年修正）	2020－12－26	2021－03－01
	《中华人民共和国行政处罚法》（2021 年修订）	2021－01－22	2021－07－15
	《中华人民共和国行政强制法》	2011－06－30	2012－01－01
	《中华人民共和国城乡规划法》（2019 年修正）	2019－04－23	2019－04－23
	《中华人民共和国土地管理法》（2019 年修正）	2019－08－26	2020－01－01
	《中华人民共和国城市房地产管理法》（2019 年修正）	2019－08－26	2020－01－01
	《中华人民共和国建筑法》（2019 年修正）	2019－04－23	2019－04－23
	《中华人民共和国安全生产法》（2021 年修正）	2021－06－10	2021－09－01
	《中华人民共和国突发事件应对法》	2007－08－30	2007－11－01
	《中华人民共和国防震减灾法》（2008 年修订）	2008－12－27	2009－05－01
	《中华人民共和国预算法》》（2018 年修正）	2018－12－29	2018－12－29
	《中华人民共和国招标投标法》（2017 年修正）	2017－12－27	2017－12－28
	《关于深化国防动员体制改革期间暂时调整适用相关法律规定的决定》	2021－10－23	2021－10－24

法律文件名称	发布日期	实施时间
《物业管理条例》（2018 年修订）	2018-03-19	2018-03-19
《中华人民共和国土地管理法实施条例》（2021 年修订）	2021-07-02	2021-09-01
《城市房地产开发经营管理条例》（2020 年修订）	2020-11-29	2020-11-29
《建设工程安全生产管理条例》	2003-11-24	2004-02-01
《建设工程质量管理条例》（2019 年修订）	2019-04-23	2019-04-23
《城市道路管理条例》（2019 年年修订）	2019-03-24	2019-03-24
《地震监测管理条例》（国务院令第 588 号）	2011-01-08	2011-01-08
《城市地下空间开发利用管理规定》（中华人民共和国住房和城乡建设部令第 9 号）	2011-01-26	2011-01-26
《财政部、国家税务总局关于外商投资企业投资人民防空工程有关税收优惠的规定》（财税字〔1997〕121 号）	1997-10-22	1997-10-22
《人民防空预算外资金管理规定》（国动字〔1998〕2 号）	1998-01-14	1998-01-14
《关于规范防空地下室易地建设收费的规定的通知》（计价格〔2000〕474 号）	2000-04-27	2000-04-27
《城市居住区人民防空工程规划规范》（住房和城乡建设部公告第 1599 号）	2012-12-25	2013-05-01
《工业和信息化部关于加强城市地下通信管线建设管理工作的通知》（工信部通〔2014〕476 号）	2014-11-06	2014-11-06
《人民防空国有资产管理规定》（〔1998〕国人防办字第 21 号）	1998-03-19	1998-03-19
《人民防空工程建设管理规定》（国人防办字〔2003〕第 18 号）	2003-02-21	2003-02-21
《人民防空工程质量监督管理规定》（国人防〔2010〕288 号）	2010-07-23	2010-07-23
《人民防空专用设备生产安装管理暂行办法》（国人防〔2014〕438 号）	2014-10-19	2014-10-19
《人民防空工程平时开发利用管理办法》（国人防办字〔2001〕第 211 号）	2001-11-01	2001-11-01
《人民防空工程维护管理办法》（国人防办字〔2001〕第 210 号）	2001-11-01	2001-11-01
《国家人民防空办公室关于印发〈关于加强人民防空宣传教育工作的意见〉的通知》（〔2007〕8 号）	2007-10-19	2007-10-19
《中央国家机关人民防空工程和普通地下室安全使用管理办法》（国管人防〔2020〕38 号）	2020-03-30	2020-03-30
《中央国家机关人民防空行政处罚实施办法》（〔1998〕国管人防字第 265 号）	1998-12-28	1999-01-01
《国务院、中央军委关于进一步推进人民防空事业发展的若干意见》（国发〔2008〕4 号）	2008-01-08	2008-01-08

续表

法律文件名称	发布日期	实施时间
《中共中央、国务院关于建立国土空间规划体系并监督实施的若干意见》（中发〔2019〕18 号）	2019-05-23	2019-05-23
《最高人民法院关于审理建设工程施工合同纠纷案件适用法律问题的解释（一）》（法释〔2020〕25 号）	2020-12-29	2021-01-01
《北京市人民防空条例》	2002-03-29	2002-05-01
《北京市街道办事处条例》	2019-11-27	2020-01-01
《北京市人民防空工程建设与使用管理规定》（北京市人民政府第 226 号令）	2010-11-27	2010-11-27
《北京市人民防空工程和普通地下室安全使用管理办法》（北京市人民政府令第 302 号）	2021-12-30	2021-12-30
《北京市人民政府办公厅关于印发〈北京市行政执法公示办法〉〈北京市行政执法全过程记录办法〉〈北京市重大行政执法决定法制审核办法〉的通知》（京政办发〔2021〕17 号）	2021-11-05	2021-11-05
《北京市防空地下室易地建设管理办法》（京人防发〔2019〕79 号）	2019-06-27	2019-08-01
《关于规范结合建设项目新建人防工程抗力等级的通知》（京人防发〔2020〕93 号）	2020-11-30	2021-01-01
《结合建设项目配建人防工程战时功能设置规则（试行）》（京人防法〔2020〕107 号）	2020-12-24	2021-02-01
《结合建设项目配建人防工程面积指标计算规则（试行）》（京人防发〔2020〕106 号）	2020-12-24	2021-02-01
《北京市人民防空工程质量监督管理规定》（京人防发〔2019〕119 号）	2019-10-12	2019-12-01
《北京市人民防空工程竣工验收办法》（京人防发〔2019〕4 号）	2019-01-08	2019-03-01
《用于居住停车的防空地下室管理办法》（京人防发〔2019〕57 号）	2019-04-30	2019-06-01
《北京市城市基础设施人民防空防护工程建设管理暂行办法》（京人防发〔2018〕22 号）	2018-11-29	2018-11-29
《城市基础设施工程人民防空防护工程质量监督管理规定（试行）》（京人防发〔2021〕109 号）	2021-12-01	2022-02-01
《北京市民防局关于城市地下综合管廊兼顾人民防空需要的通知（暂行）》（京民防发〔2019〕73 号）	2019-07-13	2019-09-01
《北京市人民防空工程平时使用行政许可办法》（京人防发〔2019〕105 号）	2019-08-29	2019-10-01
《北京市人防工程内有限空间安全管理规定》（京人防发〔2020〕48 号）	2020-05-25	2020-07-01
《北京市人民防空工程维护管理办法（试行）》（京人防发〔2020〕81 号）	2020-08-31	2020-10-15

注：北京市部分按表格左侧合并单元格标注为"北京市（26 部）"

续表

	法律文件名称	发布日期	实施时间
	《北京市人民防空工程维修质量监督管理办法（试行）》（京人防发〔2021〕110 号）	2021-12-02	2022-02-01
	《关于进一步优化〈北京市固定资产投资项目结合修建人民防空工程审批流程〉的通知》（京人防法〔2019〕152 号）	2019-12-23	2019-12-23
	《关于进一步优化营商环境深化建设项目行政审批流程改革的意见》（市规划国土委发〔2018〕69 号）	2018-03-07	2018-03-15
	《北京市人民防空办公室关于取消人民防空工程设计乙级及监理乙、丙级资质认定的通知》（京人防发〔2021〕64 号）	2021-06-30	2021-07-01
	《北京市人民防空系统轻微违法行为免罚清单》（京人防发〔2022〕5 号	2022-02-21	2022-02-21
	《北京市人民防空系统行政处罚裁量基准（2021 年修订稿）》（京人防发〔2021〕60 号）	2021-06-10	2021-07-15
	《关于进一步加强中小学防空防灾教育的实施意见》（京人防法〔2019〕152 号）	2019-12-23	2019-12-23
	《北京市民防局、北京市民政局关于加强社区防空和防灾减灾规范化建设的意见》（京民防发〔2016〕91 号）	2016-12-02	2016-12-02
天津市（4 部）	《天津市实施〈中华人民共和国人民防空法〉办法》（2018 年修正）	2018-12-14	2018-12-14
	《天津市人民防空重要经济目标防护管理规定》（津政办发〔2017〕110 号）	2017-12-20	2018-01-01
	《天津市人民防空工程建设和使用管理规定》（津政办规〔2020〕20 号）	2020-10-25	2020-10-25
	《天津市人民防空工程使用和维护管理实施细则》（津防办规〔2021〕1 号）	2022-01-29	2022-01-29
河北省（8 部）	《河北省实施〈中华人民共和国人民防空法〉办法》（2022 年修正）	2022-05-27	2022-05-27
	《河北省人民防空工程维护与使用管理条例》	2006-05-24	2006-07-01
	《河北省人民政府、河北省军区关于进一步深化人防工程建设和管理改革的意见》（冀政〔2009〕192 号）	2009-11-18	2009-11-18
	《河北省结合民用建筑修建防空地下室管理规定》（河北省人民政府令〔2011〕第 22 号）	2011-12-31	2012-03-01
	《河北省人民防空通信管理规定》（河北省人民政府令第 10 号）	2010-11-30	2010-11-30
	《河北省人民防空工程平时开发利用登记管理暂行办法》（冀人防字〔2021〕6 号）	2021-12-16	2022-01-01
	《石家庄市人民防空工程维护使用管理办法》（石家庄市人民政府、中国人民解放军石家庄军分区令第 103 号）	1999-04-01	1999-05-01
	《邯郸市人民防空警报建设和维护管理规定》（邯政办规〔2019〕5 号）	2019-05-09	2019-05-09

	法律文件名称	发布日期	实施时间
山西省 （3部）	《山西省实施〈中华人民共和国人民防空法〉办法》	1998-11-30	1999-01-01
	《山西省人民防空工程建设条例》（2018年修正）	2018-09-30	2018-09-30
	《山西省人民防空警报试鸣规定》（晋政办发〔2010〕70号）	2010-08-16	2010-08-16
内蒙古 自治区 （1部）	《内蒙古自治区实施〈中华人民共和国人民防空法〉办法》	1999-09-24	1999-09-24
辽宁省 （7部）	《辽宁省实施〈中华人民共和国人民防空法〉办法》	1998-09-25	1999-01-01
	《辽宁省重要经济目标防护规定》（辽宁省人民政府令第292号）	2014-08-06	2014-08-06
	《沈阳市民防管理规定》（沈阳市人民政府令第28号）	2003-12-18	2004-02-01
	《关于沈阳市人民防空工程权属登记的实施意见》（沈政办发〔2016〕155号）	2016-11-28	2016-11-28
	《沈阳市人防工程标注办法》（沈人防发〔2018〕14号）	2018-05-02	2018-08-01
	《沈阳市人防工程国有资产管理规定》（沈人防发〔2020〕10号）	2020-07-02	2020-07-02
	《大连市人民防空管理规定》（大连市人民政府令第112号）	2010-12-01	2010-12-01
吉林省 （3部）	《吉林省实施〈中华人民共和国人民防空法〉办法》（2018年修改）	2018-11-30	2018-11-30
	《吉林省人民防空办公室关于人防易地建设担保管理的通知》（吉防办发〔2016〕107号）	2016-08-23	2016-08-23
	《长春市人民政府关于实施〈中华人民共和国人民防空法〉若干规定》（长春市人民政府令第82号）	2020-10-21	2020-10-21
黑龙江省 （3部）	《黑龙江省实施〈中华人民共和国人民防空法〉条例》（2018年修正）	2018-04-26	2018-04-26
	《哈尔滨市人民防空工程管理办法》（哈尔滨市人民政府令第191号）	2010-10-27	2010-10-27
	《哈尔滨市集体或个人利用非国有资金投资建设的单建式人防工程不动产登记管理办法》	2018-12-24	2018-12-24
上海市 （5部）	《上海市民防条例》（2018年修正）	2018-12-20	2019-01-01
	《上海市街道办事处条例》（2021年修订）	2021-07-29	2021-08-01
	《上海市民防工程建设和使用管理办法》（上海市人民政府令第15号）	2018-12-07	2019-01-10
	《民防领域市场轻微违法违规行为免罚清单》（沪民防规〔2020〕1号）	2020-07-30	2020-08-01
	《上海市房地资源局关于办理结建民防工程房地产登记有关问题的通知》（沪房地资权〔2005〕336号）	2005-06-17	2005-06-17

	法律文件名称	发布日期	实施时间
江苏省 （22部）	《江苏省实施〈中华人民共和国人民防空法〉办法》（2021年修正）	2021-05-27	2021-05-27
	《江苏省物业管理条例》（2021年年修正）	2021-09-29	2021-09-29
	《江苏省人民防空工程建设使用规定》（江苏省人民政府令第129号）	2019-11-13	2020-01-01
	《江苏省防空地下室建设实施细则》（苏防规〔2020〕1号）	2020-11-25	2021-01-01
	《江苏省人民防空工程维护管理实施细则》（江苏省人民政府令第121号）	2018-05-06	2018-05-06
	《江苏省人民防空工程质量监督管理办法》（苏防规〔2019〕1号）	2019-09-20	2019-10-20
	《江苏省〈人防工程平时使用证〉管理办法》（苏防规〔2021〕5号）	2021-12-21	2022-02-01
	《江苏省重要经济目标防护暂行规定》（苏政办发〔2004〕125号）	2004-12-30	2004-12-30
	《江苏省人民防空办公室关于做好人民防空重点镇工作的通知》（苏防〔2020〕67号）	2020-12-02	2020-12-02
	《南京市人民防空工程建设管理办法》（南京市人民政府令第327号）	2018-11-06	2018-11-06
	《南京市结合民用建筑必须修建防空地下室标注的规定》（宁防办〔2008〕95号）	2008-11-18	2008-11-18
	《关于〈南京市结合民用建筑必须修建防空地下室标注的规定〉的补充规定》（宁防办〔2009〕25号）	2009-03-30	2009-04-01
	《无锡市人民防空规定》（无锡市人民政府令第173号）	2021-04-13	2021-06-01
	《常州市人民政府关于深化人防工程产权制度改革的意见》（常政发〔2007〕136号）	2007-08-21	2007-10-01
	《常州市人民防空工程使用与维护管理办法》（常防办〔2007〕41号）	2007-05-17	2007-05-17
	《苏州市人民防空工程管理办法》（苏州市人民政府令第105号）	2008-07-04	2008-09-01
	《苏州市人民防空警报管理规定》（苏府规字〔2016〕4号）	2016-09-08	2017-01-01
	《关于加快苏州市城市地下空间开发利用的实施意见》（苏府规字〔2013〕6号）	2013-07-24	2013-10-01
	《苏州市地下（地上）空间建设用地使用权利用和登记暂行办法》（苏府规字〔2021〕7号）	2021-07-20	2021-09-01
	《泰州市地下空间兼顾人民防空要求实施办法》（泰政规〔2013〕3号）	2013-01-28	2013-02-01
	《宿迁市人民防空工程建设规定》（宿迁市人民政府令第3号）	2020-05-14	2020-07-01
	《宿迁市住宅区人民防空工程平时使用和维护管理规定》（宿迁市人民政府令第2号）	2018-12-27	2019-02-01

续表

	法律文件名称	发布日期	实施时间
浙江省 （15部）	《浙江省实施〈中华人民共和国人民防空法〉办法》（2020年修正）	2020-11-27	2020-11-27
	《浙江省人民防空工程管理办法》（浙江省人民政府令第391号）	2022-01-15	2022-03-01
	《浙江省人民防空警报设施管理办法》（浙江省人民政府令第341号）	2015-12-28	2015-12-28
	《浙江省人民政府办公厅关于利用人民防空警报系统发放防灾警报信号的通知》（浙政办发〔2009〕77号）	2009-06-08	2009-06-08
	《浙江省人民防空工程质量监督管理办法》（浙人防办〔2021〕8号）	2021-03-29	2021-03-29
	《浙江省人民防空工程防护设备质量检测管理细则（试行）》（浙人防办〔2015〕9号）	2015-02-11	2015-02-11
	《浙江省人民防空办公室关于进一步推进基层人民防空（民防）规范化建设的意见》（浙人防办〔2013〕4号）	2013-01-16	2013-01-16
	《浙江省人民防空办公室关于深化人防宣传教育"五进"工作的意见》（浙人防办〔2007〕31号）	2007-02-14	2007-02-14
	《浙江省人民防空办公室、浙江省科学技术厅关于加强人民防空（民防）科学技术研究工作的意见》（浙人防办〔2010〕69号）	2010-09-08	2010-09-08
	《杭州警备区司令部、人民防空办公室关于加强市区街道（乡镇）人民防空工作的实施意见》（杭人防〔2006〕137号）	2006-08-17	2006-08-17
	《宁波市人民政府办公厅关于推进人民防空规划建设融入城市规划建设的实施意见》（甬政办发〔2018〕101号）	2018-08-15	2018-09-16
	《宁波市人民防空工程管理办法》（宁波市人民政府令第253号）	2020-02-27	2020-02-27
	《宁波市人民防空办公室关于规范人防工程平时使用费管理的通知》（甬人防办通〔2009〕55号）	2009-12-16	2009-12-16
	《温州市人防工程产权制度综合改革实施方案》（温政办〔2021〕71号）	2021-11-11	2022-01-01
	《台州市人民防空警报设施管理实施细则》（台州市人民政府令第90号）	2005-12-12	2006-01-01
安徽省 （5部）	《安徽省实施〈中华人民共和国人民防空法〉办法》（2020年修订）	2020-09-29	2021-01-01
	《安徽省人民防空工程建设与维护管理规定》（2018年修订）	2018-12-29	2019-03-01
	《安徽省人民政府关于依法加强人民防空工作的意见》（皖政〔2017〕2号）	2017-01-05	2017-01-05
	《合肥市人民政府关于依法加强人民防空工作的实施意见》（合政〔2018〕61号）	2018-06-05	2018-06-05
	《合肥市人民防空办公室关于委托合肥市民防防护专业协会承办相关工作的通知》（合人防办〔2017〕71号）	2017-07-03	2017-07-03

	法律文件名称	发布日期	实施时间
福建省 （14部）	《福建省人民防空条例》（2016年修正）	2016-09-30	2016-09-30
	《福建省地下空间建设用地管理和土地登记暂行规定》（闽政〔2014〕8号）	2014-02-16	2014-02-16
	《福建省人民政府关于加快城市地下空间开发利用的若干意见》（闽政文〔2014〕54号）	2014-02-21	2014-02-21
	《福建省人民政府办公厅关于推进地下空间开发利用八条措施的通知》（闽政办〔2014〕134号）	2014-10-14	2014-10-14
	《福建省人民防空工程质量监督管理规定》（闽人防办〔2020〕67号）	2020-12-14	2020-12-14
	《福建省投资建设人民防空工程产权登记管理办法》（闵人防办〔2010〕97号）	2010-07-06	2010-09-01
	《福建省公用人民防空工程平时使用管理办法》	2020-01-09	2020-01-09
	《福建省人民防空行政处罚裁量基准》	2018-03-30	2018-03-30
	《〈福建省投资建设人民防空工程产权登记管理办法〉的实施意见》（榕人防办〔2011〕128号）	2011-12-28	2012-02-01
	《福州市人民防空警报设施管理办法》（2012年修正）	2012-06-08	2012-06-08
	《厦门市人民防空管理办法》（厦门市人民政府令第177号）	2019-08-20	2019-08-20
	《厦门市商品房人防范围内地下车位销售和办理权属登记的实施意见》（厦府办〔2008〕211号）	2008-09-11	2008-10-11
	《厦门市结合民用建筑修建防空地下室审批管理暂行办法》（厦人防办〔2017〕35号）	2017-05-19	2017-07-01
	《厦门市人民防空工程维护管理暂行规定》（厦人防办规〔2020〕1号）	2020-04-27	2020-04-27
江西省 （4部）	《江西省实施〈中华人民共和国人民防空法〉办法》（2021年修正）	2021-07-28	2021-07-28
	《江西省人民防空工程管理办法》（江西省人民政府令第250号）	2021-06-09	2021-06-09
	《江西省人民防空办公室关于在全省人防系统开展法治宣传教育的第八个五年规划（2021—2025年）的通知》（赣人防发〔2021〕18号）	2021-11-11	2021-11-11
	《南昌市人民防空设施管理规定》	2004-11-30	2005-01-01
山东省 （14部）	《山东省实施〈中华人民共和国人民防空法〉办法》	1998-10-12	1998-10-12
	《济南军区、山东省人民政府、河南省人民政府关于加快人民防空改革发展若干问题的决定》（〔2006〕3号）	2006-09-01	2006-09-01
	《山东省人民防空工程管理办法》（山东省人民政府令第332号）	2020-01-23	2020-03-01
	《山东省人民政府办公厅关于利用人民防空警报系统发布灾情警报的通知》（鲁政办字〔2007〕178号）	2007-11-12	2007-11-12

续表

	法律文件名称	发布日期	实施时间
	《山东省人民防空办公室关于实行制式人防工程平时使用证管理有关问题的通知》（鲁防发〔2017〕16号）	2017-10-23	2017-12-01
	《山东省人民防空办公室关于人防工程平时使用证和防空地下室防护等级有关问题的通知》（鲁防发〔2018〕5号）	2018-04-24	2018-05-01
	《山东省人民防空办公室关于加强重要经济目标防护管理的意见》（鲁防发〔2021〕1号）	2021-01-01	2021-02-01
	《山东省人民防空行政处罚裁量基准》	2013-12-11	2014-01-01
	《济南市城市地下空间开发利用管理办法》（济南市人民政府令第250号）	2013-10-25	2013-12-01
	《济南市人民防空工程管理实施细则》（济政办发〔2014〕1号）	2014-01-13	2014-02-13
	《青岛市地下空间开发利用管理条例》	2020-06-12	2020-07-01
	《青岛市人民政府、青岛警备区关于加快人民防空事业发展的实施意见》（青政发〔2009〕10号）	2009-03-25	2009-03-25
	《青岛市人民防空办公室关于地下轨道交通工程兼顾人民防空的意见》（青人防办字〔2018〕9号）	2018-04-02	2018-04-02
河南省 （3部）	《河南省实施〈中华人民共和国人民防空法〉办法》（2020年修改）	2020-06-04	2020-06-04
	《河南省人民防空工程管理办法》（河南省人民政府令第200号）	2020-12-31	2021-02-01
	《河南省人民防空工程建设质量管理暂行办法》（豫人防〔2017〕140号）	2017-12-23	2017-12-23
湖南省 （7部）	《湖南省实施〈中华人民共和国人民防空法〉办法》（2020年修正）	2020-07-30	2020-07-30
	《湖南省人民防空工程建设与维护管理规定》（湖南省人民政府令第297号）	2019-12-02	2020-01-01
	《湖南省人民防空通信管理办法》（湖南省人民政府令第226号）	2008-06-19	2008-08-01
	《湖南省人民政府办公厅、湖南省军区司令部关于加强县级人民防空工作的意见》（湘政办发〔2013〕22号）	2013-03-25	2013-03-25
	《湖南省单建式人民防空工程建设管理办法》（湘防办发〔2020〕7号）	2020-06-01	2020-06-01
	《长沙市人防战时疏散承接基地标准化建设管理办法》（长人防发〔2018〕25号）	2018-07-12	2018-07-12
	《衡阳市人民政府关于进一步推进我市人民防空事业发展的若干意见》（衡政发〔2009〕31号）	2009-11-01	2009-11-01
湖北省 （6部）	《湖北省实施〈中华人民共和国人民防空法〉办法》（2016年修正）	2016-12-01	2016-12-01
	《湖北省人民防空工程管理规定》（湖北省人民政府令第411号）	2020-01-09	2020-03-01

	法律文件名称	发布日期	实施时间
	《湖北省人民防空警报设施管理规定》（湖北省人民政府令第343号）	2011-05-23	2011-08-01
	《武汉市人民防空条例》（2019年修正）	2019-08-14	2019-08-14
	《武汉市人民防空警报设施管理办法》（武汉市人民政府令第252号）	2014-05-07	2014-05-07
	《宜昌市人民防空实施细则》（宜昌市人民政府令第168号）	2016-03-03	2016-04-01
广东省（8部）	《广东省实施〈中华人民共和国人民防空法〉办法》（2010年修正）	2010-07-23	2010-07-23
	《广州市人民防空管理规定》（2021年修正）	2021-10-20	2021-10-20
	《广东省人民防空警报通信建设与管理规定》（广东省人民政府令第82号）	2003-08-19	2003-10-01
	《广州市人民防空警报设施维护管理细则》（穗人防办规字〔2022〕2号）	2017-01-16	2017-01-16
	《深圳市实施〈中华人民共和国人民防空法〉办法》（2021年修正）	2021-12-07	2021-12-07
	《深圳市地下空间开发利用管理办法》（深圳市人民政府令第337号）	2021-06-09	2021-08-01
	《深圳市人民防空警报设施管理办法》（深应急规〔2016〕2号）	2016-10-22	2016-12-01
	《珠海市人民防空办法》（珠海市人民政府令第41号）	2004-01-19	2004-03-01
广西壮族自治区（3部）	《广西壮族自治区实施〈中华人民共和国人民防空法〉办法》（2016年修正）	2016-11-30	2016-11-30
	《南宁市人民防空管理办法》（南宁市人民政府令第3号）	2017-03-29	2017-05-01
	《桂林市人民防空警报设施建设管理规定》	2004-10-20	2004-10-20
四川省（3部）	《四川省〈中华人民共和国人民防空法〉实施办法》（2005年修正）	2005-07-29	2005-07-29
	《四川省人民防空警报系统管理办法》（省政府令第159号）	2001-12-31	2002-02-01
	《南充市人民防空警报设施建设与管理办法》（南府办发〔2019〕9号）	2019-04-09	2019-05-09
贵州省（5部）	《贵州省人民防空条例》（2020年修正）	2020-09-25	2020-09-25
	《贵州省人民防空警报设施建设管理规定》（贵州省人民政府令第149号）	2013-12-28	2014-02-01
	《贵州省人民防空工程建设管理办法》（黔府办发〔2020〕38号）	2020-12-30	2020-12-30
	《贵阳市人民防空工程建设管理办法》（2021年修正）	2021-06-07	2021-06-07
	《毕节市人民政府办公室关于印发毕节市人民防空工程建设管理办法的通知》（毕府办通〔2013〕184号）	2013-11-27	2013-11-27

	法律文件名称	发布日期	实施时间
云南省 （2部）	《云南省实施〈中华人民共和国人民防空法〉办法》（2014年修正）	2014-07-27	2014-07-27
	《曲靖市人民政府贯彻人民防空法实施细则》（曲靖市人民政府令第 25 号）	2004-10-29	2004-12-01
西藏 自治区 （1部）	《西藏自治区实施〈中华人民共和国人民防空法〉办法》	2010-07-30	2010-07-30
陕西省 （1部）	《陕西省实施〈中华人民共和国人民防空法〉办法》	2010-03-26	2010-03-26
	《西安市人民防空办公室关于印发〈人民防空工程平时开发利用备案登记办法〉的通知》（市人防发〔2021〕58 号）	2021-11-25	2021-12-25
甘肃省 （1部）	《甘肃省实施〈中华人民共和国人民防空法〉办法》（2010年修订）	2010-07-29	2010-09-01
青海省 （1部）	《青海省实施〈中华人民共和国人民防空法〉办法》（2020年修正）	2020-07-22	2020-07-22
宁夏回族 自治区 （3部）	《宁夏回族自治区实施〈中华人民共和国人民防空法〉办法》（2005 年修正）	2005-07-22	2005-07-22
	《宁夏回族自治区人民防空警报通信设施管理办法》（宁夏回族自治区人民政府令第 96 号）	2007-07-02	2007-09-01
	《宁夏回族自治区人民防空办公室关于下发〈社区人防建设标准（试行）〉的通知》（宁防办发〔2017〕106 号）	2017-12-05	2017-12-05
新疆维吾 尔自治区 （3部）	《新疆维吾尔自治区实施〈中华人民共和国人民防空法〉办法》（2007 年修订）	2007-09-28	2008-01-01
	《乌鲁木齐市人民防空工程管理办法》（乌鲁木齐市人民政府令第 104 号）	2010-12-13	2010-12-13
	《阿勒泰地区人民防空警报设施社会化管理暂行规定》（阿行办发〔2014〕24 号）	2014-04-17	2014-04-17
海南省 （1部）	《海南省实施〈中华人民共和国人民防空法〉办法》（2004年修正）	2004-08-06	2004-09-01
重庆市 （3部）	《重庆市人民防空条例》（2010 年修正）	2010-07-30	2010-07-30
	《重庆市人民防空行政处罚裁量基准》（渝文审〔2011〕15 号）	2011-04-06	2011-04-06
	《重庆市人民防空专业队伍管理办法》（渝防办发〔2020〕59 号）	2020-6-22	2020-08-01

◇ 附录三：本书引用的规范文件（按法律效力位阶排序）

数据信息截至 2022 年 5 月 12 日

	法律文件名称	发布日期	实施时间
法律和决定（22 部）	《中华人民共和国宪法》（2018 年修正）	2018-03-11	2018-03-11
	《中华人民共和国立法法》（2015 年修正）	2015-03-15	2015-03-15
	《中华人民共和国地方各级人民代表大会和地方各级人民政府组织法》（2022 年修正）	2022-03-11	2022-03-12
	《中华人民共和国国防法》（2020 年修订）	2020-12-26	2021-01-01
	《中华人民共和国国防动员法》	2010-02-26	2010-07-01
	《中华人民共和国国防教育法》（2018 年修正）	2018-04-27	2018-04-27
	《中华人民共和国国防交通法》	2016-09-03	2017-01-01
	《中华人民共和国军事设施保护法》（2021 年修订）	2021-06-10	2021-08-01
	《中华人民共和国民法典》	2020-05-28	2021-01-01
	《中华人民共和国刑法》（2020 年修正）	2020-12-26	2021-03-01
	《中华人民共和国行政处罚法》（2021 年修订）	2021-01-22	2021-07-15
	《中华人民共和国行政强制法》	2011-06-30	2012-01-01
	《中华人民共和国城乡规划法》（2019 年修正）	2019-04-23	2019-04-23
	《中华人民共和国土地管理法》（2019 年修正）	2019-08-26	2020-01-01
	《中华人民共和国城市房地产管理法》（2019 年修正）	2019-08-26	2020-01-01
	《中华人民共和国建筑法》（2019 年修正）	2019-04-23	2019-04-23
法律和决定（22 部）	《中华人民共和国安全生产法》（2021 年修正）	2021-06-10	2021-09-01
	《中华人民共和国突发事件应对法》	2007-08-30	2007-11-01
	《中华人民共和国防震减灾法》（2008 年修订）	2008-12-27	2009-05-01
	《中华人民共和国预算法》（2018 年修正）	2018-12-29	2018-12-29
	《中华人民共和国招标投标法》（2017 年修正）	2017-12-27	2017-12-28
	《关于深化国防动员体制改革期间暂时调整适用相关法律规定的决定》	2021-10-23	2021-10-24

续表

	法律文件名称	发布日期	实施时间
行政法规 （7部）	《物业管理条例》（2018年修订）	2018-03-19	2018-03-19
	《中华人民共和国土地管理法实施条例》（2021年修订）	2021-07-02	2021-09-01
	《城市房地产开发经营管理条例》（2020年修订）	2020-11-29	2020-11-29
	《建设工程质量管理条例》（2019年修订）	2019-04-23	2019-04-23
	《建设工程安全生产管理条例》	2003-11-24	2004-02-01
	《城市道路管理条例》（2019年年修订）	2019-03-24	2019-03-24
	《地震监测管理条例》（国务院令第588号）	2011-01-08	2011-01-08
部门规章 （15部）	《城市地下空间开发利用管理规定》（中华人民共和国住房和城乡建设部令第9号）	2011-01-26	2011-01-26
	《财政部、国家税务总局关于外商投资企业投资人民防空工程有关税收优惠的规定》（财税字〔1997〕121号）	1997-10-22	1997-10-22
	《人民防空预算外资金管理规定》（国动字〔1998〕2号）	1998-01-14	1998-01-14
	《关于规范防空地下室易地建设收费的规定》（计价格〔2000〕474号）	2000-04-27	2000-04-27
	《城市居住区人民防空工程规划规范》（住房和城乡建设部公告第1599号）	2012-12-25	2013-05-01
	《工业和信息化部关于加强城市地下通信管线建设管理工作的通知》（工信部通〔2014〕476号）	2014-11-06	2014-11-06
	《人民防空国有资产管理规定》（〔1998〕国人防办字第21号）	1998-03-19	1998-03-19
	《人民防空工程建设管理规定》（国人防办字〔2003〕第18号）	2003-02-21	2003-02-21
	《人民防空工程质量监督管理规定》（国人防〔2010〕288号）	2010-07-23	2010-07-23
	《人民防空专用设备生产安装管理暂行办法》（国人防〔2014〕438号）	2014-10-19	2014-10-19
	《人民防空工程平时开发利用管理办法》（国人防办字〔2001〕第211号）	2001-11-01	2001-11-01
	《人民防空工程维护管理办法》（国人防办字〔2001〕第210号）	2001-11-01	2001-11-01
	《国家人民防空办公室关于印发〈关于加强人民防空宣传教育工作的意见〉的通知》（〔2007〕8号）	2007-10-19	2007-10-19
	《中央国家机关人民防空工程和普通地下室安全使用管理办法》（国管人防〔2020〕38号）	2020-03-30	2020-03-30
	《中央国家机关人民防空行政处罚实施办法》（〔1998〕国管人防字第265号）	1998-12-28	1999-01-01
国务院规范性文件 （1部）	《国务院、中央军委关于进一步推进人民防空事业发展的若干意见》（国发〔2008〕4号）	2008-01-08	2008-01-08

	法律文件名称	发布日期	实施时间
党内法规制度（1部）	《中共中央、国务院关于建立国土空间规划体系并监督实施的若干意见》（中发〔2019〕18号）	2019-05-23	2019-05-23
司法解释（1部）	《最高人民法院关于审理建设工程施工合同纠纷案件适用法律问题的解释（一）》（法释〔2020〕25号）	2020-12-29	2021-01-01
省级地方性法规（36部）	《北京市人民防空条例》	2002-03-29	2002-05-01
	《北京市街道办事处条例》	2019-11-27	2020-01-01
	《天津市实施〈中华人民共和国人民防空法〉办法》（2018年修正）	2018-12-14	2018-12-14
	《河北省实施〈中华人民共和国人民防空法〉办法》（2022年修正）	2022-05-27	2022-05-27
	《河北省人民防空工程维护与使用管理条例》	2006-05-24	2006-07-01
	《山西省实施〈中华人民共和国人民防空法〉办法》	1998-11-30	1999-01-01
	《山西省人民防空工程建设条例》（2018年修正）	2018-09-30	2018-09-30
	《内蒙古自治区实施〈中华人民共和国人民防空法〉办法》	1999-09-24	1999-09-24
	《辽宁省实施〈中华人民共和国人民防空法〉办法》	1998-09-25	1999-01-01
	《吉林省实施〈中华人民共和国人民防空法〉办法》（2018年修改）	2018-11-30	2018-11-30
	《黑龙江省实施〈中华人民共和国人民防空法〉条例》（2018年修正）	2018-04-26	2018-04-26
	《上海市民防条例》（2018年修正）	2018-12-20	2019-01-01
	《上海市街道办事处条例》（2021年修订）	2021-07-29	2021-08-01
	《江苏省实施〈中华人民共和国人民防空法〉办法》（2021年修正）	2021-05-27	2021-05-27
	《江苏省物业管理条例》（2021年修正）	2021-09-29	2021-09-29
	《浙江省实施〈中华人民共和国人民防空法〉办法》（2020年修正）	2020-11-27	2020-11-27
	《安徽省实施〈中华人民共和国人民防空法〉办法》（2020年修订）	2020-09-29	2021-01-01
	《福建省人民防空条例》（2016年修正）	2016-09-30	2016-09-30
	《江西省实施〈中华人民共和国人民防空法〉办法》（2021年修正）	2021-07-28	2021-07-28
	《山东省实施〈中华人民共和国人民防空法〉办法》	1998-10-12	1998-10-12
	《河南省实施〈中华人民共和国人民防空法〉办法》（2020年修改）	2020-06-04	2020-06-04
	《湖南省实施〈中华人民共和国人民防空法〉办法》（2020年修正）	2020-07-30	2020-07-30

续表

	法律文件名称	发布日期	实施时间
	《湖北省实施〈中华人民共和国人民防空法〉办法》（2016年修正）	2016-12-01	2016-12-01
	《广东省实施〈中华人民共和国人民防空法〉办法》（2010年修正）	2010-07-23	2010-07-23
	《广西壮族自治区实施〈中华人民共和国人民防空法〉办法》（2016年修正）	2016-11-30	2016-11-30
	《四川省〈中华人民共和国人民防空法〉实施办法》（2005年修正）	2005-07-29	2005-07-29
	《贵州省人民防空条例》（2020年修正）	2020-09-25	2020-09-25
	《云南省实施〈中华人民共和国人民防空法〉办法》（2014年修正）	2014-07-27	2014-07-27
	《西藏自治区实施〈中华人民共和国人民防空法〉办法》	2010-07-30	2010-07-30
	《陕西省实施〈中华人民共和国人民防空法〉办法》	2010-03-26	2010-03-26
	《甘肃省实施〈中华人民共和国人民防空法〉办法》（2010年修订）	2010-07-29	2010-09-01
	《青海省实施〈中华人民共和国人民防空法〉办法》（2020年修正）	2020-07-22	2020-07-22
	《宁夏回族自治区实施〈中华人民共和国人民防空法〉办法》（2005年修正）	2005-07-22	2005-07-22
	《新疆维吾尔自治区实施〈中华人民共和国人民防空法〉办法》（2007年修订）	2007-09-28	2008-01-01
	《海南省实施〈中华人民共和国人民防空法〉办法》（2004年修正）	2004-08-06	2004-09-01
	《重庆市人民防空条例》（2010年修正）	2010-07-30	2010-07-30
省级地方政府规章（22部）	《北京市人民防空工程建设与使用管理规定》（北京市人民政府第226号令）	2010-11-27	2010-11-27
	《北京市人民防空工程和普通地下室安全使用管理办法》（北京市人民政府令第302号）	2021-12-30	2021-12-30
	《河北省结合民用建筑修建防空地下室管理规定》（河北省人民政府令〔2011〕第22号）	2011-12-31	2012-03-01
	《河北省人民防空通信管理规定》（河北省人民政府令第10号）	2010-11-30	2010-11-30
	《辽宁省重要经济目标防护规定》（辽宁省人民政府令第292号）	2014-08-06	2014-08-06
	《上海市民防工程建设和使用管理办法》（上海市人民政府令第15号）	2018-12-07	2019-01-10
	《江苏省人民防空工程建设使用规定》（江苏省人民政府令第129号）	2019-11-13	2020-01-01
	《江苏省人民防空工程维护管理实施细则》（江苏省人民政府令第121号）	2018-05-06	2018-05-06

	法律文件名称	发布日期	实施时间
	《浙江省人民防空工程管理办法》（浙江省人民政府令第 391号）	2022-01-15	2022-03-01
	《浙江省人民防空警报设施管理办法》（浙江省人民政府令第 341号）	2015-12-28	2015-12-28
	《安徽省人民防空工程建设与维护管理规定》（安徽省人民政府令第 286号）	2018-12-29	2019-03-01
	《江西省人民防空工程管理办法》（江西省人民政府令第 250号）	2021-06-09	2021-06-09
	《山东省人民防空工程管理办法》（山东省人民政府令第 332号）	2020-01-23	2020-03-01
	《河南省人民防空工程管理办法》（河南省人民政府令第 200号）	2020-12-31	2021-02-01
	《湖南省人民防空工程建设与维护管理规定》（湖南省人民政府令第 297号）	2019-12-02	2020-01-01
	《湖南省人民防空通信管理办法》（湖南省人民政府令第 226号）	2008-06-19	2008-08-01
	《湖北省人民防空工程管理规定》（湖北省人民政府令第 411号）	2020-01-09	2020-03-01
	《湖北省人民防空警报设施管理规定》（湖北省人民政府令第 343号）	2011-05-23	2011-08-01
	《广东省人民防空警报通信建设与管理规定》（广东省人民政府令第 82号）	2003-08-19	2003-10-01
	《四川省人民防空警报系统管理办法》（省政府令第 159号）	2001-12-31	2002-02-01
	《贵州省人民防空警报设施建设管理规定》（贵州省人民政府令第 149号）	2013-12-28	2014-02-01
	《宁夏回族自治区人民防空警报通信设施管理办法》（宁夏回族自治区人民政府令第 96号）	2007-07-02	2007-09-01
省级地方规范性文件（67部）	《北京市人民政府办公厅关于印发〈北京市行政执法公示办法〉〈北京市行政执法全过程记录办法〉〈北京市重大行政执法决定法制审核办法〉的通知》（京政办发〔2021〕17号）	2021-11-05	2021-11-05
	《北京市防空地下室易地建设管理办法》（京人防发〔2019〕79号）	2019-06-27	2019-08-01
	《关于规范结合建设项目新建人防工程抗力等级的通知》（京人防发〔2020〕93号）	2020-11-30	2021-01-01
	《结合建设项目配建人防工程战时功能设置规则（试行）》（京人防发〔2020〕107号）	2020-12-24	2021-02-01
	《结合建设项目配建人防工程面积指标计算规则（试行）》（京人防发〔2020〕106号）	2020-12-24	2021-02-01
	《北京市人民防空工程质量监督管理规定》（京人防发〔2019〕119号）	2019-10-12	2019-12-01

法律文件名称	发布日期	实施时间
《北京市人民防空工程竣工验收办法》（京人防发〔2019〕4号）	2019-01-08	2019-03-01
《用于居住停车的防空地下室管理办法》（京人防发〔2019〕57号）	2019-04-30	2019-06-01
《北京市城市基础设施人民防空防护工程建设管理暂行办法》（京人防发〔2018〕22号）	2018-11-29	2018-11-29
《城市基础设施工程人民防空防护工程质量监督管理规定（试行）》（京人防发〔2021〕109号）	2021-12-01	2022-02-01
《北京市民防局关于城市地下综合管廊兼顾人民防空需要的通知（暂行）》（京民防发〔2017〕73号）	2017-07-13	2017-09-01
《北京市人民防空工程平时使用行政许可办法》（京人防发〔2019〕105号）	2019-08-29	2019-10-01
《北京市人防工程内有限空间安全管理规定》（京人防发〔2020〕48号）	2020-05-25	2020-07-01
《北京市人民防空工程维护管理办法（试行）》（京人防发〔2020〕81号）	2020-08-31	2020-10-15
《北京市人民防空工程维修质量监督管理办法（试行）》（京人防发〔2021〕110号）	2021-12-02	2022-02-01
《关于进一步优化〈北京市固定资产投资项目结合修建人民防空工程审批流程〉的通知》（京民防发〔2019〕150号）	2019-12-23	2019-12-23
《关于进一步优化营商环境深化建设项目行政审批流程改革的意见》（市规划国土委发〔2018〕69号）	2018-03-07	2018-03-15
《北京市人民防空办公室关于取消人民防空工程设计乙级及监理乙、丙级资质认定的通知》（京人防发〔2021〕64号）	2021-06-30	2021-07-01
《北京市人民防空系统轻微违法行为免罚清单》（京人防发〔2022〕5号	2022-02-21	2022-02-21
《北京市人民防空系统行政处罚裁量基准（2021年修订稿）》（京人防发〔2021〕60号）	2021-06-10	2021-07-15
《关于进一步加强中小学防空防灾教育的实施意见》（京人防法〔2019〕152号）	2019-12-23	2019-12-23
《北京市民防局、北京市民政局关于加强社区防空和防灾减灾规范化建设的意见》（京人防发〔2019〕91号）	2016-12-02	2016-12-02
《天津市人民防空重要经济目标防护管理规定》（津政办发〔2017〕110号）	2017-12-20	2018-01-01
《天津市人民防空工程建设和使用管理规定》（津政办规〔2020〕20号）	2020-10-25	2020-10-25
《天津市人民防空工程使用和维护管理实施细则》（津防办规〔2021〕1号）	2022-01-29	2022-01-29
《河北省人民政府、河北省军区关于进一步深化人防工程建设和管理改革的意见》（冀政〔2009〕192号）	2009-11-18	2009-11-18

法律文件名称	发布日期	实施时间
《河北省人民防空工程平时开发利用登记管理暂行办法》（冀人防字〔2021〕6号）	2021-12-16	2022-01-01
《山西省人民防空警报试鸣规定》（晋政办发〔2010〕70号）	2010-08-16	2010-08-16
《关于沈阳市人民防空工程权属登记的实施意见》（沈政办发〔2016〕155号）	2016-11-28	2016-11-28
《沈阳市人防工程标注办法》（沈人防发〔2018〕14号）	2018-05-02	2018-08-01
《吉林省人民防空办公室关于人防易地建设担保管理的通知》（吉防办发〔2016〕107号）	2016-08-23	2016-08-23
《民防领域市场轻微违法违规行为免罚清单》（沪民防规〔2020〕1号）	2020-07-30	2020-08-01
《上海市房地资源局关于办理结建民防工程房地产登记有关问题的通知》（沪房地资权〔2005〕336号）	2005-06-17	2005-06-17
《江苏省重要经济目标防护暂行规定》（苏政办发〔2004〕125号）	2004-12-30	2004-12-30
《江苏省防空地下室建设实施细则》（苏防规〔2020〕1号）	2020-11-25	2021-01-01
《江苏省人民防空工程质量监督管理办法》（苏防规〔2019〕1号）	2019-09-20	2019-10-20
《江苏省〈人防工程平时使用证〉管理办法》（苏防规〔2021〕5号）	2021-12-21	2022-02-01
《关于做好人民防空重点镇工作的通知》（苏防〔2020〕67号）	2020-12-02	2020-12-02
《浙江省人民政府办公厅关于利用人民防空警报系统发放防灾警报信号的通知》（浙政办发〔2009〕77号）	2009-06-08	2009-06-08
《浙江省人民防空工程质量监督管理办法》（浙人防办〔2021〕8号）	2021-03-29	2021-03-29
《浙江省人民防空工程防护设备质量检测管理细则（试行）》（浙人防办〔2015〕9号）	2015-02-11	2015-02-11
《浙江省人民防空办公室关于进一步推进基层人民防空（民防）规范化建设的意见》（浙人防办〔2013〕4号）	2013-01-16	2013-01-16
《浙江省人民防空办公室、浙江省科学技术厅关于加强人民防空（民防）科学技术研究工作的意见》（浙人防办〔2010〕69号）	2010-09-08	2010-09-08
《浙江省人民防空办公室关于深化人防宣传教育"五进"工作的意见》（浙人防〔2007〕31号）	2007-02-14	2007-02-14
《安徽省人民政府关于依法加强人民防空工作的意见》（皖政〔2017〕2号）	2017-01-05	2017-01-05
《福建省人民政府办公厅关于推进地下空间开发利用八条措施的通知》（闽政办〔2014〕134号）	2014-10-14	2014-10-14
《福建省地下空间建设用地管理和土地登记暂行规定》（闽政〔2014〕8号）	2014-02-16	2014-02-16

	法律文件名称	发布日期	实施时间
	《福建省人民政府关于加快城市地下空间开发利用的若干意见》（闽政文［2014］54号）	2014-02-21	2014-02-21
	《福建省投资建设人民防空工程产权登记管理办法》（闽人防办［2010］97号）	2010-07-06	2010-09-01
	《福建省人民防空工程质量监督管理规定》（闽人防办［2020］67号）	2020-12-14	2020-12-14
	《福建省公用人民防空工程平时使用管理办法》	2020-01-09	2020-01-09
	《福建省人民防空行政处罚裁量基准》	2018-03-30	2018-03-30
	《江西省人民防空办公室关于在全省人防系统开展法治宣传教育的第八个五年规划（2021—2025年）的通知》（赣人防发［2021］18号）	2021-11-11	2021-11-11
	《济南军区、山东省人民政府、河南省人民政府关于加快人民防空改革发展若干问题的决定》（［2006］3号）	2006-09-01	2006-09-01
	《山东省人民政府办公厅关于利用人民防空警报系统发布灾情警报的通知》（鲁政办字［2007］178号）	2007-11-12	2007-11-12
	《山东省人民防空办公室关于人防工程平时使用证和防空地下室防护等级有关问题的通知》（鲁防发［2018］5号）	2018-04-24	2018-05-01
	《山东省人民防空办公室关于实行制式人防工程平时使用证管理有关问题的通知》（鲁防发［2017］16号）	2017-10-23	2017-12-01
	《山东省人民防空办公室关于加强重要经济目标防护管理的意见》（鲁防发［2021］1号）	2021-01-01	2021-02-01
	《山东省人民防空行政处罚裁量基准》	2013-12-11	2014-01-01
	《河南省人民防空工程建设质量管理暂行办法》（豫人防［2017］140号）	2017-12-23	2017-12-23
	《湖南省人民政府办公厅、湖南省军区司令部关于加强县级人民防空工作的意见》（湘政办发［2013］22号）	2013-03-25	2013-03-25
	《湖南省单建式人民防空工程建设管理办法》（湘防办发［2020］7号）	2020-06-01	2020-06-01
	《贵州省人民防空工程建设管理办法》（黔府办发［2020］38号）	2020-12-30	2020-12-30
	《宁夏回族自治区人民防空办公室关于下发〈社区人防建设标准（试行）〉的通知》（宁防办发［2017］106号）	2017-12-05	2017-12-05
	《重庆市人民防空专业队伍管理办法》（渝防办发［2020］59号）	2020-06-22	2020-08-01
	《重庆市人民防空行政处罚裁量基准》（渝文审［2011］15号）	2011-04-06	2011-04-06
市级地方性法规（7部）	《福州市人民防空警报设施管理办法》（2012年修正）	2012-06-08	2012-06-08
	《南昌市人民防空设施管理规定》	2004-11-30	2005-01-01
	《青岛市地下空间开发利用管理条例》	2020-06-12	2020-07-01

	法律文件名称	发布日期	实施时间
	《武汉市人民防空条例》（2019 年修正）	2019-08-14	2019-08-14
	《广州市人民防空管理规定》（2021 年修正）	2021-10-20	2021-10-20
	《深圳市实施〈中华人民共和国人民防空法〉办法》（2021年修正）	2021-12-07	2021-12-07
	《贵阳市人民防空工程建设管理办法》（2021 年修正）	2021-06-07	2021-06-07
市级政府规章（20 部）	《沈阳市民防管理规定》（沈阳市人民政府令第 28 号）	2003-12-18	2004-02-01
	《大连市人民防空管理规定》（大连市人民政府令第 112 号）	2010-12-01	2010-12-01
	《哈尔滨市人民防空工程管理办法》（哈尔滨市人民政府令第191 号）	2010-10-27	2010-10-27
	《长春市人民政府关于实施〈中华人民共和国人民防空法〉若干规定》（长春市人民政府令第82 号）	2020-10-21	2020-10-21
	《南京市人民防空工程建设管理办法》（南京市人民政府令第327 号）	2018-11-06	2018-11-06
	《无锡市人民防空规定》（无锡市人民政府令第 173 号）	2021-04-13	2021-06-01
	《苏州市人民防空工程管理办法》（苏州市人民政府令第 105号）	2008-07-04	2008-09-01
	《宿迁市住宅区人民防空工程平时使用和维护管理规定》（宿迁市人民政府令第 2 号）	2018-12-27	2019-02-01
	《宿迁市人民防空工程建设规定》（宿迁市人民政府令第 3号）	2020-05-14	2020-07-01
	《宁波市人民防空工程管理办法》（宁波市人民政府令第 253号）	2020-02-27	2020-02-27
	《台州市人民防空警报设施管理实施细则》（台州市人民政府令第 90 号）	2005-12-12	2006-01-01
	《厦门市人民防空管理办法》（厦门市人民政府令第 177 号）	2019-08-20	2019-08-20
	《济南市城市地下空间开发利用管理办法》（济南市人民政府令第 250 号）	2013-10-25	2013-12-01
	《武汉市人民防空警报设施管理办法》（武汉市人民政府令第252 号）	2014-05-07	2014-05-07
	《宜昌市人民防空实施细则》（宜昌市人民政府令第 168 号）	2016-03-03	2016-04-01
	《深圳市地下空间开发利用管理办法》（深圳市人民政府令第337 号）	2021-06-09	2021-08-01
	《珠海市人民防空办法》（珠海市人民政府令第 41 号）	2004-01-19	2004-03-01
	《南宁市人民防空管理办法》（南宁市人民政府令第 3 号）	2017-03-29	2017-05-01
	《曲靖市人民政府贯彻人民防空法实施细则》（曲靖市人民政府令第 25 号）	2004-10-29	2004-12-01
	《乌鲁木齐市人民防空工程管理办法》（乌鲁木齐市人民政府令第 104 号）	2010-12-13	2010-12-13

续表

	法律文件名称	发布日期	实施时间
市级地方规范性文件（34）	《石家庄市人民防空工程维护使用管理办法》（石家庄市人民政府、中国人民解放军石家庄军分区令第 103 号）	1999-04-01	1999-05-01
	《邯郸市人民防空警报建设和维护管理规定》（邯政办规〔2019〕5 号）	2019-05-09	2019-05-09
	《沈阳市人防工程国有资产管理规定》（沈人防发〔2020〕10 号）	2020-07-02	2020-07-02
	《哈尔滨市集体或个人利用非国有资金投资建设的单建式人防工程不动产登记管理办法》	2018-12-24	2018-12-24
	《南京市结合民用建筑必须修建防空地下室标注的规定》（宁防办〔2008〕95 号）	2008-11-18	2008-11-18
	《关于〈南京市结合民用建筑必须修建防空地下室标注的规定〉的补充规定》（宁防办〔2009〕25 号）	2009-03-30	2009-04-01
	《常州市市政府关于深化人防工程产权制度改革的意见》（常政发〔2007〕136 号）	2007-08-21	2007-10-01
	《常州市人民防空工程使用与维护管理办法》（常防办〔2007〕41 号）	2007-05-17	2007-05-17
	《关于加快苏州市城市地下空间开发利用的实施意见》（苏府规字〔2013〕6 号）	2013-07-24	2013-10-01
	《苏州市地下（地上）空间建设用地使用权利用和登记暂行办法》（苏府规字〔2021〕7 号）	2021-07-20	2021-09-01
	《苏州市人民防空警报管理规定》（苏府规字〔2016〕4 号）	2016-09-08	2017-01-01
	《泰州市地下空间兼顾人民防空要求实施办法》（泰政规〔2013〕3 号）	2013-01-28	2013-02-01
	《杭州警备区司令部、人民防空办公室关于加强市区街道（乡镇）人民防空工作的实施意见》（杭人防〔2006〕137 号）	2006-08-17	2006-08-17
	《宁波市人民政府办公厅关于推进人民防空规划建设融入城市规划建设的实施意见》（甬政办发〔2018〕101 号）	2018-08-15	2018-09-16
	《宁波市人民防空办公室关于规范人防工程平时使用费管理的通知》（甬人防办通〔2009〕55 号）	2009-12-16	2009-12-16
	《温州市人防工程产权制度综合改革实施方案》（温政办〔2021〕71 号）	2021-11-11	2022-01-01
	《合肥市人民政府关于依法加强人民防空工作的实施意见》（合政〔2018〕61 号）	2018-06-05	2018-06-05
	《合肥市人民防空办公室关于委托合肥市民防防护专业协会承办相关工作的通知》（合人防办〔2017〕71 号）	2017-07-03	2017-07-03
	《关于〈福建省投资建设人民防空工程产权登记管理办法〉的实施意见》（榕人防办〔2011〕128 号）	2011-12-28	2012-02-01
	《厦门市商品房人防范围内地下车位销售和办理权属登记的实施意见》（厦府办〔2008〕211 号）	2008-09-11	2008-10-11
	《厦门市结合民用建筑修建防空地下室审批管理暂行办法》（厦人防办〔2017〕35 号）	2017-05-19	2017-07-01

续表

法律文件名称	发布日期	实施时间
《厦门市人民防空工程维护管理暂行规定》（厦人防办规〔2020〕1号）	2020-04-27	2020-04-27
《济南市人民防空工程管理实施细则》（济政办发〔2014〕1号）	2014-01-13	2014-02-13
《青岛市人民政府、青岛警备区关于加快人民防空事业发展的实施意见》（青政发〔2009〕10号）	2009-03-25	2009-03-25
《青岛市人民防空办公室关于地下轨道交通工程兼顾人民防空的意见》（青人防办字〔2018〕9号）	2018-04-02	2018-04-02
《长沙市人防战时疏散承接基地标准化建设管理办法》（长人防发〔2018〕25号）	2018-07-12	2018-07-12
《衡阳市人民政府关于进一步推进我市人民防空事业发展的若干意见》（衡政发〔2009〕31号）	2009-11-01	2009-11-01
《广州市人民防空警报设施维护管理细则》（穗人防办规字〔2022〕2号）	2017-01-16	2017-01-16
《深圳市人民防空警报设施管理办法》（深应急规〔2016〕2号）	2016-10-22	2016-12-01
《桂林市人民防空警报设施建设管理规定》	2004-10-20	2004-10-20
《南充市人民防空警报设施建设与管理办法》（南府办发〔2019〕9号）	2019-04-09	2019-05-09
《毕节市人民政府办公室关于印发毕节市人民防空工程建设管理办法的通知》（毕府办通〔2013〕184号）	2013-11-27	2013-11-27
《西安市人民防空办公室关于印发〈人民防空工程平时开发利用备案登记办法〉的通知》（市人防发〔2021〕58号）	2021-11-25	2021-12-25
《阿勒泰地区人民防空警报设施社会化管理暂行规定》（阿行办发〔2014〕24号）	2014-04-17	2014-04-17

◇ 附录四：本书引用案例及会议纪要

涉及法条	裁判文书案号
第5条	5.46 最高人民法院［2013］最高法民申字第 1997 号再审民事裁定书
	5.47 山东省济南市中级人民法院［2017］鲁 01 民终 8946 号民事判决书 5.48 山东省青岛市城阳区人民法院［2014］城民初字第 3383 号民事判决书
	5.49 江苏省盐城市中级人民法院［2014］盐民终字第 01318 号民事判决书 5.50 浙江省玉环县人民法院［2015］台玉民初字第 1337 号民事判决书
	5.51 最高人民法院［2020］最高法民申 4493 号民事裁定书 5.52 北京市第一中级人民法院［2015］一中民终字第 08450 号民事判决书 5.53 辽宁省大连市中级人民法院［2017］辽 02 民终 9819 号民事判决书 5.54 浙江省台州市中级人民法院［2016］浙 10 民终 430 号民事判决书 5.55 山东省威海市中级人民法院［2016］鲁 10 民终 2062 号民事判决书 5.56 陕西省西安市中级人民法院［2017］陕 01 民终 4551 号民事判决书 5.57 浙江省宁波市鄞州区人民法院［2008］甬鄞民一初字第 3959 号民事判决书
	5.58 最高人民法院［2018］最高法民再 263 号民事判决书 5.59 北京市第一中级人民法院［2015］一中行终字第 1948 号行政裁定书 5.60 辽宁省沈阳市中级人民法院［2016］辽 01 民终 13567 号民事判决书 5.61 安徽省安庆市中级人民法院［2015］宜民二终字第 00203 号民事判决书 5.62 福建省龙岩市中级人民法院［2014］岩民终字第 1265 号民事判决书 5.63 广东省珠海市中级人民法院［2015］珠中法民四终字第 153 号民事判决书 5.64 广东省深圳市中级人民法院［2020］粤 03 民终 11241 号民事判决书 5.65 重庆市第五中级人民法院［2010］渝五中法民终字第 3417 号民事判决书
	5.66《最高人民法院第二巡回法庭法官会议纪要》（2019 年第 15 次会议纪要） 5.67 最高人民法院［2019］最高法民申 2108 号民事裁定书 5.68 江苏省无锡市中级人民法院［2021］苏 02 民终 3912 号民事判决书
	5.69 江苏省盐城市中级人民法院［2014］盐民终字第 01318 号民事判决书 5.70 浙江省温州市中级人民法院［2015］浙温民终字第 1183 号民事判决书 5.71 安徽省铜陵市中级人民法院［2018］皖 07 民终 349 号民事判决书
第7条	7.20 最高人民法院［2018］最高法行申 5109 号行政裁定书 7.21 广东省高级人民法院［2015］粤高法行终字第 140 号行政裁定书

续表

涉及法条	裁判文书案号
第9条	9.5 辽宁省大连市中级人民法院［2021］辽02民终7988号民事判决书 9.6 黑龙江省高级人民法院［2019］黑行申258号行政裁定书
第22条	22.49 山东省高级人民法院［2016］鲁行终636号行政判决书 22.50 浙江省温州市中级人民法院［2010］浙温商终字第449号民事判决书 22.51 洛阳铁路运输法院［2016］豫7102行初210号行政判决书
	22.52 最高人民法院［2016］最高法民终377号民事判决书 22.53 浙江省高级人民法院［2020］浙行申242号行政裁定书 22.54 浙江省衢州市中级人民法院［2017］浙08行终25号行政判决书 22.55 河南省洛阳市中级人民法院［2020］豫03行终71号行政判决书 22.56 湖南省张家界市中级人民法院［2019］湘08行终15号行政判决书
第23条	23.37 湖北省武汉市中级人民法院［2013］鄂武汉中民外初字第00018号民事判决书
	23.38 辽宁省高级人民法院［2021］辽民申7788号民事裁定书
	23.39 江西省高级人民法院［2017］赣行终387号行政判决书
第25条	25.44 山西省长治市中级人民法院［2015］长民终字第832号民事判决书 25.45 浙江省嘉兴市中级人民法院［2011］浙嘉民终字第168号民事判决书
第26条	26.81 北京市第一中级人民法院［2015］一中民终字第08465号民事判决书 26.82 江苏省无锡市中级人民法院［2021］苏02民终6881号民事判决书 26.83 江苏省泰州市中级人民法院［2021］苏12民终2794号民事判决书 26.84 福建省福州市中级人民法院［2019］闽01民终2749号民事判决书
	26.85 江苏省高级人民法院［2016］苏行申602号行政裁定书 26.856 江苏省常州市中级人民法院［2017］苏04民终2439号民事判决书 26.87 湖北省武汉市中级人民法院［2015］鄂武汉中民二终字第00322号民事判决书
第27条	27.13 江西省新余市中级人民法院［2021］赣05民终1058号民事判决书
第28条	28.42 最高人民法院［2002］民一终字第15号民事判决书
第48条	48.16 内蒙古自治区呼和浩特市中级人民法院［2010］呼行终字第16号行政判决书（最高人民法院指导案例21号） 48.17 陕西省洛南县人民法院［2018］陕1021行初12号行政判决书
	48.18 北京市海淀区人民法院［2003］海行初字第267号行政判决书
第49条	49.32 武汉市中级人民法院［2016］鄂01行终663号行政判决书
第51条	51.16 浙江省温州市中级人民法院［2016］浙03行终256号行政判决书

◇ 后 记

　　人民防空法治建设是人民防空事业的重要组成部分，在我国人民防空事业 70 余年的发展历程中，人民防空法治建设受到党和国家的高度重视。实践表明，我国人民防空事业发展取得的成就，离不开强有力的法律保障，离不开积极主动的人民防空法治建设。党的十八大以来，习近平总书记对人民防空工作的系列指示精神，从政治和战略全局的高度，为加强新时代人民防空工作指明了方向。在全面深入推进依法治国方略的引领下，推进新时代人民防空事业实现跨越式发展，必须要充分发挥法治优势，大力加强人民防空法治建设，努力夯实人民防空法治基础，不断强化人民防空法治保障。

　　1996 年，《人民防空法》的颁布开启了我国人民防空法治事业发展的新阶段。《人民防空法》是新中国开展人民防空工作 40 多年以来第一部指导、规范人民防空工作的法律。它的颁布施行，标志着我国人民防空事业进入了依法建设的历史发展时期，人民防空建设自此走上了法治化、正规化、制度化管理的轨道。在《人民防空法》通过至今的二十余年间，中国经济社会快速发展，国际战略格局深刻调整，战争形态加速演变，人民防空事业站在了新的历史起点。面临新阶段、新形势、新挑战，《人民防空法》的修法工作提上日程。2012 年，《人民防空法》的修改列入中央军委立法工作计划，国家人民防空办公室负责牵头对相关法律问题进行前期调研论证。经全国人民代表大会法律委员会建议，《人民防空法》的修改列入第十二届全国人大常委会立法规划。目前，国家人民防空办公室主持修订的《〈人民防空法〉修订草案》几易其稿，诸多新的制度设计在几经论证后已趋于完善，待时机成熟后拟正式列入全国人民代表大会修法计划。

　　在中国特色人民防空事业的发展进程中，人民防空法治建设蹄疾步稳，人民防空法律规范体系已基本形成，各项工作向长效化、制度化、规范化和标准化方向发展。为了应对人民防空管理工作层出不穷的新形势、新情况、新发展，国家人民防空办公室积极贯彻落实新时代人民防空的新定位、新目标、新决策，出台了有关人民防空建设、管理的一系列规章、规范性文件以及政策。部分省市也是直面新问题、新矛盾、新挑战，结合本省市人民防空工作实际情况，坚持法治先行，通过修订本省市《人民防空法》实施办法、条例，解决了旧法与实践脱节的问题，为新时代发展人民防空事业提供了坚实的法治保障。

　　依据《人民防空法》第 52 条的授权性规定以及《中华人民共和国立法法》第 72 条的规定，各省、自治区、直辖市以及省、自治区人民政府所在地的市、经济特区所在地的市、国务院已经批准的较大市，可以制定人民防空领域的地方性法规。由此，大量地方性法规成为人民防空法律规范体系的主体构成。囿于地方性法规的地域效力，当前全国范围内的人民防空建设管理实践呈现出多元性，指导人民防空建设管理工作的规范性文件呈现出复杂性。然而，人民防空法律规范体系建设的基础性、系统性研究滞后，这在很大程度上会影响人民防空法治建设的整体水平，不利于维持人民防空法治统一和法律体系内部的和谐。中共中央、国务院印发的《法治政府建设纲要（2021-2025）》提出，"法治政府建设是全面依法治国的重点任务和主体工程，是推进国家治理体系和治理能力现代化的重要支撑"。"到2025年，政府行为全面纳入法治轨道，职责明确、依法行政的政府治理体系日益健全，行政执法体制机制基本完善，行政执法质量和效能大幅提升，突发事件应对能力显著增强"。人民防空治理是国家治理在人民防空领域中的具体化表达，是推进国家治理体系和治理能力现代化的重要内容。将人民防空行政执法运行在"法治"的轨道上，推进人民防空建设的法治化，是实现人民防空治理体系和治理能力现代化的必由之路。本书的撰写是对70余年来人民防空法治建设成就的回顾，也是对城市防护空间安全治理法律规范体系未来发展的展望。

本书的完成得到了北京市人民防空办公室的大力支持。北京市人民防空办公室法规处等处室的同志们全程指导本书的写作，感谢他们为本书的撰写提出了来自一线实践的真知灼见。原北京市人民防空办公室王文科总工程师，北京民防协会罗平会长，中国政法大学李卫海教授、成协中教授、范明志教授，国家发展和改革委员会经济与国防协调发展研究中心政策研究室张笑主任，北京市人民代表大会常务委员会社会建设法规办公室李丹丹调研员等专家学者对本书给予了高度的评价，感谢他们为本书的修改提出了宝贵的意见。本书中《人民防空法》的释义以全国人大常委会法制工作委员会国家法行政法室、国家人民防空办公室编著的《〈中华人民共和国人民防空法〉释义》为重要参考，感谢该书为《人民防空法》条文的解释提供了最权威的解读。2020年是新中国人民防空创立70周年，感谢中国政法大学出版社丁春晖责编和他的团队，是他们的努力成全了我为中国人民防空法治建设70周年献礼的夙愿。还要感谢我的挚友烟台大学张玉东教授，无论何时何事，他总能在第一时间给予我最为有力的帮助。感谢为本书的完成贡献了智慧的学生们，他们是李钟、许金朝、陈信尺、周宇、任毓可、张艳思。最后的感谢，送给那些静谧的夜晚，独处其中，做自己想做的事情，感觉很美好。

是为记。

薄燕娜

2022年6月